住房和城乡建设部村镇建设司课题

部分国家和地区村镇（乡村）建设法律制度比较研究

李兵弟　主编

中国建筑工业出版社

图书在版编目(CIP)数据

部分国家和地区村镇（乡村）建设法律制度比较研究/李兵弟主编．—北京：中国建筑工业出版社，2010
（住房和城乡建设部村镇建设司课题）

ISBN 978-7-112-11989-9

Ⅰ.部… Ⅱ.李… Ⅲ.城乡建设—法规—对比研究—国外 Ⅳ.D912.290.4

中国版本图书馆CIP数据核字（2010）第059186号

住房和城乡建设部村镇建设司课题
部分国家和地区村镇（乡村）建设法律制度比较研究
李兵弟 主编

*

中国建筑工业出版社出版、发行（北京西郊百万庄）
各地新华书店、建筑书店经销
北京华艺制版公司制版
北京凌奇印刷有限责任公司印刷

*

开本：880×1230毫米 1/32 印张：21⅜ 字数：620千字
2010年6月第一版 2010年6月第一次印刷
定价：58.00元
ISBN 978-7-112-11989-9
（19256）

版权所有 翻印必究
如有印装质量问题，可寄本社退换
（邮政编码 100037）

本书包括上下两篇，上篇为部分国家和地区村镇（乡村）建设法律制度比较研究，包括：乡村建设管理法规研究总报告、英国乡村建设管理法规研究综述、德国乡村建设管理法规研究综述、法国乡村建设管理法规研究综述、美国乡村建设管理法规研究综述、南非乡村发展政策法规研究、日本乡村发展政策法规研究、韩国乡村发展政策法规研究、中国台湾地区乡村发展政策法规研究、印度乡村发展政策法规研究。下篇为部分国家和地区村镇建设法律法规汇编，包括：英国乡村建设管理法规收集、德国乡村建设管理法规收集、法国乡村建设管理法规收集、美国乡村建设管理法规收集、南非乡村建设管理法规收集、日本乡村建设管理法规收集、韩国乡村建设管理法规收集、中国台湾地区乡村建设管理法规收集、印度乡村建设管理法规收集、巴西乡村建设管理法规收集等内容。

本书可供从事村镇建设的管理人员、技术人员、研究人员使用。也可供乡镇、村干部以及大专院校师生使用。

责任编辑：姚荣华　胡明安
责任设计：姜小莲
责任校对：兰曼利

课题参与人员名单

课题主持人：李兵弟　赵　晖
课　题　组　长：刘佳福
课题组成员：邢海峰　董金柱　刘　健
　　　　　　王　德　莫纪宏　王晓丹
编纂整理：顾宇新　卫　琳　吴雨冰

前　言

我国城镇化已进入快速推进时期，乡村人口不断向城镇迁移，乡村的居住和生活质量得到了逐步改善。与此同时，"三农"问题依然严峻，一些地方的乡村建设缺乏科学规划，呈现出自发和随意状态，乡村建设管理法规、技术、标准等立法工作相对滞后。《中共中央关于推进农村改革发展若干重大问题的决定》的出台，明确了农村改革发展的目标和推进城乡经济社会发展一体化新格局的方向；《城乡规划法》的实施，为统筹城乡规划建设夯实了法律基础。这些新的发展形势要求我国乡村建设管理法规必须进行创新与完善，以适应城乡统筹、深化农村改革和社会主义新农村建设的发展趋势。

回顾和总结部分其他国家和地区在乡村建设法律法规方面的历程，无疑能够为我国乡村建设管理法规体系完善提供典型样本。通过重点研究他们在乡村建设方面的法律法规、政府管理制度及相关政策，研究他们在城镇化进程中乡村建设管理法规的兴废存亡过程、变革的原因、经验和教训，可以给我国在乡村法规制度建设方面以更多的思考。

"部分国家和地区村镇（乡村）建设法律制度比较研究"课题由住房和城乡建设部村镇建设司委托部城乡规划管理中心牵头组织开展。规划管理中心邀请了清华大学、同济大学和中国社会科学院法学等单位共同参与，分头进行资料收集，开展专题研究。案例选择了欧美发达地区的英国、德国、法国、美国，东亚地区的日本、韩国与中国台湾地区，及以巴西和印度为代表的发展中国家。该研究成果填补了国内村镇建设管理法规系统研究方面的空白，对我国新时期村镇建设法律法规制度的完善具有指导意义。

本书内容是研究成果的整理和精华的撷取，通过对这些国家和地区乡村法规建设管理制度的考察，分析其乡村建设管理法规的差异性和共性，提出完善我国村镇建设法律制度方面的具体建议。全书分为两个部分，上篇为部分国家和地区村镇（乡村）建设法律制度比较研究，下篇为部分国家和地区村镇建设法律法规汇编。

限于编者学识，书中存在的错漏与不足之处，期盼读者不吝赐教，以期进一步完善。

住房和城乡建设部村镇建设司
2010 年 5 月

目 录

上篇：部分国家和地区村镇（乡村）建设法律制度比较研究

第一章 乡村建设管理法规研究总报告 …………………… 3
　一、研究概述 ………………………………………………… 3
　二、部分国家与地区乡村建设管理法规研究综述 ………… 5
　三、对我国乡村法规建设的借鉴与启示 …………………… 45

第二章 英国乡村建设管理法规研究综述 ………………… 50
　一、英国的乡村概况 ………………………………………… 50
　二、英国乡村建设管理法规体系 …………………………… 52
　三、英国乡村建设管理法规的发展历程 …………………… 66
　四、英国乡村建设管理法规对我国的借鉴 ………………… 68

第三章 德国乡村建设管理法规研究综述 ………………… 73
　一、德国的乡村概况 ………………………………………… 73
　二、德国乡村建设管理法规体系 …………………………… 75
　三、德国乡村建设管理法规的发展历程 …………………… 96
　四、德国乡村建设管理法规对我国的借鉴 ………………… 98

第四章 法国乡村建设管理法规研究综述 ………………… 103
　一、法国的乡村概况 ………………………………………… 103
　二、法国乡村建设管理法规体系 …………………………… 108
　三、法国乡村建设管理法规的发展历程 …………………… 120
　四、法国乡村建设管理法规对我国的借鉴 ………………… 127

第五章 美国乡村建设管理法规研究综述 ………………… 130
　一、美国的乡村概况 ………………………………………… 130

二、美国乡村建设管理法规体系 ……………………………………… 135
三、美国乡村建设管理法规的发展历程 ………………………………… 141
四、美国乡村建设管理法规对我国的借鉴 ……………………………… 146

第六章　南非乡村建设管理法规研究综述 ……………………………… 149
一、南非的乡村概况 ………………………………………………………… 149
二、南非乡村建设管理法规体系 …………………………………………… 153
三、南非乡村建设管理法规的发展历程 …………………………………… 164
四、南非乡村建设管理法规对我国的借鉴 ………………………………… 166

第七章　日本乡村建设管理法规研究综述 ……………………………… 174
一、日本的乡村概况 ………………………………………………………… 174
二、日本乡村建设管理法规体系 …………………………………………… 178
三、日本乡村建设管理法规的发展历程 …………………………………… 200
四、日本乡村建设管理法规对我国的借鉴 ………………………………… 202

第八章　韩国乡村建设管理法规研究综述 ……………………………… 208
一、韩国的乡村概况 ………………………………………………………… 208
二、韩国乡村建设管理法规体系 …………………………………………… 210
三、韩国乡村建设管理法规的发展历程 …………………………………… 224
四、韩国乡村建设管理法规对我国的借鉴 ………………………………… 225

第九章　中国台湾地区乡村建设管理法规研究综述 …………………… 227
一、中国台湾地区的乡村概况 ……………………………………………… 227
二、中国台湾地区乡村建设管理法规体系 ………………………………… 229
三、中国台湾地区乡村建设管理法规的发展历程 ………………………… 231
四、中国台湾地区建设管理法规对我国大陆的借鉴 ……………………… 231

第十章　印度乡村建设管理法规研究综述 ……………………………… 233
一、印度的乡村概况 ………………………………………………………… 233
二、印度乡村建设管理法规体系 …………………………………………… 235
三、印度乡村建设管理法规的发展历程 …………………………………… 253
四、印度乡村建设管理法规对我国的借鉴 ………………………………… 256

第十一章　巴西乡村建设管理法规研究综述 …………………………… 259
一、巴西的乡村概况 ………………………………………………………… 259

二、巴西乡村建设管理法规体系 ……………………………… 261
三、巴西乡村建设管理法规的发展历程 ………………………… 269
四、巴西乡村建设管理法规对我国的借鉴 ……………………… 271

下篇：部分国家和地区村镇（乡村）建设法律法规汇编

第十二章　英国乡村建设管理法规收集 …………………… 279
一、英国乡村建设相关法规名称目录 …………………………… 279
二、英国乡村建设政策相关文献名称目录 ……………………… 286
三、规划政策条例7：乡村地区的可持续发展 ………………… 287

第十三章　德国乡村建设管理法规收集 …………………… 315
一、《建设法典》部分节译 ………………………………………… 315
二、《田地重划法》全目录和部分节译 ………………………… 330
三、《巴伐利亚州的建筑规范及补充规定》全目录和部分节译
　…………………………………………………………………… 344

第十四章　法国乡村建设管理法规收集 …………………… 359
一、《城市规划法典》目录 ………………………………………… 359
二、现行《城市规划法典》法规部分节译 ……………………… 378
三、《建设与住宅法典》 …………………………………………… 392
四、《乡村法典》目录和部分节译 ………………………………… 404

第十五章　美国乡村建设管理法规收集 …………………… 424
一、美国联邦乡村建设与修缮法规（正文） …………………… 424
二、美国联邦乡村建设与修缮法规（附件） …………………… 435

第十六章　南非乡村建设管理法规收集 …………………… 449
一、南非乡村发展体系 …………………………………………… 449
二、重建和发展计划白皮书（1994年） ………………………… 460

第十七章　日本乡村建设管理法规收集 …………………… 479
一、过疏地域振兴特别措施法 …………………………………… 479
二、聚落地域整备法 ……………………………………………… 491

三、农村地域工业导入促进法 …… 499
四、有关农业振兴地域整备的法律施行规则 …… 507
五、有关农业振兴地域整备的法律施行令 …… 522
六、农业振兴地域整备法 …… 526
七、山村振兴法 …… 547

第十八章 韩国乡村建设管理法规收集 …… 553
一、韩国奥地开发促进法 …… 553
二、韩国农渔村整备法 …… 556

第十九章 中国台湾地区乡村建设管理法规收集 …… 582
《台湾非都市土地开发审议作业规范》 …… 582

第二十章 印度乡村建设管理法规收集 …… 625
一、印度宪法第 73 修正案 …… 625
二、根据宪法修正案制定的邦自治机构法 …… 627
三、全国农村就业保障法 …… 634
四、阿萨姆邦城镇和乡村规划法 …… 640
五、本地治里中央直辖区城镇和乡村规划法 …… 641
六、《流域开发计划普通指导方针，2008 年》 …… 646
七、农村住房计划指导方针 …… 649
八、"印度建设"工程 …… 650
九、国家开发、转移和复原政策草案 2006 年 …… 652

第二十一章 巴西乡村建设管理法规收集 …… 656
《巴西联邦共和国城市法》 …… 656

上篇： 部分国家和地区村镇（乡村）建设法律制度比较研究

第一章 乡村建设管理法规研究总报告

一、研究概述

（一）研究背景

我国城镇化已进入快速推进时期，2008年城镇化水平已达45.68%，乡村人口不断向城市迁移，乡村的居住和生活质量得到了一定的提高。但是，多年来我国偏重于城市建设，相对忽略了乡村建设，乡村开发建设活动呈现出自发和随意状态。具体表现为：缺乏科学规划，乡村面貌依旧，基础设施滞后，生活设施配套不足，乡村建筑材料陈旧，乡村地区规划技术力量薄弱，乡村建设管理法规、标准等技术立法工作相对滞后。进入新世纪后，在我国总体宏观经济较好较快发展的同时，乡村地区的发展则进入到一个艰难提升的阶段，"三农"问题依然严峻，促进农村发展成为影响国家经济社会持续稳定发展和事关改革成败的重大战略问题。在这样的社会经济背景之下，中共中央在十六届五中全会上作出了建设社会主义新农村的重大战略决策，科学发展观成为指导农村建设工作的基本指导思想。城乡关系进入"工业反哺农业、城市支持农村"的发展阶段，2008年1月1日正式实施的《中华人民共和国城乡规划法》也为统筹城乡规划建设提供了法律基础。可以说，新的发展形势要求乡村建设管理法规必须进行创新与完善，以适应城乡统筹发展、社会主义新农村建设、农村改革不断深化、农村制度实现创新建设的必然趋势。

本课题重点研究部分国家和地区在乡村建设方面的法律法规、政府管理乡村建设的制度和相关政策，研究他们在城镇化进程中乡村建设管理法规的发展历程、变革的原因、经验和教训，从而对我国乡村建设管理法规有所借鉴和启示。

（二）研究目标

本项研究的目的是，收集境外部分国家和地区乡村建设管理法规，分析总结他们在这方面的教训和经验,供我国政府决策者在推进乡村建设管理法规制度改革时参考。

(三) 研究对象

1. 乡村的界定

不同国家与地区对乡村定义的目的与标准都不一样。在我国所称乡村,一般是指镇、乡、农场所辖村庄所在的地区。这些地区在一定范围内往往有自身的经济、文化和生活服务中心,即镇政府驻地、乡政府驻地、农场所在村屯、中心村等。同时,广义的乡村还包括镇、乡、农场周边的农业基础设施覆盖的地区,包括田野、山林、河溪等。

在国外很多地区,城乡只是不同的社会现象,不受行政区划限制,包括城市化地区和乡村地区。因此,在国外,很多乡村同样受该国《城市规划法》的约束。在后面的研究章节中,每一篇开始我们都会对该国或者该地区的乡村概念进行梳理,为乡村建设管理法规政策研究定下基调,在此基础上开展对乡村建设管理法规的收集。

2. 乡村建设管理法规

乡村建设管理法规是指立法机关或其授权的行政机关制定的规范国家及其有关机构、企事业单位、社会团体、公民之间在建设活动中发生的各种社会关系的法律法规的总称,它体现为行政主体对建设活动进行组织、管理、协调的方针、政策和基本原则。境外乡村建设管理法规的行政主体通常都是中央和地方政府机构,其作用的范围是乡村建设活动中发生的各种社会关系。因此,各国对乡村建设管理活动的理解和对乡村发展政策的不同,决定了其制定乡村建设管理法规的目标也不一样。

但无论国内国外,发达国家还是发展中国家,乡村建设管理法规约束的内容都是类似的,只是关注的重点有所不同。这些乡村建设活动通常包括:乡村住宅建设、用于乡村公共服务设施(文化教育、医疗卫生防疫、文艺娱乐、体育、社会福利与保障、商业金融服务、行政管理与社会服务等设施)建设、乡村基础设施(直接或者间接为乡村经济、社会活动和乡村居民生产、生活服务的公益公用事业,如乡村信息与通信设施、乡村防灾减灾设施、道路设施、乡村生产与生活供应系统等）建设以及其他经营性设施（乡村的企业等）建设等。

（四）研究方法

为了使这项研究能够满足我国社会主义新农村建设的决策需要，为制度改革和决策者对境外部分国家和地区乡村建设管理的经验和教训有一个较为全面的了解，研究中采取了比较分析的方法，将我国与处于不同发展水平、不同社会经济制度的其他国家和地区的乡村建设方式与法律法规相比较，以更好地发现我们国家在乡村建设管理法规制度建设上存在的欠缺之处和解决问题的方向。为了使比较的内容更有针对性、更清晰，研究中有意识地从复杂的社会经济文化联系中脱开，专就某些因素进行分析。

另外，课题还采用了动态分析的研究方法，将乡村法律法规体系的建构与乡村地区的发展进程（或者整个国家和地区的城市化进程）联系在一起，分析在特定背景下（例如城市化发展初期与城市化快速发展时期的乡村规划方式就应有所不同）乡村地区发展的特征是什么、面临的主要问题是什么，以及相应的乡村法规体系提出的应对措施是什么。通过动态分析和有针对性的研究，可以为正处于快速发展中的我国乡村地区建设管理法规提供积极的借鉴作用。例如，拉美城市化和欧美发达国家的城市化、印度等发展中国家的城市化，显然其特点差别性很大，必须放开视野，做针对性比较后，形成对不同发展阶段国家和地区乡村法规体系特点的认识。

二、部分国家与地区乡村建设管理法规研究综述

（一）欧美等国家乡村建设管理法规综述

1. 乡村建设管理法规的发展历程

（1）早期欧美乡村建设管理法规主要致力于指导城市化进程中乡村物质空间的建设活动

欧美早期乡村法规体系的建设，主要关注于乡村生活质量的提高，为乡村地区提供足够的基础设施（水、电、路、气）保障，在对乡村特

色的维护、农业景观的建设方面并没有太多的关注。这种法规建设特点也是与该国所处的社会经济发展阶段相呼应的。19世纪后半期，在英国城市规划将乡村建设管理统一纳入城乡规划体系，试图通过将大城市人口和产业向郊区和农村疏散以解决城市问题，同时对乡村居民点布局、乡村公共服务设施和基础设施配置提出一系列要求，来保障乡村生活的基本生活需求。在美国，20世纪30年代以来联邦政府均积极向农民提供补贴、技术支持，如1935年《土壤保护和国内分配法》、1936年《乡村电气化法》，这些法案的制定都旨在稳定乡村人口安置，发展合作农庄与小型乡村工业，并在二战后取得了一定的效果。

（2）欧美在乡村法规不断完善阶段开始关注乡村发展的多样性需求，为乡村发展制定全面、详细的建设管理法律法规及相关政策

随着欧美国家城市化进程的逐步推进，城市化水平得到了大幅度提升，与此同时，乡村法规体系建设开始关注乡村生活和生产发展的多样性需求。例如，近几年来，法国已经逐步建立了有关农村发展的管理工具，主要包括《城市规划法典》、《农村法典》以及其他政策法规。2005年法国政府通过了有关乡村地区实施开发活动的法律，以及实施新的乡村开发政策。这项政策包括四条基本原则：鼓励增加就业、重新建设住宅、改善公共服务、促进农业空间不同利用方式的均衡发展，并提出建立乡村开发投资机构。1972年，美国制定的《乡村发展法》标志着乡村发展作为一个独立政策的出现，从此在对美国传统的农业、农民方面关注之外，一系列综合发展项目例如污水污物处理、社区设施建设、工商业扶植贷款等，也被系统地编排入联邦的预算与实施项目体系；1990年作为农业法组成部分的"食品、农业、保护和贸易法"中关于乡村发展的内容包含绿化、电信和基础设施建设等内容；1996年议会通过"乡村社区进步项目"将乡村法规制度的内容拓展到乡村社区交通、儿童看护、教育和培训的诸多福利资助等方面。

（3）在乡村法规逐步成熟和完善阶段，欧美各国开始注重乡村特色的保护和城乡发展的融合

在英国，1980年《地方政府，规划与土地法》、1981年《野生生物

和乡村法》、2004年《规划政策条例7：乡村地区的可持续发展》体现了英格兰乡村规划政策在可持续发展方向的努力。另外，其他相关乡村发展纲要的制定是英格兰地区保护乡村景观及农业用地的重要工具。内容包括保护环境方案、保护乡村方案、环境敏感区方案、能源作物方案、有机农场方案等。环境敏感区方案从1987年开始，旨在鼓励保护具有重要价值的土地景观、历史遗址等。目前，英格兰有22个环境敏感地区，约占农业土地的10%。在英国的乡村地区，乡村建设能与周围的绿色原野环境很好地融合在一起，是不断完善乡村规划法规建设的结果。在法国，现行的国土开发政策将整个国土划分为城市地区、乡村地区、城乡混合区和山区及滨海地区四种类型，针对不同地区的发展特点，分别制定优秀乡村中心政策、乡村复兴区政策、大区自然公园政策；此外，在法国乡村地区的政策也常常包含与乡村开发建设密切相关的内容，特别是有关自然空间保护与利用的内容，例如国家公园的保护与利用、湿地的保护与利用、山区牧场的保护与利用、山区农业的保护等，这些都优化了法国乡村物质空间环境，增加了法国乡村生活的魅力。1980年以后，德国乡村地区的空间已经与国民经济的各个方面融为一体，此时的乡村更新不仅仅针对某些专业领域的任务，还基于乡村地区长远的经济、社会发展趋势所采取的综合性、战略性工作，通过更新活动将改善居民各方面的生产、生活条件，包括改善居住条件、创造有吸引力的生活环境、提供现代化的基础设施，并且保持历史文化遗产和地方特色。

2. 乡村建设管理法规体系的内容

（1）英国乡村建设管理法规体系

半个世纪以来，基于对基本的土地所有权与开发权的法律意义，英国出台了多部有关乡村建设管理的法规，并多次根据需要进行必要修订。它们从各方面对乡村保护与发展建设作出了详细规定，与时俱进而又相互配合，共同构成了一个关于乡村建设管理的完整法律体系。

从法律职能方面进行分析，英国乡村建设管理方面涉及到的法规体系包括：

英国乡村建设管理法规目录　　　　表1-1

类别	法规名称
城乡规划类法规	1932年、1947年、1953年、1954年、1959年、1962年、1963年、1968年、1971年、1972年、1974年、1977年、1990年《城乡规划法》，1985年《城乡规划法》（修订），1987年《城乡规划（使用分类）条令》，1990年《城乡规划（发展计划）规范》，1990年《规划（文物建筑与保护区）法》与《规划（有害物质）法》，1991年《规划与补偿法》与《城乡规划（发展计划）规范》，1995年《城乡规划（通用容许发展）条令》，2004年《规划与强制性购买法》、《城乡规划（区域规划）（英格兰）规范》、《城乡规划（地方发展）（英格兰）规范》、《城乡规划（过渡安排）（英格兰）规范》、《规划政策条例》
规划执行类法规	2000年《城乡规划（调查程序）（英格兰）规范》，2002年《城乡规划（执行通知与上诉）（英格兰）规范》、《城乡规划（执行）（书面陈述程序）规范》、《城乡规划（执行）（听证程序）（英格兰）规则》、《城乡规划（执行）（检查员决策）（英格兰）规则》，2005年《城乡规划（临时性停止通知）（英格兰）规范》
土地管理类法规	1961年《土地补偿法》，1972年《土地收费法》，1980年《地方政府，规划与土地法》，1981年《用地申请法》，1986年、1988年、1997年、2002年《土地注册法》，1988年《公共土地（注册修正）法》，1994年《强制性购买土地规范》，2004年《规划与强制性购买法》
环境保护类法规	1955年《绿化带建设法》，1968年《乡村法》，1981年《野生动植物与乡村法》，1985年《野生动植物与乡村环境（修订）法》，1990年《环境保护法》，1994年《保护（自然栖息地等）规范》，1999年《城乡规划（环境影响评估）（英格兰与威尔士）规范》，1999年《城乡规划（树木）规范》，2004年《可持续与建筑安全法》，2006年《自然环境与乡村社区法》
乡村道路（或设施）建设类法规	1935年《限制带状发展法》，1949年《国家公园与乡村通路法》，2000年《乡村与可通行法》
乡村农业等政策法规	1947年、1967年、1970年、1986年、1993年《农业法》，1967年、1979年、1991年《林业法》，1988年《农场与乡村发展法》

1947年《城乡规划法》规定国家具有开发土地的权力,并除小部分特例外,可对所有规划提议提出要求,以确保从地方政府获得规划许可(如被拒绝,其条款允许上诉)。为保障土地开发许可实施,该法将原有的1400个规划局重组为145个地方政府(由县镇政府组成),并要求他们准备全面的发展规划。

1968年《城乡规划法》规定了规划的制定与行政事权对等。英国郡范围内的结构规划均由郡政府编制,但由中央政府审批。事实上,地方层面上的各项规划都是由地方政府制定的,但必须符合区域层面结构规划的指导原则。

1968年《乡村法》把过去中央政府的乡村代理机构变成"乡村委员会"(在英格兰,这个委员会叫"自然英格兰";在威尔士,称之为"乡村委员会";在苏格兰,称之为"苏格兰自然遗产")。不同于政府部门的代理机构,乡村委员会独立于各部门之外,并独立执行它的职责。同时,委员会的组成人员应能反映各社会利益集团的利益并更具社会权威性。这项法律赋予乡村委员会以下任务:

1)对三个方面的乡村问题进行长期研究和评估:提供和完善乡村基础设施和公共服务设施;保护并改善乡村景观和人文景观;保证满足人们到乡村休闲娱乐的需要,并与地方政府规划局及相关政府部门共同处理过程中产生的不同利益机构之间的冲突;

2)支持、鼓励并提倡个人或机构提出不同的解决方案;

3)给中央政府各个部门提供有关乡村各种事务的咨询意见;

4)及时向地方政府部门传达任何个人或社会团体提出的意见;

5)保障地方政府部门执行法律赋予他们的权利;

6)积极开展针对乡村问题的调查和研究;

7)向中央政府部门提出解决乡村问题的建议;

8)主持和设计乡村建设实验,制定相关乡村建设管理规范,并借以处理乡村发展中的问题;

9)通过合法手续,委员会可按照协议或强制方式购买土地,利用这些土地进行乡村建设。

同时，该法也要求地方政府（即郡政府或区政府，包括伦敦市政府和其自治政府）考虑两件主要乡村事务：参考城镇或建成区位置来确定乡村位置；考虑现有基础设施和公共设施是否能够满足人们享受乡村环境的需求。另外，该法也赋予地方政府以下权力：规划建设地方乡村公园，保护自然景观和人文景观；乡村公园可以建立在公共土地上，并可按照规划建立在私人土地上，地方政府有权依法强制购买这些私人土地；扩大、维护和管理乡村公园；如果乡村公园包括水面，地方政府可以提供与水相关活动的设施；地方政府可在乡村公园内建立公共卫生设施与垃圾收集设施，负责维护公共卫生。

2004年《规划政策条例7：乡村地区的可持续发展》是根据英格兰土地使用规划的不同方面制定的政府政策，它取代了1997年2月出版的规划政策引导第7条：乡村—环境质量、经济及社会发展。这些政策是应用于乡村地区，包括村镇及更宽广范围内相对不发达的乡村及大城市边缘地区。该条例在当前英国各级管理部门中正在使用，较好的反映了英国最新时期乡村建设管理法规所关注的重点及时代特色，具有很强的代表性。

1）国家目标

在该条例中，英国政府明确提出了乡村地区相关规划政策条例所要达到的切实目标，即：

① 提高生活质量和乡村地区环境，可通过以下几方面实现：繁荣的、富有内容和可持续的乡村地区，通过提高当地环境和邻居关系以确保人们具有相当好的居住地；可持续的经济增长与多元化；高质量、可持续发展，并尽可能的尊重和提高当地独特性和乡村所特有的独特品质；通过对最有价值的自然景观及环境资源的保护，来持续维护造福大众的开放性乡村地区。

② 促进更加可持续发展的模式：强调现有村镇或周围地区的最大发展；阻止城市扩张；不鼓励对绿地的开发，当必须使用绿地时候，应确保对其高效使用；促进能够使城市外围乡村利益最大化的土地使用方式；提供能使居住在广阔乡村的城乡居民满意的休闲机会。

③ 通过提高经济表现来促进英国区域的发展，从而能够使其达到完满的预期效果——通过发展那些能提供多种工作和支撑强有力经济，且具有竞争性、多样性和繁荣的乡村企业。

④ 促进可持续性的、多样化的和适应性强的农业地区，在这些地区，农场达到高标准，最大限度降低对环境资源的影响，并能掌控有价值景观和生物多样性，能间接或直接对乡村经济多样性作出贡献，本身具有竞争性和营利性，而且能达到公众所需的产品质量要求。

⑤ 对于实现以上国家目标，政府规定规划管理部门应起至关重要的作用，通过对规划体系的操作和政策运用来制定规划政策条例和规划政策引导条例。

2) 主要法则

条例明确指出可持续发展是支撑土地使用规划的核心法则。这一点与当前欧洲国家对环境保护的大力投入与重视相得益彰。该条例中提出的以下主要法则应结合其他相关PPS（规划政策条例）中制定的所有政策综合应用：

① 发展计划的决策应以可持续发展法则为前提，确保一个全面考虑整合的方法：社会包含性、个体认知需要；有效的环境保护和改善；对自然资源的谨慎使用；维持高而稳定的经济增长和就业水平。

② 位于现有村镇，高质量、选址慎重且易于到达的规划项目应该被批准，它有利于当地经济和/或社区（例如，为特别的当地需求建设经济适用房），维持或改善当地环境，而且与其他规划政策不冲突。

③ 可通达性应该是所有发展决策的一个关键因素。那些可能创造大量旅游的发展计划应该选址在公共交通、步行和自行车所能到达的镇子或其周围，或其他服务中心，并符合PPG 13（规划政策引导13）——交通中制定的政策。其他乡村地区发展选址决策应尽可能地给予人们通过公共交通、步行和自行车到达的最大机会，能持续取得发展的主要目的。

④ 位于远离现有居民点或在发展规划中用于发展区域之外地区的建设发展应该被严格控制；政府总的目标是为了保护乡村的固有特性和

美景，景观多元性，遗址和野生动植物，自然资源财富，从而使人们乐在其中。

⑤ 相对于绿地而言，对曾经被用过的土地（褐色土地）再利用应具有优先权，除了在没有褐色土地，或这种褐色土地的可持续发展性能相比绿地非常差的情况下（例如，它们远离居民区和服务区）。

⑥ 所有乡村地区的发展应该被很好地设计，充分考虑到慎重维护选址地规模，保留乡村特点及独特性。

3）可持续发展规划的根本原则

该条例也规定了一系列应该被切实贯彻的根本原则，从而确保报批的发展规划均可以为可持续发展作出贡献。反过来讲，"是否是可持续发展的"也就成为发展规划可否获得批准的必要条件。这些根本原则有：

① 发展规划应该确保把可持续发展作为一个整体来考虑，且与英国可持续发展战略规划保持一致。区域规划机构及地方规划管理部门应该确保其发展规划在环境、经济、社会等领域均能随着时间的发展获得显著提高。

② 区域规划机构及地方规划管理部门应该通过对气候改变的原因及潜在影响的重视来确保其发展规划对全球可持续发展做出贡献。因此，在相关政策中应提及减少能耗、减少排放（例如，通过鼓励相应的规划模式来减少私家车出行，或减少长途货运需求）、促进可再生能源发展，且将气候改变所造成的影响加入到对开发项目的择址与设计过程的考虑中。

③ 一套空间规划方针应该成为可持续发展规划的核心内容。

④ 规划政策应该在新开发项目及私人住宅项目上，促进高质量的综合设计。这些设计方案应该体现出在功能和对环境影响方面的足够重视，因为这些影响跨越其使用寿命而非短期的。那些无法为提高特定区域的特色及品质做出贡献的方案不应该被批准。

⑤ 发展规划也应该根据择址与外部物理环境条件确定清楚的、全面的及综合的实施政策。这些政策应该考虑人们的多样性需求，并能够

摒除社区内不必要的分歧与排他性,从而促进整个社区的健康发展。

⑥公众参与是落实可持续发展规划和创造安全的可持续社区的必要元素。在论证具体某地的发展前景时,规划管理部门应该确保社区公众能够为如何达到预想的前景贡献意见,拥有参与起草发展前景、发展战略及特殊规划政策过程的机会,从而使他们能够全面参与规划发展计划的制定。

基于以上这些基本要求,该条例也对诸如可持续乡村社区、经济发展和服务,乡村、农业、农场多样性,与马相关的产业活动和森林业,旅游业和休闲等细节均做了明确规定。总的来讲,对健康发展的可持续乡村的追求是本条例所追寻的最终目标,而环境与经济的和谐发展也正是制约我国现阶段乡村进步的瓶颈所在。因此该条例应能对我国乡村建设法规的编制起到一定的借鉴及指导作用,详细内容请参见译文部分。

2004年,Defra在《乡村战略》中又提出了政府对乡村政策应给予的三个优先考虑:

1)经济与社会更新。支持英格兰乡村的企业,但更关注拥有最大需求区域的资源;

2)体现全面社会公正。为所有乡村居民解决乡村社会排他性并提供公平合理的服务与机会共享;

3)提高乡村价值。为当代人及子孙后代保护优美的乡村。(Barry Cullingworth & Vicent Nadin, 2006, P323);

显而易见,这是一个社会意义极为深远的目标,因为它是为生活在英国所有人的利益而去维持并提高英格兰乡村的特色环境、经济与社会结构。

(2) 德国乡村建设管理法规体系

在德国,乡村地区相对于城市地区而言,除了一系列自然和地理因素的特点之外(大量农业生产用地、居民点分布相对分散等),同样具有自身的规划建设制度方面的要求。实际上在城乡规划领域,乡村地区地位的变化主要是作为国民经济主体的城市空间单元不断发展的结果,使得城乡关系联系紧密,甚至推动了整个国土范围内空间规划的发展。

在广阔的乡村地区，具体的建设活动变成了局部的活动，其他包括农田的建设、区域交通基础设施的发展，事实上都超出了城市规划法规的管理范围，因此在制度层面，探讨如何将区域和地方的整体发展政策融入乡村建设，以及如何促进乡村地区建设法规与其他法规的协调就成了乡村地区不同于城市地区的特殊制度要求。换句话说，乡村规划的成功与否是由很多超出作为规划主体的当地政府和规划部门之外的因素所决定的，因此一方面乡村发展依赖于规划主体自身的水平提高，同时也依赖于规划主体与其他方面的协调结果。

德国乡村规划包括正式的法定规划和非正式的公众参与规划两部分。法定规划的法律依据涵盖四个方面：包括基于《空间秩序法》实现州域规划制定的目标，《建设法典》对相关建设行为的约束，《田地重划法》对乡村产权土地关系的规定，以及具体的建筑法规对单体建筑物的规章。

在程序上，规划首先基于州域规划和区域规划的有关目标，自上而下引入专业的技术人员和乡村规划专家负责进行技术支持。但是就目标方面，整个乡村更新规划的核心体现在自下而上的公众参与规划中，通过社区同当地居民和有关团体的共同参与的非正式规划，制定出规划的目标和具体实施程序。规划首先在战略规划层面通过SWOT等手段对整体性和重点领域的发展问题进行深入分析并确立基本目标，然后在此基础上确立实施性规划的具体内容。

在确立了整个乡村更新规划的核心理念、主要目标和基本手段之后，所有的具体实施过程都要接受作为法律依据的《建设法典》和《田地重划法》从建设活动和土地管理两方面的约束。《建设法典》主要涉及土地利用规划、土地重划、地界调整、地方发展规划，以及有关的具体建筑管理规范的要求；《田地重划法》主要涉及田地重划工作的组织建构、公共服务设施的建立以及其他的涉及土地管理和交易的规定。在这些工作的同时，乡村更新规划还必须符合包括自然保护法、历史建筑维护等法规在内的各项法律规定的制约。

图1-1所示为德国乡村法规管理体系。

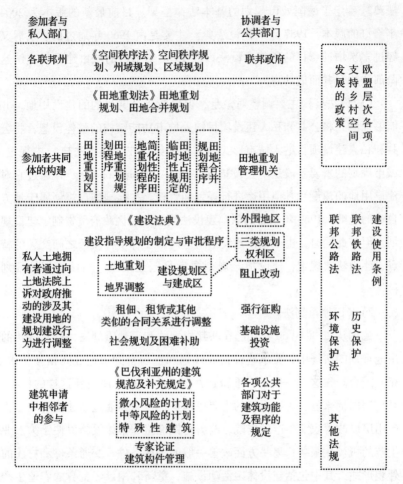

图 1-1 德国乡村法规管理体系

德国乡村法规管理体系中最主要的法规就是《建设法典》和《田地重划法》。

1)《建设法典》

必须强调的是，德国的城市规划法规体系本身不存在城市与乡村的差异，但是在具体的条文中，仍然有大量针对乡村的社会与空间环境特点，以及乡村与城市关系而提出的具体措施。德国的城市规划法有其成文法典称为《建设法典》（Baugesetzbuch），这部 1987 年颁布的《建设法典》确定了德国城市规划的基本法律框架。目前最新的版本为2004年修订的版本。1987年《建设法典》主要是由1960年通过的、以后又经过多次增补修订的联邦建设法以及1971年出台的城市建设促进法这两部法律合并而成的。

《建设法典》主要调整对象是，保障由于公共目的的建设用地，并能够征购；将公共和私人建设项目纳入城市功能结构的整体设想；将公共和私人建设项目纳入城市形式的基本框架。在《建设法典》中规定，城市规划的重要手段是"建设指导规划"（Bauleit planung），通过它对建设用地的建设和其他用途进行规划和管理。在德国城市规划属于地方自治的范畴，1960年颁布的联邦建设法规定镇、区政府负责制定建设规划。但与此同时，由于城市建设格局呈现出在各个行政区之间交叉的特点，建设法典规定，建设指导规划要满足国土规划、州域规划的规划目标。

2）《田地重划法》

德国从20世纪60年代起在联邦规划法和田地重划法，以及各州的田地重划的法规中，要求建设指导规划和重新合并田地之间相互合作，相互配合。在这层关系上，重新合并田地也包括村庄更新这样的任务。对村庄内部来说，村庄更新的主要措施是：一方面通过新建或者改建生产用房以改善农业生产的场院，改善村镇道路和集体设施以便于为农业生产的机械化服务；另一方面改善一般的生活条件、交通条件和村庄的外貌形式，其中包括建设休闲活动设施，重新利用已经荒弃的农业生产建筑，或者重新改造过去过于偏重道路通行而建设的过境道路。

《田地重划法》对于田地重划工作的管理结构作出了规定，田地重划的实施是由各联邦州加以推动的任务，一般来说田地重划的管理机关分为三级，最高一级为州的相关管理部门，以下为区一级的管理部门，然后是最下一级的管理部门，一般负责具体的田地重划工作的实施。由于田地重划工作常常超出单一行政区域的范围，往往通过在相关行政区域的区级管理部门之间协商确定具体的执行部门及其上级管理部门。

在《田地重划法》有一项专门的田地合并程序，专门用于单纯调整属于不同财产所有者之间的地产形状，以利于生产、生活工作。建设指导规划可以利用相比之下程序更为简便的重新合并田地法律程序的优势，推动快速的开发。关键在于，重新合并田地只需要"参与合并的集体"，也就是与此有关的全体地产所有者作出决定即可，而建设指导规划则需要所有居民的公平参与，并经过复杂的公示以及其他的程序。

田地合并是作为田地重划规划之中相对独立的一部分工作出现的，相比于田地重划规划涉及广泛空间范围的土地、人员与设施，田地合并主要针对少数财产所有者，而且一般情况下只关注土地的调换，而较少涉及其他的设施，因此只需当事人同意即可。田地合并工作可以作为田地重划的启动工作，也可以单独进行，再被纳入以后的田地重划工作之中。

（3）法国乡村建设管理法规体系

在法国，由于乡村开发建设是一个非常综合的概念，涉及乡村地区的经济、社会、环境、文化、建设等诸多方面，因此对乡村开发建设的管理并非简单地以某一方面的法律法规为依据，而是以相关方面的法律法规政策共同组成的乡村开发建设管理体系为基础。

1）乡村法规内容

目前，法国现行法典共63部，几乎整合了现行的所有法律法规，并涵盖了国家社会经济的方方面面。广义上讲，其中与乡村地区相关的任何法律法规都会以直接或间接的方式，在不同程度上对乡村开发建设产生影响，并因此而成为乡村开发建设管理法规体系的组成部分。但是，如果从空间开发的角度狭义地理解乡村开发建设，则乡村开发建设管理法规体系主要由涉及空间开发的法律法规组成，主要包括《农村法典》、《城市规划法典》、《建设与住宅法典》、《道路管理法典》、《文物法典》、《旅游法典》、《公益事业征用土地法典》、《森林法典》、《环境法典》等。上述法律文件分别从不同方面，针对乡村空间不同组成要素的开发建设做出了详细规定，成为对乡村建设实施综合管理的重要法律依据；其中，《城市规划法典》和《农村法典》分别与乡村建设中的村镇建设和农业建设直接相关，因此可被视为乡村建设管理法规体系的主导法。

法国的法律建设主要采取法案与法典相结合的方式。其中，所谓"法案"是根据当前发展的现实需要，针对某一主题或目标而出台的法律文件，所谓"法典"则是对有关某一主题的所有法律法规的汇总和整合；通常，当一部新的法案出台后，其中的具体内容都会被纳入相关的法典之中，从而使原有的相关法典得到必要的修改、补充和完善。这样，一方面法典的存在确保了有关某一主题的法律法规体系的相对完整，另一方面法案的制定则确保了法律法规体系的建设能够适应现实发展的变化，由此促成整个法律体系的动态发展（见表1-2）。

法国乡村建设管理法规体系构成　　　　表1-2

构成	法律名称	管理对象
主导法	城市规划法典	城市建设（村镇建设）及其土地利用
	农村法典	农业建设及其土地利用
相关法	建设与住宅法典	房屋与住宅建设
	道路管理法典	道路建设与利用
	文物法典	文物保护与利用
	旅游法典	旅游设施建设
	公益事业征用土地法典	公共设施的土地征用
	森林法典	森林保护与利用
	环境法典	环境保护

法典作为对有关某一主题的所有法律法规的汇总和整合，通常分为法律和法规两个部分，有的法典还包括法令部分和附件部分。其中，法律部分是指以国家法律为依据形成的法律条文，内容主要是对相关主题的总体原则和基本规定等；法规部分是指以国家行政法院颁布的法令为依据形成的法律条文，内容多为相关的标准、规范、做法等。

至 2005 年，法国才颁布了专门针对乡村开发的第一部法律文件，即有关乡村地区空间开发的 2005 年 2 月 23 日第 2005-157 号法案，从而为乡村开发的参与者提供了专门的政策工具。该法案由中央政府的 15 个部门共同签署，共分 8 个章节、240 个条款，宗旨是强化乡村开发在国土开发中的核心地位，因此特别强调以下内容：

① 针对人口衰减的乡村地区，加强经济发展、增加就业岗位、改善住宅供应、开发利用已有建设，以吸引企业入住和人口迁移，促进当地社会经济发展的复兴；

② 向当地居民提供更好的公共服务，并使其可以公平地使用各种公共设施，以提高当地的生活质量和经济吸引力，并确保法国公民的公平机会；

③ 加强保护自然环境和脆弱空间，特别是城乡交接地区、中央高原地区、草原地区、森林和湿地等，同时更新房地产开发的配置；

④ 此外，法律还强调了某些公共机构对乡村地方实施干预的能力。

总的来看，在法国，由于不存在城市和乡村的行政建制之分，因此针对开发建设行为实施怎样的管理制度完全取决于开发建设行为自身的特点。就乡村建设而言，与城市建设基本相同的村镇建设因具有城市化属性而被纳入以《城市规划法典》作为法律依据的城市规划管理范畴；而乡村地区特有的农业建设，特别是与农业生产直接相关的土地利用行为，则被纳入以《农村法典》作为法律依据的农业空间管理范畴。

2) 乡村开发政策

在法国，由于乡村开发是国土开发的重要组成部分，且城市与乡村之间没有行政建制之分，因此乡村开发政策和城市开发政策均被纳入统一的国土开发政策框架体系之中，可归纳为综合政策、地区政策和专项政策三大类型；它们建立在一套综合规划（或计划）和专项规划（或计划）的基础之上，从国家、大区、省和地方联合体等不同层面，以及经济、交通、文化、教育等不同角度，调控包括城市和乡村在内的国土开发建设，以适应国家经济社会生活的变化（见表 1-3）。

法国现行国土开发政策框架　　　　　　表1-3

政策分类	政策细化	适用范围	政策表达
综合政策	空间规划政策	整个国土	大区、省和地方联合体层面的综合性空间规划文件
地区政策	城市政策	城市地区	被纳入"国家—大区规划协议"框架，以不同形式的"开发整治市际宪章"表达的规划文件
	乡村政策	乡村地区	
	城乡混合区政策	城乡混合区	
	山区及滨海地区政策	山区及滨海地区	
专项政策	经济政策	部门职权范围	经济发展计划
	住宅政策		住宅发展计划
	交通政策		交通发展计划
	数字技术政策		数字技术发展计划
	公共服务政策		公共服务设施发展计划
	高等教育政策		高等教育设施发展计划

① 综合政策

在法国，国土开发综合政策主要指适用于规划区范围全部国土的综合性国土开发战略和计划，相关内容主要体现在不同层面的综合性空间规划文件当中，例如国家层面的《国家发展五年计划》和《国家可持续发展战略》，大区层面的《空间规划与发展大区计划》，其他地方层面的《国土协调纲要》、《空间规划指令》等，主要目的是对不同地区政策和部门政策进行整合。其中，根据地方分权的需要，国家层面的《国家发展五年计划》在20世纪90年代后即已停止编制，但《国家可持续发展战略》至今尚未编制完成；而在大区和其他地方层面上，《空间规划与发展大区计划》、《国土协调纲要》和《空间规划指令》等综合规划或计划则在落实国土开发综合政策过程中发挥着重要作用。

② 地区政策

就其本质而言，地区政策也属于综合政策的范畴，只是它分别适用于不同的特定地区，而非整个国土。法国现行的国土开发政策将整个国土划分为城市地区、乡村地区、城乡混合区和山区及滨海地区四种类型，针对不同地区的发展特点，分别制定了不同的政策措施和建设计划，相关内容主要通过不同形式的"开发整治市际宪章"，体现在"国家—大区规划协议"之中。目前，法国针对乡村地区的地区政策主要包括：

a. 优秀乡村中心（pôle d'excellence rurale，简称PER）政策；

b. 乡村复兴区（zone de revitalization rurale，简称ZRR）政策；

c. 大区自然公园（Parc naturel régional，简称PNR）政策。

除了专门针对乡村地区的地区政策以外，在有关城市地区、城乡混合区、山区和滨海地区的地区政策中，也常常包含与乡村开发建设密切相关的内容，特别是有关自然空间保护与利用的内容，例如国家公园的保护与利用、湿地的保护与利用、山区牧场的保护与利用、山区农业的保护等等。

③ 专项政策

除了综合政策和地区政策之外，国家和各级地方还可基于各经济部门或职能部门发展的需要，制定有关国土开发的专项政策，主要涉及经济发展、住宅建设、公共服务、数字技术建设等。其中，由中央政府负责编制的《公共服务规划》（schéma de services collectifs，简称SSC）根据1999年的《区域规划法案》建立，自2002年开始实施，主要目的是确定在2020年的规划期内，高等教育和研究、文化、健康、信息交流、能源、自然与乡村地区保护和体育等公共服务发展的基本原则。

与此同时，配合着近几年的立法建设，法国逐步建立了有关乡村开发的管理工具，可大致划分为结构性工具和程序性工具两种类型。所谓"结构性工具"是指针对法国乡村市镇规模普遍偏小的特点，可以通过多种途径建立不同形式的地方联合机构，例如城乡混合区、大区自然公园和市镇共同体等，以便从自然和人文的角度，协调不同地方之间的发展。所谓"程序性工具"是指为乡村开发建设提供现状普遍匮乏的财政资助；为此，法国政府通过立法途径，制定了财政预算分配原则，其中除了中央政府各部门的资助之外，随着地方分权的不断推进，越来越多的大区政府开始建立自己的地方体系，例如PACA（Provence Alpes Cote d'Azur)大区政府制定的《共同整治计划》(Program d'Aménagement Solidaire,简称 PAS),以及其他大区政府制定的《共同整治纲要》(Schéma d'Aménagement Solidaire,简称 SAS)等。

(4)美国乡村建设管理法规体系

美国的联邦制度将法规体系划分成两个层次——联邦系统和各州系统。联邦的权力主要在国防、外交、货币、国际贸易等国家层面上。具体就乡村建设管理而言,联邦主要从联邦预算、全国性财经政策等方面来立法、建章、设置项目与机构,以支持与引导乡村发展建设;以及在粮食安全、环境保护等关乎国家利益的方面做出限制与规定等等。而各州依据联邦宪法,在各自的乡村建设管理方面也享有很大权力,进而制定各自不同的州一级法规体系;此外,州还可进一步依据州立法再分权赋予次一级地方单位。本文研究的重点主要集中于美国联邦层次的法规体系。

在 1961 年,《区域再开发法》以及相关乡村地区再开发项目被用于解决乡村的失业问题。1965 年《住宅与城市发展法》通过,美国住宅与城市发展部(HUD)随之设立,其任务中包含改善乡村住宅的内容。1965 年阿巴拉契亚区域委员会被联邦立法成立,该委员会致力于打破州行政边界来解决该地区的贫困与发展建设问题。

1972 年通过的《乡村发展法》,标志着乡村发展作为一个独立政策的出现。从此在传统的农业、农民方面关注之外,一系列综合发展项目例如污水污物处理、社区设施建设、工商业扶植贷款等被系统地编排入联邦的预算与实施项目体系,并授权美国农业部(USDA)领导实施。

1990 年一个名为"联邦乡村发展议会"(SRDCS)的联邦级别的、非政府组织成立。政府的、企业的、非营利组织的力量参与共同讨论乡村发展项目,联邦政府的参与者并不领导这一组织,但是帮助推动这样的讨论。1990 年作为农业法的《食品、农业、保护和贸易法》中才第一次将乡村发展(Rural Development)作为一个独立的类目列出,其中包含绿化、电信和基础设施建设等方面内容。

在美国,联邦议会立法授权给联邦政府的相关部门予以行政,并视具体需要会制定更加全面、具体的法规。所有的联邦法规都收录在美国《联邦行政法规汇编》（CFR），其中关于乡村建设管理的内容比较全面地收集在第7类目"农业"中的相关章节中，在条文具体内容上也会援引映射其他类目的有关交通、卫生、住房建设等法规内容。

在美国《联邦行政法规汇编》第7类目"农业"中编号为1600－2099之间的部分是所有关于乡村地区的电力电信、给水排水、污水垃圾、住宅房地产、建设修缮方面的具体法规，例如《电力工程中建筑服务与设计的政策与程序》、《电信系统规划设计标准与程序》、《家庭水井系统资助项目》、《水与废物的（项目）贷款与资助》、《环境政策与程序》、《建设与修缮》、《住房》、《乡村开发》、《当地电视信号接入担保贷款项目》等。而在编号为2600－4299之间的部分，还列出所有农业部下属各有关部门办公室及其实施项目的法规，例如：能源政策与新能源使用办公室的《生态产品指定导则》；环境质量办公室的《文化与环境质量》；乡村住房服务处的《独户住房贷款与资助》、《社区（建设）项目》等。

以联邦行政法规中的第1924部《建设与修缮》法规为例，进一步说明法规中的具体内容。该法规共计有英文单词约6万，其第一个主要部分是"建设及其他开发的规划与实施"，正文包括目标、授权与责任、相关概念定义、规划工作、实施工作、监察工作、规划变更、开发担保、模式化或经评审住宅单元的开发、较复杂开发的附加条件、地方评议、州补充说明、白宫控制号等章节条目；附录则带有"供预计部分支付的居住成本预算细目"、"模式化或经评审的住宅单元要求"、"图纸与说明书导则"、"保温性能建设标准"、"自愿选择的国家示范建筑法规"、"支付合同（样本）"、"执行合同（样本）"、"含铅涂料的禁用"、"季节性农场劳工住宅导则"、"预制住宅的开发装设"、"多户住宅迁居工作的分类"、"十年期住房担保计划的相关要求"等各种参考文件。该法规第二个主要部分是"场地开发工作的规划与实施"的正文中包括目标、基本政策、适用范围、相关概念定义、规划与实施开发、选址、市政基础设施、场地竖向修整与排水、独户住宅基地评估、住宅基地贷款、例外授权、白宫控制号等,附录有"场地开发设计要求"、"相关计划的图示与文件清单"等。除上述两个主要部分内容外,乡村"建设与修缮"法规最后一部分还对"建设过失的投诉与赔偿"相关内容进行了规定。

3. 乡村建设管理法规体系的特点

(1) 乡村法规体系中所体现的政策导向有利于促进城乡统筹发展

总体来看,除了英国以外,欧美其他各国针对乡村建设管理并没有专门的法律,而是普遍将其纳入到统一的城乡建设管理法规体系当中,实施统一的城乡建设管理;同时针对乡村地区的特殊情况,有针对性地出台相应的法律法规,作为对前者的重要补充。

英国早期并没有单独针对乡村的一套规划管理法规体系,而是致力于城乡统筹发展,通过《城乡规划法》来统一规划管理;同时,根据乡村的特点,制定相关法律与政策来推动乡村发展建设。1935年的《限制带状发展法》规定了修建高速公路所必需满足的条件,从而限制了有可能会出现的,在沿着从城镇到乡村道路两侧大量建造房屋的现象。1947年《城乡规划法》中,第一次在法律层面上提出将城乡纳入一体进行统筹规划与建设。

由于中美两国在法系上有着根本不同,所以"法"的含义有差别。美国的公共法主要是对于政府行使公权力的授权,因此从某种意义上说它约束的是申请政府资助项目、使用联邦财政的相关对象,这部分乡村法的内容就是以本研究中所列的乡村地区定义来确定适用范围的。此外,除了有侵害公共利益或他人利益的行为发生、并经司法裁定的情况之外,个人在其私有土地上还是有充分自由的建设处分的权力的。这一点上城、乡是基本相同的,只有在部分建设十分密集的大城市,会有更苛刻的区划法来进行规划控制管理的约束。

同样在法国,乡村开发被视为国土开发的重要组成部分。由于城市与乡村之间没有行政建制之分,因此乡村开发政策和城市开发政策均被纳入统一的国土开发政策框架体系之中,可归纳为综合政策、地区政策和专项政策三大类型;它们建立在一套综合规划(或计划)和专项规划

(或计划)的基础之上,从国家、大区、省和地方联合体等不同层面,以及经济、交通、文化、教育等不同角度,调控包括城市和乡村在内的国土开发建设,以适应国家经济社会生活的变化(见图1-2)。

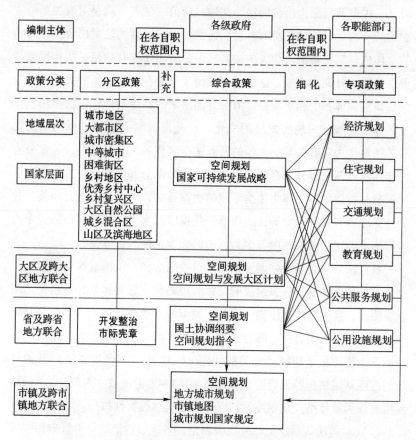

图1-2 法国各类国土开发政策与各种空间规划的关系示意

(2)不同阶段的乡村法规体系建设均强调系统性、延续性

乡村法规体系建设强调系统性。在欧美这些发达国家,对乡村开发建设的管理不是简单地以某一部法律为依据,而是一系列相关的法律文件共同作用的结果。例如在法国,与乡村开发建设管理相关的法律法规主要包括:农村法典、城市规划法典、建设与住宅法典、环境法典、森林法典、道路管理法典、文物法典、旅游法典和公益事业征用土地法

典。因为采用了法典形式,因此每一部法律基本都是针对特定对象,涉及客体属性、具体操作等诸多方面。法国的法律建设主要采取法案与法典相结合的方式。其中,所谓"法案"是根据当前发展的现实需要,针对某一主题或目标而出台的法律文件,所谓"法典"则是对有关某一主题的所有法律法规的汇总和整合;通常,当一部新的法案出台后,其中的具体内容都会被纳入相关的法典之中,从而使原有的相关法典得到必要的修改、补充和完善。这样,一方面法典的存在确保了有关某一主题的法律法规体系的相对完整,另一方面法案的制定则确保了法律法规体系的建设能够适应现实发展的变化,由此促成整个法律体系的动态发展。法典作为对有关某一主题的所有法律法规的汇总和整合,通常分为法律和法规两个部分,有的法典还包括法令部分和附件部分。其中,法律部分是指以国家法律为依据形成的法律条文,内容主要是对相关主题的总体原则和基本规定等;法规部分是指以国家行政法院颁布的法令为依据形成的法律条文,内容多为相关的标准、规范、做法等。

乡村法规体系建设强调延续性。以英国为例,英国目前已经形成了由中央、地区和地方三级组成的完善的规划制定管理体系,各机构之间职能明确,且注重沟通协调。同时,城市和乡镇在具体发展目标的制定方面也具有很大的自由。随着城市化进程不同,城市与乡村的矛盾也必然不同于工业化早期城乡之间的问题。1932年《城乡规划法》开始将规划范围从城镇扩展到周边非建设区域,1949年《城乡规划法》,将城乡用地作为整体纳入规划控制,以后的法规继续贯彻执行。

(3)乡村法规制定强调分层级制定,各级事权组织负责管理相应的乡村建设行为

欧美国家的法律法规制定具有明确的程序,在乡村建设管理法规建设上也如此。作为联邦制的德国有着三种不同管理权限的行政管理层次,即:联邦、州和镇、区(城市层级),由区负责镇内部的某些规划管理工作的审批,没有独立的乡和村的管理层,乡村居民所在地及其周边的农田、林地直接受镇、区管理,并直接通过覆盖全行政区域范围的《土地利用规划》进行统一管理。美国的联邦制度分为联邦系统和各州

系统的规划层级，联邦主要从联邦预算、全国性财经政策等方面来立法；以及在粮食安全、环境保护等关乎国家利益的方面做出限制与规定等等。而各州依据联邦宪法，在各自的乡村建设管理方面也享有很大权力，进而制定各自不同的州一级法规体系；此外，州还可进一步依据州立法再分权赋予次一级地方单位。同时，美国联邦政府授权多个部门执行有关乡村建设的法规，其中美国农业部历史最久，因此在获得资金数量以及设立项目上也占有较主导地位；住房与城市发展部在低收入住宅扶植等方面也设有专供乡村建设的内容。上述不同部门的职权范围、工作内容以及相互配合，都在《联邦行政法规汇编》中得到了充分地阐述，相关条款内容互相映射，能较好地协调部门之间的关系。另外，在上述不同层级、不同部门之间的法律法规之间即使存在相互矛盾之处，也还可以通过诉讼案例的判决来进行裁定。

（4）乡村法规体系注重公众参与

随着规划行为对人们的生活产生越来越大影响，公众参与在法规体系中也就越来越重要。公众参与也是落实可持续发展计划和创造安全的可持续社区的必要元素。在这一方面，英国做出了一定的表率。英国的规划公众参与可以追溯到1945年。在当年镇政府主持的Hornsey规划过程中，公众便可以向政府提供信息并被允许参与部分咨询。随后在1947年的《城乡规划法》中，允许公众对城市规划发表意见和建议的规定便开始出现。而1968年《城乡规划法》将规划体系分为战略结构规划与详细地方规划，这使得人们在实践中对后者更为感兴趣。1972年与1990年《城乡规划法》通过制订有关公众质询的相关规定来保证公众参与。各个地方政府也非常重视此议题，并根据地方需要制定相应的公众参与的法定文件。事实上，规定实际操作过程中的两个阶段——测绘报告与方案比较阶段和最优方案选择阶段，必须通过不同方式实现公众参与［Barry Cullingworth（Edited），1999，P184］。在论证具体某地的发展前景时，规划管理部门应该确保社区公众能够为如何达到预想的前景贡献意见，拥有参与起草发展前景、发展战略及特殊规划政策过程的机会，从而使他们能够全面参与规划发展计划的制定。值得注意的是，

2004年的《规划和强制性收购法》就是通过制定公众参与制度,来保证公众利益能够在规划过程中得到反映。

(二)东亚地区乡村建设管理法规综述

1. 乡村建设管理法规的发展历程

(1)在乡村发展早期结合新农村建设出台相应的乡村建设管理法规

在日本,1952年以来关注的都是农村、山村、渔村的基本发展建设问题,例如《通电促进法》、《町村合并推进法》、《山村振兴法》、《边远岛屿振兴法》,对农村生活质量的改善、农村规划布局建设起到了很大的作用。韩国从20世纪70年代初开始了新村运动,促进了农村的综合发展。先后制定了《农村振兴法》、《农村现代化法》、《农渔民后继者育成基金法》、《农渔村整顿法》、《农渔村计划法》、《农渔村发展特别措施法》、《防潮堤管理法》、《土地改良法》、《农业教育法》、《农渔村电气化促进法》等10多部法规,内容涉及农村社会发展的各个方面。

(2)在乡村发展成熟时期不断配套完善乡村建设管理体系

20世纪80年代,随着韩国的新农村建设和日本的村庄整治工作结束,韩日的农村建设达到了新的高度。与此同时,乡村发展外围的问题显得突出起来。为此,1994年韩国政府专题研究制定了有关促进农渔村发展的14项40条政策措施,力争在20世纪末使农民年均收入超过城镇居民的收入水平,21世纪初实现农村现代化。1997年制定《环境亲和型农业育成法》,通过立法确立和加强环境亲和型农业的地位、职能和作用,并建立健全相关的组织机构,积极扶持有机农业。2003年,韩国政府积极倡导建设具有竞争力和生活和美的农渔村,提出了8项具体政策,表明了韩国政府对农村社会和经济发展继续扶持的决心和力度。

2. 不同时期乡村建设管理法规与政策的侧重分析

(1)乡村建设起步时期

日本的第一次新农村建设于1956年开始实施,当时主要针对农民收入低、生活水平差、农村基础设施落后和农村青年对未来的农业和农村失去信心等诸多难题,而提出的"新农村建设构想"。日本政府在确定1956年国家预算基本方针时,将新农村建设作为农林渔业的重要政策纳入国家计划。日本侧重于农村、山村、渔村的基础设施建设,并推行了町村合并政策。1962~1971年间,韩国实施第一、二个经济发展五年计划,重点扶持工业,扩大工业产品的出口,政府主导的出口导向型经济发展战略取得了一定成效,也具有了"以工哺农"的能力。我国台湾地区自20世纪50年代以来,通过土地改革,实行农、轻、重为序的建设方针,侧重于增加农业投入等措施,使农业获得稳定的发展。

(2) 乡村建设成熟时期

针对工业大发展所引发的农村人口急剧流向城市、传统村落社会迅速崩溃、乡村人口迅速减少等所谓的农村"过疏问题",日本政府于1967年制定了"经济社会发展计划",出台了谋求经济产业均衡发展、区域均衡发展、适应国际化经济发展趋势、缩小城乡差距、消除环境污染等一整套政策措施。在农业及农村方面,该计划则强调全力推行综合农业政策,将新农村建设置于推进农业及农村现代化的核心位置,这被日本农业界称之为"第二次新农村建设"。20世纪70年代末,日本政府又发起了"造村运动",其出发点主要是以振兴产业为手段,促进地方经济的发展,振兴逐渐衰败的农村。20世纪70年代初韩国开始进行"新村运动",与日本乡村建设背景具有很大相似性,韩国侧重于支援农业,以缩小城乡、工农、区域之间的差距。韩国政府在1972~1976年实施了第三个五年计划,把"工农业的均衡发展"以及"农水产经济的开发"放在经济发展三大目标之首位,为此,有关农渔村建设和开发的规范和法律的出台与实施就逐渐被提上了议事日程;台湾在农业剩余劳动力转移方面采取了分散型的转移方式,通过发展农村非农产业吸收大量农业剩余劳动力,因此避免了因农业剩余劳动力过量涌入大城市。另外我国台湾地区乡村建设进程的顺利完成,在根本上也是得益于台湾当局的法制和政策保障。

3. 乡村建设管理法规体系的内容

(1) 日本乡村建设管理法规

日本政府十分重视用法律指导不发达地区的经济发展(见表1-4)。

日本将城市规划区分为城市化地区和城市化控制区，以控制城市用地发展规模及方向。日本大城市近郊的大部分农村属于城市化控制区域，这一区域正是城市规划不能直接控制、农业开发不易占用的区域，属于名副其实的城乡管理薄弱的结合部地带。日本目前的土地使用规划的分区制（划线制度），在大城市的城乡结合地区施行的土地使用功能分区上存在着大量重复划分的现象。与此同时，还有大量不被任何规划制度所触及的地区（即在农业振兴整备区域以外的大部分地区，在日本俗称"白地"地区）。多年来此类地区一直存在着土地使用规划和规定上的不足，有很多问题难以得到彻底解决。

日本乡村建设管理法规　　　　表1-4

序号	法律名称	颁布时间
1	《农村、山村、渔村通电促进法》	1952年12月
2	《町村合并推进法》	1953年
3	《振兴地方建设公团法》	1962年4月
4	《边远岛屿振兴法》	1953年7月
5	《山村振兴法》	1965年5月
6	《农业振兴地域整备法》	1969年7月
7	《农村地域工业导入促进法》	1971年6月
8	《半岛振兴法》	1985年6月
9	《聚落地域整备法》	1987年6月
10	《综合保养地区整备法》	1987年5月
11	《市民农园整备促进法》	1990年6月
12	《关于为搞活特定农村、山村的农林业、促进相关基础设施建设的法律》	1993年6月
13	《关于为在农村、山村、渔村开展度假活动、促进健全相关基础设施的法律》	1994年6月
14	《关于促进建设优良田园住宅的法律》	1998年4月
15	《过疏地域振兴特别措施法》	2000年3月

为了解决上述问题，迄今为止，日本城乡结合地区的土地使用规划手法可谓不胜枚举。其中历史较长而又最具代表性的主要是市街化区域的土地区划整理工程（城市规划法）和农业振兴整备区域的土地整理工程（农业振兴地域整备法），以及农业振兴地域的聚落整备工程（聚落地域整备法）。

因此，在日本的城乡规划法律体系中，《城市规划法》主要针对城市化地区和城市化控制区；《农业振兴地域整备法》主要针对农业地区；城市化控制地区则属于《城市规划法》和《农业振兴地域整备法》管理的交叉重叠地区，由此造成该地区的建设开发矛盾重重；在此背景下，针对城乡结合部地带建设管理的《聚落地域整备法》正式出台；可见，日本乡村地域最有效力的整备法律就是《农业振兴地域整备法》、《聚落地域整备法》和《城市规划法》。

1965年制定的《山村振兴法》就是一部关于乡村建设管理的农业法规，1985年对其进行了修订。《山村振兴法》中指出："山村"是指山林面积比率高，交通、经济、文化等条件不发达，产业开发程度低，且居民生活文化水平低下的山间地或其他由政令所指定的地域。并指出山村振兴的核心问题为：（1）农村居住环境的建设，如生活环境的整备、土地和水的利用调整等；（2）农村制度的建设，如老龄化对策、农村妇女活动的促进、社会运营等；（3）城市与农村间的交流，如对农业及农村的体验、特别町（村）民制度、兄弟城市的构建等；（4）农村地区就业与经济收入的确保，如农村自然环境的保护、当地固有产业的发展与振兴、农村地区工业的导入等。

1969年制定的《农业振兴地域整备法》是针对农村土地区划整理而制定的法律，该法案的目的是全面考虑自然、经济、社会等条件后，在一些认为有必要推进综合性农业振兴的地区，有计划地推进该地域整备工作的必要措施，以此寻求农业的健全发展，并对国土资源的合理利用做出贡献。其主要内容是：（1）依据农业发展与合理利用土地的方针，确定农业振兴区域；（2）制定农业振兴区域整备规划，包括农用地利用规划、农田基本建设规划、以扩大农业经营规模为目的调整土地利用和权属的计划、各种公共农用基础设施建设计划、促进农民稳定就业和改善生活环境的计划等；(3) 为实现上述计划，采取土地调换使土地连片的办法；(4) 为确保农业地区的土地用于农业，采取使用权确定、限制开发行为以及农地转用的办法；(5) 签订合理配置畜舍和管理排灌设施协定的办法等。

20世纪60年代后，随着日本经济的高速增长，乡村出现了以年轻人为主的人口流失现象，并进一步导致了世代流失（即举家离村）状况的出现。农村地域面临着道路、用水、共有林管理等农业生产与社会发展的困难，有些地域甚至出现了"无居住"聚落。为了应对这种过疏化发展，日本于1970年制定了《过疏地域振兴特别措施法》，成为日本过疏地域振兴事业发展的保证。《过疏地域振兴特别措施法》主要内容有：(1) 通过采取整备产业基础、促进农村渔业经营的近代化、扶植中小企业、促进企业导入、开发观光业等手段，振兴地方产业，同时增加稳定的雇佣机会；(2) 通过整备交通设施、通信设施等，确保过疏地域与其他地域之间以及过疏地域内的交通与通信联系；(3) 通过整备生活环境、提高高龄者等群体的福利、确保医疗、振兴教育与文化等，提高居民的福利与生活的安定度；(4) 通过整备基本聚落，以及对聚落规模的合理化进行扶植等，促进地域社会的再编成。

二战后，无序的城市化与明显的混居化现象，使日本凸现出了新的土地利用问题，城市近郊农业聚落中农业土地利用与城市土地利用之间的矛盾日益加剧。在已有的解决措施中，虽然通过国土利用计划法、城市计划法、农振法、农地法等实行区域划分和开发限制，但对市街化调整区域内的开发限制和白地农地的计划利用方面并不能充分发挥效果。因此，日本政府在农振法和城市计划法的现行制度中，补充了新的法规《聚落地域整备法》，以此创建完善的土地利用框架。

《聚落地域整备法》立法目的在于有计划地推进农业生产条件和城市环境相协调的整备，从而确保良好的营农条件和居住环境。《聚落地域整备法》指出"聚落地域"是：包括聚落居住地区和周边农用地在内的区域。该地域应具备以下条件：(1) 既位于市街化调整区域内

(未划界时则为未指定用途的地区内)，同时又位于农业振兴区域内；(2) 在土地利用等方面存在同时确保营农条件和居住环境的困难；(3) 需要进行农业生产条件、生活环境整备和土地的利用调整的地区；(4) 地区内有相当规模的农用地和相当数量的住宅等。

《聚落地域整备法》的特征：一是农林水产省和建设省的共管法（农林水产省主管聚落地区整备、建设省主管田园居住区整备）。二是计划对象"聚落地区"被视为法定的计划区域。《聚落地域整备法》通过各都道府县制定的"聚落地区整备基本方针"来实现。而根据基本方针制定的"聚落农业振兴地区整备计划"和"聚落地区整备计划"则是具体的实行方案。这些方案包括：

1) 聚落农业振兴地区整备计划。"聚落农业振兴地区整备计划"和农振计划一样，涉及的事项有：计划区域、农业方面土地利用（重新审视区域划分等）、农业生产基础的整备与开发、农业近代化设施的整备、生活环境设施的整备等。它同农振计划的差异在于，农振计划是以市町村为单位来制定的，而"聚落农业振兴整备计划"是以聚落地区为单位的。此外，对于计划区域内相当规模的农用地，除了有关农用地保护和利用的协定（有效期为10年以内），还能进行农用地的交换分合。协定以全体农用地所有者的共同目标为前提，制定了对违法行为采取的措施，并经过市町村长的批准。

2) 聚落街区整备计划。"聚落街区整备计划"不仅确定了聚落街区的位置、区域等，还确定了有关整备与保护的方针，包括以地区内的居住者为主要对象的道路、公园和建筑物的整备和土地利用等。"聚落街区整备计划"规定了设施的配置、规模、建筑物等的用途限制、建坪率及高度限制等必要事项，其基本性质和街区计划共通。包括的事项有：计划的实现由申请和劝告来担保；通过条例化而具备强制力。但是，由于以市街化调整区域为对象，建筑的限制没有以市街化区域为对象的街区计划详细。

从1993年以后出台的法律来看，日本更加注重增强农业和农村地区自身的活力，诸如1993年颁布的《关于为搞活特定农村、山村的农林业,促进相关基础设施建设的法律》;1994年颁布的《关于为在农村、山村、渔村开展度假活动,促进健全相关基础设施的法律》;2000年颁布的《过疏地域振兴特别措施法》等,都体现了将农村基础设施建设与增强农村自身发展活力结合起来的政策意图。

上述立法思想的转变,主要有以下三方面原因:一是经过一个较长时期的开发和建设,日本的农村基础设施已经有了相当的改观;二是政策支持的开发建设,如果不与增强农村自身的发展活力相结合,难以对提高农民的收入、改善农民生产和生活状况具有长期性效果;三是泡沫经济崩溃后,政府税收减少,财政赤字越来越大,"输血"式的开发和建设难以为继。

(2) 韩国乡村建设管理法规

韩国政府出台了许多乡村建设的法律与政策,为全面推行乡村建设保驾护航。韩国立法体制大致分为三级:一是由国会制定的法律,如《农业基本法》、《农村振兴法》与《农地保护利用法》等,这一级相当于中国全国人大及其常委会;二是根据法律经总统颁布的法令,如《农村现代化促进法施行令》、《农业机械化促进法施行令》、《农地保护利用法施行令》,这一级相当于中国国务院;三是由行政主管部门依照法律和法令制定的施行规则,如《农业机械化促进法施行规则》、《粮食管理法施行规则》与《农地保护利用法施行规则》,这一级相当于中国国家有关部委等。

根据法律实施的效果与功能,韩国的农业农村法律体系可分为8大类:① 基本法。如《农业基本法》与《农业农村基本法》。② 振兴法。如《农村振兴法》、《农水产品输出振兴法》、《酪农振兴法》、《水产振兴法》等。③ 促进法。如《农业机械化促进法》、《农村现代化促进法》、《农村现代化促进法施行令》、《开垦促进法》、《农地扩大开发促进法》、《农渔村电气化促进法》等。④ 组合法。如《农业协同组织法》、《畜产业协同组合法》、《水产业协同组合法》、《山林协同组合法》等。⑤ 特别措施法。如《农渔村发展特别措施法》、《整顿农地改革事业特别措施法》、《农地改良组合育成特别措施法》等。⑥ 管理法。如

《国土利用管理法》、《种苗管理法》、《肥料管理法》、《农药管理法》等法律。⑦资源保护法。如《渔业法》、《水产业法》、《水产振兴法》等。⑧其他法。如《农渔村整顿法》、《农渔村计划法》、《土地改良法》、《蚕业法》等法律。

下面重点介绍影响韩国规范乡村建设管理法规的几个主要法规。

1)《农渔村整备法》

韩国在20世纪70年代以内,农渔村人口的大量无序迁移,带来了诸多的城市问题和社会难题。农渔村劳动力老龄化、弱质化,农业后继无人,加上农业机械化发展滞后,导致部分农渔村地区的农业濒临崩溃的边缘。为解决这一系列问题,韩国政府在实施第三个五年计划(1972~1976年)时,把"工农业的均衡发展"以及"农水产经济的开发"放在经济发展三大目标之首位(其他两个目标是"扩大出口"和"发展重化学工业")。为此,有关农渔村建设和开发的规范和法律的出台与实施就逐渐被提上了议事日程。

《农渔村整备法》所称"农渔村"是指郡的地域和市的地域中在总统令上指定的地区;"准农渔村"是指广域市管辖区域内的地方自治团体区(以下定为"广域市自治区")的区域中按照农地法的农业振兴地区和开发限制区域的指定以及管理的按照特别措施法的开发限制区域;"农渔村整备工作"的目的是为了造成、扩充农业生产基地的农业生产基地整备;为了生活环境改善的农渔村生活环境整备和农渔村观光修养资源开发以及界限农地等的整备工作。具体事业包括:

① 具备集团化的农渔村住宅,共同利用设施等的农渔村的建设事业;

② 为已有村的土地、住宅等的合理再配置的农渔村的再开发事业;

③ 分散村的整备事业;

④ 为简易上水道、村下水道(指根据下水道法第二条规定的下水道中,在农渔村地区以村为单位设置的公共下水道)以及污水、废水净化设施的设置等的事业;

⑤ 重点开发成为居民生活居住点的地区的定居生活圈开发事业;

⑥ 不使用的空房子的拆除和整备；

⑦ 其他为改善农渔村生活环境所必要的事业。

2)《奥地（偏僻地方）开发促进法》（1988年制定）

韩国在20世纪70年代经济起飞阶段面临比较严重的区域不平衡和乡村落后问题，为了扩大经济活动空间、加强工业化基础、促进产业结构调整和产品升级，韩国在"黄金发展阶段"及其后时期不遗余力进行落后区域和农村开发，并制定《奥地（偏僻地方）开发促进法》。

本法律的目的是通过综合开发产业以及生活设施等比其他地区显著落后的奥地地区，实现地区居民的所得增加和福祉向上，减低地区间的差异从而实现国土的均衡发展。根据《奥地开发促进法》（1988年）、《岛屿开发促进法》（1986年）的岛屿及边远地区开发计划，在农林水产部和内务部主管下实施，指导了地区社会单位的落后地区开发事业；随着《奥地开发促进法》的实施，韩国政府对偏僻落后地区进行了大规模投资，力求实现农业工业化，增加农民收入，缩小城乡差别，并在进入20世纪90年代后实现了城乡经济协调发展和城乡居民收入同步提高，促进了区域协调平衡发展；20世纪90年代由于根据《国土综合开发计划法》的原有特定地区开发事业进入结束阶段，根据《关于地域均衡开发及中小企业育成法律》（1994年）引入新的对落后地区的开发制度——"开发促进地区制"，把开发对象地区根据其特征划分为落后地区型、城乡结合型、均衡开发型，进一步对奥地进行深入和长期的开发。

(3) 我国台湾地区乡村建设管理法规

台湾地区乡村建设管理相关法规（建筑、规划）主要隶属于《区域计划法》和《土地法》。主要有《非都市土地使用管制规划》、《制定非都市土地使用分区图及编定各种使用地作业规范》、《非都市土地申请设立游乐区使用农牧用地变更为游憩用地配合事项》、《非都市土地设置加油站事业计划审查作业要点》、《非都市土地山坡地住宅社区开发审议规范》、《非都市土地申请变更编定为游憩用地开发事业计划审查作业要点》、《非都市零星地变更编定认定基准》、《非都市土地申请变更作为社会福利设施使用其事业审查作业要点》、《非都市土地申请变更为作为汽车驾驶训练班使用地与办事业计划审查作业要点》、《非都市土地申请变更农用团体农产品集货、贮藏、冷藏场（库）使用计划审查作业要点》、《非都市土地申请变更作为寺庙建造使用事业计划审查作业要点》等。

1)《非都市土地使用管制规划》

台湾耕地总面积在1976~1986年间减幅约3.2%，水田流失速率年减幅超过0.45%，水田非农化率与GNP相对弹性也一度高达0.033。同时，各类建设用地面积迅速增加，占土地总面积比重快速上升。为有效地规范这些地区的土地管理，台湾地区制定了《非都市土地使用管制规划》。该法依据《区域计划法》第15条第1项规定制定。共10条，另有说明2条；非都市土地的划定为特定农业、一般农业、工业、乡村、森林、山坡地保育、风景、国家公园、特定专用等使用区；非都市土地使用编定后，由直辖市或县（市）政府管制其使用，并有当地乡镇（市）（区）公所随时检查，其有违反编定使用者，应即报请直辖市或县（市）政府处理。

就其实施效果而言，该法案促进了农户分散耕地以适当方式集中经营，有利于农村交通、水利兴修、机械耕作和农地开发利用，在一定程度上限制了之前工业和都市发展对耕地的侵占。

2)《非都市土地开发审议作业规范》

本规范依《区域计划法》（以下简称本法）第15条之二第2项规定而制定；非都市土地申请开发面积足以影响原使用分区划定目的者，依非都市土地使用管制规则规定，其土地使用计划应经区域计划拟定机关审议者，除其他法令另有规定者外，应以本规范为审查基准；非都市土地申请开发区应符合区域计划保育水土及自然资源、景观及环境等土地利用方针，并应符合区域计划之部门发展计划之指导；本规范计分总编、专编及开发计划书图三部分，专编条文与总编条文有重复规定事项者，以专编条文规定为准。未列入专编之开发计划，依总编条文之规定；为提供非都市土地拟申请开发者之咨询服务，申请人得检具附件一之数据,函请区域计划原拟定机关或直辖市、县(市)府就拟申请开发之基地,是否具有不得开发之限制因素,提供相关意见。

4. 乡村建设管理法规体系的特点

日本、韩国、我国台湾地区乡村建设管理法规与欧美国家相比既有相同之处也有其独有的特点,概括起来,主要有以下几个方面:

(1) 日本、韩国和我国台湾地区乡村法规体系对我国乡村法规建设有更多的借鉴性

位于东亚地区的日本、韩国虽然与我国政治制度和经济状况等方面有所不同,但人多地少、耕地资源贫乏、农村曾经十分落后的背景与我国有许多相似之处。通过对日本、韩国、台湾地区乡村建设相关法律法规的研究、对比和分析,特别是日本的"经济社会发展计划"和造村运动、韩国的新村运动、台湾地区的非都市区土地管制与中国内地的新农村建设有更多的相似性,可以给我国的乡村建设提供更多的借鉴。

日本是个人口众多的岛国,其人口超过1亿人,陆地面积只有不到38万 km^2,其耕地面积仅占世界耕地面积总数的0.4%,人口却占世界人口的2.2%左右。其人均耕地面积比中国还少,只占中国的3/5,属于典型的人多地少国家;韩国国土面积约10多万平方公里,人口4500万人左右,但其国内可耕种面积少,耕地仅占国土面积的22%,也属于典型的人多地少国家;我国台湾地区在20世纪40、50年代之前由日本在台湾实行"工业日本、农业台湾"政策,其乡村地区也是典型的二元格局社会,农村和农业极其衰败。这些跟我们国家农村改革发展初期面临的问题很相似。

日本、韩国、台湾地区乡村建设管理法规体系的核心是法治。日本、韩国、台湾地区乡村建设基本始于20世纪60、70年代,所有乡村建设工作都是首先从制定有关法律法规开始,以法治而不是人治来约束和指导管理工作。这些国家和地区对法制建设高度重视,根据不同社会发展时期对乡村建设管理工作的实际需要,不断地出台相应的法律、法规,并逐步形成了系列化、完整化的乡村建设管理法律制度

体系。

(2) 日本、韩国和我国台湾地区乡村法规体系清楚、完善

乡村建设是一项复杂的系统工程,面对建设中的一系列复杂问题,日本、韩国、台湾地区制定了诸多的法律法规。尤其是日本,其乡村建设管理法律数量之多、范围之广、要求之具体,可谓东亚之最。

日本乡村建设立法的附属法律与规定详尽,具有很强的可操作性。日本在制定法律时,为了使法律含义更清楚并方便于实施,通常在每项法律之后,都附有施行令、施行规则以及解释立法条文的规定等。例如,《农业振兴地域整备法》的附属实施令有11条、施行规则多达44条。由此形成的法律更加明确具体、严密而完善。

同时,在日本,每条重要法律第一条都规定了该法制定的目标,以下各条均为达到此目的所必须采取的措施和要求。例如,1965年制定的《山村振兴法》第1条规定:"鉴于山村在国土保全、水资源培育、自然环境保护等方面承担着重要责任,而其产业基础与生活环境的整备与其他地域相比却处于低位的实际情况,为了明确山村振兴的目标,通过制定有关山村振兴计划并采取必要措施以使该计划所规定的事业得以顺利实施,来谋求山村的经济发展,提高居民福利,同时缩小地区差距,为国民经济的发展做出贡献,特制定本法。"又如1971年制定的《农村地域工业导入促进法》第1条规定:"本法律的目的是,通过积极而有计划地促进农村地域的工业等的导入,促进农业从业者根据其希望与能力而从事于被导入农村的工业,促进农业结构的改善,从而在寻求农业与工业等均衡发展的同时,使雇佣结构高度化"。

日本的乡村建设管理法规职责划分具体、明确,事权明晰。日本每一项乡村建设管理法规中对职责划分的都相当清楚。例如,1972年制定的《过疏地域振兴特别措施法》明确规定:都道府县知事应制定都道府县过疏地域振兴计划,并将其交至内阁总理大臣处;内阁总理大臣在接到提交的市町村计划时,应立即将其内容通知相关行政机关的长官;此时,相关行政机关的长官可以就该市町村计划向内阁总理大臣提出意见;内阁总理大臣在认为必要时,可以为了过疏地域的振兴,而向相关

地方公共团体提出建议或对相关地方公共团体进行调查。

(3) 乡村建设立法与乡村建设发展需要及时跟进，且不断被修改和完善

在日本乡村建设方面，最早颁布的法律是二战后1952年出台的《农村、山村、渔村通电促进法》，以后又陆续出台了十多部法律，包括《边远岛屿振兴法》、《山村振兴法》、《农村地域工业导入促进法》、《农业振兴地域整备法》、《半岛振兴法》、《聚落地域整备法》等等，这些促进农村地区发展、改善农民生产和生活条件的法律，内容十分完善，构成内容丰富、体系完善的乡村建设管理法律体系。

同时，日本乡村建设法律会随时间的推移和条件的改变，经常对法律的内容进行修改，使其适应时代发展的需要。例如，《农业振兴地域整备法》于1969年制定和公布后，分别于1975年、1980年进行修订，时隔5~6年就立即修改；又如，1970年制定的《过疏地域振兴特别措施法》，2000年进行了重新修订。

(4) 在乡村发展过程中，乡村法规体系构建中重视农业扶持法规的制定

日本政府最重视农业法规和政策的制定：① 在1967~1979年第二次新农村建设期间，1967年8月农水省制定了"结构政策的基本方针"。② 1968年创设了综合资金制度，1969年制定了《农振法》，1970年再次修改了《农地法》和《农协法》，并创设了农业人养老金制度；为解决农民就业问题，政府于1971年制定了《农村地区引入工业促进法》，鼓励城市工业向农村转移，为农民提供非农就业机会。③ 在"造村运动"期间，为了建设农村地域环境，1984年开始了对《农振法》和《土地改良法》的修改。④ 为规范农村村落及其周边地域土地利用秩序和促进村落的建设，1987年制定了《聚落地域振兴法》。⑤ 为了地区的平衡协调发展，日本还制定了许多针对特定地区（亦即经济贫困地区）的制度，如《孤岛振兴法》、《山区振兴法》、《过疏地域振兴特别措施法》等。

韩国制定了严格的新村运动建设管理制度，以规范农村农业农民的

全面发展。韩国政府认识到没有一个有效的管理制度，即使制定出再好的政策措施和宏伟蓝图，也无法得以善始善终的实施而取得预期效益。为此，韩国政府经认真研究后，制定出一系列科学管理制度，对各级政府的管理对象、内容、方法、信息分析、组织和反馈体系等都做出明确翔实的规定。

我国台湾地区也制定了一系列建设管理法律和规范，从《区域计划法》、《土地法》到《非都市区土地使用管制规划》等，有力地保障和推进了台湾地区乡村建设和乡村城镇化的顺利进行。这些经验表明：在工业化进程和市场竞争中，农业是个弱势产业，农村容易衰败，需要政府制定法规政策对农业这个弱势产业进行扶持，以阻止农村衰败的趋势。

(5) 乡村法规体系建设中注意严格保护乡村农用地

日本、韩国、台湾地区的耕地资源都很少，乡村开发建设过程中，基础设施无疑要挤占大量农用地。为此，日本、韩国、台湾地区均不断制定各种法律用以保护农地。

日本除《国土利用计划法》中明确划定农业地域并加强农地保护外，其他涉及农地保护的重要法律法规还有：以实施"农地转用许可制"为主的《农地法》；具体规定了农地转用许可条件的《农地转用许可标准制定办法》；对在农业地域内的开发行为作了严格限制的《农业振兴地域整备法》；以促进土地改良、农地整理为目的的《土地改良法》；以促进农用地所有权、使用权转让和规模经营为目的的《土地利用促进法》；以及以促进农民住宅由分散建设向集中、按规划建设为目的的《农住组合法》等；韩国在乡村农用地保护方面立法也很多，有《农地法》、《农地改革法》、《整顿农地改革事业特别措施法》、《农地保护利用法》、《农地扩大开发促进法》、《土地区划整理法》、《农渔村整备法》、《农地改良组合法》等；台湾地区则有《非都市土地开发审议规范》、《非都市土地开发审议作业规范》、《非都市土地休闲农业区容许作休闲农业设施使用审查作业要点》、《农村社区土地重划条例施行细则》等。

(三)印度、巴西等发展中国家乡村建设管理法规综述

1. 乡村建设管理法规体系总体还处在初级阶段

印度是一个发展中国家,总体上说,其乡村建设管理法规和制度建设还处于初级阶段,乡村法规尚不能构成一个体系。目前,与农村有关的法律法规由联邦法律和邦法律两部分组成。根据宪法规定的立法权限划分,联邦立法机构是农村建设管理有关法律的立法主体。联邦层面上与农村建设管理有关的法律主要涉及土地征用、金融、环境保护、复原与安置、劳动就业、农村中小企业等方面。在联邦法律和邦法律之上,则是宪法。

印度独立时生效的宪法除了规定了国家政体、宣布了公民的平等权利等内容之外,还明确地申明,在农村地区建立潘查亚特,农村实行村民自治。但在当时,农村自治体系并没有随即建立起来,乡村的建设管理主要还是由邦级政府及其下属机构负责。1992年印度通过了第73修正案。该修正案规定在农村地区建立三级自治机构,并在附则中详细地列出了赋予三级自治机构的具体职责和权力,依照该修正案,目前,印度绝大多数邦都建立了完整的农村自治机构体系,三级自治机构成为农村建设管理的主体。

尽管早在20世纪90年代初农村三级自治机构就成为农村建设管理的主体,自治机构也依法拥有相应的权力和职责,如征收少量税收和执行政府相关工程,但由于印度法律法规建设还不完善,尤其是有关农村建设管理的法律法规基本缺失,因而印度农村三级自治机构事实上只是一个政府各项农村建设工程的执行机构。

在将近50年的时间里,印度农村建设主要以政府工作为主导,自治机构只负责执行的方式进行的。客观地说,自独立后,印度农村的确有了很大的发展,农村居民的生活环境基本得到改善。但由于这种方式是一种自上而下的政府工程发展方式,决策的过程中没有征求民众的意见,工程的具体计划和实施方案也没有普通农村居民的参与,因而许多工程的效果不佳,常常是事倍功半,既浪费了有限资源又没有获得民众的认可,同时还给腐败行为提供了温床。这一状况的产

生与印度缺乏相应的乡村建设管理法规,法律法规体系尚处于初期阶段有直接关系。

在南美洲的巴西,于1988年宪法制定颁布之前,联邦和各州并没有制定专门的针对乡村发展建设的法律或法规,乡村政权建设、乡村经济建设和社会发展没有得到应有的重视,只是在有关移民、土地和城市发展方面的相关法律涉及到了乡村发展建设问题,但这些规定都是不系统的、不完整的,直到今天,这一领域的立法工作仍然严重滞后,乡村地区规划管理涣散,只有当乡村人口集聚到一定规模组成集市后,其建设管理规定参照"城市法"的相关管制要求。

2. 乡村法规特别注重推进基础设施发展项目

在发展中国家,基础设施提供与否往往成为乡村建设和发展的关键。尽管印度尚没有建立起完整的农村建设管理法规体系,但目前正在实施的"建设印度"的全国性中央工程成为推进农村基础设施建设的核心工程。这一总体性工程显示出印度中央政府要大力推进农村地区基础设施建设的决心。事实上,在"建设印度"总体规划推出之前,印度政府有着许许多多的农村工程,但一直以来各部门之间缺乏联络和协调,相互不通气,各个工程之间不能有效衔接。正是由于看到这一问题,才推出了"建设印度"总体规划。总体规划并不是要否定或取消正在实施中的各项计划和工程,而是将这些计划和工程统一整合起来,以便于部门间的协调和合作。"建设印度"总体规划是一个为期四年的农村基础设施建设规划,共包含六类工程:道路、通信、灌溉、供水、住房和电力供应。每类工程都有各自的工程名称、具体目标、指导方针和行动方案。如道路工程叫做"总理农村道路计划",供水工程称作"拉吉夫·甘地国家饮水工程目标",住房工程是"英迪拉住房计划"等。这些工程由中央政府各有关部门和邦政府共同完成。印度政府"建设印度"总体规划的推出再一次说明,印度是用政策代替法律法规,用政府工程来推动农村建设和发展的。同时,这一总体规划还表明,印度政府在制定农村发展政策时,表现出清晰的思路,即从现实出发。与城市相比较,农村较为贫穷,生产生活基础设施落后,因此政府制定规划和政策时的思路主要是改善现有状况,而不是重新规划建设。

在印度,解决这一问题所面临的挑战在于,农村部分基础设施的投资方和使用方分离。农村基础设施投资几乎全部来自政府的转移支付,而供农民直接使用的基础设施建成后其所有权归村庄所有,其日常运营与维护也都由村委会负责。这种投资方与使用方的完全分离,使得使用者并不在意基础设施的精心维护与保养,造成"短命设施"的现象十分普遍。因此,结合印度农村基础设施建设的经验和教训,我国农村基础设施投资方和使用者应有机地结合,以便尽可能地延长设施的使用寿命。

3. 乡村建设管理法规制度的重点在于提升乡村生活质量

印度虽然没有直接的乡村建设管理法规,但 2005 年获得通过的《全国农村就业保障法》却与提升农村居民生产生活质量有着直接关系。该法是一部保障农村贫困人口就业并减轻其贫困程度的联邦法律。该法律的显著特征是将提供就业保障与加强农村基础设施建设、增加社区固定资产这两个目标捆绑在一起,通过提供就业机会,实现减轻贫困和改善农村生产生活便利设施的双重目的。与该法相配套的有农村就业保障计划,纳入该就业保障计划的公共基础设施建设主要包括:防洪涝设施、蓄水设施、抗旱设施、灌溉设施等。显然,在没有相应的农村建设管理法规的情形下,印度主要通过《全国农村就业保障法》和"建设印度"政府工程来推动农村建设和发展。其着重点都是农村基础设施建设,既包括能够提高农业生产力的基础设施,也包括提升农村居民生活便利条件的基础设施。

从印度、巴西这两个发展中国家乡村建设历程来看,乡村建设管理法规制度的重点在于提升乡村生活质量,乡村法规更多体现为鼓励建设保障乡村生活质量的基础设施,还没有上升到保护乡村生态环境和自然景观环境质量这方面上来,这是跟发展中国家乡村发展和乡村建设所处的阶段是紧密相关的。同时,这些国家在法规建设力度上显示出不足,乡村建设管理落后,乡村发展问题严重,这些教训是我国乡村建设管理法规制度建设上应该吸取的。与此同时,也有一些值得肯定的地方。巴西强调在区域城市化的策略下解决乡村建设发展问题,以城市带动乡村地区发展和特色维护,取得了一定的成绩;印度十分注意乡村保障性安居工程的建设,积极建设覆盖乡村的地理信息系统,实现乡村建设统筹管理等。

三、对我国乡村法规建设的借鉴与启示

通过对以上国家和地区乡村法规建设情况的考察,可以发现,这些国家和地区的乡村建设管理法规,都与其政治经济体制以及城镇化发展密切相关,显示出一定的差异性;同时,由于其管理对象均为城乡空间的发展、乡村规划与建设,因此也有一些共性的方面,一些共同的经验和类似做法,值得我国借鉴。

(一)尊重乡村自治,制定以保护乡村为目标的限制性规定

与我国相比,欧美各国更加重视自下而上由地方社区主导的乡村居民参与乡村建设的方式。一方面在国家层级出台相应的乡村建设管理办法,再由各地方参照此办法,结合当地的实际情况制定相应的乡村建设管理条例,避免城乡建设集中管理体制的弊端,采用经济合理的政府管理模式。另一方面他们也重视各类限制性法规的建设,以保证乡村健康发展的空间,从根本上影响乡村城镇化进程。

(二)乡村建设管理法规中要求体现出明显的发展政策导向

乡村法规的建立是有一定的政策倾向的。这些倾向表现在具体的乡村发展政策上。这些综合性的发展政策既包括农业结构的调整和发展多样化的产业,还包括对自然资源的管理、土地整理、环境的改善、基础设施和公共设施的建设、历史文化遗产的保护和开发、旅游和娱乐产业的发展和乡村生活质量的提高等。当然,这些发展政策也是随着乡村发展面临的新形势和新要求不断调整优化的。

同时,乡村的发展政策必须支持经济、社会和环境的多样性,特别是使其落实到具有多样性的村庄和地方发展需求上,如投资、技术帮助、商业服务、基础设施、教育、信息,以促进乡村社区的开发和村庄更新改造等,改变乡村生产功能单一的现状,使之成为多功能多样性的

乡村。

乡村发展政策应当贯彻可持续发展的原则,保持自然资源和生物的多样性。生态系统的持续性应当支撑乡村经济发展的速度和规模、乡村社会进步的方向与经济发展水平,以及乡村建设和土地使用规划的相互衔接。

乡村发展政策重视鼓励地方财政资源用于建立乡村发展项目,积极投向乡村的教育、卫生、通信、基础设施等方面,并随着乡村基本生活服务质量的提高,公共财政收入逐步且更多地向乡村环境保护和景观系统建设方面倾斜。

(三)乡村规划法规的制定是以政府为主体的各相关部门协同配合进行

英国、德国、日本都是以政府事权为依托,对所在层级的乡村地区出台相应的法律法规制度,这些法规涉及农业景观、农村生活基础设施配置、农田改造、乡村居民点整理等多个方面。政府通过不断制定和修订乡村规划建设的法律、规定、项目建设指南,完善乡村发展的法规体系。法规制定的主体为政府,但是这种主体也是多部门的。例如,国外制定乡村建设管理法规就包括规划建设、农业、环境、住房等多个部门。同样,在我国关于乡村建设发展的部门政策,如土地政策、建筑政策、规划政策或环境政策,都不能单独地控制住乡村的建设开发,只有通过这些制定相关政策的政府各部门之间的配合,才能实现每个部门制定的发展目标和管制要求。

(四)乡村法规体系涵盖面广,所有涉及乡村建设发展的内容均有相应的法律和规章来规范

这一点上,我国的近邻日本在这一点上做得最好,附属法律、规定详尽。日本在制定法律时,为了使法律含义更清楚并方便于实施,通常在每项法律之后,都附有施行令、施行规则以及解释立法条文的规定等。例如,《农业振兴地域整备法》的附属实施令有11条、施行规则多达44条。由此形成的法律更加明确具体、严密而完善。在日本的乡村建设管理法规体系中,还包含《农村现代化促进法》、《农村农田水利

建设管理法》、《农村公路建设法》、《农村土地整理改良法》、《农村村庄规划法》、《农村合作医疗法》、《农村卫生防疫法》、《农村社会保障法》等众多配套法，只要涉及乡村建设管理活动的项目都必须符合这些法规的规定。

在法国，乡村法规体系的核心是地方性城市规划，它综合了上位规划中关于乡村开发建设的各项政策和计划，包括经济政策、住宅政策、交通政策、数字技术政策、公共服务政策、高等教育政策等不同部门职权范围的政策来保障。在其他国家例如英国、美国等，也是类似的情况。参照此做法，我国乡村法规体系建设也应有个完整的发展框架，框架内的每一部分内容都会有相关的法律规章来衔接，从而起到乡村法规体系具有的建设指导作用。

（五）为规范土地用途管理制度，建立可操作的乡村建设开发许可制度

建立土地开发许可制度是英国和法国土地用途管理制度的核心。在英国，根据1990年《城乡规划法》，英国的土地开发许可制度规定：土地所有权人或土地开发者欲从事位于地中、地表、地下及地上的建筑、土木工程、采矿、其他工程或对土地、建筑物任何使用作实质性改变的土地开发行为，均必须向地方规划机关申请开发许可。地方规划机关根据相关政策和对公共利益的影响程度而分别决定是准许开发，有限制条件的准许开发，还是不准许开发。这种先审查后开发的土地开发许可制度可以确保把开发建设活动对环境的影响降到最低，从而更加有效地利用土地资源。法国现行的规划许可制度由城市规划许可、建设许可和拆除许可三部分组成，由市镇行政长官以市镇、市镇联合体或国家的名义，依据地方性城市规划文件，分别发放城市规划证书、建设许可证和拆除许可证。

我国已有的土地使用规划是地方政府建立经济社会发展规划和政策的基础，在此前提下开展乡村建设。农业用地特别是基本农田一经确定后，一般情况下无人可以更改。虽然这些乡村土地大部分不是国有的，但是土地开发的价值是受国家控制的，也就是说，土地拥有者只有按照

规划使用土地的权利,而没有随意开发或改变它的使用目的的权利。这一点,在无论是土地私有化还是国有化的国家都是一样的。也即,所有乡村地区的规划建设都应符合乡村发展的相关法律要求,只有获得相关许可后,才可以开发建设。这些建设行为包括乡村发展规划、规范建筑物的新建、扩建、改建等工程建设行为,全部或部分拆除建筑物的拆除行为,适用于乡村中的特定区域,尤其是具有历史、文化、自然和景观价值的乡村,以及被列入保护名录的历史遗产。

(六)乡村建设法规制度是动态的,能随乡村社会经济发展而不断充实和完善

一个国家乡村法规体系的建设必须能适应社会经济发展需求,才能切实提高乡村各类生活和生产活动的质量。在这方面,英国和日本乡村规划体系的不断完善堪称为表率。处于快速城市化发展阶段的英国,在1932年建立了包含乡村法规的《城乡规划法》,此后英国议会先后10多次修订了《城乡规划法》。除此之外,对于《土地注册法》、《乡村法》、《农业法》、《野生动植物与乡村环境法》、《城乡规划规范》等诸多对乡村规划建设至关重要的法案也是多次修订完善,并于2004年出台《规划政策条例7:乡村的可持续发展》,用全面、发展的乡村指导思想,取代1997年2月出版的《规划政策引导第7条:乡村—环境质量、经济及社会发展》,使其适应日渐变化的乡村发展需求。日本的乡村建设立法也很及时。在日本乡村建设方面,最早颁布的法律是二战后1952年出台的《农村、山村、渔村通电促进法》,以后又陆续出台了十多部法律,包括《边远岛屿振兴法》、《山村振兴法》、《农村地域工业导入促进法》、《农业振兴地域整备法》、《半岛振兴法》、《聚落地域整备法》等等,这些促进农村地区发展、改善农民生产和生活条件的法律,总体构成了内容丰富、结构清晰、体系完善的日本乡村建设管理法规体系。

参考这些国家和地区的做法和经验,在我国经济落后的乡村地区,乡村建设管理法规首要支持的应该是基于村民的生存和生活需要,改善当地的住宅、生活、生产和就业保障措施,这是恢复乡村活力的关键;

在经济较为发达的乡村地区，除了出台政策鼓励保持原有乡土文化生态系统，加强邻里之间的交往以外，还要坚持推进乡村生态环境治理，注重考虑将美好的田园生活和乡村的自然景观结合起来，创造优美、有活力的生态型乡村空间。这远比我们向来以城市视角看待乡村发展与建设有价值得多。

第二章 英国乡村建设管理法规研究综述

一、英国的乡村概况

(一) 英国乡村定义

许多世纪以来,英国乡村是主要依靠农业而存在的一个相对独立的社会单位。英国曾经定义"村庄"与"镇"的区别在于村庄里没有一个农业市场,没有市政厅和市长,但是有明确的绿化带,周围有开阔的原野,而且在行政上不受与其相邻城镇的管理和控制(Village,2008,www.answers.com)。

而另外一种说法是,除了独立居住的农户外,包括村庄和镇的建成区部分在内的其他所有乡村居民聚居点都可称之为城镇地区;而城镇地区之外,则被称为乡村地区(Conurbation,2008,www.answers.com)。

此外,还有一种定义方式是以人口普查为划分标准的:即将人口规模为10000人和以上者称为城市地区;人口约在1500与10000人之间者界定为乡村地区。然而,这种定义方法的缺点也显而易见。一方面,它忽略了在城市与乡村地区均可能存在人口相对稀疏或集中的情况;另一方面,对于人口规模低于1500人的低层次居住点,如村庄、无教堂的小村落与散居住宅等,则被不合理的排除在乡村范围之外。事实上,这种划分方法对乡村地方管理部门管辖范围内的行政区域划分带来了很多困扰,并不利于乡村发展政策的贯彻落实。(Peter Bibby & John Shepherd,2004,Developing a New Classification of Urban and Rural Areas for Policy Purposes- the Methodology,P2)

然而,根据当前出现的新情况对于乡村进行界定也并非易事。较之以前相对单一的情况,现代乡村已经发生了很多变化。如,随着地理区位的不同,乡村的功能逐步呈现出多元化等等。因此,如何给乡村进行更加明确的界定至关重要,以便在相关法规政策传达与执行过程中有的放矢,在统计资料中对象明确,并帮助地方政府更好地管理与发展乡村。

在2001年，英国执行首相办公室（ODPM）①和交通、地方与区域政府部发起了一个在较大范围内确定城市和乡村地区定义的评议。英格兰与威尔士超过25个政府部门与机构参加了此评议。评议报告建议用更加清晰、综合的方法对乡村地区进行定义。2002年初，由环境、食品与乡村事务部（Defra）②，执行首相办公室（ODPM），国家统计局，威尔士联合政府和乡村局五个政府部门共同组成了一个委员会，通过运用前述评议报告中的方法对城市与乡村地区进行新的定义。首先，将覆盖英格兰与威尔士的国土分割为3500万个面积为1公顷的单元格；然后把个人住宅基址纳入到所属单元格内并最终构成作为空间分析基本单位的居住密度模型；然后再通过运用高分辨率的地理资讯系统得出单元格内居住土地利用情况，并同时利用以某单元格为中心的（单元格内居住密度被视为基本均等）一系列不同研究半径向外扩展空间观察尺度（诸如以200m～D200、400m～D400、800m～D800与1600m～D1600等等）。虽然居住密度会随地理范围的扩大而有所不同，但从空间地图上仍能清晰反映出大小聚落形态之间的空间关系。因此，哪些是乡村地区中拥有人口规模较大的城镇，哪些是城市地区中的小村落等等，均一目了然。其划分基本原则是：

1. 小型城镇或城市地区：D800 > 8；
2. 城镇边缘地区：D400 > 4 且 4 < D800 < 8 且 D800 > 2.5 × D1600，或者 D400 > 4 且 4 < D800 < 8；
3. 小型城镇：D400 > 8 且 D800 < 8 且 D800 > 2.5 × D1600，或者 D400 > 8 且 D800 < 8；
4. 集村型村落：D800 > 0.18 且 D400 > 2 × D800 且 D200 > 1.5 × D800；
5. 毗邻城市且包括集村的外围地区：D400 > 1.5 × D800 且 D1600 > 1.0；

---

① ODPM 全称为 Office of the Deputy Prime Minister。
② Defra 全称为 Department for Environment, Food and Rural Affairs。

6. 毗邻城市地区：D1600＞1.0；

7. 包括集村的外围地区：D800＞0.5 且 D1600≤1.0。（Peter Bibby and John Shepherd, P23）

例如，假设拥有 360 户住宅的地区，在 D200、D400 与 D800 的不同观察尺度下，其居住密度（住户/公顷）分别为 11.08、2.94、0.73，那么它就应该属于集村型村落。（Peter Bibby and John Shepherd, 2004）

其次，另一种方法是通过将乡村聚落与人口普查输出区域（Census Output Areas）和行政区相结合来对聚落形态进行分类。这种分类是基于每个输出区域/行政区中不同种类聚落的人口比例而定的。运用与前者相同的方法，将一系列更大地理空间范围内的居住密度视做一个平均值，并以此来确定人口更为稀少地区的聚落衡量标准（Peter Bibby & John Shepherd, 2004）。

这种存在于英国城乡定义过程中的两阶段划分方式，在方法论上有所创新，具有较大的参考价值。因此，本文将采用该划分标准——即乡村是指人口在 1500 人至 1 万人，或人口小于 1500 人但 D 数值满足上文中要求的聚合居住模式。

（二）英国乡村发展概况

英国乡村生活以静谧、稳重、平淡见长，乡村居民的公共生活多在小酒吧和咖啡馆里进行。游客来到乡村，大多可入住整洁美丽的乡村客栈。

英国乡村自然景观和乡村文化宝藏资源丰富，历史悠久，保持淳朴景色的村落遍布各地，所以，熟悉英国的人们常会对初来乍到的旅游者说："若想了解真正的英国，一定要去乡村。"点缀着维多利亚式庄园建筑的英国乡村非常迷人。这里农业生产机械化程度很高，乡村马路两侧浓阴叠翠，绿色草坪一望无际，草垛成堆，乳牛、羊群连绵，大片大片金灿灿的矮草怡人耳目，一派田园风光令人流连忘返。

二、英国乡村建设管理法规体系

看到英国乡村美好的自然风光，你一定为此而感叹英国政府为乡村环境保护及规划做出的有效管理。事实上,这美好的一切都应该归功于一套日趋发展完善的法规,这套法规体系是世界上最完善的法规体系之一。值得注意的是,英国并没有单独针对乡村的一套规划管理法规体系,而是城乡统筹发展,通过《城乡规划法》来统一规划管理;同时,根据乡村的特点,制定相关法律与政策来推动乡村发展建设。这些共同组成了乡村建设管理法规体系。因此,对这套法规体系相关内容体系及其发展历程的探讨是非常必要的。

(一)法规体系构成

对于乡村建设管理法规体系构成,可以从两个方面进行分析:法律性质与法律职能。

1. 法律性质上划分

从法律性质本身来分析,本文中所涉及的法规体系见表2-1。

表 2-1

名称	英文名称	定义
国会立法	Act	由英国国会通过的公众通用法案
制定法文件	Regulations, Rules & Order	制定法文件包含规范、规则、条令三种。由政府行政当局或相关权力机构颁发或制定,具有与国会立法同等的法律效力,旨在实现法律宗旨
规划政策条例	Planning Policy Statements	规划政策综述是由英国执行首相办公室颁布的具有法律效力的关于城乡规划构架中特定方面的国家政策与法则。仅应用于英格兰,但在规划申请决策中起到具体指导作用

(en. wikipedia. org/wiki)

2. 法律职能上划分

从法律职能方面进行分析,本文中所涉及的法规体系见表2-2。

表 2-2

类别	法规名称
城乡规划类法规	1932年、1947年、1953年、1954年、1959年、1962年、1963年、1968年、1971年、1972年、1974年、1977年、1990年《城乡规划法》、1985年《城乡规划法》（修订），1987年《城乡规划（使用分类）条令》，1990年《城乡规划（发展计划）规范》，1990年《规划（文物建筑与保护区）法》与《规划（有害物质）法》，1991年《规划与补偿法》与《城乡规划（发展计划）规范》，1995年《城乡规划（通用容许发展）条令》，2004年《规划与强制性购买法》、《城乡规划（区域规划）（英格兰）规范》、《城乡规划（地方发展）（英格兰）规范》、《城乡规划（过渡安排）（英格兰）规范》、《规划政策条例》
规划执行类法规	2000年《城乡规划（调查程序）（英格兰）规范》，2002年《城乡规划（执行通知与上诉）（英格兰）规范》、《城乡规划（执行）（书面陈述程序）规范》、《城乡规划（执行）（听证程序）（英格兰）规则》、《城乡规划（执行）（检查员决策）（英格兰）规则》，2005年《城乡规划（临时性停止通知）（英格兰）规范》
土地管理类法规	1961年《土地补偿法》，1972年《土地收费法》，1980年《地方政府，规划与土地法》，1981年《用地申请法》，1986年、1988年、1997年、2002年《土地注册法》，1988年《公共土地（注册修正）法》，1994年《强制性购买土地规范》，2004年《规划与强制性购买法》
环境保护类法规	1955年《绿化带建设法》，1968年《乡村法》，1981年《野生动植物与乡村法》，1985年《野生动植物与乡村环境（修订）法》，1990年《环境保护法》，1994年《保护（自然栖息地等）规范》，1999年《城乡规划（环境影响评估）（英格兰与威尔士）规范》，1999年《城乡规划（树木）规范》，2004年《可持续与建筑安全法》，2006年《自然环境与乡村社区法》
乡村道路（或设施）建设类法规	1935年《限制带状发展法》，1949年《国家公园与乡村通路法》，2000年《乡村与可通行法》
乡村农业等政策法规	1947年、1967年、1970年、1986年、1993年《农业法》，1967年、1979年、1991年《林业法》，1988年《农场与乡村发展法》

(二) 主要法规的内容

半个世纪以来，基于对基本的土地所有权与开发权的尊重，英国出台了多部有关乡村建设管理的法规。它们系出同门却又各有特色，与时俱进而又相互配合，构成了一个关于乡村建设管理的完整法律体系。而对该系统内重点法规的研读将有助于深入把握英国乡村建设管理相关法规的精髓。

1. 1947年《城乡规划法》(Town & Country Planning Act 1947)

1947年《城乡规划法》规定国家具有开发土地的权力，并除小部分特例外，可对所有规划提议提出要求，以确保从地方政府获得规划许可（如被拒绝，其条款允许上诉）。为保障土地开发许可实施，该法将原有的1400个规划局重组为145个地方政府（由县镇政府组成），并要求他们准备全面的发展规划。

除了批准规划提议外，这些地方政府被赋予了很大的权力，他们可以自行开展土地的再开发，或运用强制性购买条例向私人开发商购买与租赁土地。他们也有权力控制户外广告，提供遏制城市向乡村发展的方法，鼓励乡村的作物生产，确保用于农业与林业的土地不受发展规划影响，并保护了林地或农业用地以及具有历史意义的建筑。而最后一点甚至可以说是英国现代历史文物建筑保护体系的开端。但是，该法案也并非十全十美，最初该法案还规定开发商在获得开发许可后，需要根据当初购买土地的初始价格与土地开发后的增值价格之间的差价缴纳"开发税"。(wikipedia.org/wiki/town_and_country_planning_act) 很明显，这项规定严重阻碍了开发活动的积极性，并于1953年被废止。

2. 1968年《城乡规划法》(Town & Country Planning Act 1968)

1968年《城乡规划法》规定了规划的制定与行政事权对等。英国郡范围内的结构规划均由郡政府编制，但由中央政府审批。事实上，地方层面上的各项规划都是由地方政府制定的，但必须符合区域层面结构规划的指导原则。

3. 1968年《乡村法》(Countryside Act 1968)

1968年《乡村法》把过去中央政府的乡村代理机构变成"乡村委

员会"(在英格兰,这个委员会叫"自然英格兰",在威尔士,称之为"乡村委员会",在苏格兰,称之为"苏格兰自然遗产")。不同于政府部门的代理机构,乡村委员会独立于各部门之外,并独立执行它的职责。同时,委员会的组成人员应能反映各社会利益集团的利益并更具社会权威性。这项法律赋予乡村委员会以下任务:

(1) 对三个方面的乡村问题进行长期研究和评估:提供和完善乡村基础设施和公共服务设施;保护并改善乡村景观和人文景观;保证满足人们到乡村休闲娱乐的需要,并与地方政府规划局及相关政府部门共同处理过程中产生的不同利益机构之间的冲突;

(2) 支持、鼓励并提倡个人或机构提出不同的解决方案;

(3) 给中央政府各个部门提供有关乡村各种事务的咨询意见;

(4) 及时向地方政府部门传达任何个人或社会团体提出的意见;

(5) 保障地方政府部门执行法律赋予他们的权利;

(6) 积极开展针对乡村问题的调查和研究;

(7) 向中央政府部门提出解决乡村问题的建议;

(8) 主持和设计乡村建设实验,制定相关乡村建设管理规范,并借以处理乡村发展中的问题;

(9) 通过合法手续,委员会可按照协议或强制方式购买土地,利用这些土地进行乡村建设。

除此之外,该法也要求地方政府(即县政府或区政府,包括伦敦市政府和其自治政府)考虑两件主要乡村事务:参考城镇或建成区位置来确定乡村位置;考虑现有基础设施和公共设施是否能够满足人们享受乡村环境的需求。

另外,该法也赋予地方政府以下权力:规划建设地方乡村公园,保护自然景观和人文景观;乡村公园可以建立在公共土地上,并可按照规划建立在私人土地上,地方政府有权依法强制购买这些私人土地;扩大、维护和管理乡村公园;如果乡村公园包括水面,地方政府可以提供与水相关活动的设施;地方政府可在乡村公园内建立公共卫生设施与垃圾收集设施,负责维护公共卫生。

4. 1990年《城乡规划法》(Town & Country Planning Act 1990)

该法已有译本，故在此不再赘述。

5. 2004年《规划与强制性购买法》(Planning and Compulsory Purchase Act 2004)

2004年颁布的《规划与强制性购买法》在总体上建立了更富有弹性和更具有相应事件处理能力的规划系统，增加了社会参与效力和质量，并使规划援助得到资金保障。通过提出标准的申请形式、改变规划许可期限、允许地方规划机构通过地方发展条例实现在地方上允许的发展等诸多举措，它改善了发展控制过程；通过允许不同方面的调查同时而不是先后进行，它加快了主要基础设施项目的进行过程。强制性购买体制在支持主要基础设施投资的相关政策方面更简单、更公平，更快速。该法案中地方发展框架替代了结构规划和地方规划，并在国家批准的"区域空间战略"引导下进行编制。

6. 2004年《规划政策条例7：乡村地区的可持续发展》(Planning Policy Statements 7：Sustainable Development in Rural Areas 2004)

2004年《规划政策条例7：乡村地区的可持续发展》是根据英格兰土地使用规划的不同方面制定的政府政策，它取代了1997年2月出版的《规划政策引导第7条：乡村—环境质量、经济及社会发展》。这些政策是应用于乡村地区，包括村镇及更宽广范围内相对不发达的乡村及大城市边缘地区。该条例在当前英国各级管理部门中正在使用，较好地反映了英国最近时期乡村法规所关注的重点及时代特色，具有很强的代表性。因此，本文将对其做较为深入的分析并全文翻译（见译文部分）。

（1）国家目标

在该条例中，英国政府明确提出了乡村地区相关规划政策条例所要达到的切实目标，即：

1）提高生活质量和乡村地区环境，可以通过以下几方面实现：繁荣的、富有内容和可持续的乡村地区，通过提高当地环境和邻居关系以确保人们具有相当好的居住地；可持续的经济增长与多元化；高质量、可持续发展,并尽可能地尊重和提高当地独特性和乡村所特有的独特品质;通过对我们最有价值的自然景观及环境资源的保护,来持续维护造福大众的开放性乡村。

2)促进更加可持续发展的模式:强调现有村镇或周围地区的最大发展;阻止城市扩张;不鼓励对绿地的开发,当必须使用绿地时候,应确保对其高效使用;促进能够使城市外围乡村利益最大化的土地使用方式;提供能使居住在广阔乡村的城乡居民满意的休闲机会。

3)通过提高经济表现来促进英国区域的发展,从而能够使其达到完满的预期效果——通过发展那些能提供多种工作和支撑强有力经济,且具有竞争性、多样性和繁荣的乡村企业。

4)促进可持续性的、多样化的和适应性强的农业地区。在这些地区,农场达到高标准,最大限度降低对环境资源的影响,并能掌控有价值景观和生物多样性,能间接或直接对乡村经济多样性作出贡献,本身具有竞争性和营利性,而且能达到公众所需的产品质量要求。

对于实现以上国家目标,政府规定规划管理部门应起至关重要的作用,通过对规划体系的操作和政策运用来制定规划政策条例和规划政策引导条例。

(2)主要法则

条例明确指出可持续发展是支撑土地使用规划的核心法则。这一点与当前欧洲国家对环境保护的大力投入与重视相得益彰。该条例中提出的以下主要法则应结合其他相关 PPS(规划政策条例)中制定的所有政策综合应用:

1)发展计划的决策应以可持续发展法则为前提,确保一个全面考虑整合的方法:社会包含性,个体认知需要;有效的环境保护和改善;对自然资源的谨慎使用;维持高而稳定的经济增长和就业水平。

2)位于现有村镇,高质量、选址慎重且易于到达的规划项目应该被批准,它有利于当地经济和/或社区(例如,为特别的当地需求建设经济适用房),维持或改善当地环境,而且与其他规划政策不冲突。

3)可通达性应该是所有发展决策的一个关键因素。那些可能创造大量旅游的发展计划应该选址在公共交通、步行和自行车所能到达的镇子或其周围，或其他服务中心，并符合 PPG 13（规划政策引导 13）——交通中制定的政策。其他乡村地区发展选址决策应尽可能地给予人们通过公共交通、步行和自行车到达的最大机会，能持续取得发展的主要目的。

4）位于远离现有居民点或在发展规划中用于发展区域之外地区的建设发展应该被严格控制；政府总的目标是为了保护乡村的固有特性和美景，景观多元性，遗址和野生动植物，自然资源财富，从而使人们乐在其中。

5）相对于绿地而言，对曾经被用过的土地（褐色土地）再利用应具有优先权，除了在没有褐色土地，或这种褐色土地的可持续发展性能相比绿地非常差的情况下（例如，它们远离居民区和服务区）。

6）所有乡村地区的发展应该被很好地设计，充分考虑到慎重维护选址地规模，保留乡村特点及独特性。

(3) 可持续发展规划方法根本原则

条例也规定了一系列应该被切实贯彻的根本原则，从而确保报批的发展规划均可以为可持续发展作出贡献。反过来讲，"是否是可持续发展的"也就成为了发展规划可否获得批准的必要条件。这些根本原则有：

1）发展规划应该确保把可持续发展作为一个整体来考虑，且与联合王国可持续发展战略规划保持一致。区域规划机构及地方规划管理部门应该确保其发展规划在环境、经济、社会等领域均能随着时间的发展获得显著提高。

2）区域规划机构及地方规划管理部门应该通过对气候改变的原因及潜在影响的重视来确保其发展规划对全球可持续发展做出贡献。因此，在相关政策中应提及减少能耗、减少排放（例如，通过鼓励相应的规划模式来减少私家车出行，或减少长途货运需求）、促进可再生能源发展，且将气候改变所造成的影响加入到对开发项目的择址与设计过程的考虑中。

3）一套空间规划方针应该成为可持续发展规划的核心内容。规划政策应该在新开发项目及私人住宅项目上，促进高质量的综合设计。这些设计方案应该体现出在功能和对环境影响方面的足够重视，因为这些影响跨越其使用寿命而非短期的。那些无法为提高特定区域的特色及品质做出贡献的方案不应该被批准。

4）发展规划也应该根据择址与外部物理环境条件确定清楚的、全面的及综合的实施政策。这些政策应该考虑到人们的多样性需求，并能够摒除社区内不必要的分歧与排他性，从而促进整个社区的健康发展。

5）公众参与是落实可持续发展计划和创造安全的可持续社区的必要元素。在论证具体某地的发展前景时，规划管理部门应该确保社区公众能够为如何达到预想的前景贡献意见，拥有参与起草发展前景、发展战略及特殊规划政策过程的机会，从而使他们能够全面参与规划发展计划的制定。

基于以上这些基本要求，该条例也对诸如可持续乡村社区、经济发展和服务，乡村，农业、农场多样性，与马相关的产业活动和森林业，旅游业和休闲业等细节均做了明确规定。总的来讲，对健康发展的可持续乡村的追求是本条例所追寻的最终目标，而环境与经济的和谐发展也正是制约我国现阶段乡村进步的瓶颈所在。因此，该条例能对我国乡村建设法规的编制起到一定的借鉴及指导作用，详细内容请参见译文部分。

（三）乡村规划政策与组织架构

1. 乡村规划政策内容

除相对比较稳定的法规条例外，对英国乡村规划的有效性产生最直接影响的是与乡村农业体系特点不断变化息息相关的大量乡村政策。当前英国的乡村政策非常侧重于对环境的保护，然而这一特点也是长期探索发展的结果。

英国皇家测绘局在《变化中的乡村政策》中指出，从二战时期开始，英国乡村早期的农业政策也都是围绕着一个基本目标：即尽可能多地生产农产品。而对这个主要目标的强调给乡村政策其他方面的发展实质上产生了巨大影响。事实上，粮食生产的绝对主导地位使乡村发展的其他重要目标均黯然失色。优美而洁净的自然环境的消亡便是其中最显著的一个恶果。因此，二战后期间，即使面临着规划战后重建的艰巨工作，英国依然成立了若干有影响力的委员会。其中，斯科特委员会提出了一个具有深远意义的设想，即农业繁荣一定要伴随改善自然景观和乡村的安宁环境。

然而，1947年《农业法》新提出的政策为支持农业发展提供了价格保障和鼓励。这种支持模式一直持续到加入欧盟并将农业合并到通用农业政策扶持机构之后。英国政府通用农业政策制定了两个目标：保证食物供应和通过价格保障与农场现代化提高农民收入。

农民收入的逐渐增多极大地促进了农业的发展。但随着二战后农业产量的不断提高，化学药剂也被越来越多使用。这些药剂对乡村自然环境的影响是灾难性的，乡村优美的风光也在有毒化学物质的阴霾下逐渐地消逝。然而，具有讽刺意味的是，与此同时"去乡村休闲娱乐"却在城市居民中变得越来越受欢迎起来。大量的城市居民利用节假日携家带口驱车到乡间去享受"自然的宁静"。这种现象开创了英国社会休假的风气，但同时也就意味着对乡村自然风光的保护越来越迫切了。

1981年《野生生物和农村法》开始强调了农业环保问题。而1986年《农业法》是乡村政策变化的里程碑。它要求农业部保持农业利益与更广泛的乡村环境利益之间的平衡，尤其强调对乡村自然美景和宜人性的保护与改善，促进公众享受乡村生活。

但是，由于农业政策独立于乡村政策的其他方面，因此这些政策在执行上遇到了一定程度的麻烦。20世纪90年代初，英国国家公园开始发展并实施完全整合的乡村政策。这些政策一方面能够加强农业，另一方面可以促进并保护与休闲娱乐之间的整合性。令人鼓舞的是，在法案颁布之后，一些资金非常有限的但极富有想象力的项目得以成功发展。这些项目为在更大的国家范围内取得的成功提供了参考。

如今，尽管农业仍是乡村主要的土地使用功能，但以食物生产为主导的乡村政策渐渐退出了历史舞台。与之相对应的是,自然与景观保护享有了越来越多的优先权。尤其近年来,英国逐渐意识到农业仅是乡村空间的功能之一,并将以市场导向为主的农业政策逐步转型为以居民生活导向为主的乡村发展政策。(The Royal Institution of Chartered Surveyors, the Royal Town Planning Institute & the Planning Offices' Society, 1999, The countryside, a rural strategy。) 英国在 2000 年提出的乡村政策白皮书(Rural White Paper)中,亦重新思考了乡村地区农业与其他部门平行发展的重要性。大体上讲,乡村发展应超越单纯的农业政策思维桎梏,而将施政重点放在乡村居民的经济、社会与环境等生活方面。

(1) 国家指定区域(Nationally Designated Areas)保护政策

提到乡村保护政策,必然会涉及对国家指定区域的保护政策。国家指定区域包括国家公园、开阔地、新森林遗产区域与风景优美地区,毋庸置疑,这些区域大都坐落在英国乡村地区。

1995 年《环境法》规定设立国家指定区域的目的是:保护与改善该区域自然美景、野生生物及文化遗产,并促进公众对该区域特殊品质的关注与享用机会。

2004 年《规划政策条例 7:乡村地区的可持续发展》明确规定这些区域内的景观与优美自然风景应受到最高等级的保护。因此,对这些地区及乡村环境中自然景观属性的保护应该在规划政策和发展控制决策中给予足够重视。另外,在这些地区中对野生生物与文化遗产的保护也很重要,而这种保护对国家公园而言更是具有特殊意义,并在国家公园规划政策与发展控制决策中应给予充分重视。

(2) 乡村保护及未来发展政策框架

基于以上几个方面,2000 年,DETR① 与 MAFF 在《我们的乡村:未来—英格兰乡村的理想发展》中为英国理想中的乡村景象给出了一段

---

① DETR 全称为 Department for Environment, Transport and the Regions; MAFF 全称为 Ministry of Agriculture, Fisheries and Food. 2001 年, MAFF 与 DETR 中环境机构合并成立 Defra。MAFF 在 2002 年 3 月正式撤销。2001 年 6 月, DETR 更名为 DTLR (Department for Transport, Local government and the Regions), 2002 年 5 月, 地方政府与区域机构归属首相执行办公室。资料来源于: www. wikipedia. com。

充满诗意的描述：

一种生机勃勃的乡村，有着繁荣的乡村社区与便利的高质量公共服务；

一种有效运转的乡村，有着高而稳定就业水平的多元化经济模式；

一种受到保护的乡村，有着可持续、不断改善、宜人的环境；

一种充满活力的乡村，有着良好发展前途并使政府各层级部门都能听到民众的声音。

随后，在2004年，Defra在《乡村战略》中又提出了政府对乡村政策应给予的三个优先考虑：

1）经济与社会更新：支持英格兰乡村的企业，但更关注拥有最大需求区域的资源；

2）体现全面社会公正：为所有乡村居民解决乡村社会排他性并提供公平合理的服务与机会共享；

3）提高乡村价值：为当代人及子孙后代保护优美的乡村。（Barry Cullingworth & Vicent Nadin，2006，P323）

显而易见，这是一个社会意义极为深远的目标，因为它是为生活在英国所有人的利益而维持与提高英格兰乡村的特色环境、经济与社会结构。而英国各级政府在努力实现以上目标所做的努力上可以称得上尽职尽责。

2. 乡村政策运行机制与主要管理机构

（1）英国乡村政策落实之层级划分

作为一个重要的欧洲国家，英国的乡村政策落实必须与欧洲整体思想保持一致。大卫·亚历山大在乡村政策、乡村社区与规划体系中（David Alexander，Dec2006，Rural policy，rural communities and the planning system，Town & Country Planning，P351）阐述了乡村政策得以落实的几个层面（表2-3）：

（2）英国乡村管理机构①

---

① 乡村管理机构职能介绍内容来源于：2008，en. wikipedia. org/wiki。

表 2-3

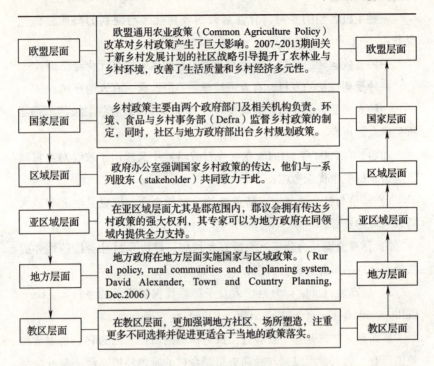

在大的区域层面框架下,英国还拥有众多的国家级官方乡村管理机构,它们不但独立运作,之间还展开广泛的合作,协作进行调查研究,共同为乡村建设作出努力。这其中包括:

1) 英国自然(English Nature)

英国自然是 1990 年成立的政府机构,旨在促进野生动植物、地质与野生地的保护。其职能还包括给出具有法定效应的建议、批准与许可证书。2006 年 10 月 1 日,它通过改组成为自然英格兰(Natural England)。

2) 乡村署(Countryside Agency)

乡村署是 1999 年成立的官方实体,旨在提高乡村环境与生活质量。乡村署是由乡村委员会与乡村发展委员会合并而来的,也同时承接了这两个委员会的权力。乡村署的主要目的是保护、改善英格兰乡村;为居民创造社会与经济机遇;并帮助所有的人享受更美好的乡村生活,享用更多的社会财富,而无论其住在哪里,背景如何。2006年,乡村署中关于英国自然保护与乡村发展的服务合并入自然英格兰,其余职能则变为乡村社区委员会。

3)自然英格兰(Natural England)

自然英格兰成立于2006年10月1日,其职能为确保英格兰自然环境,包括土地、植物、动物、淡水、水运系统、地质和土壤,受到保护并得到改善。另外,还帮助人们合理享受并使用自然环境。

4)环境、食品与乡村事务署(Department for Environment, Food and Rural Affairs—简称 Defra)

Defra 是英国政府部门,负责环境保护、食品生产与标准制定、农业、渔业和乡村社区。并与苏格兰政府协调统一相关业务。该部门成立于2001年6月,是在农业、渔业与食品部处理口蹄疫爆发失败后被创建的。

5)乡村社区委员会(Commission for Rural Communities)

乡村社区委员会于2005年4月1日成立。最初作为乡村署的一个分支机构存在,后通过2006年自然环境与乡村社区法的制定于2006年10月1日成为一个独立机构。该机构强调处理不利条件,向政府提供及时、自主的建议,并确保政策能够满足在乡村生活与工作人员的需要。委员会有三个主要职能:

① 乡村倡议:反映乡村居民、商业与社区的声音;

② 专家顾问:给政府部门提出理据充分、客观的建议;

③ 独立监督:监督汇报国家、区域与地方的政策传递。

6)乡村联盟(Countryside Alliance)

乡村联盟是促进关于乡村议题(如:食品、农业与乡村活动——打猎、射击和钓鱼等)落实的机构。它成立于1997年7月10日,由英国野外运动组织、乡村商业团体与乡村运动三个组织发展而来。

除此之外,其他相关管理机构还有:环境监督机构(Environment Agency)、国家信托中心(National Trust)、英国遗产协会(English Heritage) 等。

从行政划分来讲,事实上很难对这些机构的从属关系做出明确的分析。它们的职责范围相互独立又或有重叠。它们均单独对政府和辖区内人民负责但却几乎没有听说过出现几个机构为某项事务相互推卸责任的现象。这种平行作业又略有交集的方式可以说是英国政府下属机构的另一显著特色。

三、英国乡村建设管理法规的发展历程

第一次世界大战后的英国,随着新房大量建设,汽车使用增多和工业持续发展,乡村处于越来越大压力之下。因此,社会对乡村控制规划的需求也变得越来越强烈。基于这种情况,帕特里克·阿伯克隆比在英格兰乡村保护中提出了"乡村规划"概念来控制城市外围的发展。他提倡成立一个国家联合委员会来管理乡村,而在1926年,英格兰乡村保护委员会正式宣布成立。通过此委员会的努力,1932年《城乡规划法》成为第一个包含通用乡村规划法规的立法。该法案管辖范围几乎涵盖任何类型的土地,而对规划项目的批准权力则直接归国会所有[Barry Cullingworth(Edited), 1999, British Planning: 50 Years of Urban and Regional Policy, P92]。

为阻止城市对乡村的无限扩张,1935年的《限制带状发展法》规定了修建高速公路所必需满足的条件,从而限制了有可能会出现的,在沿着从城镇到乡村道路两侧大量建造房屋的现象。1942年的斯科特报告中提出:农业繁荣的同时,一定要改善景观与乡村安宁。而1947年《城乡规划法》中,第一次在法律层面上提出将城乡纳入一体进行统筹规划与建设。该法律不但将城市与农村合成一体,而且还对乡村地区的开发建设采取了严格控制的政策,从而奠定了英国现代城乡规划体系的基础。该法案使英国土地使用进入了一个崭新的时代——将土地开发权"国有化",在没有得到地方政府批准前提下土地所有者无权开发其所拥有土地,这就是土地拥有权与开发权的分离。

1947年《农业法》提出改善英国农业现状并实现农业现代化。其

中心目标是提高产量,将生产更多的粮食作为国家利益来看待。

1949 年《国家公园和进入乡村法》对某些特定地区,尤其是国家公园、风景优美地区,和一些特殊科学实验用地,进行保护。该法律主要针对农村自然景观来确定城市的扩张不能占用这些类型的用地,从而使保护乡村的自然和历史景观上升至法律层面。除此而外,该法还认定农业产业本身不构成对环境的威胁。

1955 年,通过制定《绿带建设法》,英国政府将绿化带建设作为一项重要的城市规划控制手段来实施,并要求在做城市规划时必须设立相应的绿化带,从而对城市的无限蔓延之势进行了一定程度的遏制。在二战后相当长的一段时间内,英国人始终坚持在城市周边建立大规模的绿带。现在,14 个规模不同的绿带依然发挥着重要的作用,它们不但给城市发展划定了一个形体的界线,而且阻止了城市向乡村的蔓延。(policy, 2008, www. planningportal. com) 由此可见,该法律在限制城市向乡村扩展方面是非常有效的。

自 1947 年《城乡规划法》正式生效后,对其修订始终进行。相继先后有《1952 年白皮书》、1953 年、1954 年、1959 年、1962 年、1963 年、1968 年、1971 年、1974 年《城乡规划法》,1972 年、1977 年、1985 年《城乡规划(修正)法》等等面世。

在经历了大约 20 年发展后,乡村建设相关政策和法律在 1960 年代依然被不断完善。其中,1968 年《城乡规划法》确立了新的规划体系,将规划分为结构规划和地方规划。而 1968 年《乡村法》扩大了国家公园委员会的功能,也赋予地方政府在保护乡村方面的权力。与此同时,该法还针对当时乡村存在的种种问题与矛盾,规定采用一种非常积极的管理方式对乡村进行保护。随后,1981 年的《野生生物和乡村法》和 2000 年的《乡村和乡村道路法》进一步完善与加强了对乡村环境的保护。由于先前规定农业用地不包括在土地使用规划发展内容之内,并因此而产生了一些消极影响,所以乡村规划欲寻求更加积极的乡村管理模式。1981 年《野生生物和乡村法》赋予土地拥有者具有在其土地上对自然物体进行改动的权利。另外,1980 年《地方政府,规划与土地法》、1981年《用地申请法》以及随后颁布的《土地注册法》开始涉及土地管理。这些法案中对土地管理内容的增加弥补了先前乡村规划体系中关于此议题的不足。

1990年《城乡规划法》将英格兰与威尔士在立法层面上统一起来。它与另外三部法规：1990年《规划（重要历史文物建筑与保护区）法》、1990年《规划（有害物质）法》、1990年《规划（补充规定）法》被统称为规划法。而1990年《城乡规划法》被沿用至今，但英国政府又通过制定：1991年《规划与补偿法》、1995年《城乡规划（通用容许发展）条令》、2004年《规划与强制性购买法》，对1990年《城乡规划法》进行了一系列必要的修订与补充。更重要的是，2004年颁布的《规划与强制性购买法》开始关注土地使用问题，并同时允许对农业与林业用地进行少许控制。

综合以上各个法规，2004年新修订的《城乡规划法》将原来指导性地区规划上升为立法性规范，从而更加强化了政府宏观调控的作用。

2004年《规划政策条例7：乡村地区的可持续发展》体现了关于英格兰乡村的主要国家规划政策，为英国乡村可持续发展方向做出了法律规定。

2007年12月，零二氧化碳发展的新规划规定研讨会在伦敦召开。这给乡村建设管理法规带来新的内容与挑战。我们对相关法律的诞生拭目以待，希望它将指引乡村走向一条更好的通途！

四、英国乡村建设管理法规对我国的借鉴

（一）强调中央集权（规划的集中统一）

英国目前已经形成了由中央、地区和地方三级组成的完善的规划制定管理体系，各机构之间职能明确，注重沟通协调。英国中央政府对土地的管辖权不仅包括立法和规划指导政策等规范性文件，还包括观察、控制和规划批准等方面的广泛权力。中央政府在批准地方规划时，主要审查其规划是否贯彻了中央制定的规划政策。

尽管如此，英国中央政府的任何一项规划建议都有相关地区和地方的密切参与。此外,城市和乡镇在具体发展目标的制定方面也具有很大的自由。虽然地区规划应该贯彻中央政府的政策方针,但中央政府对发展哪些区域,如何独立发展并没有做出详细的限制,给予了地方政府充分的自主性。

(二)强调区域和城乡统筹

英国城镇化历史悠久,是以乡村工业的高度民主发展为前提的。这些乡村工业集中在工业村庄,其发展推动了农业与工业的分工,反过来又促进了农业的规模经营。随着工业化的发展,乡村变成工业重镇,城镇变成大的工业城市,从而出现城市化的加速。其后,进入郊区化阶段,即人口和产业由中心市区向周围地区分散,继而向远离中心市区的外围地区扩散。最后,又出现了逆城市化现象,表现为人口在大城市地区减少,而周围小城镇人口数量增长。现在英国非常关注城市复兴,也就是再城市化现象,政府希望通过增强城市活力而使人口重新迁移到城市地区。

随着城市化进程不同,城市与乡村的矛盾也必然不同。英国的城市化是将乡村发展纳入其发展系统中的。政府并未将乡村与城市地区割裂开来进行单独研究与规划,而是在城市与乡村功能研究与空间规划中将前者作为影响后者发展的一个重要因素,协调城乡发展。事实上如上文所述,1932年《城乡规划法》开始将规划范围从城镇扩展到周边非建设区域,1949年《城乡规划法》,将城乡用地作为整体纳入规划控制,以后的法规继续贯彻执行。

(三)强调公众参与(推行民主)和规划执行

英国的规划公众参与可以追溯到1945年。在当年镇政府主持的Hornsey规划过程中,公众便可以向政府提供信息并被允许参与部分咨询。随后在1947年的《城乡规划法》中,允许公众对城市规划发表意见和建议的规定便开始出现。而1968年《城乡规划法》将规划体系分为战略结构规划与详细地方规划,这使得人们在实践中对后者更为感兴趣。1972年与1990年《城乡规划法》通过制订有关公众质询的相关规定来保证公众参与。各个地方政府也非常重视此议题,并根据地方需要制定相应的公众参与的法定文件。事实上,规定实际操作过程中的两个阶段——测绘报告与方案比较阶段和最优方案选择阶段,必须通过不同方式实现公众参与(Barry Cullingworth (Edited), 1999, P184)。值得注意的是,2004年的《规划和强制性收购法》通过制定公众参与制度来保证公众利益能够在规划过程中得到反映。

在英国,规划一旦确定便成为具有法律效力的规划文件,必须严格遵照执行。法律规定,如果开发者在未获得规划许可证的情况下擅自开发或未按批准时的附属条件开发,政府和地方规划部门可以通过强制性的政策措施来保证规划的正确执行。这类法律程序具体采用先通告后执行的法定程式。首先,地方规划局在获得详细调查资料后,如能确定开发商有下列违法行为:没有获取规划许可之前就私自开发、拒不执行开发限制条件、未经许可更改建筑物使用类型、在获得开发许可证后4年内没有任何开发活动等,可以发出强制执行通告。强制执行通告自开发者收到通告起生效,外加上28天的起诉期。在起诉期内,开发商可以向法院或直接向规划事务大臣起诉。如果被立案受理,则强制执行须处于暂停状态直到起诉过程结束,其结果决定强制通告生效或失效。如诉讼期内未有上诉,或诉讼裁决强制执行成立,则强制执行通告立即具有法律效力,必须执行,否则将被视其为犯罪,而开发商须承担刑事责任。生效后的强制执行通告应该规定违法开发项目的确切场地范围、违法特征,开发商须对其违法开发行为进行的补救措施及实施步骤等细节。如果开发商中止并全部纠正其违法开发行为,则地方规划局可以酌情撤回其强制执行通告。(Victor Moore, 2007, A practical approach to planning law, 10th ed)

(四)强调及时修订立法

处于二战后快速发展阶段的英国在1947年《城乡规划法》设立后的30年的时间,议会先后十多次修订了《城乡规划法》。除此之外,对于《土地注册法》、《乡村法》、《农业法》、《野生动植物与乡村环境法》、《城乡规划规范》等诸多与乡村规划建设至关重要的法案也是多次修订完善,2004年《规划政策条例7:乡村的可持续发展》取代1997

年 2 月出版的《规划政策引导第 7 条：乡村—环境质量、经济及社会发展》，使其适应日渐变化的乡村。

（五）土地所有权与开发权

土地所有权与开发权是英国城乡规划法规体系的核心内容，并在其多年发展过程中都始终被贯彻执行。英国是典型的土地私有制国家，虽然从英国法学理论角度来讲，英国的所有土地都属女王（或国家）所有，而实际上英国 90% 左右的土地为私人所有，土地所有者对土地享有永久业权。英国土地所有制的另一个特点是土地所有权包括对地下矿藏的所有权。这些权利构成了英国土地私有制的基础。然而，英国又是世界上最早通过规划立法限制土地开发的国家。（Sustainable Land Management, 2008, www.countryside.gov.uk。）1942 年政府出台了以农村土地利用为主旨的《通告》，提出对土地实施分类，确认农业用地，并让农民拥有对土地使用的决定权。1947 年英国制定的《城乡规划法》规定所有土地的发展权均归国家所有，任何人想要开发土地，均必须申请并取得开发许可，即获得土地发展权和在更高强度或更高价值层面上的使用权。此外，土地所有者或土地开发者，必须就因获得开发许可而取得的发展价值缴纳发展价值税。此后，英国又在 1951 年、1953 年、1954 年、1959 年、1963 年对该法进行了多次修改和补充，并制定了大量相关法规，最终形成了较为完整的规划立法体系。

（六）强调乡村的可持续发展

中国迅速的城市化是以牺牲乡村资源为惨重代价的，其中不可再生资源的消耗问题尤为突出。这种单向发展的城市化导致了乡村的不可持续发展。快速城市化除了使村落消亡，还将消耗掉很多宝贵的不可再生资源——沙子、石头、土壤等（吴源林和晓文，2008 年，www.huaxiang.com）。因此，中国城市化应将乡村发展纳入到发展系统中，将城乡资源优势对流共享，实现双赢，另一方面，对不可再生资源的保护确已经到了刻不容缓的时刻。保护乡村与自然资源，提高乡村环境质量的可持续发展也的确应该在政府的议题中占有与追求经济增长率同等重要的一席之地。

综上所述，以上几个方面均为英国乡村建设法规所表现出的显著特点。它们既具有浓郁的英伦特色也并非不能为其他国家所借鉴。事实上，笔者认为以上四方面均在中国有广泛的适用性，并较能适应我国现阶段的基本国情。如："强调中央集权（规划的集中统一）"这一点与我国社会主义民主集中制度有一定的兼容性；而"强调区域统筹（城乡统筹）"与"强调公众参与（推行民主）和规划执行"两点与当前中央强调的和谐社会有异曲同工之妙；最后，"强调及时修订立法"虽然是涉及未来的工作，但与我国当前大力发展法制建设确是相得益彰。

第三章 德国乡村建设管理法规研究综述

一、德国的乡村概况

(一) 德国乡村定义

随着德国的工业化和城市化过程的逐渐完成,城市和乡村的空间关系变得错综复杂起来,首先是城市规模的迅速扩大,城市与乡村以及城市之间的经济、社会联系不断加深,因此两者之间逐渐被整体对待。在经历了两次大战之间对于城市本质以及规划法规管理技术的准备（例如1937年纳粹颁布的德国城市重建法）之后,在二战之后经过战后重建、人口膨胀带来的新一轮城市增长之后,通过对多次增补修订的联邦建设法与城市建设法,最终形成两者合并而成的《建设法典》。政府主要通过确定区域乃至国土范围内的公共道路以及绿地空间的格局来限定整个国家范围内的空间发展结构。

对于城市地区新的认识,也早就体现在有关的法规之中了,在1965年的《空间秩序法》(Raumordnungsgesetz)没有使用城市这个概念,转而采用"密集型空间"和"乡村型空间"这两种分类。

(1) 密集型空间是由一个或多个中心城市,加上包围它们的以及"城市化"的较小城镇组成。在形式上,密集型空间是指大规模"城市的",或者至少是"近郊的"建成区。

(2) 在"密集型空间"之外是被称为"乡村型空间"中的聚落这样的概念。农业生产的进步大大减少了农业人口的数量。农业经济也从过去农业社会的主要成分不断转换为建立在劳动分工基础上的工业社会的一个组成部分。

之所以这样划分,是由于当代德国乡村地区与早期乡村地区只是作为物质生产的地区不同,承担了更多的精神性要求。德国的城市规模普遍不大,呈现出主要以小城镇群存在的聚落形态。通过强有力的规划控制与政府引导,使整个国土的空间结构保持乡村型空间与密集型空间相间错落，但是结构清晰的格局。相对于别的国家集中在大城市生活的居民，这种结构为德国人提供了更多接触自然的机会，再通过当代德国人大大增加的游憩休闲活动，共同塑造了居民强烈的维护自身居住范围甚至所在区域景观结构的审美意识，因此乡村型空间除了一般性的农业生产与环境保护等物质性功能之外，在德国还具有重要的塑造公共意识的精神功能，这一点得到了广大国民的认同。

在当代德国乡村地区，城市规划也被认为需要对"乡村型空间"中的小型社区进行规划。

"乡村型空间"的空间发展根据其与所处密集型空间的关系分为两类：

（1）远离中心城市的乡村：乡村空间发展压力很小，正式的城市规划的重要性也就显得不大了。

（2）在大型的密集空间周边的乡村地区发生了剧烈的改变，随着便利的交通设施的发展，使小城镇与大城市融为一体，在风景优美的乡村地区首当其冲地出现了第二住宅、度假住宅和公寓住宅，引进了外来的不同功能利用和形式要素……许多村镇受到了越来越大的要求改变的压力。

基于上述功能要求，在土地利用的相关规定中，当前的《建设使用条例》（BauNVO）规定中与乡村地区直接相关的建设地区种类包括在村庄中农业生产、生活以及旅游休闲活动两种：

（1）第5条　村庄区：村庄区主要用于安置农业、林业生产单位，其中包括居住，也包括其他居住用地。

（2）第10条　用于休息的特殊区：可以分为三种主要类型：1）周末度假住宅区；2）度假住宅区；3）野营地地区。

（二）德国乡村发展概况

在德国，乡村地区所占人口比例持续下降，农业生产对于整个国民经济的意义也不断降低，至1999年底农业与林业占国内生产总值的比例降至1.1%，就业人口比例降至2.6%。但与此同时，乡村地区在环境、文化等涉及全社会福利的地位却在不断上升。一方面，随着可持续发展观念的发展，环境意识在德国具有了前所未有的地位；另一方面，随着经济机构的调整，郊区化进程也在逐渐深入，大量居民由城市迁居至周边的小城镇甚至乡村，在享受乡村美景的同时与城市保持着非常密切的联系，而这些都对国家的空间发展政策产生了重大影响。

德国于20世纪80年代开始了"乡村地区更新建设"，这些乡村地区更新项目的目的在于，通过公共部门的扶持与引导，鼓励乡村地区居民与其他利益相关者的合作，改善各地的农业生产水平和景观状况，不仅要促进乡村地区的经济社会发展，更要发挥占国土面积广大的乡村地区在景观、环境等多方面的综合价值，实现全社会的可持续发展。通过改善基础设施，促进乡村地区除了服务于一般的农业生产，同时改善周边居民进行短途旅行、亲近自然的条件，从而使乡村地区更加融入整个国家的空间体系。

随着欧盟的成立，各欧洲国家逐渐通过合作寻求相互协调的空间发展政策，欧盟也通过提供"结构基金"对各成员国的不同区域提出各种空间发展的要求。在此之中，还包括"欧洲农业调整与保障基金"（Eutopäischer Ausrichtungs und Garantiefonds für die Landwirtschaft（EAGEL））与"领导者"（Leader+）等具体政策，利用田地重划、乡村地区更新以及提供基础设施等措施支持欧盟范围内乡村地区的空间发展。这些措施的实行，依靠自下而上发挥地方主动性与自上而下由欧盟通过相关的资金与技术进行引导的方式相结合进行。

二、德国乡村建设管理法规体系

（一）法规体系构成

德国的城市规划又称为"地方性规划"（Örtliche Planung），非常强调城市规划作为地方自治事务的地位，因此由各个城市根据自身需要独立负责制定。

德国的管理层次与我国不同，作为联邦制的德国有着三种不同管理权限的行政管理层次，即：联邦、州和镇、区（城市层级），由区负责镇内部的某些规划管理工作的审批，没有独立的乡和村的管理层，乡村居民所在地及其周边的农田、林地直接受镇、区管理,并直接通过覆盖全行政区域范围的《土地利用规划》(Flächennutzungsplan)进行统一管理。

在城市规划之上存在又被称为"跨地区规划"(überördliche Planung)的一系列在区域规划意义上协调各个地区空间秩序的规划,其法律依据主要是《空间秩序法》(Raumordnungsgesetz)。

首先在各个城市层次上面,是若干从各个州划分出来的行政地区,每个地区编制区域规划(Regionalplanung)。在区域规划之上是州域规划,负责编制协调整个州的行政范围内的空间发展问题。与州域规划相衔接的是空间秩序规划。空间秩序规划以联邦地域内的国土发展为工作对象,由联邦政府和各州政府共同完成。空间秩序规划的规划目标包括为了保障联邦各个地区生活方式的公正平等而提出的具体空间发展目标。

在德国乡村规划管理体系中(图3-1),法律针对的具体对象是乡村地区的建设行为以及涉及到包括农业生产和一般居民生活的土地管理两个基本方面。《建设法典》对所有的建设行为的程序,以及涉及的一系列利益关系予以了充分规定,而《田地重划法》则更多的是针对广大的农业生产与基础设施问题界定了政府、个人以及地方生产协会的关系。

在我国的《土地管理法》中明确规定,不同于城市地区的全民土地所有制,我国乡村地区的土地属于集体所有制,因此城乡政府在进行规划建设的过程中必须尊重当地居民的集体意愿,这是在乡村地区进行规划建设不同于城市地区的最根本区别。另外,由于空间问题涉及公共部门和私人部门的广泛利益,而我国在经济改革的过程中围绕私人产权地出现在城市建设和管理中面临着许多新的问题,因此有必要对德国的乡村规划建设中政府的角色予以特别强调,并介绍相关规定。下文中介绍的《建设法典》和《田地重划法》的一系列具体法规,都在于明确政府基于自身在以下两种不同角色中,如何合法地推动地方的发展和建设。

1. 由公共部门领导的一系列规划建设措施

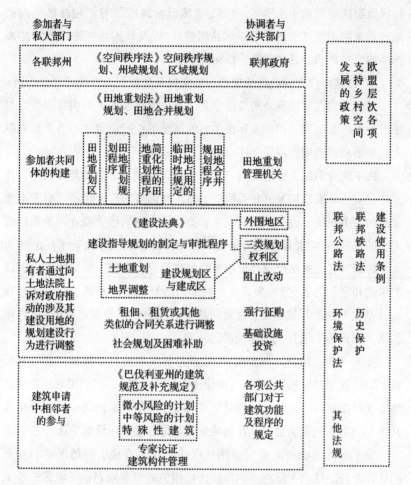

图 3-1　德国乡村法规管理体系

强调政府在行政法范畴内对所管理居民的行政管理职能（包括对法定的公众参与的程序要求），以及虽然涉及私法范畴，但是主要通过政府投资的行动主体推动乡村开发所应遵循的规则以及程序。

在下文介绍的主要法规内容之中包括：《建设法典》中的建设指导规划制定和审批的法律要求；对城乡地区内部规划建设行为的一系列管理手段（三类规划权利区对建设行为的管理，对农业生产、生活与旅游休闲之间进行区分，为了实施新规划对规划区内的改建行为予以阻止，社区政府法定的购买土地优先权）；"建设规划区"与"建成区"内的地产关系的调整（土地重划；地界调整）；以及政府近年来在政策层面推动的乡村更新的具体程序、目标与要求。

2. 公共部门在建设活动中参与公众以及利益相关者进行利益协调

强调政府在直接推动的规划中，以及政府在某些大型项目中作为与私人平等的参与方，在涉及私法关系的情况下，所应遵守的涉及私人财产权变更相关的规则以及程序。

在下文介绍的主要法规内容之中包括《建设法典》的部分规定：开发建设对土地的征购及其相关经济关系进行调整的若干规定（对于土地征购的相关规定，由于开发建设对各类涉及土地的租赁或合同关系进行调整的规定）；对建设用地与建设项目相关的管理程序的若干规定（个人土地拥有者通过法律途径要求对规划建设行为调整，对具体建设项目的申请和审批的规定）；来自于公共部门的开发投资及其引起的社会补助（基础设施的开发建设，规划问题中的社会规划及困难补助）；另外包括《田地重划法》的一系列管理内容。

按照《建设法典》的要求，"建设指导规划应与空间秩序规划与州域规划的规划目标相协调"（《建设法典》第1条），可以用来指导制订地方建设指导规划。区域规划则是空间秩序规划目标的进一步明确化和具体化。类似的关系也包括在州域规划和地方性的建设指导规划之中。

除了《建设法典》和《空间秩序法》作为直接引导德国空间发展的法律之外，还有大量与空间发展密切相关的专业规划，环境保护等工作。它们的法律基础建立在不同但是又相互有关的法律法规之上。这些法律法规包括联邦公路法（Bundesfernstraßengesetz）、联邦铁路法（Bundesbahngesetz）、环境保护法（BNatSchG）等。在《建设法典》中对于协调上述工作都有相关的规定。

（二）主要法规的内容

1. 城市规划法

与英国早期城市规划发展起源于公共卫生问题不同，德国的城市规划则起源于城市规划法规的发展。作为西方城市规划法规的重要起源国家,在 19 世纪末和 20 世纪初德国面临着由于快速城市化过程带来的严峻的建设和管理的任务。当时对于所谓规划管理等问题,都是关注于城市本身,而且主要是城市发展面临的一些环境恶化、过分拥挤等功能技术问题。这些问题显然对于人口密度低、社会结构简单而且人口持续减少的乡村地区建设没有多少借鉴意义。当时对于城市和乡村都有意义的法规主要是一些关于土地财产权的规定,有的甚至早在 16、17 世纪就已经存在了。

德国作为重要的西方发达资本主义国家,具有悠久的通过法律法规管理国家的传统,拥有"法治国家"的称号。在城市规划领域具有强大的法律规范体系,这些法律规范以成文法的形式存在,用以对社会中广泛的城市建设活动进行管理与规范。

必须强调的是,德国的城市规划法规体系本身不存在城市与乡村的差异,但是在具体的条文中,仍然有大量针对乡村的社会与空间环境特点,以及乡村与城市关系而提出的具体措施。德国的城市规划法有其成文法法典称为《建设法典》(Baugesetzbuch),这部 1987 年颁布的《建设法典》确定了德国城市规划的基本法律框架。目前最新的版本为 2004 年修订的版本。1987 年《建设法典》主要是由 1960 年通过的,以后又经过多次增补修订的《联邦建设法》以及 1971 年出台的《城市建设促进法》这两部法律合并而成的。

通过《建设法典》管辖的主要内容包括,保障由于公共目的的建设用地,并能够征购;将公共和私人建设项目纳入城市功能结构的整体设想;将公共和私人建设项目纳入城市形式的基本框架。

在《建设法典》中规定,城市规划的重要手段是"建设指导规划"(Bauleitplanung),通过它对建设用地的建设和其他用途进行规划和管理。在德国城市规划属于地方自治的范畴,1960 年颁布的《联邦建设法》规定镇、区政府负责制定建设规划。但与此同时由于城市建设格局呈现出在各个行政区之间交叉的特点,《建设法典》规定,建设指导规划要满足国土规划、州域规划的规划目标。

2. 建设指导规划

德国的地方政府（镇、区）可以通过两种建设指导规划对城市建设的发展进行管理：一种是"预备性的建设指导规划"（Flächennutzungsplan），即"土地利用规划"，它要求概略表现城市建设的发展计划需要利用的用地种类。规划应该将全部镇、区地域纳入规划范围。

经过预备性建设指导规划，开始进行约束性建设指导规划（即建设规划）（Bebauungsplan）。建设规划（至少在新建地区）被作为一种在法律层次上精确落实规划意图的手段。"建设规划"规定，在"土地利用规划的基础上制定建设规划，建设规划无论如何不能偏离土地利用规划的基本原则，不能利用制定建设规划来改变在此之前或者同期制定的土地利用规划。"（《建设法典》第 8 条）

建设规划的下述三项任务具有重要的实际意义：

（1）从法律上确认已经进行规划设计的项目，作为批准这些项目的必要前提。

（2）确定准备实施但在具体内容上还没有明确的建设需求，设法引导这些需求，创造满足这些需求的建设的可能。

（3）制定已建地区内的用地功能和建筑形式的规定，以便在统一的目标下，引导城市改造的发展方向。

3. 乡村更新规划

在城乡关系高度整合的德国，乡村地区的空间已经与国民经济的各个方面融为一体，因此德国对乡村地区发展的基本要求是基于国民经济的调整与转型促进乡村地区适应全球化的进程进一步与国民经济整合。德国的乡村更新不是仅仅针对某些专业领域的任务，而是基于乡村地区长远的经济、社会发展趋势所采取的综合性、战略性工作，通过更新活动将改善居民各方面的生产、生活条件，包括改善居住条件、创造有吸引力的生活环境、提供现代化的基础设施，并且保持历史文化遗产和地方特色。

以巴伐利亚州的乡村更新规划为例，在规划的实施程序和负责人依据下述顺序进行：

（1）开始乡村更新规划

社区建立有关乡村更新办公室负责乡村更新。

（2）向社区议会和居民进行公示

通过乡村更新办公室执行。

（3）筹备阶段

训练工作团队，在乡村更新办公室的帮助下由居民和社区政府的代表一起共同制定整个计划的基本模型和初步规划。

（4）制定整个计划的具体目标、关键手段以及落实到项目的具体工作

由乡村更新办公室负责制定。

（5）介绍乡村更新的计划

由乡村更新办公室与社区相关者共同负责。

（6）选择社区相关者组成的执行委员会

在乡村更新办公室的引导下建立。

（7）准备最终的实施规划和融资手段

由社区相关者和社区政府负责。

（8）执行具体措施

由社区相关者、社区政府和居民共同负责。

（9）土地管理

土地转让，制定、标记并踏勘有关地块的边界，划分出新的地块并进行地籍簿登记，并通过社区相关者转让相关所有权。

（10）最终清理工作

由社区相关者和社区政府负责。

（11）对整个工作进行总结

由乡村更新办公室负责。

乡村更新规划具体采取的主要手段包括：

（1）规划理念及目标的确立：

1）与当地居民一起共同交流，讨论各方面信息，并介绍相关知识进行动员；

2）明确未来导向的理念，并开展基于合作的规划制定工作；

3）在此期间向社区政府、居民团体与个人提供包括关于规划形式、工作结构、生态与社会文化方面，以及历史纪念物保护方面的各种知识。

（2）基础设施：

1）改善村庄内部的道路与街巷；

2）安排广场与游戏场地；

3）对社区政府或其他公共服务设施以及历史文化遗产进行修缮；

4）通过市场交易和有关建设工作对土地占有关系进行调整。

（3）居住：

1）对村落中用于居住用途和非商业性的休闲建筑进行修缮（在工作中具有优先地位，使之作为村落的核心工作得到加强）；

2）提供关于建筑隔热、能源节约以及对生态环境无害的各项技术手段；

3）重点安排影响村落重要特征的建筑物；

4）对私人的农场院落作出安排。

（4）就业：

1）提高生产能力和产品质量，并改善工作场所的条件；

2）确保经济领域中市场营销、乡村休闲假日等与农业生产、流通或者其他村落经济相关的技术手段和条件。

（5）环境：

1）对滨水空间进行再开发并推动重新自然化（包括将暗沟中的水流与建筑内部的水面重新开放并连接）；

2）对微循环系统中的无害化和污水的处理工作；

3）创造并维护当地动植物共同组成的生态群落；

4）对村落内部的绿地与环境设施进行安排，从而使之整合并融入村落外部的整个景观系统；

5）兴建新的设施减少农业和其他商业活动产生的废弃物。

（6）文化：

1）对路边遗迹、历史纪念物、历史生产设施与教堂等进行修缮；

2) 维护包括花园和与保护历史纪念物相关或具有历史文化感的开放空间;

3) 提供有助于促进乡村文化的各项设施（社区中心与乡村博物馆等）。

4. 田地重划法

（1）田地重划的目的与功能

田地重划主要致力于有计划的重新组合乡村地区农田等农业生产用地的空间结构，最初称之为"田地合并"，然后称之为"田地重划"。专门负责这项任务的有关国家机构是在19世纪下半叶成立的。重新整理田地这个措施的目的，最初仅仅是试图通过合并农业生产用地，来改善农业机械化生产的基本耕作条件，更好地布置安排农业生产企业的院落。在必要情况下，也可以将生产设施迁出村庄。在这里，地产评估和田地重划的必要程序也与建设用地的重划有密切的关系。然而，这些与现代潮流相适应的对农业生产用地进行调整的措施，很久以来就与道路和供水设施的改道取直以及对已有的部分景观进行"整理"联系在一起。

对于乡镇建设的发展来说，田地的重新划分不仅可以重新调整农业生产用地，还有剔出新的乡村建设地块的功能。因此，德国从20世纪60年代起在联邦规划法和田地重划法，以及各州的田地重划的法规中，要求建设指导规划和重新合并田地之间相互合作，相互配合。在这层关系上，重新合并田地也包括村庄更新这样的任务。对村庄内部来说，村庄更新的主要措施是：一方面通过新建或者改建生产用房以改善农业生产的场院，改善村镇道路和集体设施以便于为农业生产的机械化服务；另一方面改善一般的生活条件、交通条件和村庄的外貌形式。其中包括建设休闲活动设施，重新利用已经荒弃的农业生产建筑，或者重新改造过去过于偏重道路通行而建设的过境道路。

"田地重划地区必须在尊重各自现存的农业结构，按照符合该参与者相互间利益以及农业文化的一般性利益与农村的发展要求的方式，并按照促进公共福利的要求建立起来。"田地重划规划在实行过程中需要从维护公共利益出发，首先要考虑下述领域的要求：空间秩序规划、州域规划、作出安排的城市发展、自然与环境的保护、农业保养、文物保护、休闲、包含水源供应与排除废水在内的水资源管理、渔业、狩猎、能源供应、公共交通、农业地区的住宅区、小型社区、小型园艺、场所与农业景观的形态，以及可能的采矿功能、矿产性地层的保养与维护（第37条）。

（2）田地重划工作的管理结构与程序

《田地重划法》对于田地重划工作的管理结构作出了规定，田地重划的实施是由各联邦州加以推动的任务，一般来说田地重划的管理机关分为三级，最高一级为州的相关管理部门，以下为区一级的管理部门，然后是最下一级的管理部门，一般负责具体的田地重划工作的实施。由于田地重划工作常常超出单一行政区域的范围，往往通过在相关行政区域的区级管理部门之间协商确定具体的执行部门及其上级管理部门。

田地重划同时服务于公共利益和参加规划的有关人员的利益，田地重划规划的必须在具体的执行部门的领导下进行。田地重划规划往往包含所设定区域内部的道路、水资源管理、相关的景观维护、自然保护以及一系列其他的设施的新建与改建任务，需要与有关部门进行协调。田地重划规划依据法律明确的相关目的可以对有关地产的形状进行调整，并可以在相关者认可的情况下予以置换。

在实施的程序上，规划草案完成后必须经过相关参加者以及地方有关组织参加的听证会，以及公示等程序，并将方案呈送至上级管理机关备案才能实施。另外，由于田地重划规划的执行往往很长（10年甚至更长），《田地重划法》特别有关过渡期的规定：田地重划规划要对此期间农业企业对土地的占用进行临时性的规定，直至规划完成。《田地重划法》对相关设施的新建与改建承担的费用进行了规定，相关设施的受益者承担与其收益成比例的建设费用。

《田地重划法》还规定了一种"简化性的田地重划程序"（第86条），"通过该程序，在小村庄、社区周边范围、独户农场地区或者已经进行过田地重划措施的社区，实现所要求的土地占有关系上的新秩序。"由具体的田地重划管理机关发起，或者最初依靠有关地方部门的申请并获得具体的田地重划管理机关确认，在决议完成后送达相关者或者进行公示后，就可以实施。

(3) 田地合并的功能与程序

在《田地重划法》有一项专门的田地合并程序，专门用于单纯调整属于不同财产所有者之间的地产形状，以利于生产、生活工作。建设指导规划可以利用相比之下程序更为简便的重新合并田地法律程序的优势，推动快速的开发。关键在于，重新合并田地只需要"参与合并的集体"，也就是与此有关的全体地产所有者作出决定即可，而建设指导规划则需要所有居民的公平参与，并经过复杂的公示以及其他的程序。

"田地合并是一项通过田地重划管理机关领导的工作程序，在某个特定区域内部（田地合并地区），依靠全体参加的地产所有者的合作，将农村地区的地产占据关系经济地进行田地合并，根据需要有目的地改变形状或者重新安排。田地合并工作可以限制在某些地产所有者的全部或者部分地产上。"（第92条）

田地合并是作为田地重划规划之中相对独立的一部分工作出现的，相比于田地重划规划涉及广泛空间范围的土地、人员与设施。田地合并主要针对少数财产所有者，而且一般情况下只关注土地的调换，而较少涉及其他的设施，因此只需当事人同意即可。田地合并工作可以作为田地重划的启动工作，也可以单独进行，再被纳入以后的田地重划工作之中。

5. 开发建设对土地的征购及其相关经济关系进行调整的若干规定

(1) 对于土地征购的相关规定

对于土地的强行征购的前提条件是，"只有在个别情况下，也就是为全民幸福的利益所要求，除了强行征购之外，其他方式均不能达到目的，才准许"强行征购。同时"强行征购的申请者必须按照合适的条件……对所需要强行征购的建筑基地与房地产所有者进行严肃认真的协商，以求得购买该块房基地；协商失败之后，才允许实行强行征购"。

(《建设法典》第87条)

按照《建设法典》，强行征购的目的主要是为了使土地利用符合已有的规划法律的要求，比如作为公共交通用地，或者是为了准备这些土地利用建设所需要的用地（《建设法典》第85条）。在后一种情况下，只允许为镇、区服务的单位或者某一个公共利益的代表实行强行征购；并且在镇、区"能够完成征购……所承诺的建设矛盾之后"，必须重新出让这些土地。对于那些为了公共目的或者预期的城市建设过程所需要的建设用地，可以免去这种转让义务（《建设法典》第89条）。

对于强行征购造成的权益损失和其他利益损失，要通过赔偿予以弥补。赔偿的数额原则上参考房地产市场上的一般市价，它可以通过金钱，也可以通过土地补偿。

类似于强行征购，在其他情况下由于规划造成的利益损失，或者功能利用的限制，一般也可以通过补偿予以赔偿。在特殊情况下，首先"由于建设规划的规定或者实施，使得房地产所有者由于经济的原因再也不能保留他的房基地，或者再也不能按照已有的或者其他合法的用地类型使用房基地"（《建设法典》第40条），那么也可以要求镇、区接管他的房基地。

类似要求承担补偿义务的城建措施还包括，降低迄今为止一直是符合规划法规的建设用地的土地利用强度；与此相反，对于那些新获准的，或者由于土地利用标准的提高而得到的优惠，自然也要求其交出获利部分。

(2) 由于开发建设对各类涉及土地的租赁或合同关系进行调整的规定

社区政府推动一系列的开发计划，会给开发地带的生产、生活造成影响，除了对土地财产所有者的影响之外，也会影响到租佃或租赁其土地、建筑空间或其他设施的合同缔约方的利益。在《建设法典》中社区政府对于直接受到一系列城市开发计划影响、或受之影响而终止的一系列租佃、租赁或其他类似的合同关系，提供补助等行为及其责任作出了规定。

《建设法典》中规定，社区政府有权在开发地带内部终止认为执行开发计划而有必要终止的租佃或租赁关系。但是同时在作出通知后会给予有关人员一定期限，用以寻找代替其目前使用的用于居住、工商业等用途的生产、生活空间，"社区可以根据财产所有者的申请，或者通过城市规划命令的方式给予至少六个月的期限，当面临处理农业或者林业用地时，则在一个租佃年结束的时候废止"。根据建设开发的需要，在未建设的土地上的租佃与租赁关系，以及涉及土地和建筑物的合同关系也可以被废除。(《建设法典》第182条~第184条)

同样，只要对于实现社会规划有必要，社区可以根据租佃与租赁者的申请，对位于正式确定的再开发地区、位于城市开发地区或者基于第176条至第179条的措施，将他们的租佃与租赁关系延长。(《建设法典》第186条)

同时社区政府有义务对于有关人员受到开发计划影响引起的合同变更进行补偿。租佃与租赁者应提出申请，而社区有义务承担赔偿的责任。根据具体情况，社区政府的补偿可以通过金钱或者替代土地的形式进行。当各方就赔偿事宜无法达成一致的时候，或社区没有能力完成准备或提供合适的替代地块的任务时，交由上级行政主管部门裁决（《建设法典》第186条）。

6. 对建设用地与建设项目相关的管理程序的若干规定

（1）个人土地拥有者通过法律途径要求对规划建设行为调整

建设指导规划围绕建设用地产生了大量的行政管理行为，例如将某些地区列为城市开发地区、或者为了让某些地区内部的功能运行更加完善而对该地区的地产进行土地重划和地界调整，这些行为直接涉及大量与土地相关的当事人的利益。《建设法典》中对协调建设用地管理作出了详细规定，为受到建设指导规划影响的拥有土地的组织和个人进行申诉、反对政府管理行为和获得赔偿等活动制定了一系列程序上的规定，用以规范政府管理行为与私人土地财产权的关系。

《建设法典》第217条规定，其他组织和个人对"行政部门的行为只能通过申请进行法庭裁决进行反驳"，在申请中要求明确所针对的具体政府管理行为。在相关的法律机构上，设立了各级的土地法院对相关申请进行裁决，由上级土地法院直至联邦最高法院进行有关申诉的法律复核工作。除了明确社区政府与当事人的关系外，将"在管理行为所经历的程序上所涉及的"个人和组织明确为相关者，整个裁决依据民事诉讼程序进行。

土地法院有权作出针对以下情况的判决：变更和撤销社区政府的相关管理行为（例如撤销土地重划决定或者变更其生效的时间），对有关组织和个人进行补偿，或者对补偿的金额和形式进行调整，以及在处理完补偿等争议重新启动相关政府管理行为等等。

(2) 对具体建设项目的申请和审批的规定

这部分内容不属于《建设法典》的范围，基于德国宪法中规定规划属于地方性事物的原则，具体而论就是由各联邦州自己制定建设项目相关的法规，各州之间对具体的规定（主要是建筑规范的具体指标等）有一些差异，但是基本结构和内容是很相似的。对于这些规定，在联邦州一级以《建筑规范及补充规定》的形式予以规范。这部分内容的介绍主要希望通过介绍《巴伐利亚州的建筑规范及补充规定》（Bayeische Bauordnung und ergänzende Bestimmungen）进行。

《巴伐利亚州的建筑规范及补充规定》适用于州内有关建筑设施、建筑产品（Bauprodukte）与建设规范法规有关的位于地块和其他设施的规定（《巴伐利亚州的建筑规范及补充规定》第 1 款第（1）段第②句）。

对于建筑的审批工作，根据其计划中的规模、体量和类型，审批对于三类项目有分别的规定。

1) 具有微小风险的计划：适用于体量很小、高度很低的建筑设施，对此类计划一般不需要审批，只要符合有关建设规划中的基本要求即可。

2) 具有中等风险的计划：适用于体量中等、高度中等的建筑设施，需要送至监察机关进行审批，对各种针对设备和人员的指标进行审查，并经过一系列涉及相邻者同意在内的程序之后，获得批准。

3) 特殊性建筑：对于功能复杂、体量巨大类型的建筑设施，例如高层建筑或者学校建筑等，对此类建筑要进行比中等风险计划更加全面的功能与程序的审查。(第2款)

在《巴伐利亚州的建筑规范及补充规定》对建筑审查的程序中，对建筑计划申请的处理、与有关规定偏离时的情况、相邻者参与等方面的重要规定包括：

对建筑计划申请的处理过程中，对于相关建设计划，需要建设监察部门以及其他公共部门在规定的时限内发表意见，"当涉及执行程序的加速与简化，特别是在公共利益的承担者与其他相关的方面之间的决定时，下级的建设监察管理机关执行将立即为此举行听证会；在此听证会的框架内，最终作出关于此建设计划的最后原则性决定。"(第69款第(2)段)

当与有关规定偏离时，"只要在本法或者基于本法所涉及的规定没有影响到第三者的时候，当认为出现的偏离情况符合且考虑到当时的要求并尊重了相邻者以及公共利益的情况时，建设监察管理机关可以对本法或基于本法对建设监察要求的这些偏离情况予以批准"(第70款第(1)段)。

相邻者参与方面，需要建设计划周边的相邻者对方案的内容进行了解，并签字同意，当存在异议的时候需要向监察机关书面提出异议。同时对于代表相邻者对建设计划签字的资格也作出了规定，特别是当超过20个相邻者未能通过其合法代表签字确认，则需通过公示的方式发出通知。最终审查及处理结果将通过公示的方式公布，为期一个月，"在对计划进行公示一个月期满之后，所有的公法性、对计划提出异议的手段将结束"(第71款第4段)。

同时对于建筑设施的开始使用的程序规定，要求有关设备以及涉及建筑人员工作与生活条件必须符合有关法规。

7. 来自于公共部门的开发投资及其引起的社会补助

(1) 基础设施的开发建设

社区政府作为公共部门，负责提供各类基础设施，从而促进地区的经济发展。在一般情况下，进行开发建设也必须以有建设规划为前提（《建设法典》第 125 条）。同时《建设法典》对于开发主体与相关的土地所有者的义务进行了规定，土地所有者必须容忍在其土地上的进行某些设施的安装、铺设，同时规定开发主体应对土地所有者的损失进行一定的补偿（《建设法典》第 126 条）。

在开发的费用方面，对于基础设施的开发建设，房地产所有者要分摊镇、区承担费用中的 10% 以上。只要某一建设用地上的建设性或者生产性的土地利用是准许的，那么它就有义务承担前述开发建设的费用。这种义务与它是否确实开发利用了这些功能无关。在特殊情况下，基础设施的开发建设费用可以延期支付，甚至部分或全部豁免（《建设法典》第 129 条～第 133 条）。

（2）规划问题中的社会规划及困难补助

"如果建设规划、城市整治措施、城市开发措施或者城市重建措施对于在相关区域内部居住或者工作的人们的个人生活状况会产生可预见的负面影响，社区应该负责向相关人员负责介绍有关情况，并且对他们解释，如何能够尽可能地避免或者缓和这些负面影响"（《建设法典》第 180 条）。

社区的开发计划有可能会对开发地区的个人的生产、生活产生负面的影响，"特别是在居住和工作岗位的调换，以及企业的搬迁方面"。社区有义务努力帮助相关人员避免或者缓和这些负面的影响，并提出相关具体的社会规划内容。

同时"社区应当在执行本法典的同时避免或者平衡经济上的负面影响（同样在社会领域中），对困难补助的申请进行金钱上的补偿"（《建设法典》第 181 条）。

8. 对城乡地区内部规划建设行为的一系列管理手段

（1）三类规划权利区对建设行为的管理

在《建设法典》中"第三部分：对建筑或其他目的土地利用的控制、赔偿"的规定，存在三类规划权利区的概念：建设规划地区（Planungsbereich）、建成区（Innenbereich）与外围地区（Außenbereich）。

建设规划地区内的项目：建设规划地区是新制定的建设指导规划生效的地区。"在建造规划控制的用地范围内，或单独或与其他建筑法规一道，包含着最基本的关于建筑使用的类型和标准的要求，可以用于进行建设开发的用地和专门用于交通干道的用地。一个开发项目只有不违背这些确定的条件才能得到许可，并且还要确保提供地方性的公共基础设施"（《建设法典》第30条）。

建成区内的建设项目：建成区内部的建设项目实际上位于一个"相互关联的建造地区"，在项目之前已经进行了一系列的建设活动，新项目实际是在已有的建筑之间的空地上建设的。所谓的"相互关联"指的是，已有的建筑共同位于一个边界封闭的地区之中，同时在整体上这些现存建筑的数量、规模及特定用途都对该地区产生了重要的影响，同时它们形成了该地区具体的空间结构特征。在建成区内批准新的建设项目的原则是："在相互关联的建造地区各部分内，只有在下述条件下，才许可项目的开发。如果根据建筑使用的类型和标准，建筑方式和在其上进行建造的用地，项目与附近的环境特点协调一致"（《建设法典》第34条）。

外围地区：那些既不位于建设规划地区范围内，也不属于与建成区相关的地区被看作是"外围地区"。其中只有"具有优先权的"建设项目是准许的，主要包括农业生产建筑、属于遗产继承下来的乡村住房和农业生产用房，以及那些由于自身原因不便在建成区内建设的项目，如变电站、蓄水站、废弃物处理站或电站等（《建设法典》第35条）。

（2）乡村土地管理对农业生产、生活与旅游休闲之间进行区分

《建设法典》在建设用地划分的许可部分对旅游地区的土地利用有特别的规定。《建设法典》第22条要求在"主要以旅游为特点的城乡社区，或者其某些部分主要以旅游为特点的城乡社区，可以在建造规划或者通过另外的法令规定"按照《建设使用条例》规定的旅游用途的用地分类："疗养区，旅游者居住区，周末和假期别墅区，和在总体布局中建造的其特点与上述区域相协调的地区，还有以住宿旅馆和旅游住宿别墅为特色的旅游功能区域"。同时规定，在此地区"住宅产权或者部

分产权的创立或者分离"应该与"旅游功能区域的现有的用途规定,或者《建设法典》中的用途规定",从而与有序的城市建设发展相协调。

(3) 为了实施新规划对规划区内的改建行为予以阻止的规定

为了在制定规划时制止那些当时是准许的,但是与规划准备的开发相矛盾的建设项目的实施,以避免对开发建设造成困难,镇、区可以发布禁止改建的命令,在两年内禁止任何建设设施和建设基地的新建或升值性的改建。一般情况下禁令可以最多延长至四年,而不必承担补偿房地产所有者损失的责任(《建设法典》第14条~第18条)。

(4) 社区政府法定的购买土地优先权

根据《建设法典》社区政府有购买土地的优先权以保证建设规划的实施。《建设法典》第24条规定了购买土地的优先权的6种情况,政府行使优先权的前提除了建设规划实施之外,必须是用于服务公共利益的目的。

同时社区政府在推动城市发展过程中,可以通过具体法令的形式,来论证自己购买土地的优先权的目的以及明确具体的面积等指标(《建设法典》第25条)。《建设法典》第26条~第28条规定了其他对社区政府购买土地的优先权的限制,以及通过第三者的工作实现公共目的,而有利于其获得购买土地优先权的实施、具体程序与补偿方式。

9. "建设规划区"与"建成区"内的地产关系的调整

在实施建设指导规划的过程中,进行道路建设、重新整合公共绿地等工作,需要对有关属于公共和私人的地块进行调整。《建设法典》提供了两个解决办法,即:土地重划和地界调整。

(1) 土地重划(Umlegung)

通过土地重划能够重新调整"特定地区中已建或者未建的建设用地的交通联系和空间形式,以形成符合建设或者其他功能利用要求的,具有恰当大小、形状和位置的建设用地"(《建设法典》第45条)。为了进行土地重划,需要有一份建设规划,土地重划法律程序的基本思路是:将所有列入新的建设规划中的建设基地组成"用地调整的主体","根据建设规划从这些主体中裁取地区建设需要的交通和绿化用地,划给镇、区或开发者"，余下的用地作为"分配的主体"，按照参加土地重划的份额（要么是土地数量的份额，要么是地产价值的份额），重新分配给所有参加土地重划的房地产所有者。与参与调整的份额相比，重新调整后房基地的地块面积也许不那么精确，由此造成的有利或不利情况，可以通过相应的金额予以补偿。

（2）地界调整（Grenzregelung）

相对来说，地界调整要更简单一些，这主要是由于地界调整的比例关系不像土地重划那么复杂。地界调整允许：① 当这种调整主要是为了公共的利益，相互交换相邻的地块或者相邻地块的某一部分。② 当这种调整被公共利益所驱动，单方面地分割相邻的地块尤其是相邻地块的某一部分或者碎块，从而裁直两个相邻地块之间犬牙交错的边界，或者改变与街道斜向交叉的建设基地边界，使得至少在规划建设的用地范围内，建设基地边界能够与街道垂直（《建设法典》第80条）。

（三）乡村规划政策与组织架构

如前所述，从前的欧共体、当今的欧盟也有大量关于乡村地区的相关政策，德国联邦政府依据《空间秩序法》制定的空间秩序规划，以及据此有各个联邦州制定的州域规划和州内部分区域的区域规划都在不同层次上明确了乡村地区的空间发展地位。另外《田地重划法》为乡村地区除了社区建设之外的广大农田、林地等土地的调整提供了必要的法律手段，其具体内容将在后面详细介绍。

1. 建设指导规划的制定与变更程序

建设指导规划的任务是根据《建设法典》规定的标准来准备和指导城乡社区建筑和其他用地事务。（《建设法典》第1条）建设指导规划分为两种，即：土地利用规划（Flächennutzungs plan）与建设规划（Bebauungs plan）。

（1）规划制定程序强调公众参与的基础性作用

德国的《建设法典》中对建设指导规划制定过程中进行早期的公众参与有着明确的规定。公众参与在建设指导规划制定过程中的法律基础最早反映在1976年联邦建设法的增订部分中。

在拟定规划时，法律要求尽早就规划与有关的其他部门和机构取得联系，其中包括公路建设局、供水局……国家部门，也包括教会、工商业联合会、工会等等。所有这些机构被称为"公共利益的代表"。

同样，建设指导规划也要尽早通过相应的方式，与有关的市民进行对话。这种市民"较早"参与规划的方式是由于原有的规划程序不能令人满意而从1976年起正式采用的。新的规划程序规定，规划当局有必要不仅向市民提供规划的设计方案，而且也要提供制订规划所依据的有关地区的发展战略和城市设计的多种选择方案。(《建设法典》第3条)

(2) 建设指导规划的制定与审批程序

建设指导规划必须由城乡社区自己负责制定。制定建设指导规划的决定，必须按照当地惯例公布。同时彼此相邻的城乡社区的建设指导规划，必须彼此之间相互协调。(《建设法典》第2条)而上级机关仅能够对规划制定的程序上，而无权就内容的进行审查，审查的期限一般在三周以内，最多不能超过三个月。(《建设法典》第6条)

建设指导规划的程序如下：

1) 对制定规划作出决定；

2) 对该决定进行符合当地习惯的公示；(《建设法典》第2条)

3) 由社区自身或者专业建筑师负责编制规划；

4) 与规划涉及到的其他公共部门和公共利益主体进行沟通，并尽早对环境评价的结果进行通报；(《建设法典》第4条)

5) 将规划的目的、目标在早期向公众通报；(《建设法典》第3条)

6) 与相关的机构进行合作；

7) 对规划设计草案进行解释；

8) 对规划设计草案及其解释报告进行符合当地习惯的公示；(《建设法典》第3条)

9) 在对公众进行公示的过程中，阐明规划设计的理由，以及对因为规划引起的环境变化影响情况所持的态度；(《建设法典》第2条，第3条)

10) 在公示期间接受公众对相关内容的意见，通过社区委员会的审

查,并告知相关的结果;(《建设法典》第3条)

11)根据公示后的相关意见对规划设计进行修改,重新进行上述第8点开始的一系列公示活动,可以只公示受到相关意见后变更的部分,并可对征集意见的时间进行适当缩短;(《建设法典》第4条a)

12)最终确定土地利用规划,同时制定建设规划;(《建设法典》第6条,第10条)

13)将土地利用规划与建设规划的草案交至政府或州议会机关的审批部门;(《建设法典》第2条,第6条)

14)对土地利用规划与建设规划的许可。(《建设法典》第6条,第10条)

15)土地利用规划的生效并将审批通过的结果进行公示,建设规划的生效并将审批通过的结果进行公示,同时随时准备好具体的理由意见解释,以便任何人对其内容进行查询。(《建设法典》第6条,第10条)

(3)建设指导规划的变更

建设指导规划的变更程序存在着一般性程序和简化程序两类。

对于一般性程序,上述关于建设指导规划制定的程序对于其变更、增补与废除是完全相同的。(《建设法典》第1条)

但是"如果建设指导规划的改动,或者补充没有触动规划的基本原则",则可以运用简化程序进行,规划当局可以对公示和公众参与等内容进行简化。(具体内容见《建设法典》第13条)

2. 乡村更新规划的整体组织结构

通过上述对德国乡村更新规划的实施程序、负责人与具体工作手段可以看到,德国的乡村更新规划是基于自上而下引入专业技术人员和自下而上通过社区同当地居民和有关团体的参与得到实现的。因而,德国乡村更新规划包括正式的法定规划和非正式的公众参与规划两部分。法定规划的法律依据涵盖四个方面:包括基于《空间秩序法》实现州域规划制定的目标,《建设法典》对相关建设行为的约束,《田地重划法》对乡村产权土地关系的规定,以及具体的建筑法规对单体建筑物的规章。

在程序上,规划首先基于州域规划和区域规划的有关目标,自上而下引入专业的技术人员和乡村规划专家负责进行技术支持。但是就目标方面,整个乡村更新规划的核心体现在自下而上的公众参与规划中,通过社区同当地居民和有关团体的共同参与的非正式规划,制定出规划的目标和具体实施程序。规划首先在战略规划层面通过 SWOT 等手段对整体性和重点领域的发展问题进行深入分析并确立基本目标,然后在此基础上确立实施性规划的具体内容。

在确立了整个乡村更新规划的核心理念、主要目标和基本手段之后,所有的具体实施过程都要接受作为法律依据的《建设法典》和《田地重划法》从建设活动和土地管理两方面的约束。《建设法典》主要涉及到土地利用规划、土地重划、地界调整、地方发展规划,以及有关的具体建筑管理规范的要求;《田地重划法》主要涉及田地重划工作的组织建构、公共服务设施的建立以及其他的涉及土地管理和交易的规定。在这些工作的同时,乡村更新规划还必须符合包括自然保护法、历史建筑维护等法规在内的各项法律规定的制约。

三、德国乡村建设管理法规的发展历程

早期的《建设法典》是从规划建设程序管理的角度,对规划区域内的乡村居民点进行建设管理,后来出台的对德国乡村地区有着重要影响的土地管理法规主要还有《田地重划法》(Flurbeeinigungsgesetz)。《田地重划法》从土地管理法的角度,对乡村居民点周边的农田、林地等地块加以管理和调整,反过来这些位于居民点外部地区的工作也会直接影响到居民点本身的规划和建设。

在一些地方以及村庄可能进行开发的地区,重新合并田地必须要与建设指导规划密切合作。与此同时,在乡村地区,也就是建设指导规划的"外围地区",重新合并土地必须要与在联邦自然保护法基础之上制定的景观规划的规划目标相结合。《建设法典》规定了负责制定建设指导规划的当地社区与负责田地重划规划上级相关管理部门之间应该相互协调,确认对方的意图与计划,明确双方的工作相互影响的程度,以便

进一步协调。

在德国战后的城乡空间发展过程中,随着由工业社会向着后工业社会转型,指导德国空间发展的思想由战后初期具有强烈福利国家色彩的通过国家平衡政策达到国土范围内不同区域都能够享受到基本一致的生活水平,到逐步鼓励不同区域根据自身的优势以极化的方式发展适应全球化特点的模式。在这个过程中,德国的国土发展结构呈现出地区之间差异不断加大的特点。德国南部地区发展出几个重要的基于后工业经济要求的经济中心,例如法兰克福的金融业、斯图加特附近的机械制造、慕尼黑周边的生物医疗技术研发中心,在两德统一之后,这一过程形成的更加迅速。在这个大背景之下,德国的人口分布呈现出向南部经济中心的区域不断集中的特点,但是同时在这些区域内部人口分布又不断扩散到周边的郊区化现象。

德国南部地区,尤其是巴伐利亚州南部靠近阿尔卑斯山的地区,历来以其风光和文化特色著称,但是不断蔓延的郊区化给这些地区的可持续发展带来了巨大的压力,一方面适应这一大的区域结构变化趋势,一方面又要尽可能节约土地资源、保护环境,因而目前德国的城市政府在乡村发展的目标中提出了"分散的集中"的要求,通过规划管理和资金引导,尽可能的把不断分散的居住地和企业集中在乡村地区的某些居民点中,以防止恶性蔓延。

随着德国人生活水平的逐步提高,德国对乡村地区定位的日益明朗。在居住地附近范围的乡村地区的游憩活动大大增加,乡村地区承担了更多服务于全社会的游憩休闲活动任务。结合德国的可持续发展战略,乡村地区的空间环境改善工作成为对于每个居民都能够直接接触的一项工作,不仅具有功能性作用,而且有着鲜明的塑造公共意识的精神功能,成为重要的社会政治议题。通过在《建设法典》与《田地重划法》两部法律之间的合作,德国20世纪80年代开始了"乡村更新建设",在广大村庄、小城镇内部、周边和外围,进行了广泛的工作。这些更新项目的目标在于,通过公共部门的扶持与引导,鼓励农村地区居民与其他利益相关者的合作,改善各地的农业生产水平和景观状况,不仅要促进农村地区的经济社会发展，更要发挥占国土面积广大的农村地区在景观、环境等多方面的综合价值，实现全社会的可持续发展。通过改善基础设施，促进农村地区除了服务一般的农业生产，同时改善周边居民进行短途旅行、亲近自然的条件，从而使乡村地区更加融入整个国家的空间体系。

四、德国乡村建设管理法规对我国的借鉴

（1）规划管理的行政组织形式以强调基于地方的需求为核心

德国的乡村规划与管理十分强调依靠地方自主的方式，强调以地方自身的需求为核心，对于各项功能性的规划要求主要以社区为核心通过建设指导规划进行，只有在超越社区行政范围的某些功能需要下，逐级引入各个层次的区域层面的一系列引导措施，直至空间秩序规划在法定层面明确国土范围内的空间发展基本目标。

相对于我国行政部门长期存在的"条块分割"问题，即纵向的中央直属部门自上而下管理，与横向基于地方政府领导的行政区域内的各项管理。德国在宪法上明确城市规划工作属于地方自治的范围，建设指导规划完全由地方自己制定，上级行政部门只有监督制定法定程序的权力，无权干涉其内容；涉及空间范围广阔的田地重划规划的制定，虽然超出了单一社区的概念，但是最高的行政管理部门为各个联邦州，中央政府不干涉联邦州的工作，各州之间的工作通过州政府间的协商相互协调。

（2）促进规划政策直接融入地方发展的整体政策，加强规划与其他政策之间的关联度

在我国的城市规划制度和实施中，仍然带有着强烈的计划经济色彩，城市规划往往被认为是执行政府政策的具体建设工具，负责把政府或者经济计划中确定的发展项目落实在空间之中。这种体现在决策和实施关系上的程序问题，使得规划无法更好的发挥其空间协调的能力，应当在政府作出经济发展的决策之初，就把规划作为决策的重要依据。

德国在《空间秩序法》之中，明确规定了国家的空间发展规划和区

域规划致力于实现空间发展的一系列经济、社会发展目标,从而使包括经济规划、基础设施开发、环境保护等广泛内容通过空间规划的协调呈现出整体性的效果,提高政府政策实施的效率,也利于可持续发展在经济、社会和环境三个方面均取得更大的成果。

(3) 注重法定规划与非法定的战略规划相结合

以乡村更新规划为例,规划的具体目标都是通过非法定规划的公众参与方式制定出来的,地方政府、社团和居民在专家的指导下共同制定战略性的规划,一方面适应州域规划等区域规划对自身所在地区的定位,另一方面以此为依据选择适合自身发展需求的具体目标。

乡村更新规划本身虽然并不是作为法定规划的建设指导规划,其本身更加强调基于战略的乡村发展,但是一旦具体目标被制定,就必须依靠作为程序法的《建设法典》和《田地重划法》对相关的建设和土地管理行为进行完整的管理并监督实施。

在我国的乡村发展中,各地的发展水平差异极大,如果仅仅是就内容设立指标可能根本无法适应从东部到西部出于各自经济、社会和文化发展阶段的乡村需求。通过作为法定规划建立稳定的乡村规划管理基础,再通过体现具体政策的乡村发展战略规划实施适合当地发展需求,并通过《城乡规划法》对具体程序予以约束,不失为推动地方依法寻求自身发展方向的合理途径。

(4) 注重村庄发展规划的战略性功能,促进城乡协调发展

随着我国经济发展水平的提高,逐步消除城乡二元差距成为了十分紧迫的任务。消除城乡差距,不仅仅是在建设层面对农村予以补贴,而是应当逐步将乡村的空间发展同所在区域的整体空间发展战略相结合。因此必须对乡村发展规划的战略性功能予以充分重视,通过战略规划工具的作用,使乡村地区发展融入城乡协调发展的轨道。通过自上而下引入专家队伍,和自下而上确立具体的发展需求,立足于战略规划制定最终的实施性规划,做到因地制宜和城乡协调发展。

(5) 城市规划部门与土地管理部门的合作

乡村地区与城市地区的最大区别就是村落和周边广阔的田野景观之

间的差异。因此乡村地区的发展就不能仅仅依靠现在村庄聚居地的非农建设行为,而是将非农建设行为和聚居地外的广泛农业生产活动有效结合起来才行。因此必须坚持在村庄聚居地内部的建设管理与聚居地外部的农业生产土地利用管理相结合。

乡村地区主要分为供居民生产和居住的具有城市功能的空间,以及进行农业、林业等功能的广大空间,德国的城市规划体系主要负责供居民生产和居住的具有城市功能的空间的管理,而土地管理部门负责另外的进行农业、林业等功能的广大空间。因此实现两部门之间的合作势在必行。

两方面的协调具体体现在《建设法典》与《田地重划法》两部法律上。两部法律都在各自的章节中首先强调合作的必要性,同时两者进行合作的具体情况以及程序进行了规定:

首先,由于受到一方具体工作在空间上的影响,触发另一方通过对管理边界、用地性质或者其他设施方面进行调整;

其次,规划和行政管理在规划制定中进行合作,例如田地重划规划涉及到工作早期阶段充分向包括地方政府和部门在内的各方面征集要求,并相互明确各自考虑或者已经实施的规划工作,保持衔接,并借鉴有关方面的规划与研究成果;

再次,规划和行政管理在执行的组织方面进行合作,例如田地重划规划在完成之后,大量公共设施的运行维护可以委托社区政府负责。

(6) 土地利用管理同土地的财产权保护与调整

《建设法典》对于土地利用与城市建设活动各项程序进行了详细规定。在土地利用与管理方面,德国在建设指导规划的制定中,土地利用规划以全覆盖的方式对行政范围内的每一块土地的基本用途进行了规定。此外对建设活动在空间上进行了基本的分类——建设规划地区、建成区与外围地区,在外围地区的建设除了农业、林业以及基础设施之外,其他的建设一般以特许的方式进行。这两方面的法律规定,有力地保证了在土地利用和建设活动都被约束在相应的框架之中,不会出现过度混乱的情况。

第三章 德国乡村建设管理法规研究综述

在土地财产权的保护与调整方面，主要是在广大的外围地区起作用的《田地重划法》，关注根据农业、林业生产方面，或者自然、环境保护等方面的要求，重新调整属于私有财产的广大地产，并对包括道路、水利等设施进行新建、改建搬迁等方面的要求，使广大空间范围内的乡村地区空间不仅服务于地产所有者，同时起到改善环境、促进全体社会福利、实现可持续发展多方面的要求。其附属的田地合并工作，在相关当事人与社区政府支持下，可以迅速地对地产的边界及形状作出调整。

（7）规划工作致力于公民物权的保护，相关纠纷通过司法而非行政体系解决

《物权法》和《城乡规划法》初步确认规划的实施应尊重当事人的合法物权，随着市场经济的进一步深化和城市内部关系的进一步复杂化，城市规划领域涉及的物权领域的问题会越发复杂。在这种过程中，地方政府在规划实施中是面临着更加多样化的局面，方方面面的利益关系会体现在每个规划项目中，当地政府仅靠行政管理规定很难做到合理公平的处理这些复杂纠纷，而且政府本身可能就是利益相关的一方。由于具体项目涉及的问题十分复杂，法律规定很难对各项内容准确把握，因此为了保证规划过程中的公平合理，规划法作为程序法的作用将得到加强，在规划法内部设立处理有关利益纠纷的章程，将政府实施规划的行政职能和司法监督职能分开将有助于促进对物权的保护并增强规划的透明度与公平性。

德国的规划建设管理的法规以土地的私有财产权为基本前提。对于土地财产权的一般规定受到大量其他法规的约束。私有财产被征用为公共财产必须获得相应的补偿，补偿以市场一般价格为基准，根据不同的情况获得金钱、土地或者其他行政部门的帮助。

行政部门负责实际的管理工作，一方面建设法典规定规划部门有义务对由于受到规划影响受到损失的个人提供补偿，除了土地财产拥有者本身之外，对房地产进行租用的有关人员，都在获得帮助与补偿的范围内。

无论是规划制定、审批还是实施，都有明确的成文法体系对其具体

程序进行规定，这种清晰明确的方式有利于规划的公正与合理。每一份规划工作都有相关的征集当事人认可的要求，通过送达当事人或者公示的方式完成，同时明确的附上提出异议的合理程序。

行政部门的所有规划管理行为都受法律部门的监督与约束，对于所有的争议最终都可以通过司法体系来解决。德国法院里面除了行政法、民法、刑法的法院外，专门有土地法院负责审理有关纠纷，土地法院的审判有权要求行政部门进行相关行政行为的调整，同时改变赔偿的条件。

第四章 法国乡村建设管理法规研究综述

一、法国的乡村概况

(一) 法国乡村定义

在法国[①], "乡村"是与"城市"相对应的概念。对此, 法国国家统计与经济研究中心(简称INSEE)给出了一系列的概念定义, 作为相关统计分析的基础, 从中可以总结出法国对乡村概念的认识。

1. 城市单元与乡村市镇

(1) 城市单元 (unité urbaine)[②]

所谓"城市单元"是指同时具有以下特点的一个市镇或若干市镇的组合:

1) 建成空间连续, 且两个建筑之间的距离不超过200m (其中不包括有桥梁跨越的水面, 花园、墓地、体育场、飞机场等公共领域, 以及工厂、停车场等工业或商业用地);

2) 人口规模超过2000人;

3) 每个市镇有超过一半的人口居于上述建成范围内;

4) 城市单元可跨越数个省份, 且城市单元的名单可以根据每次全国人口普查的结果重新定义。另外, 如果城市单元的建成范围位于一个市镇行政辖区范围内, 则被称为"独立城市"(ville isoleé); 否则, 则被称为"多市镇聚集区"(agglomération multicommunale)。

(2) 乡村市镇 (commune rurale)[③]

当一个市镇不属于任何一个城市单元时, 即被称为"乡村市镇", 其他的市镇则被称为"城市市镇"(commune urbaine)。

---

① 除特别注明外, 文中所谓法国均指法国本土。
② http://www.insee.fr/fr/methodes/default.asp?page=definitions/unite-urbaine.htm。
③ http://www.insee.fr/fr/methodes/default.asp?page=definitions/commune-rurale.htm。

2. 城市地区与乡村地区

(1) 城市地区 (espace urbain)①

所谓"城市地区"是指在一片连续的地域内，由若干城市区以及附属的多中心市镇组成的集合。其中，所谓"城市区"（aire urbaine）②是指在一片没有飞地的连续地域内，围绕一个城市极核形成的市镇集合，除城市极核以外的其他市镇，或为城市单元，或为乡村市镇，且其至少40%的常驻居民在城市极核或附属于该城市极核的其他市镇中拥有就业岗位，共同组成半城市化的城乡交接地带（couronne périurbaine）；所谓"多中心市镇"（commune multi-polarisée）③指在上述城市区之外，与上述城市区形成一片连续地域的市镇，且其至少40%的常驻居民在其他若干城市区拥有工作岗位。

由单一城市区组成的城市地区被称为单中心城市地区，由多个城市区组成的城市地区则被称为多中心城市地区，并且在多中心城市地区，各个城市区或相互连接成片，或由附属的多中心市镇联系在一起，形成相互关联的整体。

(2) 乡村地区 (espace rural)④

所谓"乡村地区"，或称"具有乡村特色的地区"，是指由小型城市单元以及不属于任何城市地区的乡村市镇组成的集合。

(3) 城市地域区划（zonage en aires urbaines，简称 ZAU）⑤

根据市镇所具有的城市或乡村属性，法国国土被划分为四种地域类型；其中一类是由小型城市单元和乡村市镇组成的具有乡村特色的地区，其他三类则均为具有城市特色的地区，即城市极核、城乡交接地带和多中心市镇。

---

① http://www.insee.fr/fr/methodes/default.asp? page = definitions/espace-urbaine.htm。

② http://www.insee.fr/fr/methodes/default.asp? page = definitions/aire-urbaine.htm。

③ http://www.insee.fr/fr/methodes/default.asp? page = definitions/commune-multipolarisee.htm。

④ http://www.insee.fr/fr/methodes/default.asp? page = definitions/espace-rural.htm。

⑤ http://www.insee.fr/fr/methodes/default.asp? page = definitions/zonage-en-aires-urbaines.htm。

3. 乡村地区类型

目前,法国的乡村地区被大致划分为三种类型[①],它们的空间区位分布和经济社会特点各不相同,面临的发展问题也各不相同。其中:

(1) 毗邻城市的乡村地区主要指城市郊区,它们往往是大规模的居住地区,农业生产或许仍在其中扮演重要角色,但却不得不面临严峻的土地资源竞争;因此如何控制土地开发、保护风景名胜是其最为紧迫的问题;

(2) 新型乡村地区主要指远离城市的新兴乡村地区,它们拥有充满特色的居住区和旅游地,发挥着各种所谓的"自然"功能,例如水源保护、生物多样性保护等,成为生长最快的人口流入地和就业岗位增长点;因此如何促进健康、持续发展是其面临的核心问题;

(3) 脆弱乡村地区主要指远离城市的传统乡村地区,它们往往是人口密度低下的老龄化地区,经济上以种植业或处于衰落的制造工业为主,面临的最大问题是收入低下和人口减少;因此如何采取积极措施创造新的发展动力是其复兴发展的关键。

4. 乡村属性的基本要点

根据上述与乡村相关的概念定义,加之乡村概念本身所暗示的经济活动特征,可以认为在法国,所谓乡村是指与城市相对应,同时或部分具有以下特点的空间地域:

(1) 建设密度相对较低(相邻两组建筑物之间的距离常常大于200m),因此拥有较大面积的自然空间或农业土地;

(2) 人口规模相对较小(以市镇为单位,人口总量不足2000人);

(3) 聚居程度相对较弱(以市镇为单位,聚居在相邻建筑物间距小于200m的建成范围内的人口不足一半);

(4) 与自然空间或农业土地相关的产业活动(如农业生产、农产品加工、旅游业等)在当地社会经济发展中占有重要地位。

在符合上述乡村特征的空间地域当中,既有远离城市、依然保留传统乡村特色的偏远地区,也有紧邻城市、处于城市直接影响之下的半城

---

① Spatial Planning & Sustainable Development in France,P69。

市化地区。

由此可见，尽管在法国同样存在"城市"和"乡村"的概念之分，但它们只是具有不同经济社会特征的两种空间地域，而非严格区分的行政建制；虽然出于统计的需要，法国在定义城市和乡村时采用"市镇"作为最小统计单位，但它所强调的是不同的发展现象，而不是行政区划本身。

综上，法国是中央集权的单一制国家，其行政区划分为国家、大区、省和市镇四个等级；其中，大区、省和市镇是分别拥有特定自治权利的地方行政单位，市镇则是最基本的行政单位。截至2007年底，法国共有22个大区、96个省和36569个市镇。由于法国不存在"城市"与"乡村"的行政建制之分，因此无论城市地区还是乡村地区，均遵循从大区、到省、再到市镇的行政等级体系，并且均以市镇作为最基本的行政单位。目前，在36000多个法国市镇当中，既有人口超过十万甚至百万的大城市和特大城市，例如巴黎、马赛、里昂，也有人口不足千人甚至百人的乡村村落；它们无论土地面积大小、人口数量多少、经济实力高低以及城市化进程快慢，都享有完全平等的行政地位、拥有完全相同的自治权力，并且遵循完全相同的管理规则。

（二）法国乡村发展概况

尽管法国是发达的工业化国家，且目前已进入城市化进程的稳定发展阶段，但其乡村社会仍在国家的经济社会发展中扮演着重要角色，主要体现在以下几个方面。

1. 农业经济

法国是欧洲第一农业大国，20世纪末期，其农产品产量曾占欧盟15个成员国总量的22%，并且在粮农产品出口方面，是仅次于美国的全球第二大农产品出口国。目前在法国，虽然从事农业生产的人口仅占全国人口总量的6%，农业生产的增加值也只占全国国内生产总值的2%，但农业仍然是法国最充满活力的经济产业[①]。

2. 农业空间

---

① 法国，1999。

目前，法国拥有农业土地面积3340万公顷，在整个国土面积中占据半壁江山（55%）；其中，可耕种土地占农业土地的比例为61%，主要用来种植禾科作物（35%）及常年生作物，尤其是葡萄园和果园（4%）[①]。因此，尽管就经济增加值和劳动力数量而言，农业都已不再是占据主导地位的经济活动，但农业土地仍在全国的空间结构中占据重要地位。

3. 乡村经济

进入20世纪，特别是20世纪中期以后，法国积极推进农业现代化，乡村地区的劳动生产率和劳动收益显著提高；这不仅引起了乡村地区生产结构和景观特色的急剧变化，也深刻影响到乡村居民的物质生活及其精神状态。在绝大部分的乡村地区，真正从事农业生产活动的人口越来越少，所占比例往往不及当地居民的20%；与此同时，越来越多的劳动力转而从事其他性质的产业活动。即使是从事农业生产活动的劳动力，也已从传统的农民演变成农业土地的开发经营者，或者农业科技人员和农业管理人员，与传统的农业生产者有了本质的区别。

目前，法国乡村的产业活动主要包括[②]：
(1) 种植业：吸纳超过100万的就业人口；
(2) 食品加工业：吸纳近200万就业人口；
(3) 林业：虽然经济比重较小，但占地面积较大；
(4) 制造业：现状就业人口增长迅速；
(5) 人身护理服务业：伴随老龄化社会的出现而迅速增长；
(6) 农业旅游业和传统旅游业。

4. 乡村社会

与英国、德国等其他欧洲强国相比，法国的城市化进程相对缓慢，直到20世纪中期前后，全国的城市人口数量才超过乡村人口。统计资料显示，1996年，法国约有76%的人口生活在361个城市地区，其余人口则主要生活在乡村地区[③]；而且，具有乡村特征的空间地域量大面广，以市镇为

---

① 法国，1999。
② 同上。
③ 同上。

单位计算，数量约占全国市镇总量的2/3，面积约占全国土地面积的70%。

但总体来看，法国市镇的人口规模普遍偏小。根据1999年的全国人口普查，市镇平均人口规模仅为380人，平均土地面积为14.88km^2；其中，规模最小的市镇只有62人，面积尚不足0.04km^2。在全国36000多个市镇中，人口超过万人的市镇不到2%，约有一半市镇的人口不足300人，有80%的市镇人口不足千人，有60%的市镇人口不足2000人；而在规模较小的市镇当中，绝大部分为乡村市镇。

5. 乡村开发与乡村建设

在法国，乡村开发和乡村建设是两个不同的概念。其中，所谓"乡村开发"（aménagement rural）是对为了实现乡村地区的空间优化和利用而在当地进行的所有活动的总称，涉及到经济、社会、环境、文化等诸多方面；所谓"乡村建设"是指乡村开发中的各类房屋与设施建设以及其他形式的土地开发与利用行为，主要涉及到乡村地区的物质空间环境建设。就两者的关系而言，乡村开发是比乡村建设更为综合的概念，而乡村建设则是乡村开发的重要组成部分，是乡村开发在物质空间环境建设中的具体体现。

此外在法国，一般认为乡村开发的重要性要远远高于乡村建设，因此"乡村开发"的概念使用也比"乡村建设"更加广泛。从政策法规的角度看，法国少有专门针对乡村建设的政策法规，而是一方面将其视为乡村开发的组成部分，在有关乡村开发的政策法规中加以体现，另一方面将其视为建设管理的对象之一，在有关建设管理的政策法规中加以规范。因此，下文首先对有关乡村开发的政策法规进行梳理，之后再对有关建设管理的法律规定进行介绍，以期可以大致反映乡村建设从项目由来、到项目实施、再到项目管理的全过程；同时，鉴于"乡村开发"概念中包括了"乡村建设"的内容，为了突出乡村建设，文中常以"乡村开发建设"表示乡村开发。

二、法国乡村建设管理法规体系

（一）法规体系构成

在法国，由于乡村开发建设是一个非常综合的概念，涉及到乡村地区的经济、社会、环境、文化、建设等诸多方面,因此对乡村开发建设的管理并非简单地以某一方面的法律法规为依据,而是以相关方面的法律法规共同组成的乡村开发建设管理法规体系为基础。目前,法国现行法典共63部,几乎整合了现行的所有法律法规,并涵盖了国家社会经济的方方面面。广义上讲,其中与乡村地区相关的任何法律法规都会以直接或间接的方式,在不同程度上对乡村开发建设产生影响,并因此而成为乡村开发建设管理法规体系的组成部分。但是,如果从空间开发的角度狭义地理解乡村开发建设,则乡村开发建设管理法规体系主要由涉及空间开发的法律法规组成,主要包括《农村法典》、《城市规划法典》、《建设与住宅法典》、《道路管理法典》、《文物法典》、《旅游法典》、《公益事业征用土地法典》、《森林法典》、《环境法典》等。上述法律文件分别从不同方面,针对乡村空间不同组成要素的开发建设做出了详细规定,成为对乡村建设实施综合管理的重要法律依据;其中,《城市规划法典》和《农村法典》分别与乡村建设中的村镇建设和农业建设直接相关,因此可被视为乡村建设管理法规体系的主导法(见表4-1)。

法国乡村建设管理法规体系构成　　　　　表4-1

构成	法律名称	管理对象
主导法	城市规划法典	城市建设(村镇建设)及其土地利用
	农村法典	农业建设及其土地利用
相关法	建设与住宅法典	房屋与住宅建设
	道路管理法典	道路建设与利用
	文物法典	文物保护与利用
	旅游法典	旅游设施建设
	公益事业征用土地法典	公共设施的土地征用
	森林法典	森林保护与利用
	环境法典	环境保护

(二) 主要法规的内容

法国的法律建设主要采取法案与法典相结合的方式。其中,所谓"法案"是根据当前发展的现实需要,针对某一主题或目标而出台的法律文件,所谓"法典"则是对有关某一主题的所有法律法规的汇总和整合;通常,当一部新的法案出台后,其中的具体内容都会被纳入相关的法典之中,从而使原有的相关法典得到必要的修改、补充和完善。这样,一方面法典的存在确保了有关某一主题的法律法规体系的相对完整,另一方面法案的制定则确保了法律法规体系的建设能够适应现实发展的变化,由此促成整个法律体系的动态发展。

法典作为对有关某一主题的所有法律法规的汇总和整合,通常分为法律和法规两个部分,有的法典还包括法令部分和附件部分。其中,法律部分是指以国家法律为依据形成的法律条文,内容主要是对相关主题的总体原则和基本规定等;法规部分是指以国家行政法院颁布的法令为依据形成的法律条文,内容多为相关的标准、规范、做法等。

就法典的内容结构而言,通常主要涉及以下几个方面的问题:

1. Why——为什么:即对立法目的、任务、作用及适用范围等基本原则的规定;

2. What——有什么:即对相关主题的各个方面实施管理的基本规定和特殊规定;

3. How——如何做:即对相关主题各个方面的管理办法的基本规定和特殊规定;

4. Who——谁来做:即对参与相关主题的各种机构的基本管理规定和特殊管理规定。

(三) 乡村规划政策与组织架构

1. 乡村开发政策框架

在法国,由于乡村开发是国土开发的重要组成部分,且城市与乡村之间没有行政建制之分,因此乡村开发政策和城市开发政策均被纳入统一的国土开发政策框架体系之中,可归纳为综合政策、地区政策和专项政策三大类型;它们建立在一套综合规划(或计划)和专项规划(或计划）的基础之上，从国家、大区、省和地方联合体等不同层面，以及经济、交通、文化、教育等不同角度，调控包括城市和乡村在内的国土开发建设，以适应国家经济社会生活的变化（见表4-2）。

法国现行国土开发政策框架　　　　　表4-2

政策分类	政策细化	适用范围	政策表达
综合政策	空间规划政策	整个国土	大区、省和地方联合体层面的综合性空间规划文件
地区政策	城市政策	城市地区	被纳入"国家—大区规划协议"框架，以不同形式的"开发整治市际宪章"表达的规划文件
	乡村政策	乡村地区	
	城乡混合区政策	城乡混合区	
	山区及滨海地区政策	山区及滨海地区	
专项政策	经济政策	部门职权范围的整个国土	经济发展计划
	住宅政策		住宅发展计划
	交通政策		交通发展计划
	数字技术政策		数字技术发展计划
	公共服务政策		公共服务设施发展计划
	高等教育政策		高等教育设施发展计划

资料来源：根据相关资料整理。

（1）综合政策

在法国，国土开发综合政策主要指适用于规划区范围全部国土的综合性国土开发战略和计划，相关内容主要体现在不同层面的综合性空间规划文件当中，例如国家层面的《国家发展五年计划》和《国家可持续发展战略》，大区层面的《空间规划与发展大区计划》，其他地方层面的《国土协调纲要》、《空间规划指令》等，主要目的是对不同地区政策和部门政策进行整合。其中，根据地方分权的需要，国家层面的《国家发展五年计划》在20世纪90年代后即已停止编制，但《国家可持续发展战略》至今尚未编制完成；而在大区和其他地方层面上，《空间规划与发展大区计划》、《国土协调纲要》和《空间规划指令》等综合规划或计划则在落实国土开发综合政策过程中发挥着重要作用。

(2) 地区政策

就其本质而言，地区政策也属于综合政策的范畴，只是它分别适用于不同的特定地区，而非整个国土。法国现行的国土开发政策将整个国土划分为城市地区、乡村地区、城乡混合区和山区及滨海地区四种类型，针对不同地区的发展特点，分别制定了不同的政策措施和建设计划，相关内容主要通过不同形式的"开发整治市际宪章"，体现在"国家—大区规划协议"之中。目前，法国针对乡村地区的地区政策主要包括：

1) 优秀乡村中心（pôle d'excellence rurale，简称 PER）政策；

2) 乡村复兴区（zone de revitalization rurale，简称 ZRR）政策；

3) 大区自然公园（Parc naturel régional，简称 PNR）政策。

除了专门针对乡村地区的地区政策以外，在有关城市地区、城乡混合区、山区和滨海地区的地区政策中，也常常包含与乡村开发建设密切相关的内容，特别是有关自然空间保护与利用的内容，例如国家公园的保护与利用、湿地的保护与利用、山区牧场的保护与利用、山区农业的保护等等。

(3) 专项政策

除了综合政策和地区政策之外，国家和各级地方还可基于各经济部门或职能部门发展的需要，制定有关国土开发的专项政策，主要涉及经济发展、住宅建设、公共服务、数字技术建设等。其中，由中央政府负责编制的《公共服务规划》（schéma de services collectifs，简称 SSC）根据1999年的《区域规划法案》建立，自2002年开始实施，主要目的是确定在2020年的规划期内，高等教育和研究、文化、健康、信息交流、能源、自然与乡村地区保护和体育等公共服务发展的基本原则。

2. 乡村建设及其管理制度

乡村建设作为乡村开发的重要组成部分，是乡村开发在物质空间环境建设中的具体体现。从开发建设行为来看，由于乡村和城市同为人类聚居的两种主要形态，因此乡村建设在相当大程度上与城市建设相类似；但由于乡村地区具有与城市地区截然不同的地域特点和产业特征，因此乡村建设又被赋予了特殊的内涵。具体而言，可以认为乡村建设主要涉及以下两个方面的内容：

（1）与城市建设基本相同的开发建设行为，即：住宅、道路、公共设施、市政设施以及与其他非农产业生产直接相关的房屋设施建设和土地利用；

（2）乡村地区所特有的农业空间的开发建设行为，即：与农业生产直接相关的房屋设施建设和土地利用。

为了便于分析，文中将前者简称为村镇建设，将后者简称为农业建设。其中，村镇建设因为具有与城市建设基本相似的空间属性，因此亦被认为是城市化现象。

在法国，由于不存在城市和乡村的行政建制之分，因此针对开发建设行为实施怎样的管理制度完全取决于开发建设行为自身的特点。就乡村建设而言，与城市建设基本相同的村镇建设因具有城市化属性而被纳入以《城市规划法典》作为法律依据的城市规划管理范畴；而乡村地区特有的农业建设，特别是与农业生产直接相关的土地利用行为，则被纳入以《农村法典》作为法律依据的农业空间管理范畴。

3. 乡村建设管理机制

在法国，乡村建设管理和城市建设管理一样，属于地方政府的行政管理范畴，乡村建设也与城市建设一样，遵循同样的城市规划管理规定，其管理机制可以简单地概况为两个步骤：一是城市规划编制；二是规划许可制度。当地方政府无力实施城市规划管理的情况下，中央政府将代为行使规划管理职能。

（1）城市规划编制

法国现行的城市规划编制体系包括区域层面的《国土协调纲要》和《空间规划指令》，以及地方层面的《地方城市规划》、《市镇地图》和《城市规划国家规定》；其中，地方性城市规划是实施城市规划管理的重要依据，对于当地的城市建设或乡村建设行为具有强制性规范作用。

上篇：部分国家和地区村镇（乡村）建设法律制度比较研究

1)《地方城市规划》和《市镇地图》①

《地方城市规划》（plan local d'urbanisme，简称 PLU）和《市镇地图》（carte communale，简称 CC）根据 2000 年 12 月 13 日的《城市更新与社会团结法案》建立，是分别针对较大的市镇和市镇联合体以及较小的市镇编制的地方城市规划文件。它们均以市镇或市镇联合体作为编制单元，由市镇政府或相关的市际合作公共机构负责编制，主要目的是依据上位规划的相关规定，划定城市地区、设施地区、农业地区等，并提出建筑和土地利用的区划指标，作为实施城市规划管理的重要依据。

2)《城市规划国家规定》②

《城市规划国家规定》（règlement national d'urbanisme，简称 RNU）适用于因为各种原因，如市镇规模过小、缺乏技术力量、地方财政不足等，尚未编制地方性城市规划文件的市镇或市镇联合体；它是以市镇或市镇联合体作为编制单元，由中央政府的相关服务机构负责编制。在内容上，《城市规划国家规定》主要遵循有限建设的原则，根据当地的实际情况，特别是物质空间的构成特点、现有建设的聚居程度、服务设施的便利程度以及与周围景观的嵌入关系等，划定现状城市化地区（partie actuellement urbanisée，简称 PAU），并且针对公认的可建设用地制定相关的规划规定，包括建设项目的区位选择、平面布局、建筑体量、交通设施配套等等，用以指导当地的空间开发建设。

其中，所谓"有限建设"原则即禁止在一个或若干现状城市化地区之外，或其直接相邻地区之内，进行任何形式新的建设，以抑制无序蔓延的城市发展。本质上，它并非禁止在市镇或市镇联合体的辖区内进行建设，而是严格限制在现状城市化地区之外进行新的建设。但是在不损害自然空间和自然景观、不损害公共健康和公共安全，以及不会造成公共支出增长的前提下，以下两种情况可以不遵循有限建设原则：一是已经规划的建设项目，其建设或者不会扰乱当前的土地占用（例如造成现有建设的改建和扩建、现有土地利用方式的改变等），或其区位条件特

---

① 详情请参见已有的《城市规划法典》译文中的相关内容。
② 详情请参见本研究附录的《城市规划法典》中译文中的相关内容。

别适于某种特定功能的建设（例如公共设施配套、旅游接待建设、农业用地开发、自然资源利用，以及实现国家利益所必需的各类建设和与相邻居住区不协调的各类建设）；二是由市镇议会决议通过、符合市镇利益的各类建设项目（例如为了避免人口递减而进行的各类建设）。

（2）规划许可制度

法国现行的规划许可制度[①]由城市规划许可、建设许可和拆除许可三部分组成，由市镇行政长官以市镇、市镇联合体或国家的名义，依据地方性城市规划文件，分别发放城市规划证书、建设许可证和拆除许可证。其中：

1）城市规划证书主要用于规范土地利用行为，适用于所有市镇；其具体内容包括：适用于土地财产所有权的城市规划规定和行政管理限制，城市规划的税收和分摊制度，原有或规划建设的公共设施状况，以及有关建设项目选址的其他规划要求；

2）建设许可证主要用于规范建筑物的新建、扩建、改建等工程建设行为，适用于所有市镇；

3）拆除许可证主要用于规范全部或部分拆除建筑物的行为，适用于特定的市镇和市镇中的特定区域，尤其是具有历史、文化、自然和景观价值的市镇，以及被列入保护名录的历史遗产。

综上所述，法国的乡村建设管理具有以下特点：

1）乡村建设，尤其是其中具有城市化属性的村镇建设，与城市建设一样，被纳入统一的城市规划管理，遵循同样的城市规划管理规定；

2）地方性城市规划作为最低层次的城市规划编制，综合了上位规划中关于乡村开发建设的各项政策和计划，成为对乡村开发政策，包括不同层面的综合政策、不同方面的专项政策以及不同地区的分区政策的最终体现，同时因其对第三者的可抗辩力，成为乡村建设管理的重要依据；

3）乡村地方在乡村建设管理中享有较大的自主权，乡村地方政府

---

① 详情请参见已有的《城市规划法典》译文中的相关内容。

一方面可以通过编制地方性城市规划文件，体现其开发建设意图，另一方面可以城市规划文件为依据签发城市规划许可证书，实现其开发建设意图。

4. 乡村开发管理工具

随着近几年的立法建设，法国逐步建立了有关乡村开发的管理工具，可大致划分为结构性工具和程序性工具两种类型。所谓"结构性工具"是指针对法国乡村市镇规模普遍偏小的特点，可以通过多种途径建立不同形式的地方联合机构，例如城乡混合区、大区自然公园和市镇共同体等，以便从自然和人文的角度，协调不同地方之间的发展。所谓"程序性工具"是指为乡村开发建设提供现状普遍匮乏的财政资助；为此，法国政府通过立法途径，制定了财政预算分配原则，其中除了中央政府各部门的资助之外，随着地方分权的不断推进，越来越多的大区政府开始建立自己的地方体系，例如 PACA（Provence Alpes Cote d'Azur）大区政府制定的《共同整治计划》（Program d'Aménagement Solidaire，简称 PAS），以及其他大区政府制定的《共同整治纲要》（Schéma d'Aménagement Solidaire，简称 SAS）等。

5. 乡村开发建设的实施

由于法国的乡村开发政策建立在一系列综合的和专项的规划或计划基础之上，涉及国家、大区、省和地方联合体等不同层面，以及经济、交通、文化、教育等不同方面，因此乡村开发建设的实施也必然是一个有各级地方和各个部门广泛参与的过程。正因如此，在法国，一个地区或地方的开发建设实施往往被简化成"一个地区、一项战略、一份协议"；其中，所谓"地区"特指某个地区或地方，所谓"战略"则指该地区或地方制定的开发建设规划或计划，所谓"协议"则指国家与该地区或地方相关的各级地方之间签订的开发建设合作协议。这意味着，针对具体的地区或地方，在其乡村开发建设的实施过程中，无论国家和各级地方，还是各个部门，均可在各自的职权范围之内，通过编制开发建设规划和计划，分别承担不同的开发建设职能，同时通过多种形式的合作协议，实现在乡村开发建设领域的相互协作。

(1) 多个部门共同协作

在法国的中央政府层面,与乡村开发建设直接相关的政府部门有两个。一是作为综合职能机构的国土开发及竞争力部际局,主要负责制定国土开发政策,其中既包括城市地区,也包括乡村地区;二是作为专项职能机构的农业部,主要负责乡村开发建设的服务与管理。

在法国,尽管农业部是乡村开发建设的行政主管部门,但乡村开发建设绝非农业部的一家之事;实际上,在工业、能源、交通、环境和财政等部门的文件中,为乡村地区提供技术、资金支持的内容常常占有相当大的比重。在媒体和一些政府机构的网站上,经常可以看到讨论如何推动乡村发展、缩小城乡差别、避免乡村在城市化和工业发展进程中被边缘化等话题;尤其是利用工业进步、促进乡村地区的现代化建设和可持续发展越来越成为整个法国社会的共识。

(2) 地方政府各负其责

在法国,自20世纪80年代实施地方分权政策以来,各级地方均遵循地方政府自主管理、任何地方政府无权关照另一地方政府、地方政府财政自治和中央政府事后监督等原则[1]。这就意味着,各级地方在各自的行政辖区内部分或完全拥有自治权力,且自治权力的具体内容随各级地方行政等级的变化而有所不同,因而在乡村开发建设中分别承担着各不相同的职责;通常,地方行政单位的行政等级越低,拥有的地方自治权力反而越大。总体来看,无论在城市还是乡村,各级地方政府的核心职责就是进行各种市政基础设施和公共服务设施的建设和运营管理,并以直接或间接方式参与到具体的开发建设活动之中。

(3) 多种形式地方联合

由于法国的大部分市镇,特别是乡村市镇规模过小、财力有限,无法实施正常的开发建设,因此为了推动市镇的发展,特别是达到发展公益事业、兴建和维护公共工程等目标,法国政府积极推动市镇合作。最早的市镇合作可以追溯至19世纪末期,当时主要是为了满足垃圾、基

---

[1] Spatial Planning & Sustainable Development in France,P29。

础设施和街灯等的市政管理需要而建立的"管理合作",并且这种形式的市镇合作被一直延续至今。20世纪中期以来,特别是80年代实施地方分权政策之后,法国逐渐出现了被称为"项目合作"的更深层次的市镇合作。主要目的是通过编制覆盖相关市镇的行动规划,解决当地面临的经济、社会和环境等问题。

市镇合作通常采用联合体(syndicate)、共同体(community)等市镇联盟组织形式,在法律层面上统称为"市际合作公共机构"(établissement publique de coopération intercommunale,简称EPCI),按其运行机制可划分为两种类型,即:由成员市镇出资运行的虚体联盟,主要负责实施市政管理合作;以及通过向相关市镇居民和企业收取部分地方税收维持运转的实体联盟,主要负责实施开发项目合作。市镇联盟的建立完全基于实际发展的需要,其边界可以不受行政边界的制约,甚至可以跨越省和大区的行政边界;并且部分市镇联盟的合作者不仅包括相关市镇,还可以包括具有实体性质的相关市镇联盟、其他各级地方政府(如省政府和大区政府)以及各种公共机构(如工商行会、贸易行会、农业行会等),特别是针对旅游开发、重点设施的建设和管理、土地利用政策的实施、城乡混合区项目的协调等大型项目。这就意味着,在空间上,一个市镇联盟可能与其他市镇联盟交叉重叠,甚至可能包含一个或若干其他市镇联盟。

(4) 灵活有效的协约机制

在法国,乡村开发政策主要以各种综合和专项的规划或计划为载体,由各级政府通过协约机制加以贯彻落实。协约机制创建于20世纪60~70年代,是实施各级政府参与的开发建设项目的有效途径;其目的是促进中央政府和各级地方政府以及各级地方政府之间通过签署协议,明确各自或共同参与的开发建设项目的发展目标、具体行动以及财务条款。

协议文件作为协约机制的最终成果,在形式上丰富多样、灵活多变,各大区政府或省政府均可针对其辖区内的特定地区,实施一项或多项协议。其中,中央政府除了"国家—大区规划协议",以及在此协议框架下的"地方项目协议"外,从2003年开始,还针对因为产业结构调整而陷入困境的地区签署定点协议,以帮助上述地区增加新型就业岗位,实现整体复兴;除此之外,中央政府还可与国家邮政、国家电力公司、国家燃气公司等大型国有企业签署协议,以在上述企业中落实相关的国土开发政策。

(5) 空间规划作为依据

法国拥有长期的空间规划传统,在第二次世界大战之后即建立了较为完善的空间规划体系,并在此后根据社会经济条件的持续变化不断调整,但从国家到地方的多层次空间规划体系一直保持至今,成为在物质空间环境建设中落实国土开发政策的重要依据。世纪之交,法国根据1995年和1999年的两个《空间规划与发展法案》,建立了新的空间规划体系,并出台了新的空间规划工具,以确保在地方分权的新形势下,国家和各级地方依然可以通过空间规划,在不同层面上对国土开发建设实施有效的调控管理,一方面确保整体目标得以实现,另一方面确保地方利益得到尊重。

法国的空间规划体系由区域规划和城市规划两大部分组成,城市规划又可根据规划范围的大小划分为区域性城市规划和地方性城市规划两种类型。就规划工具而言,区域规划工具主要是《空间规划与发展大区计划》,城市规划工具则包括了区域层面的《国土协调纲要》、《空间规划指令》以及地方层面的《地方城市规划》、《市镇地图》和《城市规划国家规定》等;它们分别由不同的国家或地方主体负责编制,并分别在不同的地域范围内各自发挥着不同的作用(见表4-3)。

法国现行空间规划体系 表4-3

规划体系	规划工具	规划范围	编制主体
区域规划	空间规划与发展大区计划 SRADT	大区行政辖区	大区政府
区域性城市规划	国土协调纲要 SCOT	省或市镇联合体的行政辖区	省政府或市镇联合体决议机构
	空间规划指令 DTA	跨省或大区的部分特定国土	中央政府

续表

规划体系	规划工具	规划范围	编制主体
地方性城市规划	地方城市规划PLU或市镇地图	市镇或市镇联合体的行政辖区	市镇政府或市镇联合体决议机构
	城市规划国家规定RUN	尚未编制城市规划文件的市镇	中央政府

资料来源：根据相关资料整理。

在空间规划体系中，区域规划对城市规划具有强制性指导作用，高层次的城市规划对低层次的城市规划也同样具有强制性指导作用。这就意味着，地方性城市规划往往成为所有上位规划的最终整合，也因此成为对相关国土开发政策，包括不同层面的综合政策、不同方面的专项政策以及不同地区的分区政策的最终体现；其中有关乡村开发建设的各项政策和计划，特别是关于物质空间环境建设的项目计划，最终都会落实到地方性城市规划文件当中。

三、法国乡村建设管理法规的发展历程

在法国，乡村开发建设和城市开发建设（aménagement urbain）一样，是国土开发（aménagement territorial）的重要组成部分，其主要目标是：

1. 提高乡村地区的农业生产力；

2. 促进乡村地区非农产业的发展，特别是工业发展，以避免农业劳动力下降引发乡村人口的大量外流；

3. 在乡村地区建设一定水准的公共设施，提高乡村生活方式的吸引力；

4. 在不对自然环境造成不利影响的前提下，在乡村地区发展旅游产业。

（一）乡村开发建设历程

法国的农业现代化进程始于工业革命之后的19世纪，而大规模的乡村开发建设则始于20世纪60年代，并一直延续至今。

第四章　法国乡村建设管理法规研究综述

1. 20 世纪 60~70 年代：国家主导的乡村开发建设及其政策工具

20 世纪 60 年代正是法国城市化加速发展时期，随着城市发展的迅速扩张，广大农村地区相继出现了人口减少、经济衰退等问题；在此背景下，法国政府于 1967 年以乡村复兴为名，出台乡村开发政策，旨在利用乡村复兴国家基金（fond national pour la rénovation rurale），促进当时仍旧保持乡村特点的部分地区的转型发展，重点是促进非农产业发展、加强公共设施建设以及在保护自然环境的基础上发展旅游产业。

这个时期的乡村开发政策将土地问题视为重点，鼓励通过土地的购买和交换，促进乡村地区的土地归并，以实现可耕种土地的合理分配和相关基础设施的配套建设，并对可收回的废弃地重新进行开发利用。在此过程中，成立于 1960 年的地产开发与乡村住宅协会（societé d'aménagement foncier et d'établissement rural，简称 SAFER）一直发挥着重要作用；它们可以通过善意转让或优先购买等方式获得土地，并在对相关土地进行整治之后，重新进行土地分配，之后再将其转让给土地开垦者，每年获得并且转让的土地面积超过 10 万公顷。

从 1970 年开始，法国乡村地方根据 1967 年颁布的《土地开发指导法案》，着手编制"乡村开发规划"（plan d'aménagement rural，简称 PAR），以此来确定乡村开发建设的总体原则和具体措施，并用于指导当地的开发建设。作为乡村地区进行开发建设的指导性文件，"乡村开发规划"由农业行政主管部门负责组织编制，与建设行政主管部门针对城市地区组织编制的"城市规划与土地开发指导纲要"（schéma directeur d'aménagement et d'urbanisme，简称 SDAU）的作用大体相当，重在指导而非规范，因此并不具备司法效力，但对公共机构和私人个体具有强制执行效能。此后 15 年间，特别是 1970~1975 年期间，法国乡村地方编制完成了若干"乡村开发规划"，尽管其编制内容和规划实施并未严格遵守相关规定，导致不同地方之间出现较大差异，但是规划编制本身使相关乡村地方更好地了解了自身的能力与不足，从而可以更加合理地确定土地开发和设施配套的目标。

1976 年，法国开始尝试在原有"乡村开发规划"的基础上，通过签署"城乡混合区协议"①（contrat de pays）或者其他形式的协议文件，例如大区协议（contrat de région）、乡村协议（contrat rural）等，促进国家的国土开发政策与地方的土地开发措施相互交融，特别是在困难的乡村地区，允许国家的资助，例如"国土整治干预基金"（fond d'intervention pour l'aménagement du territoire，简称 FIAT）和后来的"乡村开发整治干预基金"（fond d'intervention pour le développement et l'aménagement rural，简称 FIDAR）②，补贴那些旨在刺激经济、改善住宅和公共服务设施、保护文化遗产等的小型项目，以促进当地的产业发展，并为当地居民和产业提供适宜的环境。自 1976 年至 1983 年，法国共接受了约 500 份"城乡混合区协议"，涉及近万个市镇和 600 万人口。

由此可见，在 1960 和 1970 年代，法国的乡村开发建设基本是以国家主导作为主要特征。一方面，国家通过其行政部门，特别是乡村服务部门，协同地方参与编制"乡村开发规划"，直接干预乡村地区的开发建设计划；另一方面，国家通过提供多种形式的资金支持，直接参与乡村地区开发建设项目的实施；此外，甚至连"乡村开发规划"的编制费用也由国家支付。

2. 20 世纪 80~90 年代：地方自主的乡村开发建设及其政策工具

1983 年，法国颁布《地方分权法案》，对国家和各级地方之间的自治权限进行了重新界定，从而对乡村开发政策产生了重要影响，特别是乡村开发政策及其财政预算的权力逐渐从国家下放到地方。在此情形下，《地方分权法案》终止了 1967 年《土地开发指导法案》中有关"乡村开发规划"的相关规定，并以"开发整治市际宪章"（chartre intercommunale d'aménagement et de développement）取而代之，标志着

---

① 在法国，"城乡混合区"概念源自地理上的区域划分，而"区域"（pays）一词则源自罗马文字 pagus，意指作为地方生活范围的基本行政区划。在地理学中，"区域"既可以是气候分区，也可以指某个民族的聚居地区，还可以指边界明确、个性鲜明且以通俗名称命名的广大区域；而在空间研究领域，则指当地居民日常生活保持密切联系的空间范围，并且常常是一个城乡混合的区域。

② 1979 年，"乡村复兴国家基金"与农业部的"乡村开发基金"（fond pour le développement rural）实现重组，成为"乡村开发整治干预基金"（fond d'intervention pour le développement et l'aménagement rural，简称 FIDAR）。

"乡村开发规划"这一政策工具的终止,以及"开发整治市际宪章"作为新型政策工具的开始。

在当时,法国的城市化进程已经进入稳定发展阶段,但广大乡村地区普遍面临人口持续减少的问题;因此乡村开发建设的首要任务并不是抑制可能导致城市蔓延发展的各种城市开发建设,而是如何重新赋予处于衰退之中的乡村聚落以希望,尤其是在乡村地区维持一定水平的基础设施和服务设施、保持一定规模的投资增长、促进基本的社会团结。所有这些对于规模较小的乡村市镇,特别是贫困的乡村市镇而言,只有通过联合和整合才能做到。"开发整治市际宪章"的宗旨正是鼓励相关市镇的联合,以便能够调动一切潜在的力量,包括国家、大区或省提供的外部财政支持,实现在经济、社会和文化发展,以及公共服务和基础设施的组织和运行方面的期望目标。作为乡村地区经济社会发展和设施配套建设的指导性文件,"开发整治市际宪章"通常是在国家乡村服务机构的协助下,经与国家、各级地方以及各种经济、社会和专业机构协商,由具有紧密联系的一组市镇共同编制完成,并以相关市镇的一致同意为前提;它和"乡村开发规划"一样,主要发挥指导作用而不是规范功能,拥有强制执行效能,但不具备司法效力。

从地方联合的角度看,除了1976年为促进乡村地区重组开始实施的"城乡混合区"政策外,法国政府于1992年2月6日颁布法案,规定相关市镇为了实现有关经济发展和土地利用的联合项目,可建立"市镇共同体",由此形成合作关系。

从资金支持的角度看,1983年以后,始于1976年的"城乡混合区协议"文件从国家下放至大区一级,并被纳入根据1982年7月29日法案建立的"国家—大区规划协议"(contrat de plan état - régions,简称CPER)框架之中;1994年,同样是在"国家—大区规划协议"框架下,"乡村开发整治干预基金"的行使权限也从国家下放至各级地方,并于1995年被整合纳入新的"国土开发整治国家基金"(fond national d'aménagement et de développement du territoire,简称FNADT)。这意味着在通过提供资金支持直接干预乡村开发建设方面,除了国家依然发挥着重要作用外,大区和省也随着国家权限的不断下放,开始扮演重要角色。

因此,在20世纪80年代以及90年代前期,伴随地方分权进程的启动,法国的乡村开发建设也逐渐由国家主导向地方自主转变,并初步建立起一系列相应的政策工具。一方面,不同乡村地方可基于共同的经济发展和土地利用目标,采用"城乡混合区"、"市镇共同体"等形式建立合作关系,并在国家相关行政部门的协助下,经与国家、各级地方以及相关机构协商,自主编制"开发整治市际宪章",因而在确定乡村地区开发建设计划时拥有了更大的自主权;另一方面,乡村地方在实施开发建设计划时,除了可以申请国家提供的中央财政支持之外,还可获得来自大区和省的地方财政支持,因而拥有了更多自主选择的权力。

3. 20世纪90年代后期以来:广泛合作的乡村开发建设及其政策工具

自20世纪90年代后期以来,随着法国地方分权的不断深化,各级地方在乡村开发建设中的自主权力被不断强化;与此同时,国家为了提高各级地方参与乡村开发建设的积极性,采取多种方式积极鼓励各级地方与国家之间以及各级地方之间的合作,使得地方自主的乡村开发建设呈现多元发展的趋势。其中,根据1992年2月6日法案建立的"市镇共同体"在1999年7月12日法案中得到强化,最早出现于1976年的"城乡混合区"政策也有了新的发展。

1995年2月4日,法国颁布《空间规划与发展法案》,再次提出了"城乡混合区"的概念,并将其明确定义为在地理、文化、经济和社会方面具有共同特点和共同利益的区域,最终代表城市和乡村的相互融合。根据此项法律规定,城乡混合区作为社会经济的利益共同体,相关的地方行政单位及其联合机构有权协商确定共同的开发建设计划;其中,国家承担的开发建设项目,尤其是国家负责提供的各项公共服务建设,亦应与地方的开发建设计划相协调。

1999年6月25日,法国再次颁布《空间规划与发展法案》,对建立"城乡混合区"的程序和方法进行了详细规范。根据此项法律,建立城乡混合区一般由省长或相关市镇提出建议,之后需征得省市际合作委员会的同意,方可获得国家的认可;在划定城乡混合区范围时,可以考虑多种因素的影响,例如基于居民的归属感而形成的同质化社区,基于生活和就业的密切联系以及基于共同的资源基础形成的联合区域等;虽然城乡混合区的边界常常与相关市镇的行政边界相吻合,但并不受省或大区的行政边界,以及其他地方权力单位[①]的行政边界的制约。同时此项法律还规定,城乡混合区的相关市镇或其联合机构需协同省和大区共同编制"城乡混合区宪章"(chart de pays),在综合考虑当地发展动力,特别是旅游发展动力的前提下,制定该城乡混合区的可持续发展计划,由此加强城市与乡村之间在开发建设上的相互协调。

随后,1999年7月12日颁布的《Chevenement法案》又提出"市镇共有"的概念,目的是促进建立"市镇共同体"、强化"市镇共有"关系,鼓励通过相互联合分担职业税收和确定市镇共同的开发项目,由此带来新的财政刺激以及新的"城乡混合区宪章"的签署。根据此项法律,城乡混合区所涉及的市镇被重新组织成为市际合作公共机构、地方发展经济利益联盟或混合联合体等地方联合机构。

就其本质而言,"城乡混合区宪章"由始于1976年的"城乡混合区协议"演变而来,属于"开发整治市际宪章"的一种,是城乡混合区实现可持续发展的指导性文件,具有强制执行效能,但不具备法律效力;同时,作为"国家—大区规划协议"的组成部分,它既可以由国家与相关市镇构成的市际合作公共机构共同签署,也可以由该城乡混合区的相关市镇共同签署。这意味着,在地方合作的过程中,市镇拥有了更大的自主权,从而使"城乡混合区宪章"成为鼓励相关市镇相互联合体的重要手段。

实际上,在1995年2月4日《空间规划与发展法案》颁布之后,法国建立城乡混合区的速度在不断加快;2002年12月13日,国土开发及竞争力部际委员会(comité interministériel d'aménagement et de

---

[①] 指全部或全部享有市镇自治权限的地方联合体。详见下文。

compétivité des territoires,简称 CIACT)① 召开会议,进一步简化了"城乡混合区宪章"的程序,目的就是回归设立"城乡混合区"的早期构想,即在地方意愿基础上协商确定项目的空间范围。截至 2003 年 9 月 1 日,法国共设立城乡混合区 298 个,其中部分涉及不同省份;截至 2005 年 5 月 1 日,其中的 132 个通过省长法令得到了确认。2000 年至 2006 年,在第四代"国家—大区规划协议"框架下,法国共签署了 80 份"城乡混合区宪章"。因此可以认为,20 世纪 90 年代后期以来,多元化的地方合作逐渐称为法国乡村开发建设的主流。

尽管质疑不断且程序繁琐,事实证明,法国的乡村开发政策在 20 世纪 70 年代以后,对促进乡村地区的人口稳定(甚至略微增长)、新增就业岗位的合理安置和农业现代化进程的加速发展发挥了重要作用。进入新世纪,法国乡村发展出现了一系列新的变化。一方面,在城市周边,乡村地区之间的差距不断加大;另一方面,在乡村城市化的影响之下,部分地区,特别是山区和偏远地区,出现一些新的脆弱乡村地区。因此,如何在权力下放和国家团结②的新形势下继续发挥作用,成为乡村开发政策在新时期面临的重要课题。2003 年 9 月 3 日,国土开发及其竞争力部际委员会召开会议,确定未来乡村开发政策的重点是保护和强化城市周边乡村地区的发展、加强森林的娱乐和生产功能以及保护湿地;2005 年 2 月 23 日,法国颁布《乡村开发法案》,开始实施新的乡村开发政策,强调鼓励增加就业、重新建设住宅、改善公共服务和促进农业空间不同利用方式的均衡发展,同时提出建立"乡村开发投资机构"(société d'invetissement pour le dévelopment rural,简称 SIDER),以加大对乡村市镇的资金支持力度。

---

① "国土开发及国土竞争力部际委员会"是法国"国家与大区国土开发局"(délégation d'aménagement territoire et d'aménagement régional,简称 DATAR)的决议机构。后者是专门负责制定和实施国土开发政策的行政机构,后经 2005 年 10 月国土开发及国土竞争力部际委员会会议决定,改称为"国土开发及国土竞争力部际局"(délégation interministériel d'aménagement et de compétivitie des territoires,简称 DIACT)。

② 2000 年 12 月 13 日法国颁布《城市更新与社会团结法案》,强调国家发展进程中的团结与公平,成为新世纪法国社会经济发展的重要原则。

（二）乡村开发建设管理法规立法进程

法国关于国土开发的立法历史悠久，最早可以追溯至文艺复兴时期，但早期的立法主要集中在道路建设、建筑形象以及卫生健康等方面，而不是空间开发建设的体系化管理，无论对城市地区还是乡村地区均是如此。进入20世纪，特别是在20世纪前期和中期，随着法国国土开发进程的不断加快，有关国土开发的立法工作也不断加强，逐渐形成了国土开发政策体系和相应的空间规划体系，但相关立法多以整个国土的开发建设为对象，并以城市的开发建设为重点。

直至2005年，法国才颁布了专门针对乡村开发的第一部法律文件，即有关乡村地区空间开发的2005年2月23日第2005-157号法案，从而为乡村开发的参与者提供了专门的政策工具。该法案由中央政府的15个部门共同签署，共分8个章节、240个条款，宗旨是强化乡村开发在国土开发中的核心地位，因此特别强调以下内容：

1. 针对人口衰减的乡村地区，加强经济发展、增加就业岗位、改善住宅供应、开发利用已有建设，以吸引企业入住和人口迁移，促进当地社会经济发展的复兴；

2. 向当地居民提供更好的公共服务，并使其可以公平地使用各种公共设施，以提高当地的生活质量和经济吸引力，并确保法国公民的公平机会；

3. 加强保护自然环境和脆弱空间，特别是城乡交接地区、中央高原地区、草原地区、森林和湿地等，同时更新房地产开发的配置；

此外，法律还强调了某些公共机构对乡村地方实施干预的能力。

四、法国乡村建设管理法规对我国的借鉴

总结法国有关乡村开发建设的政策框架和法律体系，可以对中国乡村开发建设的管理法规建设提出以下建议。

（一）乡村建设是乡村开发的重要组成部分

首先必须清醒地认识到，乡村开发是一个十分复杂的课题，涉及到乡村地区的社会、经济、、环境、文化、建设等诸多方面，而乡村建设

只是乡村开发的重要组成部分,是乡村开发在物质空间环境建设中的具体体现;换言之,乡村开发是乡村地区的最终发展目标,而乡村建设只是实现这个目标的重要途径。因此,无论是制定乡村建设的政策方针,还是建立乡村建设的管理法规,都应将其纳入乡村开发的整体框架之中进行思考。在全面建构乡村开发的政策体系和法律制度的基础上,进一步深入研究乡村建设的立法建设。

(二)乡村建设管理有赖于相关部门之间的通力协作

由于乡村开发是涉及乡村地区的经济、社会、环境、空间等方方面面的综合发展,因此尽管从行政管理的角度看,乡村开发管理因履行行政职能的需要出现了部门划分,特别是农业主管部门发挥着主导作用,但这并不意味着农业行政管理可以覆盖乡村开发管理的全部内容。恰恰相反,正如法国的经验表明的那样,随着乡村地区的不断发展和变化,越来越多的行政主管部门开始介入乡村开发管理。在这种情况下,对乡村开发管理的认识并不能局限于农业本身,而是要通过多个部门之间的广泛协作,实现对乡村开发的综合管理;对于作为乡村开发重要组成部分的乡村建设而言,同样如此。

(三)乡村建设管理需以综合的法律体系为依据

鉴于乡村建设的综合性与复杂性,乡村建设管理法规建设不仅仅是如何针对具体的乡村建设行为,制定一部或一系列法律文件的问题,而是如何将其置于乡村开发综合管理的总体框架之内,建立一套完善的法律法规体系的问题,以便在不同的法律文件中,针对乡村建设的相关内容,从不同的方面做出详细规定,从而为乡村建设综合管理提供法律依据。例如,建设法规体系中对房屋建设的技术要求和对住宅建设的相关规定,城乡规划法规体系中对乡村建设土地利用的规定,土地管理法规体系中对乡村建设土地流转的规定,环境法规体系中对乡村建设环保要求的规定,文物保护法规体系中对乡村地区文物保护的规定,等等。同时,还应通过构建综合的法律体系,合理确定有关乡村建设的主导法的地位和作用,及其与其他相关法律之间的关系。

(四)建立健全乡村建设管理的法制建设

第四章 法国乡村建设管理法规研究综述

鉴于目前我国针对乡村建设的法制建设还十分薄弱，应以现行《城乡规划法》为依据，尽快建立健全相关的法制建设，其中应特别重视以下问题。

1. 明确立法目的。对此应特别强调，加强乡村建设管理的主要目的是经济、合理地利用有限的可建设用地，创造良好的乡村生活环境，严格保护宝贵的耕地资源，妥善保护不可再生的自然资源和人文资源，促进城市与乡村的均衡发展以及经济、社会、环境协调发展等等。同时应特别强调，乡村建设，特别是村镇建设是具有城市化属性的建设行为，因此属于城市规划管理的范畴。

2. 明确法律适用范围。例如在空间上，法律的适用范围应该是乡村地区的可建设用地，对此可提出"可建设用地"的概念，并在相关的规划文件中明确其范围；在行为上，法律的适用范围应该是在"可建设用地"范围内的所有建设行为和土地利用行为。

3. 明确管理主体。即在现行的行政体制框架内，明确乡村建设管理主体的职能和权限。

4. 明确管理方式。对此，可借鉴现行的城市规划管理程序和方式，并视情况进行合理简化。

5. 明确规划编制要求，即村镇规划编制和审批的具体内容要求和程序要求。

此外，在法律的修订上，可借鉴法国"法案+法典"的方式，一方面尽快对现行法律法规进行整合和汇总，形成相对完整的法规体系；同时根据发展变化的需要不断更新有关规定，提高法律规定对解决现实问题的针对性。

第五章 美国乡村建设管理法规研究综述

一、美国的乡村概况

（一）美国乡村定义

关于城乡划分，美国最为普遍应用的三个联邦定义分别来自美国人口普查局（U. S. Census Bureau）、美国白宫管理与预算办公室（White House's Office of Management and Budget，简称OMB）与美国农业部（U. S. Department of Agriculture，简称USDA）。

1. 美国人口普查局（U. S. Census Bureau）定义的城（urban）与乡（rural）

美国人口普查局在最近一次2000年美国全国人口普查（Census 2000）[①]中，对于"城""乡"区分发布了如下最新的定义。

"城"（urban）指城市化地区（urbanized areas, UA）和城镇组团（urban clusters, UC）内分布的所有土地、人口和房屋单位。而城市化地区（UA）和城镇组团（UC）的边界被定义为密集居住的土地范围——通常其应该包含人口密度不少于每平方英里1000人的核心统计街区（core census block groups or blocks）和人口密度不少于每平方英里500人的周边统计街区（surrounding census blocks）。"乡"（rural）则包括所有城市化地区（UA）和城镇组团（UC）以外分布的土地、人口和房屋单位。GIS技术使得Census 2000首次采用城乡边界描绘的自动处理，所以上述"城"与"乡"的区分取决于人口密度识别，而与自然

[①] 美国人口普查局进行美国人口与经济数据的统计与提供，其中根据宪法规定每隔10年进行的全国人口普查数据最为全面重要。人口普查的结果几乎会对美国人生活中的各个方面均产生影响，例如从按人口比例分配立法席位到指定道路建设规划等等。该数据是美国各政府部门以及社团组织个人开展工作时的重要援引数据，其最近一次普查为2000年人口普查（census 2000）。见：http://www.usembassy-china.org.cn/jiaoliu/jl0499/jl0499-Census% 202000.html。

地理单元、行政疆界、以往普查结果等无关①。所有的城乡边界与UA、UC列表均在政府网站上公示可查②。

城市化地区（UA）和城镇组团（UC）的区分主要在规模上（见图5-1）。UA的总人口通常在5万以上，这与以往普查的标准一致，但将周边区的人口密度放宽到每平方英里500人，从而纳入了更大的范围；UC的总人口通常在2500~50000人之间，在以往普查中被称为居民点（place）。根据Census 2000的统计，2000年美国约68%人口居住在452个城市化地区，11%人口居住在3158个城镇组团，而共有约21%的人口（约5.9千万人）居住在乡村③。

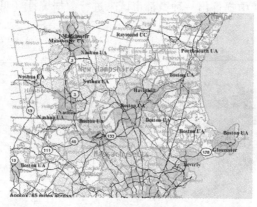

图5-1　美国人口统计局上查得的城乡分区样图

（图中红色区域为"城"（UA和UC），黄色区域为"乡"，其与绿色的行政边界无关。资料来源：http://factfinder.census.gov/）

2. 白宫管理与预算办公室（OMB）定义的都市（metro-）与非都市（nonmetro-）

美国白宫管理与预算办公室对于都市区与非都市区还有另一个区分定义，它同样基于前述人口普查局数据。但是不同之处在于，该定义是

---

① http://www.census.gov/geo/www/ua/ua_2k.html。
② http://factfinder.census.gov。
③ 根据census 2000向美国农业部提供相关数据，见：http://www.ers.usda.gov/Briefing/Rurality/WhatIsRural/。

以县或与县相当的实体（county & county equivalent）为基本单位进行划分的，这样便于联邦政府相关机构进行数据收集、汇总与发布。

OMB 将都市区（Metropolitan Statistical Areas）定义为至少有一个以上大于 5 万人口的城市化地区（UA），及其周边的、与其有着高度社会经济整体性的关联社区。都市区以外的县是非都市的（nonmetro county）。Census 2000 以来，OMB 在都市区之外又提出了一个新的微都市区（Micropolitan Statistical Areas）概念，其为至少有一个以上大于 1 万人、小于 5 万人口的城镇组团（UC），及其周边的、与其有着高度社会经济整体性的关联社区①。这样实际上是在之前的非都市区（nonmetro–）中提炼出一种微都市区来进行数据统计（见图5-2）。

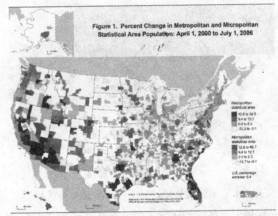

图 5-2　2000 年至 2006 年间，美国都市地区与微都市地区的人口变化图

（图中红色区域为都市区，颜色深者为人口增幅较大；绿色区域为微都市区，颜色深者为人口增幅较大，白色区域为其他非都市区。资料来源：http://www.census.gov/popest/gallery/maps/）

依照上述定义的划分，至 2003 年基于 census2000 普查数据的 OMB 发布数据显示，美国的非都市区共有 2052 县，占有 75% 的国家领土和 17%

---

① OMB Bulletin No. 07–01, December 2006. 见 http://www.whitehouse.gov/omb/bulletins/fy2007/b07–01.pdf.

的人口（约4.9千万人）。另外至2006年的相关估计值数据详见附注①。

3. 美国农业部（USDA）的城乡分级标准（rural-urban continuum codes）

美国农业部在前述以县为单位的都市（metro-）与非都市（non-metro-）二分的基础上，进一步提出了一个共分为9级的城乡分级标准，现行版本也是基于Census 2000于2003年发布的，详见表5-1②。

美国关于城乡地区的分级标准　　　　　　　　　　表5-1

分级	标准描述	数量（个）	Census 2000 人口
1	地处都市区（metro areas）人口在100万人以上的县	413	149224067
2	地处都市区人口在25万人至100万人的县	325	55514159
3	地处都市区人口在25万人以下的县	351	27841714
4	城镇人口2万人以上、邻都市区的县	218	14442161
5	城镇人口2万以上、不邻都市区的县	105	5573273
6	城镇人口2500~19999、邻都市区的县	609	15134357
7	城镇人口2500-19999、不邻都市区的县	450	8463700
8	完全乡村或城镇人口2500以下、邻都市区的县	235	2425743
9	完全乡村或城镇人口2500以下、不邻都市区的县	435	2802732
总计		3141	281421906

---

① 至2006年7月1日的更新人口估计值（estimates）显示，约83.2%的美国人口（249, 242, 987人）在都市地区；约10.2%（30, 604, 955人）在微都市地区，约6.5%人口（19, 550, 542人）在其他非都市地区。全美国3141个县中有1092个县在363个都市地区；693个县在576个微都市地区，而1356个县在其他非都市地区。由于2006年数值为估值，故本文中数据依然采用基于Census 2000由OMB在2003年所发布的数据。资料来源：Table 11. Population and Percent Percent by Core Based Statistical Area (CBSA) Status for the United States, Regions, and Divisions: 2000 and 2008 (CBSA-EST2006-11). Source: Population Division, U. S. Census Bureau, April 5, 2007. 见：http://www.census.gov/population/www/estimates/CBSA-est2006-CBSAstatus.html。

② http://www.ers.usda.gov/briefing/rurality/RuralUrbCon/。

表 5-1 中灰色部分为都市区（metro counties），4～9 级为非都市区（nonmetro counties）。（资料来源：http://www.ers.usda.gov/briefing/rurality/RuralUrbCon/）

美国关于城乡地区的定义　　　　　　　表 5-2

部门	定义名称	定义概括	特性
U. S. Census Bureau	Urban –	城市化地区（urbanized areas, UA）+城镇组团（urban clusters, UC）：人口密度不少于每平方英里 1000 人的核心区和人口密度不少于每平方英里 500 人的周边区	单纯以统计街区人口密度为依据作自动识别
	Rural –	以上之外	
OMB	Metropolitan	至少有一个以上大于 5 万人口的城市化地区（UA），及其周边的、与其有着高度社会经济整体性的关联社区	县（county）为单位
	Micropolitan	至少有一个以上大于 1 万、小于 5 万人口的城镇组团（UC），及其周边的、与其有着高度社会经济整体性的关联社区	
USDA	Metro –	OMB 定义的 Metropolitan Statistical Area	基本上是在 OMB 的标准下再细分
	Nonmetro –	以上之外	

综合以上层层推进的概念，可大致归纳美国关于乡村的定义如下：按照行政县为单位，县域内没有大于 5 万人口的密集居住的城市化地区，则其属于乡村地区。

（二）美国乡村发展概况

美国的乡村居民点处于美国国土面积 95% 的广袤空间中。尽管美国的城市郊区化了，但是，美国有些非官方的机构统计说，美国仅有 5% 的土地被用于城市开发，今天美国用来种植谷物的土地面积与 50 年前没有两样。事实上，美国几乎没有在我国苏南地区和广深地区见到的那种城镇高度密集绵延的状态。尽管美国规划界已经认定他们的国家是"郊区的国家",称他们的城市是"无边的城市"。但是比较而言,我们的城镇蔓延要比他们严重得多,我们的城市才是"无边"的。

2006年底,美国乡村居民点的人口大约在6600万人左右,乡村居民点所占用土地的面积约为4858万公顷。这些居民点在空间布局上显得很随意,向着可能开发的任一个方向上展开,几乎难以找到它们确定的边界。长期以来,美国式的市场经济体制决定了美国人在土地利用上采取自由化的方式,把政府的规划干预减至最低水平。从人居环境发展的角度来看,美国的乡村基础设施综合水平远远高于我国的发达地区,例如每一个乡村居民点都有由地方政府委托的污水处理公司运行管理的小型污水处理设施,都有由市政当局委托的私人代理公司定期收集处理垃圾,一定有消火栓,原则上都有消防站。从这个意义上讲,美国乡村的更新和开发建设是由那里的基础设施承载能力控制着的。

二、美国乡村建设管理法规体系

(一)法规体系构成

1. 立法、行政和司法的三个法律文件系统

美国的法律法规体系是一个庞大而复杂的系统,从立法、行政和司法三方面而言主要包括法律(law)、行政法规(regulation)与法院裁决(court opinion)等[1]。

(1)法律(law)是由议员提出的议案(bill)获得议会两院通过、总统签署后成为法律的,被称为"法"(act),并最终被众议院审定文字后发布在《美国法典》(U. S. Code,简称 USC)。

(2)为了促进法律的实施,议会授权相关政府部门制定较为全面系统和具体深入的行政法规。政府部门通过研究,在认为必要的情况下拟订相关法规草案(proposal),在联邦公报(Federal Register)上征求公

---

[1] 现行的立法、行政和司法文件(legislative resources, executive resources & judicial resources)通过美国政府印刷局(GPO, Government Printing Office)整合出版,并可进行网络查询。http://www.gpoaccess.gov/index.html。

众意见与公示历次会议讨论、修改的过程，形成最终的法规，被编号并发布在《联邦行政法规汇编》①（Code of Federal Regulations 简称 CFR）。CFR 每年都会对新出台或新废止的各项法规进行更新。关于乡村建设管理的法规主要汇编在第 7 类目（title）"农业"中。

（3）另外，法院享有司法复议权，可以受理对立法、行政法规和行政措施违宪的控告，形成裁决。所以立法与行政部门在起草和讨论议案与行政法规时，也须参考以往的相关法院裁决案例。不过本文研究不含这一判例法（case law）部分，而是关注作为成文法（statute law）的联邦法律和行政法规。

2. 美国法规体系的两个层次——联邦与各州

美国的联邦制度又将上述法规体系划分了两个层次——联邦系统和各州系统。联邦的权力主要在国防、外交、货币、国际贸易等国家层面上。具体就乡村建设管理而言，联邦主要从联邦预算、全国性财经政策等方面来立法、建章、设置项目与机构，以支持与引导乡村发展建设；以及在粮食安全、环境保护等关乎国家利益的方面做出限制与规定等等。而各州依据联邦宪法，在各自的乡村建设管理方面也享有很大权力，进而制定各自不同的州一级法规体系；此外，州还可进一步依据州立法再分权赋予次一级地方单位。本文研究的重点主要集中于美国联邦层次的法规体系。

（二）主要法规的内容

1. 美国《农业法》（Farm Act）整合框架下的相关乡村建设内容

面对在历史发展进程中所通过的、数量庞大的相关联邦法律，美国联邦议会每隔若干年通过一部被作为农业法（Farm Act）的综合法律框架，它会对以往的各种相关农业及乡村地区的立法进行一次阶段性的评估与援引或修正，必要时增加新的内容，整合形成一部综合成文法，并在未来的若干财政年期间有效。因此，关于美国乡村建设管理法规体系

---

① 这里关于 regulation 的译法有"法规"、"法令"、"实施细则"等多种，为了将立法与行政这两种来源的法规文件做较为明确的区分，本文采用《联邦行政法规汇编》作为 CFR 的中译名称。

的全面与最新的内容基本都被概括在其现行农业法的相关类目中,其中也包括了授权给农业部、住房与城市发展部、交通部、卫生部等部门的相关乡村立法。

前文提到的"食品、农业、保护和贸易法"与"联邦农业促进与改革法"(FAIR),即所谓的联邦农业法(1991~1995年)与联邦农业法(1996~2001年)。而当前的农业法(2002~2007年)则是2002年通过的"农业安全与乡村投资法"①。2008年之后新的农业法,已经由议会形成2007农业法议案(2007 Farm Bill)②,但是其中若干内容仍处于争论之中。由于该2007年农业法议案中的大类目框架截至目前变化不大,而且其也尚未通过发布,因此本文仍以美国联邦农业法(2002~2007年)作为研究对象。

美国联邦农业法(2002~2007年)共分为十个类目(包括:农产品、保护、贸易、食品、信贷、乡村发展、研究及其相关、林业、能源、其他)。上述类目中涉及乡村建设、特别是空间体型环境建设方面的相关内容包括以下方面:

在第二类目"保护"之中包括了粮食安全与耕地保护、湿地保留、环境质量奖励、草场保留等若干方面,并作了资金与管理上的规定,还有设立由保护区示范项目的内容。

在第六类目"乡村发展"中,子类目A是综合农业与乡村发展法(Consolidated Farm and Rural Development Act),其中整合了废水垃圾处理、供水、广播电视、乡村工商业、儿童看护等方面内容,以及对相关区域规划组织的授权;子类目B则是对1936年"乡村电气化法"的援引修正,主要关于乡村地区供电。

在第九类目"能源"主要关于乡村地区可更新能源、生物能等方面内容。

2. 现行美国《联邦行政法规汇编》(CFR)中的乡村建设管理内容

前述的联邦议会立法,授权给联邦政府的相关部门予以行政,并视

---

① 农业安全与乡村投资法(Farm Security and Rural Investment Act):Public Law 107~171。
② The bill from the House of Representatives (H. R. 2419), Dec. 14, 2007。

具体需要会制定更加全面、具体的法规。所有的联邦法规都收录在美国《联邦行政法规汇编》(CFR)，其中关于乡村建设管理的内容比较全面地收集在第7类目"农业"中的相关章节中，在条文具体内容上也会援引映射其他类目的有关交通、卫生、住房建设等法规内容。

在美国《联邦行政法规汇编》第7类目"农业"中编号为1600~2099之间的部分是所有关于乡村地区的电力电讯、给水排水、污水垃圾、住宅房地产、建设修缮方面的具体法规，例如《电力工程中建筑服务与设计的政策与程序》[1]、《电讯系统规划设计标准与程序》[2]、《家庭水井系统资助项目》[3]、《水与废物的（项目）贷款与资助》[4]、《环境政策与程序》[5]、《建设与修缮》[6]、《住房》[7]、《乡村开发》[8]、《当地电视信号接入担保贷款项目》[9] 等。而在编号为2600~4299之间的部分，还列出所有农业部下属各有关部门办公室及其实施项目的法规，例如：能源政策与新能源使用办公室的《生态产品指定导则》[10]；环境质量办公室的《文化与环境质量》[11]；乡村住房服务处的《独户住房贷款与资助》[12]、《社区（建设）项目》[13] 等。

以联邦行政法规中的第1924部《建设与修缮》法规为例，进一步说明法规中的具体内容。该法规共计有英文单词约6万，其第一个主要

---

[1] Electric engineering, architectural services and design policies and procedures: CFR Title 7, Volumn 15, Part 1724。

[2] Telecommunications system planning and design criteria, and procedure: CFR Title 7, Volumn 15, Part 1751。

[3] Household water well system grant program: CFR Title 7, Volumn 15, Part 1776。

[4] Water and waste loans and grants: CFR Title 7, Volumn 15, Part 1780。

[5] Environmental policies and procedures: CFR Title 7, Volumn 15, Part 1794。

[6] Construction and repair: CFR Title 7, Volumn 15, Part 1924。

[7] Housing: CFR Title 7, Volumn 15, Part 1944。

[8] Rural development: CFR Title 7, Volumn 15, Part 1948。

[9] Access to local television signals guaranteed loan program: CFR Title 7, Volumn 15, Part 2200。

[10] Guidelines for designating biobased products for federal procurement: CFR Title 7, Volumn 15, Part 2902。

[11] Culture and environmental quality: CFR Title 7, Volumn 15, Part 3100。

[12] Direct single family housing loans and grants: CFR Title 7, Volumn 15, Part 3550。

[13] Community Programs: CFR Title 7, Volumn 15, Part 3570。

部分是"建设及其他开发的规划与实施",正文包括目标、授权与责任、相关概念定义、规划工作、实施工作、监察工作、规划变更、开发担保、模式化或经评审住宅单元的开发、较复杂开发的附加条件、地方评议、州补充说明、白宫控制号等章节条目;附录则带有"供预计部分支付的居住成本预算细目"、"模式化或经评审的住宅单元要求"、"图纸与说明书导则"[①]、"保温性能建设标准"、"自愿选择的国家示范建筑法规"、"支付合同(样本)"、"执行合同(样本)"、"含铅涂料的禁用"、"季节性农场劳工住宅导则"、"预制住宅的开发装设"、"多户住宅迁居工作的分类"、"十年期住房担保计划的相关要求"等各种参考文件。该法规第二个主要部分是"场地开发工作的规划与实施",正文中包括目标、基本政策、适用范围、相关概念定义、规划与实施开发、选址、市政基础设施、场地竖向修整与排水、独户住宅基地评估、住宅基地贷款、例外授权、白宫控制号等,附录有"场地开发设计要求"[②]、"相关计划的图示与文件清单"等。除上述两个主要部分内容外,乡村"建设与修缮"法规最后一部分还对"建设过失的投诉与赔偿"相关内容进行了规定。

(三)乡村规划政策与组织架构

上述的法律法规文件通常是以联邦的预算使用与资助项目批准的方式,来发挥对乡村建设的引导与约束作用;以及作为案例诉讼判决的文件依据。州一级的法律法规虽各不相同,但基本作用也相类似。那么具体到每一个乡村单位本身,如果不申请联邦或州的相关资助项目的话,则它仍然对于它的私人财产拥有很大的自由处置的权力。这一特性是由美国的整个宪政体系特点所决定的,那么这些基层乡村建设假设不接受联邦、州等各级的立法与政策引导的话,它们一般也都会受到以下几方面的约束与管理。

---

① Guide for drawings and specifications,该导则援引美国住房与城市发展部的相关手册,见:Department of Housing and Urban Development(HUD)."Architectural Handbook for Building Single-Family Dwellings",No. 4145. 2.,Chapter 3。

② Site development design requirements,此部分内容包括道路,步行与台阶,场地整理,排水行洪组织,供水系统,污水处理系统等方面的详细要求。

1. 私有财产协议 (private property agreement)

对于私人财产的约束通常以地役权 (easement)、契约 (covenant) 或协议 (agreement) 的形式存在，在相邻地产所有者之间、同一开发项目的不同地块所有者之间共同达成，并在地产的交易买卖中传递，以保证对于私有地产上建设的相关限制，其内容包括：限制居住区内商业制造业用途的建设、保持建筑风格的相互统一等等。

此类契约或协议对于私人地产开发建设的约束作用，同样适用于城镇与乡村地区。只不过在乡村社区则常常会包含带有乡村特色的限制性内容，例如：对于宅基地尺寸限制、禁止居住区内的牲畜饲养等。这些契约与协议在处置具体案例时，与各级政府的相关立法规定一样可作为处置依据。

2. 当地的区划与细分地块规定

效仿城镇地区，部分美国乡村也进行规划编制，并被立法通过。

区划 (zoning) 通常是对于土地进行使用类型的划分，对每类土地上的相关行为进行限定。通常的土地分类包括：R1（独户住宅）、R2（双户住宅）、R3（多户住宅）、I1（工业园区）、I2（普通工业）、I3（重工业）等等。在居住用地上的要求通常包括高度限制、地块最小化、停车要求、庭院尺寸等等；而工业用地的要求则通常有噪音、气味、室外堆放等等。这一点与我国的现行规划编制的相关内容是比较一致的。

细分地块规定 (subdivision regulations) 是对物质环境开发项目的综合引导，将大宗地块进行细分，并保证均等、有效率地为每个地块引入市政基础设施，通常包括街道、人行道、水电气管网等。这些公益性内容的要求对于私人地块的建设也会产生相关的约束内容。

应该指出，并非所有美国的乡村地区都制定有上述规划或区划规定，这些多半出现在毗邻城市化地区的乡村，而在美国中西部与南部的广大乡村地区多未进行编制。

3. 相关管理的执行部门

编制有相关规划的乡村地区，通常有类似"规划委员会"（planning

board 或 planning commission）与"（规划）申诉调节委员会"（boards of adjustment 或 boards of zoning appeals）来执行规划的制定与解释。规划委员会通常由民选政府指定的 5~13 名成员组成，负责组织规划的编制、公共听证与讨论、推动规划的立法通过等；而申诉调节委员会主要对于规划中的一些例外情况与申诉进行现场察看、处理裁量。

美国乡村建设的最基本的管理与裁量部门是法院。一般的建设申诉或公诉由州地方法院或乡村流动法院处理，涉及到宪法问题的则由联邦地方法院处理，并可诉至州或联邦的上诉法院。案例裁决虽然是作为美国法律体系的一个基本方式，但是由于其花费不菲、时间冗长，其在乡村地区的使用并不常见。

综上可以看出，美国乡村建设的基层日常约束与管理手段，与城市地区是基本相同的；而城乡之间的不同，主要还是体现在联邦、州等各级的乡村立法、政策、项目的种种优惠之上。

三、美国乡村建设管理法规的发展历程

至 19 世纪后期，美国基本上还被认为是一个以农业为主、强调自然与乡村价值的国家，但这时工业革命和人口流动已经开始深刻地影响着美国社会。经过随后一个世纪城市化进程，至上个世纪末美国已经有超过 3/4 的人口生活在城市地区（图 5-3）。在这期间，美国联邦进行了一系列涉及乡村发展的法律制定、修正与废止，来应对不同时期所面临的问题，其中关于乡村建设管理的内容可归纳如下。首先在 20 世纪之前的阶段，是以鼓励对乡野（特别是中、西部）土地的购买与开发为主导的，具有某种拓荒精神与奖励性质；随着工业化、城市化加剧，乡村法规政策由注重量的扩张转向注重质的提高，其重点在引导乡村基础设施的完善与建设；新政时期则确立了国家对于农业及乡村建设的进行财政反哺模式；新政过后，国家减少干预并积极进行各级各类乡村地方力量的培育；近三十年来，乡村建设则已经作为独立的章节，系统地出现在国家农业综合法律法规的框架之中，引导各级各类财政资助项目以及私人开发建设的实施。

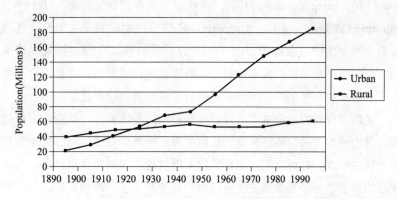

图 5-3　美国城乡人口的百年演变

（资料来源：美国人口普查局 U. S. Census Bureau. Historical Statistics of the United States, 1975, and Decennial Census, 1980~2000）

（一）20 世纪前期：乡村生活运动与新政

面对城乡差距不断拉大，20 世纪初乡村生活运动在美国兴起[①]，一系列促进城乡联系、改善乡村生活质量的联邦立法与政府项目也随之制定。1896 年"乡村免费邮件投递"项目实行与 1912 年"邮政包裹法"通过，使得美国乡村地区开始实现信报包裹递送上门；1916 年"联邦高速公路法"提供了乡村公路建设资金。除了邮电交通基础设施建设外，1914 年的"史密斯－利弗法"[②] 规定联邦、州、县拨款资助各州县建立农业合作推广服务体系，促进先进技术在乡村的交流与应用。另外 1916 年的"联邦农地贷款法"通过建立联邦土地银行向农民提供长期

[①] William L. Bowers. The Country Life Movement in American: 1900 - 1920. Port Washington, NY: Kennikat Press, 1974。

[②] 史密斯－利弗法（Smith - Lever Act，又称合作推广法）也与 1862 年莫里哀法（Morill Act，又称增地学院法）、1887 年的汉奇法（Hatch Act，又称农业试验法）一道成为现代美国高等农业教育、农业科学技术研究的法律基础，是美国"农业推广运动"（extension movement）的基石。

贷款以及参股获利的机制①。

1930 至 1945 年美国实施新政以应对经济大萧条，联邦干预成为这一时期的主要特征。1933 年"农业调整法"②和 1935 年取而代之的"土壤保护和国内分配法"③，其中许多内容构成了直至今日美国农业立法及相关项目的核心框架；当时为了扭转衰退、控制农业产量，联邦向农民提供补贴、技术支持与成本共担的机制，即使在经济危机过后也仍被沿用至今。1936 年"乡村电气化法"④向地方合作电力公司提供贷款架设乡村地区供电网，至 1960 年电力遍及 97% 的美国乡村⑤，而且绝大部分电力公司运营至今。另外，还有若干旨在稳定乡村的贫困人口安置、合作农庄与小型乡村工业的计划，因二战爆发、乡村人口迅速流向城市工业而未能收效；但是局部地区还是出现了发展非农产业以促进落后乡村地区人口就业的成功案例，比如田纳西河谷地区⑥。

（二）20 世纪中期：自下而上的力量培育

二战结束后，政府的贷款与技术支持项目被继续保持下来，致力于解决乡村的贫困问题；但与新政时期不同的是联邦弱化了自己的角色，并认为当地的动机需求与草根阶层的控制力才是乡村发展的关键，从而强调更多地方力量的加入。因此这一时期新的乡村立法不多，少数联邦

---

① 值得指出的是，农地贷款法以及联邦土地银行由于受到美国大银行家利益集团的操控，最终导致了 20 世纪 20 年代的农业衰退。该法立法的背景是美国农民在一战期间由于粮食的高售价而获利，但由于生活和消费节俭，农民手中的现金普遍存在保守的当地银行，既不参加美联储银行系统，也不支持对欧洲战争贷款。联邦土地贷款法提供长期贷款"鼓励"农民投资于购买新的土地，农民在缴纳了高比例的首付款后，却在战后的信贷紧缩中遭遇城乡不公平对待，最终大批破产。多数学者认为，农地贷款法在当时实际上成为了掠夺农民财富和摧毁农业地区拒绝服从美联储的中小银行的工具。

② 农业调整法（Agricultural Adjustment Act）：Public Law 73 – 10，May 12，1933。

③ 土壤保护和国内分配法（Soil Conservation and Domestic Allotment Act）：Public Law 74 – 46 of April 27，1935. 该法是在联邦最高法院宣布 1933 年农业调整法（Agricultural Adjustment Act）违宪之后，修改后再出台的。这表明罗斯福政府相信其符合国家利益，而并非仅仅是一项让其他公民承担费用而使农民受益的计划。

④ 乡村电气化法（Rural Electrification Act）：Public Law 74 – 605，1936。

⑤ 电力覆盖数据来自美国驻中国大使馆交流档案 0402，见：http://chinese.usembassy-china.org.cn/jl0402_change.html。

⑥ 田纳西河谷管理局（Tennessee valley authority）于 1933 年设立至今，其在区域内乡村地区的所做相关工作，可参见该组织网站：http://www.tva.com/abouttva/history.htm。

资金的项目被设计成示范项目，以便带动地方领导学习借鉴；也是从这时起，对地方政府、私人组织的能力建设与领导力培养，开始在美国的乡村发展政策中占有重要地位。

1960~1968年的肯尼迪与约翰逊政府重新强调联邦立法与政策的重要性。在乡村建设上，之前的地方力量培育并未中断，联邦政府则更多地在区域规划和直接介入项目上作努力。1961年"区域再开发法"[①]以及相关乡村地区再开发项目被用于解决乡村的失业问题。1965年"住宅与城市发展法"[②]通过，美国住宅与城市发展部（HUD）随之设立，其任务中包含改善乡村住宅的内容。1965年阿巴拉契亚区域委员会被联邦立法成立，致力于打破州行政边界来解决该地区的贫困与发展建设问题[③]。

1969年之后联邦再次回到减少直接介入，将区域规划、项目资助与实施的权力交回到传统的地方政治结构中。不过整个20世纪70年代各种行业的、地方的乡村利益集团经过多年的培育，已经茁壮成长起来，并在联邦一级的立法、行政中施以重要影响。1973年众议院组成的"国会乡村核心组会议"（CRC）和1974年参议院的"中西部核心组会议"（Midwest Caucus）就是其时乡村力量立法需求的体现；许多由地方力量组成的政府或准政府组织在这一期间壮大，来代表地方协助实施联邦的项目与资助，诸如1942年全美乡村电力合作协会（NRECA）、1959年全美各县协会（NACo）、1965年全美地方议会协会（NARC）、1976年全美乡镇协会（NATAT）以及1970年代初全美划分建立起四个区域乡村发展中心（Regional Rural Development Center）等；另外一些民间非盈利组织也成立为乡村建设进行努力，例如1969年全美乡村住房联合会（NRHC）等。

（三）20世纪后期：乡村建设法规体系趋于完善

---

① 区域再开发法（Area Redevelopment Act）：Public Law 87-27，May 1, 1961。
② 住宅与城市发展法（Housing and Urban Development Act）：Public Law 89-174，September 9, 1965。
③ 阿巴拉契亚区域发展法（Appalachian Regional Development Act）：Public Law 89—4，March 9, 1965。相关内容见阿巴拉契亚区域委员会网站：http://www.arc.gov/index.do。

第五章　美国乡村建设管理法规研究综述

1972 年通过的"乡村发展法"①，标志着乡村发展作为一个独立政策的出现，从此在传统的农业、农民方面关注之外，一系列综合发展项目例如污水污物处理、社区设施建设、工商业扶植贷款等被系统地编排入联邦的预算与实施项目体系，并授权美国农业部（USDA）领导实施。

1981 里根政府开始减税并紧缩联邦开支，由于联邦退税和大量乡村发展项目的消减甚至停止，美国乡村地区开始处于经济困境。之前 20 世纪 70 年代通过规划与成功实践经验所培育出来的私营企业和非盈利组织，此时填补了一些联邦资金难以为继的空白。1990 年一个名为"联邦乡村发展议会"（SRDCs）的联邦级别的、非官方组织成立。政府的、企业的、非盈利组织的力量参与共同讨论乡村发展项目，联邦政府的参与者并不领导这一组织，但是帮助推动这样的讨论。但是整个 20 世纪 80 年代新的关于乡村发展建设的立法请求都未能达成共识，直至 1990 年作为农业法②的"食品、农业、保护和贸易法"③ 中才第一次将乡村发展（Rural Development）作为一个独立的类目列出，其中包含绿化、电讯和基础设施建设等方面内容。尽管有争议认为这些非农业的建设项目运作不应该授权农业部，而且议会争议甚至推迟了相关资金投入达两年，但是农业部最终还是主导了相关项目的实施直至今日。当然，住房与城市发展部和卫生部等部门也有相关项目覆盖乡村地区。

1993~2000 年克林顿执政期间的积极农业政策，再次让人回忆起 20 世纪 30 年代与 60 年代的民主党执政时期。1996 年议会通过两部改革法，其一是作为新农业法的"联邦农业促进与改革法"（FAIR）④，将更积极的乡村发展内容继续作为一个独立的类目；其二是作为福利政策改

---

① 乡村发展法（Rural Development Act）：Public Law 92-419。
② 农业法（Farm Act）将之前各种各样的相关独立立法进行阶段性的评估、修改和更新，整合成一个综合的成文法框架，并在未来的若干财政年期间有效。
③ 食品、农业、保护和贸易法（Food, Agriculture, Conservation, and Trade Act）：Public Law 101-624。该法的时效为 1991-1995 年的财政年，直至 1996 年新的农业综合法——联邦农业促进与改革法（Federal Agriculture Improvement and Reform Act）的出台。
④ 联邦农业促进与改革法（Federal Agriculture Improvement and Reform Act）：Public Law 104-127, Apr. 4, 1996。

革的"个人责任与工作机会法"①,其中包括有对于乡村社区交通、儿童看护、教育和培训的诸多福利资助。尤其在前者框架下制订了若干联邦项目,均强调战略规划与综合规划的研究编制,例如"乡村社区进步项目"允许在编制战略规划的情况下可以更灵活地应用项目资金;设立"乡村美国基金"支持乡村发展研究与示范项目;设立"德纳里委员会"(Denali Commission)支持阿拉斯加乡村地区的综合规划与发展建设;设立"三角洲计划"(Delta Initiative)支持密西西比河下游三角洲地区的综合规划与发展建设。此外,美国住房与城市发展部(HUD)设立了它所属的"乡村住房与经济发展基金项目";美国交通部也发布了它的"乡村交通计划"在乡村交通建设中达成协作规划与建设。

四、美国乡村建设管理法规对我国的借鉴

(一)法律法规体系的法典化及其有机更新

目前中国各个方面的法律法规都尚未如《美国法典》和《联邦行政法规汇编》那样形成法典化的,各种法律汇编又呈现出五花八门、不成完整体系,也没有像美国政府印刷局这样的统一发布与公示的渠道,因此在法律法规的援引与执行等方面都较缺乏清晰性与严肃性。这一点尤其对中国的乡村基层行政组织而言,会产生理解与执行上的困难。因此建议由农业部或住房和城乡建设部牵头,定期将现已颁布的相关各类法律规定与政策文件,进行分类整理汇编,剔除互相矛盾与废止的部分;地方相关部门也可在此基础上加入地方的法规内容,下发并讲解给村镇干部,从而使得整个体系更加具有清晰性与时效性。

另外从历史发展轨迹来看,美国的法律法规体系形成,不是一蹴而就,或是简单推倒重建的过程。新的法律法规形成往往经过充分研讨与公示,一方面新法非常注意对旧法中合理内容的沿用或引用;另一方面新法在其自身通过后,也会随着日后的提案讨论或案例判决被反复修正,一些不再适应现实要求的条款内容被渐渐去除,直至整部法不再被

---

① 个人责任与工作机会法(Personal Responsibility and Work Opportunity Act):Public Law 104-193, Aug. 22, 1996。

援引。这种缓慢的有机更新过程，是各方利益集团在现状基础上充分博弈的结果，其优点在于提供了法律法规的稳定性，避免大的行动失误。

（二）自下而上机制的充分保障

乡村的社会组织形式与经济实力，无疑决定了其在立法话语权上的弱势地位。因此美国乡村建设法律法规无论在立法程序、还是在价值取向上，均强调基层能力的培养。联邦的资助与优惠贷款，主要都对来自地方团体、企业、社区、个人的申请进行授予，提高它们对于乡村建设进行投入的积极性。另外联邦也从财政上支持鼓励全美各县协会（NACO）、全美地方议会协会（NARC）、全美乡镇协会（NATAT）等非政府团体的成立与运作，"国会乡村核心组会议"（CRC）作为跨党派议员组织也一直为乡村发展积极提案，这些机构组织都被培育成为乡村利益的有效代言人。

在我国过去的农村建设管理立法提案中，最基层意见参与的渠道还不是十分通畅，服务于农村的社团、企业、非政府组织还远不能匹配我国的农村人口规模；即使是在当前新农村建设时期的反哺过程中，许多政策与项目的实施也都是自上而下地指定与摊派，反哺的内容有时不是基层村庄的切身需求，造成投入的低效甚至浪费现象发生，基层组织或企业的积极性与能力不能提高，也就无法很好形成新农村建设的长效机制。从借鉴的角度而言，基层力量的培育是最重要的，因为关于住宅、基础设施等等方面硬件建设的具体技术性规定是易于学习的，而且在我们现有的一些规范与标准中已经大量地有所借鉴；但是现实情况是，乡村建设在具体操作、实施与管理的各个环节的力量上，都与城市政府职能部门或相关机构组织存在着很大差距，如何培育基层力量、完善基层机制，是我们借鉴的重点，否则任何法律法规都很难落到实处。

（三）不同层级、不同部门之间的分权与配合

首先，美国联邦法律法规中除了涉及国家安全的相关保护性条款属于较刚性条款外，其主要内容还是在于分配与执行相关的联邦资助与贷款项目，是以引导功能为主的。既给州、郡提供一定立法借鉴，又赋予它们很大的空间来根据各自不同情况建章立法。中国的广大农村地区差

异极大，国家性法规应当侧重土地资源与生态环境的保护内容，以及侧重引导与约束相关国家级资助或贷款的乡村建设项目；而另一方面一定要积极鼓励地方因地制宜地制定各自相关法规。

另外，美国联邦政府授权多个部门执行有关乡村建设的法规，其中美国农业部历史最久，因此在获得资金数量以及设立项目上也占有较主导地位；住房与城市发展部在低收入住宅扶植等方面也设有专供乡村建设的内容。上述不同部门的职权范围、工作内容以及相互配合，都在《联邦行政法规汇编》中得到了充分地阐述，相关条款内容互相映射，能较好地协调部门之间的关系。在上述不同层级、不同部门之间的法律法规之间即使存在相互矛盾之处，也还可以通过诉讼案例的判决来进行裁定。

当然，由于美国的政体与法律法规体系与中国迥异；而且其乡村地区在人口数量、地理环境、文化习俗与经济社会发展阶段上，与中国农村地区也有着极大的不同。因此在对相关内容进行借鉴时，还应认真研究中国国情、谨慎试用。

第六章 南非乡村建设管理法规研究综述

一、南非的乡村概况

（一）南非乡村定义

由于社会经济文化等各方面存在较大差异，在研究南非乡村发展政策法规的过程中，离不开对以下几个基本概念的正确认识：

1. 何谓乡村地区？（What is a Rural Area?）

《南非乡村发展体系》（"SARDF"）将其定义为：

一个人口稀少的地区，在那里人们务农或依靠自然资源生活，包括村庄和分散的小城镇，也包括前政权时期由种族隔离造成的迁徙而形成的大的殖民地。

2. 乡村发展（Rural Development）

根据《南非乡村发展体系》（简称"SARDF"，1997年9月），"乡村发展"定义为：

帮助乡村人口通过有效和民主的方式享受属于他们的群体优先权。这些方式包括提供地方承载力；投资基础设施和社会服务；公正、平等和安全；处理历史造成的不公正并确保乡村人口的安全，尤其是妇女们的安全。

（二）南非乡村发展概况

位于非洲大陆最南端的南非共和国是一片美丽富饶而又多灾多难的土地，她因实行人类历史上绝无仅有、惨无人道的种族歧视和种族压迫制度而闻名于世，又因和平废除这一臭名昭著的种族隔离制度、步入新的发展道路而备受世界关注。

南非共和国（the Republic of South Africa）位于非洲大陆最南部，面积约1219090km^2，相当于我国西藏自治区的面积而略小于内蒙古自治区的面积。南非是一个多种族的"彩虹国度"，其4130万人口由黑人、白人、有色人①和亚洲人四大种族组成,如表6-1所示②。南非是世界上唯一同时存在三个首都的国家:行政首都比勒陀利亚、立法首都开普敦和司法首都布隆方丹,这一奇特现象的存在也为旧南非实施的种族隔离制度写下了一个注脚。

南非以丰富的矿物资源驰名世界,是世界上最大的黄金生产国和出口国。丰富的矿物资源、良好的基础设施、廉价的劳动力、先进的管理技术使南非成为当今非洲大陆的经济大国和最发达的国家。制造业、矿业和农业是南非国民经济的三大支柱产业。南非的农业比较发达,大型白人农场已实现机械化和现代化。

南非人口种族构成 表6-1

种族	人数(million)	比例(%)
黑人 Black Africans	28.7	69.4
白人 white South Africans	10.1	24.4
有色人(布尔人)Afrikaners	2.1	5
亚洲人 Indian immigrants and Muslim Cape Malays	0.4	1.2
总人口	41.3	100

特殊的海岸地形,汹涌的两大洋流使得南非在漫长的数个世纪中几乎与外部地界隔绝,如图6-1所示。1488年好望角的发现逐渐打破了南非最南端开普敦一带的平静,荷兰殖民者于1652年从开普敦登陆,英国殖民者接踵而来,开始了西方殖民者对南非土著人血腥掠夺的历史。

1994年4月27日,南非举行了有史以来首次不分种族的全民大选,曼德拉当选为南非首任黑人领袖,南非历史从此翻开了崭新的一页。此后的历届政府都将实现平等、恢复和重建国民经济、促进社会发展作为首要目标,孜孜以求。

---

① 有色人种(英语为coloured)是南非一种特有的人种,特指英国和荷兰白人与南非各种族黑人结合所生育的混血儿。这个人种已经固定下来,形成一个真正的新种族,又称布尔人。
② 根据2001年南非人口普查结果整理。

第六章　南非乡村建设管理法规研究综述

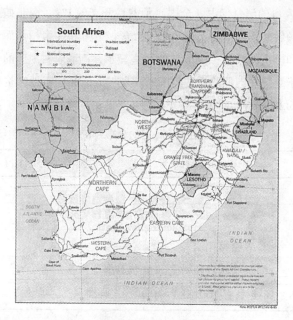

图 6-1　南非行政区划及地理位置①

根据《South Africa 2001》② 的统计数据，2001 年南非的城市化率为 72%。然而城市化水平在种族间差异较大：白人人口的城市化率高达 91%，布尔人为 70%，黑人最低，为 67%。

南非政府一直采取积极的城市化政策。新南非成立以来，城市化发展迅速，城市化水平从 1991 年的 63% 上升到 2001 年的 72%；快速推进的城市化进程也代表了南非社会的一种沧海桑田般的变化，即这个在传统上以农耕文明为主的国度逐步转型为新型工业化国家；尽管也存在着诸如过度城市化和贫民窟等问题，但是南非政府仍然坚信，集中的城市化发展比分散的农业居住更加紧凑、便于政府更好地提供各种公共服务。

南非乡村地区的最突出特点即贫困。贫困主要发生在 5 岁以下的儿童、年轻人和老年人尤其容易受到贫困侵袭，并且女性高于男性。最贫

---

① 图片来源：http://www.mjjq.com/travel/mt_trip_692.html。
② 数据来源：http://www.statssa.gov.za/census01/html/C2001KeyResults.asp。

困的10%人口的消费仅占（全国）消费性开支的1%。南非如此高的收入分配的倾斜与不公平的文化水平、教育、卫生和住房相伴而生，也包括使用水和燃料的权利。1996年的调查显示，南非农村地区的贫困程度甚至不亚于北部非洲那些赤贫的国家。乡村地区和城市地区贫困差异巨大，如表6-2所示：

贫困人口在城乡地区的分布（1993）① 表6-2

地区	贫困人口的地区比例（%）		贫困人口的人口比例（%）	
	贫困	赤贫	贫困	赤贫
乡村	74.6	80.7	73.7	43.5
城市	15.7	14.1	40.5	19.8
都市区	9.8	5.3	19.7	5.8
总计	100	100	52.8	28.8

新南非政府成立后，十分重视乡村地区的发展，并提出了一下发展目标：

1. 通过制度上的发展，帮助乡村人民通过有效和民主的方式享有他们的群体优先权，通过提供地方接纳力和资助，帮助他们规划和实现当地的经济发展；

2. 对基本的基础设施和社会服务的投资：提供物质基础设施（包括住房、水和电源、运输）和社会服务（例如基本的医疗保护和学校）；

3. 增加收入和就业机会并拓宽获取自然资源的途径（例如可以耕种和放牧的土地。灌溉水源，林地和森林）；

4. 通过建立周期性的市场作为有组织的时空发展框架体系来恢复边缘乡村地区基本的经济权利；

5. 资源保护：努力投资于对自然资源的可持续性利用上；

---

① 资料来源：RDP：Key Indicators of Poverty in South Africa, 1995。

6. 正义、公平和安全：处理过去造成的不公正并确保乡村人口的安全，尤其是妇女的安全。

然而，乡村地区实现发展也面临着许多障碍，主要包括：

1. 失去土地和过度拥挤的前国家地区和在商业农场里不适当的耕作方法，加剧了土壤退化和侵蚀。环境管理政策和措施依然碎片化。

2. 当前的土地所有权和土地发展模式强烈的反映了种族隔离地区的政治和经济情况。以种族歧视为基础的土地政策导致了不安全、失去土地的贫困黑人人口的产生和低效的土地管理和使用。

3. 种族隔离的空间规划造成了这样一种乡村景观，它缺乏对大多数弱势群体提供经济机会，尤其是妇女；它缺乏本地市场而只能依赖遥远的城镇为它们提供就业、商品和服务。

4. 在白人主导的商业化农业地区，过去的政府政策导致了一个过度投资、过度机械化的农场系统。现在这个系统向黑人农民敞开面临着很多困难。这些都归咎于数十年来的种族歧视和压迫，黑人缺乏技术、经验和资金，缺乏供小农们进行商品交换的市场，缺乏对小规模农场可持续发展的支撑服务等。

二、南非乡村建设管理法规体系

（一）法规体系构成

鉴于1990年前南非的乡村建设发展法规是建立在种族隔离或殖民统治基础上的立法，我们将研究的重点置于1990年以后，即过渡和改革时期南非乡村发展政策法规的研究。

这两个时期的乡村发展政策法规具有如下特点：

1. 立法的基本依据为1994年的《南非宪法》，即承认：年满18岁的全体南非公民，不分种族、肤色、性别和宗教信仰均具有选举权，享有言论出版自由、结社请愿自由、行动居住自由。这就为乡村发展的相关立法工作提供了人人平等的宪法基础。

2. 南非乡村建设法规体系以土地制度为核心，相关经济、规划和建设法规作为辅助，见图6-2。

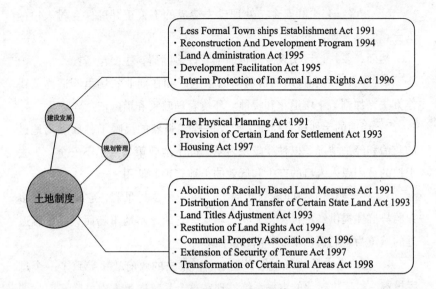

图 6-2 南非乡村发展法规体系

3. 乡村发展建设的法规围绕土地改革为核心展开。土地改革的目的是在国家现有的社会经济现状下，向所有公民提供平等获得、使用和享受土地的机会。改革主要通过政府提供相关法规和政策配套，同时引入市场经济手段作为配套。土地改革围绕土地权益归还、土地重新分配和土地使用权改革三个重点展开。

以 1994 年划线，仍将有关乡村建设发展的法规分为过渡时期和改革时期两部分，详见表 6-3、表 6-4。

过渡时期主要乡村发展法规   表 6-3

法规名称	颁布时间	主要内容和影响
土地改革白皮书（South Africa Land Reform White Paper）	1991 年 3 月	将市场机制作为促进土地改革的主要手段，难以实施，成为一纸空文
对以种族为基础的土地法令的废除法（Abolition of Racially Based Land Measures Act）	1991 年 6 月	从根本上动摇了以种族隔离为基础的土地制度

第六章 南非乡村建设管理法规研究综述

续表

法规名称	颁布时间	主要内容和影响
非正式城镇设立法（Less Formal Townships Establishment Act）	1991年9月	目的在于为急需设立居住社区的地区提供一种过渡性的办法
规划法（The Physical Planning Act）	1991年9月	其目标为在农村进行开发建设 提供政策框架，纠正种族隔离制度下土地和其他资源不能合理利用的现象 其失败的原因在于认为制造的自然和社会的分割，这与有效利用的开发原则相互冲突，且在某种程度上仍带有种族隔离的阴影，将"黑人家园"排除在适用范围外
部分国有土地分配与转让法（Distribution And Transfer of Certain State Land Act）	1993年	为失去土地的部分人在土地分配委员会的推荐之下，按其特定条件，共同拥有部分国有土地而制定。仅适用于国有土地，包括部分属于地方政府的土地。1995年6月起在全国实施
土地地契权调整法（Land Titles Adjustment Act）	1993年	旨在调整种族隔离土地法所造成的一些混乱，从而将数百片被包围的空白土地加以利用。这些土地从前是根据种族隔离原则为特定种族预留的。1995年6月起在全国实施
提供部分用于安居的土地法（Provision of Certain Land for Settlement Act）	1993年	正视广大农村地区大批黑人没有土地的现实，针对一些固有土地以及白人拥有者让出的土地，作出给黑人予以分配、安居和开发的规定。1993年下半年开始实施
重建与发展计划（Reconstruction And Development Program）	1994年	全面协调重建和发展的政治、经济、社会各领域工作

改革时期主要乡村发展法规　　　　　　表 6-4

法规名称	颁布时间	主要内容和影响
土地权益归还法（Restitution of Land Rights Act）	1994 年	对因种族隔离土地法而失去土地的黑人予以土地归还或赔偿
土地管理法（Land Administration Act）	1995 年	保证土地改革在全国范围内协调一致、统一进行
开发便利法（Development Facilitation Act）	1995 年	目的是采取措施，加快土地开发进展，特别是为低收入阶层的住房提供基础服务设施
非正式土地所有权临时保护法（Interim Protection of Informal Land Rights Act）	1996 年	对没有安全保障的土地使用者予以保护，以避免他们在土地改革开始阶段失去土地权益
社区财产联合保护法（Communal Property Associations Act）	1996 年	保障社区或集体在协议下共同获得、拥有和管理公共财产
土地使用权保障延伸法（Extension of Security of Tenure Act）	1997 年	保护农村地区土地上的人不遭受不公正驱逐，使农村地区的人有长期使用土地的保障
住房法（Housing Act）	1997 年	全面规范住房政策并于 1999 年对第 28 条、第 60 条进行了修订，2001 年对第 4 条进行了修订
农村用地性质转换法（Transformation of Certain Rural Areas Act）	1998 年	对 1987 年农村地区法的废除，规范有关农村土地性质转换、矿产资源权属等事务

（二）主要法规的内容

1. 南非重建和发展白皮书（RDP）

（1）RDP 的背景和目标

南非共有 1.0676 亿万公顷土地，可耕地面积为 1400 万公顷，其中仅 300 万公顷耕地较为肥沃。南非土地贫瘠，27% 的土地每年都有一半时间处在干旱之中，土壤的侵蚀和植被的流失引起许多专家对农牧业发展的忧虑。以前白人控制的边远地区的农场开发主要是出于商业目的,土地由于经营方法不当而严重退化。有些"黑人家园"虽处在降雨量较多的地区,但由于植被遭到破坏,导致土壤环境急剧恶化。

1990年以前南非的农业结构是从上世纪初建立起来的,到20世纪80年代末,黑人家庭农场已经全部被消灭,黑人农民成为白人大农场的农工以及矿场和第二产业的工人。90%的农业土地落到白人手中,供养着农村的530万人口,其中90%为黑人,而剩下的10%土地在"黑人家园",供养1300万黑人。

1994年,南非新政府实施《重建与发展计划》(《RECONSTRUCTION AND DEVELOPMENT PROGRAM》,简称RDP)就是要对历史上的不公正予以重新调整,对种族隔离时期被剥夺的土地进行归还,其目标是在5年内对30%的白人农场予以重新分配,并在此期间建造100万套低标准住宅分配给贫穷的黑人。即使在今天看来,这也依然是一项十分艰巨的任务。

尽管如此,南非上下从总统到团结政府到各部门到普通百姓,都对重建和发展计划充满信心,坚定不移。也许,用曼德拉总统1994年5月24日在国会发表的演讲中的一段话最能概括RDP的目标和意义了:"我的政府承诺实现包括自由选择、远离饥饿、远离剥夺、远离无知、远离压迫和远离恐惧在内的一系列目标。这些基本的权利保证了人类的尊严。它们将成为政府工作的核心。上述目标同时也是重建和发展计划的目的,如若不然它就失去了合法性。"[①]

(2) RDP简介

重建和发展计划(RDP)是一项为了协调统一经济社会发展的政策框架。它试图动员全民的力量和全国的资源,努力消除种族隔离的后果。它的目标是建立一个民主的、没有种族和性别歧视的未来。它代表了通过以下方式对南非进行彻底改革的观点:

1) 发展强大而稳定的民主体制;

[①] 重建和发展白皮书,1994。

2）保证代表性和参与性，保证我们的国家成为一个充分民主的、无种族和性别歧视的社会；

3）实现可持续的和环保的增长之路。

政府所面临的挑战是如何去推动和满足 RDP 的六项基本原则。正是以下这些原则的综合运用才能确保一个连贯的政策体系。

1）综合和可持续性

首先，需要的 RDP 必须是一个综合的和可持续性的计划。种族歧视造成的种种后果不可能被分散而零落的政策去解决。RDP 将我们的所有资源整合到一系列由国家、省政府和地方政府三个层面共同协调执行的策略中。同时，国内的各种商业和社会组织也都被鼓励参与到 RDP 框架中来。

2）人民的力量驱动

第二，这项计划必须成为人民的力量来驱动的过程。南非人民，用他们的热情和集体决断，将成为我们最重要的资源。RDP 在关注民众的即时需求的同时也关注长期需求，它依赖于人民的精力。不论种族、性别和年龄，不论在乡村还是城市，不论贫穷或富裕，所有的南非人民必须共同创造他们自己的未来。发展并不仅仅指的是被动的使公民得到物品，而是包含着参与和权利。通过这种方式政府将建立一系列论坛和和平组织。政府则通过这些方式最大化的实现政务公开和透明。

3）和平和安全

这项计划和人民力量推动的过程是与和平和安全紧密相连的。促进和平和安全需要全民共同参与。它将建立和发展一种全民动员建设和平、抵抗暴力的体系。作为重建和发展进程的启动，政府将从现在开始着手建立一支代表各民族和各性别的安全力量。这样一只安全力量将是超越党派的专业队伍，它拥护宪法并尊重人权。他们将帮助维护社会的发展稳定和道德规范。司法体系也将反映社会的民族和性别构成，使得法律面前人人平等。营造和平稳定的社会环境和政治形势也是政府鼓励投资的重要举措之一。政府将不会容忍任何劫持人质或抢夺财物等违法犯罪活动。为此，政府将采取坚决有力的行动根除违法犯罪、贩卖毒品、走私军火、欺诈及虐待妇女儿童的罪行。

4）民族建设

一旦和平和安全已经实现，就可以开始民族（融合）的建设了。大选进程和团结政府建立的成功已经为我们开辟了民族融合的大道。议会中所有政党都已批准 RDP。一些重要的议会外政党也展开了与政府间的对话。所有这些都有利于民族团结融合的建设。是一个经济统一的单一制国家，在宪法体制下建立省和地方政权，我们尊重和保护少数民族的权利，并为他们提供便利以保留他们的文化特征。正是这个多样化团结的基础奠定了我们巩固国家主权的基础。

5）满足基本需求和建设基础设施

民族建设与重建和发展紧密相连。RDP 是建立在这样一种观念之上，即重建和发展都是综合改革进程的一部分。RDP 将增长、发展、重建、重新分配和协调统一综合到一个计划中。而将这所有因素联系起来的则是基础设施建设计划。它将为全民提供诸如供电、供水、通信、交通、医疗、教育和培训等现代高效的公共服务。这将既满足人们的基本需求，又解除了城市和乡村地区被抑制的经济和人的发展。接下来，它将促进国民经济各个部门的产出增长，通过升级基础设施和人力资源发展，我们将提高出口能力。为了使这项计划生效，我们必须采取措施应对抑制经济增长和投资的因素、清除私人资本发展过程中的障碍。要想实现和平和安全，成功建立起重建、发展和增长之间的联系是十分重要的。

6）民主

彻底完全的民主对于南非的重建和发展是极其重要的。首先，那些曾经受到伤害的民众必须参与决策的制定。民主并不只是周期性的大选，而是一个活跃的氛围，使得每个人都能为重建和发展做出贡献。社会的民主需要国家和社会的彻底改革。政府及其相关机构将进行机构改革以适应 RDP 的开展。形象地说就是，再也没有什么"一切照旧"。

RDP 白皮书是写给团结政府的每一个工作人员，也是写给南非每一个在 RDP 执行过程中扮演积极角色的人。白皮书表达了我们对社会进行基本改革的理念，并证明了应该通过何种方式来实现这些目标。政府有责任领导改革。开展总统计划并非仅仅为了满足基本需求，也是为了证明 RDP 计划应该采取什么样的实现方式和管理模式。本文也正是通过白皮书来了解 RDP 的内涵和意义。

RDP 的制定和执行对于重获新生的南非可以说是一个全面的"健康恢复计划"，它强调了每一个公民都拥有平等的生存和发展权。在政治上提出实现民主，希望通过民族团结政府领导各种族、各党派团结一致开展社会改革；在经济上主张加强与各工商组织的合作，引入市场力量共同参与重建工作；在社会发展上，大力提倡全民动员参与 RDP，在此过程中凝聚力量、提高国民素质。虽然 RDP 计划并非为专门针对南非乡村地区的发展而制定，但是其综合性和对国家宏观运行的影响力类似于我国发改委制定的"国民经济与社会发展规划"，因此，对于乡村地区的发展建设还是具有极大指导作用的。

2. 南非乡村发展体系（SARDF）

（1）SARDF 的背景和目标

《南非乡村发展体系》（South Africa Rural Development Framework）是一份综合性的乡村发展纲领性文件，它以 1994 年南非宪法为基本依据，涵盖乡村地区政治、经济和社会发展的主要方面，提出了当前存在的问题、致力于达到的目标和实施策略等。《南非乡村发展体系》旨在通过协调国家政府各个相关部门之间及国家与省、地方政府当局之间的工作，实现资源的合理配置，最终消除乡村地区的贫困，实现可持续发展的目标。

乡村贫困现象主要发生在 5 岁以下的儿童、年轻人和老年人，并且女性高于男性。最贫困的 10% 人口的消费仅占（全国）消费性开支的 1%。南非如此高的收入分配的倾斜与不公平的文化水平、教育、卫生和住房相伴而生，也包括使用水和燃料的权利。

同时，SARDF 也是为了响应 RDP 中提出的乡村发展发展目标而制定的针对乡村地区的发展规划。《重建和发展计划》宣告了政府根除贫困的承诺，政策必须以满足基本需求为本，以人类智慧的发展为本，以能够产生足够支撑生计的经济增长为本。政府经济增长、就业增长和重新分配（GEAR）策略的成功，依赖于保持健全的财政和整体经济体系。从这个意义上说，乡村发展对这项政策的贡献在于：

1）通过地方经济的发展创造多样化的工作岗位；

2）向从前缺乏足够教育、食物的地区重新分配政府支出；

3）通过基础设施扩建计划解决服务的不足和订货，同时发展基础设施和基本的有成本效益的服务；

4）诸多领域的社会发展，尤其是教育和公共医疗卫生服务，并且通过提供资源使用权来提高家庭和国家的生产力；

5）对于那些大部分公民被切断了与国民经济联系的边缘乡村地区的整合。

《南非乡村发展体系》由 RDP 办公室乡村发展工作小组编写，RDP 办公室关闭后，由土地事务部负责本文件的修改和最终完成。这份文件的筹备开始于 1996 年人口普查之前，完成于 1997 年 6 月。

（2）SARDF 简介

乡村发展体系描述了政府怎样带领乡村人民，致力于实现快速而持续的消除乡村贫困。解决方式可以分为以下几类问题：

1）怎样促进乡村人民通过参与乡村地方政府的决策来影响和改变自身生活（第 2 章）

南非现在正在巩固将国家全面转向民主的转变。其中一个重大进展即地方民主政府的建立；另一个则是宪法的颁布，它规定了地方政府提供相应服务的责任。在世界其他地方，上述规则已经成为乡村成功发展的基础。乡村发展体系的目的是如何能使专业的技能和资源能够通过能力建设和资金援助得到加强巩固。

2）怎样增加就业和促进乡村地区的经济增长（第 3 章）

针对乡村地区的创造就业计划必须将就业的产生与促进经济活动的范围越广越好。就业和经济活动的范围越广，地方上的服务需求就越高，地方市场就会成长的越快，乡村地区的流动资金就会越多。地方的经济发展可以通过建立在利用当地的自然资源的基础上并抓住实际的和潜在的区域内的贸易联系来实现。本章介绍通过建立地方特色和服务的市场来加强上述联系，这样被认为可以恢复边远乡村人民的基本经济权利。

3）怎样提供合适的基础设施并改善乡村地区的公共服务，以及解决种族隔离时代产生的地处偏远的低潜力地区形成的人口拥挤等种种问题（第4章）

乡村地区拥有丰富的基础设施原材料（木材）。持续的投资于合适的基础设施对于达到政府实现公平和效率的目标是极其重要的。对于所有的乡村基础设施计划来说，事先与当地政府机关和社会团体进行沟通是一个前提。同样的，国家与省一级政府间的密切合作协调也是一个重要前提。本章描述了政策原则以及合作框架，它提供了可供执行的框架。

4）怎样确保乡村地区社会的可持续发展（第5章）

最近在南非乡村进行的调查显示，贫困的程度已经与北部非洲贫穷国家一样严峻了。调查显示妇女以及由妇女作为户主的家庭尤其处于弱势地位。结果，四分之三的乡村儿童成长在处于贫困线以下的家庭里。

本章阐述了宪法赋予乡村人民和易受到伤害的人群的权利以及他们可以通过何种途径贡献和要求更好的基础设施、公共服务和居住条件。

由始至终，NGO组织和CBO组织的作用都被认为是至关重要的，不论是作为传递服务还是确保良好的管制、透明度和参与度。政府寻求将NGO组织和CBO组织引入政策对话和制定中来。关于这一点，加强NGO组织和CBO组织及独立的专家机构是很重要的。政府、非政府组织和社区组织之间建设性的伙伴关系将最大限度的造福于乡村发展和乡村人民。

5）怎样提高乡村地方政府在规划和实施以及综合主要规划信息、检测和评估整个发展进程和成果的能力（第6章）

乡村市政当局有效的履行职责需要建立规划的能力，至少在地区的层面上。其目的是提供可利用的资源和信息，并帮助民选的议员们选出最合适的发展选择。全面的目标则是全面利用地区的一切可用资源，包括自然的、人文的和经济的资源。本章考虑的是分散规划的案例。一些突出的问题被寄希望于在地方政府准备白皮书的进程中得到解决，通常由宪法发展部门来掌握。

在国家财政非常紧张的情况下，建立在准确的地区水平的数据上的合理的资源配置尤为重要。国家政府的支出将继续在省和各部门间进行分配。各部门也会将这笔支出再分配到省一级的活动。执行机构则希望看到这些分配的资金能够被合理的利用以达到他们各自的政策目标。地方当局的税收增长将被分配到服务中，并由民选的议员来决定。资源分配的效率将通过国家、省政府和地方当局间的协调工作来得到改善。区域层面的规划能力显得尤为重要。地方层面的规划参与将增加支持和承担义务、鼓励自力更生和动员地方资源。综合和回顾在发展工作中是十分重要的。

（三）乡村规划政策与组织架构

自1990年以来，特别是1994年新南非建立以来的十几年间，历届南非政府都将实现乡村地区的健康发展，解决乡村贫困问题作为执政的重要目标之一，出台了一系列政策和法规，作出了不懈的努力。尽管南非以土地制度改革为核心的乡村发展策略收效甚微，甚至在一定程度上以宣告失败，但是其政策法规制定、实施过程也还是存在一些可供我们学习借鉴的地方。此外，从南非乡村发展的某些政策法规失败的教训中，我们或许也能够积累更多的经验，避免在今后的实践中走弯路。南非的许多乡村发展法规立法的出发点都非常好，一些理念也都比较超前，注重以人为本，这与当前我国的政策发展方向是一致的。例如：

1. 以乡村基础设施和公共服务设施的建设促进乡村地区的发展；

2. 注重对乡村弱势群体如妇女、儿童权利的保护；

3. 提倡政府各部门之间、国家和省、地方当局之间相互协调；

4. 注重规划先行；

5. 以人为本，重视提高包括乡村建设决策者、管理者、参与者和乡村人民在内的群体的综合素质以提高效率；

6. 政府相关部门提供包括住房、置地、基础设施建设、医疗、教育等在内的大量资助计划。

三、南非乡村建设管理法规的发展历程

从原始社会直到今天，无论生产力如何进步，科学技术如何发展，农民永远都无法离开他们赖以生存的土地资源，因而乡村地区的发展也永远绕不开土地制度的变革这个核心要素。尤其是在南非这样的一个历经数世纪殖民统治和种族压迫的国度，土地既是阶级统治的工具，又是乡村地区发展的关键因素。因此，以下将围绕土地制度的变迁这个核心，剖析南非乡村发展法规体系的发展历程。

南非土地制度的历史可以分为原始时代、殖民阶段、种族隔离前期、种族隔离后期、过渡与改革时期等五个阶段。在这几个时期里，统治者们不断通过立法方式稳固白人统治阶级的既得利益，并将他们对黑人农民的剥削合法化。许多这一时期颁布的法律对于我们研究当今南非乡村发展的政策法规的精神实质具有一定的渊源和指导意义，有些法律条文甚至至今仍在生效。考察新南非建立前土地制度形成、确立的过程对于我们今天了解南非的土地制度改革和建立在此基础上的乡村发展计划是十分必要的，详见表6-5。

种族隔离的土地立法　　　　　表6-5

阶段	时间	法律名称	主要影响和目的
土地制度起源——	1869年	《LOCATION ACTS》（《安置法》）	剥夺黑人"分成农场主"的权利
	1894年	《GLENGREYACT》（《格兰格里法》）	禁止黑人拥有或租种更多土地
土地制度确立——	1913年	《THE NATIVE LAND ACT》（《土著土地法》）	限制南非黑人土地交易的原则处罚"违法交易"的原则；承袭了原来对非白人、白人身份的法律解释；将"黑人区计划"法制化

第六章 南非乡村建设管理法规研究综述

续表

阶段	时间	法律名称	主要影响和目的
土地制度发展	1927年	《BLACKADMINISTRATION》(《黑人管理法》)	规定了南非黑人社会的权利结构，给予总督最高酋长地位；强化了联邦政府对黑人社会的控制权力，造成南非黑白两个社会的隔离；
土地制度深入	1936年	《NATIVE TRUST AND LAND ACT》(《土著信托和土地法》)	变"让与区"为"开发信托"，最终实现南非白人国家所有；强化国家对"让与区"和"信托区"的土地占有权，限制个人对"让与区"土地的权利；强调国家对地下矿藏的拥有权；实施种族隔离，规定白人黑人上层人物的特权；限制个人土著土地拥有量
土地制度强化	1946年	《ASIATIC LAND TENURE AND INDIAN REPRESENTATION》(《亚洲人土地使用及印度代表法》)	限制亚裔的土地权利和社会权利
	1950年	《POPULATION REGISTRATION ACT》(《人口登记法》)	加强种族隔离的社会管理
	1950年	《THE GROUP AREAS ACT》(《集团居住法》)	在全国实行全面的种族隔离
土地制度巩固	1966年	《COMMUNITY DEVELOPMENT ACT》(《社区发展法》)	限定黑人发展经济的空间

1989年12月，刚刚就任总统不久的德克勒克与正在狱中服刑的曼德拉进行了首次会晤，共同探讨南非实现和平转变的道路。从此，南非历史掀开新的一页，就土地制度而言，从1990年至今，以新南非诞生的1994年划线，可以分为两个阶段：过渡时期与改革时期。

1993年，南非议会通过了《临时宪法》，宣布成立多党联合管理的过渡委员会，在法律上宣告了白人种族主义政权的灭亡。关于土地问题，《临时宪法》规定：凡是在1913年6月19日后被剥夺土地的300多万黑人有权要求归还失去的土地，在新政权建立后通过适当方式进行土地改革，对土地实行公平合理分配，使被剥夺者重返故土或给予经济赔偿，并在此基础上发展生产。

土地作为全民关注的核心问题，关系着新南非政权的稳定、关系着乡村地区能否真正实现重建、发展和繁荣，其重要性毋庸置疑，正如前非国大总书记拉马福萨曾说过的："除非我们解决土地问题，否则我们就不会有一个国家。如果解决不好，我们会把南非撕成碎片；如果解决好了，我们将成为一个真正统一的国家。"[①]

四、南非乡村建设管理法规对我国的借鉴

（一）南非乡村发展政策法规的特点

新南非从1994年诞生到现在的是14年时间里，积极推进以"土地改革"为核心的乡村发展策略，取得了一定的成效。

目前南非的土地改革方案在理论上吸收了国际上利用市场机制的经验，土地改革试点计划一般都或多或少的采用了借助于市场的原则，并通过试点来探索运用这一原则向受益者分配土地的方式。为此，南非政府主要采取了以下三点措施：一是向被强迫迁出的人归还土地；二是给贫困的人重新分配土地；三是旨在加强土地使用权的土地使用改革的推行。

尽管南非在推行土地改革的过程中注重吸收国际经验，并为此做出了很多努力和尝试，但是由于受到历史和现实的多方面因素的制约。目

---

① Africa Report, Jan–Feb, 1994, Vol. 1, P66

前为止,土改进展仍然十分缓慢,由此也导致了广大乡村地区的发展持续滞后。在实现乡村发展的政策法规制定的过程中也产生了诸多的社会矛盾。迫于压力,土地事务部于 1999 年宣布暂停实施土地改革计划。

如表 6-6,从 1994 年开始到 1998 年 6 月底,政府通过土地重新分配计划给贫困地区分配了大约 185384 公顷的土地,但这些土地仅占全国农场总面积的 0.225%。因此,人们意识到,土改计划的目标是难以实现的。1999 年暂停计划时,总共已获得 588723 公顷的土地用于重新分配给 34597 个受益家庭,而这只是总土地面积的 0.71%,与既定目标相去甚远。

南非土改成果统计[①] 表 6-6

年度	分配的土地面积		受益家庭数量
	面积(公顷)	占总土地比例(%)	
1994	8085	0.01%	727
1995	10031	0.012%	1230
1996	58918	0.07%	6074
1997	96917	0.117%	10190
1998(截至 6 月)	11433	0.014%	1047
1999(截至暂停)	403339	0.49%	15329
总计	588723	0.71%	34597

从表面上看,南非土地改革计划失败的原因是进展缓慢。但究其根本,还是有着深刻的社会、经济和法律背景的。尽管对于原因,官方、学者的意见也不尽相同。

来自官方的意见是,南非土改存在着四个问题:资金的评定原则不一、资金的结构不合理、政策的不一致性和土改法的限制性。此外,政府部门之间政策的冲突也干扰了工作的进行。例如土地事务部用市场来评估土地,而农业部门用生产价值来评估,这两个部门的着眼点显然不一。能否通过审批的重要因素是数量:一是资金数量的大小,并不顾及

[①] 资料来源:南非土地事务部。

资金是否会得到有效利用；二是提出申请的黑人家庭数量的多少，而不管他们是否会最终真正受益；三是土地的公顷数而不考虑生产效率和土地使用计划的有效性。

比勒陀利亚大学农业经济系主任柯尔斯腾教授认为[①]，土地改革方案在政治上虽然十分受欢迎，在法律上也得到了充分支持，然而南非的土改在以下几方面仍不尽如人意：

1. 由于过多的官僚机构组合和政策过程集权化，方案的实施速度太慢，从而使整个计划至今成效不大。

2. 在重新定居的家庭生存选择方面，没有适当的解决农场模式的经济可行性问题，这就造成定居者没有足够大和足够好的土地以获得基本的预期收入。此外，综合性配套设施不足也是一个大问题。

3. 政府职责不明确，没有理顺同非政府机构间的关系。土改的国际经验清楚地表明，那些认为政府是唯一能够保持完整性、提供服务、确定需求和管理实施土改全过程的机构，从而完全依赖政府的土改方案都注定是要失败的。

4. 应该采取的综合性措施——基础设施建设、市场运作、鼓励措施和持续发展等。无论是在改革后保持高生产率，还是让未能从土改中直接受益者间接受益，采取这些综合性措施都是必要的。

5. 法律环境的变化旨在明确那些受到排挤的特定群体的权利，但是，有些同土改方案相抵触的法案仍未废除。这是土改失败的主要原因。

总之，表面看起来土改方案是建立在坚实的基础之上的，但实际上已经变成了过于集权的官僚程序，政府部门在这一过程中试图包揽一切。更重要的是，土地改革很难实现发展生产、促进平等和减少贫困的最终目的。

（二）我国乡村发展政策法规的若干问题

改革开放以来，特别是近 20 年来，随着计划经济体制向社会主义市场经济体制转变，我国的城乡发展建设发生了深刻的变化，城镇化呈

---

① Christiansen. R (1998). Overview of land reform issue.

现出新的特点①：一是我国的城镇化水平大大提高，城镇化率由 1978 年的 17.9% 上升到 2006 年的 43.9%；二是国家投资体制、财税体制以及土地使用制度等发生了根本性的变化；三是小城镇发展呈现新局面，建制镇内涵发生了本质变化；四是流动人口数量庞大。这些深刻的变化都深刻的影响着乡村建设发展的立法和相关政策的制定。

1989 年 12 月七届全国人大常委会第十一次会议通过了《中华人民共和国城市规划法》，1993 年 6 月国务院颁布了《村庄和集镇规划建设管理条例》，这"一法一条例"，是《城乡规划法》实施前城市规划工作和乡村规划工作的基本法律依据。经过近 20 年的不断努力，在《城乡规划法》颁布实施前，我国已经形成由城乡规划方面的法律、行政法规、部门规章、地方性法规和地方政府规章组成的城乡规划法规体系，如表 6-7 所示：

《城乡规划法》颁布实施前我国的城乡规划法规体系　　表 6-7

法律	《城市规划法》
行政法规	《村庄和集镇规划建设管理条例》
建设部规章	《城市规划编制办法》、《城市国有土地使用权出让转让规划管理办法》、《开发区规划管理办法》、《城镇体系规划编制审批办法》、《建制镇规划建设管理办法》、《城市规划编制单位资质管理规定》、《城市绿线管理办法》、《外商投资城市规划服务企业管理规定》、《城市抗震防灾规划管理规定》、《城市紫线管理办法》、《城市黄线管理办法》、《城市蓝线管理办法》等
地方政府规章	全国 31 个省、直辖市、自治区都制定了实施《城市规划法》办地方政府规章法或城市规划条例；
地方性法规	各地根据实际情况制定颁布了有关的政府规章，如《北京市城市规划条例》、《广东省城市控制性详细规划管理条例》、《广州市城市规划管理办法》、《重庆市城市规划管理技术规定》

---

① 全国人大常委会法制工作委员会经济法室，国务院法制办农业资源环保法制司，住房和城乡建设部城乡规划司、政策法规司编，中华人民共和国城乡规划法解说，知识产权出版社，2008 年 4 月第一版，3~4 页。

上篇：部分国家和地区村镇（乡村）建设法律制度比较研究

根据《城乡规划法》的规定，近期，城乡规划方面的法律、行政法规将由之前的"一法一条例"扩展为"一法三条例"，我国的城乡规划法律体系主干虽已形成，但仍处于进一步加强、细化和丰满的过程。以此为契机，通过对乡村地区发展建设政策法规的研究将很好的推动乡村地区的健康发展，从而实现城乡统筹，建设社会主义和谐社会。

1993 年 6 月国务院发布了《村庄和集镇规划建设管理条例》[①]，对于加强城市和乡村的规划、建设和管理，遏制城市和乡村的无序建设等问题，起到了重要作用。但是，经过十几年来的发展变化，我国的乡村规划工作也面临着一些新的问题：一是城乡分割的规划管理制度不能适应城镇化快速发展的需要，由于城乡二元化的规划管理体制，实践中由两个部门分别负责城市规划和乡村规划的编制管理，客观上使得城市和乡村规划之间缺乏统筹考虑和协调。这种就城市论城市、就乡村论乡村的规划制度与实施模式，已不能适应城镇化快速发展的需要；二是乡村规划制定和实施的管理相对滞后，农村建设量大面广，加上乡村规划管理力量薄弱，管理手段不足，难以应对日益增加的农民住宅、公益设施和乡镇企业等建设的要求，乡村中无序建设和浪费土地的现象严重。一些乡村虽然制定了规划，但由于没有体现乡村特点，难以满足农民生产和生活的需要。

为了落实城乡统筹发展的要求和建设社会主义新农村的需要，按照规划先行、全盘考虑、统筹协调、避免盲目建设，从根本上改变农村建设中存在的没有规划、无序建设和土地资源浪费的现象，《城乡规划法》对乡规划和村庄规划的制定和实施作出了相应的规定。如明确城乡规划和村庄规划的编制主体、编制程序、内容及实施等内容。同时，考虑到我国东西部发展不平衡、城乡发展不平衡的实际情况，在立法时也充分体现了"因地制宜、分类指导"的思想。

此外，在计划经济体制下，城乡规划被认为是一个技术问题，参与

---

① 全国人大常委会法制工作委员会经济法室，国务院法制办农业资源环保法制司，住房和城乡建设部城乡规划司、政策法规司编，中华人民共和国城乡规划法解说，知识产权出版社，2008 年 4 月第一版，28 页。

其中的主要是政府部门和相关的技术人员，社会和公众基本处于事后被告知的地位。随着社会主义市场经济体制的建立与完善，城乡规划工作地位的日益重要，其公共政策的属性越来越强，城乡规划的制定和实施过程中，需要更多注意维护公共利益的同时关注私人权益的保障，更加关注协调处理好公共管理与私人权利之间的关系，这在客观上要求城乡规划制定与实施的全过程要有全社会的共同参与，以保证城乡规划工作的权威性和严肃性。

需要指出的是，《城乡规划法》确定的城乡规划公开化和公众参与制度，对现有城乡规划工作机制提出了更高的要求，在城乡规划工作的很多方面都将面临一些新的情况和问题。

（三）南非乡村发展政策法规的借鉴意义

在南非乡村发展具体措施上，尽管这也是最被人们广为诟病的改革的失败之处，但是其中也不乏值得我们学习的措施，例如政府着重加大对乡村妇女儿童等弱势群体的经济援助，设立了不同种类的专项资金援助。这些援助包括：

1. 政府援助：由政府支付的资金，主要用来帮助人们购买土地、道路和基础设施，通常直接由政府向提供这类物业的卖方支付。

2. 定居或土地获得援助金：人们可以使用这笔援助金用来购买土地，或者获得对他们已经占用的土地的租用保证。

3. 定居规划援助金：潜在的和实际的土地改革受益人，可以使用这笔基金雇佣规划师和其他专业人员，帮助他们准备项目筹划和定居计划。

4. 市级公有土地援助金：地方政府可使用该笔基金为城镇和农村居民设立农业用地租用项目。

5. 区级规划援助金：区议会以及其他区一级规划土地改革和安居计划机构，可使用该笔基金向规划师及其他专业人员支付专业费用。地方有关机构可根据开发便利法筹划"土地开发目标"，从而获得该笔基金，并确保在市级开发规划中有土地改革的内容。

这种政府直接财政投入的方式是短期内迅速有效帮助那些最贫困的

乡村人口改善生活生产条件的最可靠方式。这也与我国近年来大力推进的社会主义新农村建设的初衷有相似之处，都是一种惠农政策。但是，在政府资助的形式上，我们还可以再加以斟酌。从其失败的教训来看，结合我国实际，也有以下几点是值得我们吸取的：

1. 乡村发展计划实施的速度。成功计划的一个特点就是高效实施，如果一个国家的政策实施缺少有效率的实施步伐，而被累赘的官僚主义作风拖累，缺乏有灵活性的高度集中化以及被法律上的矛盾和破绽所困惑，就有可能使好的政策因为贯彻不利而逐渐失去天时、地利、人和，从而失去效力。

2. 乡村发展要注重可行性。即必须以发展乡村生产力为核心。在实施政策之前，必须对乡村家庭的模式或生产生活方式加以谨慎评估。在计算成本效益时，还应考虑带来收入所必需的其他援助和基础设施情况。

3. 正确认识政府在乡村发展中应有的作用。在明确政府所肩负的主导责任和义务的同时，也要下决心把那些政府一时不能做的事情交给一些非政府组织来完成。发动全社会的力量共同建设乡村，对于我们这样一个有着13亿人口，地区发展极不平衡的国家来说尤为重要。

4. 乡村地区的发展是整个国家经济社会发展的一部分，因此，绝不能孤立的就乡村地区的发展来谈乡村地区的发展，必须以科学发展观为指导，全面、协调可持续的统筹城乡发展、统筹经济社会协调发展。只有统筹兼顾，才能保证乡村的持续健康发展，并使那些不是乡村发展直接受益者的民众也能从中间接受益，这才是和谐社会的共赢。

最后，尽管南非与我国在社会制度、历史发展、社会结构、经济发展、文化习俗等诸多方面存在巨大差异，但是两国同属第三世界发展中大国，都以农业作为国民经济的支柱之一，且都在面临城市化快速发展的巨大挑战的同时，努力探索着实现乡村地区可持续、健康发展的道路。因而，南非乡村发展的政策法规对于我国乡村地区的建设发展也具有一定的参考借鉴意义。并且，相较于欧美发达资本主义国家乡村地区建设发展的成功经验，南非在探索乡村发展的道路上或许也能给我们提供一些更切实的借鉴,哪怕是负面的教训。从某种意义上说,吸取教训、规避风险也许也正是我们现在所迫切需要的。

  从法律制度的发展上看,南非是一个典型的混合法律制度国家。南非的现代法律源于西方[①],南非先是欧洲大陆法系国家殖民地,后是英国殖民地,大陆法系和普通法系相继植入,相互融和,形成独具特色的混合法系。新南非成立后,更在宪法中明确规定,南非各法院可以适用习惯法。时至今日,南非的现代法律仍然以罗马—荷兰法的原则为基础,并加进英国法律在立法和判例法方面的影响。南非最高法院的判决成为法律的重要渊源。在南非,除白人传入的西方法系外,当地土著人原有的习惯法在他们中间一直起着作用,世代沿用。

---

① 夏吉生,新南非司法制度初探,西亚非洲,1997(2)。

第七章 日本乡村建设管理法规研究综述

一、日本的乡村概况

(一) 日本乡村定义

1. 乡村范围界定

提到乡村 (rural region),总会令人联想到以农业为中心的聚落以及与其一体化的农地、山林等。因此,乡村从土地利用的角度可定义为:以聚落为中心,被农地、山林、河川、道路等所占据,空间上呈现一体化的一个领域。

以人口为指标,通常将人口集中地区 (DID, Densely Inhabited District) 称为城市,其他地区 (非 DID) 则定义为乡村。DID 是为了具体把握市区的情况,以人口为指标而制定的统计单位。在国情调查中,DID 指调查区内人口密度为 4000 人/km^2 以上,且市、町、村相邻调查区的人口合计为 5000 人以上的区域。因此,根据 DID 和非 DID 概念对城乡范围的界定,日本总人口的 40% 居住在乡村,而乡村面积占国土总面积的 97.2%。也就是说,乡村在日本国民经济、国土保护与有效利用等方面占据着十分重要的地位。

2. 乡村基本职能

1986 年,日本农政审议会在《面向 21 世纪的农政基本方向》中,将乡村所拥有的多面的、公益性的职能评价为:"乡村地区通过持续的农林生产活动,在保持培养绿色的自然环境、景观、水和大气等国民财产的同时,兼有防止沙土流失、土壤侵蚀和洪水调节等国土保护职能。此外,乡村能使青少年接触自然,为教育提供理想的环境,使传统文化得以传承,并能在个性丰满的风土中培养青少年的道德情操和创造性涵养。"

(二) 日本乡村发展概况

1. 行政区划特征

第七章　日本乡村建设管理法规研究综述

日本实行两级地方行政区制，一级行政区有都、道、府、县，二级行政区有市、町、村。除北海道外，日本的都、府、县包括城市和乡村两个系统。① 城市系统：市～町（街）～丁目（段）～番地（号）；② 农村系统：郡（地区）～町（镇）～村。因此，日本的县大市小。

二战后，日本的行政区划一直比较稳定，级次方面未发生任何变化，数量方面一级行政区都、道、府、县基本未发生变化，而二级行政区由于推行市町村的合并，因此数量不断减少。截至2005年12月，日本共有市町村2145个，其中，市754个，町1121个，村270个，另有特别区23个。

除上述由国家立法确定的两级行政区划外，日本还在长期的历史演进和经济发展过程中，形成了以东京、名古屋、大阪为中心的三大城市圈，以及以札幌、仙台、广岛、福冈等地方中心城市为中心的北海道、东北、中国、九州、四国等五大地方经济圈。其中，以东京大城市圈为代表的三大城市圈已成为日本经济的支柱地区，占日本经济总量的60%；地方经济圈是以本区域核心城市为中心，以经济协作和经济关系为纽带而自然形成的，他们发挥的经济聚集作用是县域经济所无法比拟的。因此，大城市圈和地方经济圈虽然不属于行政区划序列，却跨越了都、府、县的行政界限，从更大尺度上对区域的经济发展以及行政事务等方面发挥着重要的实际作用。

2. 乡村聚落特征

（1）聚落的发展过程

乡村聚落是家庭与家庭通过地缘和血缘关系而相连接，逐渐形成各种集团和社会关系的农村社会生活的基础单位。因此，日本的村落（聚落）从人类出现就开始逐步形成了。

起初，为了方便获取水源又便于躲避洪水，村落在河流阶地和冲积扇的扇端地区较为发达。随着农耕文明的传播，村落开始向平原地区发展，出现了具有代表性的"条里聚落"。"条里聚落"是在大化改新时，条里制的推行下产生的。所谓条里制，是以1町（约109m）四方的棋盘式的格状区域为基础，称其为"坪"，而6町平方，即36坪为"里"，并在其中布局约50个村，这样的"条里聚落"在大和盆地等近畿地区比较常见。

战国时代至江户时代，各地的大名竞相开始新田开发，并由此诞生了"新田聚落"。如武藏野台地的新田聚落是有计划地以沿道路为列，聚落沿路布局，并在宅地后面有规则地配置了长方形的耕地。

此外，逐步还出现了"散居村落"，如富山县的砺波平原和岛根县的簸川平原等地以散居村为多，而伴随着北海道的开拓而诞生的屯田兵村也被认为是散居形态的村落。

（2）聚落形态

1970年，日本的农业普查按照居住的分布状态，将聚落的形态划分为四种类型：散在聚落、散居聚落、集居聚落、密居聚落。1）散在聚落：主要是山地的农业聚落，指农户与农户之间被山谷分隔，分布不规则的状态；2）散居聚落：主要是平地的农业聚落，指农户与农户之间存在大量田地的状态；3）集居聚落：指不论山地平地，农户集中在一定区域内，建筑用地相邻接，居住地和耕地呈分离状态；4）密居聚落：主要指城镇化程度较高的地区，农户之间夹杂有非农户，且房屋密集并与市区相连的状态。

日本的乡村聚落形态主要以集居型为最多，占52.7%；其次是散居型；再次为散在型。而北海道则以散居型为最多，占55.1%，且其规模差异较大，下至未满10户的小聚落，上至超过500户的大规模聚落都有存在。

3. 乡村建设管理

日本的乡村在经历了始于20世纪60年代的经济高速增长期后，发生了很大变化。随着城市圈扩大，乡村的混居化和兼业农户的增加十分明显，城市近郊的乡村形态已不同于传统的乡村形态。如今，日本在农田耕种方面已基本上实现了全机械化作业，很多农户通过委托出让农地使用权，使农业规模化经营成为可能。但是，相对于欧美诸国，日本在资源贫乏基础上的经济振兴为世人所称道。战后半个多世纪，日本乡村从初期的城乡差距较大,发展到中期的城乡一体化,再到如今的更高层次的追求乡村生活魅力、谋求可持续发展,充分展示了日本农村经济社会发展的和谐进程。

发展的同时,日本乡村也面临着前所未有的诸多问题:无秩序、无计划的农地转用;农业用水的污染不断加剧;农业生产环境和居住环境恶化;自然环境的破坏,使原本丰富的绿化空间减少;混居化和农户自身生活的多样化,使乡村失去了传统的等质性,居民团结意识变得薄弱。此外,由于乡村与城市生活环境的差距扩大,年轻人不断流入城市,致使乡村人口减少,聚落运营和农地管理变得困难,过疏化问题日益严重。

目前,困扰日本农业和农村发展的一大问题就是农业人口的不断锐减和农村老龄化现象,造成农村劳动力短缺。从比例上看,日本目前的农业相关人口不到 400 万人,其中老龄人口(65 岁及以上)近 200 万人,占到了 50% 左右;同时,村落中农户的比例也在日渐缩小,从 1970 年的 48% 降至 2000 年的 11%,这充分说明了日本农业从业人口的大幅度减少。

4. 乡村计划的构想

(1) 乡村计划的定义

二战后,日本积极推进行政的计划化,"计划"成为了日本的时代特征。关于乡村计划 (rural planning) 的表述为:"国家或地方自治体为了令该乡村地区居民的各种活动(生产、生活、教育、保养、公共活动等)尽可能地接近理想状态,而以此构想达成该目的的各种计划,并制定其实施规范"。

在乡村地区,各种居民(农户、非农户、儿童、高龄者)从事着各种活动,为了生产和生活的安定,有必要进行农地改良、道路整备、河道改修、公民馆的建设等各种事业。但单独地、个别地将其付诸实施不但欠缺经济性,更有可能违背居民的相互利益。因此,为了谋求地区的统一和谐发展,在寻求协调的同时,有计划地使理想状态得以实现就显得尤为重要。

此外，根据计划而整备的设施与人类的生命周期相比，能长期固定在某地区内，在带给地区居民生活和生产的影响同时，也能成为扎根于地区居民心中的文化财富。因此，从社会经济、文化等各方面来看，也有必要以长远的眼光来研究未来区域应有的理想形态。

（2）乡村计划的内容

乡村计划以计划的对象为依据可划分为：1）与乡村地区社会（人口、组织制度等）经济相关的计划；2）与土地设施等相关的计划。前者是社会、经济计划，称为抽象计划（metaphysical planning），显示着地域将来的目标；后者是具象计划（physical planning），显示的是能令前者具体化的手段和方法。具象计划包括聚落计划、交通计划、水利计划、公共设施计划、景观计划、防灾计划等，而这些具象计划都能将土地利用计划（land-use planning）纳入其中，因此，土地利用计划是具象计划的基础。

乡村计划以计划的阶段为依据又可分为：1）构想计划；2）基本计划；3）实施计划。构想计划是以地区的发展方向或将来的理想状态为目标，并根据此目标将建设乡村的基本理念、基本方向、土地利用划分和各种设施的整备方针构想化的计划。基本计划是以构想计划为基础，使人口计划、产业计划、土地利用计划、各种设施计划以及行政、财政计划、地区行动计划等具体化的计划。实施计划是为了使基本计划有计划地、综合地实施，而将受益面积与户数、设施规模与构造等的事业量和事业费以及费用负担等明确化的计划。

乡村计划以时间为依据可划分为：1）长期计划；2）中期计划；3）短期计划。构想计划、基本计划是根据长期预想而确定的理想状态明确化，因此多为10年以上的长期计划。实施计划是使前者获得实现的进程，因此多为短期计划（2~3年）或中期计划（5年左右）。

二、日本乡村建设管理法规体系

（一）法规体系构成

当前，日本乡村建设管理的政策基本上有四类：一是在土地放开的基调下日益加强的规划控制政策，主要体现在推行农田整备、围海造田后的统一规划，以及鼓励住房集中规划等；二是明确的建设投资分工政策。例如富山县常愿寺川国营综合农地防灾事业，总投资 150 亿日元，由国家财政承担 2/3 的经费，县级政府承担 30%，市、町、村政府承担极小比例；三是严格的自然环境保护政策，主要包括对乡村地区的污水、固废的处置，以及封山育林方面的努力及成效。日本乡村地区的公建基础设施，尤其是污水、固废处置设施非常完备，全国 3000 多个市町村地区基本上都配备了相应的污水、固废处置设施，为农村的环境和生态建设提供了可靠的保障；四是鼓励乡村居民参与政策制定和建设管理。从参与地区发展规划的制定，到地区环境建设事业的知晓、参与，以及一系列地区居民与建设事业的"共建"式活动，充分反映了日本乡村地区居民对本地区建设事业的影响力。

在日本，乡村地区的市政设施建设与配套采取的是市场化政策。农户主要通过申请向市政管理部门要求配备市政设施。但是，对于部分呈散居化的乡村地区，管线到户必然会涉及超额的敷设成本，因此一些散居的农户家里如果配套了水、电等基础设施，燃气就只能使用液化天然气。

1. 明治时期至战前的农村整备（1868~1945 年）

明治维新是日本发展的一个新的契机，社会随之发生了巨大变化，由农业型向工业型逐渐转变。同时，人口开始急剧增加，各个产业从此开始迅速发展，农业也不例外。

一方面，日本在内地进行了安积疏水、那须疏水、安城原（明治用水）、儿岛湾（藤田村）等海边排水开垦事业和荒地开拓事业。此类农业新事业的开拓在近代也得到了继承和推进，最具代表性的当属北海道的"屯田兵"。

另一方面，随着旱田马耕的导入，各地针对耕地展开了田区修整和耕地整备。为了给予这些事业以法律保障，明治十二年颁布了"耕地整理法"。在这些耕地整理的农村整备中，较有代表性的是秋田县千屋村、富山县舟川新等。这种农村与农地的整备，被看作是近代产业欣欣向荣之际，针对相对落后的农业及农村而谋求的一个发展良策。

2. 战后的农村整备（1945～）

战败后，为了寻求粮食增产和社会经济的安定，日本农林省农地局于昭和二十四年开始了新农村建设计划制度。该制度起初的内容是：选择拥有相当数量的开拓地的町村，以长期稳定的农户群为中心制订计划，以农地开发与整备为核心，通过合理分配开拓地、调整土地的利用，将计划付诸实施。但到了昭和二十七年，制度被扩大，其内容也变化为：对存在扩张与改良农地的可能性、或因人口稠密而迫切需要制定分村计划的町村，以农地的扩张改良事业或分村所必要的事业为中心，有机地、综合性地实施各种相关事业。昭和三十一年后，新农村建设计划在日本得到了大力实施。

在此期间，日本与农业相关的新农村、水利设施等事业也得到了积极的推进。如八郎潟的排水开垦及新农村建设、根钏平野的开拓及新农村建设，爱知用水、丰川用水等全国各地的基干水利设施的整备，以及圃场整备事业农道整备事业等。

此外，为了应对今后可能出现的农业产生条件的变化，扩大经营规模、扶植自立经营等成为了农业发展的必要，因此与农业发展相关的法规也应运而生。如昭和三十六年，农业基本法得到了制定，昭和四十四年颁布了"有关农业振兴地域的整备的法律"。

（二）日本乡村地域的法律管理特征

日本将城市规划区分为城市化地区和城市化控制区，以控制城市用地发展规模及方向。日本大城市近郊的大部分农村属于城市化控制区域，这一区域正是城市规划不能直接控制、农业开发不易占用的区域，属于名副其实的城乡管理薄弱的结合部地带。日本目前的土地使用规划的分区制（划线制度），在大城市的城乡结合地区施行的土地使用功能分区上存在着大量重复划分的现象。与此同时，还有大量不被任何规划制度所触及的地区（即在农业振兴整备区域以外的大部分地区，在日本俗称白地地区）。多年来此类地区一直存在着土地使用规划和规定上的不足，有很多问题难以得到彻底解决。

为了解决上述问题，迄今为止，日本城乡结合地区的土地使用规划手法可谓不胜枚举。其中历史较长而又最具代表性的主要是市街化区域的土地区划整理工程（城市规划法）和农业振兴整备区域的土地整理工程（农业振兴地域整备法），以及农业振兴地域的聚落整备工程（聚落地域整备法）。

因此，在日本的城乡规划法律体系中，《城市规划法》主要针对城市化地区和城市化控制区；《农业振兴地域整备法》主要针对农业地区；城市化控制地区则属于《城市规划法》和《农业振兴地域整备法》管理的交叉重叠地区，由此造成该地区的建设开发矛盾重重；在此背景下，针对城乡结合部地带建设管理的《聚落地域整备法》正式出台；可见，日本乡村地域最有效力的整备法律就是《农业振兴地域整备法》、《聚落地域整备法》和《城市规划法》。

（三）主要法规的内容

1. 《山村振兴法》（1965年制定/1985年修订）

日本的地形以山地为主，山地丘陵占其国土面积的75％，因此山区经济的开发与发展在日本经济中的重要地位可想而知。但是，由于战后人口日益向城市集中，造成了农村劳动力的短缺和农田的荒芜。因此，为了消灭地区差别，振兴山村经济，改善落后地区的生活条件，日本政府先后从立法、行政、财政、金融等方面，对落后地区进行了扶持性的开发。农业方面，日本政府也十分重视用法律指导不发达地区的经济发展，1965年制定的《山村振兴法》就是一部关于乡村建设管理的农业法规，1985年对其进行了修订。

《山村振兴法》中指出："山村"是指山林面积比率高，交通、经济、文化等条件不发达，产业开发程度低，且居民生活文化水平低下的山间地或其他由政令所指定的地域。并指出山村振兴的核心课题为：1）农村居住环境的建设，如生活环境的整备、土地和水的利用调整等；2）农村制度的建设，如老龄化对策、农村妇女活动的促进、社会运营等；3）城市与农村间的交流，如对农业及农村的体验、特别町（村）民制度、兄弟城市的构建等；4）农村地区就业与经济收入的确保,如农村自然环境的保护、当地固有产业的发展与振兴、农村地区工业的导入等。

(1)《山村振兴法》的基本内容

《山村振兴法》共16条,另有一个附则。该法是鉴于山村在日本国土保全、水资源培育、环境保护等方面占据重要地位,但产业基础与生活环境发展滞后的实际情况而制订的。为了明确山村振兴的目标,提高山村居民的生活水平,同时缩小地区差距,使山村为国民经济的发展做出贡献,就必须通过制定有关山村振兴计划以及实施措施来谋求山村经济的发展。

《山村振兴法》明确规定了振兴山村地区的范围、目标、方针、计划、措施及调查项目、承担者等,并规定设立专门的行政、事业、金融等机构。同时规定振兴山村的投资纳入国家预算,并由内阁首相亲自审核。

(2)山村振兴的基本目标

1)通过对公路等交通设施、通信设施等设施的整备,在山村与其他地域之间以及山村内部建成发达的交通联络网;

2)通过整备农道、林道、牧道等道路,以及修造农用地、整备电力设施等事业,从而开发土地、森林、水等未利用的资源;

3)通过农业及林业的近代化经营、开发观光旅游业、引进农产品加工业、扶植土特产的生产等措施,振兴山村产业,扩大就业机会;

4)通过整备防沙设备、保安林、防滑坡设施等国土保全设施,预防水灾、风灾、雪灾、森林火灾等灾害的发生;

5)通过整备学校、诊所、公民馆等教育、福利、文化设施,以及确保医疗条件、整备聚落、改善生活与劳动条件,从而提高居民的生活水平。

(3)《山村振兴法》实施的政策保障

1)国家为了实现该法律所规定的山村振兴目标,在实施振兴山村所必需的事业时,推行由国家负担或提供补助的措施,确保地方公共团体的资金来源,并通过采取其他财政金融措施,使资金融通合理化,同时还确定了扩充国有山林所适用的相关政策；

2）为达到山村振兴的目标，地方公共团体必须遵照国家的政策，从而保证振兴农村所必需的事业得以顺利实施；

3）为了使山村居民依据山村振兴计划中的聚落整备计划实施住宅建设，并使村民顺利的取得住宅建设的用地或借地权，对其所必须的资金借贷，住宅金融公库将给予优惠政策；

4）对于在振兴山村中经营农业、畜牧业、林业、渔业的农户或组织法人，农林渔业金融公库应对其进行必要的资金借贷，并在都道府县知事认定后，将其列入"柑橘农林水产省令之规定"制定的，以农林渔业经营改善或振兴为目的基准计划；

5）国家及地方公共团体，为了确保振兴山村的医疗服务，在无医地区实施诊所设置、定期巡回医疗、配置保健医生等政策；

6）国家及地方公共团体，为了保存在山村所传承的戏曲、音乐、工艺技术等文化财产也采取了适当措施。

(4)《山村振兴法》的实施效果

1965年以来，日本政府共制订了5期山村振兴计划，通过《山村振兴法》的贯彻落实，截止1999年4月，日本共有1193个市、町、村被指定为振兴山村，面积达17.85万km^2，占日本国土面积的47.2%。其中，农村综合建设加强了基础设施方面的建设，主要以公路、供排水和医疗设施等为主。1994年，村内宽3.5m以上道路敷设率超过50%以上的农村占82.8%，自来水的普及率为82.2%；医疗设施方面，按夜间急救到达医院的时间计，10分钟内可到达的占35.7%，10~30分钟可到达的占53.4%，30~60分钟可到达的占10.0%，60~120分钟可到达的占0.9%；公共交通方面，连通国道、都道府县公路和市町村公路的比例分别占41.8%、57.1%和95.9%。

日本政府经过几十年的努力，落后山区的温饱问题早已解决，山村振兴方面已收到显著成效，今后的目标将是在加强基础设施建设的同时，进一步加强与外部世界的联系，极大地提高了人民的生活水平。

2.《农业振兴地域整备法》(1969 年制定/1975 年修订/1980 年最终修订)

(1)《农业振兴地域整备法》的制定背景

20 世纪 60 年代后期,在经济高速增长的背景下,城市的无序扩大现象加剧,现有的土地利用计划制度已不能适应社会发展的要求。农业方面,虽然期望统一土地利用计划制度的意见十分强烈,但 1967 年颁布的《城市计划法修正案》并不能满足这个需求。仅靠《城市计划法修正案》对开发的限制,仍可能在农业地区出现无计划地都市化现象,且在限制地区的农地内,同样存在受到影响的可能。为此,农林省审议决定了"构造政策的基本方针"(1967 年),作为其中的一个环节,提出了有关农业振兴地域整备的法案,而该法案在当时被形容为"农政的领土宣言"。

(2)《农业振兴地域整备法》的基本内容

《农业振兴地域整备法》是针对农村土地区划整理而制定的法律,最早颁布于 1969 年 7 月 1 日,1980 年 5 月进行了修订。该法案的目的是:全面考虑自然、经济、社会等条件后,在一些认为有必要推进综合性农业振兴的地区,有计划地推进该地域整备工作的必要措施,以此寻求农业的健全发展,并对国土资源的合理利用做出贡献。

《农业振兴地域整备法》共 7 章 25 条,其主要内容是:1) 依据农业发展与合理利用土地的方针,确定农业振兴区域;2) 制定农业振兴区域整备规划,包括农用地利用规划、农田基本建设规划、以扩大农业经营规模为目的调整土地利用和权属的计划、各种公共农用基础设施建设计划、促进农民稳定就业和改善生活环境的计划等;3) 为实现上述计划,采取土地调换使土地连片的办法;4) 为确保农业地区的土地用于农业,采取使用权确定、限制开发行为以及农地转用的办法;5) 签订合理配置畜舍和管理排灌设施协定的办法等。

《农业振兴地域整备法》在经过 1975 年和 1984 年的修订后,强化了地区计划法的属性,追加的主要内容有:1) 在农用地区域内从事开发行为的限制;2) 在区域变更时市町村所采取的交换分合制度;3) 对农振白地地区内的开发行为进行劝告（以上为1975年修订）；4）有关农业用设施的配置以及农业用排水设施的维持管理的协定制度；5）以生活环境设施的用地筹措和农用地开发适地的开发为目的的交换分合（以上为1984年修订）。

(3)《农业振兴地域整备法》的特征

农业振兴地域原则上以市町村为单位来指定（1994年底共3047个地区），但不能和市街化区域（城市计划）重复指定。此外，农业地域是作为农业用地的土地区域，而现状是农业用地以外的土地也可划入，目前日本大约80%的耕地被指定为农业地域。

农业振兴地区整备本身就是一个总体规划，仅为施策提供大方向，但其区域划分拥有限制开发行为和直接规制个人权利的侧面，具备了使施策有效实现的条件。《农业振兴地域整备法》使以市町村的综合农业振兴为目的的自主地域计划的制定成为了可能，且作为实现计划的基础手段，使土地利用区分明确化，并以确保农业振兴地区以及农用地区域（由农业振兴地区整备计划的农用地计划规定）为目的的区域划分，同时谋求能够有计划地推进与地区整备相关的必要施策措施。

(4)《农业振兴地域整备法》的实施效果

《农业振兴地域整备法》使以市町村为主体的地区行政手法制度化，从农地制度、构造政策、农业振兴施策的观点来看，作为综合的农业振兴计划策定手法，该法案也是划时代的。

《农业振兴地域整备法》使农业基础设施、农村的整理、农地的保护管理得以贯彻实施，极大地改善了农村面貌。首先是农业基础设施整理，包括灌溉排水、旱地平整、机械化农地、新农地开发、土地综合改良。其次是农村的整理，包括完善农村各种公共设施、农业用水废水处理、农村地域环境整治、山间（两山之间）的综合整理、农村道路的整理。最后是农地保护管理，包括农地防灾、塌方、防水、环境保护、海岸保护、灾后复垦整治、土地改良设施的维护管理等。

除了上述的农业振兴地域整备外，从1979年开始，新的市町村农业振兴地区整备计划加入了生活环境的整备和聚落土地利用构想的内容。这一计划试图指定聚落居住的区域,并按用途将其分为居住利用区和公共利用区等。1984 年,农业农村整备计划作为模范计划实施,又加入了地区资源利用和管理保全的内容,并使其作为与生产生活环境融为一体的综合地区计划而得到策定,同时该计划被定位为以 10 年为单位的总体规划。

因此,《农业振兴地域整备法》的贯彻落实,对于促进农业地域健全发展及国土资源合理利用起到了积极的指导和促进作用。

3.《过疏地域振兴特别措施法》(1970 年制定/2000 年修订)

(1) 制定背景

20 世纪 60 年代后,日本经济的高速增长,乡村出现了以年轻人为主的人口流失现象,并进一步导致了世代流失(即举家离村)状况的出现。农村地域面临着道路、用水、共有林管理等农业生产与社会发展的困难,有些地域甚至出现了"无居住"聚落。1969 年,为了应对这种过疏化发展,在新一轮的全国综合开发计划中,提出了以地方中心城市为核心的广域生活圈构想,试图将不符合生活圈构想的偏远聚落迁移至生活圈的中心部去。在针对过疏化而进行的聚落再编成中,这样的聚落迁移占了一大半,此后该计划作为国家针对过疏地区聚落迁移的政策得以继续发展下来。除此之外,日本的自治省及国土厅也开展过相关的聚落整备事业,以及县单独事业的过疏聚落迁移事业。最终,于 1970 年制定了《过疏地域振兴特别措施法》,成为日本过疏地域振兴事业发展的保证。

(2)《过疏地域振兴特别措施法》的基本内容

《过疏地域振兴特别措施法》共 5 章 29 条,另有一个附则。该法律的目的是,通过对那些因人口显著减少而失去地域社会活力、且生产机能与生活环境等条件与其他地域相比处于低位的地域采取必要的特别措施,并使对策得到综合而有计划地实施,最终实现这些地域的振兴,从而提高居民生活水平、扩大雇佣,缩小地区差距。

《过疏地域振兴特别措施法》主要内容有:1) 通过采取整备产业基础、促进农村渔业经营的近代化、扶植中小企业、促进企业导入、开发观光业等手段，振兴地方产业，同时增加稳定的雇佣机会；2）通过整备交通设施、通信设施等，确保过疏地域与其他地域之间以及过疏地域内的交通与通信联系；3）通过整备生活环境、提高高龄者等群体的福利、确保医疗、振兴教育与文化等，提高居民的福利与生活的安定度；4）通过整备基本聚落，以及对聚落规模的合理化进行扶植等，促进地域社会的再编成。

(3)《过疏地域振兴特别措施法》的重要举措

为使过疏地域振兴而采取的措施，必须尊重该地域的创见。1）制定行政措施：日本的振兴事业由农林水产省负责，特定区域还设专门机构，如北海道开发厅等。另有专门行政机构，如农林用地整备公团、农林渔业金融公库、北海道东北开发公库等。行政领导机关负责制定开发计划和年度财政预算。行政扶持的事业主要是基础道路修整、医疗保健、交通、福利事业、教育及国有土地开发等；2）制定财政措施：日本对落后地区的扶持采用高投入政策。1980~1984年，对过疏地区共投入82636亿日元（人民币2314亿元），过疏地区人口842.1万人，人均投入达98万日元（折合人民币2.75万元）。1985~1990年，计划投入977419亿日元（人民币2728亿元），比前5年增加了17.9%，其中农村区域定住促进事业补助12.5%，个人负担12.5%（多数为贷款）。日本政府对贫困地区的扶持是长期的，虽然国力雄厚，但并不完全包揽，而是分级承担，都须尽责尽力；3）制定信贷措施：日本设立专门的金融机构，为落后地区筹集资金，提供长期低息贷款，或为开发作担保。这些机构的实力雄厚，如农林渔业金融公库资金52541亿日元（人民币1417亿元）。此外，过疏地区为促进定住事业的贷款偿还期为25年，利率为4.05%，宽限期为8年，而一般银行为7年；4）制定税收措施：日本针对落后地区制定了特别税法，享有减免税收等优惠待遇。如大企业由城市搬迁到过疏地区，可减免事业税、不动产出卖所得税、固定资产税等；在当地开发事业则可以免税或执行特税。

(4)《过疏地域振兴特别措施法》的实施效果

《过疏地域振兴特别措施法》制定于1970年，随着振兴事业的不断扩大和深入，2000年对该法进行了修订，以适应不断变化的整备现状。该法30多年来的实施，对日本乡村过疏地域的振兴开发起到了至关重要的推动作用。该法贯彻落实的实践价值主要体现在以下三个方面：

1）农村定居环境的形成：1970年以前，农村地区的定居环境整备是通过农业基础整备、农村构造改善、有关个别农户的住宅改善等，由国家补助事业和道路、公共设施等一般公共事业独立推进的。但在这样的趋势下，人们对进行综合性定居环境整备的认识日益加深。

20世纪70年代，各种以整备定居环境为目的的事业得到了实行。以农村基础综合整备试点事业（1972年~）为代表的综合整备事业便是一个开端，而农村综合整备模范事业则对农村定居环境的整备做出了巨大的贡献。在模范事业中，正在制定农振计划的3084个市町村（1987年4月）中，有1223个地区（近40%）将在1988年之前完成农村综合整备计划的制定，定居环境整备正在逐步成为农村活性化的重要支柱之一。为此，各都道府县在1979~1981年间都制订了"模特定居圈计划"，具体包括定居圈建设构想、建设计划、土地利用构想和基础设施建设标准等。其后，为促进模特定居圈计划的实施，各都道府县和有关市町村又进一步修改了计划；截止1986年，大部分模特定居圈计划都已付诸实施，现在全国已建设了44个模特定居圈。

2）农村就业机会的扩大：通过活用地区资源或者导入工业，谋求农村地区扩大就业与收入的机会。地区资源活用是对丰富的自然环境或观光休闲资源加以活用，以及通过农产品的高附加值化与活用地区资源的工艺品等特产来振兴当地固有产业。

3）城市与农村交流的密切：城市与农村交流的开端是，位于偏远地区并无望导入工业的农村开展的"另一个地区振兴"运动（如北海道池田町通过葡萄酒来振兴农村）。这种活动以"自然"、"生态"、"手工"为关键词，迎合了城市居民生活样式的变化，从而实现了相互的交流，1980年前后，这种交流便在全国开展了起来。1985年，作为国家对交流活动的扶助制度，城市农村交流促进事业（农林水产省）发展了。今天的城市与农村的交流，以极为丰富多彩的形势开展着。在其运营方面,有以自治体中心,包含农协和商工会等组织的协会进行运营的案例,还有名为振兴公社或开发公社的官民合办实体进行运营的案例等。

4.《农村地域工业导入促进法》(1971年制定)

(1) 制定背景

二战后,随着经济的高速增长,重工业迅速发展,以大城市为中心的城市产业带出现了交通拥挤、人口稠密等城市病。与之相反,在广大农村地区,尤其内陆边远地区则出现了人口稀疏、产业衰退、社会公共设施缺乏、文化水平落后等现象。这两种现象被统称为"过密——过疏"问题。为解决这一问题,日本政府从20世纪60年代后期开始,采取措施促进非农产业向农村地区的扩散,鼓励劳动力由农业向农村非农产业就地转移,并于1971年颁布了《农村地域工业导入促进法》以指导和规范这一势态的发展。

(2)《农村地域工业导入促进法》的基本内容

《农村地域工业导入促进法》共19条,另有一个附则。该法明确规定政策目标为:"积极而有计划地促进农村地域导入工业,使农业劳动者根据自身的希望和能力进入到工业中就业;同时促进农业结构的改善,寻求农业与工业等均衡发展,并使雇佣结构高度化"。

《农村地域工业导入促进法》所指的"农村地域",原则上是包括农业振兴地域、振兴山村和过疏地域在内的市町村。所谓的"工业"则包括工业、道路货物运输业、仓库业、包装业与批发业等。该法律规定的主要内容包括:1) 工业导入地区的区域;2) 应导入的工业业种与规模;3) 导入工业时农村从业者的就业目标;4) 农业结构改善的目标;5) 工厂用地与农业用地的利用调整;6) 工厂用地及其他设施的整备;7) 劳动力的需求调整以及农村劳动力从事工业的就业圆滑化;8) 为改善农业结构而进行的农业生产基础的整备与开发等;9) 公害防止;10) 其他必要事项。同时促进法还规定,由市町村制定的实施计划必须要整合在依据地方自治法而制定的该市町村的基本构想中才行。

(3)《农村地域工业导入促进法》的配套举措

为了工业导入计划的顺利实施,《农村地域工业导入促进法》在资金、税收、基础设施、农地利用等方面还制定了一系列具体的配套措施,包括税制措施、金融措施、其他措施。

1) 税制措施:减轻工业导入地域内农用地转为工厂用地时的所得税与居民税;设置事业用资产购入工业导入地域内时的征税特例,以及工业导入地域内的新增设备的折旧特例;免征地方税或伴有不均一征税的补偿措施;免征特别土地保有税等。

2) 金融措施:规定了有关农林中央金库融资适用的内容。

3) 其他措施:规定了农业生产基础的整备与开发、农业近代化设施的整备、农地转用、工厂用地、道路、工业用水道等产业关联设施的整备等内容。

(4)《农村地域工业导入促进法》的实施效果

《农村地域工业导入促进法》是主务大臣(即农林水产大臣、通商产业大臣、劳动大臣)作为其制定农村工业导入基本计划的方针,由都道府县知事策定农村工业导入的基本计划,再由符合条件的都道府县或市町村在农村地域内划定一定的区域,依据上述基本计划之内容制定农村地区工业导入的实施计划。该法在颁布实施后,工业生产逐步导入农村,使农村社会的发展有了大改观。

首先,工业生产导入农村之后,随着农村地域非农产业的迅速发展,所提供就业机会也迅速增加,在吸收转出的农业劳动力方面发挥出越来越重要的作用。20世纪70年代开始,日本农村劳动力的流向发生了明显变化,转入农村地区非农产业的比重迅速提高,甚至出现了劳动力和人口由大城市向农村地区倒流的"逆城市化"现象。农业劳动力向农村非农产业就地转移避免了向城市过度集中所带来的种种问题,同时农村工业化的迅速发展改变了农村的就业结构,农村劳动力从事农业生产的人数明显减少。1958~1962年,日本的农村劳动力从事非农生产的每年68.6万人,而其中有41.1万人流入了城市,占59.9%之多。实行工业导入后的1973至1975年,日本每年从事非农生产的农村劳动力约66.4万人,其中转入城市的只有19.4万人,仅占29.2%,到农村非农产业就业的人数则达到了 47 万人，占 70.8%。

其次，工业生产导入农村，带动了第二、第三产业的迅猛发展。二战后，日本政府为解决农村劳动力大量外流的问题，采取了工业重新布局的策略，大都市的一些工业向农村小城镇扩散。工业生产导入农村，既减少了城市的环境污染，也减轻了因人口集中而产生的住宅紧张、交通堵塞等"城市病"。同时，此举扩展了农村的非农产业，使一部分农业剩余劳动力转向第二、第三产业。目前，日本的农村中，工业产品的销售额及第二、第三产业已占主要地位。此外，日本政府还要求把农村的农作物与树林、山水组成一个综合的休闲娱乐场所，以此通过观光农业的发展极大的带动了农村旅游业与服务业的发展。

当然，工业生产导入农村所产生的效果，既有正面的也有负面的。正面效果有：1）妇女与中高龄层的雇用扩大；2）农户收入的增加；3）为市町村的财政做出了贡献；4）防止了人口流失；5）减少进城务工现象等。负面效果有：1）地价上涨；2）农业劳动力不足；3）聚落活动与团体活动停滞；4）开发带来的农地无秩序转用；5）公害的发生等。因此，在制定实施计划时，应当进行充分的研究，极力减少负面效果，为农村居民和农业带来更多的正面效果。

综上所述，虽然工业生产在导入农村后带来了众多正面和负面问题，但《农村地域工业导入促进法》作为专门针对农村工业导入的法律条文，在指导和促进农村地域大发展、疏散大城市劳动力等方面具有重大意义；即使从"为了停止农村地域的人口流失、促进农村定居而增加雇用机会"的观点来看，积极灵活的应用这项制度，其意义也是巨大的。

5.《聚落地域整备法》（1987 制定）

（1）制定背景

战后，无序的城市化与明显的混居化现象，使日本凸现出了新的土地利用问题，城市近郊农业聚落中农业土地利用与城市土地利用之间的矛盾日益加剧。在已有的解决措施中，虽然通过国土利用计划法、城市计划法、农振法、农地法等实行区域划分和开发限制，但对市街化调整区域内的开发限制和白地农地的计划利用方面并不能充分发挥效果。因此，日本政府在农振法和城市计划法的现行制度中，补充了新的法规内容，以此创建完善的土地利用框架。

农振法方面，增加过以整备促进的措施等为主的农村聚落整备法案。城市计划法方面，通过了以街区计划策定、开发许可基准特例等为主的城市计划法的修改案。由于这两个补充法案在目的与内容上几乎一致，因此将农振地区与城市计划地区的结合部作为计划对象，法案中内容一相似的部分作为共管法而一体化，并最终于1987年颁布了《聚落地域整备法》。

(2)《聚落地域整备法》的基本内容

《聚落地域整备法》共6章17条。立法目的在于有计划地推进农业生产条件和城市环境相协调的整备，从而确保良好的营农条件和居住环境。

《聚落地域整备法》指出"聚落地域"是：包括聚落居住地区和周边农用地在内的区域。该地域应具备以下条件：1) 既位于市街化调整区域内（未划界时则为未指定用途的地区内），同时又位于农业振兴区域内；2) 在土地利用等方面存在同时确保营农条件和居住环境的困难；3) 需要进行农业生产条件、生活环境整备和土地的利用调整的地区；4) 地区内有相当规模的农用地和相当数量的住宅等。

《聚落地域整备法》的特征：1) 是农林水产省和建设省的共管法（农林水产省主管聚落地区整备、建设省主管田园居住区整备）。2) 计划对象"聚落地区"被视为法定的计划圈域。

在日本，决定农振计划和城市计划的基本事项是知事的权限，因此各都道府县的"聚落地区整备基本方针"由知事制定。方针决定的相关内容有：1) 聚落地区的位置；2) 区域整备保全的目标；3) 土地利用；4) 营农条件的确保；5) 良好的居住环境的整备等。

(3)《聚落地域整备法》的实施

《聚落地域整备法》通过各都道府县制定的"聚落地区整备基本方针"来实现。而根据基本方针制定的"聚落农业振兴地区整备计划"

和"聚落地区整备计划"则是具体的实行方案。

1)聚落农业振兴地区整备计划

"聚落农业振兴地区整备计划"和农振计划一样,涉及的事项有:计划区域、农业方面土地利用(重新审视区域划分等)、农业生产基础的整备与开发、农业近代化设施的整备、生活环境设施的整备等。它同农振计划的差异在于,农振计划是以市町村为单位来制定的,而"聚落农业振兴整备计划"是以聚落地区为单位的。此外,对于计划区域内相当规模的农用地,除了有关农用地保护和利用的协定(有效期为10年以内),还能进行农用地的交换分合。协定以全体农用地所有者的共同目标为前提,制定了对违法行为采取的措施,并经过市町村长的批准。

2)聚落街区整备计划

"聚落街区整备计划"不仅确定了聚落街区的位置、区域等,还确定了有关整备与保护的方针,包括以地区内的居住者为主要对象的道路、公园和建筑物的整备和土地利用等。"聚落街区整备计划"规定了设施的配置、规模、建筑物等的用途限制、建坪率及高度限制等必要事项,其基本性质和街区计划共通。包括的事项有:计划的实现由申请和劝告来担保;通过条例化而具备强制力。但是,由于以市街化调整区域为对象,建筑的限制没有以市街化区域为对象的街区计划详细。

(四)日本乡村建设的重点

1. 乡村聚落再编成

(1)聚落再编成

当人们在农业生产持续发展的过程中建立聚落定居后,便会形成一种安定的生活构造;当这种构造由于内部或外部影响而发生变化,变得不再安定时,重新使之安定的意愿便会发挥作用;当变化的程度很大,且影响到整个聚落时,便会产生具有空间变动的新安定构造的探索,而这种探索则被称为聚落再编成。

(2)过疏化中的聚落再编成

1）离农转业型的聚落迁移

在鸟取县八东町的聚落再编成中，有两个聚落被迁移到了位于中心部的住宅区内。这两个聚落迁移的原因不同，一个是为了改变与外界联系不便的艰苦生活环境；另一个是因就业场所——木材加工厂被迁移到了町的中心部。该住宅区在1971年4月被作为了聚落再编成的模范地区之一，整个住宅区由37户构成，按出身聚落分组，试图延续以前的社会关系。在住宅区内还计划设置了集会所、农机农具库、共同作业所、烟叶干燥所。

该案例中聚落迁移前的农地，大部分因条件恶劣而在迁移后几年内便退耕造林了，这种聚落再编成对迁移者而言就是离农转业型的聚落迁移。

2）通勤农业型聚落迁移

以新泻县入广濑村的聚落再编成为例，其特征在于聚落再编成与村落住宅建设相关联。直接的契机是冬季强降雪和小学整编，目的是为了提高生活环境与就业环境。第一期工程将农户集体迁移至村中心地附近的村落住宅，提出聚落集体迁移、采用通勤耕作使农业经营近代化、由部门协作向全面协作展开三大计划要点，同时为谋求协作化还进行了圃场整备。第二期则以住宅建设为中心，向建于母聚落内的村落住宅内集合。

在这个聚落迁移的案例中，由于进行了圃场整备，原先聚落的水田在迁移之后仍然得到了耕作。这种聚落再编成称为通勤农业型的聚落迁移。

（3）集居化而产生的聚落再编成

北海道农村的聚落再编成则与内地不同，在激烈的农业经营规模扩大的竞争中，农户数量急剧减少，同时农户改善生活环境的意向也在不断加强。于是，在农业规模扩大与机械化进程中形成了聚落编成的基础，由分散居住向集居的转换出现了。

这种聚落再编成是集团性地、与农业经营密切相关的再编成，所要谋求的是通过集居化改善生活环境并强化生产组织的共同性。

2. 村综合整备

昭和三十年代，以城市为中心的经济高速增长，致使农村劳动力大量流向城市，从而出现了城市过密与农村过疏的问题。这一问题不仅在经济上加剧了城市与农村之间的差距，也使农村生活环境整备远远的落后于城市。为了解决过密与过疏的问题，农村生活环境整备的必要性在日本国内得到了广泛共识。因此，从昭和四十年起，农林水产省开始积极地推进涉及农业生产基础和农村生活环境的农村综合整备。在昭和四十五年发表了"有关推进综合农政之事宜"，确定了日本今后的农政方向，指出"应通过农村地域的生产基础和生活环境的综合整备，大力推进新农村社会的建设"。

(1) 综试调查与综试事业的创设

昭和四十四，日本计划部以经济企划厅的国土综合开发事业调整费（调查）为契机，与建设省合作，在横滨市和神户市开始了"绿农住区开发计划调查"，并于昭和四十七年起作为农林省的直辖调查而继续实施。昭和四十五年，为了实施一个兼顾农村生产基础、生活环境基础及生活环境设施的综合计划，农地计划部和建设部等部门提出了预算要求，并在省内调整后由计划部实施该计划，于是关于农业基础综合整备示范事业调查开始了。

农业基础综合整备示范事业调查是对拥有3000公顷以上的农地圈域内的综合经济计划进行立案，并以此为依据，树立以农业为主体、以产业振兴计划、土地利用计划和生活环境整备计划等为中心的地域综合开发计划。同时，为了确立农村整备的技术手段，实施了"农村综合整备调查计划手法检讨调查"，此后又将调查范围扩大为聚落道、聚落排水等生活环境设施的计划。此外，为了通过农业用水的合理化来应对城市及工业用水需求的增长，"农业用水合理化调查"也得到了实施。

依据上述的调查，昭和四十七年农村基础综合整备试点事业（以下简称"综试事业"）、绿农区关联土地基础整备事业、农业用水合理化对策事业等得以展开。

(2) 农村基础综合整备事业（小综试事业）的创设

综试事业和模范事业的开展，完善了正式农村综合整备事业的推进体制。然而到了昭和五十一年，综试事业已经在24个地区完成了试点任务，各个地区都开展了超过数十亿日元的大规模事业，因而出现了工期延误的情况。针对这一情况日本开始了对新事业研讨，并得出了这样一个结论：广域的生产基础整备依靠圃场整备和农用地造成等已有制度既可应对，而生活环境的整备应在生产基础的整备有所进展后再对应农村模范事业；但是，在既有的生产基础整备制度无法应对的地区，有必要在以多个聚落为单位的聚落圈内，同时进行农地和生活环境的整备，而这些地域恰恰是过疏化程度较深、综合整备要求强烈的地域。于是，日本政府决定不再新设综试事业，从而使农村基础综合整备事业（以下简称"小综试"）制度化。

此后，农村农业聚落排水处理设施的要求越来越高，并于昭和五十二年在预算中被提出来，但在预算磋商阶段被改为每年选择数个地区作为小综试事业的特例地区，使这些地区提早完成这一事业，从而确立技术性手段。昭和五十五年，日本政府又追加了以生产基础整备已完成的地域为对象，单独实施各种生活环境整备的特例地区，这对于在定居构想中被提倡的农村中心聚落机能的提高起到了一定效果。

(3) 农业聚落排水事业的创设

昭和五十八年，以小综试事业特例地区形式而展开的农业聚落排水处理设施整备，从小综试事业中分离了出来，并作为一个独立的新制度而被展开。

(4) 农村综合整备事业推进体制的整备

昭和五十六年开始，日本对农村综合整备推进事业进行了创设。该事业决定对全国以及各都道府县土地改良事业团体联合会所开展的"农业综合整备事业的启蒙、普及和技术指导"等活动进行经费补助，而作为其中一个环节，农村综合整备竞赛也得到了实施。同时，为了积极开展农业聚落排水的调查研究、新技术开发、计划设计与管理援助、设计施工基准的制定、相关业界扶植等事业，社团"日本农业聚落排水协会"得以设立。由此，农村综合整备事业的推进体制得到了整备。

3. 乡村整备计划

（1）计划背景与定位

现如今，日本的农村地域在生产和生活两方面，都出现了行动圈域的广域化。首先，在山村和中间地域的过疏地，由于农业、教育、医疗、商业等设施的缩小和撤退，地域居民的生活圈不得不扩大即远距离化。其次，在近郊以及中间地域的混居化地域，居民对于工作地点、商业、医疗、娱乐等设施选择的自由度增加，移动距离也随之增加，生活圈也在扩大。此外，农产品的流通圈域，由于道路和运输体系的整备以及保管技术的提高，也得到了扩大，并正在形成以大城市和地方中心城市为市场战略据点的多元体制。

在这种形势下，对农村地域居民行动和农产品流通广域化的设施配置，以及交通体系的有计划整备就成为了一个主要课题。为此，生活设施与农业生产设施的广域性配置及再编、主干农道为主的广域道路整备计划、广域交通体系应对汽车普及的系统化等，无疑成为了日本乡村整备计划的重要内容。

（2）基于生活圈的生活设施配置计划

1）生活圈

日本的乡村生活设施配置计划，以居民生活行动所涉及的范围为基础，并以此构筑计划体系。也就是将生活圈域的构成模型化，从中探寻农村生活圈的区分以及对应的设施系统。

生活圈被认为是聚落中具有地理及社会联系的人群，日常生产与生活活动的地域，与拥有集团方向性的地域性领域的重合。生活圈中，居民务农、通勤、通学、购物等日常活动，与居住地、就业地之间有着相互依存的关系，形成了"家——大字——旧村——市町村——市町村外"的圈域结构。于是，将这种相互作用的社会关系结构理解为树型结构或网状结构，并制定满足圈域内居民日常生活要求的各种服务设施的配置计划。

然而，在居民生产、生活多样化与广域化的前提下，要制定一个对应地域的实体设施配置计划，就必须将生活活动的实态作为生活圈，并通过对该生活圈的调查对活动空间进行有机的构成与再编。

2）生活活动调查

在确定生活圈时，灵活的应用现有统计数据的同时，还要进行居民生活活动的实态调查。具体的调查方法有：考虑生活活动与交通手段及设施关系的居民行动调查；把握聚落间社会连贯性的社会生产组织调查。综合这两种调查方法，能够明确设施的利用圈实态，找出设施配置不均的状况、当前地域社会所存在的问题。

居民行动调查：代表个人的行动（person trip）调查。这种调查方法考虑到人每天的生活行动都有一定的规律，从而着眼于人的交通行动，对从对象地域中抽选出的人在某一天内行动（trip）的起止点、交通目的、交通手段等进行调查，并用统计学的方法推定全体的行动，而调查结果将成为地域设施配置计划的基础资料。

社会生产组织调查：为把握生活行动所处聚落间的社会连贯性的调查，包括农业生产集团和聚落的关系、地域的自治、社会习惯等。这种调查从聚落的常会、班、组的数量及其规模，到多个聚落所结合形成的圈域的内容、规模及聚落名，再到由多个大字或市町村结合形成的上部圈域的内容，并从下部组织开始把握组织阶段构成的有机性关联，调查结果也将成为地域设施配置计划的基础资料。

3）设施配置

根据生活圈的调查分析结果，对乡村生活设施的再配置、维持、运营组织的再编整备计划进行立案，但在设施配置上还需注意以下两点。

第一，要考虑聚落的布局条件，避免设施配置的单一化。与设施布局相关的条件有：聚落形态等自然地理条件；通往中心聚落或 DID 城市的实际距离、时间距离、道路条件和交通条件等社会环境条件；混住化状况、农林业与工业的基础整备等经济条件。

第二，要考虑圈域阶段的设施配置。例如：在基础生活圈（聚落圈）所进行的日常活动是多样的，因此需要整备规模小但具有广范围机能的复合型设施；在中间阶段，应使设施具有连接聚落圈和市町村圈的机能；在市町村圈阶段，则应配置专门分化的设施。

(3) 基于农村地域的交通计划

1) 交通计划的范围和构想

农村地域的交通计划是为了实现农村地域的各种交通目的，策划的交通机关与交通设施整备开发，并对交通机关的运用方式进行立案的乡村整备计划。其实质是，构筑有效实现农村地域人与物移动的便利、舒适及安全的交通环境与交通系统。

农村地域交通计划的内容包括：制定未来交通需求的道路整备计划；实现机动车、自行车、农业机械等合理且有效率移动的计划；适合改善车流状况、确保步行者安全等的交通规则或交通设施的维持管理方式。

在日本的农山村地域交通计划中，维持农村地域居民的生活、保持农村地域居民的交流是首要目的，而保障市民生活最低标准的思想必须优先于追求经济效率的思想。对于缺乏公共交通机关的农山村地域的交通计划，不能只立足于将来的交通的效率性和经济性的视点，还必须从提高地域居民生活环境和保障最低社会福利的观点出发来制定计划。因此，在农村地域的交通计划中，有必要把握地域居民的交通行动的实态，对个人的行动调查也是很必要的。

2) 交通计划

为了使农村交通安全而舒适，应明确地域道路的机能分担。

在农村的道路中，连接设施间的连接机能、通行机能等道路的基本性能，和提供儿童游戏场所、停车场地及露天市场场地等空间机能混在一起的情况很多。在交通量大的地域，作为交通安全对策，分离机动车道、人行道和非机动车道，设置步行者专用道路和机动车专用道路，排除交通的迂回道路设置等都是需要考虑的。

在过疏化不断加深的山村和中间地域，应使道路网和公共交通机关的整备系统化。

在过疏地域,市町村道的整备受预算的制约得不到推进,进一步加速了过疏化。当地线路的废止、民间公交车的撤退等情况,不仅对平时利用这些交通机关的老人和高中生而言是个深刻的问题,对于地域活性的维持来说也是个深刻的问题。因此,在农村地域有效利用农道,总合供私家车用的道路网和公共交通机关(含市町村公交车)运输体系的系统化就成为了地域活性化的一个课题。

三、日本乡村建设管理法规的发展历程

战后,日本行政的计划化,催生出了众多与之对应的计划法。如今,日本作为制定行政计划依据的法律(即计划法)已达150多部,依据这些法律制定的计划达已达300多个。而且,日本的计划法大半可以对应到开发计划中,也由此构成了与计划体系相对应的计划法规体系,这其中就包括有与乡村计划对应的农法体系的内容。

首先,遵照行政计划(开发计划)分为综合计划和特定部门计划的一般习惯,对日本现行的计划法规体系进行了归纳总结(见图7-1)。综合计划是以国土或特定地区为对象、以人口、宅地、产业、交通、环境等为要素、以综合性地形成地去构造为目的的计划;特定部门计划是特定的事业部门的项目计划。

其次,在现有的农法体系中,以时间为顺序对日本的乡村建设管理法规系列进行汇总(见表7-1)。从第一部农法(1909年颁布的《关于林木的法律》)颁布算起,日本的农法体系的建设已有百年历史。据不完全统计,目前日本的农法体系中,专门针对农村、农业、农民的法律大约有130多部,而其中关于乡村建设管理的法律共有15部,最早颁布的是1952年出台的《农村、山村、渔村通电促进法》。

从1993年以后出台的法律来看,日本更加注重增强农业和农村地区自身的活力,诸如1993年颁布的《关于为搞活特定农村、山村的农林业,促进相关基础设施建设的法律》;1994年颁布的《关于为在农村、山村、渔村开展度假活动,促进健全相关基础设施的法律》;2000

第七章 日本乡村建设管理法规研究综述

年颁布的《过疏地域振兴特别措施法》等，都体现了将农村基础设施建设与增强农村自身发展活力结合起来的政策意图。

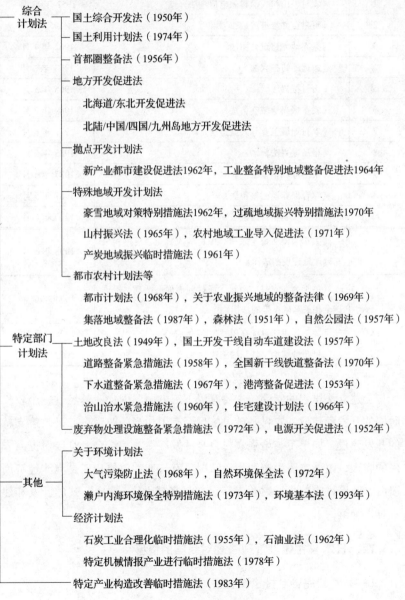

图7-1　日本计划法体系

日本乡村建设管理法规　　　　　表 7-1

序号	法律名称	颁布时间
1	《农村、山村、渔村通电促进法》	1952 年 12 月
2	《町村合并推进法》	1953 年
3	《振兴地方建设公团法》	1962 年 4 月
4	《边远岛屿振兴法》	1953 年 7 月
5	《山村振兴法》	1965 年 5 月
6	《农业振兴地域整备法》	1969 年 7 月
7	《农村地域工业导入促进法》	1971 年 6 月
8	《半岛振兴法》	1985 年 6 月
9	《聚落地域整备法》	1987 年 6 月
10	《综合保养地区整备法》	1987 年 5 月
11	《市民农园整备促进法》	1990 年 6 月
12	《关于为搞活特定农村、山村的农林业、促进相关基础设施建设的法律》	1993 年 6 月
13	《关于为在农村、山村、渔村开展度假活动、促进健全相关基础设施的法律》	1994 年 6 月
14	《关于促进建设优良田园住宅的法律》	1998 年 4 月
15	《过疏地域振兴特别措施法》	2000 年 3 月

上述立法思想的转变，主要有以下三方面原因：一是经过一个较长时期的开发和建设，农村基础设施已经有了相当的改观；二是政策支持的开发建设，如果不与增强农村自身的发展活力相结合，难以对提高农民的收入、改善农民生产和生活状况具有长期性效果；三是泡沫经济崩溃后，政府税收减少，财政赤字余额越来越大，"输血"式的开发和建设难以为继。

四、日本乡村建设管理法规对我国的借鉴

（一）尽快完善乡村建设立法

日本的乡村建设管理法律数量之多、范围之广、要求之具体，可谓

东亚之最。日本乡村建设立法具有以下几个基本特征:

1. 乡村建设立法及时:在日本乡村建设方面,最早颁布的法律是战后 1952 年出台的《农村、山村、渔村通电促进法》,以后又陆续出台了十多部法律,包括《边远岛屿振兴法》、《山村振兴法》、《农村地域工业导入促进法》、《农业振兴地域整备法》、《半岛振兴法》、《聚落地域整备法》等等,这些促进农村地区发展、改善农民生产和生活条件的法律,内容十分完善,构成内容丰富、体系完善的乡村建设管理法律体系。

2. 附属法律、规定详尽:日本在制定法律时,为了使法律含义更清楚并方便于实施,通常在每项法律之后,都附有施行令、施行规则以及解释立法条文的规定等。例如,《农业振兴地域整备法》的附属实施令有 11 条、施行规则多达 44 条。由此形成的法律更加明确具体、严密而完善。

3. 法律具有明确的目标:在日本,每条重要法律第一条都规定了该法制定的目标,以下各条均为达到此目的所必须采取的措施和要求。例如,1965 年制定的《山村振兴法》第 1 条规定:"鉴于山村在国土保全、水资源培育、自然环境保护等方面承担着重要责任,而其产业基础与生活环境的整备与其他地域相比却处于低位的实际情况,为了明确山村振兴的目标,通过制定有关山村振兴计划并采取必要措施以使该计划所规定的事业得以顺利实施,来谋求山村的经济发展,提高居民福利,同时缩小地区差距,为国民经济的发展做出贡献,特制定本法。"又如1971 年制定的《农村地域工业导入促进法》第 1 条规定:"本法律的目的是,通过积极而有计划地促进农村地域的工业等的导入、促进农业从业者根据其希望与能力而从事于被导入农村的工业、促进农业结构的改善,从而在寻求农业与工业等均衡发展的同时,使雇佣结构高度化"。

4. 法律职责划分具体、明确:日本每一项乡村建设管理法规中对职责划分的都相当清楚。例如,1972 年制定的《过疏地域振兴特别措施法》明确规定:都道府县知事应制定都道府县过疏地域振兴计划,并将其交至内阁总理大臣处;内阁总理大臣在接到提交的市町村计划时,应立即将其内容通知相关行政机关的长官；此时，相关行政机关的长官可以就该市町村计划向内阁总理大臣提出意见；内阁总理大臣在认为必要时，可以为了过疏地域的振兴，而向相关地方公共团体提出建议或对相关地方公共团体进行调查。

5. 法律不断被修改和完善：日本乡村建设法律会随时间的推移和条件的改变，经常对法律的内容进行修改，使其适应时代发展的需要。例如，《农业振兴地域整备法》于1969年制定和公布后，分别于1975年、1980年进行修订，时隔5~6年就立即修改；又如，1970年制定的《过疏地域振兴特别措施法》，2000进行了重新修订。

（二）尽快出台农村建设发展的相关法律

1. 农业科研和农技推广法律法规：主要包括《农业科研管理条例》、《农业科技推广法》及配套法规等；

2. 农民教育培训法律法规：主要包括《农民教育法》、《农村义务教育法》、《农民技能培训法》、《农村教育学校管理法》、《农民教育培训基金法》等；

3. 促进农村社会发展的法律法规：主要包括《农村现代化促进法》、《农村农田水利建设管理法》、《农村公路建设法》、《农村土地整理改良法》、《农村村庄规划法》、《农村合作医疗法》、《农村卫生防疫法》、《农村社会保障法》等。

（三）重视农业扶持法规的制定

日本政府最重视农业法规和政策的制定：1）在1967~1979年第二次新农村建设期间，1967年8月农水省制定了"结构政策的基本方针"。2）1968年创设了综合资金制度，1969年制定了《农振法》，1970年再次修改了《农地法》和《农协法》，并创设了农业人养老金制度；为解决农民就业问题，政府于1971年制定了《农村地区引入工业促进法》，鼓励城市工业向农村转移，为农民提供非农就业机会。3）在"造村运动"期间，为了建设农村地域环境，1984年开始了对《农振法》和《土地改良法》的修改。4）为规范农村村落及其周边地域土地利用秩序和促进村落的建设，1987年制定了《聚落地域振兴法》。5）为了地区的平衡协调发展，日本还制定了许多针对特定地区（亦即经济贫困地区）的制度，如《孤岛振兴法》、《山区振兴法》、《过疏地域振兴特别措施法》等。

以上经验表明：在工业化进程和市场竞争中，农业是个弱势产业，农村容易衰败，需要政府制定法规政策对农业这个弱势产业进行扶持，以阻止农村衰败的趋势。

（四）严格保护乡村农用地

日本的耕地资源都很少，乡村开发建设过程中，基础设施无疑要挤占大量农用地。就此，日本不断制定各种法律用以保护农地。

日本除《国土利用计划法》中明确划定农业地域并加强农地保护外，其他涉及农地保护的重要法律法规还有：以实施"农地转用许可制"为主的《农地法》；具体规定了农地转用许可条件的《农地转用许可标准制定办法》；对在农业地域内的开发行为作了严格限制的《农业振兴地域整备法》；以促进土地改良、农地整理为目的的《土地改良法》；以促进农用地所有权、使用权转让和规模经营为目的的《土地利用促进法》；以及以促进农民住宅由分散建设向集中、按规划建设为目的的《农住组合法》等。

（五）重视农业投资

综观世界发达国家的发展道路，可以明显看出，在工业发展到达一定水平后，许多国家都选择了工业反哺农业、城市支持农村的发展模式。工业反哺农业是农村现代化的牵引车。以国民经济的强劲增长和雄厚的财力为后盾，最大限度地支持和保护农业，是工业化国家扶持农业的通常做法。

日本国家财政对农业的支持力度和保护程度是所有发达国家中最高的。若再加上地方政府预算支出，日本财政支农资金超过农业GDP总额。2003年日本用于农业的预算23667亿日元，约折人民币1690.5亿元，比我国2001年农业预算1457亿元高16%。

（六）重视法规体系的城乡统筹

日本城乡统筹规划历史悠久、法律健全，已经形成了相当完善的空间规划体系及其法律保障体系,成为真正意义上的规划法制化的国家之一;日本的规划体系具有很强的统筹理念和统筹能力,上至国土规划和区域规划、下至城市和町村规划,各个规划层面相互牵制、协调一致,其下位法完全服从于上位法,上位法规范和限定下位法,环环相扣、相得益彰。

从城乡统筹的视角,我们看到日本的国土规划、区域规划、城市规划完全立法的重要性,看到日本国土规划、区域规划、城市规划三位一体的统筹规划和统筹立法的必要性,这一点尤其对我国目前区域规划被列为非法定规划、土地管理和城乡规划分而治之的现状有重要启示意义;通过总结日本空间规划体系和法律保障体系,面对我国城乡统筹规划起步和《城乡规划法》的颁布实施,以往的规划体系将面临制度解构和重建,因此弱化我国以往城与乡的空间行政分割、完善规划体系并出台相应的法律保障体系已势在必行。

(七)资源紧缺条件下的乡村建设管理经验

资源短缺一直以来都是制约日本乡村发展的主要难题,然而日本政府则采取了诸多的紧缺资源可持续利用的策略,值得我们这样一个人口众多、人均资源短缺的大国借鉴和思考:

1. 农村土地资源利用方面:基于人多地少的基本国情,日本的国土政策是以有限的国土资源为前提,有效地利用地域特性的同时,有计划地整治人和自然的相互协调的、具有安定感的、健康而文明的人类居住环境。有计划的整治和国土均衡发展是日本国土规划的核心。因此,日本不断制定各种法律用以保护农用地,并配套用地保护的相关法律法规和政策措施,采取高密度的开发模式,严格控制和规范土地开发行为。

这方面有些值得借鉴的经验和要避免的教训:1)日本有些农村基础设施建设过于超前,占地面积过大,但是使用人口偏少,造成诸多农村设施闲置。这种超前大规模农村设施建设情况不适合中国的农村建设;2)日本农村道路建设密度大、宽度适中、尺度宜人、节约用地,并且能够使得农业机械顺利通过,这种农村道路建设和当地农业生产现代化同步发展的做法值得我们借鉴;3)日本农村村庄建设注重规划、集中建设、节约农地,没有条件集中的远距离农户要通过换地制度,向中心聚落集中安置。这种通过换地手段集中建设村庄聚落并达到集约用地的做法值得借鉴。

2. 农村可再生能源利用方面:可再生能源已经在日本农村广泛普及,风力发电、太阳能发电、生物发电随处可见。日本风力发电计划到2010年将增加到200万 kW;由于政府对农户利用太阳能实施补贴政策,太阳能发电在日本取得了迅速发展,目前日本太阳能发电量一直位居世界首位,日本政府计划到2010年将国内太阳能发电设施容量提高到482万 kW,较目前增加约7倍;生物发电在日本是一种新生事物,日本每年家畜排泄物为9100万 t,在此背景下,2003年日本第一座家畜粪便发电厂已建成并开始运转。

可再生能源开发对于中国新农村建设具有重大的现实意义。在新农村建设中合理开发利用可再生能源,不仅可以减缓中国能源紧张局面,减轻生态保护和环境污染的压力,而且还可以满足农民对水、电、热、气的能源需求,改善农村生存环境,提高农民生活质量,促进城乡协调,实现社会经济的可持续发展。

3. 山区农村水资源利用方面:日本山区农村的水资源量比较丰富,但是由于受气候和地形条件的限制,水资源的开发利用困难。为了提高山区水资源的开发利用率而开展小型、微型水利工程的开发与应用研究是值得借鉴的。比如开发的结构各异、类型多样的山溪取水工程、广泛应用于山区多沙性河流的栏栅式取水工程以及由栏栅式取水工程群与蓄水池(水库)构成的水资源开发利用模式,都将为我国同类型山区农村的水资源开发利用提供宝贵经验。

第八章 韩国乡村建设管理法规研究综述

一、韩国的乡村概况

(一) 韩国乡村定义

1. 划定对象

韩国农村地域划定对象是在城市地域以外的集中居住地域中，常住人口 250 人以上或户数在 50 户以上的地域，或因水库建设、公有水面的填平等原因，需要集体迁移并开设新的集体住宅区的地方。

2. 划定标准

一般情况下，农村地域是按自然部落为单位进行划定的。但是，在事前有规划地确定农村地域时，其每户占用面积要定在 $1000m^2$ 以下，或者说他们所占的面积不能超过农地或草地总面积的 50%（农业振兴地域为 20%）。但因水库建设、公有水面的填平等公共事业而需要建设迁移至新居住区者除外。为了改善农村居民的福利事业，必要时，在农村地域还可以进一步划定居住区（需要建设住宅、设置居民福利设施的地区）、生产设施区（需要设置居民公共设施，或者需要建立以增加农渔民收入为目的的工厂地区）、绿化区（需要加强居民的保健卫生工作和需要保护景观的地区）等三种类型区。

(二) 韩国乡村发展概况

1. 行政区划概况

韩国国土狭小，总土地面积为 $99373km^2$。其中城市土地面积 $4763km^2$，占总面积的 4.8%；山地（林地）$65665km^2$，占总面积的 66.1%；农地（耕地）21075 km^2，占总面积的 21.2%；其他土地 $7851km^2$，占总面积的 7.9%。

韩国属于多山地区，耕地资源贫乏，属于典型的人多地少国家。韩国现有人口 4686 万，人口密度为 472 人/km^2，是世界上人口最稠密的国家之一。韩国在行政区域上共分为 9 个道（相当于中国的省）、1 个特别市（首都）和6个广域市。其中9个道由北向南依次为：京畿道、江原道、忠清南道、忠清北道、庆尚南道、庆尚北道、全罗南道、全罗北道、济州道（济州岛）；一个特别市指首尔特别市；6个广域市为：仁川广域市、光州广域市、大田广域市、大邱广域市、蔚山广域市和釜山广域市。

韩国行政区划单位共分为4级：1级为道、特别市、广域市；2级为市、区、郡；3级为邑、面；4级为洞、里。

2. 从"新村运动"到"新农村"

建设新型农村，是世界上所有国家或地区实现由传统社会向现代社会转型过程中的一个必经阶段，同时也是必须实施的重要战略之一。一些发达国家或地区已经踏上或经历了这个历史阶段，发展中国家也必须完成这一历史任务。20世纪60年代，韩国在推进工业化、城市化和现代化进程中，出现了工农、城乡发展严重失调的问题。为解决这一问题，1970年韩国发起了"新村运动"。韩国实施"新村运动"的项目都是由专家经过周密研究后设计的，是用现代科学和理念决策的产物。韩国政府为了支持"新村运动"，在运动之初成立了由内务、农林、工商、建设、文教、邮电、经济企划院等部门行政官员组成的非凡委员会，道、直辖市、市、郡、面、邑、村也成立了相应机构，形成了从中心到地方的组织领导体系，政府部门之间也形成了相互协作机制。

韩国的"新村运动"发展到今天已经历了几个阶段，政府对每一个阶段都有明确的规划目标。第一阶段主要是农村基础设施建设；第二阶段以增加收入为主，政府推出增加农、渔民收入计划，支持农村调整农业结构，推广良种和先进技术；第三阶段主要是发展农产品加工为主要内容的农村工业。各个阶段由浅到深、由易到难，政府有通盘规划，并在新村建设过程中进行推动和规范。韩国的农村改革和建设取得了巨大成就，提高了农民的物质文化生活水平和质量，缩小了农村与城市之间的差距，基本解决了农村与城市发展不协调的问题。

至今，韩国政府财政累计向"新村运动"投入2.8万亿韩元，建设效果十分明显，突出变化是农民生产生活条件显著改善。从20世纪70年代到现在，韩国城乡居民的收入始终保持在1:0.8~1:0.9之间。韩国的"新村运动"取得了举世瞩目的成就和经验。

目前，韩国农村已逐步实现了机械化、电气化、水利化以及交通网络化，教育普及也落在实处，因此城乡差别基本消失。据了解，韩国农村居民的平均收入约为城市居民的92.5%。如今，韩国的农村已经成为了名副其实的"新农村"。

二、韩国乡村建设管理法规体系

（一）法规体系构成

韩国政府出台了许多乡村建设的法律与政策，为全面推行乡村建设保驾护航。韩国农业经济学家普遍认为，农村建设比城市建设更为复杂，是一项艰巨的系统工程，必须有相应的制度保障。

1. 立法体制

韩国立法体制大致分为三级：一是由国会制定的法律，如《农业基本法》、《农村振兴法》与《农地保护利用法》等，这一级相当于中国全国人大及其常委会；二是根据法律经总统颁布的法令，如《农村现代化促进法施行令》、《农业机械化促进法施行令》、《农地保护利用法施行令》，这一级相当于中国国务院；三是由行政主管部门依照法律和法令制定的施行规则，如《农业机械化促进法施行规则》、《粮食管理法施行规则》与《农地保护利用法施行规则》，这一级相当于中国国家有关部委等。

2. 法律体系

韩国通过三级立法体制，经过三十多年的发展，形成了较完善的农业农村法律体系。其主要体系可归纳为：

（1）农业农村法。主要有《农业基本法》、《农业农村基本法》、《农村振兴法》、《农村现代化法》、《农村现代化促进法》、《农渔村整备法》、《农渔村计划法》、《农渔村发展特别措施法》、《农渔村所得源开发促进法》、《开垦促进法》、《土地改良法》、《国土利用管理法》、《农地扩大开发促进法》、《渔业法》、《水产业法》、《水产振兴法》、《山林协同组合法》、《农渔村电气化促进法》、《蚕业法》、《种苗管理法》、《肥料管理法》、《农药管理法》等60多部法律；

（2）农业农村法施行令。主要有《农村现代化促进法施行令》、《农业机械化促进法施行令》、《农渔村所得源开发促进法施行令》、《农地保护利用法施行令》、《粮食管理法施行令》等5部法律；

（3）农业农村法施行规则。主要有《农业机械化促进法施行规则》、《农村现代化促进法施行规则》、《农渔村所得源开发促进法施行规则》、《农渔业灾害对策法施行规则》、《农地保护和利用法施行规则》、《粮食管理法施行规则》、《渔业法施行规则》、《水产业法施行规则》等8部法律。

3. 法律体系的分类

根据法律实施的效果与功能，韩国的农业农村法律体系可分为8大类：

（1）基本法。如《农业基本法》与《农业农村基本法》；

（2）振兴法。如《农村振兴法》、《农水产品输出振兴法》、《酪农振兴法》、《水产振兴法》等；

（3）促进法。如《农业机械化促进法》、《农村现代化促进法》、《农村现代化促进法施行令》、《开垦促进法》、《农地扩大开发促进法》、《农渔村电气化促进法》等；

（4）组合法。如《农业协同组织法》、《畜产业协同组合法》、《水产业协同组合法》、《山林协同组合法》等；

（5）特别措施法。如《农渔村发展特别措施法》、《整顿农地改革事业特别措施法》、《农地改良组合育成特别措施法》等；

（6）管理法。如《国土利用管理法》、《种苗管理法》、《肥料管理法》、《农药管理法》等法律；

（7）资源保护法。如《渔业法》、《水产业法》、《水产振兴法》等；

(8) 其他法。如《农渔村整顿法》、《农渔村计划法》、《土地改良法》、《蚕业法》等法律。

4. 立法特征

韩国的农业农村立法有以下六大特征：

(1) 法律法规体系比较健全。从法规层次上看，有法律，如《农村振兴法》；有法规，如《农村现代化促进法施行令》；有规章，如《农地保护利用法施行规则》。从法规级别上看，有宪法性法律，如《农业基本法》与《农业农村基本法》；有一般性法律，如《农村现代化法》。从内容上看，有土地和种植业的法律，保护和发展林业的法律，渔业的法律，发展畜牧业、养殖业的法律，农业组织的法律，农村建设的法律，农用物资、农产品流通与价格的法律，涉农财政与农金融法律，农业灾害补偿与农业保险法律等。

(2) 配套法规建设自成体系。如关于农村现代化，既有《农村现代化促进法》主体法律，又有《农村现代化促进法施行令》与《农村现代化促进法施行规则》等配套法规；关于农地保护利用，既有《农地保护利用法》主体法律，又有《农地保护利用法施行令》与《农地保护利用法施行规则》等配套法规；关于农业机械化，既有《农业机械化促进法》主体法律，又有《农业机械化促进法施行令》与《农业机械化促进法施行规则》等配套法规；关于粮食管理，既有《粮食管理法》主体法律，又有《粮食管理法施行令》与《粮食管理法施行规则》等配套法规等。

(3) 适时修改法律法规及规则。在100多部农村农业法律中，很多法规都进行过修改或修订。少的修改过一两次，多的达十多次。如《农村振兴法》修订了四次，《农村现代化促进法》修订了六次，《农业机械化促进法》修改了四次。此外，《农业协同组织法》也修订多次。

(4) 重视农村建设立法。如既有《农业农村基本法》一般性法律，又有相对专业的《农村振兴法》、《农村现代化法》、《农村现代化促进法施行令》、《农渔民后继者育成基金法》、《农渔村整顿法》、《农渔村计划法》、《农渔村发展特别措施法》、《农渔村所得源开发促进法》、《农渔村高利贷整理法》、《防潮堤管理法》、《土地改良法》、《整顿农地改革事业特别措施法》、《农地改良组合育成特别措施法》、《农渔村电气化促进法》等。

(5) 重视农民教育立法。关于农民教育立法的有《农业农村基本法》、《农村振兴法》、《农渔民后继者育成基金法》、《农业教育法》等。1962年制定《农村振兴法》，明确规定农村指导事业和教育训练事业是农村振兴厅的职能；1980年制定《农渔民后继者育成基金法》，开始组织实施农渔民后继者培养计划；1990年制定《农渔民发展特别措施法》，将农渔民后继者基金更改为农渔村发展基金，为培养农业后继者和专业农户提供法律保证；1993年修改后的《兵役法》，将农业后继者定为产业技能要员免征役；1998年修改《农业农村基本法》，规定了农民教育与培训问题。

(6) 重视农业组织立法。既有《农业协同组织法》一般法律，又有《畜产业协同组合法》、《水产业协同组合法》、《山林协同组合法》等专门法律，由此形成了一套协同组合法律体系。

5. 农村开发关联法

与农村开发直接相关的法律可以分为：(1) 与农业和农地、山林以及畜牧、工业、生活环境、自然环境有关的法律（见图8-1）；(2) 20世纪80年代后期开始的与综合开发有关的法律，但这些法律并不都是以农村开发为主要目的而制定的，有的法律在实际的农村开发当中，起到一个抑制或妨碍的作用。

与开发相关的法律主要是农业、农地和山林以及畜牧业和生活环境范围的。并且跟这个范围相关的法律除了开发以外，相当一部分是属于保护的功能。

通过这些分析可以知道的是，之前的农村开发政策是农业用地和生活环境的开发和从农林业以外的其他用途保护农地的两个政策方向各自被推进，并在这个过程中跟属于上位概念的国土开发相联系。而有计划地调节开发和保护的农村规划制度没有被引起太大的重视。

图 8-1 韩国农村关联法律体系

6. 关联法与国土利用法

韩国《国土利用管理法》于 1972 年 12 月 30 日颁布实施。该法颁布以前,韩国土地是分别依据《城市规划法》、《农地法》和《森林法》等个别法规进行管理的。《国土利用管理法》作为所有有关土地利用管理法律法规的母法,其效力在所有其他土地法令之上。制定该法的目的是为了防止随着经济的高速增长产生国土乱开发现象,并统一实施、调整土地利用规划,达到土地的有效合理利用。按照《国土利用管理法》,将全国国土分为五大地域,即城市地域、准城市地域、农林地域、准农林地域、自然环境保全地域,并就每个地域的土地利用行为加以限定规定,使其符合各用途地域的指定目的。韩国现行国土利用的法律体系如图 8-2 所示。可以看出,凡是和国土利用规划体系中的城市和农村地区规划有关的法律和规定均属于韩国地区及事业关联法内容,并保证各个划分地区和相关适用法律内容一一对应。

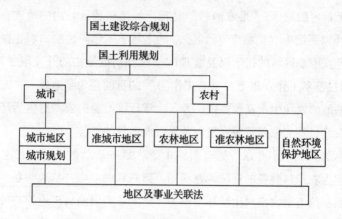

图 8-2 韩国现行国土利用法律体系框架

(二)主要法规的内容

1. 《农渔村整备法》

(1) 制定背景

韩国政府自 1962~1971 年实施了第一、二个经济发展五年计划,重点扶持产业发展和扩大出口,但在此期间工农业发展严重失调。当时,在全国农村人口中,经营不足 1 公顷耕地的农户占 67%,他们的年平均收入还不到城市居民的 50%,而且这种差距有继续扩大的趋势,导致农村人口的大批流动。农渔村人口占全国人口的比例从 1950 年的 70% 降到 1971 年的 46%。农渔村人口的大量无序迁移,带来了诸多的城市问题和社会难题。农渔村劳动力老龄化、弱质化,农业后继无人,加上农业机械化发展滞后,导致部分农渔村地区的农业濒临崩溃的边缘。

为解决这一系列问题,韩国政府在实施第三个五年计划(1972~1976 年)时,把"工农业的均衡发展"以及"农水产经济的开发"放在经济发展三大目标之首位(其他两个目标是"扩大出口"和"发展重化学工业")。为此,有关农渔村建设和开发的规范和法律的出台与实施就逐渐被提上了议事日程。

(2)《农渔村整备法》的基本内容

《农渔村整备法》所称"农渔村"是指郡的地域和市的地域中在总统令上指定的地区;"准农渔村"是指广域市管辖区域内的地方自治团体区(以下定为"广域市自治区")的区域中按照农地法的农业振兴地区和开发限制区域的指定以及管理的按照特别措施法的开发限制区域;"农渔村整备工作(以下'整备工作')"的目的是为了造成、扩充农业生产基地的农业生产基地整备;为了生活环境改善的农渔村生活环境整备和农渔村观光修养资源开发以及界限农地等的整备工作。

本法共八章108条,另有附则1条。第一章总则(目的,定义)、第二章为农渔村整备的资源调查活用、第三章农业生产基地整备、第四章删除、第五章农渔村生活环境整备、第六章为农渔村土地等有效整备的换地,交换·分合等、第七章农渔村观光修养资源开发以及农地等的整备、第八章补则。附则(略)。

(3) 农渔村生活环境整备

"农渔村生活环境整备事业"是指整备和扩充农渔村地区的生活环境、生活基地以及为便利、福祉设施;为向上农业民的福祉而做的以下各种事业:

1) 具备集团化的农渔村住宅,共同利用设施等的农渔村的建设事业;

2) 为已有村的土地、住宅等的合理再配置得农渔村的再开发事业;

3) 分散村的整备事业;

4) 为简易上水道、村下水道(指根据下水道法第二条规定的下水道中,在农渔村地区以村为单位设置的公共下水道)以及污水、废水净化设施的设置等的事业;

5) 面事物所所在地或者重点开发成为居民生活居点的地区的定居生活圈开发事业;

6) 不使用的空房子的拆除和整备;

7）其他为改善农渔村生活环境所必要的事业。

(4)《农渔村整备法》的实施推进

第一阶段：1994年6月，由当时的金泳三总统主持召开了的"推动农渔村及农政改革会议"，研究制定了有关促进农渔村发展的14项40条政策措施，力争在20世纪末使农民年均收入超过城镇居民的收入水平，21世纪初实现现代化的农村，使新村运动在韩国奠定的良好基础，在新时期有了新的发展。其具体内容如下：

1）教育

第1条：大学以区域划定招生名额；第2条：优先照顾农业高中毕业生升学，对1万名来自农渔村的大学新生提供注册金；第3条：优先在农渔村地区建立专科大学；第4条：到1997年为止，完善农渔村小学的各项办学条件；第5条：在人事制度方面，对农渔村学校的教师给予优厚待遇；第6条：对农渔村高中生减免学费比率从现在的15%提高到30%。

2）医疗

第7条：由国家财政承担农渔村医疗保险的比率从现在的40%提高到50%~60%；第8条：定期对农渔民进行体检，使农渔民与其他行业的职员享受同等待遇；第9条：根据地理位置，合并相邻市、郡的农协组织，共同分担重病患者及老年人的医疗费。

3）农渔民年金制度

第10条：自1995年下半年开始实行农渔民年金制度，最低等级金额的1/3由政府从农特税中支出；第11条：为照顾高龄农渔民，申请加入的年龄界限从现在的60岁以下放宽到65岁以下。

4）减轻农渔民负担

第12条：免除畜牧业用物质生产增值税；第13条：对经营耕地少的农民及收看电视困难的农民免收费；第14条：扩大对大小岛屿的飞行航线。

5）扩大非农收入

第15条：简化申办农工团地的手续，促进旅游开发，解决30万人的就业渠道；第 16 条：到 2004 年，将农渔民非农收入比率从现在的 30% 提高到 50%；第 17 条：指定小城镇周围为农渔村产业地带，供其自由使用。

6）建设现代化的农渔村

第 18 条：组建 790 个 100~300 户规模的现代化农渔村；第 19 条：改善现有农渔村住宅 50 万栋。

7）扩建农渔村公路

第 20 条：对现有 3.4 万公里中的 2.7 万公里重新铺修，将铺修比率从现在的 26% 提高到 85%；第 21 条：为修建农渔村公路，提高地方养路费所占比率。

8）开掘地下饮用水

第 22 条：为取水困难的 5000 个村庄，开掘提供地下饮用水；第 23 条：为小规模村庄提供污水处理设施。

9）鼓励经营农业

第 24 条：免除因继承农业或经营农业而回乡者的城市住宅转让费。

10）增加信用保证基金

第 25 条：提高对农渔民的信用保证基金，每年增加信用保证基金 700 亿韩币，从现在的 1750 万元信用保证基金增加到 1 万亿韩币。

11）搞活农用耕地交易

第 26 条：废除农用耕地所有面积上限和距离限制条件；第 27 条：对少于 660m^2 的旱田允许农民使用；第 28 条：将现行的 0.3 公顷以上非自耕农地处理权扩大到 1 公顷以上，对不在当地而拥有耕地者加重税收，以防投机行为。

12）健全食品加工制度

第 29 条：修改现有的法规，使农民或农业生产者团体只需在市、郡、区申请就可以营业；第 30 条：废除品目制造许可证制度。

13）中坚农户的培养

第 31 条：培育 15 万户专业农户（其中大米 10 万户，畜牧、果树业 5 万户）；第 32 条：到 1998 年为止，休整农业振兴地区内的 13.6 万公顷耕地；第33条：到2004年为止，培育2000所在城镇有限投资的农业法人团体；第34条：提供1000亿韩圆购买农机具贷款；第35条：到1998年为止，完成34个农产品公用批发市场；第36条：制定消费者协同组合法，以建立山区与城镇的联系；第37条：建立各类综合处理设施400个，畜产品综合处理设施10个，水果、花卉及猪肉等出口专用基地60个。

14）建立健全农业支持机构

第38条：1994年下半年，为实现农业国际化、区域化，加速整顿农林水产部、农村振兴厅、山林厅和水产厅；第39条：分离农水产协同组合的信用产业和经营事业，合并基层农协单位组织；第40条：改革农渔村振兴公社、农水产品流通公社的基层组织及职能。

第二阶段：金大中总统执政期间的1998年3~2003年2月，克服了国家的金融危机，恢复了经济增长，进一步完善了政治民主化进程，更加注重城乡和区域之间的平衡发展，实现了南北首峰会谈；

第三阶段：自2003年3月卢武铉当选总统开始执政以来，提出了20项基本国策，倡导建设具有竞争力和生活和美的农渔村，具体政策有8项：1）确保农渔村预算达到10%，进一步提高农渔业的竞争力；2）开发环境亲和型农业；3）增加农民收入，增幅达到20%，补贴农民收入因农产品价格走低而减少部分；4）确保农渔业稳定经营；5）建立农渔业福利体系；6）稳定农民收入；7）增强农村经济的活力；8）奠定农渔业旅游基础。

2.《奥地（偏僻地方）开发促进法》（1988年制定）

（1）制定背景

韩国农村综合开发主要始于1971年发起的"新农村运动"。韩国在20世纪70年代经济起飞阶段面临比较严重的区域不平衡和乡村落后问题，为了扩大经济活动空间、加强工业化基础、促进产业结构调整和产品升级，从而增强综合实力和发展后劲，韩国在"黄金发展阶段"及其后时期不遗余力进行落后区域和农村开发。进入20世纪80年代，与"国土建设综合计划法"的原有特定地区开发计划相对应，以区域均衡开发为目的的落后地区开发事业蓬勃展开了。

(2)《奥地开发促进法》的基本内容

本法所称"奥地"是指距城市有相当距离且交通不便、生活水平明显低下的地区。本法律的目的是通过综合开发产业以及生活设施等比其他地区显著落后的奥地地区，实现地区居民的所得增加和福祉向上，减低地区间的差异从而实现国土的均衡发展。

《奥地开发促进法》共14条：第1条目的、第2条奥地的范围、第3条跟其他规划的关系、第4条开发地区的指定、第5条基础调查、第6条开发地区的考察、第7条开发规划的确立、第8条关于道路工作施行的特例、第9条开发规划的确定、第10条年度别工作规划的确立、第11条开发工作费的组成、第12条预算的计算、第13条工作的施行、第14条对其他关系规定的措施。

(3)《奥地开发促进法》的实施效果

根据"农渔村开发促进法"的农渔村定住圈开发计划，根据"奥地开发促进法"（1988年）、"岛屿开发促进法"（1986年）的岛屿及边远地区开发计划，在农林水产部和内务部主管下实施，指导了地区社会单位的落后地区开发事业；随着《奥地开发促进法》的实施，韩国政府对偏僻落后地区进行了大规模投资，力求实现农业工业化，增加农民收入，缩小城乡差别，并在进入20世纪90年代后实现了城乡经济协调发展和城乡居民收入同步提高，促进了区域协调平衡发展；20世纪90年代由于根据"国土综合开发计划法"的原有特定地区开发事业进入结束阶段，根据"关于地域均衡开发及中小企业育成法律"（1994年）引入新的对落后地区的开发制度——"开发促进地区制"，把开发对象地区根据其特征划分为落后地区型、城乡结合型、均衡开发型，进一步对奥地进行深入和长期的开发。

(三) 韩国乡村建设的问题与重点

1."老龄化"与"空心村"问题

韩国的城市化和工业化始于上世纪60年代，随着工业化和城市化进程的推进，随之出现了一股"离农"热潮，越来越多的农民在城市里找到了工作并在城市里定居。

目前,韩国农村面临的最大问题就是老龄化问题和人口的急剧减少问题:1)韩国的农民仅350万左右,约占韩国总人口的7%,且老龄化十分严重,60岁以上的农民占了农民总数的60%以上,平均年龄也是60岁以上。韩国统计厅2006年11月2日公布统计数据显示韩国农村人口中,65岁以上的人口占到30%,老龄化程度超过韩国平均水平的3倍;2)农村人口在全国人口中的比例,已从1962年的57%下降到目前的8%,韩国农村人口的比重比15年前减少一半以上。农村空巢化问题十分突出。由于一般年轻人受过高等教育后,不愿再回到农村生活,导致新生的农村劳动力十分匮乏。截至2005年12月1日,韩国农、林、渔户共有145.4万,比2000年减少5.3%;人口为393.1万,比五年前减少11.9%。在全体家庭中,农、林、渔户的比重减少9.2%;全体人口中,农、林、渔户的人口比重减少8.3%。因此,日趋严重的老龄化和农村面临的空洞化趋势,是韩国农村面临的最大的危机。

2. 乡村再振兴策略

虽然韩国农村面临着重重危机,但韩国农民有团结协作的良好传统以及发达的农民组织,加上政府以及社会各界的支持,韩国农民正在全力以赴地应对各种危机。

(1) 农业协同组合(农协)

提高农民组织化水平是实现农业与农村现代化的基础。在韩国,把农户连起来的组织就是农业协同组织(简称"农协")。韩国农协是独立法人机构,从中央到各省、市县、乡镇都有分支机构,99%以上的农民是农协会员。农协是一个综合性的经营组织,有自己的金融系统农协银行,商业网点农协超市和流通批发市场,农资销售公司等。农民可以从农协银行申请得到免息或低息的贷款来投资农业生产,根据农协的定单来生产农产品,农协注册农产品品牌供农户免费使用,指导农户进行标准化生产等。

韩国农协制度有以下五个突出特点:一是法律引路;二是政府扶持;三是组织严密;四是功能齐全;五是实力雄厚。农协是韩国农业经营体制的一大特色和骨干力量,在发展农村经济,提高农业、农村及农民地位,推进乡村全面现代化等方面,起了举足轻重的作用。

(2) 农民培训制度

韩国政府为支持农村的发展,建立了集行政、科研、推广、培训职能于一体的中央农村振兴厅,直属国务院领导,全面负责韩国的农业科研和农技推广工作,同时还承担农村生活指导以及农场主的培养和农业公务员的培训等。此外,韩国还在各道、市、郡设立相应的组织机构,道(省)一级设有农村振兴院,市县一级设农业技术中心。韩国政府除了重视提高农民素质外,还十分注意对村级干部的培训,以提高其管理水平。

(3) "一帮一"制度

为了引导社会各方面力量共同参与乡村建设,韩国继"新村运动"后,又于2004年开始推行"一企一村"、"一村一校"运动,即城里的公司企业、学校自愿与乡村建立合作交流关系,对其进行"一帮一"支援,正在迅速扩展成为全社会参与的支农运动。这项运动得到了卢武铉总统的首肯,并由农林部列为2005年的重点方针,现已列入5年规划。

企业利用自身优势,为村庄的发展提供智力、财力支持,如为村庄的发展出谋划策,帮助农民改善农产品的流通、销售渠道等,韩国第一大企业三星集团就是"一企一村"活动的积极参与者;在韩国,有一所"韩国农业大学",国家对这所大学实行一系列特殊政策,包括由政府财政拨款,免除学杂费、食宿费、教材费等所有费用。毕业时授予学士学位,推荐免除服兵役,并提供在农村的安家费和经营启动资金的贷款扶持等,目的是培养专业化的农业经营人才,为韩国的农村输入新鲜的血液,提高本国农业的竞争力。

目前,韩国的"一企一村"逐步由人员交流向资金物资援助为主转变,并计划将"一企一村"逐步扩大为"一校一村"、"一小区一村"、"一店一村"、"一机关一村",更大范围地加大反哺农村的力度。

3. 乡村建设管理制度与立法

(1) 管理制度

韩国政府认识到没有一个有效的管理制度,即使制定出再好的政策措施和宏伟蓝图,也无法得以善始善终的实施而取得预期效益。为此,韩国政府经认真研究后,制定出一系列科学管理制度,对各级政府的管理对象、内容、方法、信息分析、组织和反馈体系等都做出了明确翔实的规定:

1)面(乡镇)级管理职责。面政府公务员每天在村调查研究、检查督促新村运动执行情况,收集整理有关数据,并向面长报告。面长通过建立图表档案及时收集分析有关情况,每天或每周向郡守报告有关统计数据;

2)郡级(县级)管理职责。郡级管理监督的目的和任务是及时发现农村基层组织有关情况,检查监督中央分配下达的支援物资是否及时、准确地送到面、村并合理使用;

3)道(省)、中央级管理职责。及时掌握郡、面、村的实际情况,及时制定和调整有关政策措施,加以矫正或推进,各道(省)的副知事负责及时收集和分析各郡守提出的报告和有关厅局经调查研究提出的报告,全面负责新村运动的具体实施和按期完成。各道(省)政府及时收集有关情况后写成报告,每月或定期向内务部部长报告。内务部部长收集分析全国的情况,及时制定或调整有关政策。内务部长委托大学教授负责全国的检查监督工作,并根据情况派中央有关部委官员到道、郡检查监督。

韩国政府还根据国家社会、经济发展变化,适时调整和改进法律,于1997年制定、于2001年修订了《环境亲和型农业育成法》,确立和加强了环境亲和型农业的地位、职能和作用,并建立健全相关的组织机构和认证制度,积极扶持有机农业,加强标准化管理。

(2)法律保障

为了充分调动农民的积极性,发达国家在农村改革和建设过程中,采取了很多保护农民的措施,制定了保护农民权益的政策、法规和法律。通过法律,逐步建立起现代社会保障体系,这个体系覆盖了农村,使从事独立经营的农民与具有雇佣关系的工人和职员一样,都能够享受所有社会保险,同时法律还确保农民获得政府提供的公共利益服务。

韩国历来重视乡村建设管理的立法工作,它以《农业基本法》作为农业宪法,同时制定了农村振兴、农村现代化、农业组织、农业机械、农业用地、农村能源、农产品价格流通、农作物种子、农业仓库、农业肥料农药、农业灾害以及粮食管理、畜产水产品、农业银行、农业教育等方面的法律法规100多部,从而形成了比较完善的农业农村法律体系,确保了农业生产各方面、各环节和新乡村建设各项事业都有法可依,走向了依法治农、依法治村的良性发展道路。同时,较为完善的农业农村法律体系的形成,为建设新乡村运动的顺利发展和农村现代化的实现提供了法律保障。

韩国的乡村建设管理法律体系是韩国整个法律体系中的重要组成部分,对整个韩国社会的稳定与发展具有重要作用:一方面,乡村建设管理法律体系保护了农业的基础,保持了农村组织的稳定性和农业政策的连续性;另一方面,乡村建设管理法律体系在促进农村发展、缩小城乡差别和地区差距、保持政治和社会稳定等方面发挥了重要作用。

三、韩国乡村建设管理法规的发展历程

韩国十分重视农村社会发展问题,先后制定了《农村振兴法》、《农村现代化法》、《农渔民后继者育成基金法》、《农渔村整顿法》、《农渔村计划法》、《农渔村发展特别措施法》、《防潮堤管理法》、《土地改良法》、《农业教育法》、《农渔村电气化促进法》等10多部法规,内容涉及农村社会发展的各个方面。

与此同时,韩国从20世纪70年代初开始了新村运动,促进了农村的综合发展。20世纪90年代以来,韩国进一步加大了农村社会发展与建设的政策支持法规:

1. 1994年,韩国政府专题研究制定了有关促进农渔村发展的14项40条政策措施,力争在20世纪末使农民年均收入超过城镇居民的收入水平,21世纪初实现农村现代化。

2. 1997年制定《环境亲和型农业育成法》,通过立法确立和加强

环境亲和型农业的地位、职能和作用，并建立健全相关的组织机构，积极扶持有机农业。可以说，发展环境友好型的有机农业是新时期韩国农林部的首要任务，也是韩国农业的发展方向。2005年2月15日韩国农渔业对政策员会组建的环境亲和型政策协议会，正式组织开展系列活动。

3. 2003年，韩国政府积极倡导建设具有竞争力和生活和美的农渔村，提出了8项具体政策，表明了韩国政府对农村社会和经济发展继续扶持的决心和力度。

4. 2005年，韩国农林部、教育与人力资源部等15个部委制定了《城乡均衡发展、富有活力、舒适向往的农村建设》计划，涉及4大领域、14项主题、139项具体实施计划。

四、韩国乡村建设管理法规对我国的借鉴

（一）制定新农村建设管理制度

韩国制定了严格的新村运动建设管理制度，以规范农村农业农民的全面发展。韩国政府认识到没有一个有效的管理制度，即使制定出再好的政策措施和宏伟蓝图，也无法得以善始善终的实施而取得预期效益。

为此，韩国政府经认真研究后，制定出一系列科学管理制度，对各级政府的管理对象、内容、方法、信息分析、组织和反馈体系等都做出明确翔实的规定。

（二）加强农村基础设施建设

加强以小型水利设施为重点的农田基本建设，加强防汛抗旱和减灾体系建设，加强农村道路、饮水、沼气、电网、通信等基础设施和人居环境建设；逐年加大国家财政投资和信贷资金对农业、农村的投入；整合各种渠道的支农资金，提高资金使用效益；积极引导农民对直接受益的公益设施建设投资投劳；鼓励和引导社会各类资金投向农村建设，逐步建立合理、稳定和有效的资金投入机制。

（三）加快发展农村社会事业

各级政府要不断增加投入，加强以乡镇卫生院为重点的农村卫生基

础设施建设；健全农村三级医疗卫生服务和医疗救助体系。加快建立与农民收入水平相适应的农村药品供应和监管体系，规范农村医疗服务。加强公共文化设施建设，继续实施广播电视"村村通"和农村电影放映工程，发展文化信息资源共享工程农村基层的服务点，构建农村公共文化服务体系。进一步完善农村"五保户"供养、特困户生活救助、灾民补助等社会救助体系，探索建立与农村经济发展水平相适应、与其他保障措施相配套的农村社会养老保险制度。

（四）尽快出台农民合作经济组织法律法规

实践中，在民政部门登记注册的合作经济组织视为社团法人，在工商部门登记注册的合作经济组织视为企业法人。由于其法律地位没有明确，合作经济组织的经济和社会活动缺乏法律保护，对其的税收、信贷等优惠政策还缺乏必要的法律依据，这严重限制了合作经济组织的发展。要根据中国实际情况，尽快出台《农民合作经济组织条例》，明确合作经济组织地位及税收、信贷等优惠政策，保护合作经济组织和农民权益，规范合作经济组织健康发展。同时也要及时制定各类专业合作组织法规，如养殖协会、水果协会与蔬菜协会等。

第九章 中国台湾地区乡村建设管理法规研究综述

一、中国台湾地区的乡村概况

(一) 台湾地区乡村定义

台湾地区的乡村是相对于都市区而言的，乡村地区被称呼为"非都市区域"。20世纪50年代以来，非都市地区随着土地改革的进行，不断进行着深刻的变革。特别是第三次土地改革对如今的乡村建设具有重大意义。第三次土地改革的主要内容是扩大农业经营面积，办理共同运销，加速农地重划。台湾农地变更使用管制制度，先采取个案定制，再按土地等则管制，最后按土地使用分区编订管制。台湾非都市土地划分为8种使用分区（以农地而言分为特地农业区和一般农业区、乡村区、工业区、森林区、山坡地保育区、风景区、特定专用区）。

(二) 台湾地区乡村发展概况

1. 行政区划概况

台湾地区面积3.6万km^2，包括台湾岛（面积3.58万km^2）、澎湖列岛、绿岛、钓鱼岛、兰屿、彭佳屿、赤尾屿以及金门、马祖，全省共辖7市16县；人口主要集中在西部平原，东部人口仅占全部人口的4%，人口密度平均每平方公里为568.83人，政治、经济、文化中心和第一大城市台北市的人口密度已达每平方公里10000人。台湾岛多山，高山和丘陵面积占全部面积的2/3以上，森林面积约占全境面积的52%。

2. 土地改革

台湾地区先后进行过三次大的土地改革，第一次是1949年到1953年的土地改革；第二次是20世纪70年代的土地改革，这次主要是对征收土地税和田赋进行的土地改革；第三次是1981年到1985年以改革土地经营制度为主的土地改革。

台湾地区的第三次土地改革的最大成果就是发展了农业租佃制度，实现了"小地主，大佃农"的农业生产方式，走上了规模经营，提高了农业生产效率，推动了农业发展，促进了农村的全面发展；同时，产生了大量兼业农民，增加了农民收入；台湾的土地分区编制与管制，使土地资源得到了合理利用，朝着合理化方向发展，最大限度上保护了土地资源。

3. 土地整理

台湾为了开发新土地以确保粮食生产与经济发展对土地的需求，先后制定颁布了《台湾省海埔地开发处理办法》、《台湾省东部土地开发区土地开发处理办法》和《台湾省原野整理开发计划》，不断开发山坡地、海埔地与河川地等边际土地以增加耕地及其他用地。根据有关资料，1980 年以来，台湾约累计开垦山林和山坡地 10 多万亩，1981～1990 年间开发海埔地 $5194.8m^2$，其中 $2669.2m^2$ 用于水田，$2525.6m^2$ 用于旱地，同一时期还利用河川地增加水田 5000 亩，增加旱地 1.3 万亩。而为了限制良田变更和废耕以及加强土地整理，台湾还先后颁布了《非都市土地使用管理规则》、《废耕农地限期复耕实施要点》、《农地重划条例》和《农地重划条例实施细则》等。以土地整理而言，台湾自 1958 年实施农地重划以来，截至 1999 年共完成农地重划 774 区，面积 38 万多公顷，约占农地总面积 48.2%，其中水田基本完成重划。通过农地重划，不仅增加了生产用地面积，改善了农业结构和生产条件，提高了农地生产力，还显著增加了农民收入，为台湾经济社会发展做出巨大贡献。

4. 乡村建设

台湾提出了"农为邦本，本固邦宁"这样一个重视农业、加强农业的大政方针，也提出了一个新农村的建设问题。他们把农村、农业、农民融入第二、第三产业的发展，融入都市化进程之中。他们立足于生产、生活、生态的有机结合，利用田园景观、自然生态等环境资源并借助于现代物质技术条件，融现代农业、乡村文化、观光休闲（旅游）以及环保教育、农事体验职能于一体,推动了人与自然和谐、都市与农村和谐的历史进程。

台湾为增加农村福利,加速农村建设,也在"黄金发展阶段"制订了不少相关方案和计划。例如,1979年推行"加速基层建设方案",计划从1980年起由各地方当局在农村、山区等落后地区发展交通、通信、文教卫生等事业,以改善农民生活,缩小城乡差距;并在1982年实施"第二阶段农地改革方案"同时,实施了"加强基层建设提高农民所得方案",而且还在1983~1984年间投入大量资金用于改善农村和山区生活条件,促进农田保护。

二、中国台湾地区乡村建设管理法规体系

(一)法规体系构成

台湾乡村建设管理相关法规(建筑、规划)主要隶属《区域计划法》和《土地法》。主要有《非都市土地使用管制规划》、《制定非都市土地使用分区图及编定各种使用地作业规范》、《非都市土地申请设立游乐区使用农牧用地变更为游憩用地配合事项》、《非都市土地设置加油站事业计划审查作业要点》、《非都市土地山坡地住宅社区开发审议规范》、《非都市土地申请变更编定为游憩用地开发事业计划审查作业要点》、《非都市零星地变更编定认定基准》、《非都市土地申请变更作为社会福利设施使用其事业审查作业要点》、《非都市土地申请变更为作为汽车驾驶训练班使用地与办事业计划审查作业要点》、《非都市土地申请变更农用团体农产品集货、贮藏、冷藏场(库)使用计划审查作业要点》、《非都市土地申请变更作为寺庙建造使用事业计划审查作业要点》等。

(二)主要法规的内容

1. 非都市土地使用管制规划

(1)制定背景

台湾耕地总面积在1976~1986年间减幅约3.2%,但就水田而言,流失速率较高,年减幅超过0.45%,是前一时期减速的3倍左右,水田

非农化率与 GNP 相对弹性也一度高达 0.033。其次，各类建设用地面积迅速增加，占土地总面积比重快速上升。例如，根据台湾省经济部工业局数据，台湾编定工业用地总量此间由 1 万多公顷增加到 2 万多公顷，增加一倍以上。

(2)《非都市土地使用管制规划》的基本内容

本法依据《区域计划法》第 15 条第 1 项规定制定。共 10 条，另有说明 2 条；非都市土地的划定为特定农业、一般农业、工业、乡村、森林、山坡地保育、风景、国家公园、特定专用等使用区；非都市土地使用编定后，由直辖市或县（市）政府管制其使用，并有当地乡镇（市）（区）公所随时检查，其有违反编定使用者，应即报请直辖市或县（市）政府处理。

(3)《非都市土地使用管制规划》的实施效果

台湾从 20 世纪 70 年代起实行严格农地管制措施，并通过《土地法》、《区域计划法》、《非都市土地使用管制规则》和《农地重划条例》等法律法规形式确定下来。主要包括"农地农有"（限制农地转移，实现耕者有其田）、"农地农用"（限制耕地及其他农用土地变更为非农用地）和"农地重划"（以交换分合方式，将农户分散耕地以适当方式集中经营，有利于农村交通、水利兴修、机械耕作和农地开发利用）等政策，在一定程度上限制了之前工业和都市发展对耕地的侵占。

2. 非都市土地开发审议作业规范

本规范依《区域计划法》第 15 条之二第 2 项规定而制定；非都市土地申请开发面积足以影响原使用分区划定目的者，依非都市土地使用管制规则规定，其土地使用计划应经区域计划拟定机关审议者，除其他法令另有规定者外，应以本规范为审查基准；非都市土地申请开发区应符合区域计划保育水土及自然资源、景观及环境等土地利用方针，并应符合区域计划的部门发展计划的指导；本规范共分总编、专编及开发计划书三部分，专编条文与总编条文有重复规定事项者，以专编条文规定为准。未列入专编之开发计划，依总编条文之规定；为提供非都市土地拟申请开发者之咨询服务，申请人得检具附件一之数据，函请区域计划原拟定机关或直辖市、县（市）府就拟申请开发之基地，是否具有不得开发的限制因素，提供相关意见。

三、中国台湾地区乡村建设管理法规的发展历程

台湾地区一直很重视土地利用管理法规的建设。由于台湾地区的耕地资源都很少，乡村开发建设过程中台湾也不断制定各种法律用以保护农地。主要有《非都市土地开发审议规范》、《非都市土地开发审议作业规范》、《非都市土地休闲农业区容许作休闲农业设施使用审查作业要点》、《农村社区土地重划条例施行细则》等。台湾制定一系列建设管理法律和规范，从《区域计划法》、《土地法》到《非都市区土地使用管制规划》等，有力地保障和推进了台湾乡村建设和乡村城镇化的顺利进行。

四、中国台湾地区建设管理法规对我国大陆的借鉴

（一）大规模开展农村劳动力技能培训

提高农民整体素质，培养造就有文化、懂技术、会经营的新型农民，是建设社会主义新农村的迫切需要。继续支持新型农民科技培训，提高农民务农技能，促进科学种田。扩大农村劳动力转移培训的阳光工程实施规模，提高补助标准，增强农民转产转岗就业的能力。加快建立政府扶助、面向市场、多元办学的培训机制。各级财政要将农村劳动力培训经费纳入预算，不断增加投入。整合农村各种教育资源，发展农村职业教育和成人教育。

（二）完善农业技术推广体系

加强农业高技术研究，继续实施现代农业高技术产业化项目，尽快取得一批具有自主知识产权的重大农业科技成果。针对农业生产的迫切需要，加快农作物和畜禽良种繁育、动植物疫病防控、节约资源和防治污染技术的研发、推广。把农业科研投入放在公共财政支持的优先位置，提高农业科技在国家科技投入中的比重。继续安排农业科技成果转化资金和国外先进农业技术引进资金。

加快农业技术推广体系改革和建设，积极探索对公益性职能与经营

性服务实行分类管理的办法,完善农技推广的社会化服务机制。深入实施农业科技入户工程,扩大重大农业技术推广项目专项补贴规模。鼓励各类农科教机构和社会力量参与多元化的农技推广服务。

(三) 培育农村新型社会化服务组织

1. 在继续增强农村集体组织经济实力和服务功能、发挥国家基层经济技术服务部门作用的同时,要鼓励、引导和支持农村发展各种新型的社会化服务组织;

2. 推动农产品行业协会发展,引导农业生产者和农产品加工、出口企业加强行业自律,搞好信息服务,维护成员权益;

3. 鼓励发展农村法律、财务等中介组织,为农民发展生产经营和维护合法权益提供有效服务。

第十章 印度乡村建设管理法规研究综述

一、印度的乡村概况

(一) 印度乡村定义

有关农村的定义在印度并不统一。即便是按照政府文件或法律也表现出不同的概念。按照印度有关农村保险法规的定义,农村地区包括以村庄为主的地区和人口少于 1 万人的小城镇。但据《全国农村就业保障法》的定义,"农村地区是指一个邦内的不受任何城市地方机构管辖的任何地区"。根据印度《城市住宅与环境政策草案 2005 年》的划分,印度城镇依据人口分为六级,其中 5000~10000 人口的为五级城镇,少于 5000 人口的为六级小城镇。五、六级城镇共计约有 1 千余座,占城市总人口的 2.6% 左右。

(二) 印度乡村发展概况

1. 印度国情

(1) 国土和气候:印度国土陆地土地面积约 297.47 km^2,居世界第七位。大部分地区属于热带或亚热带气候。季风对印度农业的影响很大。每年 6 月,季风带来充沛的雨水,为农作物生长提供良好条件。如若季风迟到,将会对农业产量造成严重影响。

(2) 人口:印度 1991 年和 2001 年的两次人口普查数据显示,印度人口增长速度很高。1991 年总人口为 8.46 亿人,2001 年总人口为 10.27 亿人。十年间人口总数增加了近 1.8 亿人。2001 年时,农村人口为 7.41 亿人,城镇人口为 2.85 亿人。人口密度每平方公里 1991 年 274 人;2001 年 324 人,属人口密度高的国家。

(3) 人类发展指数:随着印度经济的快速发展,印度的总体经济实力有了较大的提高。但印度人类发展指数在世界的排行却没有实质性改变。

根据联合国开发计划署发表的《2006 年人类发展报告》,2004 年印度的人类发展指数①位居世界的第126位,同年中国位居81位。从1975年到2000年,每隔5年,印度的人类发展指数分别是0.413；0.439；0.477；0.515；0.548和0.577,可以看出其增长十分缓慢。重要的健康指标如孕产妇死亡率和五岁以下婴幼儿死亡率也没有明显的改善,消除营养不良的努力所获得的成就也不高。2005年人均寿命男性为63.9岁,女性为66.9岁。印度显著的经济增长还没有显著改善其人类发展状况,在婴儿死亡率、性别平等方面,印度甚至落后于孟加拉国。

(4) 教育发展不平衡：尽管印度的高等教育成果显著,在基础科学(包括物理、空间科学、数学等领域)、管理科学和信息技术方面人才济济,为世界称道,尤其是其软件人才数量更是世界首屈一指,并依仗人才优势通过服务业外包为国家挣得大量外汇收入。但在这骄人成就的背后,却存在着大量的文盲。总成人识字率2005年约为61%。

2. 经济社会发展概况

印度全国经济社会发展水平很不平衡。以地区划分,东北部、北部地区属发展缓慢的落后地区。以人群划分,"表列种姓"、"表列部族"以及"其他落后阶层"中贫困人口比例高于其他人群,为弱势群体。印度虽然没有因行政划分造成的城乡二元体制,但仍然存在显著的城乡差别。农村地区经济社会发展程度均低于城镇地带。农村地区生产生活基础设施缺乏,生存环境恶劣。农村地区集中了全部贫困人口的3/4。印度最贫困的四个邦,北方邦、比哈尔邦、中央邦和奥里萨邦；是印度的人口大邦,四个邦的总人口占到全国总人口的39%。这四个邦中都有超过55%的人口生活在贫困线下。全国几乎一半的贫困人口(约1.33亿人)集中在这里。这些邦的人口密度高,文盲率高,城市化和工业化水平低,土地人口承载率高,人均土地占有面积日益减少,并且粮食单位面积产量低,粮食增长率低于人口增长率,这许多因素共同导致高贫困率。

---

① 人类发展指数是衡量一个国家平均的人类发展水平的参考指数。其计算主要参考三类指标,一个是预期寿命,二是教育方面的指标(包括毛入学率和识字率),三是人均GDP值,最后通过加权平均计算出人类发展指数HDI。

印度目前的富裕人口与贫困人口之间的差距仍在不断扩大，有超过25%的人口生活在贫困线下。贫困线下人口占总人口的比率为贫困率。按照印度政府颁布的贫困标准和印度计划委员会的数据，1983年和1993年贫困线下人口占全国人口总数分别为44.48%和35.97%；贫困人口总数分别为3.22亿人和3.20亿人。10年间，贫困率虽然下降了约8.5个百分点，但贫困人口的绝对数量并没有减少。到2000年，农村人口贫困率为27.09%，人数为1.93亿人；城市人口贫困率为23.61%，人数为0.67亿人，全国总的贫困人口为2.60亿人，占人口总数的26.10%。在1983年至2000年的十多年里，从总的趋势看，印度的贫困率在下降，但贫困人口数量仅减少了几千万。官方统计数据表明，如果采用每人每天1美元的消费额这一贫困标准来衡量，则印度贫困人口约为3.9亿人。

无地农户和少地农户是农村中最为贫困的群体，而表列种姓和表列部族群体则是无地农户的主体。印度农村共约有1亿多农户，其中约有5000万边际农户[①]和1000万无地农户，即全部农户中至少约60%的农户无法单纯依靠自有土地生存。他们必须寻找其他的就业机会才可维持最低家庭生存需求。尽管印度政府制定了土地最高限额法，将大地主手中限额外的土地分配给无地农户，但土地改革由于各种原因进行得不彻底，高等种姓仍然拥有90%的土地，并且是好耕地。低等种姓拥有的土地多是碎小和边缘地块，没有灌溉条件，因而产量极低。另外，随着人口的膨胀，农村中传统大家庭的解体，土地碎化现象日益严重，户均土地占有量越来越低，无地农户有增加的趋势。农户没有土地便没有经济来源，多依靠为有地农户耕种、租赁土地耕种或外出打工艰难度日。

二、印度乡村建设管理法规体系

（一）法规体系构成

农村建设管理的法律法规由联邦法律和邦法律两部分组成。尽管根

[①] 印度政府将拥有土地小于1公顷（15亩）的农户界定为边际农户，全国边际农户平均拥有土地小于0.5公顷。

据宪法规定的立法权限划分，邦立法机构是农村建设管理有关法律的立法主体，但联邦层面上也有一些法律与农村建设管理有关。这些法律主要涉及土地征用、金融、环境保护、复原与安置、劳动就业、农村中小企业等方面。在联邦法律和邦法律之上，则是宪法。

1. 印度立法制度

印度的现代立法制度是英殖民统治时期建立起来的，深受英国立法制度的影响。1909年，英国议会通过《印度会议法》，规定分设立法会议和行政会议。1919年，英国议会通过的《印度政府法》规定，由直接选举产生中央和邦议会，中央立法机构实行两院制，由国务会议和立法会议组成。1935年，英国议会通过了新的《印度政府法》，规定联邦立法机关由总督、国务会议和联邦大会组成，邦立法会议成员由直接选举产生。1947年印度独立。1948年，以B. R. 安倍德卡尔博士为主席的宪法起草委员会向制宪会议提交了宪法草案。宪法草案在经过长时间的全国讨论和反复修改后，1950年1月26日印度宪法正式生效。印度宪法规定，印度为联邦制国家，由28个邦和7个中央直辖区（邦）组成；实行议会民主制；以总理为首的部长会议协助总统并向总统提供建议，总统根据部长会议的建议行使或授权从属官员行使行政权力；议会行使立法权；联邦司法机构行使司法权。在联邦层面，联邦立法机构为国会。国会由总统和两院（人民院和联邦院）组成。在邦一级层面，立法机构为邦议会。

2. 议会的职权

印度宪法对国会（即联邦议会）和邦议会的立法权限进行了划分。宪法附表七共有三个明细表，分别是《联邦职权表》、《各邦职权表》和《联邦与各邦共同职权表》。联邦立法机构在96项重大事项上享有专门立法权，邦立法机构有66个事项的立法权，负责制定本邦、本地区的法律。此外，在47项事项上联邦和各邦都可以立法，但邦立法机构制定的法律不得与联邦议会制定的相关法律相抵触。

联邦议会是印度最高立法机构，其主要职权为行使立法权（包括修改宪法权），制定法律。同时，联邦议会还有财政权、行政监督权和其他权力。但事实上，联邦议会制定法律的权力有限，以总理为首的部长会议实际权力较大。联邦中央政府基本上控制着法律的制定过程。由于出台一部新法律的过程漫长而复杂，印度中央政府常出台一些部门政策代替法律法规，推动经济社会的发展。

根据印度宪法在立法权限上的划分，联邦立法机构的立法权限主要涉及国防、内政、外交、货币、航空、铁路、邮电、银行、保险、外贸以及重要税收等重大事项。与农村发展建设有关的法律的制定主要由邦立法机构负责。邦立法机构与农村有关的立法权限包括：地方政府的建立、交通（包括道路桥梁涵洞）、农业（包括农业教育和研究）、水务、土地、渔业、农业贷款发放、工程与建筑、土地收益、农业收入税收、农耕地继承税、农耕地财产税、土地和建筑物税等。

由以上立法权限划分可以看出，联邦立法机构基本上不参与和农村发展建设有关的立法，而各邦立法机构是这方面的立法主体。

（二）主要法规的内容

1．联邦法律

（1）宪法及宪法修正案

与农村建设管理关系最密切的是国家大法《宪法》与1992年印度宪法第73修正案。该修正案是有关权力下放给农村自治机构的重要宪法修正案，是分权和权力下放的重要起点。印度农村历史上就有"潘查亚特"这样一种村社自我管理的传统文化存在。印度独立时的宪法就已经承认和肯定了这一组织的合法性。1992年第73修正案进一步细化了赋予潘查亚特的更多更具体的职责和权力，至此，一个完整的农村自治机构体系建立起来，成为加速农村建设的转折点。

印度宪法包含395项条款及12个附录。宪法第四部分第40条规定，国家应该采取步骤完善已有的农村自治机构，并赋予其应有的权力和职责，使其能够成为自我管理机构。第九部分第243款是有关自治机构潘查雅特的组成、职责与权力的相关内容。附录11，则是赋予自治机构的具体管理事项，共29项。第73修正案的突出点在于，政府通过完善和加强潘查亚特的权力，在农村地区实行自我管理，推动地方的高度自治。政府有关农村发展的政策和各项工程自此由自治机构负责实施。

农村潘查亚特自治机构分三级，分别是区（县）级（district level）、次区（县）级（intermediate level）和村级（village level），每5年进行一次选举。各级自治机构都须为表列种姓、表列部族和妇女保留席位，其中妇女席位不得少于1/3。区级的自治机构还设立有财政委员会和选举委员会。各级自治机构根据中央和邦政府的政策和计划，以及地方民意制定本辖区的发展计划并负责具体实施。政府各种计划的实施和监督管理都依赖于自治机构。村级自治机构的职责包括：准备年度计划、准备年度预算、组织自愿劳动建设社区工程、上报有关统计数据、执行中央或邦政府有关农村发展建设的工程。政府有关农村的发展工程包括农业、公共林地、畜牧业、饮水工程、农村住房、教育、医疗、环境卫生、社会福利和促进小型企业发展等内容。

（2）土地

印度没有统一的全国性土地立法。在联邦层面，与土地有关的法律只涉及税收、土地征用和土地财产继承等方面。而各邦政府则拥有土地法律的制定权（如土地法），同时邦政府还拥有土地的实际管理权、控制权、征税权以及私有土地和邦有土地的最终审批权。中央政府在土地问题上只有建议权与协调权，只负责制定某些具有全国意义的政策与措施。虽然土地私有，但为防止土地过分集中，保障粮食安全，印度政府对私有土地的自由流转和土地利用类型转变进行了种种禁止与限制，其主要手段是邦政府的土地审批。土地审批类型和内容主要包括7种：农村无地农民的土地分配审批；农地购买审批；农地租赁审批；土地征收与建设用地分配审批；农用地转用审批；土地用途转变的规划许可审批；工业用地的转让审批。

1）土地征用法（Land Acquisition Act，1894）和土地征用法修正法案，2007年（Land Acquisition（Amendment）Bill，2007）。

土地征用是指政府不征求土地所有人意愿强行征用私人地产用于公共目的的过程。最新颁布的土地征用法修正案是1984年的。目前正在立法程序中的是2007年修正法案。新的修正案案对什么是公共意愿重新定义。公共意愿是指国防、基础设施项目或任何对公众有益的项目已经购买了 70% 的土地之后，必须对由征地引致的大规模移民及其社会影响进行评估。新法案确定在邦和中央建立"土地征用补偿争议解决机构"（Land Acquisition Compensation Disputes Settlement Authority）来裁决土地征用引起的争议。

2）国家复原与安置法，2007 年（Rehabilitation and Resettlement Act, 2007）。

该法是与土地征用有关的法规，其目的是公平处理土地开发需求与原土地所有者、使用者等利益群体间的矛盾。其内容涉及到农村社区建设中的许多方面，包括社区服务基础设施和管理体制，在安置点的规划建设管理方面有许多详细的规定。

(3) 农村金融

与农村金融有关的联邦法律主要有《国家农业和农村开发银行法》、《地区农村银行法》和《邦农业信贷公司法》等。这些法律引导印度的银行增加在农村的投入。

1969 年印度实行银行国有化。目前，印度农村金融体系包括：印度储备银行、印度商业银行、农业信贷协会、地区农村银行、土地发展银行、国家农业和农村开发银行、存款保险和信贷保险公司。

1976 年，印度政府颁布了关于建立地区农村银行的法令。1981 年，颁布国家农业与农村开发银行法。印度国家农业和农村开发银行的主要职责是为信用合作机构、地区农村银行以及从事农村信贷工作的商业银行提供再融资服务。同时，印度还建立了存款保险和信贷保险公司，为金融机构为农民贷款提供保险。

印度银行业与中国有很大不同。印度银行业的发展基于地域，几乎每一个邦都有一个相对专属于本邦的银行，被称作是各自邦的"龙头银行"（Leader Banks）。由于各邦的经济发展程度、发展重点不尽相同，因此每一个邦的"首席银行"都有自己的核心计划和发展任务，都按照自己的模式去发展，以支持本邦的产业重点和经济发展。

"龙头银行"是在一个邦中占有主要市场份额的大银行，全部是国有银行。"龙头银行"必须承担促进经济社会发展的责任。印度政府要求每一个家庭都必须有一个银行账户,因此"龙头银行"必须深入到每一个家庭,为他们开立银行账户,即便账户余额为零。

例如,国家农业与农村开发银行法,1981 年(National Bank for Agriculture and Rural Development Act,1981)

依据该法,印度国家农业与农村开发银行(NABARD)于 1982 年成立。该银行由印度政府建立,其使命是推进信贷流动,以促进农业、小型工业、乡村工业、手工业和其他农村手工业的发展,担负着支持农村地区所有相关经济活动、促进农村可持续发展与繁荣的职责。该行制定各级信贷规划,包括区(县)级规划、邦级规划和国家级规划。在区(县)一级,为各区(县)制定潜在资源优势信贷计划,编制区(县)农业与农村行业潜在发展计划及项目信贷要求,同时要考虑其长期自然潜力、基础设施的可用性、扩展服务、市场支持,以及该区(县)农村金融机构的强项与弱点。在邦一级,该银行为每个邦制定邦重点领域报告,反映各邦农业及相关领域发展潜力,并为其提供未来投资指导。在国家层面上,该开发银行协助印度政府和印度储备银行制定与农业和农村发展信贷流量有关的决策。

(4)社会保障

涉及农村社会保障的法律主要有"全国农村就业保障法,2005 年"和"最低工资法,1948 年"。

印度存在大量贫困人口,但却没有真正意义上的全国社会保障法,只有一些零星的针对某些行业的社会保障和针对政府公职人员的及其优厚的保障条例。而广大的农村人口并没有被现有的社会保障制度所覆盖,向农村贫困人口提供最低生活保障并减轻贫困一直是印度政府的目标。经过多年的努力,2005 年印度联邦议会终于通过了"全国农村就业保障法,2005 年"(National Rural Employment Guarantee Act,2005),这一法律被印度学者称作是具有划时代意义的"减贫"法律,但它并不是社会保障法。

"全国农村就业保障法,2005 年"(National Rural Employment Guarantee Act 2005）

2005 年获得通过的这一法律是一个保障农村贫困人口就业并减轻其贫困程度的有关法律。该法律一个显著特征是将提供就业保障与加强农村基础设施建设、增加社区固定资产这两个目标捆绑在一起，通过提供就业机会，实现减轻贫困和改善农村生产生活便利设施的双重目的。该法规定：各邦政府应在法律生效之日起 6 个月内制定本邦的农村就业保障计划；每一农户家庭中的成年人如果自愿从事非技术性的体力劳动，全国农村就业保障法将保证其一年中可以获得 100 天的就业机会；主要执行机构包括村、次区、区（县）自治机构和邦政府。该法授予村民大会的权力包括所需修建工程的推荐、监督和管理；并有权对计划的实施进行社会审计。村委会（潘查亚特）在就业保障计划中担任重要角色，负责工程的规划、农户登记、工作卡的发放、分配工作机会等。次区委员会的职责包括：规划、监督和管理社区工程。在社区级设立项目负责官员。区（县）自治机构（县潘查亚特）的职责包括确定区规划并监督和管理本辖区的就业保障计划的实施。邦政府将指派一名区项目协调人。邦政府将依法建立邦就业保障委员会。该委员会向邦政府提出计划实施建议，并对计划的实施进行评估和监督。邦政府将任命就业保障专员。中央政府将建立中央就业保障委员会，对中央政府有关就业保障有关事务提出建议并履行监督和评估的职责。

（5）城镇和乡村规划法范本

在国家层面上，印度没有正式的农村规划建设法规。但在 1960 年，城镇和乡村规划组织（Town and country planning organization）出台过"城镇和乡村规划法范本"（Model Town and Country Planning act）。城镇和乡村规划组织隶属于印度中央政府的城市发展和减贫部，是一个与城镇和地区规划事务有关的最高技术咨询机构，其主要职责包括提出城镇和地区发展战略，研究、监督和评估中央政府各项计划和发展政策。该机构负责向城市发展部提供城市开发规划和基础设施开发工程和政策方面的技术支持，负责制定国家级地区、城市和农村规划和发展政策和策略。1960 年的"城镇和乡村规划法"范本要求各邦应为本邦的城市地区准备一个总体规划。1985年"城镇和乡村规划法"范本得到修订,修订后的范本改名为"地区和城镇规划与开发法"（regional and town planning and development law）。作为配套措施,城市发展和减贫部同时出台了"城市开发规划设计和执行指导原则"（Urban Development Plans Formulation & Implementation Guidelines）以及"城市和地区规划和开发法"范本（Model Urban & Regional Planning and Development Law）。

2004年,印度内政部灾难处理厅专家委员会为修改城镇规划法范本准备了一份报告。起因是近年来印度遭受的地震暴露出建筑物的脆弱。印度内政部成立这一专家组,以便制定出一个新的建筑规范范本,并对已有的规划法范本进行回顾,提出建议为修改城镇规划法做准备。目前,新的法规尚未出台。

虽然名为"城镇和乡村规划法",但事实上针对的只是城镇,其具体内容中并没有什么与农村相关的内容。而根据"城镇和乡村规划法"1960年范本制定邦相关法律的也只有阿萨姆邦和本地治理中央直辖区等极少数邦。

除上述法律范本之外,城市发展和减贫部还颁布过一些开发管理条例（Development Control Regulations）和建筑细则（Building Bye-laws）,这些条例和细则对农村地区的普通低层房屋的建造没有约束力。

2. 邦立法机构制定的法律

依据宪法"各邦职权表"在立法权限上的划分,邦立法机构在66项事务上拥有单独立法权,其中包括地方政府的建立、交通（包括道路桥梁涵洞）、农业（包括农业教育和研究）、水、土地、渔业、农业贷款发放、工程与建筑、土地收益、农业收入税收、农耕地继承税、农耕地财产税、土地和建筑物税等。

印度目前有28个邦和7个中央直辖区（邦）,部分中央直辖区没有自己的立法权。由于印度经济社会发展的不平衡,法律体系完善程度也相应地表现出不一致。这里选取农业和农村经济发展程度较高的哈里亚纳邦作为代表,罗列出该邦与农村发展建设管理有关的法律,说明该邦的农村建设管理法律体系。

第十章 印度乡村建设管理法规研究综述

（1）哈里亚纳邦自治机构法

1992年宪法第73修正案规定各邦都应制定邦自治机构法。哈里亚纳邦于1994年通过了《哈里亚纳邦自治机构法》。对于哈里亚纳邦来说，这是一部十分重要的法律。根据宪法第73修正案和该邦具体情况，这部自治机构法细化了有关条款，成为农村建设管理的主要法律依据。

该法共分5部，21章，218款。这5部分分别是前言、村民大会和村潘查亚特、潘查亚特委员会、区（县）委员会和有关选举的规定。该法详细地规定了三级自治机构的建立、职责、监督和财政管理等内容。

（2）哈利亚纳邦农村发展法

该法规定，在哈利亚纳邦建立农村发展基金管理委员会，以便促进农业生产和农产品的销售。

（3）哈里亚纳邦农村公共卫生委员会法

该法规定，在哈里亚纳邦建立农村公共卫生委员会，以便制定和执行饮用水和公共卫生设施计划等相关事务。

（4）哈里亚纳邦公共用地收回法

公共用地是指根据"东旁遮普土地（巩固和防止碎化）法，1948年"（East Punjab Holdings (Consolidation and Prevention of Fragmentation)）保留给村子的用于公共目的的土地。该法为收回被非法占用的公共用地提供法律依据。农村公共产品如学校、会所、卫生机构、道路等的建造需要占用土地，这些公用设施一般都建造在公共土地上。由于管理不到位，农村中的一些公共土地被私人侵蚀占有，为收回公有土地而出台此法。

（5）哈利亚纳邦最高土地限额法，1972年

独立后，印度一直在进行持续但十分温和的土地改革。土地改革的三大内容主要包括：取消中间人地主（即柴明达尔包税人）、立法规定地租率并巩固租佃权保障佃农利益以及制定最高土地限额法。20世纪60年代，印度各邦都先后制定了各自的最高土地限额法，限额标准很不一致，低的9公顷，高的16公顷，并且有许多"例外"条款。最高土地限额法规定限额以外的土地由政府征收并分配给无地或少地的农户。

1972年，在一次关于土地限额问题的各邦首席部长会议上通过了一项"指导原则"。该"指导原则"要求各邦降低土地最高限额，减少"例外"条款适用范围，并把土地限额的立法列入宪法附表9（即可不受民事诉讼的牵制）。就是在这样的背景下，哈里亚纳最高土地限额法1972年出台。

从以上有关农村建设管理的这些主要法律内容可以看出，印度还没有形成一个国家级或邦级农村建设管理法律体系，这从法律层面充分说明印度的经济社会发展程度还处在发展中国家的等级中。虽然印度的农村建设管理法律体系还不健全，但这并不代表印度政府就不重视农村建设。事实上，自独立起，印度政府就一直致力于农村问题的解决，制定政策并通过各种计划和工程促进就业并消除贫困是其主要途径。随着近年来经济的高速发展，加强农村基础设施建设、提高农村整体居住环境成为目前政府的工作重点。

3. 农村发展规划和有关政策

（1）"建设印度"总体规划

在2005年"建设印度"总体规划提出之前，多年来，印度政府不同部门一直是分别制定各自的农村发展项目和工程，始终没有一个全国统一的、总体的农村发展建设规划。在众多的计划中，比较重要的有：农村以工代赈工程、农村住房计划、饮用水工程、为提高小学入学率而推行的日餐计划和整体环境卫生计划等。2005年，由总理内阁提出"建设印度"总体规划。但"建设印度"总体规划并不是否定或取消正在实施中的各项计划和工程，而是将这些计划和工程统一整合到"建设印度"总体规划中来，以便于部门间的协调和合作。

"建设印度"总体规划是一个为期四年的农村基础设施建设规划，共包含六类工程：道路、通讯、灌溉、供水、住房和电力供应。每类工程都有各自的工程名称、具体目标、指导方针和行动方案。如道路工程叫做"总理农村道路计划"，供水工程称作"拉吉夫·甘地国家饮水工程目标"，住房工程是"英迪拉住房计划"等。

"建设印度"总体规划提出的六类工程和具体目标是：

1）修建连接自然村的农村连接公路。具体目标是为 3.8 万个 1000 人以上的平原地区村庄、2 万个 500 人以上的山区和表列部族地区居民点，修建连接村庄与外部的农村公路；

2）为 6.6 万个村庄连通电话。这些村庄或者从来没有过电话设施，或者原有通讯系统设施失修失灵；

3）新增 1000 万公顷灌溉能力。这 1000 万公顷灌溉能力中，大约 6 百万公顷灌溉能力来自大中型灌溉工程，3 百万来自地下水开发，另外 1 百万公顷灌溉能力来自小型灌溉项目；

4）饮用水供水设施。该计划为 5.5 万个至今没有饮用水供水设施的聚居点建造供水设施，为 28 万个饮用水设施报废的居民点复建设施，为 21.6 万个村庄解决水质差的问题；

5）住房。从项目开始到 2009 年底，计划每年建造 150 万套住房，为贫困群体建造 600 万座住房。住房计划是通过潘查亚特将专项资金分配给贫困无房户自行建造自用住房；

6）供电。通过电网或非传统技术使得偏远地区尚未通电的 12.5 万个村庄的 2300 万个家庭实现基本的电气化。

上述六类工程由不同的中央有关部门负责执行，如道路、供水和住房由农村发展部执行，电话工程由通讯和信息技术部负责，灌溉工程由水资源部负责，供电由电力部负责。不同部门为各自负责的工程都分别制定有自己的具体政策、举措和行动方案。

如农村发展部负责的农村道路工程也叫做"总理农村道路计划"。农村发展部为此出台了很多文件，可分成两大部分，一是指导原则，二是补充材料。指导原则部分包括："总理农村道路计划和指导原则"、"操作指南"、"会计手册"、"专用标志、交通标志和道路石碑"、"标准投标书"和两卷本的"农村道路质量保证手册"。每一份文件都有着详细的说明和规定，具有法规效力。如"总理农村道路计划和指导原则"包括三部分：一、工程目标和指导原则；二、农村道路的规划、资金筹集、建造和维护；三、资金流转，投放程序和审计。补充材料部分包括："农村道路建设——概述"、"总理农村道路计划影响评估"、"农村道路规划—2025年远景规划"、"中央道路基金法"、"中央道路基金条例"和2000年全国农村道路开发委员会提交给总理的"报告"。该报告内容十分详尽，包括5部分。其中第4和第5部分有很强的技术性，第4部分是"甄别和任务阶段"，第5部分是"详细计划书"。这一报告对完成农村道路建设起着建议作用。

"建设印度"总体规划中另一重要工程是供水工程。2005年水资源部启动了名为"拉吉夫·甘地国家饮用水任务"这一工程，主要针对农村地区。从20世纪90年代起，印度政府就花大力气解决农村饮水问题。经过多年的努力，安全饮用水工程目前已经取得很大成效。全国近60万个居民点中，大约还剩下1%的居住点没有解决用水问题。解决饮用水的方法主要有三种，一是打井并安装手压泵；二是建造小型水塔，安装管道实现管道供水，；三是修建集雨池等集水设施，为缺水地区解决饮用水问题。工程达标的标准为：每人每日可获得安全饮用水达到40升；每250人拥有一个手压泵井或水站；在平原地区水源应在居住地1.6公里之内，在山区水源应不超过居住地海拔正负100m。2006年，政府推出了一个名为"全国农村水质监测工程"，采取措施积极鼓励农村社区参与水务自我管理。政府提供财政资助，对每一个村的潘查亚特5名成员进行水质监测培训，并配发水质监测工具箱，使其可以定时对水质进行监测。目前存在的问题包括，1%缺水地区取水艰难，相当多村庄的水质差，有害物质超标，如砷、氟、铁、硝酸盐等。

（2）国家农村健康任务

印度宪法规定，印度是一个福利国家。国家有责任保证国民基本健康，所有国民免费享受基本卫生与医疗服务。根据宪法，印度中央政府和邦政府在公共卫生领域各自有着明确的职责。中央政府的职责包括：制定总的政策、开展医学教育、药物控制、防止食品掺假、控制人口、保障母婴安全和实施免疫工程。邦政府负责各自行政管辖范围内的具体医疗服务事业，包括建立农村三级基本医疗体系。

印度的公共医疗体系大致由三级医疗机构组成。在农村，主要包括基层保健站、初级医疗中心和社区医疗中心这三级卫生医疗机构，此外还包括地区医院、专科医院。按照政府颁布的标准,不同级别的医疗机构配备不同数量的人员、资金和设备,并在二级和三级医疗机构之间建立了转诊制度。印度农村基层卫生站,相当于我国的保健站,配备一名经过培训的女性卫生工作人员和一名男性卫生工作人员。他们只是从群众中挑选出来的普通村民,没有行医资格和处方权,只是负责执行中央和地方政府各种有关健康与计划生育家庭福利方面的计划或工程,如免疫计划、疾病监控、发放避孕药品以及水质监测等。所需费用由中央财政预算支出。每一卫生保健站的覆盖人口,在平原地区为5000人,山区和部族地区人口为3000人。农村二级医疗机构也即初级医疗中心,主要承担医疗、转诊、疾病预防、计划生育服务、健康教育和保健站卫生员的培训等工作,功能类似中国的乡镇卫生院。就诊患者获得免费医疗服务。医务人员的报酬由国家支付。按照政府的标准,初级医疗中心应配备1名医生和14名其他医辅人员,其覆盖人群,在平原地区为3万人口,山区、部族民聚居地和其他经济社会发展落后地区为2万人口。一个初级医疗中心负责6个卫生保健站的转诊治疗,应有4~6张床位。初级医疗中心的建立和运作由各邦政府负责。农村地区的第三级医疗服务机构为社区医疗中心,或者是地区医疗中心。按照规定,三级医疗中心应该配备四名专科医生,包括外科、内科、妇科和儿科,应有21名医辅人员,设置30张病床。应该有手术室、X光机、实验室和实验设备。社区医疗中心是高一级的转诊治疗中心,负责四个初级医疗中心的转诊病人。覆盖人口为8万~12万人。2004年,全国有3222所社区医疗中心。但由于印度总体医疗资源不足和分配不公,城乡和地区之间的医疗水平存在很大差距,整个医疗卫生体系存在很多问题。

  2005年1月,印度中央政府针对农村卫生事业的落后状况,推出"国家农村健康任务"。这项工程实际上是一直在执行中的各项卫生与家庭福利①工程的一种整合,重点解决影响国民健康的一系列问题,如厕

---

① 家庭福利工程实质上是一种计划生育工程,由于"计划生育"这个名词受到人们的抵制,所以采用"家庭福利"这一说法。它包括妇女、儿童,尤其是孕产妇和婴幼儿的卫生与健康,提供避孕措施等项内容。

所与环境卫生、安全饮用水和营养摄取。同时,该工程还希望通过医疗体系的改革向农村居民提供更好的医疗服务。由于农村的医疗水平低下,控制传染病的发生成为这一工程的重点。"国家农村健康任务"的实施由邦政府负主要责任。邦政府要根据中央政府的卫生和家庭福利部的要求建立各自的健康目标,制定行动计划,整合各种社会团体组织来实现既定的目标。为了应对医疗资源严重不足的现状,该工程的一个重要举措之一是将印度传统医学整合到医疗体系中,使其发挥重要作用。在这之前,印度传统医学一直被排斥在国家主流医疗系统之外。"国家农村健康目标"在医疗服务管理方面采取的具体措施是将基层保健站和二级医疗机构的管理权下放给村基层自治机构即村潘查亚特。

(3) 国家教育政策,1986年

1976年以前,根据宪法,基础教育主要由各邦政府负责,中央政府只负责协调和制定高等教育标准。宪法还允许地方政府和执政党制定各自的教育政策和教学内容,这使印度不同地区的教育体制存在较大的差异。1976年通过宪法修正案,明确规定了中央政府在教育方面的责任包括加强教育的民族性和统一性,提高教育质量、制定相关教育政策和教学标准等。1993年的宪法修正案规定,教育实行三级管理体制,联邦政府、邦政府和地方自治机构都有责任办教育。2002年的第86宪法修正案在"基本权利"部分加入了一个新的条款,第21-A。这项条款宣布,国家向所有6~14岁儿童提供免费义务教育。此后,又出台了"免费义务教育法案,2004年"草案征求意见。

印度于1986年制定了《国家教育政策,1986》,1992年进行了修改。《国家教育政策》强调教育公平,强调教育在消除社会和地区不平衡中的积极作用;强调教育对增强妇女能力和改善弱势群体和少数宗教群体社会经济处境的作用,强调促进各阶段教育,包括职业技术教育。该政策提出了基础教育规划和管理分权的目标,提出基础教育管理直接由社区参与,建立村教育委员会直接管理学校。在基础教育方面强调三点,普遍入学、14岁以下儿童保持率和持续地改进教育质量使所有儿童能够获得基本的教育水平。

第十章 印度乡村建设管理法规研究综述

为促进基础教育的发展,多年来,中央政府制定了许多计划。如"教育普及计划"、"国家初等教育营养支持计划"、"佳希杜尔巴·甘地女童学校"、"区(县)初等教育工程"等。

1)教育普及计划

这一计划是为实现2010年普及基础教育目标而实施的综合工程。该工程由三部分组成:女童基础教育国家工程、教育保证计划和替代创新教育计划。

女童基础教育国家工程。这是因为在基础教育阶段中适龄儿童入学率上存在着较明显的性别差异,女性的识字率一直明显的低于男性。要消除文盲,提高女童的入学率成为一个关键。

"教育保证计划"。在农村边远地区,一些居民点由于没有学校,儿童失学问题十分严重,教育保证计划主要针对这一问题而设计。如印度中央邦政府在"教育保证计划"中承诺,要为居住地周围1公里半径之内没有正规学校的儿童提供就学便利条件。程序包括自治机构提出申请,政府90天内拨款,居民自行建造校舍,自治机构挑选教师并负责日常管理。

"替代创新教育"是为了学龄儿童因家庭贫困必须劳动而没有时间和精力去正规学校学习的儿童设计的。替代教育采取灵活的时间安排,独立的小单元课程,自由的学习进度,没有年级的划分,老师经过专门的培训。

2)国家初等教育营养支持计划

该计划于1995年开始实施,也称为"日餐计划"(Mid—Day Meal Scheme)。根据联合国儿童基金会2006年5月发布的一份世界儿童营养状况的报告,全世界有1.5亿5岁以下儿童体重严重不足,其中的一半生活在孟加拉国、印度和巴基斯坦这三个国家。印度有47%的5岁以下儿童由于营养不良体重偏轻,这和食物不足有关。为了提高儿童营养水平,同时促进基础教育的发展,印度政府制定了"日餐计划"。政府希望通过这一计划的实施,提高和改善初等教育阶段学龄儿童的营养状况,并进一步推动初等教育的普及。这一计划主要在公立小学、地方小学和政府资助小学校中实施。政府为"日餐"制定了具体的营养标准。标准是每生每学日 100 克粮食,要保证 300 卡路里的热量和 8～12 克的蛋白质,而且要以热的熟食形式提供给学生。每学年至少要保证 200 天的供应。同时每个到校学习的学生每个月还可以额外得到 3 公斤的补助口粮。"日餐计划"在印度家喻户晓,尤其是在农村地区,深受小学生们的喜欢。在印度基础教育普及的过程中"日餐计划"的确起到了很大的作用,促进了初级教育阶段的入学率。

(4) 国家住房和居住环境政策 1998 年

该政策是一个全国性指导方针,不仅针对城市,也包括农村。在有关农村住房问题上,该政策指出,邦政府应该促进并协调私有部门在城乡从事房屋建造。地方自治机构应负责确定房屋短缺状况,并准备区(县)级农村房屋建造行动计划和基础服务设施规划。该"政策"的主要内容包括:目标;资金(基金)保管者的任务;中央政府将采取步骤进行法律改革;制定宏观经济政策促进资源向住房和基础设施部门流动;建立国家住房基金满足低收入群体的住房需求;促进研发和住房建造技术转移;邦政府将放宽法规或制度推进住房和基础设施建设;促进私有部门和住房合作社参与城市和农村住房建造;对土地供应政策和法律进行适当的改革等。根据该政策,印度中央政府城市发展部的城镇住房和减贫部制定了"全国城镇住房和居住环境政策 2007 年"(National Urban Housing and Habitat Policy 2007)。在农村住房方面,目前有关专家学者正根据"国家住房和居住环境政策 1998 年"致力于"全国农村住房和居住环境政策草案,2006 年"(National Rural Housing & Habitat Policy 2006(DRAFT))的修订。该政策目前尚未推出。

(5) 农村住房计划指导方针

农村住房计划又被称作英迪拉住房计划(Indira Awaas Yojana),开始于 20 世纪 80 年代,是"全国农村就业工程"和"农村无地农户就业保证工程"中的一项主要内容。1996 年住房计划与就业工程脱钩,成为独立的一项计划。目前,英迪拉住房计划是农村发展部在解决农村贫困群体住房问题上最主要的计划。该计划主要是通过向目标群体提供一次性财政援助帮助其建造、改造住房。项目基金由中央政府和邦政府以75:25分担。定向目标群体包括农村地区贫困线下家庭、寡妇、住在农村的阵亡军人近亲（与其收入无关）、退伍军人等。该计划通过区（县）自治委员会和区（县）农村开发事务部执行。中央补助款分两次下拨给区（县）自治委员会或区（县）农村开发事务部，由后者负责运作。该计划在实际运作过程中，各邦政府的具体政策不统一。有些邦的政策允许建房者100%使用上述工程基金建造房屋，而有些邦的政策只允许建房者从上述工程基金中部分借贷，其余部分由建房者筹集。有些邦只允许使用资金建造新房，而有些邦允许翻新已有住房。中央政府的这一计划指导方针强调，任何承包商不得参与住房计划的房屋建造，任何政府部门也不得参与房屋建造。但政府机构可以给予技术支持或协调原材料的供应，如水泥、钢材或砖块。指导方针强调在建造房屋时要注重使用性价比高、抗灾性好以及环境友好型技术建造房屋。住房建造专项资金分配有着严格的比例：分配给贫困线下表列种姓、表列部族使用的资金占全部资金总额的60%；为残障群体和精神障碍者保留3%的资金。

（6）农村电力政策2006年

根据印度国家《电力法2003年》，中央政府制定了该农村电力政策。目标是到2009年向所有家庭供电，实现农村电气化。政策规定，邦政府应该在6个月内制定并公布农村电气化规划。中央政府为此整合了已有的农村电气化工程，启动名为"农村电力基础设施和家庭电气化"计划（Rural Electricity Infrastructure & Household Electrification）。农村电力政策一如既往地和促进农村发展、减轻贫困相联系。该政策定义了什么是实现了电气化的村庄，明确了农村电气化进程中的地方团体的参与、农村电气化项目的财政资助等内容。

（7）国家开发、安置和复原政策草案2006年

这项政策的目的是通过促进非迁移或最少迁移等可选择的方式来减少因开发造成的人员的迁移，尽量减少因政策改变引起的土地用途改变造成的直接或间接的不利社会影响。在迁移为不可避免的地方，确保程

序公正和人道主义的完整补偿,并及时执行复原。该政策的附录1列出了安置内容,包括基础服务设施。政策规定,土地征用机构应该为被安置人员提供基本基础服务、便利条件以确保被安置人员在新村或移居地能够享有合理的标准社区生活,以便尽可能地减少移居带来的伤害。新居住地在各个方面都必须得到很好的规划,作为最低标准,一个可居住的规划好的居住地应该具备下列基础设施和资源:道路、排水、医疗卫生服务设施、安全饮用水、家畜饮用水、放牧草场、绿化、商店、邮政所、灌溉设施、学校、卫生站、社区中心、公共交通站点和墓地等。政策还规定了向被迁移者提供培训和就业机会,同时对"土地征用法"提出修改建议。

(8) 流域开发计划一般指导方针,2008年

2008年的指导方针是原有政策的新修订版。该指导方针明确指出:各邦政府是实施流域治理工程的主要责任机构,负责各项工程的批准和监督实施;分别建立专门机构在国家、邦和区(县)层面上实施流域治理工程的管理;中央将向这些专门机构提供额外的财政补助以保证其对治理计划的管理。开发计划以促进生产力和改善生计为优先原则,同时注重采用环保手段。资源的开发和利用要以促进农业和相关产业包括养殖业为宗旨。指导方针还规定了具体实施办法:平均以1000~5000公顷面积为一个小型流域单位,在山区等环境较差的地区可适当缩小其计划面积。指导方针特别提到要科学规划,要使用信息技术和遥感终端进行工程的规划、监督和评估。流域开发步骤要和促进就业的工程紧密协调,如全国农村就业保障计划(NREGS)、落后地区补助基金(Backward Regions Grant Fund)等。

(9) 国家水政策

1987年印度中央政府的水资源部颁布过一个水资源国家政策,2002年对这一政策进行了修改。该政策建议整合现有的中央和邦政府相关机构,建立一个权威的国家水资源信息系统。水资源的开发和利用必须通盘考虑,最大限度地综合利用。通过大范围的水土保持治理、林木保护和扩大森林覆盖率实现流域治理,促进水坝的修建,以此实现蓄水目

的。经过认真考虑的各区域间的需求，在国家层面上，实现水资源的调度。水资源分配优先顺序为：饮用水、灌溉、水电、生态用水、农业产业和非农航行和其他用途。

(10) 国家环境保护政策

1992年，政府制定了环境保护战略和政策，强调可持续发展战略，运用科技手段发展经济，提高民众的环保意识。为此政府确认了六个重点领域，包括：城镇廉价卫生设施、城镇污水管理、城镇固体废弃物管理（包括医疗垃圾）、农村环境卫生、工业废弃物管理和空气污染控制。在农村地区，污染主要来自农业领域广泛使用化肥、除草剂和杀虫剂造成的环境污染。该政策对此进行提出了相关保护政策。

三、印度乡村建设管理法规的发展历程

（一）乡村法规建设变革的指导思想

独立后，印度政府通过五年计划积极发展经济，其每一个五年计划中都明确指出农业是国民经济的基础，并认为创造农村就业机会、增加社会公正和平等有利于整个国民经济的发展。在促进农业发展方面，印度政府在20世纪60年代中后期开始"绿色革命"，在水利灌溉系统比较发达的旁遮普邦、哈里亚纳邦推行以高产种子为核心，采用现代农业技术手段如化肥、农业、农机来提高粮食产量。在这一过程中，政府通过对农业的补贴，增加了对农业的投入。到1978年，印度终于基本上实现了粮食自给。除了通过对农业的投入促进农村经济的发展之外，政府还同时在农村实行土地改革，以实现社会公正。土地改革的内容主要包括：废除柴明达尔制、规定土地最高限额、实行租佃保障和分配土地给无地或少地农户。但由于土地改革是不同利益集团间的博弈，因此土地改革的成果并不明显，农村中的无地和少地农户至今仍有几千万户，他们仍旧陷于贫困之中，是农村贫困主体。在基本解决了粮食问题之后，农村的落后就突出表现在贫困率高和基础设施落后、生存环境恶劣等方面。为降低贫困率，印度政府采取了许多措施，其主导思想就是增加农村就业机会和向弱势群体提供福利救助和福利补贴。中央政府根据

法律制定各种农村就业工程，提倡、扶助自我就业，提供培训机会。

印度政府的减贫和农村发展战略思想随着经济社会的进步也在不断地变化。在1991年的经济改革之前，尤其是宪法第73修正案之前，政府的各项农村发展计划基本上以自上而下的方式制定，没有调动农村居民的积极性，也没有充分考虑农村居民的意愿，带有明显的中央集权式的官僚作风。在宪法第73修正案之后，政府将许多权力下放给地方自治机构，其减贫和农村发展战略思想也相应发生了转变，开始注重提高基层共同参与的积极性，给基层以更大的选择权，农村三级自治机构成为农村建设的主体。

2004年，新的联合政府上台执政，发布了最低共同纲领。新政府承诺，将根据共同纲领制定具体计划，努力增加就业率，提高农民和弱势群体的福利，促进农业发展和消除贫困。2005年，印度政府提出了一个新的农村建设总体规划，被命名为"印度建设"。这一总体规划将正在实施中的名目繁多的农村工程整合在一起，提出农村基本建设的六大目标，即道路、灌溉、供水、住房、通讯和电力供应。到此，印度农村发展的重心已经从独立之初的提高粮食产量，解决吃饭和生存问题，转变为进一步消除贫困，加强农村生产生活基础设施建设，提高生活质量，改善生存环境这一层面。

（二）农村建设管理体系

从严格意义上来说，印度只有两级政府，联邦政府和邦政府。邦政府以下由地方自治机构（潘查亚特）实行自我管理。依据印度宪法第73修正案，农村三级自治机构是农村建设管理的执行主体。农村的三级潘查亚特均由选举产生，负责各自辖区范围内的公共事务。这三级自治机构中只有村潘查亚特是实体，有村民大会。村以上的二级潘查亚特都不是实体，基本上起协调管理作用，为村庄的具体发展项目服务。印度农村的发展和建设有一个十分显著的特征，即以政府职能机构制定的发展计划或工程来推动。这些计划和工程都是通过区（县）和次区潘查亚特的管理职能最终落实到村庄。

在农村建设管理方面，印度有其独特的方式：先由联邦政府制定国家层面的有关政策和计划,然后通过农村三级自治机构来实施。也就是说,联邦中央政府先出台一个建设总方针,然后通过自治机构来实现具体的管理和执行。农村建设管理上的这一特点源自印度农村的现实:虽然自治机构被赋予某些征税权,但其税额总量很少,不足以支撑农村发展建设。农村发展资金主要来源于中央和邦政府的财政转移支付。没有两级政府的财政支持,自治机构有名无实。正是由于这一特点,印度政府尤其是联邦中央政府出台的国家政策和各种计划的指导方针具有意义。

联邦政府政策与联邦、邦立法机构制定的法律法规共同构成了印度农村建设管理法律和法规体系,成为各级行政部门的主要管理依据。在自上而下的农村建设管理行政体系中,印度中央政府的农村发展部在这方面担负着最主要的责任,是这一管理系统中最高最重要的部门。该部依据法律赋予的职责在其职权范围内制定有许多农村发展计划和工程,并配套出台有各种政策和指导方针。

印度政府在制定农村发展政策时,表现出清晰的思路,即从现实出发。与城市相比较,农村较为贫穷,经济社会发展程度相对落后,因此政府制定规划和政策时的思路主要是改善现有状况,而不是重新规划建设。中央政府有关部门针对农村实际状况,经常会就某一问题成立专家委员会,授权其进行调查并提交报告和提出建议。根据专家委员会提出的报告和建议,政府制定总体方案或工程,并出台相关政策、行动计划和验收标准。中央政府在制定了政策后,会要求各邦政府在一定时间表内制定各自的具体规划。

(三) 规划管理的实施

各种各样的规划和工程都是通过农村三级自治机构落实到村庄的。在规划或工程的实施过程中,政府鼓励非政府组织动员和组织民众积极参与。农村三级自治机构依照行政程序,在经过群众动员、计划制定、审批上报等程序后,将基础设施(通常为社会公共产品,如学校、卫生站、水渠、供水工程等)建立在社区(村庄)的公共土地上。不同部门间各种计划的衔接是重要的环节之一。中央政府的农村发展部是负责农村建设的主要部门，但其他部门也有一些涉及农村的工程。例如农村道路的修建。村庄内的道路，是通过全国性的"农村就业保障计划"工程实现的，该工程所需资金来自中央政府，由村委会或村民大会自行规划道路，由符合"农村就业保障计划"条件的人员修建。这种方式不但为村庄提供了道路这类公共产品，而且向贫困人口提供了就业机会。而村庄外的某种等级连接公路，则由政府的交通部门依据规划修建，和农村发展部无关。各个部门间的计划或工程有时会重叠有时会脱节。因此，协调各项计划并提高效率，也是政府的重要职责。

四、印度乡村建设管理法规对我国的借鉴

印度是一个发展中国家，同中国有着许多相似之处。农村的发展建设在近十年的时间里越来越受到印度政府的重视。由于印度立法程序繁琐，耗时漫长，再加上过去强烈的城市倾向，农村不被重视，因而农村建设管理法规一直缺失。进入 21 世纪后，印度经济发展步入快车道，农村与城市的差距越来越大，这一问题引起印度各界包括政府的关注，由此农村的发展建设被提到政府的议事日程上。

尽管目前印度农村的发展程度低于中国，但纵观印度近 60 年农村发展建设进程，还是可以找到一些可借鉴之处。

（一）农村建设是一个系统工程，包括许多子系统，各个子系统是否完善直接关系到农村建设宏大目标的实现。如法律建设、政策制定、资金支持、科学技术支持、管理机构的有效运作以及基层群众的主动参与。这最后一点最重要也最难，如果没有具体的措施充分激发群众的主动参与，它将会成为整个系统中的致命"短板"。在这一点上，印度的做法可供参考。印度政府的任何一项工程在实施前，都要进行一定时间的宣传，告诉民众政府将要做什么并征求民众意见。久而久之，印度民众已经形成习惯，参与意识较高。提高中国农村居民的参与意识，并建立多种信息沟通渠道，使得国家法规、政府政策与民众愿望和需求之间能够畅通有效地信息互动，成为农村发展建设的关键点之一。

（二）基础设施投资方和使用者的有机结合。印度农村基础设施成

为农村建设和发展的瓶颈。但印度解决这一问题所面临的挑战在于，农村部分基础设施的投资方和使用方分离。农村基础设施投资几乎全部来自政府的转移支付，而供农民直接使用的基础设施建成后其所有权归村庄所有，其日常运营与维护也都由村委会负责。这种投资方与使用方的完全分离，使得使用者并不在意基础设施的精心维护与保养，造成"短命设施"的现象十分普遍。结合印度农村基础设施建设的经验和教训，中国农村基础设施投资方和使用者应有机地结合，以便尽可能地延长设施的使用寿命。

（三）基础设施建设和就业工程相结合。借鉴印度"农村就业保障法"和"就业保障计划"的思路，把农村基础设施建设和农村剩余劳动力就业相结合，鼓励农村居民就地就业建设自己家乡。农村剩余劳动力的就业不但是目前急需解决的问题，即便是未来的数十年里，也依然是一个严重的问题。在农村规划过程中，必须注重规划农村就业基地，为农村剩余劳动力提供就业岗位。没有就业岗位和就业机会，农村居民的生活水平不可能得到提高，农民就不能富裕起来，农村就没有吸引力。农村留不住青年人，农村的发展建设就成为空谈。因此，在做农村规划时，农村剩余劳动力的就业空间应该受到足够的重视。

（四）尽可能地细化法规和政策，使之具有可操作性。如印度政府在教育政策、卫生政策等文件中详细地规定了农村地区教育基础设施和卫生基层设施的空间布局、基本设施等的达标标准。如教育政策规定了农村小学生的就学半径在居住地周围1km半径之内，农村小学校的饮水和卫生设施的具体达标标准。

（五）进一步完善农村行政管理体系，调动基层组织积极性。印度地方自治机构自我管理的相关法律制定的非常详细，可操作性强，农村三级自治机构可以依法行使权力进行自我管理。我国部分地区农村基层组织近些年出现名存实亡的现象，这和劳动力大量外流有直接关系。农村基层组织是农村规划建设管理的重要主体，基层组织的缺位或不作为对农村的发展建设是致命的。因此，健全农村基层组织，使之发挥积极主动性也是规划管理法规应考虑的问题之一。

（六）尊重农村居民意愿，强调群众参与。农村建设关系到国家的经济社会发展，更关系着农村居民的切身利益。为此应该强调农村居民的参与和尊重他们的意愿，谨防官僚主义和代替包办。

（七）建设地理信息系统（GIS）。印度凭借其众多的软件人才，已经建立起"地理信息系统"这一网络平台。我国也应尽快建立国家地理信息系统，利用这一信息技术平台实现农村的科学规划和建设管理。

（八）建设农村规划信息系统（Village Planning Information System）。印度已经建立起这样一个网络信息技术平台。该信息系统以人口普查时村级统计数据为基础，包括人口统计数据和村级基础设施基本状况，如教育基础设施、医疗卫生设施、饮用水设施、邮政、电信、银行、文化娱乐设施、电力供应、报刊投递等。这一系统覆盖全国，可以为各级自治机构在制定计划和决策时提供基本信息，也可以为中央或邦政府各部门、研究机构、非政府组织提供相应信息。

第十一章 巴西乡村建设管理法规研究综述

一、巴西的乡村概况

(一) 巴西乡村定义

长期以来,巴西的乡村地区被人们视为"工作地",并不是居民的居住地。据巴西地理统计局所作的全国家庭抽样调查,从20世纪70年代,巴西农村地区的居民人数开始出现增长。1992～1995年居住在农村的经济活动人口增加了20万,而农业劳动力却减少了35万。这表明,20世纪90年代相当大的一部分农村居民已经不再从事农业生产活动。1992年全国不从事农业生产的农村劳动力从占农村总劳动力的20.8%增加到1995年的22.8%。在圣保罗州,这一比重从35.5%增加到44.2%。这一变化的原因是多方面的,其中之一是农村地价比较便宜,吸引了低收入居民前去建房。与此同时,居住在农村而不从事农业生产活动的人数,20世纪80年代每年增长1.2%,到90年代每年增长3.5%。增长最快的是中西部地区和东南部地区。1990年东南部地区每5个居住在农村的人中,仅有2人从事与农牧业有关的事业。其余从事家庭服务业,或成为农村建筑业和工业领域的工人。总的趋势来看,巴西乡村居民的人数在不断地增加[1]。

(二) 巴西乡村发展概况

巴西是拉丁美洲领土面积最大的国家,面积为850万 km^2 左右,约占南美洲总面积的一半。在世界各国中,巴西领土面积仅次于俄罗斯、加拿大、中国和美国,居第5位。

巴西的乡村地区地广人稀,从葡萄牙殖民者进入巴西开始,殖民统治者主要关注的是世界性的商业贸易,因此,巴西沿海地带的城市发展

---

[1] 参见吕银春、周俊南编著《巴西》,社会科学文献出版社2004年7月第1版,第48～49页。

上篇：部分国家和地区村镇（乡村）建设法律制度比较研究

得很快，而广大乡村地区主要是以种植园经济为主的"封建庄园"，而且在封建庄园直接从事生产劳动的大多是从非洲地区贩卖而来的黑奴。在广大农村地区，凡是已经开垦的可用以耕作的土地，主要集中在大地主手上，广大农民没有土地，只能租地或者是流落到周边的城镇打工。

在巴西地形中，居主导地位的是低海拔地带。主要地形有高原、低地和平原。巴西的地形基本上分为五个部分：巴西北部的罗赖马高原；以古老的巴西陆台为基础形成的巴西高原；处在两个高原之间的著名的亚马逊平原；在巴西高原的西部边缘由巴拉那河及其支流形成的巴拉那平原以及在巴西沿海地区，特别是河流的入海口的沿海平原。

20世纪80年代巴西人口增长率为19‰，20世纪90年代维持在14‰。1995年巴西人口有1.558亿。据2000年巴西地理统计局人口普查，2000年巴西人口为1.695亿。在世界各国人口排序中位列第5位。但是，由于巴西地域广阔，人口密度相对较低，每平方公里仅有19.92人，而世界平均人口密度为每平方公里38人。据巴西地理统计局1999年全国家庭抽样调查，近十年来，巴西人口按肤色和种族划分没有发生明显变化。1999年白种人在巴西总人口中占54.03%，黑白混血人种占39.94%，黑人占5.39%，黄种人占0.46%，印第安人占0.16%。由于历史和经济的原因，巴西东南部地区人口最多，有6958万以上，约占总人口的42.6%；东北部人口较多，有4628.9万。上述两个地区人口相加，约占巴西总人口的70.8%。

到20世纪90年代末，巴西有永久性家庭4630个，其中81.2%在城市；农村家庭仅占19%左右。由于长期受殖民统治，巴西人口的地理分布很不均衡，90%的居民居住在沿海地带。除贝洛奥里藏特外，巴西所有百万以上人口的大城市都处在离海岸线100公里以内。

巴西是一个典型的移民国家，其境内的居民是从17世纪葡萄牙殖民者开拓种植园开始，从欧洲、非洲引进了大量的移民。二战后，由于现代化浪潮的兴起，巴西境内的居民又开始在境内自由地流动，主要是从农村流向城市，从不发达的地区流向发达的地区。近年来，由于巴西东南部城市地区经济发展滞后，大量的城市居民又开始纷纷返回其农村的居住地,广大的农村地区从原来的纯粹的"工作地"开始转向兼具"工作"和"生活"功能的居民居住点,由此,农村地区的发展问题也逐渐得到了重视①。

二、巴西乡村建设管理法规体系

(一)法规体系构成

巴西在上世纪 60 年代的城市人口占到总人口数的 44.7%,而 10 年后城市人口达到 55.9%,到 2000 年已经有 81.2% 的人居住到了城市。从上世纪 60 年代到本世纪初的 40 年间,有近 1 亿人进入了 5500 个城市。其中四分之三的城市人口集中在 500 个人口超过 5 万人的城市。

但是,在乡村"城市化"的过程中,由于政府采取了自由主义的经济和社会发展政策,对乡村人口涌入城市不作任何制度上的限制,因此,导致了乡村人口大量地涌入城市。但是,由于城市的基础设施和保障功能欠缺,涌入城市的大量农村人口在城市中却不得不面对生活贫困和生活环境不安全的困境,这些人口至少达到城市人口的三分之一,包括人口在 5 万到 10 万之间的 279 个市镇中的一半人口,人口在 10 万到 50 万之间的 174 个市镇中的 80% 的人口,以及人口超过 50 万的 26 个大城市中的所有居民。大量的外来贫困人口不得不居住在城市的周边地区,不仅公共设施缺乏,而且地址环境恶劣,经常受到洪水、泥石流等灾害的威胁。许多新兴的乡镇小城市都是盲目发展起来的,缺少必要的城市发展规划。这种混乱不堪的发展状况,曾经引起了社会公众的极度不满。为此,社会公众都强烈要求联邦和州加强城市规划和城市发展方面的立法,有效地解决地城市发展过程中所带来的社会秩序混乱、生活环境恶化以及居民生活状况贫困等一系列"城市病"问题。

(二)主要法规的内容

为了应对巴西在城市化过程中所出现了混乱无序的问题,以保障"城市的权利"为主题,从联邦到州都加强了城市方面的立法。这些立

---

① 参见吕银春、周俊南编著《巴西》,社会科学文献出版社 2004 年 7 月第 1 版,第 1~48 页。

法涉及到城市土地使用、城市规划、城市安全保障、城市的环境建设、城市居民的福利、市镇民主建设等等方面。

1. 巴西联邦在 1988 年通过一部新宪法。在该宪法中,对"州和市"的权利做了专门的规定。《巴西联邦共和国宪法》第三章"州和市"对设立"市"规定了相应的法律标准,防止将乡村盲目扩展为市镇。该宪法第 14 条规定:对市的设立,补充法将确定居民的最低数目和公共收入的最低标准,以及规定事先征询民众意见的方式。对于市的建制需要根据地区的特性,以及市的设立需要根据法律规定的区划而有所不同。上述规定对需要建"市"的乡村地区设定了比较严格的法律条件,包括:在乡村地区设立"市"必须要有最低数目的居民人数;要有维持"市"的市政建设最低的"公共收入";是否建"市"要征询居民的意见;对"市"的建设要根据法律所确定的区划进行。

为了使在乡村地区新建的"市"有效地生存和发展,健全城市的必要的生产和生活功能,该宪法第 15 条还明确规定了赋予"市"以一定程度的"自治权"。这一自治权的内涵包括以下几点内容:由居民通过直接选举方式产生市长、市议员;在不违反法律规定的情况下,市可以在其职权范围内发布法令、征收税收和使用其收入;建立地方公共服务机构。

2. 为了进一步贯彻宪法的精神,依据宪法第 182 条和第 183 条的规定,巴西联邦议会于 2001 年 7 月 10 日通过了《城市法》(Law No 10.257/2001),比较详细地规定了与城市设立、城市规划、城市建设、城市政权体制、城市居民生活、城市公共服务等一系列具体问题。由于巴西实行的是完全的自由式的市场经济,乡村地区的存在和发展完全是以土地私有为基础的,因此,《城市法》的出台通过对城市建设作出法律规定,比较好地规范了以城市为中心的乡村地区的政治、经济和社会发展秩序。

《城市法》共 5 章 58 条。第 1 章是"总则";第 2 章是"城市政策的手段";第 3 章是"总体规划",第 4 章是"城市的民主管理";第 5 章是"一般性措施"等。该法第 3 章是重点规定"城市规划",涉及在城市以及在乡村地区建立"市"应当遵循的"发展规划",属于乡村建设领域的重要的法律规定。该章共4条。其中第39条规定:城市中的(各类)财产权应当履行其社会功能,保障居民的基本生活秩序,提高生活质量,维护社会正义和促进经济的发展,同时还需要尊重本法第2条所规定的各项权利。第40条规定:总体规划由市镇法律通过,作为城市发展和扩展政策的基本法律依据。总体规划是市镇规划、多年计划和预算规划的重要组成部分,年度预算应当与本规划中的所确立的权利和财产权相一致。总体规划应当将市镇的地域作为一个有机的整体。规定总体规划的法律应当10年修改一次。在准备总体规划和监督规划执行的过程中,市镇立法机关和执行机关应当保证:应当促进公众听证,听取公众以及反映社区各个群体的协会的意见。应当公开所有的文件和信息。应当保证公众有权利来查阅这些文件和信息。第41条规定:总体规划强制性要求一个建制"市镇"必须满足以下条件:超过2万居民;要有大城市设立的联合企业集团;要有特殊的旅游产业;要对地区和国家的环境发展产生重要影响;在人口超过5万人的前提下必须要有完善的城市交通系统等。第42条规定:总体规划至少要包括:要在市镇进行分区以便满足市镇基础设施建设的需要;要有本法所规定的市镇功能处理系统;要有瞭望和控制系统等。

从《城市法》的主要内容来看,巴西在乡村建设规划发展过程中,由于受到土地私有制度的限制,所以,乡村建设规划主要是以保障土地私有权以及通过确立城市必需的生存和发展功能来进行的。原则上以居民对土地的所有权来发展市镇,但是,又通过立法的形式规定了土地私有权必须遵守法律所规定的限制,必须保证城市居民所具有的住房权以及最基本的生活福利,在尊重居民意愿基础上,依据民主原则,来确立乡村和市镇的发展规划。

3. 除了1988年宪法和2001年《城市法》通过确立"市"的法律地位,规划乡村地区的社会和经济发展之外,巴西联邦议会还在不同历史时期出台了一些相关的法律,以此规划乡村地区的农业生产、居民生活和社会发展等问题。主要有:

(1) 早在1850年唐·佩德罗二世时期，巴西联邦司法部就发布了禁止奴隶贩卖的欧塞比奥·德凯罗斯法（Eusbio de QueirÓs），决定中止奴隶贸易，作为40年后1888年最终废除奴隶制度的基础。1871年9月28日，在国际国内的双重压力下，帝国又颁布了《新生儿自由法》（Lei do Ventre Livre），规定从法律颁布之日起，凡奴隶子女被视为自由民。据统计，在从1530年到1888年的三个半世纪里，在巴西海岸登陆的非洲黑人总共在350万到400万之间。在此期间，黑人奴隶劳动力成为巴西的主要劳动力，也是巴西乡村种植园经济的全部经济活动的基础。奴隶制度的废除推动了乡村的社会发展，也很好地限制了土地垄断扩张的趋势。但是，使用奴隶来从事种植园经济直到今天在事实上并没有完全杜绝。

(2) 20世纪60年代古拉特总统上任后，开始重视土地分配问题。军政府执政后于1964年制定了《土地法》，1970年建立了国家土改局（Inra），在推动土改的同时，加强对亚马逊地区的开发。其间，无地的农民的斗争开始出现高潮，他们为争得土地和生存权利，建立自己的组织——无地农民运动（MST）。为了对付无地农民的夺地斗争，大庄园主也建立了自己的组织——农村民主联盟（UDR）。这两个重要的以争夺乡村土地为宗旨的乡村组织就乡村土地的开发、利用和拥有，彼此之间开展了长期的斗争。直到1985年文人政府上台之后，才加快了旨在安置无地农民的土地改革。1988年巴西宪法规定，政府有权征收大庄园主不履行社会职能的土地用于土地改革。从萨尔内政府（1985~1989年）到2000年8月，政府共安置了57.7万无地农民家庭，其中70%是在卡多佐政府第一次执政期间安置的。为了加快对无地农民的安置，1999年10月，巴西建立了土地银行。土地银行是一种基金—土地和土改基金，主要任务是给无地农民分配土地和建立相应的基础设施。该基金隶属土地发展部。无地农民得到土地后，可以从基金得到贷款、接受技术培训，以提高农业生产水平。但是，目前巴西的土改也面临着新的考验。在巴西农业中，出口农业发展较快，面向国内市场的农业发展缓慢；出口农业主要掌握在大农场主手中，他们资金雄厚，技术先进，中、小农民（包括政府安置的无地农民家庭）无法与其竞争。因而，即使无地农民分到土地，也存在最终因缺乏竞争能力而放弃土地、成为城市游民的危险。实践证明，在1996～1997年期间安置的农户中，相当一部分农户因缺乏基础设施、社会设施而放弃了政府分配的土地，流入城市。为解决这一问题，政府制定了土改特别信贷计划；为解决被安置农民中近半数（43%）为文盲的问题，政府制定了全国土改教育计划。尽管如此，无地农户的安置、生存和乡村的社会发展等问题仍然是困扰巴西联邦政府最为紧迫的问题。

2001年1月，巴西总统费尔南多·卡多佐宣布巴西要结束土地集中，在乡村实行民主化改革。在1995年至2000年期间，卡多佐政府解决了482 000个家庭（近250万人）的耕地问题。在此期间，超过1800万公顷的土地从大地主转到了小农户手上，这项改革有力地推进了巴西农村的发展。

2006年3月7日巴西参议院通过了亚马逊领域土地开发的法律修正案，规定政府可以不经过招标可以许可开放的农村土地从500公顷扩大到最多到1500公顷，期限是40年。

上述以《土地法》和对《土地法》的修改为核心的一系列立法，比较全面地界定了巴西广大乡村地区的基本土地所有权关系和经济布局，对巴西乡村发展建设具有非常重要的影响。

4. 巴西是一个联邦制国家，尽管组成联邦的各州在历史上曾几度被剥夺自治权，例如带有法西斯独裁性质的1937年宪法就明确地剥夺了各州享有自治权，但是，1988年现行宪法给予了组成巴西联邦的各州一定的自治权，这其中也包括赋予各州立法机关一定的自主性的立法权。由于巴西乡村建设活动主要在各州的范围内进行，所以，各州立法机关对乡村发展所制定的一些法规也起到了一定的积极和引导作用。目前，巴西联邦共有26个州，主要是阿巴马州、亚马孙州、巴伊亚州、塞阿拉州、圣埃斯皮里图州、戈亚斯州、马拉尼昂州、马托格罗索州、南马托格罗索州、米纳斯吉拉斯州、帕拉州、帕拉伊巴州、巴拉那州、伯南布哥州、皮奥伊州、里约热内卢州、北里奥格兰德州、南里奥格兰德州、郎多尼亚州、罗赖马州、圣卡塔琳娜州、圣保罗州、塞尔希培州、托坎廷斯州以及巴西利亚联邦区。这些不同的州,由于所分布的地区不同,因此,乡村人口的分布也不一样。乡村人口所占比例最大的是马拉尼昂州,占 40.5%;最小的是里约热内卢州,占 4%。整个巴西联邦目前乡村人口占全国人口总比例是 18.8%。从巴西联邦全国范围来看,乡村并不是居民生产和生活的中心,因此,其社会发展也就相对滞后,有关乡村发展和建设的法律、法规相应地就较少。不过,一些乡村人口所占比例较大的州,对于乡村发展和乡村建设问题,也是比较注重制定相关的立法的。例如,塞拉阿州是巴西有名的旅游胜地,但这一地区长期处在干旱状态,从 20 世纪 40 年代、50 年代起,国家抗旱工程局投入了大量资金加紧实施抗旱工程,州和联邦政府在本州投资建设了近 100 项水渠、水坝和水库工程,以缓解当地的水源紧缺问题①。

5. 巴西在乡村发展过程中,尽管联邦和州制定的专门立法不多,但一个非常值得注意的现象是巴西农村合作社运动的作用。巴西农村合作社起源于 19 世纪末的巴西农村。1932 年,巴西联邦政府出台了规范农村合作社的第一部法律。1951 年建立了全国合作信贷银行。20 世纪 70 年代初建立的巴西合作社组织,是一个非赢利性的民间机构。其主要任务是将所有部门的合作社联合起来,同时肩负政府的技术咨询职能。巴西农村合作社发展在 20 世纪 60 年代一度达到了高峰。1960 年,全国有农牧业合作社 1739 家,随后一直发展较快,到 1989 年已增至 4000 家以上。同期社员 400 多万家,总人口达 1800 万,占全国人口的 14%,占农村人口的 40% 以上②。农业合作社的贡献是非常显著的。首先,农业合作社是国家粮食的主要生产者。巴西农业部一份报告指出,合作社的农作物产量占全国农作物产量比重分别是:大豆 70%,小麦 90%,玉米 20%,棉花 20%。此外,在杂豆、可可、黄麻、咖啡以及肉类的

---

① 资料来源:巴西地理统计局,卫生部,应用经济研究所,国家电力管理局,巴西电信管理局,交通部。出自巴西 2002 年《四月年鉴》,转引自吕银春、周俊南编著《巴西》,社会科学文献出版社 2004 年 7 月第 1 版,第 227~230 页。

② 参见郭元增著《巴西的农业合作事业》,载《拉丁美洲研究》1989 年第 6 期。

生产中也占据重要地位。其次,农业合作社不仅从事农业生产,还从事农村的工业。再次,合作社还积极参与实施乡村发展计划。例如牧业发展计划、全国酒精计划等。此外,农村合作社的存在对于农村居民有效地行使政治权利也起到一定的促进和保障作用。

另一个在巴西乡村发展中值得关注的问题是各种农村工业在乡村发展中的积极作用。由于巴西农村地区的种植园经济导致农产品原料丰富,加上大量的失地农民在城市中因找不到工作而回流农村,从20世纪60年代末开始出现了以农村工业为核心的"农村发展"模式。这些以当地农业原材料为基础创建的农产品和农作物深加工企业,很快就成为乡村发展的一个中心。随之而来在20世纪70年代开始出现了农工联合企业,这些企业普遍存在于农业的主要行业中,其中属于食品加工、大豆加工、烟草生产、酒精提炼以及禽肉类加工等行业的农工联合企业实力较为雄厚。而随着1990年开始的对外开放政策,大量的外国资本也纷纷涌入巴西的农工联合企业,因此,形成了以农村工业为龙头的"乡村发展模式",农村工业化推动了巴西乡村的"城市化",缓解了城市发展的压力[①]。

(三)巴西乡村建设的制度背景

1. 1889年以前的帝国时期:以奴隶劳动为基础的大地产制的形成

1532年,当马丁·阿丰索·索萨在巴西圣文森特建立第一块殖民地时,对土地的占有就成了财富和地位的象征。在之后的几年里,巴西沿海被分成13个管区,各管区作为世袭领地分封给封建主,跟随封建主前来的移民所分得的土地称为份地。由于巴西沿海优越的自然条件和国际市场的良好销路,巴西沿海的肥沃土地很快被划分成巨大的甘蔗种植园,内地的大片份地上也建立起大牧场。几代人的时间里,许多原来分配的土地发展成为大地产。18世纪的一位总督指出,巨大的地产往往使用不当,只有部分用来耕种,有些地区需要进口他们完全能够生产的粮食,这就妨碍了巴西的发展。除甘蔗种植园外,殖民者又发展了有利可

---

① 参见张宝宇著《巴西现代化研究》,世界知识出版社2002年9月第1版,第150~170页。

图的烟草、棉花和咖啡种植园。种植园经济的发展,是建立在印第安人和非洲黑人奴隶劳动的基础之上的。直到1888年废除奴隶制后,奴隶才获得自由。帝国时期的土地制度特点可以归纳为:以奴隶制为基础的、以甘蔗种植园为特色的大地产制的盛行。这种"大地产制不仅是生产体系的一个组成部分,而且是整个社会组织的基本要素"。

2. 旧共和国时期(1889~1930年):大地产制的进一步加强

19世纪中期以后,咖啡种植园逐渐兴起,逐步代替了甘蔗种植园在国民经济中的重要地位。从1894年正式开始了代表咖啡利益集团的"保罗人"的统治时期。虽然这一时期自由劳动开始兴起,但大地产制并未因此改变。在旧共和国时期,任何一届政府都未承认印第安人的土地权利,也未拨出任何土地供他们使用。土地所有制情况依然高度集中,中小地产在农村中占的比重很小。在1920年的普查中,只有不到3%的农民拥有地契,而土地拥有者中10%的人却控制了75%的土地。同中南部地区相比,东北部地区的经济发展缓慢,向自由劳动的过渡经历了漫长的过程。这个时期,整个国家的土地集中程度进一步加强。

3. 新共和国时期(1930~1964年):土地制度的变革

1930年代表新兴工业中产阶级力量的民众主义领袖热图利奥·瓦加斯政变上台,对巴西南部、东南部各州的土地寡头势力进行严重打击。巴西政权的中心从农村移到了城市,这次革命被称为巴西新旧农村结构的分水岭。面对巴西高度集中的土地状况,瓦加斯及其以后的几届民众主义政府都采取了一些相应的改革措施。1946年宪法第147条提到"促进财产的公平分配,并保障一切人之机会均等"。但是,在1854~1962年的100多年中,巴西历届政府均未制定过完整的土地法律。1947~1962年间,各种政治力量曾提出过45个关于土地改革的提案,但都没有被特权阶层把持的议会通过。若昂·古拉特总统在1962年的国情咨文中指出,土改是一项"不能再拖延的任务"。但是,他的激进民族主义改革方案不能为国内外右派势力所接受,最终他的政府被军人政变所推翻。这一时期巴西农村中并存着前资本主义和资本主义的大庄园、大种植园,农村中的贫富分化不断加剧。

4. 1964年以来的土地状况

1964年政变上台的军人政府在大力推进工业化的同时，也进行了土地改革方面的努力。1964年起草公布的《土地法》，是对土地改革起指导作用的纲领性文件。20世纪80年代，巴西恢复文人政府后，土改再次面临重重困难。由于外国投资的大庄园、大农场数量增多，绝大多数农民缺少耕地，生活状况日趋贫困化。1990年《巴西时报》在总结萨尔内总统的土改成绩时指出，在他执政的5年中，共向717个农场征收土地46913万公顷，为1115万户无地农民颁发土地证书，但无论是征收土地的数量，还是安置农民的数量，都只相当于原来计划的10%。到目前为止，巴西的土地制度和生产关系基本过渡到资本主义性质，大部分私有土地由地主自己经营，小部分以分成和租佃方式给他人经营，这三种经营方式分别占巴西地产总数的61.16%、6.13%和12%。

5. 巴西乡村发展的特点

从巴西土地制度的发展和变化过程，可以看出巴西乡村发展具有以下几个最突出的特点：（1）农村中土地高度集中的状况贯穿了巴西几百年的历史，社会的发展变化没有给土地占有情况带来根本性的转变；（2）与不合理的土地私有制相伴产生的是少数富人生活极度奢侈，广大农民却极度贫困，农村中的贫富分化状况极为严重；（3）大片土地被闲置，土地利用率很低。在此基础上启动的巴西现代化，从一开始就摆脱不了土地问题的制约；（4）过度城市化导致了农村建设被忽视；（5）土地私有制度导致了农村土地布局的混乱，自发形成的城市群体也缺少应有的发展布局，城市盲目发展的贫民窟使得城市建设很难合理规划。

三、巴西乡村建设管理法规的发展历程

巴西是一个典型的由移民组成的前殖民地附庸国，因此，在独立之前，一直是沿用殖民地宗主国葡萄牙的法律制度，基本上属于大陆法系的制定法传统。因此，对于普通法院来说，如果没有议会制定的法律为依据，一般不宜由法官自行造法来处理案件，这样，议会立法就显得非常重要。但是，由于巴西长时间内其政权掌握在大地主、大财阀手上，

上篇：部分国家和地区村镇（乡村）建设法律制度比较研究

大多数时间实行军人独裁，对于公民的权利保护不够重视，议会对城乡发展问题的立法严重滞后，联邦议会很少涉及到乡村立法，基本上是奉行极端的自由资本主义政策，由市场机制来调整这一领域的社会关系，所以，长期以来，巴西乡村发展建设缺少应有的法律制度的保护。

从重要的法律制度来看，巴西从1824年至今，总共颁布了7部宪法。(1) 1824年宪法由国务委员会起草，经佩德罗一世批准，并于1824年3月25日公布，确立脱离宗主国葡萄牙。这部宪法规定言论和报刊自由，废除报刊检查和禁止奴隶，规定只有符合一定条件的人才享有选举权（按照收入）。(2) 1891年宪法由制宪大会于1891年2月24日公布，参照美国宪法的蓝本，给予各州和政党以较大的自治权。(3) 1934年宪法与1891年宪法雷同，参照1919年德国魏玛宪法和1931年西班牙宪法制定，第一次在宪法中载入了有关经济和社会秩序方面的内容。(4) 1937年宪法于1937年11月10日公布，它具有明显的欧洲法西斯主义倾向。废止了三权分立和各州的自治权，将权力集中到总统手上。瓦斯加总统因此在1937年至1945年期间完全以法令形式来统治巴西，宪法几乎停止执行。(5) 1946年宪法具有很大的民主倾向，建立了人身保护制度，重新恢复了三权分立和州自治权，将工会视为国家的合作机构，但在美国的施压下，1947年联邦最高法院又宣布共产党为非法组织，1948年国会通过法律，取消当选的共产党参、众议员资格，直到1967年才得以废除。(6) 1967年宪法是在军政府的压力下出台的，规定政府有权剥夺议员的政治权利和取消议员资格，继续保持两党制和间接选举总统制。1968年军政府颁布第5号制度法后，宪法实际上被废止，它本质上是一部为军政权统治服务的独裁宪法。(7) 1988年宪法是巴西现行宪法，于1988年10月5日颁布。这部宪法是由选举产生的立宪大会制定的，强调巴西是一个代议制联邦共和国，强调了个人自由和公众自由，强调了8年义务教育和环境保护为联邦、州和市政府的共同责任和义务。由于1990年开始，巴西开始实行对外开放，因此，对这部宪法进行了多次修改，以适应经济国际化的需要，例如强调国家减少对经济的干预，将国有企业私有化。1992年以后，国会又对宪法进行了重大修改，强调私有企业在国家经济中的重要作用，如允许外国船只参与沿海和内河运输、允许私人企业（包括外国资本企业）参与巴西石油和天然气的勘探、开采、冶炼和销售，允许外资参与开发矿产和水力资源，取消巴西企业和外国企业界限，同时完善了宪法中的社会保障制度。

由于巴西联邦长期处于军人统治的无法治状态，所以，直到1988年宪法制定颁布之前，巴西联邦和各州并没有制定专门的针对乡村发展建设的法律或法规，乡村政权建设、乡村经济建设和社会发展没有得到应有的重视，只是在有关移民、土地和城市发展方面的相关法律涉及到了乡村发展建设问题，但这些规定都是不系统的、不完整的，直到今天，这一领域的立法工作仍然严重滞后。

四、巴西乡村建设管理法规对我国的借鉴

巴西乡村发展建设具有自身独特的特征，这些特征是与巴西的历史发展、文化传统、地理分布、国土和人口分布以及长期的殖民统治、军人统治等因素分不开的，认真地研究巴西乡村发展建设的经验和教训，可以为我国乡村发展建设立法制度的建立、健全和完善提供有益的参考。

巴西乡村发展建设所具有的具体国情与我国目前乡村发展建设所处于的国情完全不同，这种巨大的差异决定了巴西目前乡村发展建设立法方面的做法很难为我们有效地加以借鉴。

1. 巴西联邦原来是葡萄牙的殖民地，葡萄牙统治者在巴西实行的是大陆法系的制度，但是由于葡萄牙作为宗主国采取的主要是奴隶经济和种植园经济，所以，巴西的乡村地区一直是"封建庄园式"的，乡村地区一直由大地主控制，这个问题直到1964年颁布《土地法》后进行土改才有所变化。20世纪80年代文人政府上台后通过土改，征收了大地主闲置的土地资源分给无地农民，由此才使得巴西乡村发展建设真正迈进了现代文明的门槛。我国目前农村地区社会和经济发展的情形则完全不一样，社会主义公有制在广大农村地区占支配地位，不存在巴西那

样的以土地私有制度为基础的乡村发展格局。我国乡村地区很容易开展集约化的经营方式。

2. 巴西地广人稀，农村人口较少，迄今为止，城市人口占到了总人口的81.2%，农村人口只占18.8%，而且分布还很不均衡。20世纪50年代之前是一个农业大国，但这种状况目前已经完全得到改变。1998年巴西国民生产总值各个部分的分布状况表明，服务业创造了生产总值的59.7%；工业创造了生产总值的32.3%；农业创造了生产总值的8%①。未开垦的可耕土地大于现有已开垦的可耕土地。由于巴西目前从总体上来看，是城市化的国家，所以，在全国社会发展规划上，乡村发展建设规划是附属性的，城市发展建设是整个巴西联邦社会发展关注的焦点。正因为如此，不论是巴西联邦立法，还是州立法，都是以如何搞好城市发展建设为重点的，乡村发展建设方面的立法不仅数量少，也没有形成相互有机联系和统一的整体。总的来说，在乡村发展建设领域，巴西的相关立法是滞后的，甚至可以说是比较落后的。我国目前占人口总数80%的生活和居住在农村，因此，乡村发展建设问题是我国社会主义现代化建设所面临的头等大事，也是社会主义新农村建设所面临的紧迫课题，我国的立法机关必须高度重视乡村发展建设立法。

3. 巴西的土地私有化政策，特别是以种植园经济为基础的农业发展模式，虽然有效地保证了巴西作为农业大国的经济地位，也使得巴西始终保持着一些主要的农作物生产和出口大国的地位。但是，土地私有化必然导致农村地区的生产和生活状况的各自为政，一些重要的发展农业的基础设施和设备无人投资建设，这样就导致了贫困的农民虽然通过土改分得了土地，但却缺乏有效的生产能力而不得不放弃已经获得的土地。因此，土地私有化一方面促进了乡村资本主义自由经济的发展，另一方面在某种程度上也阻碍了社会公益事业的发展，阻碍了乡村地区社会整体的发展和进步。

4. 巴西目前乡村地区的社会发展主要是依靠自发的农业生产合作

---

① 参见［巴西］博勒斯·福斯托著《巴西简明史》，刘焕卿译，社科文献出版社2006年7月第1版，第299页。

社和农工联合企业来推动的，乡村最低层不存在政权机构。依据1988年宪法的规定，只有满2万居民的地区才能设立具有政治决策和执行功能的"市"政府。而我国从20世纪80年代开始就开始在农村地区推行农村基层群众自治制度，并于1998年出台了《村民委员会组织法》。从政权设置的机制来看，我国农村的基层政权建设属于"政权下移"式的，而巴西的乡村政权建设需要以一定的居民人数为基础。相对于巴西乡村政权建设的模式来说，我国的基层群众自治制度更有利于发展乡村地区的民主政治建设。

5. 巴西东南部和南部地区经济发达，北部地区、尤其是东北部地区经济还相当落后。巴西东南部是整个国家经济的心脏地带，也是最发达的地区，虽然面积只占全国总面积的11%，人口却占全国总人口的44%。同时，拥有全国国民收入的65%，地区经济占GDP的61%。尤其是圣保罗、里约热内卢和贝洛奥里藏特组成的三角地带，更是巴西工业和全国经济发展的中心。圣保罗州是东南部的经济"奇迹"，也是全巴西的"奇迹"，它为国家提供了一半的税收来源，雇用了将近40%的巴西工业劳动力，消费全国进口物资的一半，并为出口提供40%的物资，而它的面积却不到全国总面积的3%。在1960～1970年经济快速增长的10年间，圣保罗市的人口增加了1倍，成为仅次于纽约和墨西哥城的西半球第三大城市。与东南部形成鲜明对比的是北部和东北部地区。巴西的北部地区占全国总面积的42%，而人口却只有全国总人口的5%。到20世纪70年代，还有10万印第安人分散居住在北部地区的赤道密林里。几个世纪以来，北部地区人烟稀少，劳动力奇缺，一直未曾被开发。东北部是巴西第二大人口稠密地区，拥有全国人口的30%，自然条件恶劣，以周期性的干旱闻名于世，是巴西最贫瘠的地方，被称为"旱灾深重的东北部"，也是南美洲最大的贫困地区，地区经济只占巴西GDP的16%，人均收入仅为东南部的1/3。若苏埃·德卡斯特罗把对巴西东北部落后地区的调查定名为"东北部地区的毁灭"，认为"巴西东北部仍然是危机地区，在那里，饥饿和苦难不仅没有逐步减弱，反而变本加厉"。在这片广阔的地域，不到4%的人口却占有大部分土地，而广大农民则一无所有。巴西各地区明显存在着自然地理和人文经济方面的巨大差别,可以说从某种程度上已经形成了完全不同的"两个巴西"。当东南部城市经济飞快发展时,广大东北部农村的居民却挣扎在贫困和落后之中①。我国目前乡村经济发展也存在一定程度的不平衡问题,主要表现为东部沿海发达地区和中西部贫困地区之间的经济发展不平衡和相互矛盾。考虑到巴西是一个采取自由资本主义政策的国家,经济发展的格局有一定的自发性,而巴西目前仍然是未开垦的土地面积远远大于已经开垦的土地,所以,巴西目前的乡村发展结构不平衡的问题可以有一定的经济缓冲期和缓冲地带,但我国的情形就不同。如果我们不能有效解决中西部经济发展落后的问题,势必会影响我国整体经济的发展格局,这个问题不能掉以轻心。

巴西乡村发展建设的立法和实践情况表明,虽然巴西实行了与我国不同的三权分立和联邦制体制,但是,在具体的乡村发展建设过程中也出现了一些值得我们认真加以研究的现象。

(1) 农村生产合作社是加强广大农村村民之间的经济、生活和政治联系的纽带,特别是在我国农村地区实行联产承包责任制,地分到户之后怎样在不同的农户之间建立有效的经济合作关系,这一点巴西也是有值得肯定的地方。在巴西农村地区自发产生的农村生产合作社不仅在一些大宗农产品和农作物的生产方面起到集约化经营的作用,而且还促使了加入合作社的农户之间形成比较密切的政治联系,有利于在"市"级政府机构中来有效表达自己的主张和要求。

(2) 农村工业化是巴西近年来在现代化过程中逐渐产生的一个新现象。它是依托种植园经济发展起来的,利用了乡村地区的农产品和农作物等原料的优势,就地进行深加工,不仅带动了乡村地区的经济和社会发展,更重要的是这种农村工业化形成了以农村企业为中心的"农村城市化"格局,有效地吸引了农村闲散人员和城市的游民,对于稳定农村人口有一定的积极作用。我国目前农村城市化过程中也可以考虑这种农

---

① 参见刘婷著《巴西的土地问题与经济发展》,载于《拉丁美洲研究》2006年第2期。

村工业化发展模式,以此来减缓大中城市人口增长过快的社会问题。

(3) 加强乡村发展农业的基础设施和公共设施的建设对于建立稳定、可靠的农业发展格局是非常重要的。巴西从20世纪60年代开始进行土改工作,没有土地的农民通过土改获得了大量闲置的土地,但是,由于乡村发展农业的基础设施建设缺乏,而单个的农民又无法投资来建设必要的发展农业的基础设施,所以,近年来又出现了大量的农民流落城市的问题,这是一个值得认真加以重视的现象。我国自农村经济体制改革之后,广大农民通过实行家庭联产承包责任制获得了土地的承包权,但由于一些地方农业发展的基础设施年久失修,导致了一些贫困农户无法有效组织农业生产,被迫进城打工。所以,如果不加强农业基础设施建设,在我国的农村地区还可能形成土地闲置与土地兼并的严重问题。

下篇： 部分国家和地区村镇（乡村）建设法律法规汇编

第十二章 英国乡村建设管理法规收集

一、英国乡村建设相关法规名称目录

1. 1932 Town and Country Planning Act
   1932 年城乡规划法
2. 1936 Crown Lands Act
   1936 年皇室土地法
3. 1946 New Towns Act
   1946 年新城法
4. 1947 Agriculture Act
   1947 年农业法
5. 1947 Town and Country Planning Act
   1947 年城乡规划法
6. 1949 National Parks and Access to the Countryside Act
   1949 年国家公园与乡村通路法
7. 1961 Land Compensation Act
   1961 年土地补偿法
8. 1962 Town and Country Planning Act
   1962 年城乡规划法
9. 1967 Agriculture Act
   1967 年农业法
10. 1967 Forestry Act
    1967 年林业法
11. 1968 Agriculture（Miscellaneous Provisions）Act
    1968 年农业（杂项规定）法
12. 1968 Countryside Act
    1968 年乡村法

13. 1968 Town and Country Planning Act
    1968年城乡规划法
14. 1970 Agriculture Act
    1970年农业法
15. 1971 Town and Country Planning Act
    1971年城乡规划法
16. 1972 Land Charges Act
    1972年土地收费法
17. 1979 Forestry Act
    1979年林业法
18. 1980 Local Government, Planning and Land Act
    1980年地方政府、规划与土地法
19. 1981 Acquisition of Land Act
    1981年用地申请法
20. 1981 Town and Country Planning (Minerals) Act
    1981年城乡规划（矿藏）法
21. 1982 Derelict Land Act
    1982年弃耕地法
22. 1985 Food and Environment Protection Act
    1985年食品与环境保护法
23. 1985 Town and Country Planning (Amendment) Act
    1985年城乡规划法（修订）
24. 1985 Wildlife and Countryside (Amendment) Act
    1985年野生动植物与乡村环境法（修订）
25. 1985 Wildlife and Countryside (Service of Notices) Act
    1985年野生动植物与乡村环境（通知服务）法
26. 1986 Agriculture Act
    1986年农业法
27. 1986 Housing and Planning Act

1986年房屋与规划法

28. 1986 Land Registration Act
1986年土地注册法

29. 1987 The Town and Country Planning（Use Classes）Order
1987年城乡规划（使用分类）条例

30. 1988 Farm and Rural Development Act
1988年农场与乡村发展法

31. 1988 Land Registration Act
1988年土地注册法

32. 1989 Common Land（Rectification of Registers）Act
1989年通用土地（注册修正）法

33. 1989 The Town and Country Planning（Fees for Applications and Deemed Applications）Regs
1989年城乡规划（申请与特定申请费）规范

34. 1990 Environment Protection Act
1990年环境保护法

35. 1990 Planning（Hazardous Substances）Act
1990年规划（危险物品）法

36. 1990 Planning（Listed Buildings and Conservation Areas）Act
1990年规划（文物建筑物与保护区）法

37. 1990 Town and Country Planning Act
1990年城乡规划法

38. 1991 Agriculture and Forestry（Financial Provisions）Act
1991年农业与林业（财政规定）法

39. 1991 Forestry Act
1991年林业法

40. 1991 Planning and Compensation Act
1991年规划与补偿法

41. 1991 Wildlife and Countryside（Amendment）Act

1991 年野生动植物与乡村环境法（修订）

42. 1991 The Town and Country Planning（Development Plan）Regs

1991 年城乡规划（发展计划）规范

43. 1992 The Town and Country Planning（Inquiries Procedure）Rules

1992 年城乡规划（调查程序）规则

44. 1992 The Town and Country Planning Appeals（Determination by Inspectors）（Inquiries Procedure）Rules

1992 年城乡规划上诉（检查员决定）（调查程序）规则

45. 1992 The Town and Country Planning（Simplified Planning Zones）Regs

1992 年城乡规划（政策优惠区）规范

46. 1992 The Town and Country Planning（Modification and Discharge of Planning Obligations）Regs

1992 年城乡规划（规划职责修改与履行）规范

47. 1993 Agriculture Act

1993 年农业法

48. 1994 Conservation（Natural Habitats, etc）Regulations

1994 年保护（自然栖息地，等）规范

49. 1994 The Compulsory Purchase of Land Regs

1994 年强制性购买土地规范

50. 1995 Environment Act

1995 年环境法

51. 1995 Town and Country Planning（Costs of Inquiries etc）Act

1995 年城乡规划（调查费用等）法

52. 1995 The Town and Country Planning（Environmental Assessment and Permitted Development）Regs

1995 年城乡规划（环境评估与容许发展）规范

53. 1995 The Town and Country Planning（General Permitted Development）Order

第十二章 英国乡村建设管理法规收集

1995 年城乡规划（通用容许发展）条例

54. 1995 Town and Country Planning, England and Wales, the Town and Country Planning (General Development Procedure) Order

1995 年城乡规划，英格兰与威尔士，城乡规划（通用发展程序）条例

55. 1995 The Town and Country Planning (Crown Land Applications) Regs

1995 年城乡规划（皇室土地申请）规范

56. 1995 The Town and Country Planning (Minerals) Regs

1995 年城乡规划（矿藏）规范

57. 1997 Land Registration Act

1997 年土地注册法

58. 1999 The Town and Country Planning (Environment Impact Assessment) (England & Wales) Regs

1999 年城乡规划（环境影响评估）（英格兰与威尔士）规范

59. 1999 The Town and Country Planning (Trees) Regs

1999 年城乡规划（树木）规范

60. 2000 Countryside and Rights of Way Act

2000 年乡村与可通行法

61. 2000 The Town and Country Planning (Inquiries Procedure) (England) Regs

2000 年城乡规划（调查程序）（英格兰）规范

62. 2000 The Town and Country Planning Appeals (Determination by Inspectors) (Inquiries Procedure) (England) Rules

2000 年城乡规划上诉（检查员决定）（调查程序）（英格兰）规则

63. 2000 The Town and Country Planning (Hearings Procedure) (England) Rules

2000 年城乡规划（听证程序）（英格兰）规则

64. 2000 The Town and Country Planning (Appeals) (Written Repre-

sentations Procedure)(England)Regs

2000年城乡规划（上诉）（书面陈述程序）（英格兰）规范

65. 2002 Land Registration Act

2002年土地注册法

66. 2002 The Town and Country Planning (Enforcement Notices and Appeals)(England)Regs

2002年城乡规划（执行通知与上诉）（英格兰）规范

67. 2002 The Town and Country Planning (Enforcement)(Written Representation Procedure)(England)Regs

2002年城乡规划（执行）（书面陈述程序）（英格兰）规范

68. 2002 The Town and Country Planning (Enforcement)(Hearing Procedure)(England)Rules

2002年城乡规划（执行）（听证程序）（英格兰）规则

69. 2002 The Town and Country Planning (Enforcement)(Determination by Inspectors)(Inquiries Procedure)(England)Rules

2002年城乡规划（执行）（由检查员决定）（调查程序）（英格兰）规则

70. 2002 The Town and Country Planning (Enforcement)(Inquiries Procedure)(England)Rules

2002年城乡规划（执行）（调查程序）（英格兰）规则

71. 2004 Planning and Compulsory Purchase Act

2004年规划与强制性购买法

72. 2004 Sustainable and Secure Buildings Act

2004年可持续与安全建筑法

73. 2004 The Town and Country Planning (Regional Planning)(England)Regs

2004年城乡规划（区域规划）（英格兰）规范

74. 2004 The Town and Country Planning (Local Development)(England)Regs

2004年城乡规划（地方发展）（英格兰）规范

75. 2004 The Town and Country Planning（Transitional Arrangements）（England）Regs

2004年城乡规划（过渡安排）（英格兰）规范

76. 2004 The Town and Country Planning（Initial Regional Spatial Strategy）（England）Regs

2004年城乡规划（初始的区域空间战略）（英格兰）规范

77. 2004 The Town and Country Planning（Regions）（National Parks）（England）Order

2004年城乡规划（区域）（国家公园）（英格兰）条例

78. 2004 The Town and Country Planning（Regional Planning Guidance as Revision of Regional Spatial Strategy）Order

2004年城乡规划（区域规划引导作为区域空间战略的修正）条例

79. 2004 Planning Policy Statements 7：Sustainable Development in Rural Areas（Office of the Deputy of Prime Minister）

2004年规划政策条例7：乡村地区的可持续发展

80. 2005 Town and Country Planning（Temporary Stop Notices）（England）Regs

2005年城乡规划（临时性停止通知）（英格兰）规范

81. 2005 The Town and Country Planning（Major Infrastructure Project Inquiries Procedure）（England）Rules

2005年城乡规划（主要基础设施计划调查程序）（英格兰）规则

82. 2006 Section 15（Town and Village Greens）of the Commons Act

2006年通用法第十五节（城乡绿地）

83. 2006 Natural Environment and Rural Communities Act

2006年自然环境与乡村社区法

84. 2007 The Town and Country Planning（Control of Advertisements）（England）Regs

2007年城乡规划（广告控制）（英格兰）规范

85. 2007 The Commons (Registration of Town or Village of Greens) (Interim Arrangements) (England) Regs

2007 年通用（绿色城乡注册）（过渡安排）（英格兰）规范

二、英国乡村建设政策相关文献名称目录

1. Changing Countryside Policies, 1991, The Royal Institution of Chartered Surveyors

变化中的乡村政策 1991 年

2. Rural Planning in the 1990s, 1993, Royal Town Planning Institute. Countryside Panel

20 世纪 90 年代乡村规划

3. The Countryside, a rural strategy, 1999, The Royal Institution of Chartered Surveyors

乡村，田园战略

4. Rural White Paper, 2000, DEFRA

乡村白皮书

5. Contemporary Rural Britain, 2004, Lecturer: Dr Keith Halfacree

英国当代乡村

6. Village Planning, 2004, James Garo Derounian (Senior Lecturer in Community Development and Local Policy University of Gloucestershire)

乡村规划

7. Our countryside: the future, 2004. 11

我们的乡村：未来

8. Rural Strategy, 2004, DEFRA

乡村战略

9. England Rural Development Programme Annual Report—— 2007

英格兰乡村发展计划年度报告

10. Conference of the New Planning Regulations for Zero Carbon Developments, 2007. 12. 11

第十二章 英国乡村建设管理法规收集

零二氧化碳发展的新规划规定研讨会

三、规划政策条例7：乡村地区的可持续发展

规划可以塑造我们生活与工作的场所，也塑造了我们所生活的乡村。它在支持政府广义上经济、社会及环境目标和可持续发展的社区中起到至关重要的作用。

规划政策条例是根据英格兰土地使用规划的不同方面制定的政府国家政策。这些政策是应用于乡村地区，包括村镇及更宽广范围内相对不发达的乡村及大城市边缘地区。对这些政策的补充不会代替或否决其他规划政策而且应结合其他相关国家规划政策配合使用。该综述代替1997年2月出版的规划政策引导第7条：乡村—环境质量、经济及社会发展。①

制定区域空间战略的区域规划部门、与伦敦空间发展战略制定关系密切的伦敦市长及制定地方发展文件的地方规划管理部门，都应该考虑到PPS（规划政策条例）政策。这些政策会成为独立规划申请决策的依据。

皇家版权2004年

皇家拥有印刷排版与设计的版权。

执行首相办公室出版，女王陛下秘书办公室负责人授权。

除了标志外，该出版物可为研究、个人学习或某个组织内部流通免费以任何形式或方法复制使用。只限于以正确的而非误导性的复制使用。使用这份材料时必须注明皇家版权及专属出版名称。

对于任何其他用途，请致信专利使用权部门，HMSO，圣·克莱梅斯机构，克莱格特2-16号，诺威治，邮政编码：NR3 1BQ。

传真：01603723000 或发邮件至 licencing@ cabinet-office. x. gsi. gov. uk。

（大不列颠）联合王国秘书办公室印刷

N171770 C25 08/04

---

① 然而，为农业与林业容许发展权提供进一步引导的PPG7之附录E依然悬而未决，颁布1995年通用容许发展条例的执行首相办公室仍需对其进行评定，那么随后的任何更新过的引导议题将代替这个附录。

下篇:部分国家和地区村镇(乡村)建设法律法规汇编

目录:

国家目标
国家规划政策
主要法则
可持续的乡村社区、经济发展
乡村
农业、农场多样性,与马相关的产业活动和森林业
旅游业和休闲

附件 A

农业,林业及其他行业居住项目

1. 乡村地区的可持续发展

国家目标

国家对于乡村地区的相关规划政策条例所要达到的目标是:

(1)提高生活质量和乡村地区环境,可以通过提升以下几方面实现:

1)繁荣的、富有内容的和可持续的乡村社区,通过提高当地环境和邻居关系以确保人们有相当好的居住地;

2)可持续的经济增长与多元性;

3)高质量,可持续发展,并尽可能的尊重和提高当地独特性和乡村所特有的独特品质;

4)通过对我们最有价值的自然景观及环境资源的保护,来持续维护造福大众的开放性乡村;

(2)促进更加可持续发展的模式

1)强调现有村镇或周围地区的最大发展;

2)阻止城市扩张;

3)不鼓励对绿地的开发,当必须使用绿地时候,应确保对其高效使用;

4）促进能够使城市外围乡村利益最大化的土地使用方式；

5）提供能够使居住在广阔乡村的城乡居民满意的休闲机会。

（3）通过提高经济表现来促进英国区域的发展，从而能够使其达到完满的预期效果—通过发展那些能提供多种工作和支撑强有力经济，且具有竞争性、多样性和繁荣的乡村企业。

（4）促进可持续性的、多样化的和适应性强的农业地区，在这些地区，农场达到高标准，最大限度降低对环境资源的影响，并能掌控有价值景观和生物多样性，能间接或直接对乡村经济多样性作出贡献，本身具有竞争性和营利性，而且能达到公众所需的产品质量要求。

规划管理部门在实现乡村地区的国家目标中起着非常重要的作用，通过对规划体系的操作和政策运用来制定规划政策条例和规划政策引导条例。

国家规划政策

主要法则

1. 可持续发展是支撑土地使用规划的核心法则。以下主要法则应结合 PPS（规划政策条例）中制定的所有政策应用：

（1）发展计划的决策应以可持续发展法则为前提，确保一个全面考虑整合的方法：

1）社会包含性，个体认知需要；

2）有效的环境保护和改善；

3）对自然资源的谨慎使用；

4）维持高而稳定的经济增长和就业水平。

可持续发展规划方法在 PPS1（规划政策条例 1）中有详细阐述。①

（2）位于现有村镇，高质量、选址慎重且易于到达的规划项目应该被批准，它有利于当地经济和/或社区（例如，为特别的当地需求建设经济适用房），维持或改善当地环境，而且与其他规划政策不冲突。

（3）可通达性应该是所有发展决策的一个关键因素。那些可能创造大量旅游的发展计划应该选址在公共交通、步行和脚踏车所能到达的镇子或其周围，或其他服务中心，并符合 PPG 13（规划政策引导 13）——交

---

① PPS1（规划政策条例 1）——可持续发展
国家规划政策
根本原则
13. 以下根本原则应该被切实贯彻，以确保报批的发展规划及决定均可为可持续发展作出贡献。
（i）发展规划应该确保把可持续发展作为一个整体来考虑，且与联合王国可持续发展战略规划保持一致。区域规划机构及地方规划管理部门应该确保其发展规划在环境、经济、社会等领域均能随着时间的发展获得显著提高。
（ii）区域规划机构及地方规划管理部门应该通过对气候改变的原因及潜在影响的重视来确保其发展规划对全球可持续发展做出贡献。因此，在相关政策中应提及减少能耗、减少排放（例如，通过鼓励相应的规划模式来减少私家车出行，或减少长途货运需求）、促进可再生能源发展，且将气候改变所造成的影响加入到对开发项目的择址与设计过程的考虑中。
（iii）一套空间规划方针应该成为可持续发展规划的核心内容。
（iv）规划政策应该在新开发项目及私人住宅项目上，促进高质量的综合设计。这些设计方案应该体现出在功能和对环境影响方面的足够重视，因为这些影响跨越其使用寿命而非短期的。那些无法为提高特定区域的特色及品质做出贡献的方案不应该被批准。
（v）发展规划也应该根据择址与外部物理环境条件确定清楚的、全面的及综合的实施政策。这些政策应该考虑到人们的多样性需求，并能够摒除社区内不必要的分歧与排он性，从而促进整个社区的健康发展。
（vi）公众参与是落实可持续发展计划和创造安全的可持续社区的必要元素。在论证具体某地的发展前景时，规划管理部门应该确保社区公众能够为如何达到预想的前景贡献意见，拥有参与起草发展前景、发展战略及特殊规划政策过程的机会，从而使他们能够全面参与规划发展计划的指定。

通中制定的政策①。其他乡村地区发展选址决策应尽可能地给予人们通

① PPG13（规划政策引导13）——交通

可通达性：

19. 一个主要的规划目标是确保能够通过公共交通、步行和脚踏车到达工作场所、购物场所和娱乐服务设施。对那些通常不使用小汽车的人来讲，提高社会包容性尤其重要。在制定发展规划时，地方政府应高度重视已明确土地用途的首选地区与场所可达性，以确保通过上述一系列交通方式，且包括小汽车使用，能提供方便、快捷、可行的通路。（乡村地区应遵循40-44节所提供的建议）规划政策引导应通过使用区域或亚区域重要发展水平或类型的公共交通可达性标准制定可达性实际操作的战略框架。

乡村地区

40. 在乡村地区，使用公共交通和非娱乐性的步行与脚踏车的可能性，与城市地区相比局限性更大。然而，为了有助于推动社会包容性，及减少那些没有使用小汽车人群的孤立感，PPG13（规划政策引导13）第18-31节中综述的关于相同而全面的政策方法需求对乡村地区而言是与城市地区同等迫切的。根据第43节，应确保主要工作场所、购物场所及娱乐服务设施坐落于当地可达性最佳的地方，或可在可达性将会提高的地方。在这些有待提高的地方，地方政府会制定地方交通规划规定或计划采取相关措施来提高其交通可达性。这将要求一个整合的方法来进行综合选址决策，服务传达与交通规定。同时，地方环境也应被考虑，因为偏远乡村地区和靠近大城市的乡村环境是不同的。

41. 在远离大城市的偏远地区，根据第43节，地方政府应在开发中强调关于工作场所、购物中心、娱乐服务设施位于或靠近地方服务中心，有助于确保公共交通可以方便到达，也可以通过步行和脚踏车提供一些潜在的到达方式。这些服务中心（可能是集镇、一个独立存在的大村庄或一组村落）应作为开发首选地在开发规划中被标注出来。对另外一些重要的住房来说，这些中心也应该成为聚集点，以确保居民能方便地使用一系列服务设施并有利于提高地方服务的品质。若在乡村地区早先开发过的土地上建造住房，应该基于PPG3（规划政策引导3）中第31节中的有关评估规定进行，这也包括可达性的考虑因素。早先开发土地的可用性本身不能成为再进行开发活动的充分理由。

42. 一个全面的方法将会提供适合当地的地方交通规划战略，那么其主要目标是鼓励旅游者和地方居民在乡村地区旅行时更多地使用公共交通、步行和脚踏车（步行和脚踏车可以配合使用小汽车、摩托车、出租车等）。另外，地方服务机构，包括健康与教育，最好互相协作以期做到服务传达利益最大化。这意味着共享并灵活使用现有交通和传达服务（包括邮свое、校园公交车、移动图书馆和其他相关地方政府服务），而且可与商业活动有合作关系，例如，送货到家、货运/后勤服务公司。

43. 为了减少城镇地区长距离通勤的需要，在乡村地区创造充分的就业机会尤为重要。农场商业多样化的持续增长可以带动其他商业活动计划，即使在偏远地区，通过促进现有农舍的改建或再利用，也存在这种可能。PPG7（（规划政策引导7），现已被PPS7所取代）指出，为了相关农业和农场多样化开发，恰当的新建筑建造是可以被认可的。在规划政策和开发控制决策中，地方政府应鼓励农场多样化计划，尤其是在那些通过公共交通、步行和脚踏车可以到达的地方。但是根据实际需要，也应该允许将使用或可能使用小汽车作为其他选择到达目的地的方式。同样地，地方政府不应拒绝那些较小规模的商业开发计划，也不能拒绝那些与场地中经允许的其他使用相比，对次要道路影响不大，只能稍微促进其他日常交通运作增长的开发计划。

44. 在决策合适的乡村地区就业战略过程中，考虑到规模、影响和开发地区可能集水处是非常重要的。地方政府需要权衡政策利害关系，但通常来讲，越多数量的当地居民被雇佣，对确保通过公共交通、步行和脚踏车可方便到达开发地的需要越迫切。根据自然属性，这意味着大多数工作人员固定使用或就近使用指定的地方服务中心。这种成规模的区域或亚区域的工作人员雇佣应来自于符合区域规划引导的地方，和那些能够提供一系列现实可用交通方式的地方。关于乡村地区的开发建议见PPG7（（规划政策引导7），现已被PPS7所取代）。

过公共交通、步行和脚踏车到达的最大机会，能持续取得发展的主要目的。

（4）位于远离现有居民点或在发展规划中用于发展区域之外地区的建设发展应该被严格控制；政府总的目标是为了保护乡村的固有特性和美景，景观多元性，遗址和野生动植物，自然资源财富，从而使人们乐在其中。

（5）相对于绿地而言，对曾经被用过的土地（褐色土地）再利用应具有优先权，除了在没有褐色土地，或这种褐色土地的可持续发展性能相比绿地非常差的情况下（例如，它们远离居民区和服务区）。

（6）所有乡村地区的发展应该被很好地设计，充分考虑到慎重维护选址地规模，保留乡村特点及独特性。

可持续乡村社区，经济发展和服务

2. 地区空间战略（RSS）和地方发展纲要文件（LDDs）应该推动和促进乡村地区可持续发展模式与可持续社区。这种可持续性应该包括的政策有：支持、增强村镇活力（包括提供经济适用房），适当鼓励强有力、不同的经济行为，同时维护当地特点及高质量环境。为确保政策相关性和有效性，当地规划管理部门应该意识到其乡村商业和社区的环境、需要和优先权，及城乡之间的相对独立性。乡村地区时效性差，信息更新速度慢，当地政府应该对乡村经济和社会条件及需求，包括当地住房需求进行调查评估。

发展选址

3. 在远离大城市的地区，规划管理部门应注重在当地服务中心及周围进行新的开发，这里的就业、住房（包括经济适用房）、服务与其他设施相对集中。这有利于确保这些设施靠近公共交通，也能为步行和脚踏车提供更为便利的条件。这些中心（可能是集镇、一个独立的村庄，或一组村落）应该在开发计划中被优先考虑。

4. 对于那些没有被指定为地方服务中心的乡村居住地及周围地区，为了满足地方商业和社区需要及维持社区活动，规划管理部门应在地方开发文献中制定相关政策允许有限开发。政府应该特别支持那些具备最可持续发展的条件但远离服务中心,且公共交通不便利的村庄进行小规模开发建设。

经济发展和就业

5. 规划管理部门应该支持乡村地区大范围的经济行为。考虑到在区域空间战略中的区域优先权,及与上述第2~4段中政策相吻合,地方规划管理部门应该:

(1) 为了将来经济发展,在地方开发文献中,确定合适的场地,尤其是那些需要创作就业及经济再生的乡村地区。

(2) 在地方开发文献中,制定出乡村地区不同开发地允许经济发展的标准,包括未来商业规模扩大,以推动健康多样的经济行为。

社区服务和设施

6. 居住或工作在乡村地区的人们应该有到达一系列服务和设施的合理交通。地方规划管理部门应该:

(1) 通过地方开发文件,设计并推动新服务与设施的可达性,尤其是在:

1) 已经拿到新开发规划许可的乡村或地方服务中心;

2) 正在扩张的居住地,或人口集中地,或乡村集水处;

3) 明显的需要新的服务设施或扩大原有服务设施从而加强其作用的特殊地方服务中心。

(2) 在适当的情况下与开发商合作,通过提供公共交通、步行和脚踏车设施来尽可能确保对特定服务中心的新开发的支持。

(3) 为了满足整个社区,包括残疾使用者的需要,确定与社区服务和设施相配的建筑物与开发场地。

(4) 鼓励保持社区活动的混合与多功能使用。

(5) 支持提供小规模地方设施(如儿童保育设施),以满足特定服务中心外的社区需要,尤其应有利于不便使用较远服务中心的乡村居民。这些地方设施应位于通过步行、脚踏车或公共交通(如果有)可到达的村庄或居住地内,或与其相邻的地方。

7. 规划管理部门应采用一种积极途径来编制计划性建议以提高在

可持续乡村社区中扮演重要角色的现有服务设施的可利用性、可通达性或社区价值,如村庄小店、邮局、乡村加油站、乡村与教堂礼堂,乡村公共机构。规划管理部门应鼓励维持这些地方设施,且应在地方开发文件中制定出将应用于审核导致重要乡村服务设施减少的规划申请之标准(如,将这些设施改造为居住使用)。

住房

8. 有关住房的国家规划目标与政策详见 PPG3(规划政策引导 3)①中住房部分。主要目标是为每个人提供良好住房。政府应该清楚乡村地区社区的所有需求,这包括对经济适用性、易通达性和其他特殊的住房需求。基于对当地需要的最新评估,地方规划管理部门满足乡村地区住房需求的计划是必要的。为促进更加可持续的开发模式及充分利用先前使用过的土地,乡村地区大部分新建住房应集中在现有乡镇与特定服务中心。但是满足其他村庄对新住房的特定需求也是必要的。

9. 关于乡村地区住房规划,地方规划管理部门应参照 PPG3(规划政策引导 3)中的政策。应该:

(1)与 PPG3(规划政策引导 3)中村镇、住房建设指引相关政策相一致②,且应为了满足当地居民需要,在现有村庄及邻近地区提供足够的土地。

(2)严格控制远离建成居住地或发展计划中拟建居住区乡村的新住房建设(包括单独住房建设)。

10. 乡村孤立的新房建设之规划许可要求有特殊正当理由支持。其

---

① PPG3 已经在 2006 年 11 月被 PPS3(规划政策条例 3)所取代。
② PPS3(规划政策条例 3)——住房。
38. 在地方层面上,LDDs(地方发展纲要文件)应该建立一套能够为可持续发展作出贡献的新住宅用地规划战略。地方规划管理部门应与开发持股方一道制定可用来判断主要适建地块和特殊地块的标准,为此应该考虑一系列问题,其中针对乡村情况,应该斟酌:
为乡村地区提供住宅的需求。这不仅应涵盖城镇和地方经济服务中心的住宅市场,也应该包括对偏远村落的开发。但必须注意的是,所有这些开发项目的目的均是为了提升并维持当地的可持续发展性。为此,就应该,特别是在小型乡村居民点内,考虑居民点之间的相互关系以确保其均衡发展,从而促进当地非正式社区网络的建立,并帮助人们在工作地就近居住并靠近主要的服务中心,将对环境的冲击最小化,并在有可能的情况下鼓励利用可持续自然能源。

特殊理由与永久居住在这里的员工或靠近工作地居民的基本需要息息相关。规划管理部门应该遵循规划政策规定中附件 A 的政策。

11. 偶尔会有例外，单独新房建设可以为获得规划许可而将提供新颖的创新设计和异常的建筑效果作为特殊理由。但是这种设计必须是真正具有震撼力、突破常规的方案，例如，在材料的使用、建造方法或对保护和改善环境方面作出贡献，并因此有利于提高乡村地区一般设计准则。而此类建筑的特殊价值也将在当代建筑的最高标准方面、对所建地本身意义的重大提高方面及增强当地特征等方面体现出来。

乡村居住地的设计与特点

12. 许多乡镇和村庄具有相当大的历史与建筑价值，或对当地特征有着重大影响。规划管理部门应确保开发计划尽可能尊重并加强这些特殊影响。这不但可以增强当地可识别性、区域差异，而且是一种恰当的场所设计衡量标准，可参见 PPS 1（规划政策条例1）设计政策[①]，

---

① PPS1（规划政策条例1）——可持续发展。

设计

33. 优秀的设计能够提供有魅力的、实用的、持久的及适用的场所，并且是达到可持续发展目的的根本要素。优秀的设计是与优秀的规划不可分开的。

34. 规划管理部门应该积极促进在各个开发层面上都能取得高品质、考虑周全的设计成果。这包括单体建筑、公共及私人空间以及更广泛领域内的开发项目。优秀的设计应该能够积极地去为人们创造更美好的空间。而那些脱离当地文脉、无法提高其所在区域特色及品质、没有满足功能要求的设计方案是不应该被接受的。

35. 高品质、考虑周全的设计应该是整个开发过程中各个阶段的最终目标。高品质、考虑周全的设计应该创造各种族和谐相处的发展前景。这样的方案能够避免种族隔离，并拥有可供人们相互交流、一起从事体育活动和休闲娱乐的良好公共空间。这就意味着该方案应该功能完善且能够促进当地的整体特色及品质。这种对当地环境的提升能力不应该只是短期效应，而应该是与其寿命相同的长期效益。因此，它不但应该是经过悉心设计及规划的高质量建筑与空间，而且应该支持节约、高效使用能源的方针。尽管单体建筑的外观视觉效果与建筑特色是其能够达到这些目标的重要条件，但仅仅考虑美学因素远远不足以去实现一个高品质、考虑周全的设计。

优秀的设计应该：

—通过考虑人们与工作地点和主要服务性中心之间的通达关系来加强人与建筑间的联系；

— 与现有城镇形式、自然环境和人工环境相互融合；

— 成为创建成功的、安全的、各种族和谐相处的村庄、城镇和都市过程中的有机一环；

— 创造一个人人都能获得并受益于全部社会机遇的环境；

— 考虑对自然环境直接或间接的影响。

36. 规划管理部门应该为设计制定富有活力的政策。这些政策的制定应该基于对区域未来的明确展望和对区域当前特征的准确把握。其中，在开发中关键性的目标有：

By Design[①]也提及到此内容。规划管理部门应对创新、高品质的当代设计本着一种积极的态度去对待，这些设计一旦落成后应引人注目，且有利于使人们居住工作的地方更加美好。

13. 根据 PPS 1（规划政策条例1）附件 A，且借助于其他手段，如景观特征评估，村镇设计准则，村庄设计原理或当地社区出台的教区规划，地方规划管理部门应制定能在整个乡村地区鼓励高品质设计的政策。

乡村地区

14. 这一部分的政策适用于那些隔离都市、城镇和村庄，且很大程度上不发达的乡村地区。虽然目前乡村大量土地使用行为是在规划体系之外，但规划体系在支持和推动对人们赖以生存的土地使用开发方面起

———— 可持续性、持久性和适用性（包括考虑诸如洪水等自然灾害），以及谨慎高效地使用能源；
———— 乐观评估场地潜能，并使之与发展计划相适应，创造并维持适宜的综合使用效果（包括将绿地和其他公共空间融入发展计划），并与地方设施和地方交通网络兼容；
———— 与当地文脉相呼应，并创造或加强当地特色；
———— 创造安全且可通达的环境，从而使犯罪、无秩序行为或对犯罪的恐惧感降低到不会损害生活质量或社区凝聚力的水平；
———— 满足全社会的需求，并对社会成员而言易于接近、易于使用且易于理解；
———— 在视觉效果上引人注目，是一件优秀的建筑设计作品或适宜的景观设计作品。

37. 为了取得高品质、考虑周全的设计成果，规划管理部门应该留意以下工具书中的优秀案例：By design – urban design in the planning system; towards better practice, By design – better place to live, Safer place – the planning system and crime prevention, Planning access for disabled people: a good practice guide.

38. 设计政策应该避免不必要的细节规定，而应该更加广泛地着重在总体规模、密度、体量、高度、景观、总平面以及新建筑与附近建筑和当地环境的可通达性联系等方面给予指导。地方规划管理部门不应该试图去把某种建筑风格或特殊品味强加于设计者，也不应该通过强制顺应某种设计形式或风格的不切实际的要求去扼杀革新或原创作品。但是尽管如此，促进或加强当地特色的决定也应该被肯定，特别是在该决定拥有来自关于设计的明确规划政策或补充规划文件支持的情况下。

39. 发展规划应该包含明确且综合的政策去促进考虑周全的设计。此类政策应该考虑人们的多样性要求并旨在去打破不必要的隔阂与排他性，从而使整个社区因此而收益。尽管社会和个人已经在鼓励人们管理控制其私人领域的主观能动性上做出了巨大努力，依然有很多人受到源于不当设计的不必要影响，例如，那些在个人活动能力上有特殊要求的残疾人、老人及其他与社会相隔离的人们，便有可能是首当其冲的受害者，因此对他们而言，设计在完成之后，就很难再有两次改造的余地。

① By Design — a better practice guide, 于 2000 年 5 月出版，由前环境、交通部和建筑及建筑环境委员会负责。

着至关重要作用，并有利于长久维护、管理乡村。RSS（地区空间战略）应该认识到国立、区域性或所谓亚区域性乡村的环境、经济与社会价值。RSS（地区空间战略）和LDDs（地方发展纲要文件）的政策应寻求保留并提高这些价值，从而使乡村地区能够保持其丰富自然资源，为国家及区域繁荣作出贡献，并为人们所享用。

乡村保护与乡村开发

15. 规划政策应提供一种积极性框架以推动能够支持传统地面活动，并充分利用坐落于乡村的休闲娱乐的可持续开发。尤其应关注任何因为景观、野生动植物或历史性价值而被特定具有优先权以防止潜在破坏性建设的地区。

16. 在为乡村建设准备LDDs（地方发展纲要文件）政策和审批规划申请时，地方规划管理部门应该：

（1）支持多元性、可持续农场企业建设；

（2）支持其他有利于乡村经济和/或提高乡村娱乐性的乡镇企业与活动；

（3）考虑保护自然资源的需要；

（4）依照 PPS 22（规划政策条例22）政策[①]，进行可再生能源开发；

（5）根据特定指示，保护特殊景观、野生动植物、历史或建筑特点及其场地。

乡村地区建筑物再利用

17. 政府政策支持对符合可持续开发目标乡村的，现存的且具有合适构造与选址的建筑物再利用。基于经济发展设想的再利用是比较可取的，但是对某些特定区域的建筑物来说，住宅改建更为妥当。因此，为了达到经济、居住和任何其他目的，包括混合使用，规划管理部门应该制定出准许乡村建筑物改造与再利用的 LDDs（地方发展纲要文件）政策标准。

这些标准应考虑到：

1）对乡村居民、景观和野生动植物的潜在影响；

[①] PPS22（规划政策条例22）——可再生能源
根本原则
1. 地区规划机构和地方规划管理部门应该在其规划方法中共同坚持有关可再生能源的重点原则：
（i）在英格兰境内，凡是在技术上可行，且对环境、经济、社会的影响可以被妥善处理的地方，可再生能源发展均应该被重视。
（ii）RRS（区域性空间战略）和 LDDs（地方发展纲要文件）应该包含有关促进和鼓励，而不是限制可再生能源开发利用的政策。地区规划机构和当地规划管理部门应该对所有种类的可再生能源，它们之间的不同特征、地理位置要求以及在适当的环境保护手段下对其潜力的合理发掘均有充分的认识。
（iii）在地方层面上，规划管理部门应该设立标准用以评估有关可再生能源项目的规划许可证申请。在没有进行足够的、理由充分的分析判断之前，任何排除、限制一项或多项可再生能源技术发展的政策均不应该被列入 RRS（区域性空间战略）和 LDDs（地方发展纲要文件）。政府可以在认为地方规划管理部门制定的限制过于苛刻或判断不明时对规划申请过程予以干涉。
（iv）由可再生能源项目而引出的在各个层面上广泛的环境，经济收益，无论其规模大小，均为实质性的，需要认真对待的事项。这些收益在决定是否颁予规划许可证时应给予足够的重视。
（v）地区规划机构和地方规划管理部门不应该对可再生能源项目在技术和经济层面上的可行性提出假设。（例如，基于平均风速大致判断项目选址）技术进步往往可以使目前对某项特定的可再生能源而言不适宜的场地在未来变得适合起来。
（vi）小规模项目可以为整体可再生能源输出总量和地方及国家能源需求作出有限但颇具价值的贡献，因此，规划管理部门不应该以能源输出量小为由拒绝其规划申请。
（vii）当地规划管理部门，地方持股人和地方战略发展委员会应该积极培养公众社区对可再生能源项目的参与，在公众中努力推广可再生能源知识，并积极促进公众对择址恰当，前景良好的可再生能源项目的接受与支持。可再生能源项目开发方也应该在正式递交其规划申请之前的规划设计早期阶段主动与当地社区讨论并交流意见。
（viii）项目发展计划应该阐明所有有关的环境，经济以及社会收益，并说明如何通过认真考虑该项目的选址，规模，设计及其他方面因素。将其对环境与社会的影响降至最低。

2）当地特定的经济和社会需要、机会；

3）居住模式和服务中心、市场及住房可通达性；

4）对有利于维护当地特征的历史性、重要性或趣味性建筑物进行保护的需求或愿望。

18. 当地规划管理部门应鼓励对具有经济或社区使用价值的，可用于居住功能的（见PPG 3（规划政策引导3）相关政策[①]），与当地服务息息相关的（见本文第七节），并且邻近乡村的现有建筑物再利用。

乡村建筑更新

19. 从经济发展考虑，政府应支持具有永久性设计与构造且位置合适的现有建筑物更新。与完全改建相比，这种更新更令人接受、更可持续发展，并更应该享有优先权，例如，从环境与景观建设角度来看，能够使环境改善。规划管理部门应该制定出应用于乡村建筑更新的LDDs（地方发展纲要文件）政策标准，并应考虑到第17节中的相关政策：基于经济需要对现有建筑物的改造与再利用。规划管理部门还应界定不可接受的更新计划的条件，并阐明可允许更新的建筑物规模。

20. 根据PPG 3（规划政策引导3）和本文第10节，随着住宅建设发展，非居住建筑物的更新应该当作新住房建设来看待。

国家指定区域

21. 国家指定区域包括国家公园、开阔地、新森林遗产区域与风景优美地区，政府明确规定这些区域内的景观与优美自然风景受到最高等级的保护。因此，对这些地区及乡村环境中自然景观属性的保护应该在规划政策和发展控制决策中给予足够重视。另外，在这些地区中对野生生物与文化遗产的保护是很重要的，这种保护对国家公园而言更是具有

[①] PPS3（规划政策条例3）——住房

30. 与其他地方相比，为乡村地区提供经济适用住宅面临更多的困难，因此更应该着力在城镇乡村的住宅市场上推出能够促进建立并保持可持续发展乡村社区的高质量住宅。这就要求了在当地或区域层面上的规划应该采用一套积极的、前瞻的处理方法。这种处理方法必须能够触及各种潜在问题，并拥有明确的建造乡村经济适用住宅的目标。在条件成熟的情况下，地方规划管理部门应该运用乡村例外用地政策认真考虑为经济适用住宅项目划拨专用地块，以便使小块的场地可以得到充分的利用。这种情况特别适用于在那些位于小型乡村社区，因受政策限制而通常不被用做住宅用地的小块场地上建设经济适用住宅。乡村例外用地应该永远只能被作为经济适用住宅用地。乡村例外用地政策应该能够允许表达当地社区的需要，这包括为目前居住在当地的住户或与当地住户有家庭或工作关系的住户提供住宅，以及确保可持续的、综合的、包容的乡村环境得到不断发展。

特殊意义，所以在国家公园规划政策与发展控制决策中应给予充分重视。但是，在实现这些优先政策的同时，在合适的地方，LDDs（地方发展纲要文件）的规划政策、RSS（地区空间战略）也应该支持选址恰当、设计合理的必要开发项目以促进指定区域及其社区的经济与社会条件，这包括满足提供当地对住房的需求。

22. 除了特殊情况外，较大规模的开发行为不应在国家指定区域内进行。这条政策甚至包括能够提升国家重要性的大型开发计划。综合考虑到大型开发有可能对自然美景产生的严重影响及所能提供的娱乐性机会，这类开发申请应该接受最严格的审查。在允许开发进行之前，大型开发计划应该被充分论证是否能够体现公共利益。因此，这类申请所应考虑的因素应包括以下评定：

（1）开发需要，包括任何国家层面所需考虑事项，及允许或拒绝申请而对当地经济产生的影响；

（2）在指定区域外进行开发的造价及余地，或用其他方法来满足需要；

（3）任何对环境、景观和娱乐性机会有害的影响，及影响所能被缓解的程度。

23. 在国家指定区域内，对任何符合必要条件的大型开发规划申请颁发许可证，规划管理部门应确保其必须严格执行高环境标准。

地方景观指定

24. 政府认可与接受国家指定区域之外的景观区域，尤其是具有较高本土性价值的区域。政府相信通过详细计划草案、基于LDDs（地方发展纲要文件）的政策标准以及利用适当的工具（如景观特征评估），应该可以为国家指定区域之外的景观区域提供充分的保护，而不需要对这些区域进行严格地方性划定，因为此类划定可能会过度限制可接受度、可持续发展和压制支撑乡村地区活力的经济行为。

25. 地方景观指定应该仅仅被保持在LDDs（地方发展纲要文件）规划政策可以提供保护的范围内，或延伸到那些明确显示LDDs（地方发展纲要文件）规划政策不能提供保护的地方。LDDs（地方发展纲要文件）必须陈述所要求何种特别保护并说明原因。在评定地方性区域范围发展规划与LDDs（地方发展纲要文件）时，规划管理部门应严格考虑保留现有地方景观指定的正当理由。同时必须确保这样的指定是基于正式且充满活力的有关景观质量评定。

围绕城市地区的乡村

26. 虽然PPG2（规划政策引导2）政策[①]继续应用于绿带，地方规

---

① PPG2（规划政策引导2）——绿带

1. 介绍

1.1 政府非常关注绿带的重要性，并已经将其作为不可或缺的规划政策有四十年之久。绿带政策及相关的发展控制政策在1955年被提出，在经过少量显著的修改后直至今日依然有效。

历史

1.2 在1935年，大伦敦区域规划委员会正式提出了"为公共开放空间以及休闲娱乐空间提供保留用地并建立开放的带状或环状绿化空间"的建议。随后，1947年城乡规划法对此作出了新的补充说明从而允许地方管理部门将绿带涵盖在他们的首次发展规划中。1955年，在一份历史性的通知中，地方规划管理部门被建议考虑建立绿带，这标志着绿带政策被法制化并终被推广到伦敦之外的地区。

范围

1.3 在结构性大规划中绿带目前涵盖大概1,556,000英亩土地，大约占英格兰的12%。一共有14个规模不等的独立绿带存在，如最大的伦敦绿带有486,000英亩，而最小的伯顿（Burton–on–Trent）绿带仅有700英亩大。指定绿带的大致规模及尺寸可见附图。

政策意图

1.4 绿带最重要的特征即它的开放性，因此绿带政策最基本的目标是通过保持土地的永久开放性来防止城市扩张。绿带可以在次区域层面上和区域层面上形成城镇发展格局，并有助于确保开发项目的位置与发展规划切实吻合。绿带有助于保护农田，森林及其他乡村环境，并能帮助城镇开发向更加可持续的发展方向迈进。

绿带内土地用途

1.5 绿带内土地有五项用途：
◆ 控制无节制的大型城镇建设扩张；
◆ 防止邻近城镇向对方逐渐融合；
◆ 协助防止乡村环境破坏；
◆ 保护历史城镇的文化特色与环境；以及，
◆ 通过鼓励对遗弃土地和其他城镇土地的再利用来协助城镇复兴。

绿带内土地使用

1.6 一旦绿带被确立，那么它所涵盖的土地就应该遵循以下使用目的：
◆ 为城镇人口提供通向开放性乡村环境的门户；
◆ 在邻近城镇的地方提供室外体育活动和室外休闲娱乐的机会；
◆ 在邻近人们居住的地方保留吸引人的景观点并提升其他自然景观区的质量；
◆ 维护自然保护区；以及，
◆ 保留农业，林业以及其他相关产业用地。

1.7 值得注意的是，使土地使用满足以上目的的规定本身并不受限于是否该土地属于绿带范围并因此而受到持续性的保护。例如，尽管绿带经常包含吸引人的自然景观区，但是自然景观区的质量并不与其是否位于绿带内并因此受到持续性保护有关。但是尽管如此，将土地纳入绿带依然对使其受到持续性保护而言非常重要。这一点与使土地满足某项特定使用目的的相比应该优先得到考虑。

划管理部门应确保 LDDs（地方发展纲要文件）中的规划政策能够针对城市周边乡村环境的特殊土地使用议题与机会加以说明；认知到乡村环境对居住与工作在那里的人们的重要性；而且给城市居民提供距离最近和最可通达的乡村环境。规划管理部门应致力于安全可靠的环境改善与对土地的最优化使用，同时减少毗邻土地使用之间的潜在冲突。这应该包含公共通路的改进（如，通过支持国家公园和社区林地）与帮助提供合适的运动及娱乐设施。

农业，农场多样化，与马相关的活动和林业

农业发展

27. 政府认识到了农业的重要性与变化性，包括乡村和大部分有价值景观的维护与管理。RSS（地区空间战略）和 LDDs（地方发展纲要文件）规划政策应认知到这些任务并支持发展计划，这些发展计划能够使农业和农民：

（1）变得更具有竞争性，更加可持续发展和更符合环境要求；

（2）适应新的且不断变化的市场；

（3）顺应变化的立法与相关政策引导；

（4）使新的农业生产多样化（如，可再生能源农作物）；

（5）拓宽主要产品增值的实施方式。

最好且最具有活力的农业用地

28. 在规划申请决策过程中，最好与最具有活力农业用地的界定（农业土地分级中 1 级，2 级和 3a 级）应重视其他相关的可持续性所需考虑的事项（如，生物多样性，景观质量与特征，宜人性价值或遗产利益；基础设施、劳动力和市场可达性；维护有活力的社区；自然资源保护，包括土壤质量）。在不可避免地要对农业用地进行重大开发的区域，地方规划管理部门应寻求使用较差质量土地（3b 级，4 级和 5 级）而不是使用那些具有较高质量的土地，除非这种情况与其他可持续性所需考虑的事项相矛盾。除了在某些区域（如丘陵地），尤其是那些当地的农业可能会以特殊方式对地方经济或环境质量与特色作出贡献的区域，对农业土地的开发应倾向于使用 3b、4 级和 5 级的农业土地。如果任何未开发农业用地需要开发，那么应将对环境的负面影响减到最小。①

29. 发展规划中的相关政策应可以标识出将被开发农业用地的主要地区。但地方规划管理部门也希望能在 LDDs（地方发展纲要文件）中制定出一些政策，以保护特定区域的最好与最具活力农业用地免受投机开发。地方规划管理部门可以决定最好与最具有活力农业用地是否能被开发，但是必须根据有价值建议来权衡开发提案。

农场多样化②

30. 认可非农业行为的多样化对维持许多农场企业的生存能力起到至关重要的作用。地方规划管理部门应该：

（1）在 LDDs（地方发展纲要文件）中制定相关标准应用于农场多样化项目的规划申请。

（2）支持具有商业目的、构思较好的农场多样化方案，因为这些方案能够实现可持续发展目标，并有助于维持农场企业，与所处乡村地区等级相协调。

（3）对于欲在相关绿带中实施的多样化计划，只要能够保护绿带的开放性且不与绿带内土地使用目的相冲突，都应该给予有利评价。（根据 PPG2（规划政策引导 2），在绿带内的农场多样化计划可能会导致"不适当开发"，针对这一点，任何可能符合 PPG2（规划政策引导 2）中有关"极为特殊的情况"的，且由于多样化而带来的收益都应在申请

---

① 农业用地分类标准（见 http://www.defra.gov.uk/rds/lgmt/ALC.htm，[22/07/08 查阅]）
分类
一级（优秀）；二级（非常好）；三级：3a（好），3b（中等）；四级（贫瘠），五级（非常贫瘠）。

农业用地分类标准将土地分为五级，其中第三级包含两个次等级—3a 和 3b。根据政策引导（见 PPS7）中的规定，最肥沃的土地被定位为一级、二级及 3a 级。这些土地的农业使用灵活性最高，最多产且投入产出率最高。在这些土地上既能种植粮食或其他提供食物的作物，也能够种植生产生物能源，纤维及药材等经济作物。目前，一、二级土地大概占英格兰所有农业农业用地的 21%，而 3a 级用地也占有相似的比例。当有计划中的开发项目位于农田或其他可生产作物的绿色土地上时，Defra 及其他机构均根据该农业用地分类标准为地方规划管理部门、开发商和公众提供建议。通用开发条例（程序）中有关最好最肥沃土地的政策均援引了来自 Defra 的法律咨询。

农业用地分类标准系统也被商业咨询机构采用去为其客户提供有关土地使用及规划方面的建议。

② 研究报告，国家规划政策引导（PPG7）实施中相关农场商业多样化部分，由前 DTLR 于 2001 年 10 月出版，现在可以从执行首相办公室获得，为地方规划管理部门制定了许多建议并包括一些成功的实例。

规划许可证时得到重视。①)

① PPG2（规划政策引导2）——绿带

3. 开发控制

针对不适当开发的推测判定

3.1 控制乡村环境开发的政策通常也同等适用于绿带，但是应该注意一些针对不适当开发的推测判定。除非在极为特殊的情况下，此类开发不应该被批准。下文 3.4，3.8，3.11 和 3.12 中阐明了哪些开发是不适当的。

3.2 在定义上，不适当开发是指针对绿带有损害的开发项目。规划项目申请者有义务解释该项目应该被批准的原因。一般来说，通过考虑极为特殊情况去作出对不适当开发的裁定，这种情况是不存在的，除非由于针对该项目某些方面的考虑已经大大超过了其不适当性所造成的损害和其他任何损害。针对不适当开发的推测判定，国务秘书应该在考虑任何与之相关的规划申请或请求时，切实加强其对绿带损害的评估。

3.3 总体发展规划中的绿带政策应该保证：任何有关不适当开发的规划申请不能与发展规划保持一致。而例外案例应该被作为违背发展规划的情况，根据城乡规划指导（发展规划与咨询）1992 提交给国务秘书。

新建建筑

3.4 在绿带内建设新的建筑是不适当的，除非该项目符合以下目的：

◆ 农业和林业（除非被允许的开发权力遭到撤销）；

◆ 为室外体育运动、室外休闲娱乐、公墓以及其他能够保持绿带开放性且不与绿带内土地使用目的相矛盾的用途服务的必要设施；

◆ 有限的扩建、改建或更新现有住宅建筑；

◆ 在现有村庄中的有限加建，和根据 PPG3 中有关发展规划政策，在当地社区内进行有限的经济适用房建设；

◆ 对在已制定的当地规划中被确认的现有主要已开发场地进行有限加建与恢复。

房屋的重新使用

3.8 重新使用位于绿带内的房屋并非不适当开发，假如：

◆ 与现有用途相比，新的用途不会对绿带的开放性及绿带内土地使用目的产生实质性的更大影响；

◆ 严格控制被重新使用的房屋的加扩建，并严格控制不与绿带开放性及绿带内土地使用目的相矛盾的房屋周边土地使用（例如，加扩建仓库、硬质地面、停车场、围墙或栅栏等）；

◆ 该房屋为坚实的永久性建筑物，且在不进行主要或完全的重新建造的前提下，便可满足用途转换；

◆ 房屋的形式、体积及基本设计与周围环境相协调（假如，建筑物能够尊重当地建筑风格并采用当地材料，该改建计划便有更大的可能获得批准，但是这一点并不与使用同等的非当地天然建筑材料相抵触）。

采矿业及其他发展

3.11 采矿业只能在矿藏被发现的地方开采。对矿藏的开发是暂时性行为。采矿业不一定必然是不适当发展；这就是说假如较高的环境标准能够被贯彻落实且矿业用地能够被很好地回填恢复，那么采矿业就与绿带内土地使用目的不矛盾。采矿业及地方规划管理部门均应在其发展计划中设立适当的政策。矿业规划管理部门应该确保位于绿带内的采矿业工作场地能够达到适合环境标准及回填恢复标准的效果。

3.12 采矿业的法律定义涉及工程机械及其他操作行为，且涉及在其工作场地上进行物料转换的行为。这些位于工作场地上的工程机械操作和物料转换过程是不适当开发，除非它们能够保持土地的开放性并与绿带内土地使用目的不相矛盾。

31. 对农场多样化的支持方式不应导致乡村建筑开发的过度增长和蔓延。规划管理部门应该：

（1）鼓励可行的现有建筑再利用或更新，参照 17～21 节；

（2）注意保护那些有可能受到附近新型农场开发项目负面影响的任何居民或其他乡村企业的宜人环境。

与马相关的活动

32. 骑马与其他马术活动是在乡村非常受欢迎的娱乐方式，这项活动与农耕活动相融合而且有利于乡村经济多元化。在一些乡村地区，马的训练与饲养业在当地经济中扮演重要角色。地方规划管理部门应制定相关 LDDs（地方发展纲要文件）政策以支持那些维护环境质量和乡村特色的与马相关之企业。这些政策应鼓励在合适地方提供一系列休闲娱乐设施以满足训练与饲养业的需要。同时，也应推动农场建筑可以被小规模的与马相关的企业再利用[①]，从而能够为农场多样化提供有效形式。

林业

33. 虽然林业活动大多在规划控制范围之外，但规划体系是管制土地从林地向其他乡村和城市用途转换的主要途径。政府在 1999 年英格兰林业战略中提出了关于林业政策的两个主要目标：

（1）现有树木和森林的可持续管理；

（2）持续稳定增长林地面积，为社会和环境提供更多利益。

区域规划部门在制定 RSS（地区空间战略）及 LDDs（地方发展纲要文件）和规划申请决策过程中，应充分考虑上述目标，以及未来区域林业框架(Regional Forestry Framework)与区域或亚区域重要性(如，国家森林)。

旅游与休闲娱乐

34. 区域规划部门及地方规划管理部门应该在 RSS（地区空间战略）和 LDDs（地方发展纲要文件）中认可旅游及休闲娱乐活动对于许多乡村经济而言至关重要。除了可以振兴并维持许多乡村企业外，旅游业还是一个重要的就业渠道，并能帮助繁荣城镇乡村，维持保护历史建筑，当地遗产及传统风俗。RSS(地区空间战略)与 LDDs(地方发展纲要文件)应该：

---

① 拥有 10 匹马以上可称为与马相关企业。

(1) 通过规划政策，支持可持续发展的；对村镇企业，当地社区及旅游者有益的；充分利用，巩固提高，但不损害乡野风光，城镇，村落，房屋和其他要素之特色的乡村旅游业及休闲娱乐业发展。[①]

(2) 规定在法律上指定的自然景观区，自然保护区或历史遗产地区中应该为与旅游及休闲娱乐业相关的发展留有余地。这些余地必须在数量上，形式上，择址上遵守适当的控制以确保那些使该区域成为法律指定自然景观区，自然保护区或历史遗产区的特征特色得到充分的保护。

(3) 确保任何计划在乡村环境中开发的大型旅游休闲娱乐项目都根据其所在地的可持续发展方面的利弊关系经过慎重而客观的权衡与评估。特别是在有可能涉及到产生大量交通流的情况下，应该按照 PPG13（规划政策引导 13）中的政策法规行事。[②]

旅游者与旅游设施

35. 为旅游者提供必要的设施对于乡村旅游事业的发展而言至关重要。地方规划管理部门应该：

(1) 在那些可预见的需求不能被位于当地的乡村服务中心内现有设施所满足的地区，规划并支持开发位于适当基址上的通用旅游服务设施。当对新的或加建的设施有需求时，这些新建或加建设施应该通常被设置在靠近村镇服务中心的位置。

(2) 允许设立那些有助于增加参观者乐趣，并/或有助于提升乡村特色及景点的经济收入的适当的设施，但前提是这些设施不能降低景点的吸引力，不会损害特色的鲜明性，也不会破坏乡村的自然风光。

36. 只要条件允许，旅游服务设施应该尽量设置在现有的或更新的建筑之中，特别是当这些现有的或更新的建筑位于现有居民点之外的情况

[①] 与文化，传媒及体育部战略发展文件——Tomorrow's Tourism 保持一致。
[②] PPG13（规划政策引导 13）——交通
37. 休闲、旅游和娱乐
可能导致大量交通流的休闲、旅游和娱乐的开发应遵守该引导中的相关政策。计划在现有建筑、纪念碑、自然风貌或景观附近的开发计划，如果没有相配套的公共交通，在审批决策时，地方规划管理部门应该：
1. 考虑开发计划是否处于被提议选址，包括该计划是否与特定区域或吸引人的事务有着重要的联系；
2. 特别关注规模、布局、停车与通路设计；
3. 在场地附近通过可持续交通方式、交通管理手段与恰当的停车政策，寻求有关措施以提高到达目的地的可达性。

下。位于乡村环境中的新的旅游服务设施建筑拥有被批准的可能，但前提是这些设施须与某处特殊的乡村景点相关联；这些设施符合第35点(2)的要求；并且在当地没有其他合适的现有建筑或已开发的场地可供再利用。

旅游住宿

37. 政府希望绝大多数的新开发的旅游住宿设施位于或毗邻现有的城镇村庄。

38. 考虑到在第17，18点中提到的关于乡村建筑再利用的政策条例，将适合的现有乡村建筑改造为旅馆或其他服务性住宿设施的方案应该被肯定。同样的，规划管理部门应该采取一种积极的态度去鼓励对现有旅游住宿建筑进行扩建的计划。但前提是扩建规模必须适合于它所在的环境，并且这种扩建有助于该产业未来的可持续健康发展。

39. 针对固定待在一地的静态度假，旅行房车公园和山林小木屋的规划政策及发展意图，规划管理部门应该：

（1）在达到提供足够的设施与场地的目标和保护自然景观与敏感自然生态系统的要求之间谨慎权衡，并认真评估可能的迁移计划的规模，这其中包括：将任何现有的，明显可见的或对环境造成入侵性损害的场地迁离生态系统敏感区域；或是迁离那些接近或位于洪泛区或海岸侵蚀区的场地。

（2）针对适合的地点，（例如：众所周知的旅游胜地）在LDDs（地方发展纲要文件）政策中应涉及提供新的旅游度假房车场地和开发山林小木屋项目，也应该提到对现有场地的改扩建与提升发展。（例如：进一步完善规划平面图并提供更好的景观）。

（3）确保新的或扩建的场地在风景区内不占主导地位，并且运用有效的，高质量的屏障系统将任何可带来视觉干扰的物体的不良影响最小化。

40. 地方规划管理部门应该根据可持续发展的目标在乡村领域内鼓励开发其他形式的自助式度假住宿项目。而且基于此类项目将现有的非居住性建筑改造并再利用更可能带来附加价值与额外收益。（例如：多样性农场方案）。

附图：英格兰绿带（来源：http://ww.communities.gov.uk/publications/planningandbuilding/planningpolicyguidance,［25/07/08查阅］）

下篇：部分国家和地区村镇（乡村）建设法律法规汇编

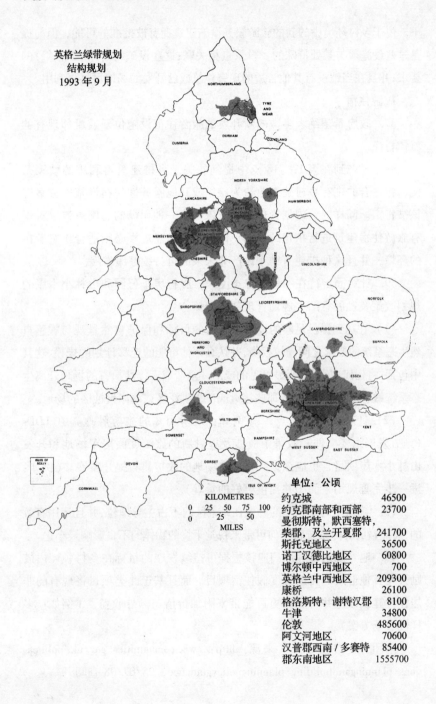

英格兰绿带规划
结构规划
1993年9月

单位：公顷

约克城	46500
约克郡南部和西部	23700
曼彻斯特，默西塞特，柴郡，及兰开夏郡	241700
斯托克地区	36500
诺丁汉德比地区	60800
博尔顿中西地区	700
英格兰中西地区	209300
康桥	26100
格洛斯特，谢特汉郡	8100
牛津	34800
伦敦	485600
阿文河地区	70600
汉普郡西南/多赛特	85400
郡东南地区	1555700

附录 A

农业，林业及其他行业居住项目

1. 在规划政策条例中，第10条明确规定了位于乡村中的独立新建住宅的规划许可必须经过特殊审核方可批准。有少数几种情况可能获得批准。其中，当该独立居住项目开发计划是为农业工作者，林业工作者及其他全职工作人员提供住宿，或恰好在他们的工作地点范围之内时，该项目可能获得规划许可。总的来讲，此类工作人员若能生活在附近的城镇乡村中或者是合适的现有住宅中将是一种既方便又更加可持续的方式，因此在乡村中应该尽量避免完全新建的或是对当地环境具有潜在破坏的项目。但是，在某些情况下，自然环境以及工作性质本身决定了一名或多名从事该项工作的人员需要在他们的工作地点上或非常靠近他们工作地点的地方居住。而在任何案例中，要判断这种情况是否是必要的，就必须完全遵循该类工作本身的需要，而不是依靠个人的主观喜好或任何其他人为干扰因素。

2. 必须强调的是，所有旨在获得在乡村环境中建设新的住宅项目的规划许可的申请必须经过完全的，谨慎的审查，其目的在于发现并防止任何滥用该规划许可的企图。（例如：具有投机性的计划）特别重要的是，必须建立起一套审核系统去判断那些在规划申请中陈述的，有关从事农业，林业及其他基于乡村环境行业的意图是否真实可靠；是否具有合理的实施可能；以及在未来的相当一段时间内是否可持续。此外，一套针对于该行业是否需要一名或多名工作人员在现场或附近居住的审核系统也必须建立起来。

永久性农业住宅项目

3. 新的永久性住宅应该只能被允许去为现有的位于设施完善的农业单位内农业生产活动提供住宿，需要满足的条件是：

（1）具备清晰具体的现有功能性需要。（见下文第四节）

（2）与全职工作者相关的需要，或是与非兼职的基本从事农业生产工作人员相关的需要。

(3) 已经建立至少 3 年，在以往 3 年中至少有一年是盈利的，并且当前财务状况良好，拥有清晰的长期发展规划的农业生产单位。（见下文第八节）

(4) 其功能性需求不能被另一个现有的，位于该农业单位中的居住建筑所替代，也不能被任何其他位于该区域内的适合且可被有关工作人员使用的住宅所替代。

(5) 其他需要满足的规划要求。（如：有关可通达性，或是对于乡村环境的冲击。）

4. 有必要去建立一套功能性测试方法，从而能够判断该行业的正常运作是否需要一名或多名工作人员在绝大多数时间里可以随时参与工作。这种需求在工作人员需要昼夜值班的情况下出现：

(1) 当动物或农业生产过程需要随时照看时；

(2) 当需要去快速处理可能造成重大粮食或农作物产品损失的紧急情况时；（如：霜冻灾害，或是自动系统突然出现故障。）

5. 一旦地方规划管理部门准备特别关注可能出现的滥用规划许可证现象，那么关于土地及房屋使用情况的历史就应该被调查。这包括建立起当前土地及房屋使用状况的模型，以及当前是否有任何住宅或任何适于改造成住宅的房屋已经被从与其相关的农场土地分离出售，而这种出售往往可能构成当地并没有农业生产需求的证据。

6. 防止牲畜被盗贼偷走或被入侵动物伤害，可以以促进动物福利为由而作为申请新的农业居住项目的一种需求，但是仅此一项不足以获得批准。由于食品加工处理过程而引发的需求不同于农业生产过程，不能被用来作为批准某项农业居住建筑的理由。而被当作退休农场工作者住宅的新独立居住建筑也不能作为一项农业生产需求来申请规划许可。

7. 假如一项功能性需求被建立起来，那么就有必要去考虑与之相关的工作人员数量，这往往与他们所从事的行业及生产规模大小息息相关。

8. 除非某农业企业拥有长期良好的经济基础，否则新的永久性住宅不能在该农业领域中被批准。针对这种情况，一个能够提供有关该企业可负担住宅规模证据的财务检测方法是必要的。当采用这种检测方法时（见上文第三节（3）），管理部门应该使用一种切实反映事实的手段去评估有关企业的类型特征，并由此推断出其盈利率的高低。有一些旨在广泛地运作有关最基本生存需要的项目，并为当地提供更多样收益的企业（例如，管理吸引人的自然景观或野生动物栖息地），即使在相对较低的经济回报率上也可以被认为是可持续发展的。

9. 农业居住建筑规模应该和与其相应的功能性需求相匹配。对于农业生产单位的需求而言过于庞大，或对于该单位可负担的长时期经济收支状况而言过于昂贵之住宅不应该被批准。这应该是基于农业企业本身而不是住宅拥有者或使用者的一种需求。该需求决定了适合于该企业特定要求的建筑规模。

10. 地方规划管理部门可能希望在批准规划申请时，对于《城乡规划条例（通用容许发展）1995》第一章有关在住宅庭院内进行改扩建内容中允许的改扩建权利予以部分剥夺[①]。例如，加扩建计划可能导致住宅规模超出可批准范围允许的功能性需求。并且考虑到一个农业单位拥有

[①] The Town and Country Planning (General Permitted Development) Order 1995《城乡规划条例（通用容许发展）1995》——第一章
　　位于住宅庭院中的开发计划
　　A级——允许的开发计划
　　A，对住宅的扩建，装修及其他改变计划
　　B级——允许的开发计划
　　B，包括增加或改变住宅原有屋顶的扩建计划
　　C级——允许的开发计划
　　C，任何其他对住宅屋顶的改建计划
　　D级——允许的开发计划
　　D，在住宅外门外增建玄关或门廊的计划
　　E级——允许的开发计划
　　E，为增加生活乐趣而在住宅庭院中加建任何形式的房屋，围院，游泳池或其他池塘的计划，以及对这些加建设施进行维护，装修或其他改动的计划
　　F级——允许的开发计划
　　F，为增加生活乐趣而在住宅庭院中加建任何硬质表面的计划。
　　G级——允许的开发计划
　　G，为储存生活取暖用油料而在住宅庭院中加建储油罐的计划。
　　H级——允许的开发计划
　　H，在住宅庭院内安装，改动或更换位于住宅上的卫星天线的计划。

一定的可维持其正常发展的收入水平,过度加扩建可能对维持该建筑原本使用意图造成不利影响。因此针对这种情况,与其在与申请人谈判过程中被对方牵制而随后亡羊补牢,不如限制使用那些特殊许可的改扩建权利。

11. 农业居住建筑开发应该在建设过程中与功能性需求保持一致,并与现有的农场房屋或其他住宅保持良好文脉传袭。

临时性农业住宅项目

12. 假如对一个新的农业活动而言建造新的住宅是必需的,那么无论是在一个新创立的农业单位还是在一个已建立的农业单位中,该居住建设项目应在前三年内以房车,可拆卸的简易木结构房屋或其他临时性住宅形式出现。它必须满足以下要求:

(1)有关其坚定的发展意图以及相关企业发展能力的确凿证据;(对一个新农场建筑的大量投资通常可以被看作是其发展意图的良好暗示)

(2)功能性需求;(见第四节)

(3)企业发展计划建立在良好坚实的财务基础上的确凿证据;

(4)其功能性需求不能被另一个现有的,位于该农业单位中的居住建筑所替代,也不能被任何其他位于该区域内的适合且可被有关工作人员使用的住宅所替代。

(5)其他需要满足的规划要求。(如:择址与可通达性)

13. 一旦临时性住宅许可证被批准,那么除非满足上文第三节的要求,否则不应该在随后的时间里批准颁发永久性的住宅许可。规划管理部门应该明确规定批准的临时建筑许可证的有效期限。事实上,临时建筑在期满之际必须移除,而假如准备授予一项永久性许可证,那么必须被满足与之相关的要求。规划管理部门通常不应该在三年期满之际为临时性建筑许可证延长时效,也不应该在不满足授予永久住宅许可证条件的地方批准临时许可证。

林业住宅

14. 地方规划管理部门应该对林业住宅项目申请采取与农业住宅项目申请同样的标准。在农业住宅建设中提及的原则均同样适用于林业住宅项目。根据林业管理的传统办法,工作人员往往采取巡迴的工作方式，因此除了可能与强化型森林苗圃生产有关，新的林业住宅项目一般不会被经常批准。

其他行业住宅项目

15. 与其他基于乡村环境而设立的企业相关的新独立住宅项目也有可能获得特别规划许可证。针对这种情况，除计划建设的住宅项目之外，企业本身并包括任何与之必要运营有关的发展计划均必须完全符合规划条例并满足与乡村环境相关的要求。对于此类新开发的居住项目，地方规划管理部门应该采用与农业及林业工作人员住宅项目同样严格的评估标准。因此此类申请项目应该同样遵循上文第三节中与该企业在内容与特征上相关的原则与规范。

居住条件

16. 一旦为农业，林业及其他行业工作人员提供现场式就近居住条件的要求已经被接受并已经获得在乡村环境中开发新独立住宅项目的特别批准时，就有必要确保该项目能够满足与其存在寿命相当的长时间使用要求。为此规划许可证的颁发应该符合适当的居住条件。DOE 通知 11/95 给出了与之相关的进一步建议[①]，并提供了与农业居住项目及其

[①] DOE Circular 11/95：Use of conditions in Planning Permission（DOE 通知 11/95：规划许可批准相关条件的应用）

农业住宅

102. 尽管规划政策严格限制在开放的乡村环境中建设新的居住项目，某些状况下，为农业和林业工人，在通常不允许居住项目开发的用地上建设住宅依然是可以被批准的。在这些状况中，有一个条件必须被强加于此，去保证对这些居住建筑的需求始终不变（见条件模型 45）。

——条件模型 45：农业工作者条件

据住条件应该限于那些仅仅在、主要在或持续在农业和林业场地上工作的人员，或者是这些人员的遗孀和家眷。

103. 将据住住宅与某一特定的农场或森林的员工挂钩是没有必要的，即使起初批准该住宅是为了满足该特定农业企业的需要。据住条件模型应保证当原先企业不再使用某居住建筑时，该建筑可同样被位于当地的其他农林企业使用，以此来避免乡村开放环境中的住宅重复建设现象。

104. 地方规划管理部门应该仔细制定农业据住条件，并确保其目的清晰，特别应该确保这些条件不会影响到原据住者亲属的继续使用。

105. 当一项农业据住条件被确定后，在随后的规划申请中不应轻易将其移除，除非当前农业工作者对该住宅的需求不能保证原有使用目的维持不变。这种评估适用于所有案例，包括那些起初的据住条件是被不恰当强加于上的情况。但是，事实上，在今天，关于居住的规划申请很可能被批准且不受限于农业据住条件，这是一个非常需要重视的事项。（译者按：基于目前英国住房欠缺，政府大力支持住宅开发计划，所以，当前居住规划申请具有一定优势。）

他工作人员相关的居住条件模式。

17. 当在规模和性质方面发生变化时,已经根据与之相关的农业或林业居住条件而获得许可证的长期居住项目的需求度可能会受到影响。对于这样的住宅,以及其他位于乡村的与一定居住条件相关的住宅,应该确保其不被空置,但同时也不应该简单地通过某些可以限制居住者行为并延长其使用期限的规范条例来进行不必要的控制并强制现有居住者继续保持据住状态。地方规划管理部门应该在 LDDs(地方发展纲要文件)中阐明有关保留或取消农业、林业及其他相关行业居住条件的政策办法。这些政策办法应该建立在一套可以对该地区内农业(或其他行业)居住建设项目需求进行随时更新的评估体系之上。但必须注意的是,这种需求必须是基于将那些只在、主要在或长时间持续在农业或林业场地上工作的人员作为一个整体来考虑而产生的,是只关于农业或林业工作人员居住建设项目的,而并非基于某种特殊的居住行为。

建议与评估

18. 规划管理部门应该有权决定大多数位于乡村环境中、相关行业的居住项目规划申请,并可根据经验,申请人提供的信息及其他利益攸关方提供的信息作出处置,取消居住条件的决定。对于某些案例,一旦决定无法客观作出,农业及其他咨询机构可以为其提供技术性评估。评估报告内容应限制在对农业或其他有关商业机构的事实陈述,以及对所给出的建议起决定性作用的要点的解释评价上,而不应该提出任何有关支持或反对该申请的建议。

第十三章 德国乡村建设管理法规收集

一、《建设法典》部分节译

第二章　特殊的城市建设法
第四部分　社会计划与困难分担
　第180款　社会计划
　第181款　困难分担
第五部分　租赁关系
　第182款　租赁关系的取消
　第183款　未建造土地的租赁关系的取消
　第184款　其他合同关系的取消
　第185款　租赁关系取消和损失赔偿
　第186款　租赁关系的延长
第六部分　与改善农业结构措施相关联的城市建设措施
　第187款　措施，建设指导规划及改善农业结构措施的相互协调
　第188款　建设指导规划与土地重划
　第189款　补偿土地的征购
　第190款　为城市建设措施的土地重划
　第191款　使用农业用地和林业用地的法规
第三章　其他法律规定
第二部分　一般性规定，权利，管理程序，计划的制定
　第一节　一般性规定
　　第200款　土地，对土地的权利，建筑土地地籍
　　第200款 a　州自然法规定的补偿措施
　　第201款　农业的概念
　　第202款　表层土的保护
第三部分　向议会/参议会申请建设用地的程序

315

第 217 款　法院裁定申请
第 218 款　恢复到原来状态
第 219 款　州法院的地方管辖权
第 220 款　建筑用地事务议会的组成
第 221 款　一般性程序规定
第 222 款　参与者
第 223 款　争取自行决定权
第 224 款　争取先行安排占有权
第 225 款　提前安排实施
第 226 款　判决
第 227 款　参与者的耽误
第 228 款　程序的费用
第 229 款　聘任，提意见
第 230 款　修正
第 231 款　达成一致
第 232 款　议会/参议会对建筑用地的其他管辖权

第七部分　社会规划与困难补助
第 180 款　社会规划
（1）

1）如果建设规划、城市整治措施、城市开发措施或者城市重建措施对于在相关区域内部居住或者工作的人们的个人生活状况会产生可预见的负面影响，社区应该负责向相关人员负责介绍有关情况，并且对他们解释，如何能够尽可能的避免或者缓和这些负面影响。

2）当相关人员通过个人的努力来避免或者缓和这些负面影响的时候，社区必须提供帮助，特别是在相关人员面临由于居住和工作岗位的调换，以及企业的搬迁的问题方面；只要公共部门能够提供相关资源上的帮助，社区就应该对此进行声明。

3）如果相关人员根据自身的实际生活状况，不能够利用社区推荐的方法、或其他提供的建议来避免负面的影响，或者由于其他原因而要求社区提供进一步的帮助，社区就必须对考察寻找合适的措施。

（2）

必须将根据第一段中规定的有关解释和研究的结果，以及社区考虑到的未来所需的有关措施，以及它们实现的可能情况，以文字的形式（社会规划）明确进行介绍。

（3）

1）如果在实现某个措施的程序上，在社区之前还必须依赖第三方面的活动，社区就可以按照第一段的规定，要求第三方与社区合作，相互协调共同完成工作。

2）社区可以完全或者部分由自己完成这些工作，当一部分由自己完成时，承担由第三方完成另一部分工作的费用。

第181款　困难补助

（1）

1）根据合理性的要求，社区应当在执行本法典的同时避免或者平衡经济上的负面影响（同样在社会领域中），对以下方面人员要求的困难补助申请，进行金钱上的补偿：

A. 当租赁或租佃关系由于考虑到实施城市规划措施而无效、或者被征用的情况下，有关的租赁或租佃者；

B. 当由于实施城市规划措施的必要，被取消合同的合同缔约方；同样适用的情况包括，当租赁或租佃关系由于事先有关方面进行沟通而提前终止；社区必须确认，法律关系的终止是考虑到立即实施城市规划措施而引起的；

C. 当虽然没有终止法律关系，但是租赁或租佃的空间完全或者部分的暂时不能使用，同时社区已经确认这种情况是由于实施城市规划措施直接引起的合同缔约方；

D. 如果在社会规划中已经被做出了安排，对那些由于搬迁而产生的，在清空其住所而暂时无法安置，而此后又须在该地区缔结了一个新的租赁或租佃关系，涉及相关搬迁费用的租赁或租佃者。

2）其前提在于，这些负面影响给相关人员的个人生活状况造成了重大困难，而平衡或者赔偿的措施又无法满足要求，同时通过其他措施的平衡手段也无效的时候。

（2）

当其他的合同关系中规定了消费或是利用相应地产、建筑或是建筑物的一部分以及其他的建筑设施的权利关系，第一段同样适用于这些合同关系。

（3）

如果申请人放弃困难补助申请，同时又放弃通过可预见的措施弥补经济上的负面影响，特别是在放弃依靠自身或者外部资源的情况下，困难补助就不会得到保障。

第八部分　租赁与租佃的关系

第 182 款　租赁与租佃关系的废止

（1）

如果在正式确定的再开发地区，基于为了在城市开发地区内部的发展而实施更新改造的目的与意图的必要性、或者是根据第 176 至 179 款的规定由于某项具体措施，而造成相关的租赁与租佃关系终止的时候，社区可以根据财产所有者的申请，或者根据城市规划的要求，给予至少六个月的期限，终止此类关系，当处理农业或者林业用地的情况时，则在一个租佃年结束的时候废止。

（2）

1）社区对于居住空间内租赁关系的终止，只有在租赁者及其家庭内部成员获得具有合理条件的替代性住房的时候，才准许实行。

2）当商业性空间的租赁或租佃者寻求另外的经营场所的情况中，社区应当只有在租赁者已经获得另外的具有合理使用条件的商业性用房的时候，才实行对相关租赁关系的废止。

（3）

当商业性空间的租赁或租佃者，其经营场所位于正式确定的整治地区、或者一个城市开发地区的内部，由于城市整治措施或者城市发展措施的执行而根本性的受到了影响,同时对于他来说延续租赁或租佃关系已经不再可能,社区可以依据租赁或租佃的申请对该法律关系给予一个最少六个月的期限,在这之后才予以废止。

第183款 在未建设地产上的租赁与租佃关系的废止

(1)

当根据建设规划的制定中对一块未建设用地确定确定了相关用途,并且考虑对这种用途立即进行变更的情况下,当此地产相关的租赁与租佃关系与新的功能规定相抵触的时候,社区可以根据财产所有者的申请将租赁与租佃关系废止。

(2)

在第182款第(1)段中规定的情况在此处同样适用。

第184款 其他合同关系的废止

在第182款至第183款中的规定同样适用于以下债务性的合同关系,这些合同关系中规定了消费或是利用相应地产、建筑或是建筑物的一部分以及其他的建筑设施的权利关系。

第185款 对由于租赁与租佃关系的废止而进行的补偿

(1)

1)当一项法律关系基于第182款、第183款或第184款中的规定而被废止之后,使得受到影响的有关人员由于之前法律关系终止而出现了财产上损失的时候,应该被给予适当的补偿。

2)本法典第一章第五部分第二节的规定在此处同样适用。

(2)

1)社区有义务承担赔偿的责任。

2)当各方就赔偿事宜无法达成一致的时候,由上级行政主管部门裁决。

(3)

1)当一项关于小花园类的租赁合同根据第182款、第183或第184款的规定而被废止之后,社区除了根据第一段进行赔偿之外,同样有义务准备或提供一块相应的替代地产。

2) 在进行金钱赔偿的同时,仍然应该考虑准备或提供合适的替代地产。

3) 如果社区证明它没有能力完成准备或提供合适的替代地产的任务,上级行政主管机关可以免除社区的此项义务。

第186款 对租赁与租佃关系的延长

只要对于实现社会规划有必要,社区可以根据租赁与租佃者的申请,对位于正式确定的再开发地区、位于城市开发地区或者考虑根据第176款至第179款规定的措施,将他们的租赁与租佃关系延长。

第九部分 城市规划中与改善农业结构措施有关的措施

第187款 各项措施的协调;建设指导规划与改善农业结构的措施。

(1)

1) 在准备和实施城市规划的措施的同时,应该同时考虑改善农业整体结构的措施,特别是考虑根据《共同体任务法》中第1款第(2)段中"对农业结构与海岸防护情况的改善"的前期规划的成果。

2) 如果人们能够预见到,改善农业结构中的措施能够导致对社区建成区的发展产生影响,社区应对此作出决定,是否还应制定建设指导规划,或者实施其他的城市规划手段。

(2)

在制定建设指导规划的同时,上级的田地重划管理部门应当确认,是否根据具体的联系引入田地重划或者其他的改善农业结构的措施。

(3)

如果其他的部门实施其改善农业结构的措施,社区就必须在指导建设指导规划的前期准备工作中,与田地重划管理部门以及上述部门之间,尽可能早的开展相互合作。

第188款 建设指导规划与田地重划

(1)

如果在某个社区中,田地重划管理机关依据田地重划法有进行田地重划工作的意图,或者其已经完成了相关规划的安排,社区就有义务及时制定建设指导规划，除非田地重划工作不会对社区所在地区的建成区发展情况产生可预见的影响。

（2）

田地重划的管理机关与社区均有义务，对在社区所在范围内相互涉及的意图尽早相互协调。如果在田地重划的管理机关与社区取得了共识，或者由于强制性的原因要求调整，这些规划（建设指导规划与田地重划规划）就应该在田地重划完成之前进行修改。

第189款 补偿性土地的获得

（1）

1）在执行一项城市规划措施中，要求对一个从事农业或者林业企业的土地进行完全或者部分的征用后，社区应与该企业的财产所有者说明，看其是要求社区补偿他另一个农业或者林业的企业，还是要求用于农业或者林业用地的补偿性用地。

2）当按要求被征用的企业要求的补偿为《帝国居住区法》中规定的附有住宅和畜舍的农场时，主管该方面的州住宅管理机关也应参与其中。

（2）

社区应负责提供或筹备合适的补偿性土地，只要这些地产对于社区负责的工作并不是必须的，社区就应当将其所拥有的地产作为补偿性土地安置出来。

第190款 由于城市规划措施引起的田地重划工作

（1）

1）当由于实施城市规划的措施要求对农业或林业的地产进行征用，并且相关的土地流失涉及到为数众多的土地所有者，或者是由于实施城市规划的措施引起的对于当地的整体性乡村文化产生了负面影响，可以根据社区的申请结合上一级行政主管部门的批准，根据《田地重划法》第87款第（1）段中的规定引入田地重划工作的程序。

2）即使没有建设规划尚未生效，田地重划的工作安排就可以被确定下来。

3）在该情况下，建设规划必须在田地重划规划的公示前（《田地重划法》第59款第（1）段中的规定）生效。

4）社区是根据《田地重划法》第88款中对任务界定的承担主体。

（2）

当田地重划规划被公示之后，田地重划规划的提前执行可以根据《田地重划法》第63款中的规定作出安排。

（3）

根据本建设法典的规定，对于一项征用的许可在引入田地重划规划之后继续有效。

第191款 对于与农业和林业用地有关的交易的规定

在建设规划或者整治规定有效的空间范围内，对于农业和林业用地的交易并不适用，除非是将这些农业、林业企业或者类似在建设规划中被标明作为农田或者森林的地产的生产部门进行转让。

第二部分 一般性规定，职责范围，管理程序，计划的制定

第一节 一般性规定

第200款 地产，对地产的权利，建筑土地地籍

（1）

本法典对于地产有效的规定，相应的对于地产的部分仍然有效。

（2）

只要本法典没有其他的规定，对于地产财产权存在的规定，同样适用于与地产相关的权利范围的法律规定。

（3）

社区可以把立刻建设或者在预计的时间内把建设的土地根据地图集上的位置登录到卡片或者表格中，具体信息包括地产的编码、街道名称以及地产大小的信息（建设土地地藉册）。只要地产的所有人不反对，社区可以将这些登录的土地所登录的卡片或者表格予以公布。社区必须将其意图在公示前一个月通知地产所有者，同时向其介绍地产所有者具有的合法的反对权利。

第200a款 平衡代替措施

对用于置换的土地的描述，与对于土地的规定，或者根据第1a款第（3）段中规定的手段用于置换手段都包括在平衡代替措施中。同时并不要求在征得的土地与补偿的土地之间有直接而明确的空间关系。只要此空间关系与有序的城市发展、或者在空间秩序规划以及自然保护和景观维护中的目标相联系就可以。

第201款 农业的概念

农业在本建设法典中指耕种业、园艺性生产、水果种植、葡萄种植、专业养蜂与专门淡水渔业的工作。耕种业特指可以在农业性企业所属的用于农业生产土地上进行生的，以及进行生产牧草、放牧及动物养殖业以及饲养业的活动。

第202款 表层土的保护

表层土是在建筑设施的新建或者改建过程中，以及在地面进行场地平整过程中被挖出的土壤，必须维护使之保持使用状态，并防止被破坏或者被滥用。

第三部分 土地法院的有关程序

第217款 申请法庭裁决

（1）

1）根据本法典第一章的第四、第五部分，以及第18款与第28款第（3）、第（4）、第（6）段、第39款至第44款、第126款第（2）段、第150款第（2）段、第181款、第209款第（2）段或者第210款第（2）段中的规定的行政管理行为，只能通过申请进行法庭裁决进行反驳。

2）第①句的规定也可以运用于基于本法典的其他行政管理行为，宣布对于适用于第一章第五部分第二节规定的情况、或者根据第一章第四、第五部分规定的程序有效，同时其规定也适用于第190款与《田地重划法》中与相关联的第88款第7点和第89款第（2）段规定相联系的关于金钱赔偿额度争议的情况。

3）通过申请法庭裁决也可以被要求对一项行政管理、或者提供其他的资源补助以及某项决定进行裁决并公布。

4）对于申请由土地法院的建设用地庭进行裁决。

(2)

1) 申请应在行政管理通知送达后, 在公布之日起一个月期限内向宣布该行政管理规定的相关部门提交。

2) 如果对行政管理工作进行符合当地惯例的公示, 在公示之后六周之内应向有关部门递交申请。

3) 如果有一项先置程序 (第212款), 则当此先置程序结束后, 则结合通知的送达, 开始第1) 句中规定的有关时限。

(3)

1) 申请必须说明是由于对该项行政管理通知的反对而进行的。

2) 申请应加以解释, 说明在何种范围内对公共部门的行为加以反对, 并包含一个特定的申请要求。

3) 申请应当提交那些对申请有利、用于辩护的理由、事实情况与物证。

(4)

1) 公布行政管理通知的相关部门, 必须立即将申请与其相关的行政管理行为的文件呈交至负责的土地法院。

2) 如果相关部门的有关工作程序尚未结束, 则必须呈交有关的文件副本以代替此行政管理行为。

第218款 过去状态的恢复

(1)

1) 如果一个本身无责任的相关者反对根据第217款第 (2) 段确定期限的履行, 当他在提出阻止清除申请的两周内, 并准备出有对重新恢复原状的要求说服力的事实, 他必须向土地法院的建设用地事宜法庭提出恢复到以前状态的申请。

2) 通过申请反对有关的决定, 需要将申诉立即递交至上级土地法院的建设土地事宜审判庭。在从清理期限的末尾之日算起一年的时间之后, 就不再允许恢复原状的申请。

(2)

如果所反对的行政管理行为是一个征地决定, 并且通过新的法律关系已经代替了至今为止已有的法律关系（第117款第（5）段），则法庭不能在恢复原状的审理中不能废止征地的决议，也不能更改关于征地对象或者征地赔偿的类型。

第219款 土地法院的地方管理职责

（1）

土地法院的职责是管理在其所在区的范围内，其行政管理行为所涉及的部门。

（2）

1）当总结认为对于处理某项工作的相关要求或者其迅速处理有帮助的时候，州政府可以通过有关法律规定，对通过申请要求有关的法庭决定，指派一个土地法院，为相关各区的土地法院服务，进行处理和裁决。

2）州政府可以将此授权委托给州立法律管理部门。

第220款 建设用地事宜审判庭的组成

（1）

1）土地法院由一个或者多个建设用地事宜审判庭构成。

2）建设用地事宜审判庭裁决的时候由两个作为土地法院的法官，并包括其中之一为主席，以及一名行政法庭的全职性法官进行。

3）对于个别法官的有关规定不适用。

（2）

对行政法庭的法官与相关情况所要求的必要代表人员，由负责行政司法裁判权的最高一级州立管理机关予以指定，以为期三年。

第221款 一般性的程序性规定

（1）

1）在根据向法庭申请要求法庭裁决的相关事务中，只要根据第217款至第231款不会对第三方产生影响，就必须在起诉中的事宜运用民法中的法律诉讼争议的规定进行。

2）民事诉讼程序规范第227款第（3）段第①句不适用。

（2）

法庭也可以考虑因公务需要安排接纳证据，并通过听取相关者的意见考虑某些他们没有呈交的材料。

(3)

如果更多的反对同类的行政管理行为而要求法庭裁决的申请被确定下来，那么必须对这些申请同时处理并加以裁决。

(4)

根据《法庭费用法》中第 12 款第（1）段第①、② 句与对于预付费用的一般性程序规定前提在此处不适用。

第 222 款　相关者

(1)

1）在行政管理行为所经历的程序上所涉及到的人就是相关者，当有人其权利或者义务由于法庭的确定而被涉及到，那么其在法庭程序上也是相关者。

2）在法庭程序上，那些行政管理行为涉及到的部门也是相关者。

(2)

只要能够确认，必须将申请送至那些在申请法庭裁决时根据第（1）段第①句所指出的其他相关者手中。

(3)

1）对于相关者来说，在民事诉讼程序规范中对于各方有效的规定在此处适用。

2）民事诉讼程序规范中第 78 款在土地法院及其上级土地法院的程序中，只对于那些申请中主要事宜的相关者有效。

第 223 款　对于估价决定的反对

1）如果有关部门获得行政管理行为涉及的有关授权，根据其评价结果，如果证明相关行政管理行为超出了法律边界的限度，或者由评价指出其管理行为的目的并没有按照合适的具体需要的方式被运用，就可以支持申请认为裁决是违法的。

2）对于在行政管理行为是对于金钱补助方面的要求作出的决定，此处的规定不适用。

第 224 款　对土地重划程序与提前的地产占用安排进行立即生效的规定

1) 向法庭申请裁决反对以下决定：

A. 根据第 47 款第（1）段的土地重划决议，

B. 根据第 71 款第（1）段对土地重划规划的无争议性进行公布，

C. 以及根据第 77 款或第 116 款的规定，对提前的地产占用的安排不存在滞后的效果而立即生效。

2)《行政法庭规定》第 80 款第（5）段在此适用。

第 225 款　提前执行的规定

1) 如果只是对于金钱补偿的额度仍有争议，则法庭可以根据征用活动受益者的申请作出决定，由征地管理机关对征地决定的实施进行安排。

2) 在有关决定中可以确定，征用活动的受益者应承担为在争议中可能的金额提供担保。

3) 当征用活动的受益者就确定的金钱补偿付款后，或者以法律许可的方式放弃收回那些用于交易的相关权利之后，执行安排就可以立即开始。

第 226 款　判决

（1）

关于申请法庭裁决将通过判决最终确定。

（2）

1) 如果要求金钱补偿的申请获得法庭裁决明确支持此申请，那么法庭就必须对行政管理行为进行变更。

2) 如果在其他的情况中，申请要求的法庭裁决支持正确的申请，那么法庭就必须宣布行政管理行为的废止，并在必要的情况下宣布，此发出行政管理行为的有关部门有责任，在法庭作出的法律观点关注的事宜中以其他方式作出决定。

（3）

1) 当要求法庭裁决的申请中，不涉及金钱补偿要求的时候，法庭可以对征用决议进行修改。

2）在这些关于相关者申请要求法庭裁决指定的情况中，只要其他的一个相关者提出申请，法庭也可以进一步对于征地决议进行修改；但是在变更征地决议的同时，如果法庭裁决引起了对于申请法庭裁决中要求来说的负面影响，则不允许执行。

3）当征用决定被变更，则第113款第（2）段在此适用。

4）当征用决定被废止，或者关于其征用的对象被改变了，那么法庭将在第113款第（5）段中的情况中向其判决的执行法庭进行解释。

（4）

如果在多个申请中只有一个或者只有一个要求的申请其中一部分在最终决定中已经成熟，当认为加快整个程序被认为必要时，那么法庭就应对涉及到此部分的判决对外公布。

第227款　相关者的耽误

（1）

1）如果申请法庭裁决中提出特定申请的相关者，要求在会谈的时候当面口头处理，而其他的相关者未出庭的话，那么申请就可以以当面口头处理。

2）对于一项由早期当面口头处理的会谈中未出庭的相关者所提出的申请，那么就可以根据行政管理行为中的与其相关的情况决定。

（2）

如果对在法庭裁决中提出申请的相关者，不要求在会谈的时候当面口头处理，那么对每一个其他的相关者就可以根据行政管理行为中与其相关的情况决定。

（3）

1）民事诉讼程序规范的第332款至第335款，第336款第（2）段与第337款在此处适用。

2）其他对于耽误的判决不适用。

第228款　程序执行的费用

（1）

如果提请法庭裁决申请的相关者获得成功，当没有相关者为此对现存申请的主要部分持反对意见，那么应用根据民事诉讼程序规范中对费用的规定时，发出行政管理行为的部门就作为失败一方。

（2）

那些没有在申请的主要部分中提出要求的相关者的费用支付，由法庭裁决依靠合理的考量、并根据相关者的申请作出决定。

第229款　上诉与申诉

（1）

1）对于上诉与申诉事宜，由州最高法院的建设用地事物审判委员会作出裁决，在法官构成上，由两个州最高法院的法官，其中之一作为主席，以及一个州最高行政法院的全职法官担任。

2）第220款第（1）段第③句与第（2）段在此处适用。

（2）

1）当相关总结中认为，如果根据有关的要求或者为了迅速解决问题的程序有帮助的话，州政府能够通过法律规定，指定由一个上一级土地法院或者数个上一级土地法院以上的最高一级土地法院，来处理和决定对反对建设用地事宜审判庭的判决提出的上诉与申诉事宜。

2）联邦州政府能够将此授权通过法律规范委托给州立司法管理部门。

第230款　复核

关于复核由联邦最高法院决定。

第231款　达成一致

1）相关者之间在法庭程序期间就征用问题达成一致，则按照第110款与第111款的规定执行。

2）法庭就转变成执行征用管理部门。

第232款　建设土地事宜审判庭（判决委员会）所负责的其他事宜

联邦州可以通过法律规定，委任建设土地事宜审判庭（判决委员会），处理关于对于在第86款所列出的对象以及土地法相关或者根据土地法的决定所作的对象，进行征用以及与征用相关的处理措施，以及关于赔偿的要求,并且对这些部分的规定进行适合执行的说明。

《田地重划法》

正式签发日期:1953 年 7 月 14 日

来源:

"田地重划法于 1976 年 3 月 16 日公布(BGBl. I S. 546),通过对第 22 款(Artikel 22)于 2007 年 12 月 20 日最新修订(BGBl. I S. 3150)"

状态:通过(Bek. v. 16. 3. 1976 I 546)公布的最新修订;通过(G v.)第 22 款于 2007 年 12 月 20 日最新修订。

脚注:文本说明自 1987 年 7 月 1 日生效

二、《田地重划法》全目录和部分节译

(下划线部分为节译)

第一部分	田地重划的基础	第 1 款 ~ 第 9 款
第二部分	参与者及其权利	
第一段	个人参与者	第 10 款 ~ 第 15 款
第二段	参与者共同体	第 16 款 ~ 第 26 款
第三段	参与者共同体组成的协会	第 26 款 a ~ 第 26 款 e
第四段	估价的程序	第 27 款 ~ 第 33 款
第五段	对财产的暂时性限制	第 34 款 ~ 第 36 款
第三部分	田地重划区域的形成	第 37 款 ~ 第 38 款
第一段	共同的与公共性的设施	第 39 款 ~ 第 43 款
第二段	补偿的原则	第 44 款 ~ 第 55 款
第三段	田地重划的规划	第 56 款 ~ 第 60 款
第四段	田地重划规划的执行	第 61 款 ~ 第 64 款
第五段	暂时性的所有权安置	第 65 款 ~ 第 67 款
第六段	第三者权益的维护	第 68 款 ~ 第 78 款
第七段	公共文件的公布	第 79 款 ~ 第 83 款
第四部分	特别的规定	

第一段	林地地产	第 84 款 ~ 第 85 款
第二段	用于推动农村发展的简化性田地重划程序	第 86 款
第三段	为大型占地企业的土地筹备	第 87 款 ~ 第 90 款
第五部分	加速的合并程序	第 91 款 ~ 第 103 款
第六部分	自愿性的土地交换	第 103 款 a ~ 第 103 款 i
第七部分	田地重划程序同对于加速的合并程序以及自愿性的土地交换的联系	第 103 款 j ~ 第 103 款 k
第八部分	费用	第 104 款 ~ 第 108 款
第九部分	一般性的程序规定	第 109 款 ~ 第 137 款
第十部分	法律援助的程序	第 138 款 ~ 第 148 款
第十一部分	田地重划程序的结束	第 149 款 ~ 第 150 款
第十二部分	在田地重划工作结束后的参与者共同体程序	第 151 款 ~ 第 153 款
第十三部分	过渡期与完成的确定	第 154 款 ~ 第 159 款

第一部分 田地重划的基础

第 1 款

为了改善农业与林业的生产与工作条件，以及促进一般性的农村文化与农村发展，特通过本法（田地重划）的措施调整农村地产的秩序。

第 2 款

（1）田地重划是在确定的区域（田地重划区）内部，按照由公共管理机关引导的程序，在所有参与的财产所有者与公共利益主体以及农业的职业联合会（第 109 款）的共同合作下而实施完成。

（2）田地重划的实施是由各联邦州作为一项特别紧迫的措施加以推动。各联邦州作出决定，哪些专业管理机关作为田地重划的管理机关以及上级的田地重划的管理机关，并确定他们管辖的行政范围。

（3）各联邦州有权从负责本事务的最高一级州立管理机关（最高级）那里，根据本法将管理田地重划的具体权力委托给上一级（中级）田地重划管理机关。这些州立管理机关有进一步的权力，从负责本事务的上一级（中级）田地重划管理机关那里，根据本法将管理田地重划的具体权力委托给田地重划管理机关（下级）；但以上情况对于第41款第（3）段中与第58款第（3）段中的权限不适用。

（4）各联邦州根据本法有权将田地重划管理部门的权限和任务，委托给其上一级田地重划管理部门。

第3款

（1）田地重划的工作由田地重划区所在的行政区的当地田地重划管理部门负责。上级田地重划管理部门可以在例外的情况下将其权力委托给非当地的田地重划管理部门；当田地重划区位于行政区内部还有另一个田地重划部门时，则由最高一级负责的州立田地重划管理部门决定田地重划的负责机关以及上一级田地重划管理部门。

（2）当田地重划区的范围延伸至其他的田地重划管理部门管理的范围时，则通过上一级田地重划管理部门决定具体负责的田地重划管理部门。

（3）当田地重划区的范围跨越了上一级田地重划管理部门，延伸至其他田地重划管理部门管理的范围时，则通过最高一级的田地重划管理部门决定具体负责的田地重划管理部门。当田地重划区的范围延伸至其他联邦州的田地重划管理部门管理的范围时，则由负责的田地重划最高一级的田地重划管理部门之间通过相互协商决定其具体负责的田地重划管理部门。

第4款

当上级田地重划管理部门认为一项田地重划的工作本身有必要，或是有利于参加者的利益（田地重划的决定），则其可以安排田地重划的工作，并且确定田地重划区的范围；此项决定必须通过书面进行说明。

第5款

（1）在确定田地重划的工作之前，必须对预计参加的地产所有者按照合适的方式，深入、详细的解释田地重划的法律程序，并明确预计产生的所有费用。

（2）必须听取包括农业的职业联合会，负责的州域规划管理机关、社区和社区协会以及其他从对农业负责的最高一级州立管理机关以及其他有关的组织和机关的意见。

（3）联邦、州、社区和社区联合会以及其他的代表公共权利的团体，应该被邀请并获悉拟议中的田地重划的具体程序；他们必须立即对田地重划的部门告知，是否或者哪些预计中的田地重划地区涉及到他们已经考虑要进行的、或是已经确定的规划。

第6款

（1）在田地重划决议中的关键性部分必须确定参加者共同体的名称和位置（第16款）。对于对地产的其他在决议中未明确的权利进行的登录，以及使用功能变更的规定（第34款与第85款第5、6点），可以在决议的关键性部分被纳入进来。

（2）决议的关键性部分必须进行公示。

（3）完成的决议必须被交付至社区、参与者的地产那里（田地重划所在的社区），并且只有有必要（第110款），就要在其邻近的社区那里也进行公示，在为期两周的时间内供审阅，并供参加者解读。然后必须再进行正式的公示。

第7款

（1）田地重划区可以将一个或多个社区、或者社区的部分包含在内。必须根据尽可能实现田地重划的具体目标的标准来确定田地重划区的边界。

（2）只要没有明确将某些地产排除在外，在田地重划区内部所有的地产都属于其范围。

第8款

（1）田地重划管理机关可以对田地重划区进行轻微的修改。第4款第② 半句适用此处。此安排不需要进行公示。但是必须向有关的地产所有者进行通知。

（2）但是重大的变更适用于第4款至第6款的规定。

（3）上级田地重划管理机关可以直至执行调整的时候，将田地重划区划分成更多的部分。第4款第② 半句，以及第6款第（2）、第（3）

段适用。

第9款

(1) 当田地重划由于在后来发生的情况中的出现并不适用的问题时，上级田地重划管理机关可以对程序的设定进行调整。

第4款第②半句，第5款第(1)、(2)段，以及第6款第(2)、第(3)段适用。

(2) 田地重划管理机关负责完成期望的目标，以及平衡产生出的费用，在必要的情况下可以运用公共资源实现上述任务。

第三部分　田地重划区域的创建

第37款

(1) 田地重划地区必须在尊重各自现存的农业结构，并按照符合该参与者相互间利益以及农业文化的一般性利益与农村的发展要求的方式，并按照促进公共福利的要求建立起来。

村镇集体的土地需要被重新分配并划分，或者对根据当前的企业经济学的要求对不经济的成块地产进行合并，并根据这些地产的位置、形式与大小而形成合乎要求的状态；公共道路、水利与其他的社区设施应该被建立起来，应该着手进行一系列水土保持、改善和符合农业形态下的措施，并将其他的手段集中到一起，通过上述措施改善企业的基础条件，降低企业的生产成本，并且简化企业经营管理的难度。

可以推行农村更新的相关措施；不应因为通过建设规划与类似的规划的执行，而阻止把相邻地点的地产纳入到田地重划工作中来。那些具体的法律关系必须被调整。

(2) 田地重划管理机关在实行具体措施的过程中必须根据第(1)段的规定维护公共利益，首先要考虑下述领域的要求：空间秩序规划、州域规划、作出安排的城市发展、自然与环境的保护、农业保养、文物保护、休闲、包含水源供应与排除废水在内的水资源管理、渔业、狩猎、能源供应、公共交通、农业地区的住宅区、小型社区、小型园艺、场所与农业景观的形态，以及可能的采矿功能、矿产性地层的保养与维护。

(3)自然水域的变更只允许根据由于水资源管理方面的原因，而不能仅仅在短期目的下出于测量技术方面的原因而实行。

第38款

田地重划管理机关应与农业的职业联合会，合作的管理机关与组织，特别是由负责的农业管理机关指定的服务于田地重划方面的专家委员会，共同制定用于田地重划区创建要求的一般性原则。在此同时，必须对以下前期规划的内容进行研究：根据1969年9月3日生效（Bundesgesetzbl. I S. 1573）并于1971年12月23日修订（Bundesgesetzbl. I S. 2140）的《社区任务法》第1款第（2）段关于农业结构和海岸防护的改善方面的前期规划，以及农业职业联合会或者其他的农业部门上以及自然保护与景观维护方面的前期规划的成果，并考虑可能的范围里面的影响。在空间秩序规划、州域规划、城市建设方面的要求也必须被考虑。

第一段　共同的与公共性的设施

第39款

（1）在田地重划区内，只要是符合田地重划的目的，就应建立公共道路、水利设施以及其他供集体共同使用或者服务于共同利益的设施。它们属于集体共同拥有的设施。

（2）现存的设施可以在该区域内被改建，移动或者搬迁。

第40款

联邦州可以在尽可能小的范围内，在田地重划程序中提供以下相关设施：服务于公共交通或者其他公共利益的设施，例如各类公共道路、铁路设施、有轨电车，以及其他公共交通、供水、供电、污水利用、污水排除、防风、气候保护、防火设施、抵御污染或者排放的设施，娱乐和体育设施，以及其他服务于自然保护、景观保护或者休闲领域设施的企业。通过田地重划规划可以确定，联邦州如何对上述财产进行分配。

只要某设施没有同时服务于某个参与者的私人经济利益，设施的拥有者就需要将造成土地方面和其他方面的损失的有关设施，交由参与者共同体来承担适当金额。

第41款

(1) 在考虑参与者共同体的董事会方面态度的同时，田地重划管理机关应制定一项规划，该规划涉及创建共同性的与公共性的设施，特别是迁入、变更或者迁走相关的公共道路、水资源管理、土地改良与景观维护的设施（道路与水域规划与伴随的景观维护方面的规划）。

(2) 规划应该在确定时间的听证会上向包括农业职业联合会在内的公共利益的主体进行说明。

对于规划所提的反对意见，都必须在该听证会上得到表达，而不能被排除在外；在邀请的通知和听证会上都必须重申这一点。邀请的期限一个月。在邀请的时候应当附上规划的摘要，以及包括具体的联系方式，通过这些联系方式可以联系到那些处理公共利益的主体。

(3) 规划由上级的田地重划管理机关确定。

(4) 当没有反对意见被最终纳入考虑、或者没有反对意见被提出、或者在其提出之后又被取消的时候，规划可以省略规划程序中某些步骤，由上级田地重划管理机关予以审批。当这些涉及到非本质性的情况，且没有影响到他人的权利，或者当与参加者相互沟通后得到认可的情况下，规划中的确定可以在非本质性的方面进行调整和扩大，而不被调整。

(5) 通过规划审查的手段，将在考虑根据计划所涉及到的有关公共利益的意见的基础上，对所包括设施建设的必要后续措施在内的计划进行最终批准；在规划审查之外，其他的官方决定，特别是公法上的审批、授予、许可、准予、批准与方案的公布，并不是必要的。

在执行计划的主体之间与通过规划涉及到的有关人员之间的所有公法关系，将通过规划审查建立起新的法律关系。参加者的权利将依据第44款、第58款与第59款不予触及。

(6) 规划审查的决议将伴随法律援助信息指导一起，寄送到执行计划的主体，以及参与者共同体的董事会那里。

第42款

(1) 只要没有承担另外的改建工作，参加者共同体就必须负责共同设施的建立,并且只要没有通过其他法规的规定确定由其他机构负责,就应当直至将其委托至负责专门维护保养工作的部门那里为止。只要与这些设施相关的道路、水域规划与协同的景观维护方案被确定之后,这些设施在田地重划规划实施前就可以被建造。

(2)同时只要没有在田地重划规划中、或者通过其他法规的规定确定由其他机构负责,共同的设施将通过参加者共同体的田地重划规划,被指定其作为参加者共同体的财产,并得到维护。如果得到同意,也可以指定社区为所有者并对其进行维护。联邦州可以对非常规的规定进行处理。

(3)那些不属于田地重划区、但是可以通过这些设施享受到本质性好处的地产拥有者,可以通过田地重划规划被要求承担与其享受的好处程度相符合的某些设施的一部分维护费用。这部分费用必须向负责维护的部门缴纳。这部分费用应保证作为公共性负担确定并分配到有关的地产上面。

第43款

按照在1991年2月12日生效的(BGBl. I S. 405)关于《水域与土地协会法》之中定义的相关设施的建设应该被融入到田地重划规划程序中进行,这样田地重划规划管理机关为建设和维护这些设施,可以根据此法关于水域与土地协会的规定建立起一个有关的水域与土地协会。在执行田地重划规划程序期间,田地重划规划为其监管机构,而上级田地重划管理机关为这个协会的上级监管机构。

第三段 田地重划规划

第56款

只要有必要,在制定田地重划规划之前,田地重划管理机关就需要在田地重划区的边界上确定并竖立起边界标志。田地重划管理机关在认为必要的情况下决定,通过相关地产的所有者将他们与田地重划区边界相连的地产也纳入区内。

在田地重划的制定中可以再次确定田地重划区的边界,通过对田地重划规划的决定可以对之前确认的边界予以代替。

第 57 款

在制定田地重划规划之前,必须听取参加者所希望的补偿意见。

第 58 款

(1) 田地重划管理机关对田地重划规划工作程序的结果作出总结。在田地重划规划中将引入道路、水域的规划与景观维护的协同规划,同时明确共同与公共性的设施、以前的地产以及参加者合法性与补偿内容,其他的法律关系也将被调整。

如果其地产的情况符合第 12 款第①、② 句以及第 13 款和第 14 款中规定,将把它作为另一个参加者的地产处理,从而在田地重划规划中,将登录的财产所有者或者其他与地产相关的合法权益标明在地籍簿中。

(2) 只要符合田地重划的目的,可以通过田地重划规划对社区边界进行调整。如果调整与社区的边界重合,那么这些调整同样与镇、区以及联邦州的边界调整关联在一起。如果要调整社区或者镇的边界,那么负责的社区监察机构应及时予以公布;其调整必须获得参加的当地法人的同意。如果要调整地区或者联邦州的边界,那么负责的最高一级州立管理机关应及时予以公布;其调整必须获得参加的联邦州与地区法人的同意。

(3) 田地重划规划需要上级田地重划规划管理机关的审查。

(4) 田地重划规划的规定对于在社区法规有效,并被确认其与参加者的共同利益或者公共利益相符合。

在田地重划规划程序结束之后,运用通过社区法规的调整取得的社区监察机构决议,可以将有关规定进行变更或者废止。

第 59 款

(1) 田地重划规划必须对参加者公布。新的田地划分必须在他们要求的地点和位置进行解释。

(2) 对于所公布的田地重划规划的反对意见,为了保证反对意见的资格有效,参加者必须在听证会上明确提出;因而在邀请和听证会上都要被明确标出这一点。邀请的期限为两周。

（3）田地重划规划的摘要必须送达至每一个参与者手中，在其中要明确告知其新的地产信息，并按照面积和价值以及对他的全部补偿情况对此进行说明。该摘要应当同时附上听证会邀请的通知。如果通过公示的方式进行邀请，则参加者的摘要应当在他参加听证会前两周送达。

（4）根据第（2）段的规定，反对意见必须被记录在会议备忘录之中（第129款至第131款）。

（5）联邦州可以替代听证会或者在听证会之外，在会议日期之后的两周之内，对有关的反对意见，以书面反对意见的形式予以认可。

第60款

（1）田地重划管理机关应对列出的反对意见提出补救方法。当认为必要的时候，田地重划管理机关也可以对其他田地重划规划中的变更加以干预。对于变更的公示与听证会需要限制在与之有关的参与者范围内。

其余的按照第59款的规定执行。

（2）根据处理决议被认可的反对意见，将依照第141款第（1）段的规定呈送至上级田地重划管理机关那里。

第四段　田地重划规划的执行

第61款

如果田地重划规划没有争议的话，将由田地重划管理部门确定规划的执行（执行安排）。在田地重划规划所预计实现的法律状态，将在执行安排中确定的某个时间点完全替代原有的状态。

第62款

（1）执行安排以及新的法律状态生效的时间（第61款第②句）必须进行公示。公示的期限则根据第71款第③句的规定通知。

（2）在听取参加者共同体的董事会的有关意见之后，通过过渡期管理规定，田地重划管理部门专门对过渡阶段中新地产的占据和使用进行管理。

（3）过渡期管理规定必须送至田地重划所在的社区行政管理部门或者参加者共同体的董事会那里存放，供参加者查阅。同时查阅工作也要进行公示。

第 63 款

（1）如果田地重划管理机关那里所剩下的反对意见与第 60 款第（2）段规定相符合，并已经呈送至上级管理机关那里，当预见到如果由于长期的拖延会产生巨大的负面影响的时候（之前的执行安排），田地重划规划的执行工作可以在完全确定没有争议之前进行安排。

（2）如果之前推行的田地重划规划进行了无争议的变更，那么则在法律意义上，该变更回到此执行安排中确定时间之前的法律状态。

变更的实际执行由田地重划管理机关通过过渡阶段管理规定进行管理。变更必须对参加者进行公示。

第 64 款

如果对于公共利益、或者参加者方面来说，有重要的、但是在事先没有预料到的经济需求，而认为有必要，或者由于临时有新的法庭裁决公布，田地重划管理机关可以根据执行安排对田地重划规划进行修改或补充。

工作程序按照第 59 至 63 款规定的内容生效；当田地重划规划的执行符合第 61 款第（1）段的规定的时候，第 63 款第（2）段也有效。

第四部分　特别的规定

第二段　用于促进农村发展的简化性田地重划程序

第 86 款

（1）一种简化性的田地重划程序，可以被引入作为实现以下目标的措施：为了实现或者推动作为农村发展的措施，特别是作为农业结构改善、住宅区、农村更新等方面，或是城市规划、环境保护、在水资源周边自然的发展、自然保护和景观维护或者场所景观意象的形态演进方面体验自然的各项措施。利用该程序，可以用于克服由于基础设施的建立、变更或消除，或者由于类似的措施出现或已经造成的农业方面的各种负面影响，来消除对于一般性农业文化的负面影响，并解决土地利用方面的冲突，或者通过该程序，在小村庄、社区周边范围、独户农场地区以及已经进行过田地重划措施的社区，实现所要求的土地占有关系上的新秩序。

(2) 第（1）段程序的生效有以下特别规定。

与第4款第①半句与第6款第（2）段和第（3）段之中出现偏差的情况，由田地重划机构通过决议对于田地重划工作予以安排，并确认田地重划区。可以将决议的关键性部分以副本的形式寄送给参加者，或者进行公示。

如果根据第（1）段规定某些措施的承担者主体申请进行田地重划，简化性的土地重划程序也可以被引入。根据第（1）段措施的承担者主体是附带参与者。（第10款第2点）

估价工作结果（第32款）的公示可以和田地重划规划（第59款）的公示联系在一起。

可以预估制定将进行道路、水域规划与协调的景观维护的规划。这些情况将利用田地重划规划的相关措施（第58款）。

当直至第41款第（2）段规定的听证会时刻，并在第59款第（2）段第5点规定的情况下，不具有实现的可能性，而因此造成田地重划执行被不恰当的推迟，那么当公共利益承担者的规划就可以不被考虑。

执行安排（第61款）与过渡时期管理规定（第62款第（3）段）可以被制成副本送至参加者那里或者被进行公示。第95款有相应的执行规定。

(3) 根据第（1）段规定措施的执行主体必须向参与者共同体支付其造成的执行费用（第105款）；而其也必须通过田地重划规划得到相应的好处。在第（1）段第2点规定的情况中，应当由这些措施的承担主体负担与执行费用相联系的以下负面影响：通过设施建立、变更或者清除过程中所产生的负面影响，以及由于在规划制定程序过程中所疏漏了其他法律规定方面的要求，而在规划的确定之后才被发现的负面影响。在设施建立、变更或者清除的五年之后，不再允许向措施的承担主体收取本段第②句中所指的费用。

第五部分　加速的土地合并程序

第91款

为了尽快达到在田地重划工作中所追求的改善农业和林业中的生产、工作条件的目标，或者是为了实现自然保护和景观维护方面的必要措施，当某些区域的内部，如果暂时没有进行新道路网络设施和大型水资源管理措施实施要求的情况下，可以根据下述规定的要求对该区域进行土地合并。

第92款

（1）土地合并是一项通过田地重划管理机关领导的工作程序，在某个特定区域内部（土地合并地区），依靠全体参加的地产所有者的合作，将农村地区的地产占据关系经济地进行土地合并，根据需要有目的地改变形状或者重新安排。土地合并工作可以限制在某些地产所有者的全部或者部分地产上。

（2）只要土地合并的目的不是涉及第93款至第103款中给出的对特殊情况的规定，土地合并工作就可以按照对田地重划执行方式中的规定进行。

第93款

（1）如果多数的地产所有者或者农业职业联合会提出申请，就需要引入土地合并工作。如果负责自然保护和景观维护的管理机关提出申请，而同时土地合并工作也能够服务于相关的地产所有者的利益，也可以引入土地合并工作。

（2）土地合并的工作安排（土地合并决议）按照第6款第（1）段和第86款第（2）段第1点的规定进行。在安排之前，预计相关的地产所有者、农业职业联合会、社区与社区协会要进行听证。

第94款

（1）在土地合并地区内的附加变更需要参加者共同体的董事会的批准。

（2）如果土地合并的具体执行与其目的不相符，那么其程序的调整应该根据参加者联合会的董事会与田地重划管理机关的农业职业联合会，并获得上级田地重划管理机关的批准，进行安排。第93款第（2）段的规定的内容在此处适用。

第 95 款

参加者共同体的董事会的工作可以被中止。在这种情况下,参加者大会的董事会的相关任务停止执行。参加者选举出的领导将带领参加者共同体的工作。此工作按照第 21 款至第 26 款的规定进行。

第 96 款

地产价值的评估以简化的方式进行。其结果的公示可以与土地合并规划的公示联系在一起进行。

第 97 款

成碎块状的地产将被大量合并。只要可能就应该在整块的地产之间进行调换。道路、水利设施和土壤改良的变更和新设施工作应该限制在最必要的措施方面。不需要制定道路、水资源管理与协同的景观维护规划（第 41 款）。当土地合并工作是为了实现自然保护与景观维护的某些手段的时候,相应的措施将在土地合并规划中被规定出来。

第 98 款

在第 44 至 55 款中规定的对地产的补偿有如下限制情况,在第 45 款中规定执行的地产只有在征得其所有者同意的情况下才能被变更,而第 48 款第（1）段规定的情况不能适用。

第 99 款

（1）赔偿将尽可能的通过简化程序与参加者决定下来。简化程序要求具有田地重划管理机关的审批。其有效性必须有书面形式得认可（《民法典》第 126 款）。

（2）田地重划管理机关可以申请建立合适的机构,特别是农业职业联合会或者是农业行政部门的服务机构,取得它们的同意,或者申请获得有经验的人员,与参加者共同领导进行简化性程序建立目标的工作,并完成土地合并规划。该申请可以被撤回。

（3）如果简化性的程序没有完成,那么公务上管理机关的补偿将由田地重划管理机关决定。在此时将考虑依据《共同体任务法（对农业结构和海岸防护的改良）》（1969 年 9 月 3 日制定,修改则通过《关于修改 < 共同体任务法 > 的法律》,1971 年 12 月 23 日制定）第 1 款第（2）

段规定的前期规划、农业专业联合会的前期规划或者其他农业部门以及在可能范围内的自然保护与景观维护方面的前期规划的成果；第 38 款和第 56 款的其他规定不适用。

第 100 款

土地合并规划代替田地重划规划启动。此处将按照第 58 款至第 60 款的规定执行。社区边界不应当被变更。

第 101 款

执行安排（第 61 款与第 63 款）、临时性土地占用通知的安排（第 65 款）与过渡时期管理决定必须送达至参与者或者进行公示。

第 102 款

土地合并程序的执行不排除在以后的田地重划程序的执行之外。

第 103 款

《巴伐利亚州关于农业性地产的土地合并法（地产合并）》（公布于 1954 年 8 月 11 日）与《符腾堡—霍恩梭伦州州立部关于执行地产改革法的第二规范（农业改良规范）》（公布于 1949 年 12 月 16 日）（符腾堡—霍恩梭伦州政府公告，1950 年第 7 页，于 1971 年 3 月 30 日通过《州立司法费用法》更改），仍然有效。

三、《巴伐利亚州的建筑规范及补充规定》全目录和部分节译

（下划线部分为节译）

第一部分　一般性规定

　　第 1 条　适用范围

　　第 2 条　概念

　　第 3 条　一般性要求

第二部分　地块及其建设

　　第 4 条　在地块上进行建筑的建设

　　第 5 条　在所在地块上的地下面积

　　第 6 条　间距

　　第 7 条　间距的误差

第 8 条　儿童的游憩场地
第 9 条　建筑地块的围墙
第 10 条　地块以及建筑设施的高度

第三部分　建筑设施
第一段　建筑形态
第 11 条　建筑形态
第二段　建筑施工的一般性规定
第 12 条　施工现场
第 13 条　稳定性
第 14 条　对冲击的防护
第 15 条　防火
第 16 条　放热、隔声与抗震
第 17 条　交通安全
第 18 条　供暖、照明与通风
第三段　建筑工程与建筑种类
第 19 条　建筑工程
第 20 条　一般性建筑考核的许可
第 21 条　一般性建筑审查的考核成绩
第 22 条　单一建筑工程的可行性的确认
第 23 条　建筑类别
第 24 条　一致意见的确认
第 25 条　承包商的一致意见声明
第 26 条　一致意见的证书
第 27 条　考核、证书认证与监察的位置
第四段　墙体、屋面、屋顶与疏散通道
第 28 条　承重墙、支柱与支管
第 29 条　外墙
第 30 条　隔墙
第 31 条　防火墙

第 32 条　地板与地面

第 33 条　屋顶

第 34 条　阳台

第 35 条　楼梯

第 36 条　楼梯间与出口

第 37 条　紧急通道

第 38 条　窗、门与地下室的采光井

第五段　服务的技术设施、救火设施与其他设施

第 39 条　电梯

第 40 条　通风设施、线路井与线路槽、电缆设备

第 41 条　加热设备、提供供暖与燃料的设备

第 42 条　非渐进性排水系统

第 43 条　垃圾通道

第 44 条　垃圾收集容器

第六段　起居空间与居住

第 45 条　休息室

第 46 条　住宅

第 47 条　地下室层的休息室与住宅

第 48 条　屋顶层的休息室与住宅

第 49 条　厕所

第 50 条　浴室

第七段　特殊的建筑设施

第 51 条　针对特殊人群的建筑措施

第 52 条　机动车的车库与停车位

第 53 条　停车位与车库的建设义务的支援

第 54 条　动物棚、厩

第四部分　建筑合作者的规定

第 55 条　原则

第 56 条　建设单位

第 57 条　设计者与建筑技术通知的制订者的责任

第 58 条　企业

第五部分　建筑监督的部门

第 59 条　建设监察部门

第 60 条　建设监察部门的任务与权限

第 61 条　实际负责范围

第六部分　程序

第一段　具有审批义务的计划与免除审查的计划

第 62 条　具有审批义务的计划

第 63 条　建立与变更审查义务的例外情况

第 64 条　审查的免除

第 65 条　放弃与清除建筑设施的程序

第 66 条　规划法律性的审查

第二段　建筑审查的程序

第 67 条　建筑申请与建筑模型

第 68 条　建筑模型与证据的合法性

第 69 条　建筑申请的处理

第 70 条　偏差情况

第 71 条　相邻者的参与

第 72 条　建筑审查与建设开始

第 73 条　简化性的审批程序

第 74 条　社区协商的代替

第 75 条　临时性决定

第 76 条　部分的建筑审查

第 77 条　建筑审查与部分的建筑审查的有效期

第 78 条　建筑的监察

第 79 条　建筑工作与建筑设施适用的延长

第 80 条　对标明的非法建筑工程的禁止

第 81 条　建筑的调整

第 82 条　建筑的清除
第 83 条　地产的进入与建筑设施
第 84 条　建筑计划的公开
第 85 条　移动性建筑的审查
第 86 条　建筑审查的决定
第 87 条　其他许可程序的优先权
第 88 条　基本权利的限制

第七部分　错误行为、权利规定
第 89 条　错误行为
第 90 条　权利规定
第 91 条　关于场地的建设规定
第 92 条　根据建设法典以及其他联邦法律的管辖权

第八部分　涉及建设法典的执行决定
第 93 条　以前农业建筑的功能变更的期限

第九部分　过渡与终止的规定
第 94 条　现有法规的废止
第 95 条　法规的生效

第二段　建筑审查的程序
第 67 条　建设申请与建设计划

（1）

1）申请建设审批（建设申请）必须以书面方式向社区提交。

2）只要不属于可以自行决定的建设，就要将申请的具体意见立即呈送至建设监察机关。

3）社区可以要求对不完整的建设申请进行补充或者改正。

（2）

1）除了建设申请之外，同时还要递交所有用于计划评价和处理建设申请必需的材料（建设计划）。

2）可以在之后补交建设计划的个别文件进行替换。

(3)

在特殊情况下为了进行相关评价并要求对建筑设施进行描述,另外以其合适的方式建设在地产之上,例如将建筑设施置入周围环境之中。

(4)

1) 建设单位或者一位由他全权委托的代表以及设计师必须在建设申请和建设计划上签字。

2) 由公证根据第57款处理的材料必须有这几个人的签名。

3) 只要财产所有人或者土地承租人对建设计划予以确认,他就有义务接受由于建设审查之外的相关规定所带来的建设监察的影响。

(5)

1) 如果在计划中有多人作为建设单位,建设监察机关可以要求,他们选择其中一个指定为代表,此代表必须根据公法方面规定建设单位满足所承担的相关义务。

2) 第18款第(1)段第二、三句与《巴伐利亚州行政程序法》的第(2)段在此处适用。

第69条 建设申请的处理

(1)

1) 在建设审批程序中的全部相关部门必须对申请立即处理,不得拖延。

2) 为了进行建设申请,应听取各个作为公共利益的承担者、并在任务范围内涉及到的管理机构与部门的意见;对于参与制定城市规划法规程序的公共利益的承担者,只要在他们的具体意见中的明确要求,就要再次听取他们的意见。

3) 公共利益的承担者必须在一个月之内发表看法;如果某些直接通过建设申请与之相关的公共利益的机构与部门没有依照时限内发表意见的话,建设监察管理机关可以确认,不再向这些机构和部门了解情况。

4) 如果需要依据某些土地法律的规定,或者其他的组织、管理机关、办事机构的同意,或者审批的发布涉及某个其他部门的态度,发布建设审批的情况时,当这些部门没有在呈交申请的行为一个月之内按照程序要求提出反对的话,则此类决定和协商被认为已经发布、其态度也被认为已经作出;有关部门在反对的同时需要提供反对的理由。

(2)

当涉及到执行程序的加速与简化,特别是在公共利益的承担者与其他相关方面之间进行表决时,下级的建设监察管理机关将立即为此举行听证会;在此听证会的框架内,最终作出关于此建设计划的最后原则性决定。

(3)

当建设计划被指出存在缺陷时,建设监察机关将立即附上针对此缺陷与错误的说明对建设计划发回修改。

(4)

1) 当建设单位提供根据《巴伐利亚州水务法》第 90 款第（9）段或者第 78 款中的法律规定的意义、具有公证意见的证书时,则建设监察部门对于每个法律规定中公证所说明的领域的要求被认为被履行;第一半句与证书的法律效果保持一致,符合第 64 款第（5）段第②句与第 73 款第（2）段第②、③句中。

2) 当公证基于根据第 90 款第（9）段中的法律规定进行确认之后,根据第①句的法律效果也符合本法规定或基于本法对于偏离情况的前提。

3) 建设监察管理机关可以要求展示此类证书的计划。

第 70 条 偏离情况

(1)

只要在本法或者基于本法所涉及的规定没有影响到第三者的时候,当认为出现的偏离情况符合考虑到当时的要求并尊重了相邻者以及公共利益的情况时,建设监察管理机关可以对本法或基于本法对建设监察要求的这些偏离情况予以批准。

(2)

1) 由根据第 91 款第（1）、第（2）段的社区建设规定,建设监察管理机关对于同社区无矛盾的偏离情况进行批准。

2)《建设法典》第36款第（2）段在此处适用。

(3)

1) 对于无须审批的建设设施中的某些情况，如果在根据第一款的建设监察要求、在建设规划或其他的城市规划决定的其他规定中对建设规划里面的有关条文，或者根据由《建筑使用规范》（BauNVO）关于批准建设使用的规定发生偏离的情况而在《建设法典》中第31款至第34款第（2）段第②半句中的所规定的情况，则对此类偏离情况需要书面申请法律批准。

2) 第①句对于根据第73款第（1）段未审查的那些规定的偏移适用。

第71条　相邻者的参与

(1)

1) 建设单位或者他在建设地段上委托的代表必须向相邻地产的产权所有者展示设计说明以获得其签字。

2) 此签名被认为予以同意。

3) 如果缺少相邻地产的产权所有者的签字，社区可以根据建设业主的申请通知该相邻产权所有者，并且要求他限期表明态度。

4) 如果他拒绝签字，并且已经书面向社区或者建设监察管理机关进行了确认，则不再对其进行通知。

5) 如果只是由于某些困难无法向应予通知的财产所有者进行调查或者告知，那么此通知应送达到该地产的直接使用者。

6) 如果一个邻居不同意，或者与他提出的反对意见不相符，那么就必须向他出具一份建设审查的文件。

(2)

1) 相邻者是《巴伐利亚州行政程序法》第13款第（1）段第1点中所指的意义。

2)《巴伐利亚州行政程序法》第28款在此处不适用。

3) 如果在建设审批程序中涉及到至少十个具有同样利益的相邻者，

而没有代表,那么建设监察机关可以要求,在一个适当的期限内指定一个代表;《巴伐利亚州行政程序法》第 18 款第(1)段第二、三句以及第(2)段在此处适用。

4)如果有超过 20 个第③句中所指的相关者出现的情况,那么根据第(1)段第⑥句,应当通过公示的方法予以代替;公示内容中应当包含建设审批中的关键部分、获取法律援助的方法以及有关说明,查明具体建设审查程序的报告说明的地点和方法。

5)这些内容必须在所负责的建设监察管理机关的官方出版物中进行公示。

6)在公示之日起开始视为送达日期。

(3)

1)土地承租人被视为财产所有者一方的成员。

2)如果相邻地产的财产所有者是一个根据《住宅产权法》规定的财产共同体,那么呈送工作应当根据第(1)段第①句送达至其律师手中;然而他的签字并不被视为某一单一住宅产权所有者的认可。

3)相邻地产的财产所有者同时拥有其财产的基本权利涉及的租赁或者租佃的权利。

(4)

1)当某建筑设施,由于其自身状态或者其所在企业的使用情况,而对于公共性或者邻里存在危险、造成损害或者引起麻烦,建设监察管理机关可以根据建设业主的申请,向相邻涉及到的有关方面根据第(1)段第一至五句的规定将具体计划在其官方的出版物中,并且另外在该设施所在位置相关的所在地区的地方性日报中进行公示。

2)在对计划进行公示一个月期满之后,所有的公法方面、对计划提出异议的手段将结束。

3)根据第(1)段第6)句可以通过公示对建设审查的确定予以替换;第(2)段第6)句以及第1)句在此处适用。

4)根据第1)句的公示需指出以下内容:

A. 根据《巴伐利亚州行政程序法》第 29 款第(2)段第1)句与

第（3）段的定义，相关者能够获悉程序行为信息的地点和时间。

B. 根据第 2 款第 1）句与第（3）段的定义，相关者能够提交反对计划的异议的地点和时间。

C. 根据第 2）句规定的期限结束后，将产生的具体法律后果予以告知。

D. 审查的送达工作能够通过公示的方式进行替换。

第 72 条　建设审批与建设开始

（1）

1）只有当建设计划审批程序，在审查中发现有与公法性的规定相违背的规定，建设审批才能予以拒绝；在审批程序里对公法性规定的审查保留权利，建设监察的干涉权限不涉及以下内容：

2）隔音与保暖不会被审查。

3）建设性的劳动保护的要求将不会在商业与行政办公建筑中，在所有其他工作场所的建筑设施含有关于煤气、蒸汽、烟雾、粉尘、噪声与其他的对健康有不利影响的防护措施，以及附带的紧急出口的检查。

（2）

1）建设审批要求书面形式；《巴伐利亚州行政程序法》第 3a 款在此处不适用。

2）只有当出现对于邻里防护规定的偏离问题而没有邻居的同意，或者邻居提出反对建设计划的书面异议的情况时，才明确地说明理由；《巴伐利亚州行政程序法》第 39 款第（2）段第 2 点此处不受限制。

3）当监察机关没有通过相关计划，其结果将送达申请的提出者与社区，并附带有审批说明，指出建设计划的错误。

（3）

当建设审批涉及到命令或者某些条件的时候，可以要求担保。

（4）

审批的决定不能损害第三方的私人权利。

（5）

在建设审批公布前，不允许开始进行建设或者开挖地基。

(6)

1）在建设开始之前必须对建筑设施所在的土地面积进行测绘，并确认其高程。

2）建设监察管理机关可以要求，对其验收的测绘与高程或者已经确定的基地面积和高程进行说明。

3）根据第69款第（4）段，建设审批与建设计划以及证书必须送达至建设开始的建筑工地。

(7)

建设单位必须在将计划审批中要求的执行开始时，以及在超过六个月以上停工之后、重新开始的建设之前，至少一周向建设监察管理机关进行书面通知。

第73条 简化性的审批程序

（1）

除了对于特殊建筑之外，建设监察管理机关只是审查：

1）是否符合以下内容：运用根据《建设法典》第29款至第38款关于建筑设施许可的规定、地方性建设规定以及第6、第7款对间距的规定；

2）建筑形态（第11款）；

3）是否符合第52、53款的规定；

4）在除了简易建筑设施之外的用于工商业目的的建筑设施，建筑劳动保护的要求；

5）如果由于建筑审批，使得根据其他公法性的规定不适用或者被代替的其他公法性的要求。

（2）

1）第64款第（5）段第一、三句在此处适用。

2）对于具有中等复杂程度的计划，必须有附上含有对根据第69款第（4）段的定义中的承重结构的防火期限的安全说明予以证实。

3）当认为由于建造的复杂程度、建筑地基、地下水或者特殊的原材料而有必要的时候，对于具有微小复杂程度的计划，建设监察管理机关可以针对建设单位作出安排,对通过根据第69款第(4)段定义的公证对相关承重结构,要求附上含有防火期限的安全说明予以证实。

第74条 社区协调程序的代替

(1)

当社区并非审批管理机关,如果社区根据建设法典或者根据第70款第(2)段第①句,认为违反法律要求而对要求的协调工作予以拒绝,那么可以对缺失的协调工作根据第2至5段的要求予以代替。

(2)

《社区管理规定》第112款在此处不适用。

(3)

1)审批同时根据《社区管理规定》第113款的定义作为替代执行任务;因而必须对其进行说明。

2)如果根据《行政法庭规范》第80款第(2)段第①句第3或第4点,含有与审批相矛盾的反对与撤销诉讼的推迟效果,当审批作为替代执行生效的时候,这些反对与撤诉诉讼没有规定的推迟效果。

(4)

1)在审批的送达之前,社区必须认真听取意见。

2)同时这也为社区提供了在合适的时限内重新决定关于社区性的协调事宜的机会。

(5)

如果社区同时是审查管理机关,则第(2)至(4)段符合反对意见的程序规定。

第75条 临时性决定

(1)

1)在建设申请递交之前,可以根据建设单位的书面申请,在建设审批之中个别的关键性的问题预先派发一份书面通知(针对某些问题的临时性决定)。

2)如果临时性决定不是规定为短期效力,则三年有效。

3）如果建设单位在临时决定到期之前提出书面申请，此期限可以以每次至多两年的方式被延长。

（2）

第 67 款第（1）、第（2）和第（4）段，第 69 款第（1）段，第 70 款第（1）、第（2）段，第 71 段、第 72 段第（1）至（4）段，第 74 款与第 77 款第（2）段在此处适用；当建设单位对此提出申请，建设监察管理机关可以放弃第 71 款中的规定。

第 78 条　建设审查

（1）

1）建设监察管理机关可以对公法性规定和要求的遵守与对于相邻者而言的责任的合理满足进行审查。

2）根据建设监察管理机关的要求，建设单位必须报告其建设构件的使用情况。

3）只要认为必要，建设监察管理机关与向他们提出申请的有关人员就可以对建设构件的试验或从完成的建筑部分予以取样并作出审查或者请他人代为审查。

（2）

如果建设单位提供了根据《法律规范》第 90 款第（9）段中所定义的公证证书，那么对于每一个法律规范中公证所说明的领域，建设监察所提出的要求都有效，并应得到遵守。

（3）

1）只要其不是属于微小复杂程度的建设计划，对于结构部分的建造与其他需要考虑进行审批的建筑设施，建设单位必须至少在两周之前向建设监察管理机关通知。

2）如果结构建造的承重部分、烟囱、防火墙与屋顶建造部分完全结束，那么结构建造算作完成。

3）只要可能，就需要建筑各部分——例如那些对于结构稳定性、防火、保温与隔声以及供水与污水清除有关键作用的部分，以及诸如此类的设施——保持打开的状态，以便在对结构建造进行勘察时，能够对它们的规模与运行类型进行检查。

4）最终的完成还包括结束供水与污水清除设施的建设。

5）建设单位必须为了相关考察以及为此相关联的审查，准备必要的工作人员与仪器。

（4）

1）只要在通风能力方面，不具备专门通风设施，就需要备有关于结构建造结束的声明，以及具有相关使用目的的声明说明排气管、烟囱、炉灶空间的通风设施可以使用的工程有效合用性说明文件，通过向区级烟囱管理人员申请审查，获得其认可；此处对于具有微小风险的建设计划不适用。

2）在对排气管与烟囱进行改造的开工之前，也必须提供对于适用性的证明。

（5）

建设监察管理机关可以对于第（3）段进一步要求，对某些工程建设在其开始与结束的时候向建设监察管理机关或者其代表进行声明，或者放弃根据第（3）段要求的声明。

（6）

有关代表在对建设申请进行审查，在每次进入工地与生产车间的时候，必须保证以下各类工作的成果进行审查：对建设构件的生产进行审批、批准、完成审查报告、完成符合规定声明、完成符合规定证书、审查通知、给予证书与案卷的工作，考虑建设日志与其他规定的案卷。

第 79 条　对建筑设施的处理和使用的延长

（1）

在内部改造或者清理工作中，允许在完成根据第 78 款第（3）段所规定的发布声明时间的一天之后，开始施工。

（2）

当某些特定的建设执行过程已经由建设监察管理机关或者所申请的公证进行过某些审查，建设监察管理机关可以要求，在某些特定的建设执行过程中首先继续处理这些工作。

（3）

当一个建筑设施本身、专用道路、供水与污水清除设施以及其周边必要范围内的共用设施能够使用，并且没有早于在第 78 款第（3）段第①句声明中确定的时间点，那么此建筑设施就允许开始被使用。

第 80 条　对标明的非法建筑产品的禁止

如果建筑产品违背第 24 款而具有 Ü 标记，那么建筑监察管理机关可以对这些建筑产品的使用予以禁止，并将其标志废除或者清除。

第十四章　法国乡村建设管理法规收集

一、《城市规划法典》目录

第一卷　国土开发和城市规划总则

第一编　土地利用总则（第L110条）

　　第1章　城市规划总则（第L111-1至第L111-11条）

　　第2章　建筑主体结构以外的建筑面积（第L112-1至第L112-6条）

第二编　城市规划预测及其准则

　　第1章　国土协调纲要、地方城市规划和市镇地图的通用法则（第L121-1至第L121-9条）

　　第2章　国土协调纲要（第L122-1至第L122-19条）

　　第3章　地方城市规划（第L123-1至第L123-20条）

　　第4章　市镇地图（第L124-1至第L124-4条）

　　第6章　影响土地利用的公共用途地役（第L126-1条）

　　第7章　促进住宅多样化的规定（第L127-1至第L127-2条）

第三编　林地（第L130-1至第L130-6条）

第四编　针对部分领土的特殊规定

　　第1章　针对巴黎和巴黎地区的特殊规定

　　　第1节　指导纲要（第L141-1至第L141-2条）

　　第2章　各省的重要自然空间（第L142-1至第L142-13条）

　　第5章　针对山区的特殊规定（第L145-1至第L145-2条）

　　　第1节　山区开发和保护原则（第L145-3至第L145-8条）

　　　第2节　新旅游单元（第L145-9至第L145-13条）

　　第6章　针对沿海地区的特殊规定（第L146-1至第L146-9条）

　　第7章　针对机场噪声区的特殊规定（第L147-1至第L147-8条）

第五编　在海外省的实施（第L150-1条）

第6章　针对海外省沿海地区的特殊规定（第L156-1至第L156-4条）

第六编　处罚与地役（第L160-1至第L160-8条）

第二卷　优先购买与地产限制条款

第一编　优先购买权（第L210-1条）

　　第1章　城市优先购买权（第L211-1至第L211-7条）

　　第2章　延迟开发区及其临时范围（第L212-1至第L212-5条）

　　第3章　城市优先购买权、延迟开发区及其临时范围的通用法则（第L213-1至第L213-18条）

　　第6章　针对家庭花园的特殊规定（第L216-1条）

第二编　地产限制条款

　　第1章　地产限制条款（第L221-1至第L221-3条）

第三编　放弃权（第L230-1至第L230-6条）

第三卷　土地开发（第L300-1至第L300-5条）

第一编　土地开发项目

　　第1章　协议开发区（第L311-1至第L311-8条）

　　第3章　房屋修复与历史保护区

　　　第1节　历史保护区（第L313-1至第L313-3条）

　　　第2节　房屋修复（第L313-4至第L313-4-3条）

　　　第3节　通用法则（第L313-5至第L313-15条）

　　第4章　财产占用者的保护行为（第L314-1至第L314-9条）

　　第5章　地块划分（第L315-1至第L315-9条）

　　第6章　与地块划分有关的刑事处罚（第L316-1至第L316-4条）

　　第8章　针对某些开发项目的规定

　　　第1节　财产所有权的降级与转让（第L318-1至第L318-4条）

　　　第2节　娱乐建筑的改造利用（第L318-5条）

　　　第3节　针对商业人员和手工业者的特殊规定（第L318-8条）

　　　第4节　特殊规定（第L318-9条）

第二编　执行机构

第 1 章　土地开发公共机构（第 L321-1 至第 L321-9 条）

第 2 章　城市土地联合会（第 L322-1 至第 L322-11 条）

第 4 章　地方土地公共机构（第 L324-1 至第 L324-10 条）

第 5 章　整治与重构商业和手工业场所公共机构（第 L325-1 至第 L325-4 条）

第三编　财政规定

第 2 章　建造商和分块出卖土地者的参与

　　第 2 节　参与发放建设许可证或土地利用许可证必需的公共设施建设（第 L332-6 至第 L332-14 条）

　　第 3 节　土地占用或土地利用许可的受益人要求的专有设施建设（第 L332-15 至第 L332-16 条）

　　第 5 节　其他规定（第 L332-28 至第 L332-30 条）

第四编　针对海外省的特殊规定（第 L340-1 至第 L340-2 条）

第四卷　关于建筑文书和各种土地利用方式的准则

第一编　城市规划证书（第 L410-1 条）

第二编　建设许可证

　第 1 章　总则（第 L421-1 至第 L421-9 条）

　第 2 章　总则的例外（第 L422-1 至第 L422-5 条）

　第 3 章　临时建设许可证（第 L423-1 至第 L423-5 条）

第三编　拆除许可证（第 L430-1 至第 L430-9 条）

第四编　针对特殊土地利用方式的规定

　第 1 章　围墙（第 L441-1 至第 L441-3 条）

　第 2 章　各种设施和工程（第 L442-1 至第 L442-2 条）

　第 3 章　旅行挂车露营地和停车场（第 L443-1 至第 L443-3 条）

　第 5 章　机械牵引登山设施与滑雪区的整治（第 L445-1 至第 L445-4 条）

第五编　其他规定

　第 1 章　关于某些建成空间利用的专项规定

　　第 1 节　公共庭院（第 L451-1 至第 L451-3 条）

第2节 不受地方城市规划约束的工业建筑（第L451-4条）

第3节 大面积商场的建立与建设（第L451-5至第L451-6条）

第六编 监察（第L460-1至第L460-2条）

第七编 海外省（第L470-1条）

第八编 违法处罚（第L480-1至第L480-13条）

第五卷 部门、机构和企业的布局

第一编 行政管理总则（第L510-1至第L510-4条）

第二编 针对巴黎地区的财政规定（第L520-1至第L520-11条）

第三编 某些经济活动在巴黎地区以外的布局（第L530-1至第L530-4条）

第四编 为转卖而进行的工业建设与开发（第L540-1至第L540-3条）

第五编 处罚（第L550-1条）

第六卷 有关城市规划争议的规定（第L600-1至第L600-4-1条）

法规部分详细目录

第一卷 国土开发和城市规划总则

第一编 土地利用总则

第1章 城市规划总则（第R111-1条）

第1节 建筑选址及其交通服务（第R111-2至第R111-15条）

第2节 建筑布局与规模（第R111-16至第R111-20条）

第3节 建筑外观（第R111-21至第R111-24条）

第4节 其他规定（第R111-25至第R111-26-2条）

第5节 国土开发指导方针与针对山地的特殊规定（第R111-27条）

第2章 法定最大密度（第R112-1至第R112-2条）

第二编 城市规划预测及其准则

第1章 国土协调纲要、地方城市规划和市镇地图的通用法则

第1节 由国家通告市镇或市镇集团的信息（第R121-1至第R121-2条）

第十四章　法国乡村建设管理法规收集

　　第2节　公益项目（第R121-3至第R121-4条）

　　第3节　使用者地方协会（第R121-5条）

　　第4节　调解委员会（第R121-6至第R121-13条）

第2章　国土协调纲要

　　第1节　国土协调纲要的内容（第R122-1至第R122-5条）

　　第2节　国土协调纲要的编制和修订（第R122-6至第R122-13条）

第3章　地方城市规划

　　第1节　地方城市规划的内容（第R123-1至第R123-14条）

　　第2节　地方城市规划的编制、修改、修订和颁布（第R123-15至第R123-25条）

第4章　市镇地图

　　第1节　市镇地图的内容（第R124-1至第R124-3条）

　　第2节　市镇地图的编制和修订（第R124-4至第R124-8条）

第6章　影响土地利用的公共用途地役（第R126-1至第R126-3条）

第7章　促进住宅多样化的规定（第R127-1至第R127-3条）

第三编　林地

　　第1节　树木砍伐许可证的适用范围（第R130-1条）

　　第2节　保护林地的土地利用、开垦和树木砍伐

　　　第Ⅰ段　申请的提交（第R130-2至第R130-3条）

　　　第Ⅱ段　申请的审议（第R130-4条）

　　　第Ⅲ段　决定

　　　　Ⅰ　一般规定（第R130-5至第R130-8条）

　　　　Ⅱ　适用于已批准地方城市规划的市镇的特殊规定（第R130-9至第R130-10条）

　　　　Ⅲ　适用于未批准地方城市规划的市镇的特殊规定（第R130-11至第R130-12条）

　　第3节　在位于已决定编制地方城市规划的市镇的全部或部分领土

上的林苑、森林或猎场砍伐树木的规章（第 R130-13 至第 R130-15 条）

第 4 节　绿化用地与建设用地的相互抵消以及部分保护用地的建设许可（第 R130-16 至第 R130-19 条）

第 5 节　其他规定（第 R130-20 至第 R130-23 条）

第四编　针对部分国土的特殊规定

第 1 章　针对法兰西岛地区、巴黎、马赛、里昂以及由一个或多个联盟市镇合并后形成的相关市镇的特殊规定

第 1 节　法兰西岛地区国土协调纲要（第 R141-1 至第 R141-2 条）

第 2 节　法兰西岛地区范围内的国土协调纲要、专题纲要和地方城市规划（第 R141-3 至第 R141-4 条）

第 3 节　巴黎、马赛、里昂或由一个或多个联盟市镇合并后形成的相关市镇的地方城市规划（第 R141-5 至第 R141-6 条）

第 2 章　各省的重要自然空间

第 1 节　省重要自然空间税（第 R142-1 条）

第 2 节　保护措施（第 R142-2 至第 R142-3 条）

第 3 节　优先购买区（第 R142-4 至第 R142-7 条）

第 4 节　优先购买的程序

第Ⅰ小节：一般情形（第 R142-8 至第 R142-11 条）

第Ⅱ小节：法律或法规规定必须实施招标拍卖程序的情形（第 R142-12 至第 R142-14 条）

第Ⅲ小节：通用法则（第 R142-15 至第 R142-18 条）

第 5 章　针对山区的特殊规定（第 R145-1 至第 R145-10 条）

第 6 章　针对沿海地区的特殊规定（第 R146-1 至第 R146-2 条）

第 7 章　针对机场噪声区的特殊规定

第 1 节　界定机场噪声区范围所需各项指标的数值确定（第 R147-1 至第 R147-2 条）

第 2 节　编制承受机场噪声计划（第 R147-5 至第 R147-11 条）

第五编　在海外省的实施（第 R150－1 至第 R150－3 条）

第六编　处罚与地役

 第 1 节　负责查证违法行为的相关人员的宣誓（第 R160－1 至第 R160－3 条）

 第 3 节　保护和改善生活环境与自然环境协会的批准（第 R160－7 条）

 第 4 节　沿海地区的通道地役

  第Ⅰ小节　确定第 L160－6 条提到的沿海岸线方向的道路走向及通道地役特点（第 R160－8 至第 R160－15 条）

  第Ⅱ小节　确定第 L160－6－1 条提到的垂直海岸线方向的道路走向及通道地役特点（第 R160－16 至第 R160－16－1 条）

  第Ⅲ小节　沿海地区通道地役的通用法则（第 R160－17 至第 R160－33 条）

第二卷　优先购买与地产限制条款

第一编　优先购买权

 第 1 章　城市优先购买权（第 R211－1 至第 R211－8 条）

 第 2 章　延迟开发区及其临时范围（第 R212－1 至第 R212－6 条）

 第 3 章　城市优先购买权、延迟开发区及其临时范围的通用法则

  第 1 节　优先购买权的委托（第 R213－1 至第 R213－3 条）

  第 2 节　优先购买的程序

   第Ⅰ小节　一般情形（第 R213－4 至第 R213－13 条）

   第Ⅱ小节　根据法律或法规规定必须实施招标拍卖程序的情形（第 R213－14 至第 R213－15 条）

  第 3 节　通过优先购买征得的财产的使用（第 R213－16 至第 R213－20 条）

  第 4 节　其他规定（第 R213－21 至第 R213－26 条）

  第 5 节　适用于巴黎、马赛、里昂以及由一个或多个联盟市镇合并后形成的相关市镇的特殊规定（第 R213－27 至第 R213－

30 条）

第 6 章 针对家庭花园的特殊规定（第 R216-1 条）

第三卷 土地开发（第 R300-1 至第 R300-3 条）

第一编 土地开发项目

第 1 章 协议开发区

 第 1 节 协议开发区的建立（第 R311-1 至第 R311-5 条）

 第 2 节 协议开发区的建设（第 R311-6 至第 R311-11 条）

 第 3 节 协议开发区的取消或修改（第 R311-12 条）

第 3 章 房屋修复和历史保护区

 第 1 节 历史保护区

  第Ⅰ小节：历史保护区的建立（第 R313-1 至第 R313-4 条）

  第Ⅱ小节：保护和利用规划的审议（第 R313-5 至第 R313-10 条）

  第Ⅲ小节：保护和利用规划的内容（第 R313-11 条）

  第Ⅳ小节：保护和利用规划的效力（第 R313-12 至第 R313-19-6 条）

  第Ⅴ小节：保护和利用规划的修改、修订和颁布（第 R313-20 至第 R313-20-2 条）

  第Ⅵ小节：其他规定（第 R313-21 至第 R313-23 条）

 第 2 节 房屋修复（第 R313-24 至第 R313-32 条）

 第 3 节 专业技术人员对房屋的检查（第 R313-33 至第 R313-37 条）

 第 4 节 专业技术人员的宣誓津贴（第 R313-38 条）

第 5 章 地块划分与产权划分

 第 1 节 地块划分的一般规定（第 R315-1 至第 R315-3 条）

 第 2 节 申请的提交、存放和转交（第 R315-4 至 R315-11 条）

 第 3 节 申请的审议

  第Ⅰ段：适用于所有市镇的规定（第 R315-15 至第 R315-21-1 条）

第Ⅱ段：适用于已批准地方城市规划的市镇的规定（第R315-22至第R315-25条）

第Ⅲ段：适用于未批准地方城市规划的市镇的规定（第R315-25-1至第R315-25-4条）

第4节　决定

第Ⅰ段：一般规定（第R315-26至第R315-31条）

第Ⅱ段：适用于已批准地方城市规划的市镇的规定（第R315-31-1至第R315-31-3条）

第Ⅲ段：适用于未批准地方城市规划的市镇的规定（第R315-31-4条）

第5节　转让地块与建造建筑物（第R315-32至第R315-39-1条）

第6节　其他规定（第R315-40至第R315-44条）

第7节　对地块划分文件和地块再划分的修改（第R315-44-1至第R315-52条）

第8节　将地块划分法则纳入地方城市规划的方式（第R315-53条）

第9节　针对非地块划分组成部分的房屋建筑布局的规定（第R315-54条）

第10节　事先声明的划分（第R315-55至第R315-61条）

第6章　关于地块划分的刑事处罚（第R316-1至第R316-2条）

第7章　对某些地块划分的改进

第1节　一般规定（第R317-1至第R317-2条）

第2节　工会联合会和工会委员会

第Ⅰ段：工会联合会（第R317-3至第R317-8条）

第Ⅱ段：工会委员会（第R317-9至第R317-17条）

第Ⅲ段：根据1912年7月22日法律成立的工会及其理事（第R317-18条）

第3节　省信贷银行

第Ⅰ段：成立与管理（第R317-19至第R317-29条）

第Ⅱ段：省银行的贷款（第R317-30至第R317-35条）

第4节 国家补贴（第R317-36至第R317-40条）

第5节 贷款和补贴的通用法则（第R317-41至第R317-43条）

第6节 工程的实施（第R317-44至第R317-47条）

第7节 责任诉讼（第R317-48至第R317-54条）

第8章 针对某些开发项目的规定

第1节 所有权的降级与转让（第R318-1至第R318-12条）

第4节 针对部分项目的特殊规定（第R318-13至第R318-15条）

第5节 适用于巴黎、马赛、里昂和由一个或多个联盟市镇合并后形成的相关市镇的规定（第R318-16至第R318-22条）

第二编 执行机构

第1章 混合经济公司和公共机构

第1节 土地开发项目（第R321-1条）

第2节 公共机构和混合经济公司的组成方式与运作方式

第Ⅰ段：公共机构（第R321-2至第R321-11条）

第Ⅱ段：混合经济公司（第R321-16条）

第Ⅲ段：通用法则（第R321-20至第R321-25条）

第2章 城市土地联合会（第R322-1条）

第1节 一般规定（第R322-2至第R322-5条）

第2节 针对关于小块土地合并的城市土地联合会的规定

第Ⅰ段：获得批准的联合会的组成（第R322-6条）

第Ⅱ段：小块土地的重新分配与新状态的确定（第R322-7至第R322-19条）

第Ⅲ段：土地广告手段（第R322-20至第R322-22条）

第Ⅳ段：针对按行政决定组建的关于小块土地合并的城市土地联合会的规定（第R322-23至第R322-24条）

第3节 针对关于小块土地组合的城市土地联合会的规定

第Ⅰ段：获得批准的联合会的组成（第R322-25条）

第Ⅱ段：小块土地的组合方式（第R322-26至第R322-28-3条）

第Ⅲ段：特殊规定（第R322-29至第R322-30条）

第4节 针对关于维护、修复、开发和利用历史保护区以及房屋修复的城市土地联合会的规定

第Ⅰ段：获得批准的联合会（第R322-31至第R322-32条）

第Ⅱ段：按行政规定组建的联合会（第R322-33条）

第5节 咨询委员会（第R322-34至第R322-37条）

第6节 其他规定（第R322-38至第R322-40条）

第4章 公共土地机构

第1节 公共土地机构的成立与职权（第R324-1至第R324-4条）

第2节 公共土地机构的管理与运作（第R324-5至第R324-11条）

第3节 修改组建和运作公共土地机构的初始条件（第R324-12至第R324-13条）

第4节 市镇合作公共机构向主管土地的公共土地机构的转变（第R324-14条）

第5节 公共土地机构的解散（第R324-15条）

第5章 整治和重构商业及手工业场所的国家公共机构

第1节 行政组织（第R325-1至R325-7条）

第2节 财政组织（第R325-8至R325-9条）

第3节 机构监察（第R325-10条）

第三编 财政规定

第1章 土地开发与城市规划国家基金（F. N. A. F. U.）

第1节 一般规定（第R331-1条）

第2节 预付款（第R331-2至第R331-4条）

第3节 国库利息补贴（第R331-5至第R331-7条）

第4节 由国家实施的项目（第 R331-8 至第 R331-12 条）

第5节 项目参与（第 R331-13 至第 R331-15 条）

第6节 通用法则（第 R331-16 至第 R331-17 条）

第2章 建造商和分块出卖土地者的参与

第1节 在超出容积率标准情况下的参与（第 R332-1 至第 R332-14 条）

第2节 其他参与形式

第Ⅰ小节 土地或建筑物的转让（第 R332-15 至第 R332-16 条）

第Ⅱ小节 在未建停车场地情况下的参与（第 R332-17 至第 R332-23 条）

第Ⅲ小节 参与位于土地开发区的公共设施建设（第 R332-25 条）

第5节 其他规定（第 R332-41 至第 R332-42 条）

第3章 密度超过法律规定的最高上限时的缴款

第1节 一般规定（第 R333-1 至第 R333-13-1 条）

第2节 法律规定的最高密度在协议开发区、城市更新区和不健康住宅消除区的应用

第Ⅰ小节 通用法则（第 R333-14 至第 R333-16 条）

第Ⅱ小节 政府直接负责实施土地开发的区域（第 R333-17 至第 R333-23 条）

第Ⅲ小节 非政府直接负责实施土地开发的区域（第 R333-24 至第 R333-33 条）

第四编 针对海外省的特殊规定（第 R340-1 至第 R340-6 条）

第四卷 关于建设文书和各种土地利用方式的准则

第一编 城市规划证书

第1节 申请的提交、存放和转交（第 R410-1 至定 R410-3 条）

第2节 申请的审议

第Ⅰ段：适用于所有市镇的规定（第 R410-4 条）

第Ⅱ段：适用于已批准地方城市规划或市镇地图的市镇的规定，但其中不包括已发表第 L421－2－1 条第一段条文提到的决议的市镇（第 R410－5 至第 R410－7 条）

第Ⅲ段：适用于其他市镇的规定（第 R410－8 条）

第 3 节　证书的发放

第Ⅰ段：适用于所有市镇的规定（第 R410－9 至第 R410－18 条）

第Ⅱ段：适用于已批准地方城市规划或市镇地图的市镇的规定，但其中不包括已发表第 L421－2－1 条第一段条文提到的决议的市镇（第 R410－19 至第 R410－21 条）

第Ⅲ段：适用于其他市镇的规定（第 R410－22 至第 R410－23 条）

第 4 节　其他规定（第 R410－24 条）

第二编　建设许可证

第 1 章　总则（第 R421－1 条）

第 1 节　申请的提交（第 R421－1－1 至第 R421－8 条）

第 2 节　申请的存放和转交（第 R421－9 至第 R421－11 条）

第 3 节　申请的审议

第Ⅰ段：适用于所有市镇的规定（第 R421－12 至第 R421－20 条）

第Ⅱ段：适用于已批准地方城市规划的市镇的规定（第 R421－21 至第 R421－24 条）

第Ⅲ段：适用于未批准地方城市规划的市镇的规定（第 R421－25 至第 R421－28 条）

第 4 节　决定

第Ⅰ段：一般规定（第 R421－29 至第 R421－32 条）

第Ⅱ段：适用于已批准地方城市规划的市镇的特殊规定（第 R421－33 至第 R421－35 条）

第Ⅲ段：适用于未批准地方城市规划的市镇的特殊规定（第

R421-36 至第 R421-38 条）

第 5 节 适用于被纳入建设许可证和另一种许可证管理制度的建筑和工程的规定（第 R421-38-1 条）

    A. 历史建筑、风景名胜和环境的保护（第 R421-38-2 至第 R421-38-10-1 条）

    B. 军事、航海和航空工程的保护（第 R421-38-11 至第 R421-38-13 条）

    C. 针对内陆水域和可被淹没地区的规定（第 R421-38-14 至第 R421-38-16 条）

    D. 公共海域边缘的保护区（第 R421-38-17 条）

    E. 农业保护区（第 R421-38-18 条）

    F. 某公墓周围地役区（第 R421-38-19 条）

    G. 公众接待设施的残疾人可达性（第 R421-38-20 条）

第 6 节 发放建设许可证之后的各种手续（第 R421-39 至第 R421-40 条）

第 7 节 其他规定

    第Ⅰ段：其他规定（第 R421-41 至第 R421-42 条）

    第Ⅱ段：针对高层建筑的特殊规定（第 R421-47 至第 R421-50 条）

    第Ⅲ段：针对位于特种设施周围的建筑物的特殊规定（第R421-52 条）

    第Ⅳ段：针对公众接待设施的特殊规定（第 R421-53 条）

    第Ⅴ段：关于修改本章内容的规定（第 R421-58 条）

第 2 章 总则的例外（第 R422-1 至第 R422-12 条）

第 4 章 针对发放建设许可证导致的征税的一般规定*（第 R424-1 至第 R424-3 条）

第三编 拆迁许可证

    第 1 节 申请（第 R430-1 至第 R430-6 条）

    第 2 节 审议

第Ⅰ段：适用于所有市镇的规定（第 R430-7 至第 R430-10 条）

第Ⅱ段：适用于已批准地方城市规划的市镇的规定（第 R430-10-1 至第 R430-10-5 条）

第Ⅲ段：适用于未批准地方城市规划的市镇的规定（第 R430-10-6 至第 R430-11 条）

第 3 节　决定

第Ⅰ段：一般规定（第 R430-12 至第 R430-15 条）

第Ⅱ段：适用于已批准地方城市规划的市镇的特殊规定（第 R430-15-1 至第 R430-15-3 条）

第Ⅲ段：适用于未批准地方城市规划的市镇的特殊规定（第 R430-15-4 至第 R430-15-7 条）

第 4 节　发放拆迁许可证之后的各种手续（第 R430-16 至第 R430-20 条）

第 5 节　针对危房和不卫生房屋的特殊规定（第 R430-26 至第 R430-27 条）

第四编　针对特殊土地利用方式的规定

第 1 章　围墙（第 R441-1 至第 R441-11 条）

第 2 章　各种设施和工程

第 1 节　该项法规的适用范围（第 R442-1 至第 R442-3-1 条）

第 2 节　申请的呈交、存放和转交（第 R442-4 至第 R442-4-3 条）

第 3 节　申请的审议

第Ⅰ段：适用于所有市镇的规定（第 R442-4-4 至第 R442-4-9 条）

第Ⅱ段：适用于已批准地方城市规划的市镇的规定（第 R442-4-10 至第 R442-4-13 条）

第Ⅲ段：适用于未批准地方城市规划的市镇的规定（第 R442-4-14 至第 R442-4-17 条）

第4节 决定
　　第Ⅰ段：一般规定（第R442-5至第R442-6条）
　　第Ⅱ段：适用于已批准地方城市规划的市镇的特殊规定（第R442-6-1至第R442-6-3条）
　　第Ⅲ段：适用于未批准地方城市规划的市镇的特殊规定（第R442-6-4至第R442-6-6条）
第5节 发放许可证之后的各种手续（第R442-8条）
第6节 特殊规定（第R442-9至第R442-14条）
第3章 旅行挂车露营地和停车场（第R443-1至第R443-2条）
第1节 位于经过整治的场地之外的旅行挂车露营地和停车场
　　第Ⅰ段：旅行挂车停车场（第R443-3至第R443-5-3条）
　　第Ⅱ段：露营地（第R443-6至第R443-6-4条）
第2节 经过整治的用于接待宿营人员和旅行挂车的场地
　　第Ⅰ段：永久性整治的场地（第R443-7至第R443-8条）
　　第Ⅱ段：季节性整治的场地（第R443-8-1条）
　　第Ⅲ段：第Ⅱ节的通用法则（第R443-8-2至第R443-8-5条）
第3节 一般规定（第R443-9至第R443-16条）
第4章 简易休闲住所（第R444-1至第R444-条）
第5章 机械牵引登山设施与滑雪区域的整治
第1节 机械牵引登山设施
　　第Ⅰ小节 工程施工许可证（第R445-1至第R445-5条）
　　第Ⅱ小节 机械牵引登山设施使用许可证（第R445-6至第R445-9条）
第2节 滑雪区的整治（第R445-10至第R445-14条）
第3节 其他规定（第R445-15至第R445-16条）
第6章 其他规定（第R446-1至第R446-2条）
第五编 其他规定
第1章 关于某些建成空间利用的专项规定

第1节　公共庭院（第 R451-1 至第 R451-4 条）

第六编　监察

第1节　工程竣工声明和合格证（第 R460-1 至第 R460-6 条）

第2节　针对高层建筑的特殊规定（第 R460-7 条）

第八编　处罚（第 R480-1 至第 R480-7 条）

第九编　第一卷第三编、第三卷第一编第 5 章和本卷第一编至第四编的通用法则（第 R490-1 至第 R490-8 条）

第五卷　部门、机构和企业的布局

第一编　行政管理总则（第 R510-1 至第 R510-15 条）

第二编　关于巴黎地区的财政规定

第1节　一般规定（第 R520-1 至第 R520-11 条）

第2节　土地特许权使用费（第 R520-12 条）

第三编　部分经济活动在巴黎地区以外的布局（第 R530-3 至第 R530-5 条）

第四编　处罚（第 R550-1 条）

第六卷　有关城市规划争议的规定及其他规定（第 R600-1 条）

第二编　其他规定（第 R620-1 条）

政令部分详细目录

第一卷　国土开发和城市规划总则

第二编　城市规划预测及其准则

第1章　指导纲要和土地利用规划的通用总则（第 A121-4 条）

第3章　土地利用规划

第3节　土地利用规划的内容（第 A123-1 至第 A123-2 条）

第6章　影响土地利用的公共用途地役（第 A126-1 条）

第三编　林地（第 A130-1 至第 A130-3 条）

第四编　针对部分国土的特殊规定

第2章　各省的重要自然空间（第 A142-1 条）

第六编　处罚与地役

第3节　在自然与环境保护和改善生活环境领域发挥作用的协会的

批准（第A160-1条）

第二卷　优先购买与地产限制条款

第一编　优先购买权

 第1章　城市优先购买权（第A211-1条）

 第2章　延迟开发区（第A212-1条）

 第3章　城市优先购买权、延迟开发区及其临时范围的通用法则（第A213-1条）

 第4章　针对1987年6月1日之前建立的延迟开发区及其临时范围的通用法则（第A214-1条）

第三卷　土地开发

第一编　土地开发项目

 第5章　地块划分（第A315-2至第A315-5条）

第三编　财政规定

 第2章　建造商与分块出卖土地者的参与（第A332-1条）

第四卷　关于与建设文书和不同土地利用方式的准则

第一编　城市规划证书（第A410-1至第A410-3条）

第二编　建设许可证

 第1章　总则

  第1节　申请的提交（第A421-1至第A421-3条）

  第4节　决定（第A421-6-1条）

  第6节　建设许可证发放之后的各种手续（第A421-7至第A421-9条）

 第2章　总则的例外

  第1节　工程免于申请建设许可证的声明（第A422-1至第A422-1-2条）

  第2节　其中的建筑和设施免于申请建设许可证的大面积露营地（第A422-2条）

 第4章　发放建设许可证导致的征税的税基和结算

  第2节　权力下放市长（第A424-1至第A424-6条）

第三编　拆迁许可证
　　第1节　申请（第A430-1至第A430-2条）
　　第4节　发放拆迁许可证之后的各种手续（第A430-3至第A430-4条）

第四编　针对特殊土地利用方式的规定
　第1章　围墙（第A441-1至第A441-2条）
　第2章　各种设施和工程
　　第2节　申请的提交、存放和转交（第A442-1条）
　　第5节　发放许可证之后的各种手续（第A442-2至第A442-3条）
　第3章　旅行挂车露营地和停车场
　　第Ⅰ段：位于经过整治的场地之外的停车场（第A443-1至第A443-4条）
　　第Ⅱ段：位于经过整治的场地上的停车场（第A443-6至第A443-9条）

第六编　监察
　第1节　工程竣工声明和合格证（第A460-1至第A460-2条）

第九编　第一卷第三编、第三卷第一编第5章和本卷第一编至第四编的通用法则（第A490-1条）

第五卷　部门、机构和企业的布局
第一编　行政管理总则（第A510-1至第A510-8条）
第二编　关于法兰西岛地区的财政规定
　第1节　一般规定
　　第Ⅰ小节：土地特许权使用费的赋税（第A520-1至第A520-3条）
　　第Ⅱ小节：征收和清算土地特许权使用费的方法（第A520-4至第A520-11条）

第六卷　咨询机构和其他规定
第一编　咨询机构

第4章 顾问建筑师和顾问景观设计师（第 A614-1 至第 A614-4 条）

注：

1）此目录原文为 2002 年修订版，其中斜体字部分在以往研究中已有节译。

2）此目录中划线的部分为此次节译的内容，与现行 2008 年 3 月修订版本相比，略有调整。

二、现行《城市规划法典》法规部分节译

现行《城市规划法典》总目录

第一卷　国土开发和城市规划总则

第一编　土地利用总则

第1章　城市规划总则（第 R111-1 条）

 第1节　城市规划国家规定

  第1小节：建设、整治、安置以及工程的选址及其交通服务（第 R111-2 至第 R111-15 条）

  第2小节：建筑布局与规模（第 R111-16 至第 R111-20 条）

  第3小节：建筑外观（第 R111-21 至第 R111-24 条）

  第4小节：适用于德方斯国家利益整治范围的规定（第 R111-24-1 至第 R111-24-2 条）

 第2节　适用于地产划分的规定（第 R111-26 条）

 第3节　国土整治指导方针与针对山地的特殊规定（第 R111-27 至第 R111-29 条）

 第4节　有关简易休憩住宅的安置、可移动休憩住宅和旅行挂车的停放及宿营地的规定（第 R111-30 条）

  第1小节：简易休憩住宅（第 R111-31 至第 R111-32 条）

  第2小节：可移动休憩住宅（第 R111-33 至第 R111-36 条）

  第3小节：旅行挂车（第 R111-37 至第 R111-40 条）

  第4小节：宿营地（第 R111-41 至第 R111-43 条）

  第5小节：公众告知（第 R111-44 条）

第 6 小节：标准（第 R111-45 至第 R111-46 条）

第 5 节　依据第 L111-10 条对公共工程或开发项目的考虑（第 R111-47 条）

第 6 节　公共安全研究（第 R111-48 至第 R111-49 条）

第 2 章　法定密度（容积率）（第 R112-1 至第 R112-2 条）

现行《城市规划法典》正文

第一卷　国土开发和城市规划总则

第一编　土地利用总则

第 1 章　城市规划总则

第 R111-1 条

本章的规定适用于依据建设许可、整治许可或者事先声明而进行的建设、整治、安置和工程，以及依据本法典而进行的土地利用。

其中：

1. 第 R111-3、R111-5 至 R111-14、R111-16 至 R111-20 以及 R111-22 至 R111-24-2 条的规定不适用于已编制《地方城市规划》或其他城市规划文件的行政地方。

2. 第 R111-21 条的规定不适用于依据《文物法典》第 L642-1 条设立的建筑、城市和景观遗产保护区，以及依据本法典第 L313-1 条已编制并审批通过《保护与利用规划》的行政地方。

第一节　城市规划国家规定

第 1 小节：建设、整治、安置以及工程的选址及其交通服务

第 R111-2 条

在因其位置、特点、规模或临近其他设备而有损卫生健康或公共安全的情况下，项目可被拒绝或不被接受，除非发现相关特殊规定。

第 R111-3 条

在因其选址而容易受到有害健康因素影响，特别是噪声影响的情况下，项目可被拒绝或不被接受，除非发现相关特殊规定。

第 R111-4 条

在因其选址和特点而不利于风景名胜或考古遗迹的保护或利用的情况下，项目可被拒绝或不被接受，除非发现相关特殊规定。

第 R111-5 条

当位于缺乏与其规模，或与即将进行的建设或整治的用途相匹配的公共或私人道路通达的土地上时，特别是当这些道路的自身特点不利于消防设备的通行和使用时，项目可被拒绝。

同样，当场地的出入口表现出对公共道路或上述出入口的使用者的安全造成危害时，项目可被拒绝或不被接受，除非发现相关特殊规定。这种安全应该从出入口的位置、构造以及交通的特点和密集程度等方面来评价。

第 R111-6 条

基于事先声明颁布的许可或决定可强制执行：

1. 为了确保在公共道路之外停放与项目自身特点相适合的车辆而进行的设施建设；

2. 根据第 R111-5 条第二段规定的安全要求而进行的私人道路建设或其他所有必需的特定整治建设。

在租赁住宅的建设得到国家补贴贷款资助的情况下，每处住宅不得强求实施超过一处的停车场地建设。

停车场地的建设义务不适用于得到国家补贴贷款资助，并且作为租赁住宅使用的房屋的改建或改善工程，其中包括工程建设导致建筑面积增加的情况，且面积增长不超过工程建设开始之前已有建筑面积的 50%。

通往公共道路的出入口数量可能出于安全的考虑受到限制，尤其当某个地块有数条道路通达的情况下；只有当在某条道路上设置出入口，且其对交通通行的影响最小时，项目方能被许可。

第 R111-7 条

基于事先声明颁布的许可或决定可强制执行保持或创建与项目本身的规模相匹配的绿色空间。

一旦项目建设的房屋预计作为住宅使用，主管部门可要求建造商在住宅附近建设与住宅本身的规模相匹配的游戏场地和休憩空间。

第 R111-8 条

饮用水的供给和家庭用水的净化，雨水和溪水的收集与排放，以及生活和工业污水的排放、净化与处置，必须确保与现行规定相符合。

第 R111-9 条

一旦项目建设房屋预计作为住宅使用，上述房屋必须有与公共管网相衔接的带压供水管网通达。

第 R111-10 条

在公共供水管网尚不存在，但基本卫生条件和卫生防护得以保证的情况下，可由一个取水点提供水源，或者在上述情况无法实现的情况下，采用尽可能少的取水点提供水源。

在污水收集系统尚不存在的情况下，非集体式的水体净化必须遵循依据《地方集体基本法典》第 R2224-17 条所确定的技术规定。

此外，集体设施的建设应确保能在日后与公共管网相衔接。

第 R111-11 条

当地块面积偏大，或者建设密度偏低，以及独立供应的便利性证明独立供水更为经济时，在确保供水质量以及确保水源保护不受任何污染威胁的情况下，对集体供水设施建设义务的违背可以特殊名义被接受。

鉴于地块面积偏大，或者建设密度偏低，以及地表和地下水体的土壤和水文的地理条件，在单独净化不会造成任何卫生妨害的情况下，对集体净化设施建设义务的违背可以被接收。

第 R111-12 条

需要净化的工业污水和其他各种污水不得混入河流水体以及无需处理即可排放自然的工业污水。但在污水稀释后不会造成任何净化困难的情况下，上述污水可获许直接排放。

在获得许可的情况下，工业污水可排入污水收集系统，但必须经过适当的预先处理。

当建设项目涉及建设一个工业区，或者一个具有一定规模的工业组团时，主管部门可强制要求在建设用地上建设工业污水收集系统，在对工业污水进行适当预先处理,并且经过预先处理的工业污水排放获得许可之后,将其排入污水收集系统,或者位于自然中的市镇污水净化设施和排放设施。

第 R111-13 条

在因其位置或规模迫使当地市镇必需新建与其实际拥有的资源条件不相匹配的公共设施,或者导致当地公共服务部门的运行支出显著增长的情况下,项目可被拒绝。

第 R111-14 条

在市镇城市化地区以外的地区,当项目的选址和用途具有以下特点时,其可被拒绝或不被接受,除非发现相关特殊规定:

1. 有助于引发与周围的自然空间用途不相称的分散化城市发展,尤其当上述地区缺乏必要的基础设施时;

2. 有损于农业或林业生产活动,特别是鉴于土地的农学价值,农业的生产结构,受到管制、以产地命名的产品生产土地的存在,或者受到保护、具有鲜明地理特征的土地的存在,或是承载着某些特别重要的基础设施的土地的存在,以及被界定的土地开发区和水利整治区的存在;

3. 有损于《矿物法典》第 2 条规定的各种物质,或被纳入同一法典第 109 条及随后各项条款规定的特殊区域的各种矿石材料的利用。

第 R111-15 条

基于事先声明颁布的许可或决定应尊重《环境法典》第 L110-1 条和第 L110-2 条有关环境的规定。当其规模、位置或用途可能对环境造成损害时,项目可被拒绝或不被接受,除非发现相关特殊规定。

第 2 小节:建筑布局与规模

第 R111-16 条

在同一地块上,非毗邻的两栋建筑物之间的强制性间距不得小于 3m。

第 R111-17 条

当建筑物毗邻公共道路建设时,建筑物上任何一点距离道路红线最近一点的水平距离至少要等于这两点之间的海拔高度差异。当存在建设后退道路红线的规定时，后退道路红线的距离将取代上述距离规定。在毗邻私人道路建设高层建筑时，此项规定同样适用，并且私人道路的有效宽度被视为等同于公共道路的规定宽度。

此外，建筑物的平面布局可强制执行沿路取齐，或沿现有建筑物布局的延长线分布。

第R111-18条

至少当即将建设的建筑物不临近地块边界时，建筑物上任何一点距离地块边界最近一点的水平距离至少要等于这两点之间海拔高度差异的一半，且不得小于3m。

第R111-19条

当现有建筑物的体型轮廓或平面布局不符合第R111-8条的规定时，除了遵循上述规定、为改善该建筑物的平面布局或体型轮廓的一致性而进行的工程建设，或者不涉及该建筑物的平面布局或体型轮廓的工程建设之外，一律不得发放建设许可证。

第R111-20条

在市镇行政长官不是主管部门的情况下，主管部门可根据市镇行政长官的意见，在陈述理由之后发布决定，违背本小节的相关规定。

此外，省长可根据市长的意见，将位于已着手编制地方城市规划，但地方城市规划尚未获得批准的地域范围内的整治项目，纳入本小节相关规定的管制范畴。

第3小节：建筑外观

第R111-21条

如果各项建设的位置、体量和建筑设计，或者即将建设或改建的建筑物的外观可能对周边环境的特点或利益，对风景名胜，对自然或城市景观，以及对纪念建筑的视廊保护造成损害，项目可被拒绝或不被接受，除非发现相关特殊规定。

第R111-22条

在已部分建成、具有统一的外观、且未被纳入城市更新计划的地区，超出周围建筑平均高度的建筑许可可被拒绝，或者必须隶属某些特殊规定。

第R111-23条

如果建筑物的隔断墙或类似的假墙采用了不同于建筑物主立面的材料，其外观必须与主立面的外观相协调。

第R111-24条

工业建筑或设施以及轻型或临时建筑的建设或扩建需遵循某些特殊规定，特别是有关建设绿色屏障和保持后退边界的规定。

第4小节：适用于德方斯国家利益整治范围的规定

第R111-24-1条

本节第2小节的相关规定不适用于根据第R121-4-1条的规定划定的德方斯国家利益整治范围。

第R111-24-2条

两栋建筑之间的强制性间距不得小于3m。

当建设项目面向一栋高层建筑时，根据《建设和住宅法典》第R122-2条的规定：

1. 每栋建筑必须后退德方斯历史轴线的中心线不少于50m，后退城市环线的中心线不少于20m；

2. 可强制执行建筑后退其他主要道路中心线不少于10m的平面布局原则。

此外，为了允许一栋房屋的建设跨越公共领域，为了在拆除之后的重建实施，为了考虑现有高层建筑的布局，或者是为了强制新建房屋必须沿现有房屋布局的延长线分布，可同意相关各项建设进行不同形式的布局。

第二节 适用于地产划分的规定

第R111-26条

市镇议会有关划定一个或若干区域，并在其中根据事先声明进行地产划分的决议，须在市政厅张贴至少一个月，并提供给前往市政厅的公众，同时在省内发行的地区或地方性刊物上予以公布。

市镇议会的决议自前段规定的各种形式的公告得以履行之日起开始生效。为了本段规定的实施，市镇议会决议在市政厅张贴之日即为本决议开始生效之时。

与此同时，市镇议会决议副本须由决议者本人主动呈报公证人工会上级议会、省公证人工会、上述区域所属辖区的驻重大诉讼法庭的法定律师席，以及同一重大诉讼法庭的诉讼档案保管室。

第三节　国土整治指导方针与针对山地的特殊规定

第 R111-27 条

本法典第 L111-1-1 条涉及的国土整治指导方针草案，或本法典第 L145-7 条第Ⅲ点涉及的针对山地的特殊规定草案，需按照《环境法典》第 R123-7 条和第 R123-23 条规定的形式，进行公众调查。

第 R111-28 条

国土整治指导方针需在本法典第一卷、第二编、第一章、第五节规定的条件下，受到环境评价。

国土整治指导方针包含一份说明报告，内容包括：

1. 阐述指导方针的目标，以及在必要时，结合图纸或《环境法典》第 L122-4 条涉及的计划，对指导方针进行逐条阐述。指导方针需与上述计划保持兼容，或对其予以考虑。

2. 分析环境的原始状态及其目前所表现出的演变前景，特别是那些可能因为指导方针的实施而受到影响的地区的特点。

3. 分析指导方针的实施可能对环境造成的可以预见的显著影响，揭示其被采纳之后，在保护对环境具有重要意义的地区方面所引发的问题；上述地区依据《环境法典》第 R214-18 条和 R214-22 条，以及 2001 年 11 月 8 日颁布的，有关 2000 Natura 风景名胜区设置程序的第 2001-1031 号法令第 2 条的规定所确定。

4. 说明为了在国际、国家和共同体层面上实现保护既有环境的目标而采纳指导方针的意图，以及在必要时，揭示面对其他解决方案施行指导方针的理由。

5. 阐述在必要和可能时，为了避免、减少和弥补指导方针的实施对环境造成的有害后果所采取的措施,并且明确规定,需在自指导方针获得批准之日起的十年之内,对指导方针的实施结果进行分析。

6. 对此前的相关内容进行非技术性总结,并对此前采纳的评价方法进行描述。

说明报告可参考与环境相关的其他研究、计划和文件。

第 R111-29 条

最迟在国土整治指导方针或其最近修订生效之日起十年期限结束之际,主管部门需对其实施效果进行评价。上述评价需提交本法典第 L111-1-1 条涉及的大区、省、市镇以及市镇联合体,并且根据主管部门确定的方式提交给公众。

第四节 有关简易休憩住宅的安置、可移动休憩住宅和旅行挂车的停放及宿营地的规定

第 R111-30 条

本节规定的内容既不适用于公共的集市、市场、道路和场所,也不适用于依据 2000 年 7 月 5 日颁布的,有关游客的接待和住宿问题的第 2000-614 号法律建立的停车区域。

第 1 小节:简易休憩住宅

第 R111-31 条

临时性或季节性地用于休憩的可拆装或可移动建设,被视为简易休憩住宅。

第 R111-32 条

简易休憩住宅可安置于以下区域:

1. 经过特别规划,以休闲为目的的住宅区。

2. 根据《旅游法典》确定的宿营地。其中,当宿营地的容量小于 175 个位置时,用于安置简易休憩住宅的位置需少于 35 个;或在其他情况下,用于安置简易休憩住宅的位置需低于总量的 20%。

3. 根据《旅游法典》确定的,作为简易接待场所的度假村庄。

4. 根据《旅游法典》认可的家庭度假住宅的属地。

在上述安置场所之外,简易休憩住宅的安置隶属于有关建设的公共

权力的管理范畴。

第2小节：可移动休憩住宅

第 R111-33 条

临时性或季节性地用于休憩，且适于居住的陆上车辆，被视为可移动休憩住宅。它们保持了可动性，可以在牵引之下四处移动，但《公路法典》禁止其用于通行。

第 R111-34 条

可移动休憩住宅不得停放在以下区域：

1. 第 R111-32 条涉及的，以休闲为目的住宅区，其中不包括2007年10月1日以后开发，通过场地转让或场地租赁进行经营，且可续约周期超过一年的土地。

2. 根据《旅游法典》确定的宿营地。

3. 根据《旅游法典》确定的，作为简易接待场所的度假村庄。

第 R111-35 条

此外，根据下一次使用的时间，可移动休憩住宅可寄存于被规定为旅行挂车和可移动休憩住宅公共停车场的区域，面向公众开放的停车场地，以及第 R421-19 条 j 和第 R421-23 条 e 所涉及的车辆货栈。

第 R111-36 条

根据省长的决定，可违反上述条款的规定，将可移动休憩住宅停放在为容纳因一场自然或技术灾难而出现的难民所划定的所有其他临时住地。

第3小节：旅行挂车

第 R111-37 条

临时性或季节性地用于休憩，且适于居住的陆上车辆，被视为旅行挂车。它们永久保持可动性，可自行四处移动，或者在牵引之下四处移动，且《公路法典》并不禁止其通行。

第 R111-38 条

无论时间长短，旅行挂车禁止在以下地区停放：

1. 依据第 R111-42 条，禁止开辟独立的宿营地以及将土地用于宿营的区域。

2. 依据本法典第 L130-1 条至第 L130-3 条，被地方城市规划确定为需要保护的森林空间的林地、森林和公园，以及依据《森林法典》第四卷第一编确定的森林保护区。

第 R111-39 条

在第 R111-3 条规定的情况下，无论时间长短，旅行挂车禁止在严禁宿营活动的区域停放。

然而，市长决议可授权旅行挂车在上述区域内停放一段时间，时间长短根据一年当中季节的变化有所不同，且不得超过 15 天。上述决议将准确定义旅行挂车的停放位置。

当市镇辖区内不存在用于开发的土地时，除特殊情况外，本条款第一段所述的禁止不适用于专业用途的旅行挂车。

第 R111-40 条

在不妨碍第 R111-38 条和第 R111-39 条规定的情况下，旅行挂车可根据下次适用的时间，寄存在以下区域：

1. 规定作为旅行挂车和可移动休憩住宅集体车库的土地，面向公众开放的停车区域，以及第 R421-19 条 j 和第 R421-23 条 e 涉及的车辆货栈。

2. 房屋、车库以及旅行挂车使用者的住宅所在的土地上。

第 4 小节：宿营地

第 R111-41 条

在公路和公共道路用地之外，在本小节规定的条件之下，以及得到土地使用者的同意之后，可灵活开辟宿营地，除非出现土地所有者反对的情况。

第 R111-42 条

除下列情况外，禁止开辟独立的宿营地以及建设用于宿营的土地：

1. 根据法兰西房屋建筑师和省自然、景观和名胜委员会的意见，经本法典第 L422-1 条和第 L422-2 条确定的主管部门同意，在海边以及依据《环境法典》第 L341-1 条列入补充名录的风景名胜。

2. 根据省自然、景观和名胜委员会的意见，经行政部门同意，在依据《环境法典》第 L341-2 条列入名录的风景名胜。

3. 符合本条款第 1 条规定的条件，在依据本法典第 L313-1 条建立的保护区，根据《文物法典》第 L621-30-1 条规定的条件、已被列入名录或补充名录的纪念建筑、公园和花园为名划定的、被列入名录或补充名录的建筑视觉通廊保护范围，以及依据同一法典第 L642-1 条建立的建筑、城市和景观文物保护范围。

4. 根据省环境和卫生与技术风险委员会的赞叹意见，经本法典第 L422-1 条和第 L422-2 条确定的主管部门同意，以及在不妨害有关依据《公共健康法典》第 L1321-2 条划定保护范围的相关规定的前提下，在为了消费使用而引进的水源地周围 200 米范围。

第 R111-43 条

另外在某些地区，地方城市规划或相应的城市规划文件可能会禁止在用于开发的土地之外开辟宿营地。一旦开辟宿营地有害于卫生、安全或公共安静，有害于自然或城市景观，有害于保护纪念性视觉通廊，有害于保护自然空间或进行农业和林业活动，市长可根据省旅游活动委员会的意见发布法令，宣告对其加以禁止。

第 5 小节：公众告知

第 R111-44 条

第 R111-39 条和第 R111-43 条规定的禁止行为不具可抗辩性，除非曾经在市政厅张贴公告，以及在上述禁止行为涉及区域的经常性入口处安置告示牌，告知公众。

城市规划和旅游事务的主管部门联合颁布法令，确定在何种条件下设置上述标牌。

第 6 小节：标准

第 R111-45 条

用于宿营的土地需遵循由城市规划、环境保护、公共健康和旅游事务的主管部门联合颁布的城市规划、嵌入景观、开发整治、设施配套和功能运转标准。上述法令可依据第 R443-7 条，针对季节性使用的开发用地制定特殊规则。

第 R111-46 条

休闲住宅区需遵循由城市规划、公共健康和旅游事务的主管部门联合颁布的城市规划、嵌入景观、开发整治、设施配套和功能运转标准。

第五节 依据第 L111-10 条对公共工程或开发项目的考虑

第 R111-47 条

有关考虑对某个公共工程或开发项目进行研究的决定需在市政厅，或拥有编制地方城市规划权限的公共机构所在地以及相关市镇成员的市政厅进行张贴公告，为期一个月。

有关上述张贴公告的信息需以显著文字在省内发行的报刊上进行报导。

在上述决定以省长法令形式出现的情况下，需将其纳入国家行政条例汇编，在省内公布。

上述决定自本条款第一段和第二段规定的公告方式得以实施之日起产生司法效力，张贴公告的时间长度自其在上述地点得以张贴的第一天开始计算。

第六节 公共安全研究

第 R111-48 条

根据本法典第 L111-3-1 条的规定，针对下列项目需进行公共安全研究：

1. 在人口普查结果证明居民数量超过 10 万的密集地区：

（1）一次性或分阶段建设面积超过 10 万 m^2 的开发项目。

（2）根据《建设与住宅法典》第 R123-19 条的规定建设的、面向公众的一级设施。

2. 在全部国土上，在由省长，或者在巴黎由警察局长，根据安全和预防犯罪地方委员会的意见，或者在缺乏省预防委员会的情况下，颁布法令确定的范围内，实施一项开发项目，或建设面向公众的设施，且项目本身超出了上述法令规定的界限。

第 R111-49 条

公共安全研究的内容包括：

1. 详细分析社会和城市背景、项目及其周边环境的相互作用；
2. 分析项目实施面临的公共安全威胁；
3. 提出相关措施建议，特别是有关整治公共道路和公共空间的措施建议，以及当项目本身面向另一建筑物时，有关其布局、用途、特点、建筑、体量和卫生的措施建议，以确保：

（1）避免和降低分析证明可能存在的公共安全威胁。

（2）有利于警察、宪兵和救护工作的进行。

第 2 章　法定密度（容积率）

第 R112-1 条

建设密度取决于建筑物的净建筑面积与建筑物所在或将被布局的地块面积之间的相互关系（此定义适用于根据 1977 年 7 月 8 日法案提交的建设许可证申请）。

在定义建设密度时，需考虑依据第 R332-15 条和第 R332-16 条无偿转让的土地。

第 R112-2 条

建筑物的毛建筑面积等于各层建筑面积的总和。

建筑物的净建筑投影面积等于毛建筑面积减去以下建筑面积：

1. 阁楼以及不能用于住宅或者职业、手工艺、工业或商业活动的地下室的建筑面积；
2. 屋顶平台、外凸阳台、内凹阳台的面积，以及位于地面层的非围合空间的面积；
3. 为机动车停放而配套修建的全部或部分房屋的建筑面积；
4. 在农业利用方面，生产性暖房的建筑面积，遮蔽作物、容纳禽畜、储存和维护农业生产器具的房屋建筑面积，用于农业的生产性用房和产品储存用房的建筑面积，出于开发利用目的而对产品进行加工和温度湿度调节的房屋建筑面积；
5. 因为上述 1、2、3 三条的实施而出现的，被规定为居住用途的建筑面积的 5%；

6. 针对根据《建设与住宅法典》第 R111-18-2 条和 R111-18-6 条，或第 R111-18-8 和第 R111-18-9 条规定的条件，遵循有关残疾人室内可达性规定的住宅，每户 $5m^2$ 的包干建筑面积。

同样还应减去以下建筑面积：在用于居住的房屋进行整修时，减去房屋的建筑面积；在每户 $5m^2$ 的范围之内，因改善房屋卫生条件进行工程建设而出现的建筑面积，以及因封闭外凸阳台、内凹阳台以及位于地面层的非围合空间而出现的建筑面积。

注：
1）原文为 2008 年 3 月修订版。
2）文中所指建筑面积不含建筑结构的投影面积。

三、《建设与住宅法典》

2008 年 1 月 19 日修订版

总目录

第一卷　总则
　第一编　房屋建设
　第二编　房屋的安全与保护
　第三编　房屋的供暖、供水和粉刷——白蚁的防治
　第四编　有关建筑产业的规定
　第五编　监督与罚则
　第六编　针对海外省份和 Saint-Pierre et Miquelon 行政地方的特殊规定

第二卷　建造商的地位
　第一编　建设公司的地位
　第二编　房产推介
　第三编　独立房屋的建设
　第四编　其他一般规定
　第五编　建设租约、更新租约、用益权协议框架内的租约
　第六编　即将建设或更新的房屋的销售

第七编 房产买主的保护
第八编 针对海外省份的特殊规定
第三卷 针对住宅建设和住宅改善的不同资助——针对住宅的个人资助
前一编 有关住宅政策的基本规定
第一编 面向促进住宅建设的措施
第二编 住宅改善
第四编 国家资助的转入
第五编 住宅个人资助
第六编 以实现住宅资助政策目标为职责的咨询机构和合作机构
第七编 针对海外省份、Saint-Pierre-et-Miquelon 和 Mayotte 的特殊规定
第四卷 低租金住宅
第一编 总则
第二编 低租金住宅机构
第三编 财政规定
第四编 低租金住宅机构及其受益者报告
第五编 监督管理、机构改正与房地产社会增益保证金
第六编 咨询机构
第七编 针对部分国土的特殊规定
第八编 针对综合经济公司的特殊规定
第五卷 面临倒塌或不卫生威胁的房屋
第一编 危旧房
第二编 不卫生房屋
第三编 针对海外省份和 Saint-Pierre et Miquelon 行政地方的特殊规定
第四编 有关在不卫生住宅或危旧住宅街区实施警察管理措施的特殊规定
第六卷 缓解住宅特殊困难的措施
第一编 总则

第二编　旨在促进和指导现有住宅分配的规定及其他规定
第三编　旨在维持和增加住宅数量的规定
第四编　通过征用获得居住权的实施
第五编　处罚与其他规定
第六章　有关海外省份的规定

法律部分目录

第一卷　总则

第一编　房屋建设

　第1章　总则

　第2章　特殊规定

第二编　房屋的安全与保护

　第2章　有关高层房屋安全的规定

　第3章　面向公众房屋的火灾与惊恐风险防治

　第4章　房屋适应战争的规定

　第5章　不同用途的房屋设备安全

　第6章　警察和宪兵对住宅房屋的干预

　第7章　房屋的看管与监督

　第8章　泳池的安全

　第9章　以住宅为主要用途的集合住宅的安全

第三编　房屋的供暖、供水和粉刷——白蚁的防治

　第1章　房屋的供暖

　第2章　房屋的粉刷

　第3章　白蚁的防治

　第4章　技术分析

　第5章　房屋中的节约用水

第四编　有关建筑产业的规定

　第2章　有关建筑产业的技术研究

第五编　监督与罚则

　第1章　适用于各类房屋的监督措施

第十四章　法国乡村建设管理法规收集

　　第 2 章　罚则
第六编　针对海外省份和 Saint – Pierre et Miquelon 行政地方的特殊规定
　　（独一章）
第二卷　建造商的地位
第一编　建设公司的地位
　　第 1 章　为房屋销售而成立的市政公司
　　第 2 章　为把房屋按不同比例分配给合作者而成立的公司
　　第 3 章　建设合作社
　　第 4 章　针对为把房屋按不同比例分配给合作者而成立的公司以及建设合作社的一般特殊规定
　　第 5 章　为房地产增益而成立的集体利益合作股份有限公司
第二编　房产推介
　　第 1 章　总则
　　第 2 章　针对作为住宅或者作为住宅以及职业用途的房屋建设的房产推介合同的特殊规定
第三编　独立房屋的建设
　　第 1 章　含平面的独立房屋建设合同
　　第 2 章　不含平面的独立房屋建设合同
第四编　其他一般规定
　　第 1 章　罚则
　　第 2 章　其他规定
第五编　建设租约、更新租约、用益权协议框架内的租约
　　第 1 章　建设租约
　　第 2 章　更新租约
　　第 3 章　用益权协议框架内的租约
第六编　即将建设或更新的房屋的销售
　　第 1 章　即将建设房屋的销售
　　第 2 章　即将更新房屋的销售
　　第 3 章　一般规定

第七编　房产买主的保护

（独一章）

第八编　针对海外省份的特殊规定

（独一章）

第三卷　针对住宅建设和住宅改善的不同资助——针对住宅的个人资助

前一编　有关住宅政策的基本规定

前一章　住宅权

 第1章　住宅资助政策

 第2章　住宅租赁政策

 第3章　按计划实施的住宅改善

第一编　面向促进住宅建设的措施

 第1章　建设补贴与借贷

 第2章　国家的保证——地方行政单位和工商行会的行动

 第3章　雇主致力于建设的参与

 第5章　房屋储金——适用于建设储金的过渡性规定

 第6章　监督

第二编　住宅改善

 第1章　国家住宅机构——地位与财政协作

 第4章　乡村住宅资助

第四编　国家资助的转入

（独一章）

第五编　住宅个人资助

 第1章　总则

 第2章　针对不卫生街区和房屋以及房屋重建的特殊规定

 第3章　采用合同方式的租赁住宅的司法管制

第六编　以实现住宅资助政策目标为职责的咨询机构和合作机构

 第4章　大区住宅委员会

 第5章　以实现住宅资助政策目标为职责的合作机构

 第6章　住宅信息机构

第七编　针对海外省份、Saint – Pierre – et – Miquelon 和 Mayotte 的特殊规定

（独一章）

第四卷　低租金住宅

第一编　总则

（独一章）

第二编　低租金住宅机构

　第1章　住宅公共局

　第2章　低租金住宅私人机构

　第3章　适用于不同类型低租金住宅机构的管理规定

　第4章　其他规定

第三编　财政规定

　第1章　面向低租金住宅机构的各种资金借贷和财政协作

　第2章　面向其他机构和地方的借贷

　第3章　低租金住宅机构市场

第四编　低租金住宅机构及其受益者报告

　第1章　住宅分配条件及资源上限——共同责任租金补充

　第2章　租金及其他

　第3章　房地产增益及其他转让

　第4章　低租金住宅机构获取空闲住宅租约

　第5章　适用于已缔结文物契约的低租金住宅机构的特殊规定

第五编　监督管理、机构改正与房地产社会增益保证金

　第1章　监督

　第2章　社会租赁住宅保证金保管处与机构改正

　第3章　房地产社会增益项目的保证金

第六编　咨询机构

（独一章）

第七编　针对部分国土的特殊规定

　第1章　上莱茵省、下莱茵省和摩泽尔省

第 2 章　海外省份

第八编　针对综合经济公司的特殊规定

（独一章）

第五卷　面临倒塌或不卫生威胁的房屋

第一编　危旧房

（独一章）

第二编　不卫生房屋

第 1 章　居住者的再安置

第 2 章　国家的资金协作与临时规定

第三编　针对海外省份和 Saint – Pierre et Miquelon 行政地方的特殊规定

（独一章）

第四编　有关在不卫生住宅或危旧住宅街区实施警察管理措施的特殊规定

（独一章）不卫生街区或危旧街区的所有者和使用者的共同责任

第六卷　缓解住宅特殊困难的措施

第一编　总则

第 1 章　原则

第 2 章　占用公共领域

第 3 章　其他规定——延期执行司法决定

第 4 章　土地征用

第 5 章　保护措施

第 6 章　有关获得第一住宅房产的适用规定

第二编　旨在促进和指导现有住宅分配的规定及其他规定

第 1 章　面向住宅的市政服务

第 2 章　有关"住宅交换奖金"权责的临时规定

第三编　旨在维持和增加住宅数量的规定

第 1 章　总则

第 2 章　有关保护某些备有家具的出租房间的使用者的措施

第 3 章　有关保护寄居于集合住宅的人员的规定

第十四章 法国乡村建设管理法规收集

第四编 通过征用获得居住权的实施

  第1章 征用

  第2章 带有享受分配人的征用

第五编 处罚与其他规定

（独一章）

第六编 有关海外的规定

  第1章 针对海外省份的特殊规定

  第2章 有关法属波利尼西亚的规定

法规部分目录

第一卷 总则

第一编 房屋建设

  第1章 总则

  第2章 特殊规定

第二编 安全与防火

  第1章 防火——材料分类

  第2章 有关高层房屋安全的规定

  第3章 面向公众房屋的火灾与惊恐风险防治

  第4章 房屋适应战争的规定

  第5章 不同用途的房屋设备安全

  第6章 自然与矿业风险预防

  第7章 房屋的看管与监督

  第8章 泳池的安全

  第9章 以住宅为主要用途的集合住宅的安全

第三编 房屋的供暖和粉刷——白蚁的防治

  第1章 房屋的供暖与制冷和能源利用

  第2章 房屋的粉刷

  第3章 白蚁的防治

  第4章 技术分析

  第5章 房屋中的节约用水

第四编 有关建筑产业的规定
　第1章 生产资助——设备配套计划协调
　第2章 有关建筑产业的技术研究
第五编 监督与罚则
　第2章 罚则
第六编 针对海外省份的特殊规定
第二卷 建造商的地位
第一编 建设公司的地位
　第1章 为房屋销售而成立的市政公司
　第2章 为把房屋按不同比例分配给合作者而成立的公司
　第3章 建设合作社
　第5章 为房地产增益而成立的集体利益合作股份有限公司
第二编 房产推介
　第2章 针对作为住宅或者作为住宅以及职业用途的房屋建设的房产推介合同的特殊规定
第三编 独立房屋的建设
　第1章 含平面的独立房屋建设合同
　第2章 无平面的独立房屋建设合同
第五编 建设租约与用益权协议框架内的租约
　第1章 建设租约
　第2章 用益权协议框架内的租约
第六编 即将建设的房屋的销售
　（独一章）
第七编 房产买主的保护
　（独一章）技术分析文件编制的要求
第八编 针对海外省份的特殊规定
　（独一章）
第三卷 针对住宅建设和住宅改善的不同资助——针对住宅的个人资助
前一编 住宅资助政策

第2章　住宅租赁政策

第一编　面向促进住宅建设的措施

　　第1章　建设补贴与借贷

　　第2章　国家和地方行政单位的保证——工商行会的行动

　　第3章　雇主致力于建设的参与

　　第4章　公务员住宅

　　第5章　房屋储金——适用于建设储金和信贷储金的过渡性规定

　　第6章　监督

　　第7章　面向旨在房产增益的住宅建设、获得和改善的国家资助贷款

　　第8章　面向旨在房产增益的住宅建设、获得和改善的无息可偿还贷款

第二编　住宅改善

　　第1章　国家住宅机构

　　第3章　国家补贴

　　第5章　房产修复

　　第7章　利息计划

第三编　面向引发住宅个人资助的住宅建设、获得和改善的补贴与借贷（独一章）

第五编　住宅个人资助——国家住宅资助基金

　　第1章　总则

　　第3章　采用合同方式的租赁住宅的司法管制

第六编　咨询机构

　　第1章　国家住宅委员会

　　第2章　大区住宅委员会

　　第6章　住宅信息机构

第七编　针对海外省份的特殊规定

　　第1章　省住宅委员会

　　第2章　面向接受资助的租赁住宅的建设、获得和改善的补贴与借贷

第八编　针对法兰西岛大区的特殊规定

（独一章）针对租赁住宅的特定补贴或房产补贴

第九编　有关中介租赁借贷的规定

　　（独一章）面向住宅的建设、获得和改善的借贷

第四卷　低租金住宅

第一编　总则

　　（独一章）

第二编　低租金住宅机构

　　第1章　低租金住宅公共结构

　　第2章　低租金住宅私人机构

　　第3章　适用于不同类型低租金住宅机构的管理规定

第三编　财政规定

　　第1章　面向低租金住宅机构的各种资金借贷和财政协作

　　第2章　面向其他机构和地方的借贷

　　第3章　低租金住宅机构市场

第四编　低租金住宅机构及其受益者报告

　　第1章　住宅分配条件及资源上限——共同责任租金补充

　　第2章　租金及其他

　　第3章　房地产增益及其他转让、用途转变、拆除

　　第5章　适用于国家与低租金住宅机构之间的文物契约的规定

第五编　监督管理、机构改正与房地产社会增益保证金

　　第1章　监督

　　第2章　社会租赁住宅保证金保管处与机构改正

　　第3章　房地产社会增益项目的保证金

第六编　咨询机构

　　（独一章）

第七编　针对部分国土的特殊规定

　　第2章　海外省份

第八编　针对综合经济公司的特殊规定

　　（独一章）

第九编　有关保持住宅社会特性的特殊规定

（独一章）

第五卷　面临倒塌或不卫生威胁的房屋

第一编　危旧房

（独一章）

第二编　不卫生房屋

　第1章　居住者的再安置

　第2章　国家的资金协作与临时规定

第三编　针对海外省份的特殊规定

第六卷　缓解住宅特殊困难的措施

第一编　总则

　第2章　占用公共领域

　第5章　保护措施

第二编　旨在促进和指导现有住宅分配的规定

　第1章　面向住宅的市政服务

　第3章　面向联盟的资助、市镇与市镇联合体的社会行动抵制、其他非盈利机构以及从事再租赁或房产管理的社会经济联盟

第三编　旨在维持或增加住宅数量的规定

　第1章　总则

　第2章　有关保护某些备有家具的出租房间的使用者的措施

　第3章　有关保护寄居于集合住宅的人员的规定

第四编　通过征用获得居住权的实施

　第1章　征用

　第2章　带有享受分配人的征用

第五编　处罚与其他规定

（独一章）

第六编　有关海外的规定

　第2章　有关法属波利尼西亚的规定

四、《乡村法典》目录和部分节译

《乡村法典》总目录

第一卷　乡村空间的开发整治与设施配套
　　第一编　乡村空间的开发与整治
　　第二编　乡村地产整治
　　第三编　地产机构
　　第四编　乡村地产整治与设施配套机构
　　第五编　开发整治的设施配套及与相关工程
　　第六编　乡村道路与服务于开发的道路

第二卷　兽医学公共健康与植物保护
　　前一编　共同规定
　　第一编　动物与动物产品的保管与流通
　　第二编　动物疾病防治
　　第三编　动物与食物的卫生防疫
　　第四编　动物医学与动物外科的行医工作
　　第五编　植物保护
　　第六编　法国食物卫生安全机构
　　第七编　针对海外省份以及麦约特和圣皮埃尔与米格隆的特殊规定

第三卷　农业开垦
　　第一编　总则
　　第二编　农业开垦的不同司法形式
　　第三编　安置政策与农业开垦结构与生产的调控
　　第四编　农业开垦资助
　　第五编　处于困难中的农业开垦
　　第六编　农业灾害与农业生产保险

第四卷　乡村租约
　　第一编　土地租金与土地收益分成法规
　　第二编　代养牲畜契约租金

第三编　可随时收回财产的租金
　　第四编　葡萄苗圃租金
　　第五编　长期租赁契约租金
　　第六编　针对海外省份和麦约特土地租金与土地收益分成法规的特殊规定
　　第七编　家庭庭院的区位
　　第八编　针对用于牧业的土地开垦的合同
　　第九编　双方代表人数相等的乡村租约的判决
第五卷　农业职业组织
　　第一编　种植业行会体系
　　第二编　农业合作社
　　第三编　农业集体利益公司
　　第四编　农业利益综合公司
　　第五编　生产者联合体与农业经济委员会
　　第六编　家庭花园
　　第七编　适用于麦约特的规定
　　第八编　适用于 Nouvelle–Calédonie 的规定
第六卷　生产与市场
　　第一编　总则
　　第二编　参与机构
　　第三编　农业行业间协议
　　第四编　农业、林业或食物产品以及海产品的开发利用
　　第五编　动物生产
　　第六编　植物生产
　　第七编　惩罚规定
　　第八编　适用于特定地方行政单位的规定
　　第九编　失调的情况
第七卷　社会规定
　　第一编　规范领取工资的工作

第二编　农业行业社保的基本组织制度

第三编　农业行业中非领取工资人员的社保

第四编　农业行业中领取工资人员的社保

第五编　工伤与职业病

第六编　特殊规定

第七编　农业互助保险与再保险机构

第八卷　教育、职业培训与农业开发、农艺研究

第一编　农业教育与农业职业培训

第二编　农业开发

第三编　农艺与兽医研究

第四编　针对麦约特的特殊规定

法律部分

第一卷　乡村空间开发整治与设施配套

第一编　乡村空间的开发与整治

第1章　总则

第2章　乡村整治

第1节　农业与林业空间的规定用途

第2节　开发整治市际宪章

第3节　乡村开发整治的机构组织

第1小节：区域开发机构

第2小节：科西嘉的相关机构

第4节　乡村空间管理基金

第5节　乡村开发投资机构

第3章　山区农业和牧业的开发利用

第1节　山区农业

第2节　牧业的开发利用

第4章　受到环境限制的特定地区农业

第二编　乡村地产整治

第1章　适用于不同地产整治模式的共同规定

第十四章　法国乡村建设管理法规收集

第1节　地产整治委员会
第2节　地产整治模式的选择及其范围的确定
第3节　整治运作的投资与实施
第4节　道路的改变
第5节　保全规定及整治行动的结束
第6节　惩罚规定
第7节　部分小地块的情况
第8节　实施规定

第3章　农业与林业地产的整治
第1节　小地块的重新分布
第2节　开发整治方式与地产修缮的相关工程
第3节　农业与林业地产整治的效益
第4节　特殊规定
　第1小节：林区中农业和林业地产的整治
　第2小节：与大型公共工程的实施相关的行动
　第3小节：市镇的开发整治与设施配套
　第4小节：葡萄种植区中农业和林业地产的整治
第5节　实施规定

第4章　乡村建筑的善意交流和出让
第1节　在缺少地产整治边界情况下的善意交流与出让
第2节　在地产整治边界内的善意交流与出让
第3节　地产整治边界内护林房屋的善意交流与出让
第4节　其他规定

第5章　废弃土地或明显尚未开发土地的利用

第6章　林地的管理与保护
第1节　林地管理与植树行为
第2节　带状林地的保护

第7章　其他共同规定

第8章　针对某些地方行政单位的特殊规定

第 1 节 针对上莱茵省、下莱茵省和摩泽尔省的特殊规定

第 2 节 针对科西嘉地方行政单位的特殊规定

第 3 节 针对海外省份的特殊规定

第三编 地产机构

 第 1 章 共同规定

 第 3 章 农业与林业地产整治的地产机构

 第 5 章 牧业地产机构

 第 6 章 农业地产机构

  第 1 节 共同规定

  第 2 节 被授权的农业地产机构

第四编 乡村地产整治与设施配套机构

 第 1 章 任务与功能

  第 1 节 任务

  第 2 节 功能

 第 2 章 动产与不动产经营

  第 1 节 获取与出让

  第 2 节 房屋的处置

  第 3 节 实施规定

 第 3 章 优先购买权

  第 1 节 目标与适用范围

  第 2 节 行使条件

   第 1 小节：基本条件

   第 2 小节：价格的确定

   第 3 小节：招标时可实施的规定

   第 4 小节：诉讼

  第 3 节 其他规定

 第 4 章 针对海外省份的特殊规定

第五编 设施配套以及与开发相关的工程

 第 1 章 工程与工事

第1节　由国家实施的工程
　　第1小节：超越地方行政单位能力的工程
　　第2小节：地方行政单位和地方公共机构要求建设的工程
　　第3小节：寻找水源的工程
　　第5小节：共同规定
第2节　国家特许的工程
　　第3小节　灌溉工程
第3节　由除国家以外的其他法人实施的工程
　　第1小节：由省、市镇及其组合以及上述地方行政单位的混合联合机构和特许机构规定或实施的工程
　　第2小节：由联合机构负责实施的工程
第2章　地役规定
　第1节　供水和排水设施和管线建设的地役规定
　第2节　灌溉管道通道的地役规定
　第3节　灌溉管道维护所需机械设备和库房通道的地役规定
　第4节　某些排污管道维护所需机械设备和库房通道的地役规定
　第5节　引水渠的地役规定
　第6节　支援的地役规定
　第7节　疏散的地役规定
第六编　乡村道路与服务于开发的道路
　第1章　乡村道路
　第2章　服务于开发的道路和小路
　第3章　共同规定

法规部分

第一卷　乡村空间开发整治与设施配套
第一编　乡村空间的开发与整治
　第1章　总则
　第2章　乡村整治
　　第1节　农业与林业空间的规定用途

第 1 小节：农业与林业空间的管理文件
第 2 小节：农业保护区
第 2 节　开发整治市际宪章
第 3 节　乡村开发整治的机构组织
第 1 小节：区域开发机构
第 2 小节：科西嘉的相关机构
第 1 段：科西嘉农业与乡村发展办公室
第 2 段：科西嘉水利工程办公室
第 4 节　乡村空间管理基金
第 5 节　针对瓜德罗普、圭亚那、Martinique 和 Reunion 地区的特殊规定
第 3 章　山区及部分发展受限地区的农业
第 2 节　牧业的开发利用
第 3 节　自然不利条件补偿
第 1 小节：确定发展受限地区边界的标准
第 2 小节：永久性自然不利条件的补偿性资助
第 3 小节：促进投资的其他措施
第 4 章　受到环境限制的特定地区农业

第二编　乡村地产整治
第 1 章　适用于不同地产整治模式的共同规定
第 1 节　地产整治委员会
第 1 小节：市镇委员会与市镇联合委员会
第 2 小节：省委员会
第 4 小节：共同规定
第 2 节　地产整治模式的选择及其范围的确定
第 3 节　整治运作的投资与实施
第 4 节　道路的改变
第 5 节　保全规定及整治行动的结束
第 6 节　惩罚规定

第 7 节　部分小地块的情况
第 3 章　农业与林业地产的整治
　第 1 节　小地块的重新分布
　　第 1 小节：促进实际生产率的股金的确定与分类
　　第 2 小节：农业与林业地产整治项目的建立
　　第 3 小节：针对遵循市价的农业与林业地产整治项目的特殊规定
　　第 4 小节：权限的确定与地产广告
　第 2 节　开发整治方式与地产修缮的相关工程
　第 3 节　农业与林业地产整治的效益
　第 4 节　特殊规定
　　第 1 小节：针对林区的特殊规定
　　第 2 小节：与大型公共工程的实施相关的行动
　　第 4 小节：针对受到管制的以地名作为产品名称的地区的特殊规定
第 4 章　乡村建筑的善意交流和出让
　第 1 节　在缺少地产整治边界情况下，乡村建筑的善意交流与出让
　第 2 节　在地产整治边界内的善意交流与出让
　　第 1 小节：共同规定
　　第 2 小节：在地产整治边界内，乡村建筑的善意交流与出让
　　第 3 小节：在地产整治边界内，护林房屋的善意交流与出让
第 5 章　废弃土地或明显尚未开发土地的利用
　第 1 节　个体要求
　第 2 节　公共动机
　第 3 节　共同规定
第 6 章　农业与林业开发
　第 1 节　林业树种的播种、种植、再种植的禁令与规定
　第 2 节　禁止种植树木的土地的维护
　第 5 节　带状林地、绿篱和行道树的保护
第 7 章　其他共同规定

第8章 针对某些地方行政单位的特殊规定

第3节 针对海外省份的特殊规定

第三编 地产机构

第1章 共同规定

第3章 农业与林业地产整治的地产机构

第1节 总则

第2节 在第L121-15条规定的地产开发二次运作的情况下，有关资金追讨的特殊规定

第3节 针对实施大型公共工程的特殊规定

第5章 牧业地产机构

第1节 共同规定

第2节 针对牧业地产授权机构的专门规定

第3节 针对按行政决定成立的牧业地产机构的专门规定

第6章 农业地产机构

第2节 农业地产授权机构

第四编 乡村地产整治与设施配套机构

第1章 任务与功能

第1节 任务

第2节 功能

第1小节：允许与行动范畴

第2小节：政府特派员

第3小节：其他规定

第2章 不动产经营

第1节 权利分配程序

第2节 房屋的处置

第3章 优先购买权

第1节 目标与适用范围

第2节 行使条件

第1小节：基本条件

第十四章 法国乡村建设管理法规收集

　　　　第 2 小节：价格的确定
　　　　第 3 小节：招标时可实施的规定
　　　　第 4 小节：在为了保护和利用半城市化地区的农业与自然空间所划定的地域范围内可实施的规定
　　　　第 5 小节：诉讼
　　　第 3 节　其他规定
　　第 4 章　针对海外省份的特殊规定
第五编　设施配套以及与开发相关的工程
　第 1 章　工程与工事
　　第 1 节　由国家实施的工程
　　　　第 1 小节：超越地方行政单位能力的工程
　　　　第 2 小节：地方行政单位和地方公共机构要求建设的工程
　　　　第 3 小节：寻找水源的工程
　　第 2 节　国家特许的工程
　　　　第 2 小节：沼泽地区的排干工程
　　　　第 3 小节：灌溉工程
　　第 3 节　由国家以外的其他法人实施的工程
　　　　第 1 小节：由省、市镇及其组合以及上述地方行政单位的混合联合机构和特许机构规定或实施的工程
　　　　第 2 小节：由联合机构负责实施的工程
　第 2 章　地役规定
　　第 1 节　供水和排水设施和管线建设的地役规定
　　第 2 节　灌溉管道通道的地役规定
　　第 3 节　灌溉管道维护所需机械设备和库房通道的地役规定
　　第 4 节　某些排污管道维护所需机械设备和库房通道的地役规定
　　第 5 节　引水渠的地役规定
　　第 6 节　支援的地役规定
　　第 7 节　疏散的地役规定
　　第 8 节　工程实施以及公事建设和维护所需通道的地役规定

第六编　乡村道路与服务于开发的道路
　第1章　乡村道路
　　第1节　被纳入乡村道路的小路
　　第2节　自愿认捐的接受与实施
　　第3节　技术特点
　　第4节　基本治安措施
　　第5节　定界
　　第6节　保护与监督
　　第7节　有关水体排放、绿化种植和修建以及沟渠清理的规定
　　第8节　在《乡村法典》第L161-10-1条规定的情况下，乡村道路的走向
　　第9节　其他规定
　第2章　服务于开发的道路和小路
第七编　地产与农业鉴定估价人与林业鉴定估价人
　第1章　地产、农业、林业鉴定国家议会
　　第1节　地产、农业、林业鉴定国家议会委员会
　　第2节　地产、农业和林业鉴定估价人名单
　　第3节　面对地产、农业和林业鉴定国家委员会议会的惩戒程序
　　　第1小节：惩戒委员会
　　　第2小节：面对惩戒委员会的程序
　　　第3小节：惩戒处分的实施
　注：原文为2008年3月1日修订版。
　目录中划线的部分为此次节译的内容。

现行《乡村法典》法律部分节译

　第一卷　乡村空间开发整治与设施配套
　第一编　乡村空间的开发与整治
　第一章　总则
　　第L111-1条

乡村空间的可持续开发整治是国土开发整治的重要组成部分。

对农业和林业空间的保护与利用需考虑其经济、环境和社会功能。

第L111-2条

为了在上述领域内实现本编规定的目标，乡村开发政策尤其要重视以下几点：

1. 促进农业和林业空间潜在能力与地方特性的可持续利用；
2. 改善人口在城乡之间的均衡分布；
3. 保持和发展农业和林业生产，使其与其他非农产业活动共存，并将上述非农产业活动的社会与环境功能与植物碳的可持续储备以及对造成温室效应的尾气排放的控制整合在一起，特别是在通过壮大生物群落应对温室效应的过程中；
4. 确保有利于乡村地区发展的各种活动的均衡分布；
5. 考虑就业方面的需求；
6. 在某些地区，当多种类型的产业活动发展对于维持经济活动至关重要时，鼓励上述产业活动的实践；

在人口稀少的地区，保证维持集体服务及其适应性改变；

7. 有助于防止自然风险；
8. 确保乡村文化遗产和景观的保护与利用。

第L111-3条

一旦立法性或规范性条款做出有关距离的规定，当农用房屋的安置或扩建面对通常被第三者占用的住宅和不动产时，后者所有用于非农用途、且需建设许可证的新建和用途改变，都必须符合后退的规定，其中现有建设的扩建除外。

在市镇现有的城市化地区内，前段规定导致出现的后退要求可在尊重此前安置的现有农业建设的前提下加以确定。这些要求需通过地方城市规划，或在尚未编制地方城市规划的市镇，通过市镇议会在征求农业公会意见以及民意调查之后发表的决议，加以明确。

在依据前段规定明确后退要求的区域内，规模有限的扩建以及实施现行农业开发规范所必需的工程可以获得许可，不必在意临近的住宅房屋。

作为第一段规定的例外,发放建设许可证的主管部门可鉴于当地的特殊情况,在征求农业公会意见之后,认可小于规定的后退距离。但在依据第二段规定明确后退要求的区域,不得出现上述例外现象。

在前段规定的情况下,一旦不动产成为改变用途的对象,或扩建现有农业用房的对象,可通过针对相关不动产设立地役,违背第一段的规定,除非获得相关各方的同意。

第 L111-4 条

成立具有工商属性的国家公共机构,命名为"法兰西农业与农村信息交流中心",接受农业主管部门的监督管理。

上述公共机构的主要职能是制定并实施通信文本,目的是改善社会大众对农业社会和农村社会的了解,提升农业在消费者心目中的形象,提高源于乡村地区的职业和产品的价值。

其资源主要包括第 L111-5 条提到的增值与交流基金补贴和其他各种公共或私人赞助,以及基于各种支持的出版销售产品、广告信息发布销售产品和各种捐赠品、遗赠品。

上述公共机构由行政委员会管理,并由通过决议任命的委员会主席领导。

作为 1983 年 7 月 26 日发布的、有关公共部门民主化的第 83-675 号法案的例外,上述行政委员会由不同成员组成。其中一半为国家的代表,另一半为农业行业、农业食品工业、地方行政单位、消费者的代表,以及因在该机构职能领域内表现出的出色才能而被挑选的其他合格人员。行政委员会主席根据委员会的提议,通过委员会成员的决议任命。

行政委员会成员由主管农业的部长任命;其中,农业行业、农业食品工业方面代表的任命取决于相关行业组织的提议。

上述公共机构的组织运行原则通过国家行政法院决议决定。

第 L111-5 条

增值与交流基金主要用于提升有关农业的专业知识和技能,加强农业职业和农业地区之间的交流。上述规定的实施方法由国家行政法院决议决定。

第二章 乡村整治
第一节 农业与林业空间的规定用途

第 L112-1 条

在国家行政法院决议规定的条件下,各省均应编制农业和林业空间管理文件。该文件一旦得到行政主管部门的批准,即应在省内的各个市镇予以公布。文件中应包含有关保护和管理野生动物环境质量的内容。在编制城市规划文件和省职业指导纲要时,须参考上述件。

第 L112-2 条

当农业地区的保护或因其生产质量、或因其地理区位而表现出整体利益时,可被划定为农业保护区。农业保护区的范围由省长根据相关市镇的市镇议会的提议,或经过相关市镇的市镇议会的同意,或在必要时,根据拥有编制地方城市规划权限的公共机构决议机构,或拥有编制国土协调纲要权限的公共机构,在征得相关市镇的市镇议会同意后做出的提议,并在征求农业公会、位于受到控制的以产地命名产品地区的国家起源与质量中心和省农业发展委员会的意见,以及民意调查之后,发布法令予以确定。其中,大面积稀疏林地的存在不会阻碍上述保护区的划定。

所有长久改变农业保护区在农艺、生物或经济方面潜力的规定用途改变,或土地占用方式的改变,都必须征求农业公会和省农业发展委员会的意见。在其中任何一方表达反对意见的情况下,除非省长陈述理由并做出决定,上述改变不得被认可。

一旦土地占用方式的改变依据《城市规划法典》获得许可,以及相关地块位于已公示或批准的土地利用规划,或其他可替代城市规划文件所涉及的范围之内,土地占用方式的改变不再受上段规定的约束。

根据《城市规划法典》第 L126-1 条规定的条件,农业保护区的范围划定应作为土地利用规划的附件。

本条款的适用方式由国家行政法院决议决定。

第 L112-3 条

指导纲要、土地利用规划或其他可替代的城市规划文件，以及与预计减少农业或林业空间的省职业指导纲要相关的其他文件，只有在征求农业公会、位于受到控制的以产地命名产品地区的国家起源与质量中心的意见，或在必要时征求大区林产中心的意见之后，方可予以公示或获得批准。在修改或修编上述文件时，需遵循同样的规定。

上述意见需在法定占有之日起两个月内做出。如到期之后没有答复，反馈意见将被认定为同意。

上述规定适用于在1999年7月9日99-574号农业指导法案颁布之日时，尚未规定进行民意调查的开发整治项目。

第二节 开发整治市际宪章

第 L112-4 条

开发整治市际宪章接受《地方行政单位基本法典》第 L5223-3 条和第 L5822-1 条规定的管理。

第三节 乡村开发整治的机构组织

第一小节：区域开发机构

第 L112-8 条

一旦某个大区的开发需要实施涉及若干部门机构、动用不同资金来源的工程时，国家行政法院决议可将相关工程的研究、实施及最终利用规定为的一项总体任务，或一项特别委托，并且通过国家行政法院决议，或者在该大区因为2008年8月13日颁布的有关自由和地方责任的第2004-809号法案规定的权力转移而获益的情况下，通过大区议会决议，同意交由拥有财政权限的公共机构、混合经济公司，或汇集了相关公共和私人个体的其他形式的机构承担，前提条件是大部分资金属于公共个体。

这些规定可以扩展到因某项产品增值而表现出对不同类型使用者具有整体利益的独立工程的研究、建设和最终管理。

上述段落的适用条件，特别是其提到的各种机构的组织和运行方式,需通过国家行政法院决议决定。

第L112-9条

《城市规划法典》第L300-4条和第L300-5条,以及《地方行政单位基本法典》第L1522-4条、第L1522-2条和第L1523-7条的规定适用于依据第L112-8条设立的大区开发整治机构。

第二小节:科西嘉的相关机构

(略)

第四节 乡村空间管理基金

第L112-16条

乡村空间管理基金可为具有集体利益、有助于乡村空间的维护或更新的所有项目提供资助,其中优先资助农户或其联合组织作为受款人的项目。

乡村空间管理基金的实施是多年总体发展计划的组成部分,由每个省的省长连同省议会主席,根据决议规定的条件,在征求联合委员会以及国家、省和相关市镇及其联合机构的服务部门代表,农业行业代表,以及其他经济合作者和相关地区的代表的意见之后确定。

第L112-17条

乡村空间管理基金的拨款根据决议规定的条件,以及除去房屋、基础设施、林业生产和除草地以外的其他农业生产所占用的面积之后确定的面积标准,在各省之间分配。

第五节 乡村开发投资机构

第L112-18条

乡村开发投资机构的主要任务是在《税收基本法典》第1465A条规定的乡村振兴地区,促进下列方面的发展:

1. 用于经济产业活动、接纳具有一般经济利益的集体服务以及旅游和娱乐集体服务的不动产投资;

2. 为了重新投入市场,对日渐败落的住宅或者空置住宅的收购和更新;

3. 对不再使用的农业生产用房的收购及其向住宅的演变,且某份总图规定了上述房屋所在土地的征用，并确定了土地利用的条件以及将要实施的建设或更新的类型。此项计划可根据地方集体或相关土地所有者的意愿，纳入地方城市规划的简单修改得以实施。

4. 旅游、文化、娱乐和体育设施的实施或更新

通过参与整治与开发项目实施机构的资本，以及通过提供借贷担保，或对专项基金或类专项基金提供基金担保，特别是通过参与机构资本或提供部分借贷，实现上述目的。

根据《商业法典》第二卷的规定，乡村开发投资机构或者采用股份有限公司的形式，或者采用简单的股份公司的形式。

其资本由一个或若干大区，协同一个或若干拥有公共或私人权利的法人掌管。

未参与公司资本的地方行政单位及其联合体同样可以向其提供补贴。在此情形下，地方行政单位及相关联合体需与乡村开发投资机构签署协议，确定补贴的用途和数量，以及在改变社会目标或乡村开发投资机构停止活动的情况下，归还所注补贴的方式。

每个大区或大区联合体有权在行政委员会或监督委员会中至少拥有一位代表，其人选由评议会任命。

在乡村开发投资机构的决议机构中，至少代表乡村开发投资机构和民意的代表由某个大区掌管，或由若干大区公共掌管。

作为股东的一个或若干大区的决议机构，以及在必要情况下，其他行政单位或其联合体，至少每年一次，根据公司行政委员会或监督委员会提交的书面报告做出决定。

第三章 山区农业和牧业的开发利用

第一节 山区农业

第 L113-1 条

通过对发展生产、促进就业、保持土壤、保护景观、改善经营和维持生物多样性的推动，山区的农业、牧业和林业成为山区生活的基本产业活动和山区空间的核心经营方式，因而具有普遍利益。

遵循欧洲经济共同体的条约规定，国家政府认识到其在山区农业、

牧业和林业方面的基本职责，提出：

1. 鼓励适于山区的不同发展方式，特别是努力推广基于山区发展潜力、约束条件和地方传统的研究，以及传播已经掌握的知识；

2. 实施不同的农业政策，促进在不存在替代产品的地区，发展奶牛畜牧和乳业经济；

3. 提高产品质量，并且在农业和林业市场的组织和经营中，特别是在著名的跨行业机构中，突出农产品的特性；

4. 确保对农业、牧业和林业土地的保护；

5. 通过采取特别措施，克服不利于农业生产的自然条件，特别是在资金上补偿由此导致的成本增加，资助为开垦经营者及其联合体提供技术支持的集体服务机构的投资和运营；

6. 根据需要，借助经济活动的互补性，促进产业活动的多元化；

7. 通过契约规定的方式，确保农业产业活动在山区的环境职能。

第二节 牧业的开发利用

第 L113－2 条

牧业空间由集约化和季节性使用的牧场组成。在部分地区，当以牧业为主的农业产业活动的建立和维持，因为国土本身的基本使命而具有保护自然空间、土壤、景观以及社会生活的特点时，需针对上述地区的特殊条件制定规则，以确保维持牧业空间。

这些规则包括第 L113－3 条、第 L113－4 条、第 L135－1 条至第 L135－11 条、第 L481－1 条和第 L481－2 条规定的内容，适用于以下地区：

1. 被划定为山区的市镇；

2. 位于行政主管部门在征求农业行会的意见之后划定区域的市镇。

第 L113－3 条

在依据第 L113－2 条划定的地区内，为了牧场的开发利用，可采用现行有关建立公司、协会、企业联合会、经济利益联合体的法律法规定的形式，建立被称为"牧业联盟"的联合体。如果除集体利益农业公司、集体开发农业联合体或农业合作社之外的某个法人加入了牧业联盟，该牧业联盟不得成立，除非采用公司的形式，且当地农业经营者在其中掌有大部分的社会资本。

牧业联盟的成立需征得省长的同意，且有效期至少为九年。

在某牧业地产公司的地产范围内，一旦用于开发经营的牧场主要位于山区，除第L411-15条规定的情况之外，优先使用权应被授予吸纳当地经营者最多，或吸纳位于第L113-2条涉及的区域内的经营者最多的牧业联盟。

第L113-4条

适用于牧业联盟的注册登记税和地产广告税的特殊制度应遵循《税收基本法典》第824A条的有关规定，其内容如下：

"第824A条

Ⅰ．证明根据《乡村法典》第L113-3条被承认的某牧业联盟的可动财产的契约，需缴纳430F固定税。同样的缴税适用于证明被承认且应缴纳公司税的某牧业联盟的利润或储备被纳入资本的契约。

Ⅱ．一旦被承认的牧业联盟不缴纳公司税，其所获得的不动财产需缴纳地产广告税，或者税率为0.6%的注册登记税。

第L113-5条

本节规定的适用条件由国家行政法院决议决定。

第四章 受到环境限制的特定地区农业

第L114-1条

省长可确定所谓"侵蚀区"的范围，对侵蚀区内农业用地的侵蚀可能对下游地区造成重大损失。

经与地方行政单位及其联合体，以及土地所有者和经营者代表的协商，省长可制定旨在减少上述地区土地侵蚀的计划。

该项计划将详细规定为减少侵蚀风险而推行的实践，以及促进推广上述实践的既定方法，其中部分实践可以是强制性的。一旦上述实践导致成本增加或收入减少，可获得相应资助。

一旦该项计划准备栽种篱笆，在征求农业行会以及省议会的意见后，它可以违背《民法典》第671条有关栽种距离的规定。

第 L114-2 条

本章的适用办法由国家行政法院决议决定。

第 L114-3 条

在拆除曾经获得公共资助的篱笆时，提供补贴的地方行政单位可以要求在自提供补贴之日起的 15 年期限内，予以偿还。

第十五章 美国乡村建设管理法规收集

一、美国联邦乡村建设与修缮法规（正文）

《美国联邦规章汇编》第 7 类目"农业"第 1924 部
Code of Federal Regulations
Title 7：Agriculture
PART 1924—CONSTRUCTION AND REPAIR
（C 部分正文）

Subpart C—Planning and Performing Site Development Work
C 分部——基地开发工作的规划与执行

第 1924 部 101　　目的

第 1924 部 102　　主要政策

第 1924 部 103　　范围

第 1924 部 104　　定义

第 1924 部 105　　规划/实施开发

第 1924 部 106　　选址

第 1924 部 107　　基础设施

第 1924 部 108　　场地坡度修整和排水

第 1924 部 109～1924 部 114［保留］

第 1924 部 115　　独户住宅基地评估

第 1924 部 116～1924 部 118［保留］

第 1924 部 119　　住宅基地贷款

第 1924 部 120～1924 部 121［保留］

第 1924 部 122　　反对权力

第 1924 部 123–1924 部 149 保留

第 1924 部 150　　OMB（管理与预算办公室）控制号码

第十五章 美国乡村建设管理法规收集

编者注：C部分术语更改见：美国联邦规章，第61类目第2899部，1996年1月30日。

第1924部 101　目的

本分部设立了适用于规划与执行场地开发工作的、基本的乡村住房服务处（RHS）政策。同时也为符合联邦法律、规章和行政命令的场地开发规划准备，提供了程序与导则。

第1924部 102　主要政策

1. 乡村开发

本分部旨在服务于乡村地区建筑基地和相关设施的开发。它被设计用来：

（1）在地方规划、控制和开发中认知社区需求和愿望

（2）认知建筑基地设计的标准，以鼓励和促成经济稳定社区的开发，创造吸引人的，健康的，持久的居住环境。

（3）鼓励为基地规划做出的改善，是实用选择中最有成本效率的。鼓励设施与服务被可靠的、有效地和在合理成本下地使用。

（4）提供一个考虑环境和既存现状的规划过程，以形成保护、加强和恢复环境质量的措施。

（5）任何基地的批准，必须符合本部分的要求，并获得所有州和地方的关于开发计划的允许与认可。

2. 细分地块

乡村住房服务处不对细分地块进行评议与批准。所有被乡村住房服务部批准的基地，基于各自的不同情况，都必须满足本规章第1924部115条款的规定。

3. 与开发相关的成本

（1）申请者。申请者在有关的贷款或赠款得到前，对与规划、技术服务和实际建造需相关的一切成本负责。这些成本可能会由住房服务处规章授权包含在贷款或赠款之中。

（2）开发者。开发者对与开发有关成本的支付负责。

第1924部 103　范围

本分部为乡村出租住房（RRH）贷款，乡村合作住房（RCH）贷款，农场劳工住房（LH）贷款和赠款，以及乡村住房基地（RHS）贷款提供补充性要求。同时也提供了基地开发标准，该标准在农民住宅管理处（Farmer's Home Administration）规章第1924部C分部的附录B予以说明（在任何乡村住房服务处的派驻办公室均可获得），它作为本分部的补充，提供开发具备可接受性的至少标准。所有本分部除第1924部115、第1924部120以及任何为独户住宅制定的段落之外，也适用于多户住宅。另外，乡村住房服务处会与相应的联邦、州、地方机构、其他组织以及个人协商，以完善本部分的条款。

第1924部104 定义

作为在本分部中使用到的词汇

申请者：任意提出向乡村住房服务处备案过提前申请的，或在不需要提前申请的项目情况中备案过正式申请，希望获得或使用乡村住房服务处财政帮助的个人，合伙企业，有限合伙企业，企业联合，消费者合作社，法人企业，公共团体，或协会。

社区：一个社区包括城市，城镇，自治镇，村庄和分散居民点，它由诸如商店、邮局、学校、集中给排水设施、警察与消防保护、医院、药品设施等支撑服务将地方凝聚起来，以此为特征，并因这种住所与公共、私人建筑的集中设立而具有容易识别。

开发者：任意从事基地开发并将被乡村住房服务处经济资助的个人、合伙企业、公共团体或法人企业。

开发：在个人住房基地、细分地块或多家庭基地上的房屋建造和基地改善的行为。

多户住宅（资助）：RHS RRH贷款，RCH贷款，LH贷款和赠款，以及RHS贷款。

独户住宅（资助）：乡村住房服务处为个人建造、修复、购买一栋一个家庭居住的住宅所提供的乡村住宅贷款

基地：一块经过或未经开发的被计划作为居住场地的土地。

基地许可官员：

乡村住房服务处决定基地是否符合本分部的要求以提供基地贷款。（见第1924部120.）

街道表面：街道可以有硬质的或全天候的表面

（1）硬质表面——一个有硅酸盐水泥混凝土，沥青混凝土，或沥青铺面或其他坚硬表面的，可以被当地公共团体在当地气候，土壤，坡度，交通属性和交通量的条件下使用的街道。

（2）全天候——一个可以在最小维护，诸如使用压路机和表面材料较少铺设的情况下全年使用的，可以被当地公共团体在当地气候，土壤，坡度，交通属性和交通量的条件下使用的街道。

细分地块：五个或更多个毗邻的（开发的或未开发）地块或建筑基地。细分土地可以是新的或已有的。

第1924部105　规划/执行开发

1．通则

规划是对特定基地的特定用途的评估。规划必须要考虑地形、土壤、气候、周边土地利用、环境影响、地方经济，美学和文化价值。公共和私人服务，房屋和社会状况，以及一定程度的弹性以适应未来变化的需求。所有规划和执行开发的工作都是申请者与开发者的职责。所有开发都应按照可行的地区、州、联邦的规章来安排并完成，这其中包括可行的健康安全标准，环境要求，以及本部分的要求。当某公共授权机构要求在农业住房服务处最终验收之前进行检查时，它需要提供与当地、市、县、州和其他公共法律、规章和条例相符的书面保证。

（1）保留

（2）技术服务（保留）

1）保留

2）一个在第1924部13（a）条款规定下需要技术服务的多户住宅工程或单户住宅基地申请者或开发者，必须与提供技术服务的建筑师，工程师，土地测量师，景观建筑师或土地规划者签订合约，对方必须提供可行的完整的规划，图纸和说明。这类服务可以由经乡村住房服务部同意的、申请者或开发者的内部人员提供。

3）对于并不需要如段落 1－（2）－2）所述的特殊技术服务的开发，此服务可由州相关主管在街道建设或市政公用设施安置时提供。

（3）图纸、说明书、合同文件和其他文件。申请者或开发者必须向乡村住房服务处提供有足够细节能全面准确描述拟建开发的图纸和说明书。合同文件须符合第 1924 部 6 条款或者更复杂的建造须符合第 1924 部 13 条款规定予以准备。

2. 独户住宅。

独户居住基地的开发计划书必须满足以下要求：

（1）基地开发设计要求。附录 B（在任何乡村住房服务处派驻办公室均可获得）将被作为除本分部所做特殊要求之外的、对申请者或开发者准备住宅贷款的计划书和支撑文件的至少要求。

（2）保留

3. 多户住宅

附录 C（在任何乡村住房服务处派驻办公室均可获得）应被作为申请者或开发者准备多户住宅工程计划书和支撑文件的导则。

第 1924 部 106　选址

1. 通则

乡村住房服务处的政策规定促进紧缩社区的开发，不允许基地选址于易被洪水淹没地区，湿地或重要的农田，除非没有其他可行选择。另外，乡村住房服务处不会给那些有损国家注册历史地区、海岸屏障资源系统、或堰洲岛的开发选址予以资助。（环境要求见"联邦规章汇编"第 7 类目第 1940 部 G 分部）。为了符合乡村住房服务处参与的条件：

（1）基地必须位于规章里规定的符合条件的区域，开发方能被许可或被资助。

（2）基地必须符合适用的环境法律，规章，行政命令与（联邦规章）第 1940 部 G 分部。

2. 独户住宅

除了满足上段落中的通则要求外，基地必须为居民提供一个满意的、安全的、满足功能的、便利的和吸引人的居住环境。

3. 多户住宅

多户住宅项目的选址必须满足联邦规章第 1944 号第 215 条款的段落（r）里的要求。基地选址在社区的不良位置是不允许的。因为它们会产生不良影响。这些位置包括通过频繁的铁路轨道；毗邻或在工业地区之后；毗邻不得体，不安全或不卫生的基地或建筑；毗邻有潜在环境危险的诸如石油加工厂等等。屏蔽这些位置是不许可的。基地与一个居住社区不能保持一个整体性、在位置或地形上不能合理通达必要的社区设施如水源、排水管网、学校、商店、工作场所、医疗设施等的基地是不许可的。

第 1924 部 107　基础设施

本分部的所有开发都必须拥有充分的，经济的，安全的，节能的，独立的，易于安装和维护的设施。

1. 水源和污水处理系统

（1）独户住宅

如果基地由集中供水和下水道系统服务，则该系统必须符合段落 1 –（2）中 1）和 2）的要求。如果基地有独立的供水和排水系统，该系统必须符合州健康部门或其他相应评估规则机构的规定，以及附录 B 段落 V 和 VI 中的至少要求（在任何乡村住房服务处派驻办公室均可获得）。拥有独立系统并超过 25 个居住单元的细分地块的基地，或是没有满足附录 B 段落 V 和 VI 要求的基地，必须有州级相关主管同意。

（2）多户住宅

本段落下的提案应具有集中拥有和操作的供水和排水系统服务，除非被乡村住房服务处认为经济上和环境上不可行。所有集中系统，不论公共、社区或私人拥有，均应满足州健康部门或者其他相应规则机构的设计规定。规则机构将分别以书面形式确保该系统满足安全饮用水法和洁净水源法中的现行条款要求。

1）目前未被集中系统所服务，但计划会在两年内被服务的基地，应在首次建造中铺设全部管道。这一类基地必须拥有合格的临时性供水和污水处理系统以满足集中系统建设前这一期间内的服务。

2）除了书面遵守州和地方相关要求的担保书，还应有为集中供水和污水处理系统提供费用合理的持续性服务的担保，在可能时（该系统）宜采用公共所有方式。在设置临时性设施、而永久性公共服务设施尚未延伸或修建的情况中，开发者必须承担操作和维护该临时设施的责任，或设立一个当地政府机构认可的机构或单位来进行操作和维护。如果该系统不是或不会被集体所拥有，则它的拥有者必须满足下列中的一个：

A. 一个满足供水或污水处理系统的所有权和操作要求的、乡村住房服务处能够在联邦规章第 7 类目第 1942 部 A 分部下提供资助的组织，或是致力于这样的一个组织并被该组织所允许。

B. 一个满足其他可接受的所有权和操作办法（住宅与城市发展部（HUD）第 4075 部 12 手册"集中供水和下水道系统的所有权和组织机构"中所述）的组织或个人。并使乡村住房服务处确信该组织自身有权利执行供水和下水道系统造作者义务，以提供令人满意的、持续性的费用合理服务。

C. 被公共团体在费用和服务方面充分控制（政府部门或公共服务委员会的单位）。

3）拥有超过 25 个单元的独立系统的多户开发必须由国家办公室同意。

A. 保留。

B. 独立供水系统方案的支撑信息包含下列内容：

(A) 在开发可接受供水有预计困难的地区，供水的可行性应在贷款结束前确定。

(B) 文件中必须提供水质满足规则机构权限内化学、物理和细菌学的各项标准的文件。美国环保署（U. S. EPA）的最大污染物水平也要提供。独立供水系统必须接受水质和细菌量的检测。当预测出现化学质量问题时，可能要求进行化学检测。化学检测限于该地区常见的缺陷分析，诸如铁、锰、硬度、硝酸盐、酸碱度、混浊度、颜色和其他不适因素。被污染的供水不被许可。所有情况下，可饮用水质的保障应在贷款完成前确定。

C. 由土壤专家、地质学者、土质工程师或其他被规则机构认可的人所提供的独立污水处理系统连带地下排放物的支持性信息包含下列内容：

（A）地下水未被污染证明。当地规则机构在权限内必须确保独立污水系统的安置不会污染地下水资源或造成其他健康威胁或违反州级水质标准。

（B）过滤检验报告。进行这些测试的指导包含在 EPA 的设计指南"基地污水处置和处理系统"中，乡村住房服务处的至少要求在段落Ⅵ的附录 B 中。(这些有可能在州级主管颁布其他可接受的基地处理办法的同时废除）。

（C）土壤类型和状况的判断。在文件中应当包括由 SCS 工作人员或是其他有资质的人员协助提供的土壤类型判断和一份建议书复件。

（D）地表水位的描述，表示季节性变化。

（E）空间允许确认。一份表述独立供水和污水处理系统有足够空间满足其安置的图，同样的，还有满足全部当地要求的文件保证。地下排放的污水处理系统的结构比其他类型的结构占用更大的基地。

（F）可能得到的勘察钻探观察描述。

D. 地表排放的独立污水处理系统的支持信息应包括下列方面：

（A）由相关规则机构制订的控制该独立系统排放的排放标准。必须包括该机构对该系统的排放不会超标的保证。

（B）关于维护，划分，向使用者提供服务的系统计划。

（C）由一个能确保该系统满足健康和安全标准的负责机构提供的地方检查计划。

2. 电力服务。

申请者应与电力供应者协商以确保提供满足基地使用要求的电力。地下管线是被推荐的。

3. 燃气服务。

如果提供燃气分配设备，应当根据地方要求安置在具有充足和可靠燃气服务的地方。

4. 其他设施。

其他可能设施应当依据地方要求安置。

第1924部108　场地坡度调整和排水

1. 通则

土壤和地质条件必须符合建造方案的类型。在可质疑的或未经调查的区域，申请者或开发者应当提供一份工程报告，该报告须有足够支撑数据来识别所有可能对结构产生不利影响的相关地下条件，并提出解决计划。（场地的）坡度调整有利于促进地表水从建筑物或基础处排走，减少泥土的沉淀和腐蚀，确保该基地开发与相邻地块之间的地表排水不会产生危害健康或其他不适宜的情况。坡度调整和排水应当符合本部分附录B，段落Ⅲ和段落Ⅳ中的内容。

2. 挖掘和填埋

开发涉及大的土方量操作、挖掘和填埋4英尺或以上时应由专业工程人员设计。当需支持结构和建筑地基的地形作填埋或大土方量操作时，须是由有资质的土壤工程师进行设计、监管和测试下的有控制的填埋。

3. 坡面保护

所有坡面必须通过种植或其他方法防止腐蚀。坡面如果在建造过程中暴露时间过长应加以临时性保护层。

4. （排）暴雨系统

（排）暴雨系统的设计必须兼顾独立基地地表标高和排水管沟地面标高的便利与防护。（排）暴雨系统应该与基地的自然地貌相协调。在排水系统难以充分满足的区域，永久的或临时的暴雨贮存应作为开发规划的一个整体部分。这些设施的设计应当考虑安全、外貌和维护操作的经济性。

第1924部109~第1924部114　［保留］

第1924部115　独户住宅基地评估

1. 基地评价

基地评价官员将评估每个基地（已开发或未开发的）来决定项目的可行性。基地信息将会以乡村住房服务处（在任何乡村住房服务处派驻办公室均可获得）表格提供给评价者或基地评估官员

2. 基地入口

每个基地必须从以下条件连续和直接的进入：

（1）具有坚硬表面或全天候适应性的道路，该道路被充分开发以满足公共团体的要求，以服务于公共用途，被公共团体或被有能力或能表示其能力的家庭业主社团所维护。

（2）全天候延伸车道，满足段落2（1）要求的连接具有坚硬表面或全天候适应性道路的、服务于不超过两个基地的车道；

（3）在联合住宅区域内的具有坚硬表面的街道，该街道：

1）为集体所有并被有能力或能表示其能力以维护它的集体组织所维护；

2）和一个公共所有与维护的街道或道路相联系。

3. 不满足街道要求。

不满足本章节段落（b）里情况的基地当满足下列条件时也可以被接受：

（1）申请者是有限定承担的（除非基地满足本章节段落2里的情况，否则贷款将不被允许）建造者，或者该建造者提出了不可取消的执行和支付合同（或类似可接受的承诺），向基地评价官保证基地会按照本章节段落2里的情况开发，或者：

（2）基地被基地评价官推荐并被州级主管批准。向州级主管请求批准，必须证明批准该基地对政府和申请者的利益均为最好。

4. 工地布置

（1）基地应被测量并绘图。所有转角处均应放置永久标志。

（2）基地应满足州级和地方机构以及乡村住房服务处的所有要求。

5. 契约，法律和限制规定

除非乡村住房服务处在考虑当地法令、规划和其他土地利用控制措施下作出例外批准，否则细分地块的基地应受到契约，法律和限制的保

护，以保护居住区的特征、价值和舒适，阻止或减轻潜在的环境影响。

（1）契约，法律和限制规定应在公共土地档案中被记录并在每项工程中被明确参考。

（2）契约，法律和限制规定的意图是使开发者相信购买者会按照为社区制定的规划目标使用土地。另外，契约，法律和限制规定还应当使购买者确信在契约，法律和限制规定保护下的土地会按照规划被使用，而且其他购买者也会按照规划使用和维护土地，以防止周边地区特性的改变，以避免对土地价值产生不利影响或构成损害。

第 1924 部 116～第 1924 部 118 保留

第 1924 部 119 基地贷款

被联邦规章第 1822 部 G 分部（FmHA 指示书 444.8）或第 1944 部 I 分部附录 F（在任何乡村住房服务处派驻办公室均可获得）所允许的土地细分应满足本部分通则中的要求以确保土地细分中的地块满足本规章第 115 条款的要求。

第 1924 部 120～第 1924 部 121 保留

第 1924 部 122 例外授权

当乡村住房服务处管理人在个案情况下，确信本部分中的要求和条款会对政府利益产生不利影响时，可以对这些要求或条款作例外处理，或删除对与现行法案或其他适用法律相冲突的内容。管理人需要在州级主管或适当项目管理助理提出书面要求的基础上行使该权力。例外请求必须有文件支持，该文件用以解释对政府的不利影响，提议的其他可选择的行动方针，以及展示如果例外被批准后不利影响如何消除或减小。

第 1924 部 123～第 1924 部 149 保留

第 1924 部 150 OMB（管理与预算办公室）控制号码

本分部所包含各项要求的报告经过（白宫）管理与预算办公室（OMB）的批准并被指定了 OMB 控制号码 0575～164。此信息收录的公众报告用时预计为每次五分钟至十分钟不等，平均每次 0.13 小时，包括查看指示、搜索现存数据资源，收集和保存所需数据，完成和检查本信息收录的所需时间。对上述预测用时或任何关于此信息收录其他方面的意见，包括减少预计用时的建议，请邮寄至农业部调查官员，OIRM，Ag Box 7630，华盛顿，邮编20250；或邮寄至（白宫）管理与预算办公室，文书简化项目（OMB号0575~0164），华盛顿，邮编：20503。

二、美国联邦乡村建设与修缮法规（附件）

《美国联邦规章汇编》第7类目"农业"第1924号
Code of Federal Regulations
Title 7：Agriculture
PART 1924—CONSTRUCTION AND REPAIR
（C部分附件B）

Subpart C—Planning and Performing Site Development Work
C部分——基地开发工作的规划与执行

联邦规章第1924部C分部示例B——基地开发设计要求

本示例中规定了基地开发的必要条件，适用于所有在开发的住宅项目中的居住基地。这些必要条件仅涉及关系到健康与安全问题的方面，而不包括场地开发的所有方面。在本附录中未提及的方面，希望申请者和开发者至少遵从地方惯例。除农民家计局（FmHA）或其后继机构所要求遵守的公法103~354中的要求之外，当还有州政府、地方政府或其他要求适用时，须遵守（其中）最严格的规定。

在居住基地开发中，如何使人工改造与自然地物恰当的结合是最关键的方面之一。在大的细分地块、租住项目与私人基地上的不良规划，导致了私有和公共的自然资源流失，也造成了经济负担以及不适宜健康舒适居住的情况。恰当的基地设计可以保护基地的良好自然景观，使道路和设施的开支最小化，提供一个安全和舒适的居住环境。

Table of Contents 目录

（一）Streets 道路

　1. Types 分类

　　（1）Collector Streets 支路

　　（2）Local Streets 入户路

2. Design Features 设计特点

   (1) Emergency Access 紧急通道

   (2) Cul-de-sacs 尽端路

   (3) Intersection Angle 道路交叉角

   (4) Intersection Sight Distance 交叉口视距

3. Street Geometry 道路几何学

   (1) Definitions 定义

   (2) Design Requirements 设计要求

4. Construction 构造

(二) Walks and Steps 步道和台阶

1. Walks 人行步道

2. Exterior Steps Not Contiguous to Dwelling or Building 不邻近住宅及建筑物的室外台阶

   (1) Flight 梯段

   (2) Risers and Treads 踏步高度和宽度

   (3) Landings 休息平台

   (4) Handrails 栏杆扶手

(三) Grading 基地平整

1. Compaction 压实；夯实

2. Gradients 坡度

(四) Drainage 排水

1. General 总则

   (1) Collection and Disposal 收集与处理

   (2) Concentrated Flow 集中排水

2. Drainage Design and Flood Hazard Exposure 排水设计及洪患风险

   (1) Storm Frequences 风暴频率

   (2) Street Drainage 道路排水

   (3) Foundation Drainage 地基排水

3. Primary Storm Sewer 主要雨水管

（1）Pipe Size 管道尺寸

（2）Minimum Gradient 最小坡度

（3）Easements 附属建筑

4. Drainage Swals and Gutters 排水洼地和排水沟渠

（1）Design 设计

（2）Easements 附属建筑

5. Downspouts 落水管

（1）Outfall 排水口

（2）Piped Drainage 暗管排水

6. Storm Inlets and Catch Basins 雨水入口及下水道滤污器

（1）Openings 开口

（2）Access 通路

7. Drywells 旱井　水窖

（五）Water Supply Systems 供水系统

1. Individual Water Systems 单户供水系统

（1）General 总则

（2）Well Location 水井位置

（3）Well Construction 水井构造

（4）Pumps and Equipment 水泵及装置

（5）Storage Tanks 储水罐

2. Community Water Systems 区域供水系统

（1）Definition 定义

（2）Design 设计

（六）Wastewater Disposal Systems 废水处理系统

1. Individual Wastewater Disposal Systems 单户废水处理系统

（1）General 总则

（2）Percolation Tests 渗透作用测试

（3）Subsurface Absorption Systems 地表吸收系统

2. Community Wastewater Disposal Systems 区域废水处理系统

（1）Definition 定义
（2）Design 设计

（一）Streets 道路

1. 类型——

（1）支路：支路是指将交通量由局部入户路引入干路和高速公路主道路系统的支线街道。包括居住社区的主要出入口街道和内部的交通性街道。

（2）入户路：入户路是指主要用于进入毗邻地块住户的次要街道，包括服务于多户集合住宅单元的机动车路。

2. 设计特点——

（1）紧急通道：为消防设备和其他紧急车辆设置的通道，需要距离主要建筑入口100英尺以内。

（2）尽端路：尽端路需设外径为至少80英尺的回转车道，其可通行直径至少为100英尺。

（3）道路交叉角：街道交叉应尽量设置成直角，并且任意道路与其他道路相交不得小于75°。道路交叉口转角半径最小为20英尺（见图15-1）。

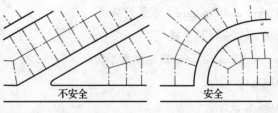

图 15-1

（4）交叉口视距：交叉口必须留有足够的距离。无信号控制交叉口的通过车辆必须在进入距道路中心线交叉点75英尺时可视。

3. 道路几何学

（1）定义。在（一）. 3.（1）. 1）和（一）. 3.（1）. 2）部分的定义适用于 Section（一）. 3.（2）部分。

1) 地形分类：

一般地形—坡度小于8%；

缓坡—坡度为8%~15%；

陡坡—坡度大于15%。

2) 开发密度（宅基地数量）：

低—每英亩少于2块宅基地；

中—每英亩2~6块宅基地；

高—每英亩多于6块宅基地。

(2) 设计要求。除得到州（相关）主管部门同意外，支路和入户路应遵守表15-1和表15-2中的要求。在冬季有冰情的地区，这些要求可有所调整。

人行道宽度（英尺） 表15-1

街道类型	路边平行停车	开发密度		
		低	中	高
支路	禁止	26	32	36
支路	无限制	36	36	40
入户路	禁止	18	18	20
入户路	部分停放，一侧停车①	18	20	26
入户路	部分停放，双侧停车①	22	26	32
入户路	全部停放，一侧停车②	22	26	26
入户路	全部停放，双侧停车②	26	32	36

注：① 每住宅至少有一个路外停车位。

② 无路外停车位。

4．构造

道路结构和路面必须提供安全且经济的通往各建筑基地的通路。道路的设计与构造需适合所有预期交通量、气候和土壤条件。道路应满足或超过地方、郡县、州的各项要求。

(二) 步道和台阶

1．人行步道

有步行道的地方应与永久以及临时障碍物至少保证7英尺的竖向净空。步行道表面应该防滑。

道路设计（英尺）　　　　　　　　表 15-2

		地形		
		一般	缓坡	陡坡
支路	中心线半径最小曲率	300	225	150
	最小视距	250	200	150
	最小可通行宽度	60	60	60
入户路	(a) 中心线半径最小曲率	200	150	100
	(b) 最小视距	200	150	100
	(c) 最小可通行宽度①	50	50	50

注：① 对于尽端路，最小通行宽度为 40 英尺。

2. 不邻近住宅及建筑物的室外台阶

（1）梯段

1）不允许一步台阶或垂直距离超过 12 英尺的梯段。

2）人行道或车道相交处，挡墙台阶至少退让 1 英尺，斜坡至少退让 2 英尺。

（2）踏步高度和宽度

1）踏步高度最高为 6 英寸，最低为 3 英寸，且在梯段内应等高。

2）踏步宽度最小为 12 英寸，且在梯段内应等宽。

3）踏步应设放滑表面。

4）坡道倾斜度应能保证排水。

（3）休息平台

1）最小宽度取 3 英尺和梯段宽度中较大的一个。

2）转换方向只能在梯段休息平台处或通过扇形踏步，扇形踏步距汇聚端 18 英寸处满足直楼梯踏步宽度的要求。

（4）楼梯栏杆

梯段高度超过 30 英寸时应设 36 英寸高的栏杆扶手，梯段宽度小于等于 5 英尺时在一侧设扶手，宽度大于 5 英尺时在两侧设扶手。

（三）基地平整

1. 地基夯实

所有街道或房屋地基填充物应夯实至密度不小于95%，并得到监督机构或其他公认的测试手段的认可。除非有注册岩土工程师指导下、使用性能经过认证的夯土设备，夯实层最大厚度应为6英寸。用来承载建筑基础的地基填土应该为受控过程，经过注册岩土工程师依照成功经验进行设计、监督与检测。

2. 坡度

坡度设计的安排须保证在任何气候下行人车辆到达住宅以及基地内所有其他重要设施的安全与便利。基地平整用来确立建筑楼地面高程，地表找坡用来使地面排水远离建筑物和其他邻近的基地。坡度设计须符合表15-3、表15-4。

通道和停车场坡度[1] [%]　　　　　　　　　表15-3

		最小值		最大值	
		中心线	路拱或横坡	中心线	路拱或横坡
道路		0.5	1.0	14.0	5.0
道路交叉口[2]		0.5	1.0	[2]25.0	5.0
车道[3]		0.5	1.0	14.0	5.0
人行道[4]	混凝土		0.5		
	沥青		1.0		
建筑入口和短步道		1.0		12.0	5.0
主要步道		0.5		10.0	5.0
邻近台阶				2.0	
楼梯平台			1.0		
坡道		1.0		2.0	5.0
停车场			0.5	5.0	5.0

注：① 近似换算 0.5% = 1/16 英寸；英尺，1.0 = 1/8 英寸；英尺，2.0% = 1/4 英寸；英尺，5.0% = 5/8 英寸；英尺，10.0% = 1 1/4 英寸；英尺，12.0% = 1 1/2 英寸；英尺，21% = 2 5/8 英寸；英尺

② 靠近道路交叉口，距路中心线100英尺以内，坡度不得超过5%。

③ 垂直坡度变化应使汽车底盘缓冲器与车道表面接触。

④ 主要为老年人使用的公寓，坡度最大5%。

斜坡坡度[1] [百分比]　　　　　　　　表 15-4

		最小值	最大值
远离基础的斜坡	透水面层	5.0[2]	21.0[3]
	不透水面层	1.0[2]	21.0
透水面层	地面结霜地区	2.0	
	地面不结霜地区	1.0[4]	
不透水面层		0.5	
Slopes to be maintained by Machine			33.0[3]

注：见表 4-3 注①。

② 最小长度 10 英尺或根据地块形状的限制。

③ 最小长度 4 英尺。

④ 年降水量在 50 英寸以上的最小坡度值为 2%。

(四) 排水

1. 总则

(1) 收集与处理

须视情况而定设立地面排水和地下排水系统，以收集和处理雨水及地下排水。这些系统应为居住者提供安全和方便，需要保护住宅以及其他设施和可利用地块避免雨水的破坏、泛滥和侵蚀。

(2) 集中降雨排放

雨水排量集中的地区，永久性设施应避免冲蚀以及其他破坏，以及避免在场地内或邻近地块发生内涝。

2. 排水设计及洪患风险

(1) 暴雨频率

排水设施需按十年一遇持续 24 小时暴雨标准设计，所有作用区域上可能形成的全部开发，都应被作为计算判断的基础。

(2) 道路排水

道路在地面径流相当于十年一遇的暴雨时也应可以使用。对于排水口不足以满足十年一遇暴雨、积水大于 6 英寸深的地区，道路应设计成有相当于二十五年一遇暴雨的地面径流时，仍可通行当地常用紧急车辆，当有其他没有积水的通道时例外。

（3）地基防水

应提供适当的架空层和地基排水以去除地下潮湿。

3．主要暴雨管道

（1）管道尺寸

主暴雨管道尺寸（位于街道或其他公权线路上的暴雨管道或支管接口处），要求有基于设计分析的内径大小，但不得小于15英寸。在五年一遇暴雨的预期排雨量不足以充满15英寸管道的地区，不必要设置主暴雨管道。

（2）最小坡度

最小坡度的选择应保证管道在低流量情况下的自冲刷和清除可能来自于排水区内的淤积物。

（3）地役权

暴雨管道的沿线地役权最小宽度为10英尺。

4．排水洼地和排水沟渠

（1）设计

硬化的排水沟渠最小坡度为5%，非硬化的排水洼地应有足够的深度和宽度以调节最大可预计雨水排量而不发生溢流。排水沟渠和洼地应采用播种、铺草皮、网植草或铺装等适宜的手段以防止冲蚀。护坡的坡度不应大于2:1。

（2）地役权

明沟应设地役权，其宽度至少为明沟宽度加10英尺。

5．落水管

（1）排水口

有落水处，应与可用的雨水管道相连并在（底部）设匹配的滴水砖，或直接排在适合的硬质铺地处，使雨水向远离建筑物排放。落水管不应与生活污水管道相连。

（2）排水管

建筑的屋面管道排水应与可用的雨水管道相连，或直接排在不会导致冲蚀或其他破坏的地方。

6. 雨水进口及下水道口

（1）开口

当雨水进口在小孩易接近处时，开口的尺寸应被限制在 6 英寸以内。当雨水进口在步行区域时，设计应避免使自行车轮胎、婴儿车等陷入或被阻碍。

（2）检修口

所有的进水口和下水道口处都应设检修口供清洁使用。

7. 集水井

集水井用于处理来自基础排水沟、架空层和少量其他来源的水。适用于集水井底部深入多孔隙土层的深度在最高地下水位之上的地区。

（五）供水系统

1. 独立供水系统

（1）总则

1）在该部分中，独立供水系统是服务于数量少于《安全饮用水法案》中所规定社区最低限的用户或连接的系统。

2）单户的独立供水系统应有能力持续供应不小于 5 加仑/分钟的流量，多户的独立供水系统应由专业工程师设计并且有足够的能力服务于估计的需求量。通过执行一个至少持续 4h 的检测来检验成效以及系统中所有水井的最大水位降低量。州办事处可根据当地水文和地质条件免除该测试。

3）需要持续地或频繁地处理以保证不受细菌污染的水源是不被许可的。

4）系统安装后需要按照卫生部门要求进行消毒，无卫生主管机关的地区，系统清洁和消毒应该依据美国环境署所发的独立供水系统手册。

5）在此所述的独立供水系统的任何方式，如不被具有管辖权的当地卫生主管机关所允许，不应被使用。

（2）水井位置

1）除在北极地区和靠近北极地区外，水井不得设于住宅的基础墙体以内。

2）水源不得来自可能受污染或已经污染的、有裂隙的、或与天然地面距离不足 20 英尺（取决于当地卫生部门要求）的土壤层，水井与污染源的距离见表 15-5。

3）当地面和含水层之间覆盖的土壤是粗粒砂，砂砾或多孔岩石；或有裂缝，使补充水携带有毒物进入饱和带使得土壤发生化学中毒的地块，不能使用独立供水系统；

4）表 15-5 用于确定水井和同地区或相邻地区污染源之间的最小距离。具有权限的卫生主管机关或农民家计局（FmHA）及其继任机构有权增加该距离。

水井与污染源距离　　　　　　　　　表 15-5

污染源	最小水平距离（英尺）
建筑红线	10
化粪池	50
污水吸收地	100[1]
渗水坑	100[1]
吸收床	100[1]
永久不透水材料制成的下水管线接口	10
其他下水管线	50
化学污染土壤	100[1]
雨水收集井	50
其他	—[2]

注：[1] 水井与土壤吸收法污水处理系统之间的水平距离，水井与受化学污染的土壤之间的水平距离，仅当地表能通过广阔而连续的粘土层、硬质地层或岩石层与含水层有效地隔开时，可减少至 50 英尺。水井应由构筑物维护以防止地表水和污染物的进入。

[2] 其他污染来源可能为燃料油、汽油储存罐、农场院子或化学药品储存罐等等水井须与这些污染源分开，距离依照当地卫生主管部门的要求。

（3）水井构造

1）水井的建造要使水泵易于放置且正常运转。

2）所有的机井都应有完好的，持久的、防水的井筒以承受所施加的长期荷载。井筒从抽水后水位之上几英尺或从水位之上的不透水层开始，延伸至地面或泵房地板以上12英寸。井筒的上端开口应该密封。

3）钻井应内衬混凝土、陶瓷黏土、或同等级的材料。

4）井筒或内衬与井壁之间的空间，应用水泥灌浆密封。

5）井筒如无正压提供不能用于给水。应有另一独立竖管作为抽吸管线路。

6）当沙子或淤泥进入含水层时，井中应填充沙砾或安装可拆卸的滤网或筛子。

7）井周围的地面应该设置排水坡度，使地表水远离水井流向排水沟。

8）井筒的开口、井盖、管道入口处的混凝土封口、水泵、检修孔，均应做防水。

9）如果设有通气孔，应延伸至地表水上涨的最高线之上。通气孔应做防水，开口一端须设遮蔽、放置在防止灰尘、昆虫或异物进入的位置。

(4) 水泵及设备

1）在正常运行压力下，水泵应有传送居住区所需水量的能力。泵流量不能高于井水的出流量。

2）水泵及设备的安装应达到无噪声、无振动、无溢出、无污染、无冰冻。

3）抽吸管应在井中水位最大降低量以下停止工作。

4）抽吸管的水平段应在置于冰冻线以下的防水套管中或者至少4英寸的混凝土中。吸水管与污染源间的距离不应小于表15-5中的规定。

(5) 储水箱

1）单户储水设备应包括最小容量为42加仑的压力水箱。不过在水泵循环输送能力大于等于42加仑水箱时，任何加压水箱与其他加压设备可被提供使用。多户储水箱的容量必须满足估计的最高负荷。

2）水箱最低处需安装检修孔塞，如水箱加压，需配置安全阀。

3）当水井供水量不能满足最高负荷时需增加储水量，常压工作下的中转水箱的设计安装应防止水质污染和下降。

2. 社区供水系统

（1）定义。在该部分中，社区供水系统满足《安全饮用水法案》中的定义。

（2）设计。社区供水系统应由当地州政府认证的有资质的专业工程师设计。社区供水系统应遵照联邦和州法律。

（六）废水处理系统

每个住户应配备一个适宜的（废）水输送系统以为生活污水提供一种处理方式，这样将避免产生污染已有或外来水源、或是任何危机公共健康的损害。

1. 独立废水处理系统

（1）总则

1）在该部分中，独立废水处理系统是仅服务于一个居住单元的污水处理系统。

2）当经过许可的公共或社区系统服务送达无法实现或经济上不可行，并且地下水和土壤条件许可的条件下，可应用独立废水处理系统。

3）独立废水处理系统由户内排水管道、预处理装置（如化粪池、小型密封处理设备）被许可的吸收系统（地下吸收区、渗水坑、地下吸收层）组成。该系统设用以接受所有来自住宅中（浴室、厨房、洗衣房）的生活污水，不是地面或屋顶的排水。设计应使系统各处所聚集的气体能够通畅地到达通气立管。

（2）渗透作用测试

1）除得到国家机关同意的免除许可外，应进行渗透作用测试。在由有资质的土壤技术员、土壤学家或工程师完成了该地土壤状况评定的情况下，州或地方可以授予免除许可。免除许可申请中必须写明进行土壤评定者的资质并论述吸收系统设计中所应采用的标准。

2）在均质土壤的情况下，每个用来建设吸收系统的区域需做一次渗透作用测试。如果土质有或预测有重要的变化，每个变化都需要做附加的测试。

3) 渗透作用测试需要依照成功经验进行操作。可指导该测试进行的导则包括《美国环保署设计手册》，"现场废水处理和处置系统"。

(3) 地下污水处理系统

1) 如果渗透率、土壤特性、基地条件都适合，可在排水良好、坡度适合、适宜开挖的地方建立地下污水处理系统。

2) 土壤渗滤率不到一分钟每英寸时，可用厚度不少于两英尺的壤质土或细砂代替。（请参阅《美国环保署设计手册》，"现场废水治理和处置系统"）。

3) 渗滤率大于60min每英寸的土壤不能用于地下污水处理系统。

2. 社区废水处理系统

(1) 定义　在该部分，社区污水处理系统是指服务多于一个居住宅单元的废水处理系统。

(2) 设计　社区污水处理系统应由一名合格的、专业的工程师设计，并持有系统所在州所发执照。

第十六章 南非乡村建设管理法规收集

一、南非乡村发展体系

1997 年 5 月

乡村发展工作小组（RDP） 土地事务部编制①

ISBN 0-621-27692-8

序言

本文件由 RDP 办公室乡村发展工作小组编写，RDP 办公室关闭后，由土地事务部负责本文件的修改和最终完成。

它是一揽子咨询的成果。其中最重要的是对发表在《政府公报》1995 年 11 月 3 日（NO. 16679）的绿皮书的公开回应。由于该绿皮书也包含了城市发展部分，作为对这份讨论性文件的回应，其中有 29 项回应是同时针对城市和乡村两部分的，32 项回应针对乡村地区，另有 27 项回应针对城市地区。

大部分针对乡村绿皮书的回应来自地方委员会，由省级部门来执行。也有一部分来自专业的协会组织和个人。我们由衷感谢所有提供批评意见的人，不论是正面的还是负面的。许多意见都是敏锐而有益的，它们拓宽了对于乡村事务理解的基础，因此我们也尝试着公平的采纳和处理这些建议。然而，也许，我们讨论的范围可以很宽广，但是有些意见我们并不能赞同。我们希望透过以下的内容能解释其原因。

许多对于这份讨论性文件的回应者要求提供关于南非广大乡村地区情况的更多细节，而这些多样化的生活方式被期望于影响政策体系的制定。虽然充分接受地区多样性的重要性，仍然不可能讨论它们中的全部。本文件描述的是全部的新出现的政策体系。它为乡村人口提供了一

---

① 注：序言和概要部分为全文翻译。

个框架体系,促使他们去思考、建设,将他们的当地(特色)环境铭记于心。

这份文件的筹备开始于1996年人口普查之前,完成于1997年6月。虽然如此,结论中涉及的乡村地区的贫困水平仍然没有发生变化。

乡村发展工作小组(RDP)

土地改革政策组

(土地事务部)

概要
1. 序论

乡村发展体系描述了政府怎样带领乡村人民,致力于实现快速而持续的消除乡村贫困。解决方式可以分为以下几类问题:

1)怎样促进乡村人民通过参与乡村地方政府的决策来影响和改变自身生活(第2章);

2)怎样增加就业和促进乡村地区的经济增长(第3章);

3)怎样提供合适的基础设施并改善乡村地区的公共服务。以及解决种族隔离时代产生的地处偏远的低潜力地区形成的人口拥挤等种种问题(第4章);

4)怎样确保乡村地区社会的可持续发展(第5章);

5)怎样提高乡村地方政府在规划和实施以及综合主要规划信息、检测和评估整个发展进程和成果的能力(第6章)。

乡村地区

一个人口稀少的地区,在那里人们务农或依靠自然资源生活,包括村庄和分散的小城镇。也包括前政权时期由种族隔离造成的迁徙形成的大的殖民地,它们由种族隔离的迁徙形成,依靠流浪出卖劳力和汇款生存。

乡村贫困

主要发生在5岁以下的儿童、年轻人和老年人尤其容易受到贫困侵袭,并且女性高于男性。最贫困的 10% 人口的消费仅占（全国）消费性开支的 1%。南非如此高的收入分配的倾斜与不公平的文化水平、教育、卫生和住房相伴而生，也包括使用水和燃料的权利。

乡村发展

乡村地区的发展要求：

1）制度上的发展帮助乡村人民通过有效和民主的方式享有他们的群体优先权，通过提供地方接纳力和资助帮助他们规划和实现当地的经济发展；

2）对基本的基础设施和社会服务的投资：提供物质基础设施（包括住房、水和电源、运输）和社会服务（例如基本的医疗保护和学校）；

3）增加收入和就业机会并拓宽获取自然资源的途径（例如可以耕种和放牧的土地。灌溉水源，林地和森林）；

4）通过建立周期性的市场作为有组织的时空发展框架体系来恢复边缘乡村地区基本的经济权利；

5）资源保护：努力投资于对自然资源的可持续性利用上；

6）正义、公平和安全：处理过去造成的不公正并确保乡村人口的安全，尤其是妇女的安全。

乡村发展与 GEAR

《重建和发展计划》宣告了政府根除贫困的承诺。作为物化的版本，政策必须以满足基本需求为本，以人类智慧的发展为本，以能够产生足够支撑生计的经济增长为本。政府经济增长、就业增长和重新分配（GEAR）策略的成功，依赖于保持健全的财政和整体经济体系。乡村发展对这项政策的贡献在于：

（1）通过地方经济的发展创造多样化的工作岗位；

（2）向从前缺乏足够教育、食物的地区重新分配政府支出；

（3）通过基础设施扩建计划解决服务的不足和订货，同时发展基础设施和基本的有成本效益的服务；

（4）诸多领域的社会发展，尤其是教育和公共医疗卫生服务，并且

通过提供资源使用权来提高家庭和国家的生产力;

(5) 对于那些大部分公民被切断了与国民经济联系的边缘乡村地区的整合。

协调与乡村发展

为了使上述目标在乡村地区成为现实,不论是在国家还是省的层面上,不同部门之间的主动协调都是很关键的。截至1996年,国家层面的乡村发展协调由部门内部的乡村发展工作小组完成。在省一级层面,乡村发展正的及其执行都由部门间的委员会指导,然而它们并非都能很好的协调规划和发展。地方政府应当能够当场有效的协调部门间的提案,但是几乎没有乡村市政当局也能够如此做。

2. 建设地方民主与发展:

南非现在正在巩固将国家全面转向民主的转变。其中一个重大进展即地方民主政府的建立;另一个则是宪法的颁布,它规定了地方政府提供相应服务的责任。

乡村发展中的地方政府

地方政府是民选的政府:

1) 对服务系统负最终责任;

2) 代表地方议会及其其他利益相关者的需求;

3) 仲裁资源管理领域的竞争性投资、规划计划或供应服务;

4) 按照《开发便利法》(1995年NO67) 27条的规定制定土地发展目标,以约束权限范围内所有的土地发展决议和政策;

5) 它的职责为协调不同部门的工作并始终贯彻执行省和国家的政策;

6) 负责确保当地的贫困人口也被考虑在内。

国家及省政府的角色

宪法赋予国家和省政府:

1) 帮助地方政府确定当地人民的需求;

2) 鼓励地方政府加强公众对规划的参与并通过行动满足大家的需求;

3）使当地居民享有通过适当的组织来参与国家计划，同时也承担更多的责任。

在世界其他地方，上述规则已经成为乡村成功发展的基础。乡村发展体系的目的是如何能使专业的技能和资源能够通过能力建设和资金援助得到加强巩固。

3. 地方经济发展建设与提高乡村生活水平

针对乡村地区的创造就业计划必须将就业的产生与促进经济活动的范围越广越好。就业和经济活动的范围越广，地方上的服务需求就越高，地方市场就会成长的越快，乡村地区的流动资金就会越多。地方的经济发展可以通过建立在利用当地的自然资源的基础上并抓住实际的和潜在的区域内的贸易联系来实现。本章介绍通过建立地方特产和服务的市场来加强上述联系。这样被认为可以恢复边远乡村人民的基本经济权利。

障碍

乡村发展的大部分制约来自长时期的种族隔离及其歧视政策，忽视了绝大多数的黑人。强制迁徙导致了人口过度拥挤和许多基本权利的剥夺。过高的人口增长率给家庭收入、社会服务和自然资源都带来了压力。制度和法律上的障碍波及销售和生产。乡村地区必须克服的主要障碍包括：

失去土地和过度拥挤的前国家地区和在商业农场里不适当的耕作方法加剧了土壤退化和侵蚀。环境管理政策和措施依然碎片化。

当前的土地所有权和土地发展模式强烈的反映了种族隔离地区的政治和经济情况。以种族歧视为基础的土地政策导致了不安全、失去土地的贫困黑人人口的产生和低效的土地管理和使用。

种族隔离的空间规划造成了这样一种乡村景观，它缺乏对大多数弱势群体提供经济机会，尤其是妇女；它缺乏本地市场而只能依赖遥远的城镇为他们提供就业、商品和服务。

在白人主导的商业化农业地区，过去的政府政策导致了一个过渡投资、过渡机械化的农场系统。现在这个系统向黑人农民敞开面临着很多困难。这些都归咎于数十年来的种族歧视和压迫，黑人缺乏技术、经验和资金，缺乏供小农们进行商品交换的市场，缺乏对小规模农场可持续发展的支撑服务等等。

机遇

本章描绘了地方经济发展和多渠道创造就业机会的潜力。这些就业机会包括大中小型各种规模的企业，涉及农业、林业、旅游和劳动力密集的公共建设工程。它承认拓展土地资源的使用渠道的重要作用，承认在地方政府和私人机构及NGO组织之间建立合作关系的重要性。这些都必须建立在利用当地自然资源和潜在的地区贸易联系的基础上。这些都必须延伸到当地和区域的产业链条和服务中，将小城镇联系到区域经济之中，建立完整的产品和现金的流通和在更广阔的经济活动中的竞争力。

4. 建设乡村基础设施

乡村地区拥有丰富的基础设施原材料（木材）。持续的投资于合适的基础设施对于达到政府实现公平和效率的目标是及其重要的。对于所有的乡村基础设施计划来说，事先与当地政府机关和社会团体进行沟通是一个前提。同样的，国家与省一级政府间的密切合作协调也是一个重要前提。本章描述了政策原则以及合作框架，它提供了可供执行的框架。

预期的服务水平和花费

不同类型乡村地区的目标服务水平不可能精确的预计。影响所提供的服务水平的主要因素包括：当地的经济增长速度；经济增长带来的效益能否在多大范围内被分享；负责市政服务的机构的能力；消费者个人和集体的选择。通过城市和乡村地区预期服务水平的对比可以发现，乡村地区的安装单位成本较高，然而事实是乡村人民仅能支付最低水平的经常性费用。

重要的补助

为了满足乡村地区基础设施建设的原料供应，政府必须通过下列计划来平抑维持基本水平服务的资本费用。

学校和医疗建筑计划：通过国家和省级相关部门，由政府完全提供电话和电力服务；

DWAF社区水和卫生设施计划：提供了一个平台来执行供水和卫生设施；

宪法发展部门统一的市政基础设施计划（MIP）：每户3000兰特（南非货币单位）用于水和道路的连接设施的安装和恢复；

住房部的国家住房补助金：每个有资格的公民可以获得包括土地、地上地下基础设施在内的多达15000兰特的补助；

土地事务部的定居点/土地获取赠与：作为土地改革计划的一部分，每个有资格的公民将通过提供基本的基础设施的方式获得每人15000兰特用于获取土地、田产和用于土地改良。

统一的市政基础设施计划

统一的市政基础设施计划缘起于协调由宪法发展部、住房部、水资源和林业部、土地事务部等四个部门所提供的不同的资助计划。统一的市政基础设施计划关注水源连接、道路和雨雪收集管道、固体废物处理和公共照明服务。这些为新的设施。也包括对已有设施的升级和修复提供资金支持，既包括人口稠密的城市也包括人烟稀少的乡村地区。统一的市政基础设施计划下诸项紧密联系的子计划将帮助市政当局建设和管理可持续的基础设施系统。

水、卫生设施和能源政策

社区供水和卫生设施计划旨在确保所有的南非人民在未来9年内都能享有充足的水源供应和安全的卫生设施。

缺乏足够的能源是乡村地区经济和社会发展面临的主要困难。其主要的障碍是：有限的配电网和高昂的扩建费用；日常供电的经常性成本；贫困人口缺少有关代用能源的信息，包括可能的资金筹措途径。这项政策选择当下来执行正式致力于解决上述问题。能力建设计划，包括能源使用者、供应商和设施，致力于确保地方层面能主动反映人民的需求，理性而富有见地。

乡村住房

国家住房政策致力于为所有的南非人提供一个永久的居住建筑，包括可靠的使用权、确保私密性和提供足够的保护以应对环境，适于饮用的水、充足的卫生设施包括垃圾处理和家庭电力供应。然而，政府支持的住房发展趋向于对乡村地区提供较低的优先权。乡村家庭常常陷于混乱的组织中，为了获取住所而苦苦排队等候补助金。法律上可以接受的土地所有制也已经成为申请者申请公共土地的障碍，这一问题正在解决过程中。

定居/土地获取资助，住房部设立的住房津贴中的一个两者选其一的补贴，为乡村人民提供了土地用于农业生产和居住。

对于农场工人来说，依靠属于雇主的土地生存，他们的困难在于这种占有权利依赖于雇佣关系。在这种情况下，批准发放住房改善补贴必须与土地所有者确保申请者的土地租用权相联系。

乡村定居计划为政府制造了非常大的需求在地方层面进行组织和规划。这种需求能否被很好地满足取决于相关部门职员的能力。DLA（土地事务部）和省住房委员会将通过资金援助的方式帮助他们成立组织来确保他们的需求能引起资助机构的注意并使得定居计划可持续开展。

5. 实现社会可持续发展

最近的在南非乡村进行的调查显示，贫困的程度已经与北部非洲贫穷国家一样严峻了。调查显示妇女以及由妇女作为户主的家庭尤其处于弱势地位。结果，3/4 的乡村儿童成长在处于贫困线以下的家庭里。

本章阐述了宪法赋予乡村人民和易受到伤害的人群的权利以及他们可以通过何种途径贡献和要求更好的基础设施、公共服务和居住条件。

由始至终，NGO 组织和 CBO 组织的作用都被认为是至关重要的，不论是作为传递服务还是确保良好的管制、透明度和参与度。政府寻求将 NGO 组织和 CBO 组织引入政策对话和制定中来。关于这一点，加强 NGO 组织和 CBO 组织及独立的专家机构是很重要的。政府、非政府组织和社区组织之间建设性的伙伴关系将最大程度的造福于乡村发展和乡村人民。

社会保险、安全和法律事务

社会稳定和安全是社会和经济发展的前提。在乡村地区建立和平与和谐的责任依靠所有的居民，但尤其依靠当地领导人。加强他们对公平管理承诺的机制和行为的方法将被政府所支持。一个社区警务论坛（CPF）必须与每一个乡村警察局相连接以确保社区的安全和稳定。妇女团体必须作为减少针对妇女儿童犯罪努力的一部分而采取积极行动。

贫穷的乡村人民在法律制度中基本没有什么资源。他们仍然被雇主和土地所有者利用并处于受伤害的地位。在前政权时期，穷人一直受到伤害并卷入社区之间的争斗。对于短缺的资金，问题在于如何能将法律服务延伸到边远地区。乡村法律咨询办公室需要作出一份评估来决定如何增加他们的服务范围和效率。

儿童的权利

南非人口中很大一部分为儿童。他们中的大部分居住在乡村地区，在那里居住着80%的最贫困的儿童。贫穷的妇女们在沉重的生活压力之下不得不从事额外的工作来养家，导致了当她们不在家时，她们的孩子被剥夺了基本的照顾和关心。

宪法规定，每一个儿童都享有家庭抚养和双亲关怀或离开家庭环境后享有其他合适的替代性关怀的权利；基本的营养、住所和卫生保健服务和社会服务；保护其不受虐待、忽视、辱骂和歧视，并被保护不受劳动剥削。

最根本的人权是生存权。完备的基本卫生保健服务对于免疫计划、紧急救助和日常评估支持来说是非常重要的。儿童情况最有用的全面反映就是他们的营养数据，这些数据必须有规律的监测并与环境卫生相联系。这种营养信息在任何改善乡村地区儿童状况的计划中都是核心指标，以决定如何使资源得到有效配置。

乡村健康

贫穷引起的疾病，比如传染病和母婴患病和死亡率在乡村地区都很普遍。相当数量的乡村儿童死于可以简单预防的疾病。假如过去能够提供合适的卫生服务则所有上述情形都可以消除。

整个国家的目标是使得每 5000 人拥有一个诊所,提供免费的基本卫生保健服务和确保基本的药物使用。这些诊所将被补充为移动的单元以为人口稀少的乡村地区提供卫生服务。卫生部负责调遣经过训练的人员去乡村地区并改善他们的工作条件,以鼓励更多的人服务于乡村地区。

在城市地区,艾滋病的流行是一个主要的关注。在强力支持预防措施的同时,政府也致力于对艾滋病受害者提供适当的社会救助,包括生活和医疗。

乡村教育

在种族隔离制度下,生活在乡村地区的南非人被剥夺的受教育的机会更甚于生活在城市的南非人。大部分的乡村学校缺少包括教学楼、设备和书籍在内的资源,也没有供电和自来水。孩子们通常需要步行很远到达学校,而一个 70 人规模的班级也并不罕见。辍学率和留级率很高甚至一大部分儿童根本没有上学。中级教育、幼儿教育和成人教育的机会都很缺乏。

政府有责任提高乡村地区正式教育的水平和实用性,并为新成立的地区和乡村议会提供培训和帮助。南非学校法自 1997 年 1 月 1 日生效。该法确定了与宪法相一致的接受基本教育的权利。省级政府有义务为公立学校提供足够的场所。公立学校的类别包括:社区学校和农场学校、林场学校和工矿学校以及一些神学校。该法案为所有的学校建立民主选举的管理体制代表家长、教师和学生们做好准备。教育上的公共花费,将尽可能的用于贫困的和历史上被剥夺的学校。大部分的乡村社区学校和农场学校都属于这一类。

社会保险和福利

缺少能够赚钱的工作机会是南非乡村地区苦难的根源。政府已经认识到发展覆盖全民的社会福利和社会保险系统的必要性. 社会福利对于城市居民更容易实现。今后社会福利将公平的分配给乡村居民。

劳动密集型公共建设工程在遇到干旱或其他灾害的情况下,将补偿而不是破坏乡村经济的发展。救济、施舍食物将减少自立,因此只有在出现可怕的紧急情况时才采用。

6. 建设地方规划和执行的能力

乡村市政当局有效的履行职责需要建立规划的能力，至少在地区的层面上。其目的是提供可利用资源的信息并帮助民选的议员们选出最合适的发展选择。全面的目标则是全面利用地区的一切可用资源，包括自然的、人文的和经济的资源。本章考虑的是分散规划的案例。一些突出的问题被寄希望于在地方政府准备白皮书的进程中得到解决，通常由宪法发展部门来掌握。

在国家财政非常紧张的情况下，建立在准确的地区水平的数据上的合理的资源配置尤为重要。国家政府的支出将继续在省和各部门间进行分配。各部门也会将这笔支出再分配到省一级的活动。执行机构则希望看到这些分配的资金能够被合理的利用以达到他们各自的政策目标。地方当局的税收增长将被分配到服务中，并由民选的议员来决定。资源分配的效率将通过国家、省政府和地方当局间的协调工作来得到改善。区域层面的规划能力显得尤为重要。地方层面的规划参与将增加支持和承担义务、鼓励自力更生和动员地方资源。综合和回顾在发展工作中是十分重要的。

以下的规划尝试，作为一个区域规划是值得推广的。

数据收集：乡村地区的基础设施发展和改善规划需要准确的信息。

追踪区域政府部门的资源分配过程：尤其是计划和项目的相关数据，它们的影响、哪些实现了及其效果。

周期性的市场和服务：规划周期性的市场辐射到小的定居点并且将政府的读物延伸到这些地方。

干旱监测：干旱管理策略的一个重要的组成部分，要求校勘和分析数据以预报干旱发生的位置和影响范围。

提供信息：为议员、地方政府官员和政府公共项目的成员提供信息。

环境监测和影响评估

空间规划和 LDO：开发便利法要求每一个地方政府建立土地发展目

标作为该地区发展规划的基础。这些目标也满足大多数综合发展规划的要求。

二、重建和发展计划白皮书（1994年）

目录①

序言

1. 介绍

    （1）什么是重建与发展计划（RDP）

    （2）我们为何需要 RDP（重建与发展计划）？

    （3）RDP 的六项基本原则

    （4）RDP 的计划构成

    （5）RDP 白皮书：政府实施改革的基本策略

2. 政府与 RDP

    （1）介绍

    （2）国家政府 RDP 组织结构

    （3）资源：RDP 资金

    （4）总体计划

    （5）改革计划

    （6）省级政府与 RDP

    （7）地方政府与 RDP

3. 经济政策框架

    （1）介绍

    （2）经济政策的目标

    （3）经济政策策略

    （4）经济增长前景

    （5）投资政策

    （6）工业政策

---

① 注：下划线部分为全文翻译

(7) 贸易政策

(8) 竞争政策

(9) 货币和金融政策

(10) 中小企业

(11) 劳动力市场与人力资源发展

(12) 社会福利

(13) 科技政策

(14) 旅游

(15) 腐败

(16) 公共事业

4. 财政政策和预算

(1) 介绍

(2) 预算过程

(3) 征税

(4) 政府间财政关系

5. 公共部门改组

(1) 介绍

(2) 肯定的行动：创建一套有广泛代表性的公共服务

(3) RDP 资金与公共部门的改组

(4) 公共服务的合理化

(5) 对现行立法和规章的修订

(6) 公共服务培训机构

(7) 提高效率

(8) 信息自由

(9) 劳资关系

6. 协商规划框架

(1) 介绍

(2) RDP 及其预算的国家政策框架

(3) 商业规划进程

7. 协商、参与和执政能力建设

　　（1）介绍

　　（2）RDP 工作组

　　（3）国家经济发展与劳工大会

　　（4）论坛

　　（5）省和地方协商

　　（6）执政能力建设与有效参与

　　（7）重视妇女、青年、乡村和残疾人的权利

8. 结论：面向未来的全国共同宣言

9. 与 RDP 相呼应的部门计划总结

重点示范项目

序言

　　我的政府承诺实现包括自由选择、远离饥饿、远离剥夺、远离无知、远离压迫和远离恐惧在内的一系列目标。这些基本的权利保证了人类的尊严。它们将成为政府工作的核心。上述目标同时也是重建和发展计划的目的，如若不然它就失去了合法性。

　　——纳尔逊·曼德拉总统在国会上发表的演讲，1994 年 5 月 24 日

　　（1）大选产生的新政府将领导南非走上一条改革和复兴之路。几个世纪的压迫和数十年来的种族隔离都要求我们将全部的精力和智慧都投入到重建的努力中。中央政府将指导建立一套新的管理体制。新的管理方式将为社会其他方面的重建树立榜样。尽管没有人会怀疑这将是一个漫长而艰辛的过程，我们还是坚信这是十分重要的。

　　（2）重建和发展计划是一个指导改革策略的政策工具。它作为一项方针政策，由总统办公室实施程序，并由国家团结政府（GNU）建立。随着计划的推进，将有效的整合各个政府机构，当然，也会促使地方政府同心协力致力于国家的复兴目标。每一个省份都将及时主动的准备与中央 RDP 相对应的本省的 RDP。RDP 为我们国家带来了独一无二的复兴、和平、繁荣、和解和稳定的机遇。它是正在进行的协商的产物，并

已被所有政党和议会及社会各阶层所支持和接受。它建立在民众一致同意的基础上且面向未来。

（3）增长、重建和发展之间的相互依赖关系是白皮书的一个核心观点。政府正致力于重新分配资源以改变人生而不平等的现状。正是在这种背景下，内阁提出了"节约开支运动"以把资源更多的分配到基础的公共服务领域里。政府承诺实现经济增长，特别是鼓励稳定雇佣关系，并将采取措施支持一般工业部门，特别是中小企业的升级。

（4）曼德拉总统将最初的 RDP 文本描述为"一段历史的结束，另一段历史的开始"。在本文中，最初的 RDP 文本指的是 RDP 基本文件，它是 RDP 白皮书的基本出发点。基本文件为团结政府的重建和发展机制提供了基础，这份白皮书则将基本文件转化为一系列具体的实施策略，并尝试通过与团结政府及社会组织之间体制化的协商机制来充实 RDP。一些实现 RDP 目标的具体的政策正由不同部门来准备并将最终汇入 RDP 整体。

（5）本文件得到了议会的口头和书面授权。它反映了政府的政策并被议会采用。

（6）继这份白皮书之后，将于 1995 年 3 月发表第二份白皮书，主要内容为：

——评估实施进程

——制定更多的具体政策

——制定协调的宏观经济框架

1. 介绍

（1）什么是重建与发展计划（RDP）

1）重建和发展计划（RDP）是一项为了协调统一经济社会发展的政策框架。它试图动员全民的力量和全国的资源努力消除种族隔离的后果。它的目标是建立一个民主的、没有种族和性别歧视的未来。它代表了通过以下方式对南非进行彻底改革的观点：

发展强大而稳定的民主体制；

保证代表性和参与性，保证我们的国家成为一个充分民主的、无种族和性别歧视的社会；

实现可持续的和环保的增长之路。

2）RDP 非常清楚只有民众自己自愿参与实现上述目标的进程，一个改革中的国家才能取得成功。在这个精神指引下，通过一系列协商完成的 RDP，将致力于鼓励各种社会组织广泛参与和负责计划的有效实施。

（2）我们为何需要 RDP（重建与发展计划）？

1）我们的历史是一段被殖民主义、种族主义和男性至上主义和压制劳动人民做主宰的痛苦的历史。其结果是贫穷和（生态）退化与现代化的城市、发达的采矿业、工业和商业基础设施并存。我们的收入分配按人种被歪曲，且其分配是世界上最不公平的国家之一。妇女至今仍遭受难以数计的歧视和偏见，乡村人口和年轻人同样被忽视。一面是奢侈的富有阶级的浪费，一面是贫困阶层的一贫如洗，它们共同构成了我们现在的社会。

2）整个经济领域都是建立在以种族为划分基础上的。乡村地区被分为不发达地区和发达地区、白人所有的经济农场地区；城镇被分为没有基本基础设施的黑人区和白人居住的郊区。教育、医疗卫生、社会福利、交通运输和就业等诸多方面的种族歧视造成了深刻的创伤和不平等，以及无效率的经济。暴力已经对我们的社会造成了破坏性的影响，因此恢复和平和社会的安全感是非常重要的。

3）在商业和工业领域，白人掌控着大部分经济部门。廉价的劳动力政策和就业歧视使得技能都集中在白人手中。工人们完全没有装备好世界经济发生的巨变。由于存在高度的工业保护并很少投资于科研、发展和员工培训，中小规模的企业很不发达。这些非正式的部门和"幸存下来的部门"，包括许多南非的女工，她们饱受剥削且报酬过低。

4）其结果是在我们社会的各个层面：经济、社会、法律、政治、道德、文化和环境等等，南非都面临着严重的问题。

5）面对这些巨大的不平等，我们的人民已经完成了一个非凡的政治转变。议会中所有政党都赞同 RDP 的目标。在大家的共同努力下，我们可以开始重建我们的社会了。

6）与此同时，南非所面临的挑战也是巨大的。只有通过这样一个综合方案来治理我们的国家，化解由种族隔离造成的一系列社会危机。

7）没有任何一种政治民主能够在它的人民还处于贫困、流离失所、基本需求无法满足、没有切实的途径获得美好生活的情况下生存乃至繁荣发展。向贫困和剥削宣战是民主政府首先需要做的。

8）我们怎样才能成功的实现这一切呢？一项切实可行的，可持续发展的满足上述自由目标的计划正是我们所需要的。它致力于让所有南非人民享受更高的居住标准的生活、公平的经济增长机会和安定的社会秩序。

9）RDP 被设计为这样一个计划，面对着所有的困难和挑战，我们固然不可能迅速解决所有的期望，但是我们建立了一个如何做出选择的框架体系。

（3）RDP 的六项基本原则

1）政府所面临的挑战是推动和满足 RDP 的六项基本原则。正是这些原则的综合确保了一个连贯的政策体系。

2）综合和可持续性

首先，我们需要的是一个综合的和可持续性的计划。种族歧视造成的后果不可能被零落的政策去解决。RDP 将我们的所有资源整合到一系列由国家、省政府和地方政府三个层面共同协调执行的策略中。国内的各种商业和社会组织也都被鼓励参与到 RDP 框架中来。

3）人民的力量驱动

第二，这项计划必须成为人民的力量来驱动的过程。我们的人民，用他们的热情和集体决断，将成为我们最重要的资源。RDP 在关注民众的即时需求的同时也关注长期需求，它依赖于人民的精力。不论种族、性别和年龄，不论在乡村还是城市，不论贫穷或富裕，所有的南非人民必须共同创造他们自己的未来。发展并不仅仅指的是被动的使公民得到物品，而是包含着参与和权利。通过这种方式政府将建立一系列论坛和和平组织。政府则通过这些方式最大化的实现政务公开和透明。

4）和平和安全

这项计划和人民力量推动的过程是与和平和安全紧密相连的。促进和平和安全需要全民共同参与。它将建立和发展一种全民动员建设和平、抵抗暴力的体系。作为重建和发展进程的启动，政府将从现在开始着手建立一支代表各民族和各性别的安全力量。这样一只安全力量将是超越党派的专业队伍，它拥护宪法并尊重人权。他们将帮助维护社会的发展稳定和道德规范。司法体系也将反映社会的民族和性别构成，使得法律面前人人平等。营造和平稳定的社会环境和政治形势也是政府鼓励投资的重要举措之一。政府将不会容忍任何劫持人质或抢夺财物等违法犯罪活动．为此，政府将采取坚决有力的行动根除违法犯罪、贩卖毒品、走私军火、欺诈及虐待妇女儿童的罪行。

5）民族建设

一旦和平和安全已经实现，我们就可以开始民族（融合）的建设了。大选进程和团结政府建立的成功已经为我们开辟了民族融合的大道。议会中所有政党都已批准 RDP。一些重要的议会外政党也展开了与政府间的对话。所有这些都有利于民族团结融合的建设。我们是一个经济统一的单一制国家，在宪法体制下建立省和地方政权，我们尊重和保护少数民族的权利，并为他们提供便利以保留他们的文化特征。正是这个多样化团结的基础奠定了我们巩固国家主权的基础。

6）满足基本需求和建设基础设施

民族建设与重建和发展紧密相连。RDP 是建立在这样一种观念之上，即重建和发展都是综合改革进程的一部分。RDP 将增长、发展、重建、重新分配和协调统一综合到一个计划中。而将这所有因素联系起来的则是基础设施建设计划。它将为全民提供诸如供电、供水、通信、交通、医疗、教育和培训等现代高效的公共服务。这将既满足人们的基本需求，又解除了城市和乡村地区被抑制的经济和人的发展。接下来，它将促进国民经济各个部门的产出增长，通过升级基础设施和人力资源发展，我们将提高出口能力。为了使这项计划生效，我们必须采取措施应对抑制经济增长和投资的因素、清除私人资本发展过程中的障碍。如果我们想实现和平和安全，成功建立起重建、发展和增长之间的联系是十分重要的。

7）民主

彻底完全的民主对于南非的重建和发展是极其重要的。首先，那些曾经受到伤害的民众必须参与决策的制定。民主并不只是周期性的大选，而是一个活跃的氛围，使得每个人都能为重建和发展作出贡献。社会的民主需要国家和社会的彻底改革。政府及其相关机构将进行机构改革以适应 RDP 的开展。这里需要特别指出的是，再也没有什么"一切照旧"

8）评估和责任

这些 RDP 的原则将影响全社会相信他们的人权和集体福利将随着 RDP 目标的实现而得到最好的提供。这需要一个组织机构确保所有的行动能同步协调进行。同时也需要一个评估原则以便全社会监督其实施。

(4) RDP 的计划构成

1）RDP 基础文件指的是五个核心计划：

满足基本需求

开发人力资源

建设经济

实现国家和社会的民主

执行 RDP

2）基础文件中的这五个部门建立了 RDP 的长期社会目标。这是一个行动守则，也是所有参与者的工作清单。下列目标构成了所有计划参与者的工作框架。

3）满足基本需求

民众的基本需求从创造就业机会、土地改革到住房、供水和卫生设施、供电、交通、营养、卫生保健、环境、社会福利和安全。为建设基础设施来满足这些需求，RDP 将鼓励和支持人民参与重要决定的制定，例如项目的选址和项目的管理等。这些大规模的基础设施建设被寄望于通过增加对劳动力和商品的需求来刺激经济增长。

4) 开发人力资源

通过开发人力资源，我们的民众将参与决策的制定过程，和 RDP 计划的执行。这将充分发挥他们的主观能动性，其成功的前提是必须建立适当的教育培训计划。重视过去受到忽视的技能的培训和综合的教育培训，将使得民众的能力得到最大提升。种族歧视、性别歧视都将被废止，社会将充满活力。

5) 开发人力资源最重要的支撑领域即教育系统

RDP 认为发展教育也是它所承担的重要角色之一。它将推广终身学习的理念，将通过各种教育培训机构推广重建培训。

6) 文化的多样性是我们国家的重要财富

RDP 将支持一项艺术与文化发展计划，来为所有社会团体中的青年和老年人提供表达文化多样性的创造性的平台和机会，以继承我们文化的多样性。体育运动将在青少年的发展中扮演重要角色，青年人的活动，尤其是那些饱受痛苦的青年人，将被给予更多的关爱。年青人，尤其是女性，将被赋予完全参与重建和发展的权利。

7) 人力资源目标同时也巩固了实现民主和社会更新的能力

他们计划使民众在掌握知识、创造力和技能的基础上充分的发挥参与性。

8) 建设经济

目前经济形势不好。其擅长的采矿业、制造业和农业的利益都集中在较小的部门。而处于劣势的是低水平投资企业、低产出高消耗产业。占人口大多数的贫困人口承担者失业、居住条件恶劣、健康恶劣等经济不发达的后果。RDP 致力于改变这种扭曲的经济现状。

9) 国民经济还承受着增长和投资带来的其他障碍

如国内生产总值（GDP）的相当高比例被用在国家政府的支出。其他一些障碍包括低回报、低资本、低流出、低高新技术引进和通货膨胀。

10) 关于经济建设的一个批评意见即工人的权利问题

过去的政策中含有的剥削和压迫将被矫正，雇主和雇工之间的不平等关系也将被更正。工人开展组织活动和罢工的基本权利将被确立。在国家、行业和工作场所层面的谈判和参与机制将被建立并确保工人在我们国家的重建和发展中发挥重要作用。有关劳资双方就工资问题展开的谈判作为改革试点已经在进行之中,并将在更广大的劳动力市场中实现。

11)在世界经济中,对包括矿石在内的原材料的需求并没有迅速增长,而在制成品生产领域的竞争则日趋激烈。关贸总协定(GAIT)正致力于降低关税水平。我们的经济必须适应这些压力。如果我们希望保持经济的可持续增长并建立和发展一个强大的本国制造工业部门,那将有助于更好地利用我们的原材料和矿石。

12)RDP的一个核心主张,即我们不能把南非的经济建设与它的南部非洲邻居们隔绝开来。这样的发展模式从长远来看不会使任何一方受益。如果南非试图去支配它的邻居,这将限制它们的发展,减少潜在的市场,加剧失业并导致他们向南非移民。如果我们寻求相互合作,就将建立起一个巨大的、稳定的市场来提供稳定的就业和统一的市场规则。南非加入南部非洲电网,南部非洲关税联盟的改组和安全、交通、能源等方面的合作奠定了南非与南部非洲各国合作的基础。

13)世界经济的压力和包括国际货币基金组织在内的一些国际组织的行动也对我们的邻居及我们造成了不同的影响。就我们的邻国而言,它们已被迫采取措施消除就业和生活的标准的变化带来的不利影响。因此对于我们来说联合起来实现所有南非国家的有效增长和发展是十分重要的。

14)使国家和社会民主化

民主的政府机构和行为是新社会建立的基石。离开了它发展则无从谈起。建立一套统一的南非公共服务系统对于经济和团结政府来说都是一个巨大的挑战。文职机构的规模将精简,公共服务的公平必须得到保证,提高效率,提高生产力和责任心是保证RDP取得成功的前提。

15)执行RDP

RDP的实施目标是大胆而富有创见的。它们制定了实施的程序,并鼓励全社会的组织机构最大程度的完全参与进来。实施的具体细节将在白皮书中详细说明。

(5) RDP 白皮书：政府实施改革的基本策略

1) RDP 白皮书是写给团结政府的每一个工作人员，也是写给南非每一个在 RDP 执行过程中扮演积极角色的人。

2) 白皮书表达了我们对社会进行基本改革的理念，并证明了应该通过何种方式来实现这些目标。政府有责任领导改革。开展总统计划并非仅仅为了满足基本需求，也是为了证明 RDP 计划应该采取什么样的实现方式和管理模式。

3) 白皮书由以下几部分构成

第一章　RDP 的发展框架

第二章　描述了不同级别的政府在 RDP 中扮演的角色；

第三章　给出了政府的总体经济政策，以协调环境、增长、重建和发展的关系；

第四章　讨论的是财政政策和预算；

第五章　提出了政府机构重组的观点，尤其指出应关注公共服务；

第六章　描绘了 RDP 重建的规划框架体系；

第七章　解释了咨询和协商的重要性，尤其是在 RDP 执行中的公众参与和执政能力建设。其目标就是使得全国的民众和舆论都看到 RDP 的成功并衷心拥护其后续工作。

第八章　作出了结论并指出了政府和社会面临的挑战；

第九章　回顾了政府各部门的近期和中期项目。

……

3. 经济政策框架

……

(12) 社会福利

1) 南非所继承的是（前政权时期）支离破碎且不平等的社会福利系统，因而需要重建。从国家战略的层面对那些最易受到伤害的群体进行保护，为他们提供社会的关爱、平等的服务。所有这些都需要一个透明的咨询式的解决方法。这些计划的综合实施将减轻贫穷给人们带来的痛苦。同时也将激发个人的潜能去开发更广阔的疆土。

2）我们必须针对市民尤其是那些经济和其他方面有困难的人，进行特定的社会安全网的管理计划，关心他们的社会心理、经济和物质环境等方面。现代而高效的社会福利服务包括了各种社会福利机构的参与。

3）很不幸的是许多社团和家庭依赖于社会救济。尽管对这些社会救济存在一个相当高的以来，一些真正有权享受救济的人却没有得到帮助。居住在乡村地区的老年人和精神病人在这方面尤其容易受到侵害。

4）地方和省政府的相关部门应通过技术手段和创造性的开展工作，无比使救济能及时准确的到达需要的人家中，而不受延误。政府将通过审计核查的方式坚决反对社会福利系统的腐败行为。

5）对需要帮助的人的救济发放将提高效率。现有的社会福利服务和机构都必须加强、维修并对所有南非人民服务。

6）对社会福利系统重建的一部分是关于为儿童提供服务的。过去，一些 NGO 组织和联合国儿童基金会在这些服务中发挥了核心作用，将来它们继续发挥重要作用。政府将遵守联合国大会保护儿童权利的规定，并将参加国际儿童保护行动（NPA）。RDP 和国家儿童权利保护委员会将协调政府和非政府组织，共同采取行动保护儿童权益。

7）政府将和市民组织一道增强政府向社会福利计划投入资金的力度。这对于那些低收入人群是极其重要的援助。

......

7. 协商、参与和执政能力建设

（1）介绍

尽管政府在推动和执行 RDP 计划中发挥着至关重要的作用，但是计划的实施还是必须通过全体南非公民的协商和参与。关于政府在 RDP 中扮演的角色，是一个线性的系统，从国家政府到省政府到地方政府的不同层面。同时 RDP 的执行也需要社会协商团体参与到政府各个层面的政策制定和规划中来。授权社会团体参与决策是政府建立民族协商机制的基础。政府将支持社会组织的能力建设。

……

(6) 执政能力建设与有效参与

1) 能力建设对于市民社会参与 RDP 的实施起着至关重要的作用。通过一些主动行动，诸如总统计划、开创性的协调咨询等，公众参与和地方控制正处于进一步探索中。政府将与市民组织和其他类似组织合作，通过 RDP 的执行来锻炼执政能力，确立地方政权的合法性并提高服务水平。对于那些有关国家公共工程项目的计划大多包括了一个长远的大规模的培训和能力建设计划贯彻始终。将妇女和青年人作为主要的受益对象，公共服务培训机构将他们的资源尽可能的提供给出了公共服务以外的社会培训。越来越多的社会组织将通过会议、论坛等方式参与规划和政策制定的过程，由此他们获得了相关的经验和技能。对社会公共信息的解禁和透明化也将促进这种能力建设。

2) NGO 组织发挥的特殊作用是值得我们仔细关注的。在种族隔离时代 NGO 组织的力量不断壮大发展，他们承担了本应由民主政府所承担的角色，包括规划、教育、政策发展和支持等。此外，他们也为推进民主进程提供支持，而这正是种族隔离政权所反对的。

3) 政府，尤其是在省和地方层面，必须从现在开始将上述职能作为常规工作来完成。这包括常规化财政经费发展作为政府间职能联系的一项工作。更进一步的，政府的资源也必须尽可能地为大量的经济和社会组织提供服务。

4) 为了配合 RDP 计划，国家政府已经建立了一项人力资源和能力建设的计划。省政府和地方政府是执行 RDP 的重要层面。工作组将着重关注省和地方层面的公共服务能力的发展并推动 RDP 项目的规划、执行和管理有效开展。我们将尽可能的利用现有机构，也包括公共服务培训机构和 NGO 组织。然而这些组织也面临着组织机构不健全不正规的挑战。面对这些挑战，这些机构将展开改革。省和地方政府 RDP 工作组也将积极配合他们的改革并提供帮助。

5) 未来政府对于 NGO 组织的支持力度将取决于它们在 RDP 中发

挥的作用。因此我们需要建立一种帮助和评估的机制,通过这个机制来决定哪些 NGO 组织需要得到政府何种程度的援助。那些关于健康和社会公平、效率发展的组织的存在是极其必要的。政府部门不应在此领域进行垄断。市民社会组织应该继续开展诸如政策研究等工作,以使得这些工作不完全依赖于政府。此外,基于社区发展的组织将得到更多的经济支持和社会保障,一旦其资质得到认定。

6) 政府必须确保每一个社会组织都可以获得援助,尤其是在这种有限的资源需要分配给大量组织的情况之下。我们必须提供公平的服务给所有的地区,哪怕是在那些反对现政府政策的地方。NGO 组织则应该且必须提供一个至关重要的与半国营机构类似的基准以供衡量。政府强烈支持建立一个与 NGO 组织的协调机制。这个机制必须尽可能的原理现存的体制,且完全独立于政府。政府可以赞同它的主张但不能干涉它的活动,当然为了促进政策协调而有规律召开的咨询会。

7) 我们尊重那些有着广大基础的市民社会组织,尤其是那些工人运动和民权运动组织,他们在民主政治建设过程中扮演着重要角色。与此同时,他们自身也赢得了尊重、支持和发展壮大。一个强大和独立的市民社会对于我们社会的民主进程是十分重要的,而这也正是 RDP 所努力推动实现的。有广大基础的市民社会组织将检查并平衡政府的力量以确保政府行为不是片面的,是透明的而没有腐败和低效率。

8) RDP 计划正视了这种社会共同参与的机制,与此同时,政府也必须为这些组织提供服务和支持,尤其是组织市民活动、商业、妇女活动和宗教、文化组织的活动。此外,政府还有责任根据 RDP 鼓励独立的组织在那些原本不存在 NGO 的乡村地区等开展活动。强大的消费者运动和环保运动在现代工业社会是十分重要的,政府必须为他们的活动提供便利。

9) 政府所提供的资源必须是开放和透明的。同时这些组织也必须服从外在的统一标准以确保他们有能力有效的参与与政府间的谈判。RDP 所重视的社会参与并没有暗示这些大量组织不再保留他们自身对于 RDP 目标的解释和认识。它并不代表执行中所有问题都已经达成了一致。

(7) 重视妇女、青年、乡村和残疾人的权利

1）政府刚刚完成了一份有关南非妇女状况的报告，这份报告时为明年即将在北京召开的世界妇女大会所作的准备。RDP 办公室被委托制定关于妇女的发展计划作为改革的试点，是因为考虑到妇女们通常代表了我们国家最贫困和最受剥削的阶级。

2）正如在这份文件的其他部分已经提到过的那样，政府将明确阐述其关于实现乡村地区可持续发展的综合方案，并与乡村地区的人民、社会组织和利益攸关者充分协商。特别的，我们会特别对那些小规模农业生产者提供包括土地、合适的市场、信托贷款和培训支持。有关乡村地区发展的政策执行过程是一个非常复杂的过程，会优先考虑。

3）政府将在与残疾人协商的基础上，设计一个完整的计划以加强残疾人在社会中的地位和参与性。政府也在重新调整残疾人的保障金标准，以维持他们的基本生活保障。而对残疾人的特殊精神和生理关爱也将进行，这将有助于社会的和谐和稳定。

4）年轻人在我们争取自由的未来奋斗征程中扮演着重要角色，他们才是我们国家最重要的资源。我们将作出努力让每一个年轻人都能公平的参与到重建和发展中来。在此过程中，提高青年人的知识水平和创造力，并为他们创造就业机会。

8. 结论：面向未来的全国共同宣言

第一份重建与发展白皮书提出了社会改革的观点，并主张通过改革的方式有效的管理社会变化的进程。尤其特别的是，它将关注的焦点集中于不同层级的政府应该在社会转型中扮演何种角色。这在这种层面的白皮书文件中还是首次提出。第二份白皮书将于 1995 年 3 月推出，并将详细阐述改革政策并作出评估。

这份文件中列举出了政府在执行计划中遇到的各种令人畏惧的困难和挑战。它需要一个可持续的、紧密的联系，包括中央政府、省政府、现存地方政权、工商业组织、市民社会和其他社会组织的团结努力。

正如本文所描述的那样，本计划面对了政府重组、社会结构型调整改革、预算优先权调整等过程中的主要挑战。

第十六章　南非乡村建设管理法规收集

或许最关键的是建立诚信高效的地方政府，无论是在城市还是乡村地区。没有这些，发展计划将无法得到落实和执行。地方政府服务的稳定性取决于规律的纳税。实现这个目标的第一步则是让地方政府财政的每一个方面都完全公开和透明。这些包括所有与市政设施和国家公用设施相关的财政支出。

进一步的稳定地方财政的举措则是必须与大型社会组织尤其是贸易组织合作。改革取得成功必须建立在所有层级的政府都勇于走到人民中去，倾听、交谈、澄清和解释的基础上。政府必须回答民众的疑问，尤其是关于可以承受的赋税、目标补助金、目标福利发放系统等问题必须得到立即解决。地方政府的发展也需要人力资源和执政能力提高的巨大支持。因此，现有的体制和机构将面临巨大的挑战。

RDP 必须成为一个"人民驱动"的计划，而这只能在一个振动中的市民社会中完成。政府不能仅仅依靠自己的力量自说自话，社团和组织必须加强自身建设并参与到地方和省政府的合作中来。政府也不可能将 RDP 的实施建立在"分发"的基础上，因为不可能有充足的资源作为支撑，同时这也不能从根本上帮助那些需要帮助的人。

一个更主要的挑战是确保政府的变革管理进程能充分及时的控制明显的变化，在此基础上在 1995 年 3 月的预算中完成对人员和经费的调度。这将面临预算程序、项目调控和管理和资产政策等一系列挑战。

应该认识到，我们国家的转变和重建的责任，并不仅仅属于政府，也不仅仅属于某些选出的官员。它是我们国家每一个阶层共同的责任，需要所有人贡献力量和创造力，共同探索出一条改革的创新之路。种种限制和障碍无法阻止我们，只要我们大家团结起来共同解决和面对。

这种合作并不意味着不同的社会团体和组织不再坚持他们自己的目标。事实上，它意味着这些组织将尝试着将实现它们自身的发展目标与实现 RDP 的目标结合起来。社团组织的许多主张恰恰很好的代表和反映了社情民意，这对于我们的决策时十分重要的。但是他们必须领导其成员在 RDP 的目标下开展行动。

南非已经开始在历史上第一次为实现全体公民的平等发展和生活权利

而展开努力。重建和发展计划是一个很好的工具,它具体表达了我们的目标并提供了一个领导机制去解决这些紧急的、困难的和巨大的历史难题。

重点示范项目

1. 乡村发展项目

(1) 乡村供水

目标	支持乡村地区的水供应和卫生设施; 重点满足前TBVC地区社团的需求; 在地方政府中建立水务委员会这一新设机构
范围	在7个省份提供12项计划,包括拓展服务、小项目支持和培育乡村经济活力等。
启动	这些已经准备就绪,将立即开始
RDP资金	59.5 million　　兰尼　　1994~1995年 135.4 million　兰尼　　1995~1996年 87.8 million　　兰尼　　1996~1997年

(2) 土地改革领航

目标	发展和支持综合的、可持续的乡村发展,通过土地归还、土地重新分配和土地所有制改革等过程建立乡村地方政府管理模式; 将土地改革与其他项目结束
范围	每个省份一个领航试验区
启动	确定领航试验区——1994年9月; 着手各省的领航区改革——1994年10月
RDP资金	26.6 million　　兰尼　　1994~1995年 168.3 million　兰尼　　1995~1996年 120.8 million　兰尼　　1996~1997年

第十六章 南非乡村建设管理法规收集

（3）土地归还

- 目标：将土地归还给个人、社团，承认国有土地；支持定居点规划和基础设施建设以确保可持续发展

- 范围：10个地区：Roosboom、Alcockspruit、Charlestown(KwaZulu/Natal)、Zwelendinga/Zulukama/Thomhill(East Cape)、Riemva、smaakSmidtsdrift(Northern Cape)、Goedgevonden、Bakubung、Zwartsrand(North West)、Doomkop(Eastem Transvaal)

- 启动：必须在1995年底前开始执行

- RDP资金：
  - 23.8 million 兰尼 1994~1995年
  - 26.8 million 兰尼 1995~1996年
  - 11.8 million 兰尼 1996~1997年

（4）土地重新分配

- 目标：根据《特别土地定居法1993》对7个乡村社区提供定居点支持

- 范围：7个社区：MButhelezi, Amaswazi, Thembalithe, Cornfields, Khumalo, Amahlubi Mekemeke

- 启动：必须在1995年底前开始执行

- RDP资金：
  - 2.1 million 兰尼 1994~1995年
  - 30.75 million 兰尼 1995~1996年

(5) 小规模农场发展

目标 —— 响应以土地为基础的社区的需求,为小规模农场的农业生产提供培训和支持;
发展合适的培训模式和培训单元;
提高现有服务培训机构的能力

范围 —— 在所有参与MECS协议的省份中开展

RDP资金 —— 4 million 兰尼 1994~1995年

第十七章 日本乡村建设管理法规收集

一、过疏地域振兴特别措施法

第一章 总则

第一条 目的

本法律的目的是，通过对因人口显著减少而失去地域社会活力、且生产机能与生活环境设备等与其他地域相比，处于低位的地域采取必要的特别措施，使对策能得到综合而有计划地实施，使这些地域振兴，提高居民福利、扩大雇佣，缩小地区差距。

第二条 过疏地域

第一款 本法律中所称之"过疏地域"，指符合以下要件的市町村（地方税收收入以外的政令所规定的收入额，超过政令所规定的金额的市町村除外）。

（一）满足以下任一条件：

1. 将由人口普查所得出的、该市町村昭和三十五年的人口减去该市町村在昭和六十年的人口，再将其差除以该市町村昭和三十五年的人口，所得出的数值（以下简称"人口减少率"）在 0.25 以上。

2. 人口减少率在 0.2 以上，且由人口普查所得出的该市町村在昭和六十年的人口中，60 岁以上者占同年该市町村总人口的 0.16 以上。

3. 人口减少率在 0.2 以上，且由人口普查所得出的该市町村在昭和六十年的人口中，15 岁以上 30 岁以下者占同年该市町村总人口的 0.16 以下。

（二）将该市町村在昭和六十一年度至昭和六十三年度中，各年度的基准财政收入额除以基准财政需要额，将其商相加后再除以 3，结果小于 0.44 的市町村。基准财政收入额是依据地方税交付法（昭和二十五年法律第 211 号）第十四条之规定而算出的；基准财政需要额是依据地方税交付法第十一条之规定而算出的。

第二款 内阁总理大臣应对过疏地域所在的市町村（以下简称"过疏地域的市町村"）进行公示。

第三条 过疏地域振兴的对策的目标

为使过疏地域振兴而采取的对策，为了达成第一条所述之目的，必须尊重该地域的创见，同时按照下列目标来推进：

（一）同过整备产业基础、促进农村渔业经营的近代化、扶植中小企业、促进企业的导入、开发观光业等手段，振兴产业、增加安定的雇佣机会。

（二）通过整备道路等交通设施、通信设施，确保过疏地域与其他地域之间以及过疏地域内的交通通信联络。

（三）通过整备生活环境、增进高龄者等群体的福利、确保医疗、振兴教育与文化，提高居民的福利与生活的安定度。

（四）通过整备基干聚落以及对聚落规模合理化进行扶植，促进地域社会的再编成。

第四条 国家的责任

国家为了达成第一条所述之目的，应对前条各号所规定的事项，在各方面的政策上，给予各种必要措施。

第二章 过疏地域振兴计划

第五条 过疏地域振兴方针

第一款 都道府县知事为了寻求该都道府县内过疏地域的振兴，应制定过疏地域振兴方针（以下简称"振兴方针"）。

第二款 在振兴方针中，应对下列事项做出规定：

（一）有关过疏地域的振兴的基本事项。

（二）有关过疏地域内农林水产业、工商业等产业的振兴以及观光业的开发的事项。

（三）有关过疏地域与其他地域之间以及过疏地域内的交通通信联络体系。

第十七章 日本乡村建设管理法规收集

（四）有关过疏地域内生活环境整备的事项。

（五）有关增进高龄者等群体福利的事项。

（六）有关确保医疗的事项。

（七）有关振兴文化与教育的事项。

（八）有关聚落整备的事项。

（九）除前八号外，其他市町村认为有必要进行规定的有关地域振兴的事项。

第三款　市町村计划必须与依据其他法令而制定的有关地域振兴的计划保持协调，同时应适合于有关该市町村建设的基本构想和广域经济生活圈的整备计划。

第四款　过疏地域的市町村在制定市町村计划后，应立即将其交至内阁总理大臣处。

第五款　内阁总理大臣在接到依据前项之规定而提交的市町村计划时，应立即将其内容通知相关行政机关的长官。此时，相关行政机关的长官可以就该市町村计划向内阁总理大臣提出意见。

第六款　第一项及前二项之规定，适用于市町村计划的变更。

第七条　都道府县过疏地域振兴计划

第一款　都道府县知事为了按照振兴方针，促进过疏地域的振兴，应制定都道府县过疏地域振兴计划（以下简称"都道府县计划"），并将其交至内阁总理大臣处。

第二款　都道府县计划的内容应该是都道府县为了协助过疏地域的市町村而采取的、有关前条第二项各号所规定的事项的措施。

第三款　都道府县知事在制定都道府县计划时，应当立足于超过一个过疏地域的市町村的广域视点而加以斟酌。

第四款　前条第五项之规定适用于内阁总理大臣接到都道府县所提出的都道府县计划的场合；本条第一项及前条第五项适用于变更都道府县计划的场合。

第八条　相关行政机关的协助

内阁总理大臣在必要时，可以要求相关行政机关的长官就市町村计

481

划或都道府县计划的实施问题,向相关地方公共团体提供建议等其他协助。

第九条 建议和调查

内阁总理大臣在认为必要时,可以为了过疏地域的振兴,而向相关地方公共团体提出建议或对相关地方公共团体进行调查。

第三章 过疏地域振兴的财政方面的特别措施

第十条 国家负担或补助的比率的特例

国家对别表中所规定的依照市町村计划而施行的事业的负担或补助的比率,应与该表所规定的比率一致,而不受其他有关该事业的法令的约束。但如果其他法令所规定的国家的负担或补助比率高于同表所规定之比率,则不在此限。

第十一条 国家补助的特例

对于依照市町村计划而施行的事业中,因建造(包括以购买或其他类似的手段获得)为使公立中小学的规模合理化而必须的公立中小学教职员住宅而产生的费用,国家应按照政令之规定,向施行该事业的过疏地域的市町村提供相当于其所需经费的2/3的补助。但如果其他法令所规定国家负担比率超过2/3,则不在此限。

第十二条 过疏地域振兴中的地方债

过疏地域的市町村对于依据市町村计划而实施的、政令所规定的有关当地产业或观光休闲业的事业投资,以及该市町村整备以下所述之设施而所需的费用,即使不属于地方财政法(昭和二十三年法律第109号)第五条第一项各号所规定的经费,也能将地方债作为其经费来源:

(一)由政令规定的、为了确保交通或振兴产业而必须的市町村道(包括融雪设施等道路附属物、农道、林道以及渔港关联道)。

(二)渔港及港湾。

(三)政令所规定的、能促进当地产业振兴的设施。

(四)有关观光休闲业的设施。

(五)有关电气通信的设施。

（六）下水道处理设施。

（七）公民馆等集会设施。

（八）消防设施。

（九）能增进高龄者等群体的福利的设施。

（十）保育所及儿童馆。

（十一）诊疗设施（包括巡回诊疗车、巡回诊疗船、救护车以及救护艇）。

（十二）为了使公立中小学规模合理化而必须的或今后可能需要的校舍、室内运动场、宿舍；为了使公立中小学规模合理化而必须的教职员住宅、能方便儿童与学生走读的汽车与渡船设施。

（十三）政令所规定的聚落整备用地及住宅。

（十四）前号各项所述设施以外的、由政令规定的设施。

第二款　过疏地域的市町村在根据前项之规定而进行投资或设施整备时，偿还由自治大臣指定的、用来充当所其必须的经费来源的地方债（将该地方债作为经费来源而设置的设施，其事业经营的收入足以偿还本金和利息的场合除外）的本金和利息所需的经费，应根据地方税交付法之规定，计入用来算定该市町村当交付的地方交付税金额的基准财政需要额中。

第十三条　资金的确保等

国家必须对于依照市町村计划或都道府县计划而实施的事业，提供必要的资金的确保等援助。

第四章　过疏地域振兴的其他特别措施

第十四条　基干道路的整备

第一款　都道府县可以都道府县计划，对由政令所指定的相关行政机关长官所指定的过疏地域内的基干性市町村道、由市町村管理的基干性农道、林道以及与渔港相关连的道路（包括将过疏地域与其他地域相连接的基干性市町村道、由市町村管理的基干性农道、林道以及与渔港相关连的道路，以下本条内简称"基干道路"）进行新建与改建，且不受其他法令限制。

第二款 都道府县知事在依据前项之规定对市町村道进行新建或改建时，应按政令之规定，代替该市町村道的道路管理者（指由道路法（昭和二十七年法律第180号）第十八条第一项所规定的道路管理者）行使权限。此时，由都道府县代为行使的权限中，由政令规定的部分权限应由管辖该都道府县的都道府县知事行使。

第三款 都道府县依据第一项之规定而实施的基干道路的新建或改建事业（以下简称"基干道路整备事业"）所需经费，由该都道府县承担。

第四款 基干道路整备事业所需经费如由国家负担或补助，则基干道路即被视为都道府县道或由都道府县所管理的基干性农道、林道以及与渔港相关连的道路。

第五款 如果依据第三项之规定而负担基干道路整备事业所需经费的都道府县属于"有关涉及到后进地区开发公共事业的国家负担比率之特例的法律"（昭和三十六年法律第112号，以下简称"特别负担法"）第二条第一项所规定的适用团体，则基干道路整备事业（北海道及奄美群岛之区域内的基干道路整备事业中，国家对该事业的经费负担或补助比率（以下本条内简称"国家负担比率"）不同于国家对其他区域中、与该事业性质相当的事业的经费负担或补助的通常比率的事业除外）即被视为同条第二项所规定之开发指定事业，并适用负担特例法。

第六款 对于北海道及奄美群岛之区域内的基干道路整备事业中、国家负担比率不同于对其他区域中、与该事业性质相当的事业的通常国家负担比率的事业，如果依据第三项之规定而负担该基干道路整备事业所需经费的道或县属于负担特例法第二条第一项所规定的适用团体，则当以下第一号所述之国家负担比率高于第二号所述之国家负担比率时，国家应负担由第一号所述之国家负担比率所决定的金额；当以下第二号所述之国家负担比率高于第一号所述之国家负担比率时，国家应负担由第二号所述之国家负担比率所决定的金额：

（一）将国家对于北海道及奄美群岛以外的区域内，与该事业性质相当的事业的负担比率，视为国家对该基干道路整备事业的经费负担比率，并根据负担特例法第三条及第二项之规定而算定的国家负担比率。

（二）国家对北海道及奄美群岛之区域内的该基干道路整备事业的经费负担比率。

（医疗的确保）

第十五条　第一款　都道府县知事，必须为了确保过疏地域的医疗服务，而依照都道府县计划，在无医地区实施下列事业：

（一）诊疗所的设置。

（二）救护车（含救护艇）的整备。

（三）定期的巡回诊察。

（四）由护士所从事的保健指导等活动。

（五）医疗机关的协作体制的整备。

（六）其他在无医地区确保医疗条件所必要的事业。

第二款　都道府县知事在认为有特殊需要时，可以在实施前项所规定的措施时，可以要求医院或诊所的开设者或管理者提供协助。

第三款　国家及都道府县必须在过疏地域内的无医地区，确保从事诊疗的医师、牙医及其他医疗条件（包括对派遣从事诊疗的医师、牙医的医院提供补贴）。

第四款　实施第一项及第二项所规定之事业所需的费用，由都道府县负担。

第五款　国家应根据政令之规定，对第一项第一号至第三号以及第二项所规定的事业，提供相当于其所需经费的1/2的补助。但如果其他法令所规定的国家的负担比率高于1/2，则不在此限。

第十六条　国家及都道府县为了在过疏地域确保医疗条件，应在过疏地域的市町村依照市町村计划实施前条第一项各号所述之事业时，提供适当的政策支持，使该事业能得到圆滑地实施。

第十七条　高龄者的福利的增进

第一款　都道府县为了在过疏地域增进高龄者的福利，可以对依据市町村计划而实施的事业中，能够为高龄者提供老人福利法（昭和三十八年法律第 133 号）第十一条之二第一项第二号所规定的便利和住所的设施的整备费用提供部分补助。

第二款　国家可以在预算范围内，对都道府县依据前项之规定而进行补助的费用提供部分补助。

第三款　国家为了在过疏地域增进高龄者的福利，可以在都道府县依照都道府县计划而对第一项所规定的设施进行整备时，在预算的范围内，对该设施的整备费用提供部分补助。

第十八条　国家为了在过疏地域增进高龄者的福利，可以在过疏地域的市町村依照市町村计划而建设以助长高龄者的自主活动和增进高龄者的福利为目的的集会设施时，在预算的范围内，对该设施的建设费用提供部分补助。

第十九条　交通的确保

国家的行政机关的长官，为了确保过疏地域的交通，在过疏地域的市町村在其区域内的、无其他一般客运公交车事业经营者的地域内，经营一般客运公交车事业、或将私人机动车用于无偿共用或有偿运输时，应在处理有关道路运送法（昭和二十六年法律第 183 号）所规定的执照、许可及批准等的事务时，给予适当的优惠政策。

第二十条　小规模学校的教育的充实

国家及地方公共团体应考虑到过疏地域内的小规模中小学校的教育的特殊情况，在充实其教育方面给予适当的优惠政策。

第二十一条　有关农地法等的处分的优惠政策

国家的行政长官或都道府县知事，在受理为将过疏地域内的土地用作市町村计划所规定之用途而提出的、对农地法（昭和二十七年法律第 229 号）等法律所规定的许可等处分的申请时，应予以优惠政策，以促进该地域的振兴。

第二十二条　国有林野的活用

国家为了促进市町村计划的实施，对国有林野的活用予以优惠政策。

第二十三条　农林渔业金融公库的资金借与

对于在过疏地域内经营农业（含畜牧业）、林业或渔业者或其组织的法人，农林渔业金融公库或冲绳振兴开发金融公库应对其进行必要的资金借贷，使其得以实施根据农林水产省令之规定而制定的、以农林渔业经营改善或振兴为目的、且都道府县知事已认定其内容适合于农林水产省令所规定的基准的计划。

第二十四条　对中小企业的资金的确保

第一款　在过疏地域内实施事业的中小企业者，如是依照根据通商省令之规定而制定的、经都道府县知事认定其内容符合通商省令所规定的基准的经营改善计划而实施事业的，则国家必须努力为该事业者确保其所必须的资金。

第二款　国家及都道府县除前项所规定外，还必须确保在过疏地域内实施被认为有助于达成第一条所述之目的的事业的中小企业者所必需的资金。

第二十五条　住宅金融公库的资金借与

为了使过疏地域的市町村居民能顺利地依据市町村计划中有关聚落整备的计划，实施住宅建设、取得有关住宅建设的土地或借地权，对于其所必须的资金的借贷，住宅金融公库或冲绳振兴开发金融公库应予以优惠政策。

第二十六条　换购事业用资产时征税的特例

将过疏地域以外的地域内的事业用资产转让、并取得过疏地域内的工业等事业用资产时，根据租税特别措施法之规定，应适用换购特定事业用资产时的征税特例。

第二十七条　折旧的特例

于过疏地域内新设或增设制造业或旅馆业（民宿营业除外）用设备者，如该新设或增设行为被认为有助于促进该过疏地域内雇佣机会的增大，则依据租税特别措施法，对于其在该新设或增设行为中新取得、制作或建设的机械、装置、建筑物及其附属设备，可进行特别折旧偿还。

（有关免除或不均一征收地方税的政策）。

第二十八条　地方公共团体，根据地方税法（昭和二十五年法律第

260号）第六条之规定，对于在过疏地域内新设或增设制造业或旅馆业（民宿营业除外）用设备者，实行免征或不均一征收该事业的事业税、因取得该事业所涉及的建筑物或其用地而产生的不动产税或该事业所涉及的机械、装置（仅限用于制造业者）、建筑物及用地的固定资产税的优惠政策，或对于在过疏地域内从事畜牧业、水产业或炭薪制造业的个人，实行免征或不均一征收该事业的事业税的优惠政策时，如果这些政策正被认为符合自治省令所规定的要求，则地方交付税法第十四条所规定的该地方公共团体的各年度基准财政收入额将不受同条规定的约束，对于通过自治省令所规定的方法计算得出的该地方公共团体的各年度的减收额（如减收额是因减免或不均一征收事业税或固定资产税而产生的，则仅限政策实施后三个年度内（如是免征或不均一征收在过疏地域内从事畜牧业、水产业或炭薪制造业的个人事业税，则为自治省令所规定的年度）的减收额），应将原本根据同条之规定当算入该地方公共团体各年度基准财政收入的份额，作为当从同条所规定的该地方公共团体各年度（如该政策是于自治省令规定日期后实施的，则为该减收额所对应的各年度的翌年度）的基准收入额中扣除的份额。

第五章 杂 则

第二十九条　对于过疏地域的市町村以外的市町村的适用

在昭和六十一年以后所进行的人口普查的结果被公布时，本法律的第二条第一项第一号中，"昭和三十五年"应替换为"从进行该人口普查之年算起，二十五年以前的最近一次进行人口普查之年"；"0.25"应替换为"0.25除以25后乘以从进行本次人口普查之年算起，二十五年以前的最近一次进行人口普查之年的第二年至进行该人口普查之年为止的年数所得的值"；"0.2"应替换为"0.2除以25后乘以从进行本次人口普查之年算起，二十五年以前的最近一次进行人口普查之年的第二年至进行该人口普查之年为止的年数所得的值"；同项第二号中，"昭和六十一年至昭和六十三年度"应替换为"公布该人口普查结果之日所属的年度的前三个年度"，将本法律适用于过疏地域的市町村以外的市町村。

第二条第一项各号所规定的数值的算定、对市町村进行废置分合或变更市町村地界时适用本法律的必要事项、本法律第二条（包括依据前条之规定对第二条之语句进行替换的场合）适用于冲绳县的市町村时的必要事项等有关本法律施行的必要事项，均由政令规定。

附则（抄）

1. 本法律自平成二年四月一日起施行。

（有关国家负担等的规定的适用）

2. 第十条（含别表）、第十一条、第十四条第四项至第六项、第十五条第五项、第十七项第二项至第三项、第十八条之规定，适用于平成二年度以后的、与预算相关的国家负担或补助（基于平成元年度以前的年度的国库债务负担行为而被指定为应于平成二年度以后的年度支出的国家负担或补助除外），基于平成元年度以前的年度的国库债务负担行为而被指定为应于平成二年度以后的年度支出的国家负担或补助、与平成元年以后的年度的岁出预算相关且被推迟到平成二年度以后的年度的国家负担或补助，仍按照原来之规定。

（平成二年度的特例）

3. 于平成二年度适用第十一条第一项及别表之规定时，第十六条第一项以及别表中"教育设施"一项与"消防设施"一项中的"2/3"应替换为"55%"；同表中"儿童福利设施"一项中，"2/3"应替换为"55%（非国家或地方公共团体者所设置的保育所仍为2/3）"。

（对地方公共团体的财政金融上的措施）

4. 国家在根据前项之规定而削减与平成二年度预算相关的国家负担比率时，应对成为削减国家负担比率的对象的地方公共团体采取财政金融上的措施，使其事业执行以及财政运营不会遇到障碍。

（平成二年度的特例的适用）

5. 前二项之规定，适用于与平成二年度预算相关的国家负担或补助（基于平成元年度以前的年度的国库债务负担行为而被指定为应于平成二年度以后的年度支出的国家负担或补助除外）、基于平成二年度的国库债务负担行为而被指定为应于平成三年度以后的年度支出的国家负担或补助、与平成二年度的支出预算相关且被推迟到平成三年度以后的年度的国家负担或补助。基于平成元年度以前的年度的国库债务负担行为而被指定为应于平成二年度以后的年度支出的国家负担或补助、与平成元年以后的年度的岁出预算相关且被推迟到平成二年度以后的年度的国家负担或补助，仍按照原来之规定。

（本法律的失效）

6. 本法律于平成十二年三月三十一日失去效力。

（过疏地域振兴特别措施法的失效的经过措施）

7. 国家对依据过疏地域振兴特别措施法（昭和五十五年法律第十九号。以下简称"旧过疏振兴法"）第六条所规定的市町村计划或旧过疏振兴法第七条所规定的都道府县计划而实施的事业的负担或补助中，基于平成元年度以前的年度的国库债务负担行为而被指定为应于平成二年度以后的年度支出的国家负担或补助、与平成元年以后的年度的岁出预算相关且被推迟到平成二年度以后的年度的国家负担或补助，即使在旧过疏振兴法失效后，旧过疏振兴法第十条（含别表）、第十一条、第十五条第五项、第十七条、附则第八项及第九项之规定仍对其有效。

8. 对于在平成二年三月三十一日于旧过疏振兴法所规定的过疏地域所在的市町村（以下简称"旧过疏振兴地域的市町村"）内实施的，新设或改筑旧过疏振兴法第十四条第一项所规定的基干道路且于当天内未完工的事业，同条之规定到平成七年三月三十一日为止，仍然有效。

9. 地方公共团体对于在平成二年三月三十一日前，于旧过疏地域的市町村内新设或增设制造业用设备者，实行免征或不均一征收该事业的事业税、不动产税或固定资产税的优惠政策，或对于在平成二年三月三十一日前，于旧过疏地域的市町村内从事畜牧业、水产业或炭薪制造业的个人，实行免征或不均一征收该事业的事业税的优惠政策时，旧过疏振兴法第二十七条中，关于根据地方交付税法第十四条而对该地方公共团体的基准财政收入额的算定的规定，在旧过疏振兴法失效后依然有效。

10. 旧过疏振兴法附则第十三项中，关于农林渔业金融公库在昭和五十五年三月三十一日前，依据农林渔业金融公库法（昭和二十七年法律第355号）之规定而缔结的合同中所涉及的贷款金额中，属于旧过疏地域对策紧急措施法（昭和四十五年法律第31号。以下简称"旧过疏对策法"）第十九条所规定的资金的金额的规定，在旧过疏振兴法失效后依然有效。

11. 旧过疏振兴法附则第十五项中，关于在昭和五十五年三月三十一日前，依据住宅金融公库法（昭和二十五年法律第156号）而接受为了使依据基于旧过疏振兴法的市町村过疏地域振兴计划中有关聚落整备的计划能顺利实施而借予的资金者的规定，在旧过疏振兴法失效后依然有效。

（对旧过疏地域的市町村的法律适用）

12. 由政令所规定的、不符合第二条第一项第一号或第二号所规定之条件的旧过疏地域的市町村，在平成二年度至平成六年度的期间内，根据政令之规定，适用第十二条之规定。

别表（略）。

二、聚落地域整备法

第一章 总 则

第一条 目的

本法的目的是：在就土地利用方面而言被认为有必要确保良好的农业经营条件以及居住条件的聚落地域，有计划地推进与农业生产条件及城市环境相协调的地区整备工作，籍此对该地域的振兴活动和有秩序的整备工作起到积极的作用。［国内存在着一些就土地利用方面而言，被认为有必要确保良好的农业经营条件以及居住条件的聚落地域。本法的目的即是：通过有计划地在这些地域推进与农业生产条件及城市环境相协调的地区整备工作，对该地域的振兴活动起到积极的作用，并使其得意开展有秩序的整备工作。］

第二条 定义

第一款 本法所称之"农用地",指的是《有关农业振兴地域的整备的法律(昭和四十四年法律第58号)》第三条第一号中所规定的农用地。

第二款 本法所称之"公共设施",指的是道路、公园和其他由法令所规定的供公众利用的设施。

第三条 聚落地域

由本法所规定的措施,应在符合以下条件的聚落,及包括聚落周边农用地在内的一定范围地域内(以下称"聚落地域")施行。

(一)在确保农业经营条件以及居住条件的进程中,被认为已经出现或可能出现土地利用方面的障碍的地域。

(二)考虑到该地域的自然、经济和社会的各方面条件,被认为有必要进行和谐的农业生产条件与城市环境的整备,并使土地得到恰当的利用的地域。

(三)在该地域内存在着相当规模的农用地,且通过对农用地以及农业用设施进行整备,能够确保良好的农业经营条件。

(四)在该地域内存在着相当数量的住宅,且就公共设施的整备状况等方面而言,适合进行一体化的、有秩序的整备,使其具有与其特性相符的良好居住环境。

(五)该地域处在由《都市计划法》(昭和四十三年法律第100号)第五条之规定所指定的都市计划区域(《都市计划法》第七条第一项所规定的市街化地域除外)内,并同时处在由《有关农业振兴地域的整备的法律》第六条第一项的规定所指定的农业振兴地域内。

第二章 聚落地域整备基本方针

第四条 聚落地域整备基本方针

第一款 应由都道府县知事来制定有关聚落地域的整备和保全的基本方针(以下称"基本方针")。

第二款 在基本方针中,应规定以下内容:

(一)有关聚落地域的位置与区域的基本事项。

（二）聚落地域整备与保全的目标。

（三）有关聚落地域的土地利用的基本事项。

（四）有关聚落地域中的农用地与农业用设施的整备以及其他良好农业经营条件的确保工作的基本事项。

（五）有关聚落地域的公共设施的整备以及良好的居住环境的整备的基本事项。

（六）其他必要事项。

第三款　基本方针应与以下计划相协调：国土开发计划、首都圈整备计划、近畿圈整备计划、中部圈开发整备计划、北海道综合开发计划、冲绳振兴开发计划、山村振兴计划、过疏地域活性化计划等由法律所规定的有关地域振兴的计划；由国家制定的有关道路、河流、铁道、港湾、机场等设施的计划。

第四款　都道府县知事在制定基本方针时，应听取相关市町村的意见。

第五款　都道府县知事在制定基本方针时，由该基本方针所规定的有关聚落地域位置与区域的基本事项以及其他法定事项，应获得农林水产大臣与建设大臣的批准。

第六款　农林水产大臣与建设大臣在批准前一项目时，应与国土厅长官等相关行政机关的长官进行协商。

第七款　都道府县知事在制定基本方针后，应在公表基本方针的同时，没有迟疑地将其报告给农林大臣与建设大臣。

第八款　第4项至前项之规定，适用于基本方针的变更。

第三章　聚落地区计划

第五条　聚落地区计划

第一款　如果某地区处在聚落地域的土地区域内，且被认为有必要进行与该聚落地域特性相符的整备和保全，使其具有与农业经营条件相协调的、良好的居住环境和恰当的土地利用状况，则可以在制定都市计划时，为其制定聚落地区计划。

第二款　聚落地区计划应根据基本方针而制定。

第三款　在聚落地区计划中，除了由《都市计划法》第十二条之四第二项所规定的事项外，有关该聚落地区计划目标的方针、有关该区域的整备与保全等工作的方针、有关道路和公园等主要供该区域之居民所使用的法定设施（在下一项与第5项中称为"聚落地区设施"）和建筑物（本章中称为"建筑物"）的整备工作的计划、有关土地利用的计划（本章中称为"聚落地区整备计划"），也应在都市计划中得到制定。

第四款　为了达成聚落地区计划之目的，在聚落地区整备计划中，应从下列事项中选择所必要的事项，并进行规定。

（一）聚落地区设施的布局及规模

（二）建筑物的用途限制、建筑面积与占地面积的比例的上限、高度上限等法定的有关建筑物的事项

（三）除了前二项所述之内容外，其他由政令所规定的有关土地利用的事项

第五款　在制定聚落地区计划时，必须遵守下列内容：

（一）聚落地区设施应在考虑到该聚落地域的特性的前提下，与该地区及其周边地区的都市计划相结合，在必要的位置上，以适当的规模被配置，使该地区的公共设施能布局合理、规模得当，形成并保持良好的居住环境。

（二）有关建筑物的事项，应能够令建筑物显示出恰如其分的、其用途与形态与该聚落地域之特性相符的土地利用形态。

第六款　在都市计划中制定聚落地区计划时，如果该聚落地区计划中的全体或部分区域出现了特殊情况，使得聚落地区整备计划无法得到制定，则不须针对该全体或部分区域制定聚落地区整备计划。如果此时仍要针对该全体或部分区域制定聚落地区整备计划，则应在都市计划中规定该聚落地区整备计划的适用区域。

第六条　行为的申报

第一款　在聚落地区计划的区域内，欲实行诸如变更土地区划性质、新造建筑物、对既有建筑物进行增筑和改建等法定行为者，应于实

行该行为的三十日前，按建设省法令之规定，将行为种类、场所、设计方案、施行方法、着手日期等由建设省所规定的事项申报至市町村长处。但下列行为不须申报。

（一）通常管理行为、简单的行为以及其他法定行为。

（二）为应对灾害，作为必要的应急措施而采取的行为。

（三）由国家或地方公共团体所行使的行为。

（四）作为都市计划事业的内容而行使的行为，或依照都市计划而行使的其他法定行为。

（五）需要《都市计划法》第二十九条之许可的行为，以及其他法定行为。

第二款　根据前项规定而提交申报者，如果在已申报之事项中，有欲变更的设计方案、施行方法、或其他建设省所规定之事项时，应于实行有关该事项变更之行为的三十日前，按建设省法令之规定，将该行为之主旨申报至市町村长处。

第三款　市町村长在接到前二项所述之申报时，如果认为所申报之行为不适合于聚落地区计划，可以对递交申报者进行劝告，令其就所申报之行为采取诸如改变设计方案等必要措施。

第四款　市町村长在根据前项规定做出劝告后，在必要时，应对被劝告者进行有关土地权利处分的斡旋工作，或采取其他必要措施。

第四章　聚落农业振兴地域整备计划等

第七条　聚落农业振兴地域整备计划

第一款　市町村在达成农业振兴地域整备计划（指由《有关农业振兴地域的整备的法律》第八条第一项所规定的农业振兴地域整备计划。在第三项中亦相同）的过程中，如果认为为了在聚落地域确保良好的农业经营条件、并使其与居住环境相协调，有必要一体化地推进与该地域的特性相符的农用地及农业用设施等的整备工作，则可以制定聚落农业振兴地域整备计划。

第二款　在聚落农业振兴地域整备计划中，应规定以下事项：

（一）聚落农业振兴地域整备计划的区域范围。

（二）在前号所规定的区域内，能有效率地使土地在农业上得到利用的相关事项。

（三）在前号所规定的区域内的，由《有关农业振兴地域的整备的法律》第八条第二项第二号、第四号以及第六号所述之事项。

第三款　聚落农业振兴地域整备计划应适合于基本方针及农业振兴地域整备计划，同时与《有关农业振兴地域的整备的法律》第四条第三项所规定之计划相协调。并应当考虑到前项第一号所规定之区域的自然、经济和社会等条件，为了在该区域内实现综合性的农业振兴，而有整体性地制定必要事项。

第四款　《有关农业振兴地域的整备的法律》第八条第四项、第十条第二项、第十二条以及第十三条（第一项后段除外）之规定，均适用于聚落农业振兴地域整备计划。此时，《有关农业振兴地域的整备的法律》第十三条第一项前段中的"农业振兴地域整备基本方针"应被替换为"聚落地域整备法第四条第一项的基本方针或农业振兴地域整备计划"。

第八条　有关聚落地域的农用地的保全等工作的协定

第一款　对于聚落农业振兴地域整备计划区域内的相当规模的农用地，拥有其所有权、土地使用权、永佃权、抵押权、租借权、由使用租借而产生的权利和其他以使用与收益为目的的权利者（国家及地方公共团体除外。在第3项中称之为"农用地所有者"），为了确保该农用地的良好的农业经营条件，可以缔结有关农用地的保全及利用的协定（本章中称为"协定"），并由市町村长根据该协定是否恰当进行批准。

第二款　在协定中，应规定下列事项：

（一）作为协定对象的农用地。

（二）为了保全农用地、并对其进行有效利用而必须的事项。

（三）违反协定时的措施。

（四）协定的有效期间。

（五）其他的必要事项。

第三款　协定必须得到协定区域内的农用地所有者等农用地相关人员的一致同意。

第四款　协定的内容必须符合根据法令而制定的国家或地方公共团体的计划。

第五款　协定的有效期间不得超过十年。

第九条　协定的批准等

第一款　市町村长在前条第一项之申请完全符合下列各号之规定时，应予以批准：

（一）申请之手续与协定之内容未违反法令。

（二）协定之内容中，未对土地利用做出不当限制或存在其他不妥之处。

（三）协定之内容被认为能促进聚落农业振兴地域整备计划之达成。

第二款　市町村长在执行前条第一项所述之批准后，应根据农林水产省令之规定，公告其主旨，并将该协定之复件备案于该市村町事务所中，以供公众查阅。同时，必须将协定区域之范围在该区域内进行明示。

第三款　除前二项所规定之事项外，有关协定的批准（包括变更协定的批准）和取消的必要事项，均应由政令来规定。

第十条　农用地域设定的特例

第一款　协定区域内的农用地所有者，在获得第八条第一项所述之批准后，可以依据农林水产省令之规定，在得到对该土地拥有由第八条第一项所规定之权利（所有权除外）、先取特权或抵押权者一致同意的前提下，将该农用地之区域申请为《有关农业振兴地域的整备的法律》第八条第二项第一号所述之农用地区域（在下一项中称为"农用地区域"）。

第二款　当市町村根据前项之申请，将所申请之农用地的全部或部分指定为农用地区域时，《有关农业振兴地域的整备的法律》第十一条之规定将不再适用。

第十一条　交换分合

第一款 市町村应综观聚落农业振兴地域整备计划之区域内的农用地保有及利用的现状和将来,考虑到农业经营的发展趋势,留意该区域内土地的农业利用和非农业利用的调整,使该区域内的土地在农业上能得到有效利用。同时,为了维持第八条第一项之协定,或促进该协定之缔结,在认为有特殊需要时,可以对包括该协定区域(包括被认为适合于作为协定区域且其大部分将被纳入协定区域的农用地区域)内的农用地在内的、位于聚落农业振兴地域整备计划之区域内的一定的农用地进行交换分合。

第二款 市町村在根据前项之规定进行交换分合时,必须依据农林水产省令之规定,制定交换分合计划,并得到都道府县知事的认可。

第三款 制定交换分合计划时,应留意聚落农业振兴地域整备计划之区域内土地的农业利用和非农业利用的调整,在确保协定区域内的农用地能得到有效利用的同时,促进农用地的集团化,或其他农业构造的改善。

第十二条 《有关农业振兴地域的整备的法律》第十三条之三的规定、《土地改良法》(昭和二十四年法律第195号)第十九条(第一项除外)、第一百零一条第二项、第一百零二条至第一百零七条、第一百零八条第一项及第二项、第一百零九条、第一百一十条、第一百一十二条、第一百一十三条、第一百一十四条第一项、第一百一十五条、第一百一十八条(第二项除外)、第一百二十条至第一百二十三条之规定,均适用于根据前条第一项所规定所进行交换分合。此时,有关适用上述规定时必要的技术性名词替换,由政令来规定。

第五章 杂 则

第十三条 对政令的委任

除本法律所规定之内容外,为实施本法而必须的其他事项,均由政令来规定。

第十四条 过程措施

在根据本法制定、改动或废除命令时,可以在该命令中,在必要的合理范围内，规定制定、改动或废除命令时所需要的过程措施（包括有关罚则的过程措施）。

第六章 罚 则

第十五条 违反适用于本法第十二条的《土地改良法》第一百零九条之规定者，处一年以下有期徒刑或三十万日圆以下之罚金。

第十六条 违反本法第十六条第一项或第二项之规定，不提交申报或提交虚假申报者，处十万日圆以下之罚金。

第十七条 法人代表、法人或其代理人、使用人等从业人员，在有关法人或自然人之业务或财产的问题上，如实行了前二条所述之违法行为，则除了对行为者进行处罚外，还应该法人或自然人征收罚金。

本法自公布之日起九月以内由政令所规定之日（昭和六十三年三月一日）起实施。

三、农村地域工业导入促进法

第一条 目的

本法律的目的是，通过积极而有计划地促进农村地域的工业等的导入、促进农业从业者根据其希望与能力而从事于被导入农村的工业、促进农业结构的改善，从而在寻求农业与工业等均衡发展的同时，使雇佣结构高度化。

第二条 定义

第一款 本法所称之"农村地域"，指的是下列市町村区域（根据新产业都市建设促进法（昭和三十七年法律第117号）第三条第四项之规定而指定的新产业都市区域、工业整备特别地域整备促进法（昭和三十九年法律第146号）第二条第一项所规定的工业整备特别地域以及与之类似的由政令指定的工业开发区域、政令所指定的大都市及其周边地域中，人口达到政令规定之规模以上且符合政令规定之要件的除外）：

（一）根据有关农业振兴地域的整备的法律（昭和四十四年法律第58号）第六条第一项之规定而指定的农业振兴地域所在的市町村；或

在同法第四条第一项所述之农业振兴地域的整备基本方针中，被认为适合被指定为农业振兴地域所在的市町村。

（二）前号所述之市町村以外，根据山村振兴法（昭和四十年法律第64号）第七条第一项之规定而指定的振兴山村所在的市町村。

（三）前二号所述之市町村外，过疏地域振兴特别措施法（平成二年法律第15号）第二条第一项规定的过疏地域所在的市町村。

第二款　本法律所称之"工业等"，指工业、道路货物运输业、仓库业、包装业与批发业。

第三条　农村地域工业等导入的基本方针

第一款　主务大臣必须制定有关在农村地域导入工业等的基本方针（以下简称"基本方针"）。

第二款　基本方针必须针对下列事项进行制定，使其能成为次条第一项所述之基本计划的指针。

（一）在农村地域导入工业等的目标。

（二）农业从业者（含其家属，以下均同）在被导入农村地域中的工业等产业内的就业目标。

（三）在将工业等导入农村地域的同时，应当加以促进的有关农业结构改善的目标。

（四）有关为了达成前三号所述之目标而必须实施的事业的事项。

（五）其他有关在农村地域导入工业等的重要事项。

第三款　当由于经济形势或其他形势发生变化而产生变更基本方针之必要时，主务大臣应对基本方针进行变更。

第四款　主务大臣在欲制定或变更基本方针时，必须及时与相关行政机关长官进行协商。

第五款　主务大臣在制定或变更基本方针后，必须立即将其进行公表。

（农村地域工业等导入的基本计划）。

第四条　第一款　都道府县可以制定有关在该都道府县的农村地域导入工业等的基本计划（以下简称"基本计划"）。

第二款　在基本计划中,应对每个都道府县的行政区域或根据自然、经济、社会等条件而划分的区域,都制定有关下列事项的大纲:

(一)应导入的工业等的业种及其他在农村地域导入工业等的目标

(二)农业从业者在被导入农村地域中的工业等产业内的就业目标

(三)在将工业等导入农村地域的同时,应当加以促进的有关农业结构改善的目标

(四)在农村地域导入工业等时,有关对工厂用地等（指工厂用地等供工业之用的土地,下同)与农用地等(指有关农业振兴地域的整备的法律第三条所规定的农用地等,下同)的利用调整的方针。

(五)有关工厂用地、共同流通业务设施(指被相当数量的企业所利用的客车货运集散站、仓库或销货场,下同)等设施的整备及开发事业的事项。

(六)有关劳动力需给的调整及农业从业者务工就业圆滑化的事项。

(七)为了在将工业等导入农村地域的同时,促进农业结构的改善而所必须的、有关农业生产基础整备及开发等事业的事项。

(八)有关在将工业等导入农村地域的同时防止公害的事项。

(九)其他必要事项。

第三款　基本计划在遵循基本方针的同时,还应与国土开发计划、首都圈整备计划、近畿圈整备计划、中部圈开发整备计划、北海道综合开发计划、新产业都市建设基本计划、工业整备特别地域整备基本计划、山村振兴计划、农业振兴地域整备计划、过疏地域振兴计划以及依据其他法律而制定的有关地域振兴的计划、国家的有关道路、铁道等设施的计划和都市计划保持协调。

第四款　都道府县在欲指定或变更基本计划时,必须与主务大臣进行协商。此时,主务大臣需先与相关行政机关长官进行协商,才能接受都道府县所提出的协商要求。

第五款　都道府县在制定或变更基本计划后,必须立即将其进行公表。

第五条　农村地域工业等导入实施计划

都道府县或市町村在满足下列条件时，可以在农村地域内指定一定范围的地区，制定有关在该地区导入工业等的实施计划（以下简称"实施计划"）。但已制定过其他实施计划的地区不在此限：

（一）通过在该地区导入工业等，可使其周边的农村地域内相当数量的农业从业者在被导入的工业等产业中就业。

（二）在将工业等导入该地区的同时，寻求周边农村地域的农业结构的改善被认为是有必要的。

（三）如是都道府县所制定的实施计划，则从地形、地质等自然条件及用水状况、运输条件等布局条件来看，该实施计划所涉及之地区，能够通过促进工业等的导入，达到以该地区为中心、促进其周边农村地域的工业等的导入，且适合于政令所规定的基准。

（四）如是市町村所制定的实施计划，则该实施计划所涉及之地区，从其周边农村地域内的农用地利用状况、农业就业人口等有关农业经营的基本条件来看，应能够通过适当导入工业等，使该地域内的农地保有状况合理化。

第二款　都道府县除前项所规定之情况外，如果认为以超过一个市町村的范围的广泛区域为单位，对于在农村地域促进工业等的导入是适当的，则可以在符合政令规定之条件的情况下，在满足下列条件的农村地域内划定一定的地区，制定实施计划。但已制定过其他实施计划的地区不在此限：

（一）通过在该地区导入工业等，可使超过一个市町村范围的广泛区域内，相当数量的农业从业者在被导入的工业等产业中就业。

（二）在将该工业等导入该地区的同时，群求超过一个市町村的广泛区域的农业结构的改善被认为是必要的。

（三）该实施计划所涉及之超过一个市町村的广泛区域，从其周边农村地域内的农用地利用状况、农业就业人口等有关农业经营的基本条件来看，应能够通过适当导入工业等，使该地域内的农地保有状况合理化。

第三款　实施计划中，应规定以下事项：

（一）应导入工业等的地区（以下简称"工业等导入地区"）的范围。

（二）应导入的工业等的业种及规模。

（三）在导入的工业等产业中，农业从业者的就业目标。

（四）有关在导入工业等的同时，应加以促进的农业结构改善的目标。

（五）导入工业时，有关工厂用地等和农用地等的利用调整的事项。

（六）有关工厂用地等、共同流通业务设施以及其他设施的整备的事项。

（七）有关劳动力需给的调整及农业从业者务工就业圆滑化的事项。

（八）为了在将工业等导入农村地域的同时，促进农业结构的改善而所必须的、有关农业生产基础整备及开发等事业的事项。

（九）有关在将工业等导入农村地域的同时防止公害的事项。

（十）其他必要事项。

第四款　实施计划必须在遵循基本计划的同时，与前条第三项所规定的计划保持协调。

第五款　市町村所制定的实施计划，必须遵循经由该市町村议会审议决定的有关该市町村建设的基本构想。

第六款　都道府县在制定实施计划时，对于工业等导入地区的选定，必须以根据工厂立地法（昭和三十四年法律第24号）第二条之规定而开展的工厂实地调查的结果为参考。

第七款　都道府县在欲制定或变更实施计划时，必须听取相关市町村的意见。

第八款　市町村在欲制定或变更实施计划时，必须与都道府县知事进行协商。

第九款　都道府县与市町村在制定或变更实施计划后，应立即将其概要进行公表。同时，都道府县应将实施计划书（如是变更实施计划的场合，则为变更后的实施计划书，下同）之复印件送至主务大臣与相关市町村处；市町村应将实施计划书之复印件经由都道府县知事送至主务大臣处。

第十款 主务大臣在接到依据前项之规定而发送的实施计划书复印件时，必须将其内容通知相关行政机关长官。这时，相关行政长官可以向主务大臣陈述其对该实施计划的意见。

第十一款 在于过疏地域振兴特别措施法第二条第一项所规定的过疏地域中划定一定范围、并以此为单位制定或变更实施计划时，如该实施计划（如是变更实施计划的场合，则为变更后的实施计划，以下本项内皆同）适合于同法第五条第一项所述之振兴方针，则都道府县与市町村可以分别将该计划纳为同法第七条第一项所述之都道府县计划或同法第六条第一项所述之市町村计划的一部分。但在欲将其作为市町村计划的一部分时，不许经过该市町村议会的表决。

第十二款 都道府县或市町村在依据前项之规定对过疏地域振兴特别措施法第七条第一项所述之都道府县计划或同法第六条第一项所述之市町村计划作出变更时，同法第七条与同法第六条之规定的适用情况为：适用于同法第七条第四项的同条第一项中"向内阁总理大臣提出"应改为"向内阁总理大臣报告其主旨"；适用于同条第四项及同法第六条的同条第五项中，"提交的市町村计划时，应立即将其内容"应改为"提交的有关变更之主旨的报告时，应立即将其主旨"；适用于同条第六项的同条第四项中，"提交至"应改为"主旨报告至"。

第六条 对制定基本计划与实施计划的援助

国家对于都道府县与市町村、都道府县对于市町村，必须为其基本计划与实施计划的制定提供必要的建议、指导等援助。

第七条 有关农用地等的转让的所得税的减免

个人为了将其位于工业等导入地区内的农用地等（含依存于农用地等的权利）改为实施计划所规定的工厂用地等时，依据租税特别措施法（昭和三十二年法律第32号）之规定，对该转让行为所产生的、所得税法（昭和四十年法律第33号）第三十三条第一项所规定的转让所得，应予以减免所得税的优惠政策。

第八条 换购事业用资产时征税的特例

将农村地域以外的地域内的事业用资产转让、并取得工业导入地域内的工业等用事业用资产时,根据租税特别措施法之规定,应适用换购特定事业用资产时的征税特例。

第九条　折旧的特例

于工业等导入地区内新设或增设工业等用设备者,依据租税特别措施法,对于其在该新设或增设行为中新取得、制作或建设的机械、装置、建筑物及其附属设备,可进行特别折旧偿还。

第十条　有关免除或不均一征收地方税的政策

地方公共团体,根据地方税法(昭和二十五年法律第260号)第六条之规定,对于在自治省令所指定的工业等导入地区内,新设或增设自治省令所规定的工业等用设备者,实行免征或不均一征收该事业的事业税、因取得该事业所涉及的建筑物或其用地而产生的不动产税或该事业所涉及的机械、装置、建筑物及用地的固定资产税的优惠政策时,如果这些政策正被认为符合自治省令所规定的要求,则地方交付税法(昭和二十五年法律第210号)第十四条所规定的该地方公共团体的各年度基准财政收入额将不受同条规定的约束,对于通过自治省令所规定的方法计算得出的该地方公共团体的各年度的减收额(如减收额是因减免或不均一征收事业税或固定资产税而产生的,则仅限政策实施后三个年度内的减收额),应将原本根据同条之规定当算入该地方公共团体各年度基准财政收入的份额,作为当从同条所规定的该地方公共团体各年度(如该政策是于自治省令规定日期后实施的,则为该减收额所对应的各年度的翌年度)的基准收入额中扣除的份额。

第十一条　资金的确保等

国家及地方公共团体,对于工业等导入地区内,适合于实施计划的工业等用设施的整备,必须予以必要资金等援助。

第十二条　最地方债的优惠政策

地方公共团体为了达成实施计划而进行工厂用地造成等事业时,因筹措其所需经费而产生的地方债务,应在法定范围内以及该地方公共团体的财政状况和资金状况允许的前提下,予以适当的优惠政策。

第十三条 农林中央金库的资金借与

农林中央金库可以在获得农林水产大臣认可的前提下，不受农林中央金库法（大正十二年法律第 42 号）第十六条的约束，在工业等导入地区内新设或增设适合于实施计划的工业等用设施者，提供资金借贷。

第十四条 设施的整备

国家及地方公共团体，必须为了促进工业等在实施计划所指定的农村地域中的导入，而促进工厂用地等、共同流通业务设施、道路、工业用水道及通信运输设施的整备。

第十五条 职业介绍的充实等

第一款 国家为了遵循实施计划、促进农业从业者在被导入的工业等产业中的圆滑就业，必须在相关团体的配合下，实行提供雇佣信息、就业指导及职业介绍等必要的政策服务。

第二款 国家及地方公共团体，为了遵循实施计划、促进农业从业者在被导入的工业等产业中的圆滑就业，必须实行诸如职业训练（包括使其适应作业环境的训练）、提供职业转换给付金［指雇佣对策法（昭和四十一年法律第 132 号）第十三条所述之职业转换给付金］等必要的政策服务。

第十六条 农业结构改善的促进

国家及地方公共团体，为了促进实施计划所规定的农业结构改善事业的发展，而推进农业生产基础的整备及开发、农业经营近代化设施的整备事业。

第十七条 有关农地法等的处分的优惠政策

国家的行政长官或都道府县知事，在受理为将土地用作实施计划所规定之用途而提出的、对农地法（昭和二十七年法律第 229 号）等法律所规定的许可等处分的申请时，应予以宽限，以促进工业等在该实施计划所规定的农村地域内的导入。

第十八条 都道府县或市町村的审议会

第一款 都道府县为了对制定基本计划及实施计划等有关在农村地域促进工业等的导入的重要事项进行调查审议，可以以条例的形式，设置审议会。

第二款 市町村为了对制定实施计划等有关在农村地域促进工业等的导入的重要事项进行调查审议，可以以条例的形式，设置审议会。

第三款 除前二项之规定外，有关都道府县或市町村的审议会的组织与运营的必要事项，由都道府县或市町村以条例的形式自行规定。

第十九条 本法律之主务大臣，为农林水产大臣、通商产业大臣、劳动大臣及运输大臣。

附则（略）

附则（昭六三·六·一八法八四）（抄）

（施行日期）

第一条 本法律自公布之日起施行。

（经过措施）

第二条 在本法律施行前，依据未经修改的农村地域工业导入促进法（译注：没有"等"，是修改前的法律）而制定或变更的同法第三条第一项所述之基本方针、同法第四条第一项所述之基本计划及同法第五条第一项所述之实施计划，在本法律施行后即被视为依据改正后的农村地域工业等导入促进法而制定或变更的同法第三条第一项所述之基本方针、同法第四条第一项所述之基本计划及同法第五条第一项所述之实施计划。

附则（平二·三·三一法一五）（抄）

（施行日期）

本法律自平成二年四月一日起施行。

四、有关农业振兴地域整备的法律施行规则

第一条 耕作或畜牧业务所必要的农用设施

有关农业振兴地域的整备的法律（以下简称"法"）第三条第四号所述之由农林水产省令所规定之农业用设施，即下列设施：

（一）畜舍、蚕室、温室、农产品出货设施、农产品加工设施、农产品储藏设施、以及其他类似农畜产品生产、集聚、加工、储藏或出货

用设施;

（二）堆肥、种苗储藏设施、农机农具收纳设施以及其他类似的农业生产材料的储藏或保管（以销售农业生产材料为目的的储藏或保管行为除外）用设施;

（三）用于处理被废弃的农产品或农业生产材料的设施（第三十七条中称"农业废弃物处理设施"）。

第二条 指定农业振兴地域的公告等

法第六条第五项（包括适用于法第七条第二项的场合）所规定之指定农业振兴地域的公告，在标示该农业振兴地域之区域范围时，应标记出下列各项目中至少一号的内容，并揭载于都道府县的公报中。

（一）市町村、大字（译注：日本的区划单位，如「××町大字〇〇字△△」）、字、小字及土地编号;

（二）一定的地物、设施、建设物及其间距离与方向;

（三）平面图。

第三条 第一款 法第六条第六项（包括适用于法第七条第二项的场合）所规定之指定农业振兴地域的报告，应在报告书内记载下列事项，并添附表示该农业振兴地域之范围的图纸。

（一）农业振兴地域的区域范围;

（二）农业振兴地域的面积及该农业振兴地域的区域内的农用地等（指法第三条所规定的农用地等）的面积;

（三）如果全部或部分区域在农业振兴地域内的市町村的区域中，实际被指定为农业振兴地域的区域范围与基本方针中所指定的适合被指定为农业振兴地域的区域范围不相同，则应注明理由;

（四）指定为农业振兴地域的年月日。

第二款 农业振兴地域整备计划的制定与变更

第一款 市町村在根据法第八条第一项之规定而制定同项所述之农业振兴地域整备计划时，该市町村长应听取农业委员会的意见。

第二款 前项之规定适用于市町村在根据法第十三条第一项之规定而对农业振兴地域整备计划进行变更（有关农业振兴地域的整备的法律

施行令（以下简称"令"）第五条第一款所规定之轻微的变更除外）的场合。

第四条 农地利用计划的做成与变更

市町村在根据法第八条而制定农业振兴地域整备计划、划分农用地区域（指同条第二项第一号所述之农用地区域，以下皆同）以及区分该区域内土地的农业上用途时，应通过标记大字、字、小字、土地编号、一定的地物、设施、建设物及其间距离与方向、平面图等内容，明确地划分属于该农用地区域的土地和不属于该农用地区域的土地，同时明确地区分地区内土地的用途。在根据法第十六条第一项之规定而进行变更时，亦同。

第五条 农业振兴地域整备计划书等的纵览

法第十二条第二款（包括适用于法第十三条第三款的场合）所规定的供纵览之用的农业振兴地域整备计划书或其附件，如果是与法第八条第一款所述之农业振兴地域整备计划相关的，则应常备于该市町村的主要事务所中；如果是与法第九条第一款所述之农业振兴地域整备计划相关的，则应常备于该都道府县的主要事务所及管辖相关市町村的全部或部分区域的从属事务所（限于分掌农业相关的行政事务的事务所）中。

第六条 交换分合计划的决定手续

第一款 根据法第十三条第二款、第一款之规定而进行交换分合、而欲取得同条第三项所述之认可时，除适用于法第十三条之第二份的土地改良法（昭和二十四年法律第195号）第九十九条第三项所规定的书面文件外，在必须添附以下文件：

（一）适用于法第十三条之五的土地改良法第五十二条第五项所述之会议议事录的副本；

（二）能证明已经得到法第十三条之二第五项所述之同意的书面文件、能证明已经得到适用于法第十三条之五的土地改良法第一百零二条第二项附加条款（也包括其适用于土地改良法第一百零四条第二项及第一百零七条的场合）所述之同意的书面文件、能证明已经得到适用于法第十三条之五的土地改良法第一百零二条第三项附加条款（也包括其适用于土地改良法第一百零四条第二项及第一百零七条的场合）所述之同意的书面文件、能证明已经有过法第十六条之三第一项前段所述之申请或同意的书面文件、能证明已经得到同项后段所述之同意的书面文件以及能证明已经得到法第十三条之四第三项之同意的书面文件；

（三）计划书；

（四）依据法律第八条第一项之规定而制定的农业振兴地域整备计划之概要，或根据法第十三条第一项之规定而变更的农业振兴地域整备计划之概要；

（五）能说明制定或变更农业振兴地域整备计划时，必须进行交换分合的理由的书面文件。

第二款　根据法律第十三条第二第二项之规定进行交换分合时，如欲接受同条第三项所述之认可，则除了适用于法第十三条之五的土地改良法第九十九条第三项所规定的书面文件外，还必须按下列各号之状况，添附该号所规定的书面文件：

（一）法第十三条第二第二项第一号所规定的场合：

1. 前项第一号至第三号所述之书面文件；

2. 能说明认为有必要促进实施农业振兴地域整备计划中、法第八条第二项第二号所定之事项之理由的书面文件；

3. 能说明为了促进农业振兴地域整备计划之达成，而有必要进行交换分合的理由的书面文件。

（二）法第十三条第二第二项第二号所规定的场合：

1. 前项第一号至第三号所述之书面文件；

2. 已获得法第十八条之二第一项之认可的同项所述之协定（3中简称"协定"）的复件，以及能证明已经得到认可的书面文件；

3. 能说明有必要促进将协定中的法第十八条之二第二项第二号所定之设施，设施于该协定中的法同项第三号（一）所规定之区域中的理由的书面文件；

4. 前号3所规定之书面文件。

第七条　适用于第十三条之五的土地改良法第五十二条第五项前段

所述之会议议长，必须制作记载有下列事项的议事录，并与不少于二名会议出席者一同署名（包括签名）并盖章。

（一）开会日期及场所；

（二）会议组织员的总数与实际出席者姓名；

（三）议事概要；

（四）决议事项；

（五）赞成与反对的票数。

第八条　第一款　适用于法律第十三条之五的土地改良法第九十九条第五项所规定的公告，应由都道府县进行公报，并在公报中揭载同项所规定的供纵览之用的文件名称、纵览期间与场所。

第二款　适用于法第十三条之五的土地改良法第九十九条第十二项所规定的公告，应由都道府县进行公报。

第九条　交换分合计划的制定方式

适用于法第十三条之五的土地改良法第一百零一条第二项所述之省令所规定的有处分限制的土地，即民事诉讼法（明治23年法律第29号）、民事执行法（昭和34年法律第4号）、人事诉讼手续法（明治31年法律第13号）、国税征收法（昭和34年法律第147号）等法律所规定的有处分限制的土地。

第十条　第一款　在根据适用于法第十三条之五的土地改良法第一百零二条第二项之规定而进行综合性考量时，必须先根据该所有者全部的应取得之土地与应失去之土地的用途、面积与同项所述之事项，对该土地等级做出评定，再针对该评定来进行考量。

第二款　前项所述之规定适用于依据适用于法第十三条之五的土地改良法第一百零四条第二项之规定以及适用于土地改良法第一百零七条的同法第一百零二条第二项之规定而进行综合性考量的场合。

第十一条　含有非农用地之土地时的同意

欲请求法律第十三条之二第五项所规定之同意时，必须递交记载有相关土地的位置、土地编号、土地名目、用途及面积的书面申请。

第十二条　不指定应取得之土地时的同意

第一款　欲提交第十三条之三第一项前段所规定之申请者，必须向市町村长递交记载有下列事项的申请书。

（一）申请者的姓名或名称及住所；

（二）该申请所涉及的土地的位置、土地编号、土地名目、用途及面积；

（三）如有对于该申请所涉及的土地，享有土地使用权、永佃权、抵押权、由使用租借而产生的权利和其他以使用与收益为目的的权利者，则还应记载其姓名或名称以及所享有之权利；

第二款　欲请求法第十三条之三第一项所规定只同意时，必须递交记载有该同意所涉及的土地的位置、土地编号、土地名目、用途及面积的书面申请。

第十三条　代替发送文件的公告

第一款　适用于法律所规定的公告，必须载有应于五日内送至市町村事务所揭示场的文件的要旨。

第二款　前项所述之文件，必须于公告之日起十日内陈于该事务所内以供阅览之用。

第十四条　测量检查之通知

第一款　适用于法第十三条之五的土地改良法第一百一十八条第一项所规定的通知，必须注明介入的目的、场所及日期。

第二款　适用于法第十三条之五的土地改良法第一百一十八条第三项所规定的公告，必须记载有前项所规定之事项，并在市町村事务所的揭示场公示五天。

第十五条　调停的申请

欲根据法第十五条第一项之规定而申请调停时，必须经由管辖所申请之土地所在地的市町村长，提交记载有下列事项的申请书。

（一）对方的姓名或名称及住所；

（二）所申请之土地的位置；

（三）申请的概要；

（四）协商过程的概要；

（五）其他可作为调停参考的事项。

（第十六条至第二十三条　删除）

第二十四条　欲获得法第十五条之七第一项所述之批准者，必须向都道府县知事提交记载有下列事项之申请书。

（一）申请者的名称及住所；

（二）所申请之农地的所有者（如还存在依据所有权以外之权利而使用及收益者，则为该使用及收益者及所有者）的姓名或名称及住所；

（三）所申请之农用地的位置、土地编号、土地名目及面积；

（四）所申请之农用地现在及将来的利用状况；

（五）申请者有关农用地的利用计划的详细内容；

（六）所希望的特定利用权之内容、开始时间、存续期间、租金及租金的支付方法；

（七）其他参考事项。

第二十五条　关于特定利用权设定的调查方法

法第十五条之七第二项所述之调查，除了查阅登记簿外，还应在现场对下列事项进行调查。

（一）法第十五条之七第一项所述之批准的申请所涉及的农用地的利用状况；

（二）前号所规定的农用地的土性、水利、倾斜、温度等自然条件与利用条件；

（三）第一号所规定的农用地的所有者（如为依据所有权以外之权利而使用及收益者，则为该使用及收益者）的农业经营状况；

（四）农用地区域内的农业经营状况；

（五）用其他土地取代第一号所规定之土地的难度；

（六）其他必要事项。

关于特别利用权的设定中应听取意见者

第二十六条　法第十五条之七第四项所述之农林水产省令所规定者，即以下所规定者。

（一）申请该批准之协议对象，如非该农用地之所有者，则应听取该农用地所有者的意见；

（二）农业委员会；

（三）所申请之农用地所在的土地改良区；

（四）如申请者是市町村，则应听取拥有所申请之农用地的全部或部分地区的农业协同合作社之意见；如申请者是农业协同合作社，则应听取管辖所申请之农用地的市町村以及其他拥有该农用地的全部或部分区域的农业协同合作社之意见。

第二十七条　应收到特定利用权设定批准要旨之通知者

法第十五条之七第五项所述之农林水产省令所规定者，即所申请之协议的对方并非所申请之农用地所有者时，该农用地的所有者。

第二十八条　关于特定利用权设定批准要旨的公告方法

法第十五条之七第五项所规定之公告，应由都道府县进行公报。

第二十九条　裁定之申请

欲提出法第十五条之八所述之裁定的申请者，必须向都道府县知事提交记载有协议无法达成一致或无法进行协议之理由以及第二十四条所规定之事项的申请书。

第三十条　裁定申请的公告

法第十五条之九第一项所述之农林水产省令所规定之事项，即第二十四条所规定之事项。

第三十一条　法第十五条之九第一项所规定公告，应由都道府县公报。

第三十二条　法第十五条之九第二项所述之农林水产省令所规定之事项，如下所示。

（一）提交意见书者的姓名或名称及住所

（二）其所享有的权利的种类及内容

（三）该农用地的利用状况及利用计划

（四）该农用地未用于耕作等用途的理由

（五）意见要旨及其理由

（六）其他参考事项

第三十三条　裁定的通知及公告

第一款　法第十五条之十一第一项前段所规定的通知，必须是记载有法第十五条之十第二项各号所规定之内容的书面文件。

第二款　法第十五条之十一第一项前段所规定之公告，必须是有关法第十五条之十一第二项各号之内容的。

第三款　前项所述之公告，必须是由都道府县公报的

第三十四条　开发行为的许可手续

第一款　欲获得法第十五条之十五第一项所述之许可者，必须经由管辖所申请之土地的市町村长，向都道府县知事提交记载有下列事项的申请书。

（一）申请者的姓名或名称及住所；

（二）开发行为所涉及的土地的位置；

（三）如果开发行为是造成宅地、采掘土石等改变土地形状性质的行为时，须说明该土地在形状性质发生变更后的用途；如果开发行为是新建、改建或增筑建筑物时，应说明该行为具体属于新建、改建或增筑中的哪一种，以及实行该行为后建筑物的用途与构造之概要；

（四）开发行为所涉及的工程计划的概要；

（五）工程预定的开工日期与预定的完工日期；

（六）为防止开发行为导致法第十五条之十五第二项各号所规定的事态而采取的措施的概要；

（七）其他参考事项。

第二款　前项所述之申请书中，必须添附下列图面

（一）标明开发行为所涉及之土地的位置及周边情况的图面；

（二）如开发行为系建筑物的新建、改建或增筑，则必须添附标明该建筑物位置的图面；

第三款　市町村长在接到第一项所述之申请书后，必须立即将其附在意见书中，递交至都道府县知事处。

第三十五条　法第十五条之十五第一项第四号所述之农林水产省所规定的行为

法第十五条之十五第一项第四号所述之农林水产省所规定的行为,即以下行为。

(一)整地、修缮农业用给排水路等法第三条所规定的农用地等的管理行为,或同条第四号所述之设施的管理行为;

(二)以下为了使农用地区域内的土地,能被用于农用地利用计划所规定的用途而实施的行为;

1. 4所规定的、建筑物的新建、改建或增筑所需要的最小限度的宅地造成;

2. 在已被用于农用地利用计划所指定的用途的土地上,进行不会导致该土地用途变更的行为(相当于前号之行为的除外);

3. 面积低于三十公亩的,将非农用地改作农用地的变更行为,或农用地间的变更;

4. 地面面积或建筑物面积低于九十平方米的建筑物的新建、改建或增筑;

5. 设置宽度低于2m以下的农业用给水排水路的行为;

6. 铺设用于路崖部分、弯道部分或避车处的、除必要的宽幅部分以外,宽度都在3m以下的农道或林道的行为。

(三)临时建造物的新建、改建或增筑;

(四)水道管、下水道管及其他类似的地下设施的新建、改建或增筑;

(五)广播或有线电视广播的接收用空中缆线(含支架)或其他类似设施的设置或管理;

(六)保存文化财保护法(昭和二十五年法律第224号)第五十七条第一项所规定的埋藏文化财(限于位于农用地区域内者)的相关行为;

(七)在矿业法(昭和二十五年法律第289号)第五条所规定的矿业权已被设定的土地区域内,为采掘矿物而进行的试锥,或由金属矿业事业团实行的,金属矿业事业团法(昭和三十八年法律第78号)第十八条第三号所述之业务中的试锥;

（八）履行由法令或基于法令的处分而产生的义务的行为。

第三十六条 法第十五条之十五第一项第六号所述之农林水产省令所规定的行为

法第十五条之十五第一项第六号所述之农林水产省令所规定的行为，即以下行为。

（一）农用地整备公团所实施的，农用地整备公团法（昭和四十九年法律第43号）第十九条第一项第一号、第二号、第四号或第六号所述之业务（如是同项第三号所述之业务，则仅限受地方公共团体委托的行为）的相关行为；

（二）农地法（昭和二十七年法律第229号）第三条第二项附加条款所规定的，由政令指定的法人，为了将农用地区域内的土地用作农用地利用计划所指定的用途而实施的行为；

（三）森林开发公团所实施的，有关森林开发公团法（昭和三十一年法律第85号）第十八条第一项第一号之二、同项第二号或同条第二项所述之业务（限受地方公共团体委托者）的相关行为；

（四）煤炭矿害事业团根据煤炭矿害复旧法（昭和二十七年法律第295号）所实施的农地、农业用设施或公共设施的复旧工程的相关行为；

（五）依据道路法（昭和二十七年法律第180号）所实施的有关道路设置与管理的行为；

（六）日本公路公团、首都高速公路公团、阪神高速公路公团或地方公路公社所实施的，有关公路以及与公路有着密切联系的设施的设置或管理的行为；

（七）土地开发公社［指有关推进公有地的扩大的法律（昭和四十七年法律第66号）所规定的土地开发公社］所实施的有关修整供公路之用的土地的行为；

（八）根据公路运输法（昭和二十六年法律第183号）而实施的，有关供机动车道或一般机动车运输事业之用的专用机动车道的设置与管理的行为；

（九）依据河川法（昭和三十九年法律第167号）第三条第一项而实施的，河川或根据同法第一百条第一项之规定而指定的河川的改良工程的施行或管理的相关行为；

（十）水资源开发公团所实施的，水资源开发公团法（昭和三十六年法律第218号）第十八条第一项（同项第四号除外）或第二项（同项第三号除外）所述之业务，或同条第三项所述之业务（限于受国家或地方团体委托者）的相关行为；

（十一）地表滑落防止法（昭和三十三年法律第30号）所规定的地表滑落防止工程的实施或地表滑落防止设施的管理的相关行为；

（十二）有关防止因急倾斜地的崩塌而产生的灾害的法律（昭和四十四年法律第57号）所规定的防止急倾斜地崩塌的设施的管理的相关行为；

（十三）本州四国联络桥公团所实施的，有关公路铁道设施或与之有密切联系的设施的建设或管理的行为；

（十四）日本铁道建设公团所实施的，有关铁道设施或轨道设施的建设或管理的相关行为；

（十五）地方铁道法（大正八年法律第52号）第一条第一项、第二项所规定的地方铁路的铺设、同条第三项所规定的运送旅客或物品的普通索道的建设，或其设施的管理的相关行为；

（十六）依据轨道法（大正十年法律第76号）而实施的，轨道的铺设或管理的相关行为；

（十七）依据石油管线事业法（昭和四十七年法律第100号）而实施的，供石油管线事业之用的导管的设置或管理的相关行为；

（十八）依据港湾法（昭和二十五年法律第218号）而实施的，港湾设施的设置或管理的相关行为，或依据渔港法（昭和二十五年法律第127号）而实施的渔港设施的设置或管理的相关行为；

（十九）依据海岸法（昭和三十一年法律第101号）而实施的海岸保全设施的设置或管理的相关行为；

（二十）依据航路标识法（昭和二十四年法律第99号）而实施的

航道标识的设置或管理的相关行为；

（二十一）依据水路业务法（昭和二十四年法律第102号）而实施的，水路测量标的设置或管理的相关行为；

（二十二）依据港则法（昭和二十三年法律第174号）而实施的信号所的设置或管理的相关行为；

（二十三）依据航空法（昭和二十七年法律第231号）而实施的公用航空保安设施的设置或管理的相关行为；同法第九十六条所规定的业务用雷达的设置或管理的相关行为；

（二十四）新东京国际空港公团所实施的，有关新东京国际空港公团法（昭和四十年法律第115号）第二十条第一项第一号或第二号所述之业务的行为；

（二十五）用于观测或通报气象、海象、地象或洪水等类似自然现象的设施的设置或管理的相关行为；

（二十六）依据电气通信事业法（昭和五十九年法律第86号）而实施的第一类电气通信事业的线路、空中缆线（含其支架）或中继设施的设置或管理的相关行为；

（二十七）依据放送法（昭和二十五年法律第132号）而实施的电视广播事业用空中缆线（含其支架）及与之并设的发信装置的设置或管理的相关行为；

（二十八）依据电气事业法（昭和三十九年法律第170号）而实施的，电气事业用建造物（发电用电气建造物除外）的设置或管理的相关行为；

（二十九）依据瓦斯事业法（昭和二十九年法律第51号）而实施的瓦斯建造物（以液化石油气以外的原料为主要原料的瓦斯生产用建造物除外）的设置或管理的相关行为；

（三十）依据水道法（昭和三十二年法律第177号）而实施的，用于水道事业或水道用水供给事业的水观、水路、配水池以及为了补完该设施而设置的水泵设施的设置或管理的相关行为；依据工业用水道事业法（昭和三十二年法律第84号）而实施的，用于工业水道事业的水管、

水路、配水池以及为了补完该设施而设置的水泵设施的设置或管理的相关行为;

(三十一) 水害预防合作社所实施的,水害防护用设施的设置或管理的相关行为。

第三十七条 协定所涉及的设施

法第十八条之二第一项所述之农林水产省令所规定的设施,即畜舍、堆肥舍几农业废弃物处理设施这些会排出废水、影响营农环境的设施。

第三十八条 欲使协定获得认可时的添附文件

依据法第十八条之二第一项之规定而请求认可时,必须添附能证明已有同条第五项所述之合意的书面文件。

第三十九条 协定的公告

第一款 法第十八条之四第一项（包括适用于法第十八条之六第二项的场合）所规定的公告,应在市町村事务所的揭示场对以下事项进行公开,或者以其他适当的手段对以下事项进行公开。

（一）协定的名称;

（二）协定所涉及的设施;

（三）表示协定区域的图面 [限于区分并图示法第十八条之二第二项第六号（一）及（二）所规定的区域的图面];

（四）协定的纵览场所。

第二款 前项之规定,适用于法第十八条之五第二项（包括其适用于法第十八条之六第二项及第十八条之八第二项的场合）所规定之公告。

第四十条 协定区域的明示方法

法第十八条之五第二项（包括其适用于法第十八条之六第二项及第十八条之八第二项的场合）所规定的协定区域的明示,应采用在协定区域内的醒目处张贴表示该协定区域的图面的方式。

第四十一条 欲使协定之变更获得认可时的添附文件

依据法第十八条之六第一项之规定而就协定之变更请求认可时,必须添附能证明已有同项所述之合意的书面文件。

第四十二条 协定的目的设施

法第十八条之十二第一项所述之农林水产省令所规定的设施，即以下设施。

（一）主要可使农业者的土地获得利益的农业用该排水设施（令第十条所规定的设施除外）；

（二）主要供农业者利用的农业聚落排水设施与集会设施。

第四十三条 接受协定的认定时的添附文件等

第一款 欲接受法第十八条之十二第一项所规定的认定时，必须添附下列文件。

（一）能证明参加协定者已达成一致合意的书面文件；

（二）如协定的目的设施拥有设置者或管理者，则还需要能证明已经得到该设置者或管理者之同意的书面文件；

（三）如是有关前条第一号所规定的设施的协定，则需要能证明有相当数量的因该设施而收益的土地的所有者参与了该协定的书面文件；如是有关前条第二号所规定的设施的协定，则需要能证明有相当数量的该设施的利用者参与了该协定的书面文件。

第二款 前项之规定，适用于接受令第十一条第二项所规定的协定变更的认定的场合。

第四十四条 协定的轻微的变更

令第十一条第二项所述之由农林水产省令规定的轻微的变更，即协定的目的设施的名称的变更、地狱名称的变更或土地编号的变更。

附则（略）

附则（昭和五九 一二 五农林水产省令四四）

1. 本省令自对有关农业振兴地域的整备的法律的部分内容加以修订的法律（昭和五十九年法律第55号）的施行日（昭和五十九年十二月五日）起施行。

2. 修订后的有关农业振兴地域的整备的法律施行规则第三条之二的规定，适用于都道府县依据对有关农业振兴地域的整备的法律的部分内容加以修订的法律附则第二项之规定而变更农业振兴地域整备基本方针后,对农业振兴低于整备计划进行制定或变更的场合。

附则(昭和六一 四 二农林水产省令一八)

本省令自公布之日起施行。

附则(昭和六三 七 二二农林水产省令三九)

本省令自对农用地开发公团法的部分内容加以修订的法律(昭和六十三年法律第44号)的施行日(昭和六十三年七月二十三日)起施行。

五、有关农业振兴地域整备的法律施行令

第一条 农业振兴地域整备基本方针的制定或变更

都道府县知事在根据有关农业振兴地域的整备的法律(以下简称"法")第四条第一项之规定而制定同项所述之农业振兴地域整备基本方针时,必须听取相关市町村与有学识经验者的意见。在根据法第五条第一项之规定而变更方针时,亦同。

第二条 都道府县知事在根据法第四条第五项(包括适用于法第五条第二项的场合)之规定而申请对农业振兴地域整备基本方针进行批准时,必须将该基本方针以及根据前条之规定而听取的意见之概要记载在书面文件上,连同申请书一并提交至农林水产大臣处。

第三条 由市町村制定的农业振兴地域整备计划

第一款 市町村在根据法第八条第一项之规定而制定同项所述之农业振兴地域整备计划时,必须取得下列拥有该农业振兴地域全部或部分地区者的意见。

(一)农业协同合作社;

(二)土地改良区(含土地改良区联合会)。

第二款 如前项之场合符合下列各号之情况,则市町村除前项所规定者外,还必须听取下列各号所规定者之意见。

(一)前项所述之计划所涉及的农用地区域(指法第八条第二项第一号所述之农用地区域,以下皆同)内,含有森林[指森林法(昭和二十六年法律第349号）第二条第一项所述之森林〕区域时——其全部或部分地区在森林区域内的森林合作社；

（二）前项之计划与根据法第八条第三项之规定而展开的森林整备等农业振兴活动产生关联性时——其全部或部分地区在该农业振兴地域内的森林合作社。

第三款　第一项之规定适用于市町村依据法第十三条第一项之规定而对农业振兴地域整备计划进行变更（相当于第五条第一项所定之轻微变更除外）的场合；前项之规定，适用于农用地区域的变更中，所涉及的农用地区域包含有同项第一号所述之森林区域的场合，以及法第八条第二条第二号至第六号所定事项的变更与同条第三项所规定的森林整备等林业振兴活动产生关联性的场合。

第四条　都道府县所制定的农业振兴地域整备计划

第一款　都道府县在根据法第九条第一项之规定而制定农业振兴地域整备计划时，必须听取下列机关团体的意见。

（一）都道府县会议；

（二）都道府县农业协同合作社中央会；

（三）都道府县土地改良事业团体联合会。

第二款　前项之规定适用于都道府县根据法第十三条第一项之规定而对农业振兴地域整备计划进行变更（相当于次条第一项所定之轻微变更除外）的场合。

第五条　农业振兴地域整备计划的轻微变更

法第十三条第三项所述之由市町村制定的农业振兴地域整备计划的轻微变更如下所示：

（一）地域名称的变更或土地编号的变更；

（二）农用地区域内的土地所有者或根据土地的所有权以外的权利而使用及收益者，将该土地的用途改作设置供其耕作或畜牧业务之用的农业用设施时，为了将该土地从农用地区域中除去而进行的变更；

（三）农用地区域内的土地中已根据土地收用法（昭和二十六年法律第219号）第二十六条第一项之规定而作出了告示（包括等同于根据

同项所规定的告示的根据其他法律所作出的告示或公告），且该土地已被用于该告示所述之事业时，为了将该土地从农用地区域中除去而进行的变更；

（四）农用地区域内，土地农业上用途区分的变更中，土地变更面积不超过1公顷的场合。

第二款 法第十三条第三项所述的由都道府县制定的农业振兴地域整备计划的轻微变更，即前项第一号所述之变更。

第六条 交换分合计划的相关设施的必要条件

法第十三条之四第二项所述之由政令规定之必要条件，即该设施的种类、位置及规模已在农业振兴地域整备计划得到了确定。

第七条 交换分合计划的土地取得者

法第十三条之四第二项所述之由政令规定者，即除国家、市町村以外的地方公共团体、农事合作社法人及农业协同合作社联合会等非营利性法人。

第八条 替换规定

在根据法第十三条之五之规定而适用土地改良法（昭和二十五年法律第195号）之规定时，条文中字句的替换如表17-1所示。

表 17-1

土地改良法条文	替换前	替换后
第九十九条第二项	前项	有关农业振兴地域的整备的法律（以下简称"农振法"第十三条之二第三项）
第九十九条第三项至第五项，以及第十一项至第十三项	第一项	农振法第十三条之二第三项
第九十九条第六项，第一百零一条第二项，第一百零二条，第一百零三条第一项至第三项，第一百零四条第一项，第一百零七条，第一百零九条及第一百一十条第一项	农用地	土地

续表

土地改良法条文	替换前	替换后
第一百零五条	第一百零二条第一项	第一百零二条第一项，农振法第十三条之三第一项前段或农振法第十三条之四第一项
第一百零六条第二项	失效	失效，在根据农振法第十三条之三第一项之规定，只指定所有者应失去的土地，而不指定其应得到的土地时，由同项或同条第三项所规定的、有关该土地的权利，自该应失去的土地所有权依前项之规定而转移时消失
	包括在内	包括在内或农振法第十三条之三第三项
第一百一十三条	或基于此法的命令	基于此法的命令、农振法第十三条之二第五项或第十三条之三第一项
第一百一十三条，第一百一十四条第一项，第一百一十五条，第一百一十八条第一项，第一百二十条第一项及第一百二十三条第一项	土地改良事业	依据农振法而进行的交换分合

第九条 不可成为协定之目的的土地

法第十八条之二第一项所述之由政令规定之土地，即现正供住宅、事物所、店铺、工厂等建筑物（法第三条第四号所规定的设施除外）之用的土地。

第十条 不可成为协定之目的的农业用给水排水设施

法第十八条之十二第一项所述之由政令规定之设施，即适用河川法（昭和三十九年法律第167号）的河川及下水道法（昭和三十三年法律第69号）所规定的公共下水道、流域下水道或城市下水道。

第十一条　协定的公表等

第一款　市町村长在行使法第十八条之十二第一项所述之认定后，应对所认定的同项所述之协定（以下本条中称"协定"）的要旨进行公表。

第二款　缔结协定的农业者等土地所有者或利用者，欲对协定中所规定的事项进行变更（农林水产省令所规定的轻微变更除外）时，如果该协定的目的设施存在设施者或管理者，则必须先征得该设置者或管理者之同意，再由市町村长来进行认定。

第三款　法第十八条之二第三项及第一项之规定，适用于前项所述之认定的场合。

第四款　市町村长在以下场合，可以取消法第十八条之十二第一项所述之认定。

（一）协定之内容被认为不符合十八条之十二第三项各号所规定之要件，或违反了适用于同条第四项的法第十八条之三之规定；

（二）协定的目的设施的维持运营，被认为并为遵守该协定之规定时。

附则（略）

六、农业振兴地域整备法

第一章　总　则

第一条　目的

本法的目的是：在一些考虑到自然、经济、社会等条件，被认为有必要推进综合性的农业振兴的地区，有计划地推进有关该地域整备工作的必要措施，籍此寻求农业的健全发展，并对国土资源的合理利用做出贡献。在国内，存在着一些就自然、经济、社会等条件而言，有必要推进综合性的农业振兴的地区。本法的目的就是：通过在这些地域有计划地推进有关该地域整备工作的必要措施，寻求农业的健全发展，并对国土资源的合理利用做出贡献。

第二条　为了农业的健全发展，依据本法而进行的农业振兴地域的指定工作和农业振兴地域整备计划的制定工作，应考虑到土地的自然条件、土地利用的动向、地域的人口以及产业的发展趋势，并从合理利用国土资源的观点出发，留意土地的农业利用与其他种类利用之间的调整，保护和形成具备农业现代化的必要条件的农业地域，同时在该农业地域内有计划地推进有关农业的公共投资及其他有关农业振兴的措施。

第三条 定义

本法中所称之"农用地等"，指的是以下土地：

（一）以耕作为目的的土地、为耕作或畜牧等业务提供牧草的土地、或以畜牧为目的的土地。（以下称为"农用地"）。

（二）供树竹生长，同时可为耕作或畜牧等业务提供牧草或供畜牧之用的土地（除农用地外）。

（三）能为农用地或前号所述之土地提供必要的保全利用设施的土地。

（四）能为耕作或畜牧业务提供农林水产省所规定的必要农业用设施（除前号的设施外）的土地。

第二章 农业振兴地域整备方针

第四条 都道府县知事应依据政令之规定

第一款 制定该都道府县的农业振兴地域整备基本方针。此基本方针应是有关农业振兴地域的指定和农业振兴地域整备计划的策定的。

第二款 在农业振兴地域整备基本方针中，应规定以下内容。

（一）有关农业振兴地域的指定基准的事项。

（二）有关适于被指定为农业振兴地域的位置及规模的事项。

（三）有关农业振兴地域中土地的农业用途区分的基准的事项。

（四）在农业振兴地域中，有关以下内容的基本事项：

1. 农业生产基础的整备与开发。

2. 扩大农业经营规模，促使农用地或适合成为农用地的土地在农业方面得到有综合的、有效的利用。

3. 农业近代化设施的整备。

4. 配合第（二）项，促进农业从业人员的就业安定。

5. 以改善农业结构为目的、以确保农业从业人员的良好居住环境为主要功能的设施的整备。

第三款　农业振兴地域整备基本方针应与以下计划相协调：国土开发计划、首都圈整备计划、近畿圈整备计划、中部圈开发整备计划、北海道综合开发计划、冲绳振兴开发计划、新产业都市建设基本计划、工业整备特别地域整备基本计划、山村振兴计划、孤岛振兴计划等由法律所规定的有关地域振兴的计划；由国家制定的有关道路、河流、铁道、港湾、机场等设施的计划。

第四款　农林水产大臣应就农业振兴地域整备基本方针的指定问题，对都道府县知事提出必要的劝告，使国家的农业政策能得到确实的实施。

第五款　都道府县知事在制定农业振兴地域整备基本方针时，应根据政令之规定，取得农林水产大臣的批准。

第六款　农林水产大臣在批准前项前，必须与国家的各相关行政机构的长官进行协商。

第七款　都道府县知事在制定农业振兴地域整备基本方针后，应立即将其公表。

第五条　农业振兴地域整备基本方针的变更

第一款　在因经济情况的变化或其他形势的变迁而产生变更方针的必要性时，都道府县知事应对农业振兴地域整备基本方针进行变更。

第二款　前条第四项至第七项之规定，适用于农业振兴地域整备基本方针的变更。

第三章　农业振兴地域的指定等

第六条　农业振兴地域的指定

第一款　都道府县知事应根据农业振兴地域整备基本方针，将一定的地域指定为农业振兴地域。

第二款　在指定农业振兴地域时，应考虑到自然、经济、社会等各方面的条件，选择适合作为一个整体而进行农业振兴事业、且具备下列条件的地域。

（一）就土地的自然条件及其利用的动向而言，该地域内具有相当规模的、应作为农用地等而得到利用的土地。

（二）该地域的农业人口等有关农业经营的基本条件，其现状和将来情况在对照之下，表明在该地域内提高农业生产性或进行其他农业经营现代化建设是被认为是确实可行的。

（三）从合理利用国土资源的观点出发，该地域的土地被认为适于农业利用的高度化建设。

第三款　如果某区域已被都市计划法（昭和四十三年法律第100号）第七条第一项规定为市街化区域，且已依据都市计划法第二十三条第一项之规定而达成协议，则不得被指定为农业振兴地域。

第四款　都道府县知事在指定农业振兴地域时，必须与相关市町村进行协商。

第五款　农业振兴地域的指定，必须依据农林水产省令之规定，进行公告。

第六款　都道府县知事在指定农业振兴地域后，必须依据农林水产省令之规定，立即将其要旨向农林水产大臣报告。

第七条　农业振兴地域的区域的变更等

第一款　在因农业振兴地域整备基本方针的变化、经济情况的变化或其他形势的变迁而产生变更农业振兴地域的区域的必要性时，都道府县知事应及时对已指定的农业振兴地域的区域进行变更或解除。

第二款　前条第四项至第六项之规定，适用于根据前项之规定而进行变更或解除的场合。

第四章　农业振兴地域整备计划

第八条　市町村所制定的农业振兴地域整备计划

第一款　如果在某市町村的范围内，存在着由都道府县知事所指定的农业振兴地域的全部或部分区域，则依据政令之规定，该市町村应针对其范围内的农业振兴地域，制定农业振兴地域整备计划。

第二款 在农业振兴地域整备计划中，应对以下事项进行规定。

（一）应作为农用地而得到利用的土地的区域（以下称为"农用地区域"）及其区域内土地的农业用途的区分。

（二）有关农业基础整备与开发的事项。

（三）以促进农业经营规模的扩大、并促使农用地或适合成为农用地的土地在农业方面得到有综合有效的利用为目的的，诸如地权边角的圆滑化等，有关农业利用的调整（包括农业者通过自身努力和相互协调而进行的调整）的事项。

（四）有关农业现代化设施的整备的事项。

（五）有关能促进农业从业人员就业安定，且能有助于促进农业经营规模的扩大、促使农用地或适合成为农用地的土地在农业方面得到有综合有效的利用的项目。

（六）有关以改善农业结构为目的、以确保农业从业人员的良好居住环境为主要功能的设施的整备的项目。

第三款 如果在某农业振兴地域中，农业振兴和森林整备等林业振兴工作有着密切的联系，则在该地域的农业振兴地域整备计划中，应在固定前项第二号至第六号之内容的同时，还应当规定其与林整备等林业振兴工作的关系。

第四款 市町村在根据第一项之规定制定农业振兴地域整备计划时，必须得到都道府县知事的认可。

第九条 都道府县所制定的农业振兴地域整备计划

第一款 都道府县可以依据政令之规定，制定农业振兴地域整备计划。从该都道府县之农业振兴地域的广域角度而言，其内容应是恰如其分的，如能使前条第二项第二号至第六号之事项产生广阔的受益范围的项目。

第二款 都道府县在依据前项之规定制定农业振兴地域整备计划时，必须征得相关市町村的同意。

第十条 农业振兴地域整备计划的基准

第一款 农业振兴地域整备计划必须适合于农业振兴地域整备基本方针,与第四条第三项所规定的计划相协调,并且应考虑到该农业振兴地域的自然、经济和社会等各种条件,有整体性地制定在该农业振兴地域中振兴农业所必要的事项。

第二款 市町村所制定的农业振兴地域整备计划,必须遵循由议会决定的关于该市町村建设的基本构想。

第三款 为了能在农用地或适合成为农用地的土地上,把握该土地的地理位置等条件以及该农业振兴地域的农业经营动向,有计划地、综合地实施以振兴该地域农业为目的的措施,有时必须确保该土地能得到农业方面的利用。此时,市町村所制定的农业振兴地域整备计划中,有关第八条第二项第一号所列举之事项的内容(以下称"农用地计划"),应针对这点,从该农业振兴地域的农业生产基础的保全、整备及开发的观点出发,在必要的限度内对农业用途进行区分与指定。

第四款 农业振兴地域整备计划中,有关第八条第二项第六号所列举之事项的内容,应能使同号中所规定的设施能遵循其整备目的,得到有效和适当的利用。

第十一条 农用地利用计划的决定程序

第一款 市町村在制定农业振兴地域整备计划时,应公布其要旨,并自公布日起,将该农业振兴地域整备计划中的农地利用计划方案供外界查阅,期限为30日。

第二款 在前项之农地利用计划的相关农用地区域内持有土地者,或其他拥有该土地的相关权利者,在对该农用地利用计划的方案存在异议时,可以在同项所规定的查阅期间结束之日的翌日起十五日内,向市町村提出申请。

第三款 市町村在接到根据前项之规定而提出的申请时,必须在第一项所规定的查阅期间结束之日起六十日以内作出决定。

第四款 如果申请人对根据前项之规定所作出的决定有所不满,可在作出决定之日的翌日起三十日内,向都道府县知事提出审查之申请。

第五款 都道府县知事在受理根据前项之规定而提出的申请时,应在受理审查申请之日起六十日内对其进行裁决。

第六款　根据第二项之规定而提出异议之申请时，适用行政不服审查法（昭和三十七年法律160号）中，有关异议申请的规定；根据第四项之规定而提出审查之申请时，适用行政不服审查法中，有关审查申请的规定（同法第十四条第一项正文及第四十五条除外）。

第七款　市町村只有在没有根据第二项之规定而提出的异议时，或虽有异议、但已根据第三项之规定做出决定、且无根据第四项之规定提出审查申请时，或有审查申请、但已根据第五项之规定作出裁决时，方可申请对第八条第四项进行批准。

第八款　对于根据第三项之规定所作出的决定，以及根据第五项之规定所作出的裁决，不可依据行政不服审查法而提出不服。对农用地利用计划有所不服，而对第八条第四项之批准提出不服时，亦同。

第九款　市町村在欲将国有地划入农用地区域时，必须得到管理该国有地的各省各厅长官（指国有财产法（昭和二十三年法律第73号）第四条第二项所规定的各省各厅长官，此项中亦同）的批准。

第十款　各省各厅长官在接到前项所述之批准的申请时，必须对该国有地的长期利用方针进行考量，如果认为该国有地适合作为农用地而得到利用，应予以批准。

第十二条　农业振兴地域整备计划的公告等

第一款　都道府县或市町村在制定农业振兴地域整备计划后，应立即对其要旨进行公告。都道府县应将该农业振兴地域整备计划书之复件交至农林水产大臣与相关市町村长处；市町村应将该农业振兴地域整备计划书之复件经由都道府县知事交至农林水产大臣处。

第二款　都道府县知事或市町村长必须根据农林水产省令之规定，将该农业振兴地域整备计划书或其复件陈列于该都道府县或市町村的事务所中，以供查阅。

第十三条　农业振兴地域整备计划的变更

第一分条　第一款　都道府县或市町村在因农业振兴地域整备基本方针的变化、农业振兴地域之区域发生变更、经济情况的变化或其他形势的变迁而产生变更农业振兴地域整备计划的必要性时，应立即对农业振兴地域整备计划进行变更。当市町村所制定的农业振兴地域整备计划受到根据第九条第一项之规定而对农业振兴地域整备计划作出的决定之影响，而有了变更的必要时，亦同。

第二款 都道府县知事在认为有必要时，可以对于市町村，就该市町村所制定的农业振兴地域整备计划进行指示，使其能采取必要的措施，以实现根据前项之规定而进行的变更。

第三款 第八条第四项与第十一条之规定适用于市町村根据第一项之规定而进行变更（由政令所规定的轻微变更除外）的场合；第九条第二项之规定适用于都道府县根据第一项之规定而进行变更（由政令所规定的轻微变更除外）的场合；前条之规定适用于根据同项之规定而进行变更的场合。此时，同条第二项中的"该农业振兴地域整备计划书"应替换为"该变更后的农业振兴地域整备计划书"。

第二分条 交换分合

第一款 市町村在根据第八条第一项之规定制定农业振兴地域整备计划时，或根据前条第一项之规定变更农业振兴地域整备计划时，通过考量农业振兴地域的自然、经济、社会等各条件，考察该将得到制定或得到更改的农业振兴地域整备计划中的农用地区域中部分土地的非农用地用途，留意农业振兴地域中土地的农业和非农业的利用调整，如果认为在农业振兴地域中，有必要确保应作为农用地而使用的土地得到农业上的利用，则可对包括将得到制定或得到更改的农业振兴地域整备计划中的农用地区域之土地在内的一定土地进行交换分合。

第二款 市町村除了前项规定之内容外，在下列情况下，如果认为为了促使农业振兴地域整备计划的达成而有特殊需要时，可以对包括下列各号中所提及的土地在内的农业振兴地域的一定土地进行交换分合。

（一）纵观农用地区域之土地的保有与利用的现状及将来，考虑到农业经营的动向等要素，留意农业振兴地域中土地的农业和非农业的利用调整，认为为了确保农用地的土地在农业上的有效运用，有必要将农用地区域内的适合作为农用地的土地定为农用地，促进农业振兴地域整备计划中第八条第二项第二号所列之事项的实施时——农用地区域内的适合作为农用地的土地。

（二）认为有必要促进由第十八条之二第一项之协定（已得到同项之批准）所规定的同条第二项第二号之设施，被配置到由该协定所规定的同项第三号（一）之区域内时——由该协定所规定的同项第三号（一）之区域。

第三款　市町村在根据前二项之规定而进行交换分合时，必须根据农林水产省令之规定，制定交换分合计划，并获得都道府县知事的批准。

第四款　制定交换分合计划时，必须留意农业振兴地域中土地的农业和非农业的利用调整，在确保农业振兴地域内应作为农用地而得到利用的土地能得到农业利用的同时，促进农业振兴地域内的农用地集团化等农业结构改善工作。

第五款　当交换分合计划中，存在农用地以外土地时，除了必须遵守土地改良法（昭和二十四年法律第195号）第九十九条第二项之规定外，还应当得到以下人员的一致同意：对该土地拥有所有权、土地使用权、永佃权、抵押权、由使用租借而产生的权利和其他以使用与收益为目的的权利者；通过该交换分合行为而获得上述权利者。

第三分条　第一款　在交换分合计划中，如果得到该交换分合计划所涉及的土地所有者的申请或同意，则对于该土地所有者，可以只指定其应失去的土地，而不指定其应得到的土地。此时，如果存在对该所有者应失去之土地享有土地使用权、永佃权、抵押权、租借权、由使用租借而产生的权利和其他以使用与收益为目的的权利者，则必须就不指定该所有者应得到的土地一事，取得以上人员的一致同意。

第二款　在前项前段所述之情况下，应使用金钱进行清算，且必须于该交换分合计划中对其金额、支付方式、征收方法及期限做出规定。

第三款　在根据第一项之规定，只指定土地所有者应失去的土地，而不指定其应得到的土地时，如果该所有者对其应失去的土地还享有全部或部分先取特权或抵押权时，则在根据前项之规定计算交换分合的清算金额时，必须将该权利相当的金额也计入其中。

第四分条　第一款　在交换分合计划中，在根据前项第一条之规定，指定土地所有者应失去的土地，而不指定其应得到的土地时，可以在不超过该所有者应失去的土地总面积的范围内，将该交换分合计划所涉及的土地，指定为该所有者以外之个人或团体应得之土地。

第二款　只有供满足以下条件之设施所使用的土地，才能依据前项之规定，被指定为该交换分合计划所涉及的土地所有者以外之个人或团体应得之土地：有关该设施的整备事项已在农业振兴地域整备计划得到规定，且具备政令所规定的一切必要条件。

第三款　只有市町村、农业协同合作社、土地改良区以及其他由政令所指定的个人或团体中，被市町村认为适合取得该土地、且该个人或团体自身亦同意者，方能被指定为应当依据第一项之规定而取得该交换分合计划所涉及之土地者。

第四款　前条第二项之规定，适用于第一项之场合。

第五分条　土地改良法第九十九条（第一项除外）、第一百零一条第二项、第一百零二条至第一百零七条、第一百零八条第一项及第二项、第一百零九条、第一百一十条、第一百一十二条、第一百一十三条、第一百一十四条、第一百一十五条、第一百一十八条（第二项除外）以及第一百二十条至第一百二十三条之规定，适用于依据第十三条之二第一项及第二相之规定所进行的交换分合。此时，有关适用上述规定时的必要的技术性名词替换，由政令来规定。

第六分条　聚落农业振兴地域整备计划

第八条第一项中的市町村，除同条所规定的农业振兴地域整备计划外，还可依据其他法律，制定聚落农业振兴地域整备计划。

第五章　有关土地利用的措施

第十四条　有关土地利用的劝告

第一款　如果在农用地区域内，有土地未被用于农用地利用计划所指定的用途，则市町村长在必要时，可以为了达成农业振兴地域整备计划，而对该土地的所有者或依据所有权以外之权利而使用及收益者提出劝告，使其将该土地用于该农用地利用计划所指定的用途上。

第二款 市町村长在根据前项之规定而提出劝告后，如果受劝告者不听从、或无听从之可能，则可劝告该土地所有者与市町村长所指定的、为了将该土地用于农用地利用计划所指定的用途而欲取得该土地所有权或以使用与收益为目的的权利的个人或团体，就该土地的所有权的转移或以使用与收益为目的的权利的设定或转移问题，进行协议。

第十五条 都道府县知事的调停

第一款 市町村长在根据前项之规定做出劝告后，如双方无法进行协议或不能达成一致，则受到同项之指定者可以在该劝告被提出之日起两个月内，根据农林水产省之规定，向都道府县知事提出申请，请其就该协议所涉及的所有权的转移或以使用与收益为目的的权利的设定或转移问题进行必要的调停。

第二款 都道府县知事在接到依据前项之规定而提出的申请后，应立即进行调停。

第三款 都道府县知事在行使第一项所述之调停时，必须听取当事人的意见，并要求相关市町村长给予诸如建议和提供资料之类的必要的协助，再制定调停方案。

第四款 都道府县知事在根据前项之规定而制定出调停方案后，应向当事人出示其内容，并劝告当事人应诺。

第十五条第二分条至第六分条删除

第七分条 有关特定利用权设定的批准

第一款 如果农用地区域内的农用地未被用于耕作、或为耕作或畜牧等业务提供牧草、或畜牧业的用途，且预计今后也难以不会被用于耕作等用途，难以作为农用地而得到利用，则市町村或农业协同合作社，在为了将该农用地改为供该地居民或该合作社成员共同耕作或放牧之用而有必要取得该农用地的特定使用权（指对以耕作、或为耕作或畜牧等业务提供牧草、或经营畜牧业为目的的农用地享有的租赁权，以下亦同）时，可以根据农林水产省令之规定，在得到都道府县知事批准的前提下，对该农业用地的所有者或依据所有权以外之权利而使用及收益者（以下称"农用地所有者等"）提出有关特定利用权的设定的协议请求。但如果所请求的是于农地法（昭和二十七年法律第229号）第三十一条所适用的同法第二十六条第一项或同法第七十五条之二第一项中所述的协议，则不在此限。

第二款 都道府县知事在接到前项所述之批准的申请时，必须根据农林水产省令之规定，对该申请所涉及的农用地的利用状况、自然条件以及利用条件等必要事项进行调查。

第三款 都道府县知事在根据前项之规定而进行调查后，如所调查之农用地具备下列全部条件，则可行使第一项所述之批准：

（一）该农用地未被用于耕作等目的，且预计今后也不会被用于耕作，难以作为农用地而得到利用。

（二）从该农用地的自然条件及利用条件来看，该农用地适合于按照欲取得该农用地之特定利用权者所提出的利用计划而被改成以耕作为目的的土地。

（三）从该农用地区域的农业经营状况来看，为了改善耕作者或畜牧者的经营状况，而根据欲取得该农用地之特定利用权者所提出的利用计划，使该农用地得到共同利用是必要而适当的，难以被其他土地所取代。

第四款 都道府县知事在行使第一项所述之批准前，必须预先听取协议双方及其他由农林水产省令所规定的个人或团体的意见。

第五款 都道府县知事在行使了第二项所述之批准后，必须立即通知协议双方及其他由农林水产省令所规定的个人或团体，并公告之。

第八分条 裁定的申请

如果前条第一项所述之协议无法进行或不能达成一致，则获得同项所述之批准者，可从获得批准之日起两个月内根据农林水产省之规定，向都道府县知事提出申请，请其就该协议所涉及的特定利用权设定问题进行裁定。

第九分条 意见书的提出

第一款 都道府县知事在接到依据前项之规定而提出的申请时，必须对由农林水产省令所规定的事项进行公告，同时通知该申请所涉及的农用地所有者等，给予其不少于二周的期限以提交意见书。

第二款 提交前项所述之意见书者，必须于该意见书中写明其所享有的权利的种类与内容、未将农用地用于耕作用途的理由，以及其他由农林水产省令所规定的事项。

第三款 都道府县知事必须在第一项到期后，方能进行裁定。

第十分条 裁定

第一款 都道府县知事如果认定根据第十三条第八项之规定而提出了申请所设计的土地未被利用于耕作等用途，且考虑到前条第一项所述之意见书等文件以及其他有关农用地利用的各方面情况，认定今后也无法继续用作耕作之用途，则在认为为了达成农业振兴地域整备计划，根据申请者的利用计划而将该农用地改为共同利用的必要而适当的时候，都道府县知事应在必要的限度内，作出设定特定利用权的裁定。

第二款 在前项之裁定中，必须规定以下事项：

（一）应进行特定利用权的设定的农用地的位置、地番、地目及面积。

（二）特定利用权的内容。

（三）特定利用权的开始日期及存续期间。

（四）租金。

（五）租金的支付方式。

第三款 在第一项所述之裁定中，前项第一号至第三号之事项不得超出申请范围；同项第二号之事项必须遵守依据该农地性质而决定的利用方针；同项第三号所规定的存续期间应以五年为限。

第四款 都道府县知事在作出第一项所述之裁定前，必须预先听取都道府县农业会议的意见。

第十一分条 裁定的效果等。

第一款 都道府县知事在作出前条第一项所述之决定后，必须根据农林水产省令之规定，立即向该裁定的申请者及该申请所涉及之农用地所有者等通知该裁定之要旨,并公告之。如该裁定遇审查请求,且因针对该审查而作出的裁决而发生内容的变化时,亦同。

第二款　当针对前条第一项所述之裁定,已根据前项之规定而作出公告时,则应认为该裁定申请者与该申请所涉及之农用地所有者等已根据该裁定之规定达成一致。

第十二分条　第一款　对于第十五条之十一项之裁定中的租金金额有所不服者,可通过起诉来要求增减租金。但如已过裁定成立后三个月,则不在此限。

第二款　在前项所述之起诉中,第十五条之十一项所述之裁定申请者或该申请所涉及之农用地所有者应成为被告。

第三款　在针对第十五条之十一项所述之裁定的审查申请中,不得将不服租金金额作为不服该裁定的理由。

第十三分条　特定利用权的租赁的解除。

第一款　如果根据获第十五条之七第一项所述之批准的协议(包括依据第十五条之十一第二项而缔结的协议,次条中亦同)而获得特定利用权者,在无正当理由的情况下,持续一年以上为将该特定利用权所涉及之农用地的全部或部分用于其目的,则设定该特定利用权者,可在获得都道府县知事的批准的情况下,解除该未被用于其目的的农用地之特定利用权所涉及的租赁关系。

第十四分条　特定利用权转让的禁止。

根据第十五条之七第一项所述之批准据获第十五条之七第一项所述之批准的协议而获得特定利用权者,不得转让该特定利用权,或出借该特定利用权所涉及的农用地。

第十五分条　农用地区域内的开发行为的限制。

第一款　欲在农用地区域内从事开发行为(指兴建宅地、采掘土石等改变土地形状与性质的行为,以及新建、改建或增建建筑物等行为,以下亦同)者,必须按照农林水产省令之规定,取得都道府县知事之许可。但下列各行为不为次限。

(一)由国家或地方公共团体所行使的行为。

（二）土地改良法第二条第二项所规定的土地改良事业。

（三）为将农地法第四条第一项、第五条第一项或第七十三条第一项所述之许可所涉及的土地，用于该许可的相关用途而采取的行为。

根据农用地利用增进计划的规定而被设定或转移的、同法第二条第二项第一号所述之权利所涉及的土地，用于该农用地利用增进计划所指定的用途的行为。

（四）通常管理行为、简单的行为以及其他农林水产省令所规定的行为。

（五）为应对灾害，作为必要的应急措施而采取的行为。

（六）在高公益性事业中，农林水产省令所指定的，严重阻碍达成农业振兴地域整备计划的可能性非常小的行为。

（七）在农用地区域被指定或扩张前已经着手的行为。

第二款 都道府县知事在接到前项所述之许可的申请时，如果该行为符合下列任一号之情况，则不得予以批准。

（一）该开发行为会使该开发行为所涉及的土地难以作为农用地而得到利用，会阻碍农业振兴地域整备计划的达成。

（二）该开发行为可能会导致该开发行为所涉及的土地周边的农用地出现水土流失或崩塌等严重影响耕作或畜牧业务的情况。

（三）该开发行为可能会严重影响该开发行为所涉及的土地的农业用给水排水设施的功能。

第三款 为了确保该开发行为所涉及的土地及其周边农用地能够得到农业上的利用，可以在必要的限度内，对第一项所述之许可附加条件。

第四款 都道府县知事在行使第一项所述之许可前，必须预先听取都道府县农业会议的意见。

第十六分条 监督处分等。

第一款 为了确保开发行为所涉及的土地及其周边农用地能得到农业上的利用，对于违反前条第一项之规定者、违反同项所述之许可所附带的同条第三项所述之条件而进行开发者、或通过作假等不正当手段骗取同条第一项所述之而进行开发者,都道府县知事可以在必要的限度内命令其中止开发行为,或在期限内施行必要的复旧行为。

第二款 都道府县知事在根据前项之规定而命令中止开发行为,或在期限内施行必要的复旧行为前,必须先给予该违反规定者以解释的机会。

第十七分条 针对该农用地区域以外的开发行为的劝告。

第一款 当农业振兴地域中的农用地区域以外的区域内存在着正在进行中的开发行为时,如果该开发行为可能导致农用地区域内的农用地出现水土流失或崩塌等严重影响耕作或畜牧业务的情况,或严重影响该开发行为所涉及的土地的农业用给排水设施的功能,有可能严重阻碍农业振兴地域整备计划的达成,则为了确保农用地区域内的农用地能得到农业上的利用,都道府县知事可以在必要的限度内,劝告该开发者采取解除事态所必要的措施。

第二款 都道府县知事在根据前项之规定而提出劝告后,如果受劝告者未予以听从,则可以将其要旨及劝告内容进行公表。

第十六条 国家及地方公共团体的职务

国家及地方公共团体必须尊重农用地利用计划,确保农用地区域内的土地能得到农业上的利用而努力。

第十七条 农地等专用的限制

农林水产大臣与都道府县知事,在对农用地区域内的由农地法第二条第一项所规定的农地及采草放牧地,行使有关同法第四条第一项、第五条第一项及第七十三条第一项所述之许可的处分时,必须保证这些土地不会被用于非农用地利用计划所指定的用途。

第十八条 有关农用地等的权利的取得之斡旋

第一款 农业委员会为了确保农用地区域内的土地得到农业上的内容,而依据有关农业委员会等的法律(昭和二十六年法律第十二号)第六条第二项之规定进行该土地的所有权的转移或以使用与收益为目的的权利的设定或转移的斡旋时,必须遵照农业振兴地域整备计划,使该土地的相关权利的取得,对于扩大农业经营规模、农地集团化等农地保有合理化进程起到促进作用。

　　第二分条　农用地利用计划第三条第四号所规定的设施中，有一部分是且由农林水产省令所指定、其合理配置被认为是确保营农环境所必要的设施。为了在用途已被指定的、同号所述之土地上，适当地配置上述设施，并圆滑而有效率地推进农业生产，对于在供该设施使用的土地所在的农业振兴地域内相当规模之土地（供公共设施及其他由政令规定的土地除外），享有其所有权、土地使用权、或租借权者（国家及地方公共团体除外，以下称为"土地所有者等"），可以在获得市町村长的认可的前提下，就这些土地中，预定供该设施使用的土地区域及预定不供该设施使用的土地区域的设定而缔结协定（以下至第十八条之十一为止皆称为"协定"）。

　　第二款　在协定中，应规定下列事项：
　　（一）作为协定目的的土地区域（以下称"协定区域"）。
　　（二）协定所涉及的设施。
　　（三）下列有关协定区域划分的内容。
　　1．预定供前号所定之设施所用的土地区域。
　　2．预定不供前号所定之设施所用的土地区域。
　　（四）协定的有效期。
　　（五）违反第三号2中所定区域的有关协定时应采取的措施。

　　第三款　在协定中，除前项各号所列之事项外，还可以从农业振兴地域内，与协定区域领接的土地中，选择为了达成该协定之目的，而必须成为协定区域的一部分的土地，并指定其为预定纳入协定区域的土地（以下称"协定区域预定地"）。此时，协定区域预定地必须已根据同项第三号1或2进行过区域划分。

　　第四款　协定中，第二项第三号1所规定的区域（包括协定区域预定地中，已根据同号1而作过区域划分的土地），必须位于其用途已被指定的农用地利用计划第三条第四项所述之土地区域内。

　　第五款　协定必须得到协定区域内全体土地所有者的一致同意。
　　第六款　协定之有效期限不得超过十年。

第三分条　协定内容和法律等的关系。

第一款　协定的内容，不得违反本法、基于本法的命令、其他相关法令（含条例）及基于这些相关法令的处分决定。

第二分条　协定之内容，必须符合依法制定的国家或地方公共团体的计划。

第四分条　协定的纵览等。

第一款　市町村长在遇第十八条之二第一项所述之认可的申请时，必须根据农林水产省令之规定，公告其要旨，并从公告之日起两周内将该协定供相关人员纵览。

第二款　当根据前项之规定作出公告后，相关人员可以在同项所述之纵览期间结束前，就该协定项市町村长提交意见书。

第五分条　协定的认同。

第一款　如果第十八条之二第一项所述之认可的申请满足下列全部条件，则市町村长应对该协议予以认可。

（一）申请手续与协定内容均未违反法律。

（二）协定区域（如已在协定中规定了协定区域预定地，则也包括该协定区域预定地）拥有达成协定目的所必要的规模，且被认为没有超出协定所涉及的设施对营农环境产生影响的范围。

（三）除前号所述事项外，协定内容亦未对土地利用作出不当的限制，其他内容也是妥当的。

（四）协定之内容被认为是能促进农业振兴地域整备计划的达成的。

第二款　市町村长在实行前项所述之认可后，必须根据农林水产省令之规定，公告其要旨，并将该协定之复件置于该市町村之事务所内，以供纵览。同时应于协定区域内明示该地域将成为协定区域。

第六分条　协定的变更。

协定所涉及的土地所有者等，如欲变更协定所规定的事项，必须取得全体一致同意，并制定其要旨，接受市町村长的认可。

前二条之规定，适用于前项所述之认可。

第七分条　协定的效力。

在已根据第十八条之五第二项（包括其适用于前条前二项的场合。次条第一项中亦同）之规定而公布认可公告的协议中，有关第十八条之二第二项第三号（三）所定之区域的事项，对公告公布之后才成为该区域内的土地的所有者之人，也具有效力。

第八分条　于协定成立后参加协定。

第一款　在根据第十八条之五第二项之规定而发布认可公告后，成为第十八条之二第二项第三号（一）所定区域或协定区域预定地的区域的土地所有者之人，随时可以通过以书面形式向市町村长表明意向的方式来参加协定。此时，协定区域预定地区域内的土地所有者所表明意向之土地，即应按照同条第三项之规定，依据协定而成为同条第二项第三号（一）或（二）之区域的一部分。

第二款　第十八条之五第二项之规定，适用于协定区域预定地的区域内之土地，依据前项之规定而成为协定区域内之土地的场合。

第九分条　协定参加之斡旋。

当缔结协定的土地所有者，要求协定区域预定地的区域内的土地（除第十八条之二第二项第三号（一）中的土地）的所有者等也参加该协定时，如果有土地所有者拒绝承诺，则可根据全体一致意见，申请由市町村长出面斡旋，使其参加该协议。

第十分条　协定的废止。

第一款　如果缔结协定的土地所有者，欲废止已受第十八条之二第一项或第十八条之六第一项所述之认可的协定，则必须获得超过半数者的同意后才可制定其要旨，并接受市町村长的认可。

第二款　市町村长在行使前项所述之认可后，必须公告其要旨。

第十一分条　协定认可的撤销。

市町村长在行使第十八条之二第一项或第十八条之六第一项所述之认可后，如果认为被认可的协定内容不符合第十八条之五第一项各号之条件，应撤销对该协定的认可。

市町村长在根据前项之规定对认可进行撤销后，必须向该协定所涉及的土地所有者等通知其要旨，并公告之。

第十二分条　有关设施维持运营的协定的缔结等。

第一款　对于由农林水产省令所规定的、能使农业者等土地所有者的土地获得收益，或供农业者等土地所有者等的共同利用的农业振兴地域中的农业用给水排水设施（政令有另行规定的除外，以下亦同）或其他由第八条第二项第二号、第四号、第六号所规定的中，需要通过由非农业用给水排水设施利用者的维持、运营等行为（以下本条中称为"运营行为"）来保持其功能的设施，农业者等土地所有者或利用者为了确保该设施的得当的维持运营，可以在该设施存在设置者或管理者的情况下，取得该设置者或管理者的同意后，缔结有关该设施的维持运营的协定（以下本条中称"协定"），并就该协定内容是否得当的问题而接受市町村长的认定。

第二款　在协定中，应规定以下事项：

（一）协定的目的设施的名称及位置。

（二）协定的目的设施的维持运营方法、维持运营所需费用的负担方法等有关该设施维持运营的事项。

（三）关于协定成立后，参加或退出协定者的事项。

（四）变更或废止协定时的事项。

（五）协定有效期。

（六）其他必要事项。

第三款　市町村长在第一项所述之申请符合下列全部条件时，应予以认可：

（一）在有关农业用给排水设施的协定中，有通过该农业用给水排水设施而收益的土地的所有者等的参与；在其他协定中，有相当一部分的协定目的设施利用者的参与。

（二）协定中所规定的有关维持运营的事项，其内容是恰当的，切能够促进农业振兴地域整备计划的达成。

（三）协定中有关前项第三号至第六号之事项，其内容是妥当的。

第四款　第十八条之二第六项及第十八条之三的规定，适用于该协定。

第五款 除前三项之规定外,有关协定的认定(含协定变更的认定)及其撤销的必要事项,又政令来规定。

第十三分条 关于协定的助言及指导。

国家及地方公共团体应为了第十八条之二第一项或第十八条之十二第一项所述之协定能得到缔结与适当地运用而致力于助言和指导。

第十九条 适用除外

农用地区域内的土地中,有过土地收用法(昭和二十六年法律第219号)第二十六条第一项所规定的告示(包括等同于同项所规定的告示的其他法律所规定的告示或公告)的、且供该告示所涉及的事业之用的土地,不适用本章条款。

第六章 杂 则

第二十条 援助

国家及都道府县,应为了农业振兴地域整备计划的制定与达成而提供必要的援助,如助言、指导、资金融通之斡旋、经费补助等。

第二十一条 生活环境设施的整备

国家与地方公共团体,为了促进农业振兴地域整备计划的达成,应致力于推进以在该农业振兴地域内确保良好生活环境为目的的设施的整备工作。

(国家普通财产的转让)

第二十一条 第一款 国家在认为必要时,可以为了使普通财产在农用地区域内起到农用地等的作用而将其进行转让或出借。

第二款 为了促进农业振兴地域中农业的振兴工作,国家应按照林业基本法(昭和三十九年法律第161号)第四条之规定,积极而灵活地利用国有林野。

第二十三条 土地转让的相关所得税的减免

个人或法人将其所有之土地按照第十三条之二第一项之规定而进行交换分合时,或根据第十四条第二项所提出的劝告而达成协议并转让土地时,或接受第十五条第一项所述之调停而转让土地时,或受第十八条中的农业委员会之斡旋而转让土地时,均可依据租税特别措施法(昭和三十二年法律第28号)之规定,减免所得税或法人税。

第七章 罚 则

第二十四条 符合下列任一条件者,将被处以一年以下有期徒刑或十万万日圆以下之罚金。

(一) 违反适用于第十三条之五的土地改良法第一百零九条之规定者。

(二) 违反第十五条之十五第一项之规定者。

(三) 违法依据第十五条之十六第一项之规定而发布的命令者。

第二十五条 法人代表、法人或其代理人、使用人等从业人员,在有关法人或自然人之业务或财产的问题上,如实行了前条所述之违法行为,则除了对行为者进行处罚外,还应该法人或自然人征收罚金。

本法于颁布之日起三个月内政令所指定之日起实施。

七、山村振兴法

第一条 目的

鉴于山村在国土保全、水资源培育、自然环境保护等方面承担着重要责任,而其产业基础与生活环境的整备与其他地域相比却处于低位的实际情况,为了明确山村振兴的目标,通过制定有关山村振兴计划并采取必要措施以使该计划所规定的事业得以顺利实施,来谋求山村的经济发展,提高居民福利,同时缩小地区差距,为国民经济的发展做出贡献,特制定本法。

第二条 定义

本法所述之"山村",指林野面积比率高、交通和经济文化等条件不发达、产业开发程度低且居民生活文化水准不高的山间地或其他由政令所指定的地域。

第三条 山村振兴的目标

山村的振兴工作,必须与依据国土综合开发法(昭和二十五年法律第 205 号）而制定的国土综合开发计划以及依据其他法令而制定的有关地域振兴的计划保持协调，以谋求山村产业基础及生活环境等的整备为主旨，并按下述之目标而推进：

（一）通过对公路等交通设施、通信设施等设施的整备，使山村与其他地域间以及山村内部的交通联络网发达。

（二）通过整备农道、林道、牧道等道路、修造农用地、整备电力设施等事业，开发土地、森林、水等未利用资源。

（三）通过农业及林业的近代化经营、开发观光旅游业、引进农村产品加工业、扶植土特产的生产事业，振兴产业，扩大安定的雇佣机会。

（四）通过整备防沙设备、保安林、防滑坡设施等国土保全设施，预防水灾、风灾、雪灾、森林火灾等灾害。

（五）通过整备学校、诊所、公民馆等有关教育、福利、文化的设施、确保医疗条件、整备聚落、改善生活和劳动条件，提高居民的福利。

第四条 国家的政策

国家为了达成前条所述之目标，在实施振兴山村所必须的事业时，必须改善需由国家负担或提供补助的事业的负担或补助条件、确保地方公共团体的资金来源、使资金融通合理化、或采取其他财政金融措施，同时还应致力于确定与扩充国有林野的积极活用何等适当的政策。

第五条 地方公共团体的措施

地方公共团体为了达成第三条所述之目标，必须遵照国家的政策，使振兴农村所必须的事业得以顺利实施。

第六条 调查

第一款 为了指定振兴山村、对有关山村振兴计划进行批准，或对有关山林振兴的具体方针做出劝告，政府应当进行必要的调查。

第二款 前项所述之调查，应在预算的范围内，从被认为振兴紧要度最高的山村开始，按紧要度高低依次实施。

第七条 振兴山村的指定

第一款　内阁总理大臣可以根据都道府县知事的申请，在与相关行政机关长官进行协商并听取国土审议会之意见后，制定有关农村振兴的计划，并以此为依据，将有必要且适合进行振兴事业的山村指定为振兴山村。

第二款　都道府县知事在欲接受振兴山村之指定时，必须先与管辖该山村的市町村长进行协商，再按政令之规定，向内阁总理大臣提交申请书。

第三款　按第一项之规定而实施的振兴山村的指定工作，必须是以前条第一项所述之调查结果为依据的。

第四款　内阁总理大臣在依据第一项之规定而进行振兴山村的指定时，必须以官报的形式，将其主旨及该振兴山村的范围进行公示。

第八条　山村振兴计划

第一款　都道府县知事在依据前条第一项之规定而接受振兴山村的指定后，必须与管辖该振兴山村地域的市町村长进行协调，按政令之规定而制定有关山村振兴的计划（以下简称"山村振兴计划"），并提交至内阁总理大臣处接受批准。

第二款　内阁总理大臣在欲批准依据前项之规定而提交的山村振兴计划时，必须与相关行政机关长官进行协商。

第三款　前二项之规定适用于变更山村振兴计划的场合。

第九条　山村振兴方针的劝告

第一款　内阁总理大臣在认为有必要时，可以就山村振兴计划的制定问题，与相关行政机关长官进行协商，为了达成第三条所述之目标而制定有关山村振兴的具体方针，并劝告都道府县知事遵循此方针。

第二款　第七条第三项之规定，适用于前项所述之具体方针的劝告。

第十条　山村振兴计划的事业的扶助

第一款　国家为了使山村振兴的事业能顺利实施，必须考虑到相关地方公共团体的财政等情况，采取扶助等必要措施。

第二款　对于自然、经济、社会等各方面的条件不甚理想，且生产基础及生活环境的整备程度非常低下、振兴紧要度高的的振兴山村的山村振兴计划的事业中，被认为为了振兴该振兴山村而尤为重要的事业，国家应为了使其能顺利实施而尽力。

第十一条 基干道路的整备

第一款 都道府县知事可以依据山村振兴计划，对由政令所指定的相关行政机关长官所认定为有进行整备之必要的振兴山村中的基干性市町村道、由市町村管理的基干性农道、林道以及与渔港相关连的道路（包括将振兴山村与其他地域相连接的基干性市町村道、由市町村管理的基干性农道、林道以及与渔港相关连的道路，以下本条内简称"基干道路"）进行新建与改建，且不受其他法令限制。

第二款 都道府县知事在依据前项之规定对市町村道进行新建或改建时，应按政令之规定，代替该市町村道的道路管理者（指由道路法（昭和二十七年法律第180号）第十八条第一项所规定的道路管理者）行使权限。此时，由都道府县代为行使的权限中，由政令规定的部分权限应由管辖该都道府县的都道府县知事行使。

第三款 都道府县依据第一项之规定而实施的基干道路的新建或改建事业（以下简称"基干道路整备事业"）所需经费，由该都道府县承担。

第四款 基干道路整备事业所需经费如由国家负担或补助，则基干道路即被视为都道府县道或由都道府县所管理的基干性农道、林道以及与渔港相关连的道路。

第五款 如果依据第三项之规定而负担基干道路整备事业所需经费的都道府县属于"有关涉及到后进地区开发公共事业的国家负担比率之特例的法律"（昭和三十六年法律第112号，以下简称"特别负担法"）第二条第一项所规定的适用团体，则基干道路整备事业（北海道及奄美群岛之区域内的基干道路整备事业中，国家对该事业的经费负担或补助比率（以下本条内简称"国家负担比率"）不同于国家对其他区域中、与该事业性质相当的事业的经费负担或补助的通常比率的事业除外）即被视为同条第二项所规定之开发指定事业，并适用负担特例法。

第六款 对于北海道及奄美群岛之区域内的基干道路整备事业中、国家负担比率不同于对其他区域中、与该事业性质相当的事业的通常国家负担比率的事业，如果依据第三项之规定而负担该基干道路整备事业所需经费的道或县属于负担特例法第二条第一项所规定的适用团体，则当以下第一号所述之国家负担比率高于第二号所述之国家负担比率时，国家应负担由第一号所述之国家负担比率所决定的金额；当以下第二号所述之国家负担比率高于第一号所述之国家负担比率时，国家应负担由第二号所述之国家负担比率所决定的金额：

（一）将国家对于北海道及奄美群岛以外的区域内，与该事业性质相当的事业的负担比率，视为国家对该基干道路整备事业的经费负担比率，并根据负担特例法第三条及第二项之规定而算定的国家负担比率。

（二）国家对北海道及奄美群岛之区域内的该基干道路整备事业的经费负担比率。

（住宅金融公库的资金借与）

第十二条 为了使振兴山村居民能顺利地依据山村振兴计划中有关聚落整备的计划，实施住宅建设、取得有关住宅建设的土地或借地权，对于其所必须的资金的借贷，住宅金融公库应予以优惠政策。

第十三条 农林渔业金融公库的资金借与

对于在振兴山村中经营农业（含畜牧业）、林业或渔业者或其组织的法人，农林渔业金融公库应对其进行必要的资金借贷，使其得以实施柑橘农林水产省令之规定而制定的、以农林渔业经营改善或振兴为目的、且都道府县知事已认定其内容适合于农林水产省令所规定的基准的计划。

第十四条 医疗的确保

国家及地方公共团体，必须为了确保振兴山村的医疗服务，而在无医地区实施诸如设置诊所、定期巡回医疗、配置保健医生等事业。

第十五条 地域文化的保存

国家及地方公共团体，必须为了保存在山村所传承的戏曲、音乐、工艺技术等文化财产而采取适当的措施。

第十六条　国土审议会

第一款　国土审议会应就内阁总理大臣或各相关大臣的咨询作出回应，对有关本法律之实施的重要事项进行调查审议。

第二款　国土审议会可以就前项所定之事项，向内阁总理大臣或各相关大臣陈述意见。

附则（略）

本法律于平成七年三月三十一日失效。

第十八章 韩国乡村建设管理法规收集

一、韩国奥地开发促进法

第1条 目的

此法通过综合开发产业以及生活设施等比其他地区显著落后的奥地地区，实现地区居民的所得增加和福祉向上，减低地区间的差异从而实现国土的均衡发展为目标。

第2条 奥地的范围

在此法上称为"奥地"是指跟城市地区有相当距离的交通不便、生活水平显著低的地区中符合总统令规定事项的地区。（改订1994年12月22日）

第3条 跟其他规划之间的关系

按照此法的开发规划优先于根据其他法的开发规划。但是关于国土建设综合规划法、国土利用管理法以及军事方面则不尽如此。

第4条 开发地区的指定

第一款 行政自治区长官根据管辖奥地的广域市长获都支士（以下称"相关都支士"）的申请，把认为对达成此法的目的而有必要的地区，指定为开发地区。（改订1999年1月21日）

第二款 根据第1项规定的开发地区的指定要经过根相关中央行政机关长的协议。（改订1999年1月21日，2001年1月8日）

第三款 对于开发地区的变更，准许适用第1项以及第2项的规定。

第5条 基础调查

相关市都支士根据第4条第1项的规定，想要申请开发地区的指定时，根据总统令的规定进行必要的基础调查。（改订1999年1月21日，2001年1月8日）

第6条 开发地区的告示

行政自治部长官根据第 4 条的规定指定开发地区时,要按照总统令的规定对以下各项内容作告示。(改订 1999 年 1 月 21 日)

开发地区的范围;

开发事业的实行期间。

第 7 条　开发规划的确立

相关市的都支士根据第 4 条的规定开发地区被指定时要跟相关市长、郡首作协议或者接受申请,按照总统令的规定树立开发规划并向行政自治部长官提出。(改订 1994 年 12 月 22 日,1999 年 1 月 21 日)

根据第 1 项的规定在开发规划里面应包括以下各项内容:

电、通信、道路设施等生活设施的扩充、改善;

农业、工业、林业、水产业等产业设施的扩充、改善;

教育、医疗等文化福祉设施的扩充;

河流改水、秃山绿化等国土保护设施的整备、扩充;

住宅上、下水道等居住环境的改善;

其他为达成此法的目的而被认为必要的事项。

行政自治部长官按照第 1 项规定的开发规划的树立而认为必要时,可以设定方针或基本标注。(改订 1999 年 1 月 21 日)

第 8 条　关于道路事业实行的特例

在开发地区的道路事业实行中为达到此法的目的而必要时,对于没有被指定为开发地区的地区,可以包含在根据此法的开发规划上并实行。

第 9 条　开发规划的确定

行政部长官要把根据第 7 条的规定而树立的开发规划经过根相关中央行政机关长协议以后来确定。(改订 1999 年 1 月 21 日,2001 年 1 月 8 日)

根据第 1 项的规定而确定的开发规划要经过跟相关中央行政机关长的协议才能进行变更。但总统令规定的轻微事项的变更不是如此。(改订 2001 年 1 月 8 日)

行政自治部长官根据第 1 项以及第 2 项的规定确定开发规划或变更

时，不要延误通知相关中央行政机关长和相关市、都支士。（改订1999年1月21日）

第10条 年度别事业规划的树立

相关市、都支士根据第9条确定的开发规划制定年度别事业规划（以下称"事业规划"）并向行政自治部长官提出。（改订1999年1月21日）

行政自治部长官要把根据第1项规定的事业规划通过跟相关中央行政机关长的协议进行确定。（改订1999年1月21日，2001年1月8日）

行政自治部长官根据第2项的规定确定事业规划时，不要延误通知相关中央行政机关长以及相关市、都支士。（改订1999年1月21日）

第11条 开发事业费的组成

国家和地方自治团体为了推进按照第9条规定而确定的开发规划，需对事业实行者必要的资金进行补助、融资或采取其他必要措施。

根据第1项规定的对地方自治团体实行事业的国家的补助比率适用补助金的预算以及管理相关法律第9条、第10条规定的基准补助率和次等补助率。

第12条 计入预算

相关中央行政机关长以及地方自治团体的长为了有效推进事业规划，把总统令所定的必要的事业费计入预算。

第13条 事业的实行者

开发地区的失业实行者由根据国家、地方自治团体、政府投资机关或总统令的规定为相关市、都支士指定者来担任。（改订1999年1月21日）

第1项的事业实行者为了有效推进失业规划，必要时，可根据总统令的规定给第一项的事业实行者委托开发事业。

第14条 关于其他相关规定的措施

相关行政机关长或地方自治团体长为了把开发地区内的土地等提供位事业规划所定的用途，事业实行者根据相关法律申请许可或处分时，在没有特殊事由的情况下，应采取对其开发地区的开发必要的措施。

第16条　删除（2001年1月8日）。

二、韩国农渔村整备法

第一章　总　　则

第1条　目的

第2条　定义

第一款　在这个法律上使用的用语如下。（改订1997年1月13日，2000年1月28日，2001年12月29日，2002年12月26日，2005年5月31日，2005年8月4日）

1. "农渔村"是指郡的地域和市的地域中在总统令上指定的地区。

2. "准农渔村"是指广域市管辖区域内的地方自治团体区（以下定为"广域市自治区"）的区域中按照农地法的农业振兴地区和开发限制区域的指定以及管理的按照特别措施法的开发限制区域。

3. "农渔村用水"是指对农渔村地区必要的生活用水、工业用水、水产用水和为防止环境污染的用水。

第二款　"农渔村整备工作（以下'整备工作'）"是为了造成、扩充农业生产基地的农业生产基地整备；为了生活环境改善的农渔村生活环境整备和农渔村观光修养资源开发以及界限农地等的整备工作。

第三款　"农业生产基地整备事业"是指以下各事业：

1. 农渔村用水的开发事业；

2. 耕地整理、改善排水、农业生产基地设施的改保修以及浚泄等农业生产基地改良事业；

3. 以农水工作为主目的的干扩、埋立、开垦等农地扩大开发事业；

4. 农业主产园地造成以及英农设施扩充事业。

5. 贮水池以确保农渔村用水为目的的河流、河流区域以及沿岸地区的等为了储水或管理而建的设施、洪水位以下的水面以及基地。淡水湖等湖沼内的水质污染防止和改善事业以及农地的土壤改善事业。

6. 为其他农地的开发或利用而必要的事业。

第四款　"农业生产基地设施"是指设置为农业生产基地事业或用

作其他农地的保护或农业生产的贮水池、抽水场、管井等地下水利用设施、排水场、洑、用排水路、道路、防潮堤等构筑物以及其附带设施和农水产物的生产、加工、贮藏、流通设施等利农设施。

第五款　删除（2005年5月31日）。

第六款　删除（2005年5月31日）。

第七款　"农渔村生活环境整备事业"是指整备和扩充农渔村地区的生活环境、生活基地以及为便利、福祉设施；为向上农业民的福祉而做的以下各种事业：

1. 具备集团化的农渔村住宅，共同利用设施等的农渔村的建设事业；

2. 为已有村的土地、住宅等的合理再配置的农渔村的再开发事业；

3. 分散村的整备事业；

4. 为简易上水道、村下水道（指根据下水道法第二条规定的下水道中，在农渔村地区以村为单位设置的公共下水道）以及污水、废水净化设施的设置等的事业；

5. 面事物所所在地或者重点开发成为居民生活居点的地区的定居生活圈开发事业；

6. 不使用的空房子的拆除和整备；

7. 其他为改善农渔村生活环境所必要的事业。

第八款　"换地"是指根据整备事业的实行代替之前的土地，重新指定整备好的土地。

8.2 "农渔村观光修养事业"指以下各个事业：

1. 农渔村观光修养园地事业：利用农渔村舒适的自然环境和农渔村特产等建立农林渔业展示馆、学习馆、地域特产物销售设施、体育设施、青少年修炼设施、修养设施等并利用它或提供修养公寓（condominium）等提供住宿设施、餐饮等业态。

2. 观光农园事业：利用农渔村的自然资源和农林水产基地，提供地域特产物销售设施、利农体验设施、体育设施、修养设施、住宿设施、餐饮或其附属设施的业态。

3. 周末农园事业：以周末、体验营农为目的的访问客租赁农地或提供用域以及其余附属设施并给利用的业态。

4. 农渔村民宿事业：利用农渔村地域的居民居住的按照"建筑法"第二条第二项第一号规定的单独住宅（指同法施行令别表1规定的单独住宅以及多户住宅）来提供访客的便利和增加农渔村所得为目的的提供住宿设施的业态。

5. "界限农地"是指根据农地法第30条规定的农业振兴地区外的农地当中，由于营农条件不利而生产性低的农地，其制定标准由总统令来制定。

6. "界限农地等的整备事业"是指利用农渔村地区的界限农地等来以农林水产业性利用、农渔村观光修养资源性利用、多目的利用等的形式来做开发的事业。

第二章：为农渔村整备的资源调查、活用（略）

第三章：农业生产基地整备（略）

第四章：删除

第五章 农渔村生活环境整备

第29条 （农渔村生活环境整备事业的原则）农林部长官在施行农渔村生活环境整备（以下称做"生活环境整备事业"）时，考虑到地域开发条件、所得源扩充等觉得必要时，可以把农业基地整备事业、农渔村修养资源开发以及界限农地等的整备事业跟生活环境整备事业并行实施。（改订1997年1月13日，2005年5月31日）

第30条 农渔村生活环境整备基本方针

第一款 农林部长官要树立成为生活环境整备事业的方向和指针的农渔村生活环境整备的基本方针（以下称为"生活环境整备基本方针"）（改订1997年1月13日）

第二款 生活环境整备基本方针要跟依据国土基本法的国土综合规划、国土的规划及利用法的城市基本规划以及依据环境政策基本法的环境保护长期综合规划和按其他法律规定的规划相协调。（改订2000年1

月 28 日，2002 年 2 月 4 日，2002 年 12 月 26 日）

第 31 条　生活环境整备事业的对象范围

第一款　生活环境整备事业是市的农村栋（栋的区域中按照"关于国土的规划以及利用的法律"第 36 条第 1 项第 1 号规定的居住地区、商业地区、工业地区除外）"地方自治法"第 7 条第 2 项规定的都农复合形态的市以及郡的面区域和广域市、自治区（限为准农渔村地区的面积超过广域市自治区全体面积的 100 分之 50 的广域市和自治区。下同）的准农渔村地区为对象。但对有效的整备有必要的情况下可以包括临近邑面的部分地域，在生活环境整备事业的施行中从面变更到邑的地区，到当年的项目结束为止看作面。（改订 1997 年 1 月 13 日，2001 年 12 月 29 日，2005 年 5 月 31 日）

第二款　在生活环境整备事业中第二条第七号 1 项和 2 项的集团化的村落造成和再开发对象村落的整备事业把指定或告示为农渔村整备区域（以下称"村落整备区"）做为对象。（改订 2008 年 1 月 28 日）

第三款　政府应把第 2 条第 7 号 3 项以及分散的错落等的整备工作按照奥地开发促进法、岛屿开发促进法以及农渔村住宅改良促进法等相关法律的规定，在符合当地实情的条件下施行。（改订 1997 年 1 月 13 日，2000 年 1 月 28 日）

第 2 分条　生活环境整备事业开发规划的树立

第一款　市长、郡首、区厅长（限于准农渔村地区的面积超过广域市自治区全体面积的 100 分之 50 的广域市自治区的区厅长。下同）认定为生活环境整备事业的施行是必要的农渔村以及准农渔村地区经过按照农业、农村基本法第 43 条规定的市、郡、区农厅审议会议的审议并树立生活环境整备事业开发规划（以下"生活环境整备开发规划"），且要得到市、督支士的承认。（改订 2001 年 12 月 29 日，2005 年 5 月 31 日）

第二款　市长、郡首、区厅长按第 1 项的规定从市、都支士得到生活环境整备开发规划承认的时候，要按总统令所规定做告示给民众知

道。（改订2001年12月29日）

第三款 当市、督支士按照第1项的规定，承认生活环境整备开发规划时，要给农林部长官作报告。（本条新设2000年1月28日）

第3分条 生活环境整备开发规划的内容

生活环境整备规划中要包括以下各项的事项。（改订2002年12月26日）

第一款 生活环境整备事业的目标和基本方向。

第二款 农渔村的整备、开发。

第三款 为农渔村生活环境基地的道路的整备和开发。

第四款 文化福祉设施的整备、扩充。

第五款 农渔村观光修养资源开发农工业园区等所得源开发事业联系的生活环境的整备、扩充。

第六款 农渔村用水以及排水设施的整备、开发。

第七款 伴随项目施行的自然环境保护规划。

第八款 其他总统令规定的事业。

（本条新设2000.1.28）

第32条 村落整备区域的指定（改订2001年1月28日）

第一款 市、都支士可在以下几项地区中符合农林部令的地区指定为村落整备区。（改订1997年1月13日，2001年1月28日，2002年12月26日）

1. 按照国土规划以及利用相关法第36条规定的城市地区、规划管理地区，按同法第37条规定的管理地区内的聚落地区（包括指定为聚落地区或将变更为聚落地区的预定地区）。

2. 第一号地区和其周边的农耕地等土地以及包括沿岸海面的地区。

第二款 市长、郡首、区厅长要选定按农业、农村基本法第43条规定的市、郡区农厅审议，来选定村落整备区的基地，并树立对其区域的生活环境整备事业的基本规划（以下称为"生活环境整备基本规划"）给市、都支士报告，而市、都支士要给农林部长官提出此项，并要邀请指定与承认。（改订1997年1月13日，1999年2月5日，2000

年1月28日，2002年12月26日）

第三款 农林部长官要为了生活环境整备事业的有效施行，有必要时通过跟建设交通部长官协议指定承认村落整备区。地方自治团体长在农林部长官承认村落整备区的指定时要做告示。（改订1997年1月13日，2000年1月28日）

第四款 村落整备区要按各个村落整备区来考虑项目、开工时期等来考虑指定。指定、告示等必要的步骤要按照总统令来定。（改订2000年1月28日）

第五款 村落整备区域指定的变更以及解体要按照村落整备区指定的有关手续。但总统令指定的轻微事项的变更则除外。（改订2000年1月28日）

第33条 生活环境整备事业，施行者

第一款 生活环境整备事业是由市长、郡首、区厅长来施行。只是按照生活环境整备事业中第32条规定为村落整备区为对象的事业由市长、郡首、区厅长，韩国农村公司来施行。（改订2000年1月28日，2001年12月29日，2005年5月31日，2005年12月29日）

第三款 市长、郡首、区厅长为了第1项但书的生活环境整备事业的有效推进有必要的话，韩国农村公司、大韩住宅公司、韩国土地公司以及住宅法第9条的规定，可以给注册的住宅建设事业者委托事业的全部或一部分施行。（改订1995年12月29日，2000年1月28日，2001年12月29日，2003年5月29日，2005年12月29日）

第三款 第31条第3项规定的事业由有关法律规定的事业施行者来施行。

第34条 生活环境整备事业、施行规划的树立

第一款 生活环境整备事业施行这认定有必要进行生活环境整备事业的地区要树立为生活环境整备开发规划施行的生活环境整备事业施行规划（以下称为"生活环境整备施行规划"）。但对在依据国土规划以及利用的发绿而树立了城市管理规划的地区可根据当年城市管理规划树立生活环境整备施行规划。（改订2000年1月28日，2002年12月

26 日)

　　第二款　生活环境整备事业施行者在树立生活环境整备施行规划中以村落整备区为对象的事业的施行规划(以下"村落整备实行规划")时，应得到市、都支士的承认，并按总统令的规定，做告示，让民众得知。(改订 2000 年 1 月 28 日)

　　第三款　市、都支士在按照第 2 项的规定承认村落整备施行规划时，要给农林部长官做报告。(改订 1997 年 1 月 13 日，2000 年 1 月 28 日)

　　第 35 条　生活环境整备施行规划的内容

　　第一款　在生活环境整备施行规划中要包括以下各事项。但第 2 号在必要时可以包含：(改订 1997 年 1 月 13 日，2000 年 1 月 28 日，2002 年 12 月 26 日，2005 年 5 月 31 日)

　　1. 事业的目标以及基本方向。

　　2. 农业基地整备事业施行规划。

　　3. 删除 (2005 年 5 月 31 日)。

　　4. 为农渔村落建设或再开发得宅地造成规划以及住宅等建筑规划。

　　5. 便利、福祉设施和简易上水道设施、村落下水道设施以及水质污染防止设施等环境整备设施的设置或扩充。

　　6. 停车场等村落共同利用设施以及为农渔村生活环境基地造成的道路的整备和开发。

　　7. 渔村景观的保护、造成以及农渔村观光修养支援设施的整备。

　　8. 其他总统令所定的事项。

　　第二款　第一项第 2 号的农业基地整备事业的施行是按照第 6 条或第 12 条事业实行步骤来执行。(改订 2005 年 5 月 31 日)

　　第 36 条　村落整备施行规划的变更 (改订 2000 年 1 月 28 日)

　　第一款　生活环境整备事业的施行者因条件的变更等原因认为总统令所定的村落整备施行规划需要变更时在得到市、都支士的承认后可进行变更。

　　第二款　生活环境整备失业施行者：

第37条　关于城市管理规划变更的事项（修改2002年12月26日）

农林部长官按照第32条的规定承认村落整备区的指定，市、都支士跟城市管理规划决定权者协议并承认村落整备施行规划后生活环境整备事业施行者对此作告示时把第32条第一项的即将变更为城市地区、规划管理地区以及聚落地区的预定地区看作国土的规划以及利用相关法律第37条规定的聚落地区。在此情况下生活环境整备事业的施行者应把告示内容通报给城市管理规划决定权者。（改订1997年1月13日，2000年1月28日，2002年12月26日）

第38条　环境影响评价的特例

农林部长官要承认村落整备区的指定时，可以事先跟环境部长官邀请环境影响评价或者环境检讨的协议。在这种情况下，把它看作关于环境、交通、灾害等的影响评价法规定的协议。（改订1997年1月13日，1999年12月31日，2000年1月28日）

第39条　事业施行者指定特例

韩国农村公司按照第33条的规定的作为生活环境整备事业的施行者或者委托施行者树立村落整备施行规划并得到管辖地区市、都支士承认的情况下，看作得到以下各号有关事业施行者或者事业主体指定和有关规划承认或者施行认可。（改订2000年1月28日，2002年1月14日，2002年12月26日，2003年5月29日，2005年12月29日）

第一款　对于作为城市管理规划区的村落整备区的全部或者一部分的按国土的规划以及利用相关法律第86条规定的城市规划设施事业的施行者的指定。

第二款　按照住宅法第2条第5号规定的事业主体以及同法第16条规定的事业规划的承认。

第三款　按照宅地开发促进法第7条规定的宅地开发事业的施行者的指定和同法第8条以及第9条规定的宅地开发规划和宅地开发事业实施规划的承认。

第四款　按照城市开发法第11条规定的城市开发事业施行者的指

定以及同法第17条规定的城市开发事业实施规划的认可。

第40条 已有建筑物的拆除等

第一款 生活环境整备事业的施行者对于因项目的施行而不使用的已有建筑物（包括跟建筑物配套的牲口棚、堆肥舍、厕所等附带设施）考虑到转换为农地、跟周围美观的协调等认为有必要时，可以劝告拆除或转移。

第二款 生活环境整备事业施行者按照第一项的规定有必要对建筑物进行拆除或转移时，可按照总统令的规定补偿费用。（改订2000年1月28日）

第41条 农渔村住宅等的分配

第一款 生活环境整备事业的施行者可以对生活环境整备事业施行相关的造成用地、农渔村住宅以及其他设施物进行换地、分配以及租赁。

第二款 对于造成用地、农渔村住宅以及其他设施五的供给方法等关于有关程序的事项，以总统令的方式决定。

第42条 技术资源等

第一款 农林部长官因生活环境整备事业的施行而发生收益金的情况下，应按照总统令的规定对生活环境整备事业进行再投资。（改订1997年1月13日）。

第二款 农林部长官可以为了生活环境整备事业的生活环境整备开发规划、生活环境整备基本规划、生活环境整备施行规划的树立和调查、设计等事业的顺利推进，要进行企划、技术支援等工作。对于必要的经费可在预算的范围内给予支援。（改订1997年1月13日，2000年1月28日）

第三款 农林部长官根据第2项的规定，为了生活环境整备开发规划、生活环境整备基本规划以及伴随生活环境整备施行规划树立的设计以及执行上的技术支援，按照总统令的规定，可设置运营企划技术支援团。（新设2000年1月28日）

第六章 为农渔村土地等有效整备的换地、交换、分合等（略）。

第七章　农渔村观光修养资源开发以及限制农地等的整备
（改订2002年12月26日）

第一节　农渔村观光修养资源开发（改订2002年12月26日）

第66条　农渔村观光修养的支援（改订2002年12月26日）

第一款　农林部长官或者海洋水产部长官要支援农渔村观光修养，为保护农渔村地区、准农渔村地区的自然景观，增加农渔村所得可以实行并推进以下各号条目。（改订2002年12月26日）

利用农渔村的自然环境、营农活动、传统文化等的观光修养资源的开发农渔村观光修养事业的发展为活性化农渔村观光修养的调查研究以及宣传。

第二款　删除（2002年12月26日）。

第三款　农渔村观光修养事业的规模以及设施标准以农林部令、或海洋水产部令来定。（改订1997年1月13日，2002年12月26日）

第67条　第一分条　农渔村观光修养园地的开发。

第一款　市长、郡首要根据在农渔村地区总统令的规定来指定农渔村观光修养园地，并对此进行开发或让根据第2项的规定得到事业规划承认者对此进行开发。

第二款　除市长、郡首以外者根据第1项的规定对指定农渔村观光修养园地进行开发时，要确立项目规划并根据总统令的规定得到市长、郡首的承认。想要变更已得到承认事项时也是如此。

第三款　市长、郡首指定或解除农渔村观光修养园地；承认或取消农渔村观光修养园地的开发项目规划规划时，要按照总统令的规定，作告示。[专门改订2002年12月26日]

第二分条　观光农园的开发。

第一款　观光农园可以由农林渔业人、韩国农村公司以及总统令所规定的农林渔业团体来开发。（改订2005年12月29日）

第二款　想要开发观光农园者要确立项目规划并根据总统令的规定得到市长、郡首的承认。想要变更已得到承认的事项时也是如此。（本

条新设 2002 年 12 月 26 日)

第 68 条 土地以及设施的分配

第一款 农渔村观光修养园地以及观光农园（以下"农渔村观光修养地"）的开发项目施行者根据第 94 条的规定接受竣工检查时可以被分配以及租赁土地以及设施。（改订 2002 年 12 月 26 日）

第二款 删除（2002 年 12 月 26 日）

第 69 条 预付金

农渔村观光修养园地开发项目施行者从他要开发的土地或想被分配或利用设施者，根据总统令的规定可以预收代金的全部或一部分。（改订 2002 年 12 月 26 日）

第 70 条 农渔村观光修养地项目执行者的指定等（改订 2002 年 12 月 26 日）

第一款 农渔村观光修养园地项目是由市长、郡首或由市长、郡首指定者可以进行经营。观光农园项目根据第 67 条第二分条第一款规定者中由市长、郡首指定者可以对此进行经营。（改订 2002 年 12 月 26 日）

第二款 市长或郡首以外者想要经营农渔村观光修养地时要根据农林部令或者海洋水产部令的规定，制定运营计划书给市长、郡首，申请农渔村观光修养地项目者的制定。想要变更其内容时也是如此。（新设 2002 年 1 月 28 日，2002 年 12 月 26 日）

第三款 市长、郡首根据第 2 项的规定来指定农渔村观光修养地项目者时，要按照农林部令或海洋水产部令来交付指定证书。（改订 1997 年 1 月 13 日，2000 年 1 月 28 日，2002 年 12 月 26 日）

第四款 删除（2002 年 12 月 26 日）。

第五款 对于根据第 3 项的规定被指定为农渔村观光修养地项目执行者的当年农渔村观光修养项目对象农地的租赁差，不适用农地法第 22 条或第 28 条的规定。（改订 1997 年 1 月 13 日，2000 年 1 月 28 日，2002 年 12 月 26 日）

第 71 条 农渔村民宅项目者的指定

第一款 农渔村民宅项目是由市长、郡首指定者可以进行经营。

第二款　想要经营农渔村民宅项目者要按农林部令或海洋水产部令的规定向市长、郡首申请农渔村民宅项目者的制定。想要变更申请内容时也是如此。

第三款　市长、郡首根据第2项的规定制定农渔村民宅项目者时要根据农林部令或海洋水产部令的规定交付指定证书。

第四款　按照第3项的规定接受农渔村民宅项目者指定证书者，要把此证书在民宅的易见处，做公示。（本条新设2005年8月4日）

第72条　删除（1999年2月5日）

第73条　农渔村观光修养项目的转让·转收（改订2002年12月26日）

第一款　农渔村观光休养地事业可以对此进行转让和转收。但是能够转收观光农园者限于在第67条的2第1项规定者。（改订2002年12月26日）

第二款　转收农渔村观光休养地事业者承继关于农渔村观光休养地事业的权利和义务。（改订2002年12月26日）

第三款　删除（1999年2月5日）。

第四款　删除（2002年12月26日）。

第74条　指导、监督等

国家以及地方自治团体长可对于农渔村观光修养地项目者或农渔村民宅项目者进行指导监督，认为有必要时可以命农渔村修养地项目者其设施以及运营的改善。（改订2002年12月26日，2005年8月4日）

（专门改订1999年2月5日）

第75条　指定取消等

第一款　市长、郡首在农渔村观光修养地项目者或是农渔村民宅项目者符合下列各号之一时，可以根据农林部令或海洋水产部令的规定取消农渔村观光项目者或农渔村民宅项目者的指定或在6个月的时间单位内把项目的全部或一部分命令停止。（改订1997年1月13日，2002年12月26日，2005年8月4日）

删除（1999年2月5日）。

没有正当事由，1年以上没有经营项目时1年以上没有做观光农园以及周末农园内入植作物的耕作违反其他法以及本法的命令时。

第二节 限界农地等的整备

第76条 限界农地等整备的基本方针

农林部长官为了有效管理、利用以及开发限界农地和周边产地等土地（以下称"限界农地等"）可以树立关于限界农地等整备的基本方针。（改订1997年1月13日，2002年12月26日）

第77条 限界农地等整备的种类

按照第79条的规定被指定、告示为限界农地整备地区的地区内考虑到地区情况可以做以下整备。（改订2002年12月26日）

果园、园艺、特殊植物、畜牧园、养鱼场等为农林水产地的农地造成以及设施的设置。

农渔村观光修养园地、观光农园、观光住宿设施等为农渔村观光修养资源的开发及利用的设施的设置。

住宅、宅地以及附属农地，工业设施，展示场、博物馆等文化艺术关联设施，体育设施，青少年修炼设施，医疗设施，教育设施，老人养老设施的设置。

此外为了促进农渔村地区的开发而必要的农林部令上有规定的设施的设置。

第78条 限界农地的调查以及告示

第一款 市长、郡首可以调查农渔村地区的限界农地。

第二款 市长、郡首在做根据第1项规定的调查时，要得到市、都支士的承认并告示从而让普通民众能够阅览。

第三款 对根据第1项以及第2项的限界农地的调查以及告示所必要的事项由农林部令来订。（专门改订2002年12月26日）

第79条 限界农地整备地区的指定以及告示

第一款 市长、郡首可以在限界农地中把有必要整备的地区指定为限界农地整备地区。（改订2002年12月26日）

第二款 市长、郡首要指定限界农地整备地区时，要得到市、都支士的承认并做告示。想要变更以及解除时也是如此。但对于总统令规定的轻微事项的变更则不是如此。（改订1997年1月13日，1999年2月5日，2000年1月28日，2002年12月26日）

第三款　市、都支士根据第一项的规定想要承认限界农地整备地区指定时，应预先跟有关行政机关长协议。（改订1997年1月13日，2002年12月26日）

限界农地整备地区的指定要件以及其他必要事项由总统令来定。

第80条　根据申请的限界农地整备地区的指定

第一款　想把不属于第79条规定的限界农地整备地区的限界农地进行整备者可根据农林部令的规定向市长、郡首申请限界农地整备地区的指定。（改订1997年1月13日，2002年12月26日）

第二款　根据第1项的规定接受申请的市长、郡首可根据第79条的规定指定其为限界农地整备地区并作告示。（改订2002年12月26日）

第81条　限界农地等的整备工作的实行（改订2002年12月26日）

第一款　在限界农地整备地区实行的整备工作（以下称"限界农地等的整备工作"）由得到市长、郡首的承认或者根据第2项的规定得到限界农地等的整备工作规划承认者可实行。（改订2002年12月26日）

第二款　市长、郡首以外者想要对限界农地整备地区的全部或者一部分实行整备工作时，要根据总统令的规定对限界农地树立整备工作规划并得到市长、郡首的承认方可。得到承认的整备工作规划中想要变更农林部令规定的事项时也是如此。（改订2002年12月26日）

第三款　删除（2002年12月26日）。

第四款　删除（2002年12月26日）。

第82条　关联规定的准许

第一款　按照第77条第3号规定的限界农地整备工作中关于住宅、宅地以及附属农地开发事业相关的事宜准许第37条、第39条、第40条的规定。（改订2002年12月26日）

第三款　因第1项第1号或者第3号的限界农地等的整备工作而有必要换地、交换、分合的情况准许适用第43条或第64条。

第83条 土地以及设施的分配（改订2002年12月26日）

第一款 限界农地等的整备工作实行着根据第94条的规定接受了竣工验收时可以分配或租赁其土地或设施。（改订2002年12月26日）

第二款 删除（2002年12月26日）

第三款 被分配到限界农地等的整备工作所造成农地时，不适用农地法第8条，租赁时不适用农地法第22条或第28条的规定。（改订1997年1月13日，2002年12月26日）

第四款 第1项第2号的非农业人根据第3项的规定能够取得的农地的规模不大于1500m^2。

第84条 投资以及首付金

第一款 国家、地方自治团体为了限界农地等的有效保护、利用以及整备可以对农地管理基金、地方费等进行投资。

第二款 关于首付金准许适用第69条的规定。

第85条 限界农地等的买卖等

第一款 按照第81条的规定指定的实行者买入整备地区内的农地时不适用农地法第8条的规定。（改订1997年1月13日，2002年12月26日）

第二款 韩国农村公司买入、出售限界农地和相邻的农地、林野等其他必有土地时，要根据第82条的规定来开发并出售。（改订1999年2月5日，2005年12月29日）

第三款 根据第2项的规定对农地进行买卖时可根据"韩国农村公司以及农地管理基金法"第18条的规定进行支援。（改订1999年2月5日，2005年12月29日）

第三节 农工业园地的开发（新设2008年1月28日）

第二分条 关于农工业园地开发支援的基本方针

农林部长官根据农业、农村基本法第38条第1项规定的农村产业原地造成事业的发展需树立农工业园地开发支援的基本方针。（本条新设2000年1月28日）

第三分条 农工业园地开发的支援

第一款　市长、郡首为了振兴管辖农村地区的产业,根据产业选址以及开发相关法律的规定对农工业园地的指定得到市、都支士的承认后进行开发。

第二款　农林部长官或市、都支士在每年预算的范围之内可以给市长、郡首支援对农工业园地开发必要的资金。

第三款　市、都支士根据第1项的规定对农工业园地指定并承认时,需向农林部长官进行报告。(本条新设2000年1月28日)

第四分条　生产产品的销售支援

国家以及地方自治团体为了促进在农工业园地生产产品的销售可以实施出口的支援以及系列化的促进等必要的措施,国家、地方自治团体、公共团体以及政府投资机关可以跟产品生产者签订关于生产制品购买的随意契约。(本条新设2008年1月28日)

第五分条　为农渔村环境保护的支援

国家以及地方自治团体在农工业园地的入住业体按照环境政策基本法第19条的规定设置、并管理环境保护设施时,可以支援必要的资金。(改订2002年12月26日)(本条新设2000年1月28日)

第8章　补　　则

第86条　居民等的意见听取

第一款　整备工作的实行者根据此法第3章或者第5章,第7章的规定树立整备工作的规划时,要从居民以及相关专家听取意见,认为意见妥当时,应反映到整备工作的规划。但是在国防上需要保持机密或总统令规定的轻微事项可不是如此。

第二款　关于居民意见听取得必要事项由总统令来定。

第87条　跟其他法律之间的关系

第一款　根据第8条的规定农林部长官树立农业基地整备工作实行规划并要实行或按照第32条、第67条、第67条的2或是第81条的规定,整备工作的实行者得到了整备工作的实行规划承认时,通过根据第3项规定的协议事项看作收到以下各号的许可、认可、协议、同意、解除或承认。(改订 1997 年 1 月 13 日，1997 年 12 月 13 日，1999 年 2 月 8 日，2002 年 1 月 14 日，2002 年 12 月 26 日，2002 年 12 月 30 日，2005 年 5 月 31 日，2005 年 8 月 4 日)

根据农地法第 36 条第 1 项规定的农地专用的许可：

删除（1997 年 12 月 13 日）。

水产业法第 69 条规定的保护水面区域内的施工实行的承认。

按草地法第 23 条规定的草地专用的许可：

山地管理法第 14 条、第 15 条规定的山地专用许可以及山地专用申请，同法第 32 条规定的土沙挖取的许可等，"山林资源的造成以及管理相关的法律"第 36 条第 1 项、第 4 项以及第 45 条第 1 项、第 2 项规定的伐木等的许可、申请砂防事业法第 14 条规定的伐木等的许可，以及同法第 20 条规定的砂防地指定的解除国土的规划，以及利用相关法第 56 条规定的开发行为的许可，以及第 88 条规定的实施规划的认可建筑法，第 8 条规定的建筑许可，以及同法第 15 条规定的可设建筑物的建筑许可，或申请道路法第 8 条规定的项目的协议或承认，同法第 34 条规定的道路施工实行的学科，同法第 40 条规定的道路占用的许可以及同法第 50 条规定的接道区域内对行为的许可，按照私道法第 4 条规定的私道的开设许可，按照水道法第 12 条规定的一般水道项目的认可。

下水道法第 5 条的 2、第 6 条、第 13 条、第 20 条以及第 24 条规定的下水道整备基本规划的协议、承认，公共下水道设置认可，施工实行许可，占用许可以及排水设备的设置申请按供电事业法第 61 条规定的供电事业用设备的规划认可或申请以及同法第 62 条规定的自用供电设备的规划认可以及申请按河道法第 6 条规定的项目的协议以及承认，同法第 30 条规定的非管理厅的河道施工实行的许可，同法第 33 条规定的河道的占用许可，同法第 40 条规定的沿岸区域内的行为许可以及同法第 78 条规定的干涸河道用地等的让与。共有水面管理法第 5 条规定的共有水面的占、使用许可以及同法第 8 条规定的实施规划的认可以及申请按共有水面埋立法第 9 条规定的埋立的许可，同法第 13 条规定的许可的告示，同法第 15 条规定的实施规划的认可、告示以及同法第 38 条规定的协议或承认关于丧事的法律第23条第1项规定的无缘坟墓的改葬许可。

文化财保护法第20条第1号、第2号、第4号规定的许可以及同法第54条规定的国有地使用许可自然公园法第23条以及同法第25条的规定的公园区域和公园保护区域内的占用以及使用许可。

第32条规定的选取、洗涤等的申请：

1）关于体育设施的设置、利用的法律第12条规定的项目规划的承认关于产业选址以及开发的法律第12条规定的产业园地以内的土地形制变更等的许可观光振兴法第14条规定的项目规划的承认青少年基本法第26条规定的青少年体育设施的设置、运营的许可。

2）按照第70条第1项的规定，想要经营农渔村观光休养地项目者从市长、郡首被指定为农渔村观光休养地项目者时，看作得到了以下各项的许可或申请以及做了开设通报。（改订2002年1月14日，2002年12月26日）

① 按照体育设施的设置、利用相关法的申请体育设施业，是总统令所规定的营业的申请；

② 按照公共卫生管理法的住宿业，洗浴业的营业所开设通报；

③ 按照食品卫生法的食品业中总统令所规定业态的申请；

3）农林部长官以及海洋水产部长官，地方自治团体长树立或承认整备项目的实行规划的情况、或市长、郡首指定农渔村观光休养地项目者时，包括第1项以及第2项各号内容时，需事先跟相关行政机关长协议或得到相关承认。（改订1997年1月13日，2002年12月26日）

第88条 其他法律的适用特例

实行按照此法的整备项目时，以下各项的规定不被适用。（改订1999年2月8日，2002年1月14日）

删除（2002年12月26日）。

按照农渔村道路整备法第5条或者第7条规定的道路的整备，道路基本规划的树立以及道路整备规划的树立

河道法第38条规定的占用费等的征收。

道路法第 43 条规定的占用费的征收。

第 89 条　资金支援

第一款　相关中央行政机关长和地方自治团体长为了有效推进整备项目，要把必要的项目费用算到预算上。

第二款　政府可以补助或融资对整备事业必要的资金的全部或一部分。

第三款　整备事业的实行者在委托项目实行的情况下，认为有必要时，按照第 2 项的规定，及时在项目结束前可把支援资金的全部或一部分交付给项目委托者。

第 90 条　权限的委任以及委托

第一款　农林部长官或海洋水产部长官可把此法规定的权限的一部分按照总统令委任给市、都支士或委托给韩国农村公司等农林水产相关团体。(改订 1997 年 1 月 13 日，1999 年 2 月 5 日，2005 年 12 月 29 日)

第二款　市、都支士按照第 1 项的规定，在得到农林部长官或海洋水产部长官承认后，把委任权限的一部分再委任给市长、郡首或自治区的区厅长。(新设 1997 年 1 月 13 日)

第 91 条　土地等的收容

第一款　对整备事业必要的土地、建筑物和附属土地以协议买收为原则。

第二款　整备事业的实行者为了实行整备事业，在必要时，可对事业实行地区内的土地或建筑物收容、使用或进行拆除或变更。

第三款　因整备事业，土地的一部分被收容或适用从而不能把残余地用作原来目的时，土地的所有者可以请求整备事业的实行者对残余地的收容或使用。

第四款　当有关于整备事业实行规划的承认或其告示时，看作按照为公益事业的土地等的取得以及补偿相关法第 20 条第 1 项或同法第 22 条规定的事业认定或事业认定的告示，再决议的申请不顾同法第 23 条第 1 项以及第 28 条第 1 项的规定，在事业的实行期间内做出。(改订 2002 年 2 月 4 日)

第十八章　韩国乡村建设管理法规收集

第五款　整备事业的实行者按照第2项的规定在对土地或建筑物进行清除或变更时，如有因其行为受损失者，应进行适当补偿。

按照第2项以及第3项规定的收容或使用相关，除在本法有特别规定以外，准许适用为公益事业的土地等的取得以及补偿相关法。（改订2002年2月4日）

对整备事业必需的沿岸海面准许适用第1项、第2项以及第5项的规定。只是，在第1项中把"协议买收"看作"补偿"。

第92条　村庄整备区等的指定、告示的效力。（改订2002年1月14日）

第一款　想要在按照第10条、第12条（包括地28条准许的情况）或第24条的规定告示事业实行规划或事业实行认可内容的地区，按照第32条的规定的村庄整备区，按照第67条、第79条或第80条规定的在指定的农渔村观光修养地或限界农地整备地区内土地的形制变更，建筑物的建造，构筑物的设置或土石、砂粒的采取和其他总统令所定行为者要得到农林部长官或海洋水产部长官，地方自治团体长的许可。想要变更被许可的事项是也是如此。（改订1997年1月13日，2002年1月14日，2002年12月26日）

第二款　第1项的规定对于村庄整备区，农渔村观光修养地或限界农地整备地区的指定、告示，当时已按照关联法律对于土地的形制变更或建筑物的建造等得到许可、认可、承认等者不适用。此情况下得到许可、认可、承认者需在指定告示日起30天之内向市长、郡首报告此事。（改订2002年1月14日，2002年12月26日）

第93条　国家所有地的分配等

第一款　农林部长官或海洋水产部长官因整备事业的实行，认为有必要废除国家所有的道路、灌溉用水路、排水路、堤防、沟渠、蓄水池以及河道用地的全部和一部分时，不顾国有财产法、地方财政法、道路法以及河道法的规定，可把其国家所有地无偿分配给整备地区内的土地所有者或事业实行者。（改订1997年1月13日）

第二款　整备事业地区内土地所有者或事业实行者可把因整备事业

575

的实行而新建设的道路、灌溉用水路、排水路、堤防、沟渠、蓄水池以及河道用地等替代按照第1项的规定被无偿分配得到用途的土地给国家或地方自治团体无偿赠予。

第三款 对于整备事业地区内的其他国家所有财产，不顾国有财产法、地方财政法以及"国有林的经营以及管理相关法律"的规定，可给整备事业的实行者按随意契约来卖出。（改订2005年8月4日）

第94条 竣工验收

第一款 整备事业的实行者在完成整备事业时，按照总统令的规定，得到整备事业的实行认可权者或实行、事业规划承认权者的竣工验收。为了整备事业的有效推进而必要时，在整备事业全部完工之前可对已完工的部分得到竣工验收。（改订1997年1月13日，2005年8月4日）

第二款 整备事业的实行认可权者或实行、事业规划承认权者按照第1项的规定进行竣工验收时，应把其结果通知给整备事业的实行者。（改订1997年1月13日）

第三款 整备事业的实行认可权者或实行或事业规划承认权者为了竣工验收业务的有效实行而必要时，可根据总统令的规定把第1项规定的竣工验收业务的全部或一部分委任给地方自治团体长或委托给总统令规定的拥有专门检查技术者。（新设1997年1月13日）

第95条 税的减免

国家或者地方自治团体为了有效推进依据此法的整备事业，根据租税减免法或地方税法的规定，可以减免租税。

第96条 删除（1999年2月5日）。

第97条 测量、设计以及施工监理的委托

第一款 整备事业的实行者为了实行整备事业而必要时，可把测量、设计以及施工监理委托给韩国农村公司等在与农渔村整备业务有关联者当中，总统令所规定者。（改订1999年2月5日，2005年12月29日）

第二款 整备事业的实行者在有必要时可跟根据第1项的规定委托

测量、设计以及施工监理者进行必要的报告或要求资料的提出。

第三款 按第1项规定的委托的费率考虑到事业的种类和施工的内容以农林部令或海洋水产部令来定。(改订1997年1月13日)

第98条 许可取消等

第一款 农林部长官或海洋水产部长官以及地方自治团体长根据农林部令或海洋水产部令的规定符合以下各号之一的可以取消认可、承认、许可的指定或命令施工的中止,建筑物的改建、变更、转移、移除或进行其他必要的处分。(改订1997年1月13日)

违反此法或根据此法命令的情况。

用虚伪或不当的方法得到根据此法的许可、承认或指定的情况。

因事由的变更,整备事业的继续实行变得不大可能或有显著损害公益可能的情况。

第二款 农林部长官或海洋水产部长官以及地方自治团体的长根据第1项的规定命令处置或处分时按照总统令的规定来做告示,地方自治团体长对于重要事项应给农林部长官或海洋水产部长官做报告。(改订1997年1月13日)

第三款 删除(1997年12月13日)。

第四款 删除(1997年12月13日)。

第二分条 听证

农林部长官或海洋水产部长官想要做符合以下各条情况之一的处分时,应实施听证。

根据规定第45条的4换地师资格的取消。

根据规定第45条6的换地业务代行法人的注册取消。

根据第75条规定的农渔村观光休养地事业者或农渔村民宅事业者的指定取消。

根据第98条规定的认可、承认、许可或指定的取消。

(本条新设1997年12月13日)

第99条 报告以及检查

第一款 地方自治团体的长要把整备事业的推进状况定期给农林部

长官或海洋水产部长官报告。（改订1997年1月13日）

第二款　农林部长官或海洋水产部长官以及地方自治团体长在对于此法的实行必要时，可让整备事业的实行者做必要的报告或命提出资料，让所属公务员检查跟事业相关业务。（改订1997年1月13日）

第三款　根据第2项的规定做检查的公务员要带着表示其权限的证明表应出示给相关人员。

第100条　测量、检查或者书籍等的阅览

第一款　符合以下各号情况者，关于整备事业为了调查土地等而有必要时要事先跟土地和沿岸海面的所有者（包括得到水产业法第8条第1项的许可渔业的许可者）做通知，进入他人的土地进行测量或检查。（改订2000年1月28日，2002年1月14日，2004年12月31日，2005年12月29日）

国家、地方自治团体公务员；

韩国农村公司的职员；

根据水产也协同组合法的组合和中央绘以及渔村系的职员或受到其委托者；

代行换地业务的被法人雇用的换地社。

第二款　无法做按照第1项规定的通知的情况，应按照农林部令或海洋水产部令的规定公告此事实。（改订1997年1月13日）

第三款　按照第1项规定的行为而发生损失时，整备事业的实行者应补偿会发生的损失。

第四款　符合第1项各号内容者可在管辖当年事业相关的土地以及沿岸海面的登记所、税务所或市、郡、区、邑、面、洞的地事务所对必要的书籍、附册或图面进行免费的阅览以及复印或请求复印本的交付。

第五款　根据第4项的规定有图书的阅览、复印或复印本的交付请求时，相关官署应立即进行回应。

第101条　土地移动的申请特例

第一款　相伴换地处分的土地移动等不适用地方税法第219条以及地籍法第16条或者第20条的规定。但是整备事业的实行者实行相伴换地处分的整备事业的施工时，在施工竣工后应不要延误走分配程序，关于土地分配，适用地籍法第19条的规定。

第二款　因整备事业的实行而进行的土地移动申请排除地方税法中关于农业所得税的规定，按照地籍法第21条的规定，整备事业的实行者应向所管厅进行申请。（改订2000年12月29日）

第102条　其他登记的停止

农林部长官、海洋水产部长官或市、都支士在对关于整备事业的换地规划、交换、分合规划以及渔场交换规划认可并作告示后，要是对事业实行地区内的土地以及沿岸海面整备事业没做登记或注册的话，不能做其他登记或注册。但是登记或注册的申请人根据确定日期的文件，在换地规划，交换、分合规划或渔场交换规划认可告示前证明了登记或注册原因发生的事实时，属例外。（改订1997年1月13日，2002年12月26日）

第103条　农渔村整备事业的审议

农渔村整备综合规划以及关于其他农渔村整备的重要事项要经过根据农业、农村基本法第43条规定的中央农厅审议会议的审议。（改订1999年2月5日）（专门改订1997年1月13日）

第104条　部署之间协助体制的维持

第一款　中央行政机关的长以及地方自治团体的长在整备事业的实行规划中对于跟所管业务相关的事业能够优先实行而做支援。

第二款　农林部长官或海洋水产部长官应为农渔村结构改善的各种事业在生活环境整备区优先联系、投资而作支援，其他行政机关的长为了整备事业的效率，应对农渔村教育、医疗、交通、文化以及环境等所管农渔村地区开发业务优先做支援。（改订1997年1月13日）

第105条　处罚

违反第92条第1项规定者判处1年以下的徒刑或1千万元以下的罚款。（专门改订1999年2月5日）

第106条　双罚规定

法人的代表者、法人或个人的代理人、使用人、其他职员对于其法人或个人的业务做了第 105 条的违反行为时，除恶劣处罚其行为者以外，还对其法人或个人执行相应罚款。

第 107 条　过怠金

第一款　相当于以下各号之一者处于 100 万元以下的过怠金。（改订 1999 年 2 月 5 日）

删除（2002 年 12 月 26 日）。

删除（1999 年 2 月 5 日）。

删除（1999 年 2 月 5 日）。

删除（1999 年 2 月 5 日）。

拒绝或妨碍按照第 91 条第 2 项规定的土地、建筑物的拆除、变更者。

没有做按照第 97 条第 2 项规定的报告或资料的提出或做了虚伪报告或提出虚伪资料者。

没有做按照第 99 条第 2 项规定的报告或资料的提出或做了虚伪的报告或拒绝、妨碍或逃避相关检查或提出虚伪的检查资料者。

拒绝或妨碍按照第 100 条规定的测量、或检查者。

第二款　按照第 1 项的过怠金，根据总统令的规定由农林部长官、海洋水产部长官或地方自治团体的长（以下称"附加权者"）附加、征收。（新设 2000 年 1 月 28 日）

第三款　对于第 2 项规定的过怠金的处分有不服者从接到其处分告知天起，在 30 日之内对附加权者提出异议。（新设 2000 年 1 月 28 日）

第四款　附加权者在根据第 2 项的规定收到过怠金处分者根据第 3 项的规定提出异议时，不得延误要给相关法院通报此事实，接到通报的相关法院要做按照非诉讼事件程序法进行过怠金的裁判。（新设 2000 年 1 月 28 日）

第五款　按照第 3 项规定的相关期限内不提出有关异议，也不交付过怠金时，根据国税或地方税缴纳处分的例子来征收。（新设 2000 年 1 月 28 日）

第 108 条　水利系

第一款　市长、郡首或自治区的区厅长认为按照"韩国农村公司以及农地管理基金法"第11条规定的施工管理地区外的农业设施的维持、管理上有必要时，可以以其农业基地设施的利用者为系源，组织运营水利系，并把农业基地设施的维持、管理业务进行委托（改订2005年12月29日）。

对于水利系的组织和运营必要的事项要根据农林部令所规定的基准定位市、郡或者自治区的条例。

水利系在得到市长、郡首或自治区区厅长认可后，可从其系源征收农业基地设施的维持管理经费。

根据第3项的规定有缴纳经费者时，水利系可按照总统令的规定给其管辖市长、郡首以及自治区的区厅长托付其征收。在此情况下水利系要给当年的市长、郡首或自治区的区厅长交付总统令规定的手续费。

市长、郡首或自治区的区厅长根据第4项的规定被托付了经费的征收时，根据地方税缴纳处分的例来对其进行征收。

国家或地方自治团体在预算的范围之内补助给水利系对农业基地设施的维持、管理而必要的费用的全部或一部分。（本条新设2002年12月26日）

第十九章 中国台湾地区乡村建设管理法规收集

《台湾非都市土地开发审议作业规范》

壹、总编

1. 1995年3月27日台湾地区内政部门台84内营字第8472377号函修正
2. 1995年7月13日台湾地区内政部门台845内营字第848008号函修正
3. 1996年8月7日台湾地区内政部门台85内营字第8504989号函修正
4. 1997年5月9日台湾地区内政部门台86内营字第8672765号函修正
5. 1997年7月8日台湾地区内政部门台86内营字第8673193号函修正
6. 1998年2月16日台湾地区内政部门台87内营字第8771255号函修正
7. 1998年9月25日台湾地区内政部门台87内营字第8772902号函修正
8. 1999年9月28日台湾地区内政部门台88内营字第8874729号函修正
9. 2001年6月6日台湾地区内政部门台内营字第9083915号令修正「非都市土地开发审议规范」为「非都市土地开发审议作业规范」
10. 2001年10月17日台湾地区内政部门台内营字第9085851号令修正发布休闲农场专编第五点条文
11. 2002年10月15日台湾地区内政部门台内营字第0910086758

号令修正

12. 2003年3月13日台湾地区内政部门台内营字第0920084904号令修正

13. 2004年台湾地区内政部门台内营字第0930084011号令修正

14. 台湾地区内政部门1994年5月16日台内营字第0940083353号令修正

一、本规范依区域计划法（以下简称本法）第十五条之二第二项规定定之。

二、非都市土地申请开发面积足以影响原使用分区划定目的者，依非都市土地使用管制规则规定，其土地使用计划应经区域计划拟定机关审议者，除其他法令另有规定者外，应以本规范为审查基准。

三、非都市土地申请开发区应符合区域计划保育水土及自然资源、景观及环境等土地利用方针，并应符合区域计划之部门发展计划之指导。

四、本规范计分总编、专编及开发计划书图三部分，专编条文与总编条文有重复规定事项者，以专编条文规定为准。未列入专编之开发计划，依总编条文之规定。非都市土地开发审议作业规范。

五、为提供非都市土地拟申请开发者之咨询服务，申请人得检具附件一之数据，函请区域计划原拟定机关或直辖市、县（市）府就拟申请开发之基地，是否具有不得开发之限制因素，提供相关意见。

六、申请人申请开发许可，应检具下列书图文件：

（一）申请书。

（二）开发计划书图。

（三）涉及水土保持法令规定，应检附水土保持规划书及涉及环境影响评估法令规定应检附书图者，从其规定办理。

前项第一款及第二款书图文件格式如附件二、附件三。

七、申请开发者依本法有关规定应向直辖市、县（市）政府缴交开发影响费者，其费用之计算除依规定办理外，并应载明于开发计划书中。

八、直辖市、县（市）政府及区域计划拟定机关受理申请开发案时，应查核其开发计划及有关文件（如附表一、附表二）；有补正者，应通知申请人限期补正。

九、申请开发之基地不得位于下列地区：

（一）森林区、重要水库集水区。但经台湾主管机关核准并经区域计划委员会同意兴办之各项供公众使用之设施，不在此限。

（二）相关主管机关依法划定应保护之地区。前项第一款所称重要水库集水区，系指现有、兴建中、规划完成且定案（核定中），作为供家用及公共给水者为重要水库（详附表三）；其集水区范围依各水库治理机构划定报经主管机关核定公告之范围为标准，或大坝上游全流域面积。

十、申请开发之基地，如位于自来水水质水量保护区之范围者，其开发应依自来水法之规定管制。其基地污水排放之承受水体未能达到环境保护主管机关公告该水体分类之水质标准或河川水体之容纳污染量已超过主管机关依该水体之涵容能力所定之管制总量者或经水利主管机关认为对河防安全堪虞者，不得开发。但经区域计划委员会同意兴办之各项供公众使用之设施，不在此限。开发基地所在之自来水水质水量保护区已依法公告饮用水水源水质保护区或饮用水取水口一定距离内之地区者，其开发应依前项规定及饮用水管理条例相关规定办理，不受第三项规定之限制。但如开发基地未位于该自来水水质水量保护区已公告之饮用水水源水质保护区或饮用水取水口一定距离内之地区，并经饮用水主管机关说明该自来水水质水量保护区内不再另外划设其他饮用水水源水质保护区者，其开发仅依第一项规定办理，不受第三项规定之限制。第一项基地所在之自来水水质水量保护区，于尚未依法公告饮用水水源水质保护区之范围或饮用水取水口一定距离前，其开发除应依第一项规定办理外，并应符合下列规定。但有特殊情形，基于国家社会经济发展需要者且无污染或贻害水源、水质与水量行为之虞者，经提出废水三级处理及其他工程技术改善措施，并经饮用水及自来水主管机关审查同意后，送经区域计划委员会审查通过者，得不受本项第一款及第二款规定之限制。

（一）距离丰水期水体岸边水平距离1km之范围，区内禁止水土保持以外之一切开发整地行为。

（二）取水口上游半径1km内集水区及下游半径400m，区内禁止水土保持以外之一切开发整地行为。

（三）距离丰水期水体岸边水平距离1km以外之水源保护区，其开发管制应依自来水法之规定管制。

（四）各主管机关依本编第六点审查有关书图文件，且各该主管机关同意者。

十一、申请开发之基地位于原住民保留地者，其申请开发之计划经台湾主管机关核准并经区域计划委员会同意者，得为矿业、土石、观光游憩及工业资源之开发，不受本编第九条及第十条之限制。但不得违背其他法令之规定。

十二、申请开发之基地位于自来水净水厂取水口上游半径1km集水区内，且基地尚无衔接至净水厂取水口下游之专用污水下水道系统者，暂停核发开发许可。但提出上述系统之设置计划，且已解决该系统所经地区之土地问题者，不在此限，其设置计划应列于第一期施工完成。前项基地如位于自来水水质水量保护区之范围者，则依第十点规定办理，免依本点规定办理。

十三、基地之原始地形或地物经明显擅自变更者，除依法惩处外，并依水土保持法相关规定暂停两年申办，其不可开发区之面积，仍以原始地形为计算标准。前项开发案件经本部区域计划委员会审议且获致结论不同意者，请各该管直辖市、县（市）政府确实遵照本法第二十一条及第二十二条相关规定，严格究办执行。

十四、基地土地形状应完整连接，如位于山坡地该连接部分最小宽度不得少于50m，位于平地不得小于30m，以利整体规划开发及水土保持计划。

十五、基地内之公有土地或未登记土地，基于整体规划开发及水土保持计划需要，应先依规定取得同意合并开发或核准让售之文件。

十六、基地内之原始地形在坵块图上之平均坡度在 40% 以上之地区，其面积之 80% 以上土地应维持原始地形地貌，且为不可开发区，其余土地得规划作道路、公园、及绿地等设施使用。坵块图上之平均坡度在 30% 以上不超过 40% 地区，以作为开放性之公共设施或必要性服务设施使用为限，不得作为建筑基地（含法定空地）。申请开发基地之面积在十公顷以下者，原始地形在坵块图上之平均坡度在 30% 以下之土地面积应占全区总面积 30% 或 3 公顷以上；申请开发基地之面积在 10 公顷以上者，其可开发面积如经区域计划委员会审查认为不符经济效益者，得不予审查或作适度调整。

十七、基地开发应保育与利用并重，并应依下列原则，于基地内划设必要之保育区，以维持基地自然净化空气、涵养水源、平衡生态之功能：

（一）基地应配合自然地形、地貌及不稳定地区，设置连贯并尽量集中之保育区，以求在功能上及视觉上均能发挥最大之保育效果。除必要之道路、公共设施或必要性服务设施、公用设备等用地无法避免之状况外，保育区之完整性与连贯性不得为其他道路、公共设施、公用设备用地切割或阻绝。

（二）保育区面积不得小于扣除不可开发区面积后之剩余基地面积的 30%。保育区面积的 70% 以上应维持原始之地形地貌，不得开发。

（三）保育区面积计算不得包括道路、公共设施或必要性服务设施、公用设备，且不得于保育区内划设建筑基地。滞洪池面积如经区域计划委员会审查同意，可纳入保育区面积计算，惟其滞洪池面积纳入保育区计算者，仍应符合前项第二款规定。

十八、开发基地内经调查有下列情形之一，且尚未依相关法规划定保护者，应优先列为保育区：

（一）珍贵稀有动、植物保护地区。

（二）主要野生动物栖息地。

（三）林相良好的主要林带。

（四）文化资产保护地区。

（五）"经济部"认定重要矿区，且地下有多条旧坑道通过地区。

（六）特殊地质地形资源：指基地内特殊之林木、特殊山头、主要棱线、溪流、湖泊等自然地标及明显而特殊之地形地貌。

（七）坡度陡峭地区：指坡度在40%以上地区。申请开发基地规划内容如属废弃物卫生填埋场及废弃物处理厂（场）之开发行为，其开发后之景观及复育计划，倘经区域计划委员会审议同意，具开放空间功能，并具保育效果者，其依第十六条及第十七条规定应留设不可开发区及保育区面积，得予减少。

十九、列为不可开发区及保育区者，应编定为国土保安用地，事后不得再申请开发，亦不得列为其他开发申请案件之开发基地。

二十、整地应依审查结论维持原有之自然地形、地貌，以减少开发对环境之不利影响，并达到最大的保育功能。其挖填方应求最小及平衡，不得产生对区外弃土或取土。但有特别需求者依其规定。

非属山坡地之整地排水应依以下原则办理：

（一）挖填方计算应采用方格法，方格每一边长为25m，并根据分期分区计划分别计算挖填土方量。

（二）整地应维持原有水路之集、排水功能，有须变更原有水路者，应以对地形、地貌影响最小之方式做合理之规划，整治计划并须征得各该主管机关同意。

二十一、基地开发不得妨碍上、下游地区原有水路之集、排水功能。基地内凡处于洪泛区之任何设施皆应遵照水利法之规定。

二十二、基地开发后，包含基地之各级集水区，以25年发生一次暴雨产生对外排放径流量总和，不得超出开发前之径流量总和。并应以100年发生一次暴雨强度之计算标准提供滞留设施，以阻绝因基地开发增加之径流量，有关径流系数之采用，得参考"台湾农业主管部门"订颁之水土保持技术规范，并取上限值计算。基地之范围及形状，无法自力提供滞留设施者，应取得同一集水区相关地主及居民之同意书，并协议共同提供相关基地之滞留设施。基地经过整地而改变集水区之范围者，应以改变后之集水区为审议之基本单元，并须经主管水土保持、水利机关之同意。第一项径流量之计算,应经依法登记开业之相关专业技师签证。但由政府相关专业机关提供,并由机关内依法取得相当类科技师证书者为之者,不在此限。第一项滞留设施面积之计算标准,山坡地开发案件,如水土保持法相关规定另有规定者,从其规定。

二十三、基地开发后,基地排水系统在平地之排水干线(如箱涵、野溪)应依据25年发生一次暴雨强度设计,排水支线(如涵管)应依据十年发生一次暴雨强度设计,排水分线(如U形沟)应依据5年发生一次暴雨强度设计。

二十四、基地开发应分析环境地质及基地地质,潜在的质灾害具有影响相邻地区及基地安全之可能性者,其灾害影响范围内不得开发。但叙明可排除潜在地质灾害者,并经依法登记开业之相关地质专业技师签证,在能符合本规范其他规定之原则下,不在此限。潜在地质灾害之分析资料如系由政府相关专业机关提供,并由机关内依法取得相当类科技师证书者为之者,不受前项应经依法登记开业之相关地质专业技师签证之限制。

二十五、基地开发不得阻绝相邻地区原有通行之功能,基地中有部分为非申请开发范围之地区者,应维持该等地区原有通行之功能。

二十六、基地联络道路,应至少有独立二条通往联外道路,其中一条其路宽至少8m以上,另一条可为紧急通路且宽度须能容纳消防车之通行。但经区域计划委员会认定情况特殊且足供需求,并无影响安全之虞者,不在此限。

二十七、基地开发应依下列原则确保基地通往中心都市之县级(含)以上道路系统的顺畅:

(一)基地开发完成后,其衍生之尖峰小时交通流量不得超过道路系统D级服务水平之最小剩余容量,且其对邻近重要路口延滞不得低于D级服务水平,优先申请者得优先分配剩余容量。

(二)前款道路系统无剩余容量时,暂停核发开发许可。但有画道路或申请人提出交通改善计划能配合基地开发时程,且征得该道路主管机关之同意,并符合前款规定者,不在此限。

二十八、基地开发应视需要规划或提供完善之大众运输服务或设施。

二十九、基地开发应检附电力、电信、垃圾及自来水等相关事业主管机构之同意文件。但各该机构不能提供服务而由开发申请人自行处理，并经各该机构同意者不在此限。高压输电力线经过之土地，原则上规划为公园、绿地或停车场使用，并应依电力主管机构有关规定办理。

三十、基地内应依下水道法设置专用下水道系统及管理组织，下水道系统应采用雨水与污水分流方式处理。

三十一、为确保基地及周遭环境之质量与公共安全，区域计划拟定机关得依基地本身及周遭之环境条件，降低开发区之建蔽率、容积率；并得就地质、排水、污水、交通、污染防治等项目，委托专业机构或学术团体代为审查，其所需费用由申请人负担。

三十二、开发后基地内之透水面积，山坡地不得小于扣除不可开发区及保育区面积后剩余基地面积的50%，平地不得小于30%。但经区域计划委员会认定无影响安全之虞者，不在此限。

三十三、基地整地应配合自然景观风貌，尽量自然化，其整地之绿化应与自然环境配合。

三十四、公共管线应以地下化为原则，管线如暴露于公共主要路在线时，应加以美化处理。

三十五、开发区内建筑配置应尽量聚集，并将法定空地尽量靠近连贯既有之保育区，使得建筑物基地之法定空地能与保育区相连贯，而发挥最大保育功能。

三十六、基地内之道路应顺沿自然地形地貌，并应依下列原则设置：

（一）避免道路整地造成长期之基地开发伤痕，以维护基地之自然景观。

（二）路网设置应表达基地之自然地形结构，避免平行道路产生之阶梯状建筑基地平台所形成之山坡地平地化建筑现象，并避免产生违背基地自然特性之僵硬人工线条。

三十七、申请开发者，应依下列原则提供基地民众享有接触良好自然景观的最大机会：

（一）优先提供良好之观景点为公共空间，如公园、步道及小区中心等。

（二）以公共步道衔接视野优良之公共开放空间。

（三）建筑物的配置应提供良好的视觉景观。

三十八、为维护整体景观风貌及视野景观质量，申请开发之基地与相邻基地同时暴露于主要道路之公共视野中者，应配合相邻基地优良之景观特色，塑造和谐的整体意象。

三十九、申请开发者，其基地内建筑物应尊重自然景观之特色，并应注意下列事项：

（一）建筑量体、线条、尺度均应顺应自然地形地貌之结构，表达并强化各个地形景观。

（二）建筑物之容许高度应随坡地高度之降低而调整，以确保大多数坡地建筑的视野景观。

（三）建筑尺度、色彩、材质及阴影效果，均应与相邻地形地貌配合，并应保持以自然景观为主之特色。

（四）利用地形的高低差或建筑物本体，提供停车空间以避免增加整地的面积及大片的停车景观。

四十、申请开发土地使用与基地外周边土地使用不兼容者，应自基地边界线退缩设置缓冲绿带。宽度不得小于10m，且每单位平方公尺应至少植乔木一株，前述之单位应以所选择乔木种类之成树树冠直径平方为计算标准。但天然植被茂密经认定具缓冲绿带功能者，不在此限。前项缓冲绿带与区外公园、绿地邻接部分可缩减5m。

四十一、申请开发，需于基地季节风上风处设置防风林带者，其宽度比照缓冲绿带标准。前项防风林带得配合缓冲绿带设置。

四十二、全区绿化计划应先就现有植栽详细调查，树高10m以上及树高5m以上且面积达500m^2树林，应予原地保存。但在允许改变地貌地区得于区内移植。前项树林经中央林业主管机关核可得砍伐林木者，不在此限。

四十三、全区绿化计划应涵括机能植栽（缓冲、遮蔽、隔离、绿荫、防噪、防风、防火及地被等植栽）景观植栽及人工地面植栽等项目，并以乔木、灌木及地被组合之复层林为主要配置形态。前项绿化计划范围应包含基地私设之联络道路。

四十四、开发区位于下列高速铁路、高速公路及区域计划景观道路行经范围内，应做视觉景观分析：

（一）以高速铁路、高速公路两侧2km范围内或至最近棱线范围内，并择取其中范围较小者。

（二）以区域计划景观道路两侧1km范围内或至最近山棱线范围内，并择取其中范围较小者。

四十四之一、申请开发之基地位于河川新生地范围者，应符合下列规定：

（一）开发计划书应叙明土地使用性质及相关防洪计划之兼容性，开发计划应符合河流流域之整体规划，以维持原有河系流向、河岸之平衡及生态系之稳定，将环境影响减至最小为原则。开发区土地利用应采低密度之规划使用，明确说明其土地需求之计量方式，并依计划目的及区位环境特性，编定适当土地使用分区及用地，且应视开发区之土地利用方式及邻近地区需要，适当配置相关排水设施及防汛通路，以供防汛抢险之公共安全使用。

（二）开发计划中应包含筑堤造地计划，以叙明土地利用强度及堤防设计关联性，并检附于河川新生地开发筑堤造地计划摘要简表。有关堤防结构形式规划设计应先考虑新生地之土地使用分区，以安全、经济与河岸景观、生态保育并重为原则，宜采亲水性及生态工法之设计。有关堤防之兴建及排水工程设计，并应先报请水利主管机关审核同意，施工前须向水利主管机关申请核准。

（三）开发计划中应研订环境维护计划及土地处理计划，以分期分区方式办理开发者，并应说明开发各期与分区之资金来源及资金运用估算方式。因开发致可能影响邻近地区之安全或对既有设施造成之损害，所采取之河岸防护措施，其防护计划成本应纳入开发申请案财务计划中。前项所称河川新生地开发，系指涉及筑堤造地及堤后新生地之开发者。

四十四之二、为应对不同天然灾害（如水灾、土石流、台风及地震等）发生时之紧急避难与防救灾措施，开发案件应研拟防灾计划内容。

四十四之三、申请开发案件如属单一兴办事业计划使用者，于使用地变更规划时，除隔离绿带与保育区土地应分割编定为国土保安用地、滞洪池应分割编定为水利用地及穿越性道路应分割编定为交通用地外，其余区内土地均编定为该兴办目的事业使用地。申请开发案件如非属单一兴办事业计划使用者，区内各种土地使用项目仍应按审定土地使用计划内容与性质，分割编定为适当使用地类别。申请开发案件属第一项情形者，申请人应依第一项用地变更编定原则规划用地类别，并依非都市土地使用管制规则规定应编定之用地类别，拟具各种用地之土地使用强度对照表，本部区域计划委员会于审议时，得视个案之开发类型及规模等因素，赋予开发建筑之建蔽率、容积率及有关土地使用管制事项。

四十四之四、申请开发案经本部区域计划委员会审查会议审议通过，本部尚未核发开发许可函前，非经申请人发生新事实或发现新证据，并查明属实者，应维持原决议。

四十五、本规范实施后，尚未经区域计划原拟定机关受理审查者，应依本规范审议之。

四十六、本规范为审查作业之指导原则，若有未尽事宜，仍以区域计划委员会之决议为准。

四十七、本规范经内政部区域计划委员会审议通过后实施之。

贰、专编

第一编　住宅小区

一、小区开发应遵循该区域计划指定之特定地区人口及住宅用地之总量管制。申请开发基地位于一般农业区者，面积须为10公顷以上。

二、申请开发之基地位于山坡地者，其保育区面积不得小于扣除不

第十九章　中国台湾地区乡村建设管理法规收集

可开发区面积后之剩余基地面积的40%。保育区面积70%以上应维持原始之地形面貌，不得开发。

三、基地内之原始地形在坵块图上之平均坡度在30%以下之土地面积应占全区总面积30%以上或3公顷以上。

四、为减少主要河川流域过度开发，减轻水患灾害，如基地位于各该主要河川水源水质水量保护区范围内者，于整治工程未完成前，得由直辖市、县（市）政府建议区域计划拟定机关暂缓核准开发。

五、基地开发之街廓，以独立住宅或双并住宅为主者，其长边应以80~120m为原则，短边应以20~50m为原则；以集合住宅为主者，其边长不得超过250m。其街廓内之停车场、绿地、广场、通路、临栋间隔等应做整体规划。基地位于山坡地者，其街廓得顺应地形地势规划，经区域计划委员会认定需要者得不受前项规定之限制。

六、基地开发应确实标明每宗建筑基地位置。整地后每宗建筑基地最大高差不得超过12m，且必须临接建筑线，其临接长度不得小于6m。

七、基地开发应于集合住宅或建筑组群之外围设置十公尺以上缓冲带，且得以道路为缓冲带。

八、居住人口数之核算，依每人$30m^2$住宅楼地板面积标准计算，又依每4人为一户核算户数，并据以计算公共设施或必要性服务设施及公用设备之需求。

九、基地开发应依下列原则确保基地连接县道（含）以上之联络道路系统交通之顺畅：

（一）基地开发完成后所产生平日尖峰小时交通流量，不得超过该道路系统C级服务水平之最小剩余容量，且其对邻近重要路口延滞不得低于C级服务水平，优先申请者优先分配剩余容量。

（二）前款道路系统无剩余容量时，暂停核发开发许可。但有计划道路或申请人提出交通改善计划能配合基地开发时程，且征得该道路主管机关之同意，并符合前款规定者，不在此限。

十、基地内之主要道路应采人车分离规划之原则划设人行步道，且步道宽度不得小于1.5m。

十一、基地内除每一住户至少应设置一路外停车位外,并应设置公共停车场,停车场面积并不得小于小区中心用地面积之12%且其停车位数不得低于停车需求预估值。

十二、基地开发应设置国民中学、小学学校用地,学校用地标准应依据教育部订定之国民中小学设备基准或县(市)政府另定并报经教育部备查之基准内之都市计划区外之校地面积标准作为计算标准,校地应切结同意赠与直辖市、县(市)。学生数之核算,中学学生数以居住人口数之8%计,小学学生数以居住人口数之15%计。依前项设备基准,中、小学生每生25m²计。但县(市)政府依其实际需要另定基准者,从其规定。

如居住人口数未达设校经济规模者,得依下列规定办理:

(一)自愿赠与最少每1中、小学生25m²之完整建筑基地提供给当地直辖市、县(市),作为取得中、小学用地及建校之代用地。

(二)赠与建地给直辖市、县(市)时,应签订赠与契约,并注明标售所得之费用,应作为该基地学区范围内购买学校用地及建校之费用。前项第二款之赠与契约应于区域计划拟定机关核发许可后,县(市)政府公告开发许可内容前完成之。学校用地应编定为特定目的事业用地,规划为代用地者,应一并整地并应编定为建筑用地。申请人依规定缴交学校开发影响费者,免依第三项及第四项规定办理。

十三、土地使用计划中应叙明学校代用地所规划之建蔽率、容积率及计划容纳人口数、户数。

十四、公共设施及公用设备设置规模之面积大小,应将学校代用地之容纳人口数与开发案之原计划人口数合并计算其面积。

十五、基地应设置最少每人3m²作为间邻公园(含儿童游乐场、运动场)用地,每处面积不得小于0.5公顷,短边宽度不得小于25m。前项用地之设置应紧邻住宅区,且不得设置于本规范订定之优先保育地区。

十六、间邻公园、小区道路应同意赠与乡(镇、市),污水处理场应赠与直辖市、县(市)。前项赠与应含土地及设施,但操作管理维护仍由小区管理委员会负责。

十七、依规定设置中、小学（含代用地）、间邻公园（含儿童游乐场、运动场）、小区道路、污水处理场之用地应于分割后依其使用性质变更编定为适当用地。其余土地于前项各公共设施或必要性服务设施兴建完竣经勘验合格并移转登记为各该乡（镇、市）有、直辖市或县（市）有后变更编定为适当用地。公共设施或必要性服务设施如因开发期程之延滞而会导致闲置毁损，得依附表四之认定时间，经直辖市或县（市）政府同意并视实际情形由开发者切结及提供保证金后，先行办理变更编定。

申请开发之基地位于山坡地，如经该管直辖市、县（市）政府依水土保持计划核定应分期施工而核发二期以上杂项执照者，开发者应将核准列入第二期以后之杂项执照范围内之全区主要道路、学校代用地、间邻公园及污水处理场等未完成整地之公共设施用地，并同第一期已完成整地及水土保持计划并取得杂项使用执照之公共设施用地分割移转登记为各该直辖市、县（市）有及乡（镇、市）有，至于设施未完成部分则依第十七条第三项规定，经直辖市或县（市）政府同意由开发者切结及提供保证金后，先行办理第一期已完工部分之用地变更编定。第二期以后未完工部分之土地，开发者仍应依核准之杂项执照开发整地并依相关规定于各公共设施或必要性服务设施兴建完竣经勘验合格后，公共设施或必要性服务设施等用地及其余土地始得变更编定为适当用地。

十八、基地应依下列规定设置规模适当的小区中心用地，作为社区商业、图书、集会、交谊、康乐、医疗保健及其他公共设施或必要性服务设施之使用，以利小区意识之形成：

（一）基地应设置每人面积不得超过 $4.5m^2$，作为小区中心用地，且不得超过住宅用地面积 8%。

（二）小区中心应设置于基地内主要道路上且应于距离各住宅单元或邻里单元 800m 步行半径范围。

（三）开发计划应就小区中心可能使用之内容，提供规划构想。

十九、开发计划中应明列由开发者提供之各项小区服务设施内容、规模及工程质量，并于分期分区发展计划中明确说明该等服务设施之完成时程。

二十、开发计划书中应规定协助住户成立「小区管理委员会」之事项及作法，以保障居民长期的安全及生活之便利。

二十一、开发之财务计划及公共设施或必要性服务设施营运管理计划，应依公共设施或必要性服务设施营运管理计划办理。

二十二、（删除）。

二十三、以农村小区土地重划方式办理者，应依下列各款及本规范规定申请审议。但本规范总编第十四条、第十五条、第十七条、第二十八条、第三十条、第三十二条、第三十四条、第三十五条、第三十九条、第四十条、第四十三条、第四十四条及本编第一之一条、第二条、第三条、第五条至第八条、第十条至第十七条、第二十条及第二十一条，不在此限：

（一）申请规模以农村小区土地重划规划范围办理。

（二）农村小区得因区域整体发展或增加公共设施之需要，而适度扩大其规模，扩大面积之居住净密度每公顷不得小于150人为原则。但位于偏远及山地乡地区得视实际情况酌减之。

（三）计划书应说明附近商业设施（市场）、卫生设施、教育设施（托儿所、幼儿园、国小、国中）、公共设施（自来水系统、下水道系统、电力、垃圾处理、邮政电信服务、警察派出所、消防站）之服务范围。

（四）农村小区土地重划主管机关勘选农村小区土地重划范围时，其申请土地在山坡地范围内者，开发面积不受不得少于10公顷之限制，涉及山坡地不可开发之坡度者，应予删除。

（五）集合住宅或建筑组群之外围应设置适当之缓冲带，且得以道路、防风林、绿带、河川、区域排水充当。

（六）农村小区土地重划区，其公共设施、公用设备用地比例不得低于开发总面积25%，其污水处理厂设施之留设，应依下水道法规定办理。

（七）可行性分析：应详予分析并评估可行。

（1）土地所有权人意愿分析。

（2）财务计划：包括资金需求总额、贷款及偿还计划。

第二编　高尔夫球场

一、高尔夫球场之开发及营运应重视对环境之影响，并以整体规划分区开发为原则。有下列情形之一者，应不许可其开发：

（一）影响军事设施或国防安全者。

（二）妨碍区域计划或依法编定之使用地所不允许变更编定者。

（三）妨碍自然文化景观、古迹、生态平衡、水土保持、河川管理或水利设施功能者。

（四）位于重要水库集水区或自来水水源之水质、水量保护区域者。

（五）申请位置座落于野生动植物重要栖息环境、国有林自然保护区；非都市土地特定农业区、森林区、各种使用之国有林事业区林地、保安林地及试验用林地；山坡地保育区范围内平均坡度30%以上者。

（六）有其他法令不许设立或禁止开发建筑情事者。

二、保育区面积，不得小于扣除不可开发区面积后之剩余基地面积的25%；且70%的保育区应维持原始之地形面貌，不得变更地形。

三、基地开发应对下列项目做调查分析：

（一）环境地质及基地地质之调查分析。

（二）主要脊谷纵横剖面及挖、填方高度超过20m且可能影响相邻地区安全者应做深层滑动分析。经分析后，凡具有影响相邻地区及基地安全之可能性者，其灾害影响范围内，不得开发。但经依法登记开业之相关地质专业技师签证，可以排除潜在灾害者，在能符合本规范其他规定之原则下，不在此限。

四、高尔夫球场会馆建筑基地面积不得大于1公顷。

五、基地经过整地的面积扣除球道及会馆建筑部分应考虑原有生态系统予以绿化，其剩余面积每单位平方公尺应至少植乔木一株。前项之单位应以所选择乔木种类之成树树冠直径平方为计算标准。

六、基地内任一球道,其安全距离形成之范围,以不重叠于相邻之球道区及境界线为原则。但若经区域计划委员会同意,得视地形变化状况适当调整之。

七、基地应提供小客车停车位数不得小于下列规定:

(一)球场为9洞者应提供至少150辆停车位。

(二)球场为18洞者应提供至少200辆停车位。

(三)超过18洞者,每增加9洞提供至少150辆之停车位。

八、高尔夫球场得设置附属之住宿设施,并应符合下列规定:

(一)住宿设施楼地板面积以不超过核准会馆楼地板面积1/5为则,且应位于会馆建筑基地范围内。

(二)有关住宿设施应参考观光旅馆业管理规则订定住宿管理办法,并纳入球场管理规章。

(三)新增住宿设施应依高尔夫球场管理规则第八条规定申请变更计划,并于申请建造执照时注明其用途。

第三编　游憩设施区

一、游憩设施区开发应接受该区域计划区域性观光游憩设施计划之指导。游憩活动内容须与自然资源条件相配合,如系人为创造者,应符合区域性观光游憩系统开发原则。

二、游憩设施区自然游憩资源应详细调查,据以拟定游憩资源经营管理计划。针对主要游憩资源详拟具体可行的保育计划,并采取立即有效的保育措施。

三、游憩设施区应依据区域性旅游人次空间分派、交通、资源及区内游憩承载量,订定合理的使用容量,并据以提供游憩服务及设施。

四、游憩设施区应以提供游憩设施为主,且依计划设置必要性服务设施,有关游客餐饮住宿设施建筑基地面积,依其游憩设施区之主要用途之不同规定如下:

(一)游乐区:不得超过基地可开发面积30%。

(二)旅馆:不得超过基地可开发面积之55%;其余基地可开发之土地并应设置观光游憩管理服务设施,其设施构造应与外围景观相调和，依核定计划管制之。

五、保育区应以生态绿化方式强化及确保保育功能，高度 10 m 以上之树木及高度 5 m 以上、面积 300 m^2 以上树林应予保存。

六、基地内必要性服务设施之提供应能满足一般尖峰日旅游人次需求，并应符合下列规定：

（一）基地内应设置停车场，其停车位数计算标准如下：大客车停车位数：依实际需求推估。小客车停车位数：不得低于每日单程小客车旅次之 1/2。机车停车位数：不得低于每日单程机车旅次之 1/2。但经核准设置区外停车场者，不在此限。

（二）以人为创造之游乐区，基地内应设置开放式公园、绿地必要时并宜设置游憩性脚踏车道、接驳巡回巴士。

七、基地之大客车出入口若临接公共道路，则出入口应以多车道方式规划，并留设大客车暂停空间，以确保公共交通之顺畅。

八、为维护游客之安全，应协调地方交通单位，设置必要的交通信号。

九、开发单位须提供基地联外道路在周休二日日间连续 16 小时（8~24时）的交通量调查资料，且每种情境须至少调查假期开始前一日、假期中以及假期结束日等 3 种时间资料。

第四编　学校

一、学校之土地使用计划应依不同之性质，如行政区、教学研究区、试验区、住宿区、校园活动、运动场及其他等单一或复合之土地使用，说明各区建筑配置之构想、校园意象之塑造、开放空间及道路动线系统之规划与必要之服务设施之设置计划。

二、校区内宜设置人车分道系统，并应有完整之人行步道系统。

三、住宿区应依设计容量预计其住宿人口数，并据以设置必要性服务设施及公用设备。

四、基地开发应考虑教职员生需求，规划校园活动系统，如运动场、绿带、休憩绿地及草坪、活动广场及中庭等；其开放空间之景观塑造，应一并规划。

五、学校之交通系统计划,应含设校后人车集结对附近环境及道路系统之冲击、校内道路之规划、人车动线之布设、大众运输系统之调查、停车位之需求及交通旅次之预测。

前项交通旅次之预测,应考虑下列因素:

(一)住宿者:依宿舍设计容量预计其寄宿人数,并据以推估其往返校区之发生旅次。

(二)寄居者:指寄居于基地附近之教职员及学生,其人数应依当地实际环境作推估。寄居者之旅次得视同住宿者计算。

(三)通勤者:非属住宿及寄居者。其每日旅次产生依运具选择不同,得区分为大众运输工具、大、小客车及机车旅次,并应视基地交通条件推估之。

(四)其他莅校者:如参观、访问等其他原因来校之人员,其旅次视状况推估之。

六、停车位应依下列原则留设:

(一)大客车停车位数:依实际需求推估。

(二)小客车停车位数:不得低于每日单程小客车旅次之2/3。

(三)机车停车位数:不得低于每日单程机车旅次之2/3。前项停车位之设置,得以基地内之路边或路外之方式为之。

七、校地之利用除建筑物、道路、广场及必要性服务设施外,应以公园化为原则。除必要之整地及水土保持设施外,应尽量维持原地形并加以绿化,以作为开放空间。基地内经常性之地面溪流,除必要性之公共设施或为水土保持所需利用者外,应尽量维持原状,并改善水质,其两岸并应植生美化。基地如位于山坡地,其留设之永久性沉砂池宜规划为景观湖泊,供师生休闲使用。

第五编 废弃物卫生掩埋场

一、基地应于入口处、场区进出道路、管理办公室、磅秤室、保养厂等附属设施附近设置各种景观美化设施,并利用场区内之空地设置庭园绿地等设施以改善场区观瞻。

二、垃圾处理采卫生掩埋法者,应建立地下水监测系统,以观测井

监测地下水水质,并于基地内设置四口以上合于下列规定之地下水观测井:

(一)至少有一口井位于场地水力坡线之上游,俾利取得足以代表埋堆下地下水质之水样。

(二)至少有三口井位于场地水力坡线之下游并应各具不同深度,俾利探查埋堆下之地下水中是否有垃圾渗入水侵入。

(三)前款三口井中至少有一口应靠近掩埋场设置,其余各井则位于基地境界线内,俾可观测基地内地下水之水质。

三、垃圾处理采用卫生掩埋法者,应于开发计划中说明取弃土计划。

四、垃圾处理采用卫生掩埋法者,应于开发计划中说明最终土地利用计划,并应考虑掩埋地之沉陷及其结构特性与交通系统、周围环境条件等。

第六编 坟墓用地

一、殡葬设施之设置、扩充、增建或改建,除依殡葬管理条例规定外,应接受区域计划丧葬设施规划原则之指导,并根据其服务范围进行供需分析,评估实际需求。

二、公墓开发应以公园化为原则。平地之坟墓造型应以平面草皮式为主。山坡地之坟墓造型应顺应地形地势设置,且坟头后方须保持植栽坡面,不得兴建护壁或任何形式之设施物。

三、保育区内除水土保持设施及以自然素材构成之步道、休憩亭台、座椅、垃圾筒、公厕、安全及解说设施外,不得设置其他人工设施。

四、基地内必要性服务设施之提供应依下列规定:

(一)基地内应设置停车场,其计算标准如次:

1、公墓及骨灰(骸)存放设施:应依扫墓季节及平常日之尖峰时段估算实际停车需求,并以该时段之实际停车需求作为停车设置标准,并应研拟扫墓季节之交通运输管理计划,以减缓停车空间之不足。

2、殡仪馆及火化场:应依尖峰时段估算实际停车需求,并以该时段实际停车需求之85%作为停车设置标准。

3、如未采前二目计算者,应能提供每十计划使用容量一部小客车停车位。

(二)设置公墓者,基地内应依殡葬管理条例第十七条规定设置绿化空地。并得计入前条保育区面积计算。但应符合总编第十七条第一项第二款规定。

五、基地应设置足够之联络道路,其路宽应满足基地开发完成后,其联络道路尖峰小时服务水平于 D 级以上,且不得低于 6m,如未达到该服务水平,并应研拟地区交通运输管理计划,以减缓基地开发所产生之交通冲击。其尖峰小时,在公墓及骨灰(骸)存放设施之开发形态系指扫墓季节及平常日之尖峰小时。如未采前项设置者,其路宽应依下列规定:

(一)计划使用容量在 2000 辆以下者,其联络道路路宽不得小于 6m。

(二)计划使用容量在 2000 辆以上,不满五千者,其联络道路路宽不得小于 8m。

(三)计划使用容量在 5000 辆以上者,其联络道路路宽不得小于 10m。第一项及第二项联络道路之拓宽,如位于山坡地范围者,应避免造成对生态环境及地形地貌之破坏。

六、第四条、第五条计划使用容量包括墓基数及骨灰罐数,其计算标准如下:

(一)墓基数应依每墓基占 $30m^2$ 墓区用地面积之标准计。

(二)骨灰罐数应依每骨灰罐占 $5m^2$ 骨灰(骸)存放设施用地面积之标准计。

七、(删除)。

八、(删除)。

九、(删除)。

十、(删除)。

十一、殡葬设施之设置应做视觉景观分析。

十二、殡葬设施之服务设施区如管理中心、员工宿舍、餐厅等,应集中设置，其面积不得大于基地面积5%。

第七编　货柜集散站

一、基地联络道路路宽不得小于20m。

二、基地若紧邻公共道路，则靠基地侧应设置加减速转弯车道，其长度不得小于60m。

三、基地出入口大门应以多车道方式规划并留设货柜车暂停空间，以确保公共交通之顺畅。

四、基地内货柜集散附属设施，应先取得相关主管机关之同意文件，并应符合相关法规之规定。

第八编　工业区开发计划

一、非都市土地申请开发工业区面积不得少于10公顷。但依据促进产业升级条例等有关规定申请开发者面积从其规定。有关开发之审议，除其他法令另有规定者外，应以本规范为基准。

二、工业区划编应采开发计划暨细部计划二阶段办理。申请开发工业区面积大于100公顷者，应先拟具开发计划，经各该区域计划拟定机关审议同意划编为工业区后，再依核定开发计划拟具细部计划，报请各该区域计划拟定机关审议。但申请开发工业区面积小于100公顷或经各该区域计划拟定机关同意者，其开发计划得并同细部计划办理。前项开发计划案经审议同意后，开发人应于核准之日起一年内提出细部计划，逾期开发计划废止，并恢复原使用分区编定。但经区域计划委员会同意延长期限者，不在此限。

三、开发计划应分析现有区域及生活圈工业区土地之供需状况暨计划引进工业区种类与现有区域及生活圈之工业类别相互配合。

四、申请开发之工业区位于依法划定之海岸（域）管制区、山地管制区、重要军事设施管制区或要塞堡垒地带之范围者，其开发除应依主管机关公告之事项管制外，并应先向该管主管机关申请许可。

五、工业区内被划为海岸（域）管制区、山地管制区、重要军事设施管制区或要塞堡垒地带之土地，得列为基地内之国土保安、工业区绿地等用地，并依相关法规管制。

六、工业区形状应完整连接,连接部分最小宽度不得少于 50m。基地中有部分为非申请开发范围之地区者,应维持该等地区出入道路之功能。

七、工业区周边应划设 20m 宽之隔离绿带或隔离设施,并应于区内视用地之种类与兼容性,在适当位置划设必要之隔离绿带或隔离设施。但在特定农业区设置工业区,其与紧邻农地之农业生产使用性质不兼容者,其隔离绿带或隔离设施之宽度不得少于 30m;设置特殊工业区,其隔离绿带或隔离设施之宽度以 60m 为原则。工业区之开发得免依总编第十七条规定留设保育区。

八、工业区应依开发面积、工业密度、及出入交通量,设置两条以上独立之联络道路,其主要联络道路路宽不得小于 15m。前项联络道路其中一条作为紧急通路,其宽度不得小于 7m。区域计划委员会得依据工业区之乡镇地区环境限制、区位条件、工业性质等酌减其联络道路宽度。

九、工业区开发,需计划利用附近区域大众运输系统或其他相关交通建设计划配合者,应先征求该管主管机关之同意。

十、工业区内应设置适当之废污水处理设施,并采雨水、废污水分流排放方式,接通至经环境保护主管机关认可之排水干线、河川或公共水域。废污水并不得排放至农业专属灌排水渠道系统。

十一、工业区开发应依其规模大小于区内设置邮政、金融、治安、消防、交通转运站、文康运动医疗保健、餐饮服务、图书阅览及休闲运动等必要之服务设施设施。该服务设施规模除须满足工业区内之需要外,且须与区外附近之服务设施相配合。

第九编　工业区细部计划

一、工业区细部计划应符合开发计划构想,有变更开发计划之必要者,应同时提出变更申请。

二、申请非都市土地工业区细部计划许可应检附下列书图文件:

(一)申请书。

(二)开发建筑计划。

（三）土地使用分区管制计划。

（四）公共设施营运管理计划。

三、工业区街廓形态应配合工业区类型、功能及标准厂房予以规划，区内各种配置，应依土地开发使用性质及核定之细部计划，依据非都市土地使用管制规则或促进产业升级条例等相关规定，编定为适当使用地。其中厂房用地、住宅小区用地部分以编定为丁种建筑用地为原则，公共设施用地、管理及商业服务用地以编定为特定目的事业用地为原则，滞洪池以编定为水利用地为原则，绿地则以编定为国土保安用地为原则。

四、工业区规划应订定土地使用分区管制计划，说明容许使用项目及强度。工业区开发如采大街廓规划原则或须对外招商者，其土地使用分区管制计划应说明区内各种用地容许使用项目及强度、建筑退缩规定、退缩地之使用管制、建筑高度管制、停车空间设置标准、道路设计标准、栽植及景观绿化、建筑附属设施等。第二项使用项目如包括员工宿舍者，其管制计划内容并应说明设置员工住宿所衍生之相关休憩设施、公共设施之需求及规划设置方式。第一项容许使用项目及强度不得违反非都市土地使用管制规则相关规定。

五、工业区应依其环境特性及工业形态，于法令限制之范围规划其开发强度。但区域计划主管机关得视基地本身及周遭环境条件，降低建蔽率、容积率等以维持环境质量。

六、非工业主管机关申请开发之基地内夹杂零星或狭小之国有土地或未登录土地，基于整体规划开发及水土保持计划需要，其位于山坡地者应先依规定取得同意合并开发证明文件；位于平地者应先征得该管国有土地主管机关对该开发案使用国有土地之处理意见。

七、工业区应依开发后之全部实际需求拟定交通系统计划。其实际交通量、停车场之计算应依其土地使用之不同予以加总计算。

八、工业区内应依就业人口或服务人口使用之车辆预估数之 0.2 倍，规划公共停车场。

九、工业区内之运输仓储场站之货柜车辆出入口临接公共道路者，其出入口大门应以多车道方式规划并留设暂停空间，并于基地设置加减速转弯车道，以确保公共交通之顺畅。

十、运输仓储场站之设计，应无碍于运货车辆进出厂区、行进及装卸之顺畅。其作业厂房主要运货道路之设计应依交通部订颁公路路线设计规范规定办理。前项主要运货道路任一车道宽度，不得小于 3.75m。其最小转弯半径，应依未来营运时预估使用之最大大型车辆设计。

十一、工业区内之道路系统，应依下列原则留设：

（一）主要道路：指连接各分区之主要进出口，或环绕全区及各分区以构成完整之道路系统。道路宽度不得低于 12m，全线并须予以植栽绿化。

（二）次要道路：指主要道路以外构成各街廓之道路系统。道路宽度不得低于 10m，并应视情况予以植栽绿化。

（三）服务道路：指街廓内或建筑基地内留设之服务性道路。道路宽度不得低于 8m。前项各款道路之容量应妥为规划留设，以确保区内行车之顺畅。

十二、工业区内宽度超过 10m 之道路，应留设人行道，并应连接其他道路人行道或人行专用步道以构成完整步道系统。前项人行道得于道路之两侧或一侧留设，其宽度合计不得小于 1.5m，并应予以植栽绿化。

十三、工业区内人行步道系统与车道相接，其行车动线对人行安全造成重大之不利影响者，应以立体化交叉方式规划。

十四、工业区开发应检附自来水、工业用水、电力、电信、垃圾处理及废弃土处理等相关主管机关明确同意文件。

十五、工业区开发后透水面积不得小于基地面积之 30%。

十六、工业区之整地应配合自然景观风貌，并应依下列方式办理：

（一）整地后之坡面应处理成和缓之曲面，凡暴露于公众视野坡面均应模拟自然地形。

（二）基地内除建筑物、道路、水域及必要之作业、营运等人设施外，应予绿化，其绿覆率应达 60% 以上。

（三）研拟控制土壤冲蚀量之措施，并应防止土石流失成灾害。

（四）整地计划应说明表土之状况并拟定表土贮存计划。

（五）明确叙明弃土、取土地点、运送、其水土保持及安全措施取、弃土计划并应依法取得相关主管机关同意。

十七、工业区土地应依其土地使用性质划定下列使用地：

（一）第一种：厂房用地厂房用地主要供工业区制造业设厂作厂房、制程中必要之相关附属设施、标准厂房、专业办公大楼、试验研究设施、及运输仓储设施等设施。

（二）第二种：公共设施用地或必要性服务设施用地工业主管机关、公民营事业、土地所有权人及 2 人以上兴办工业人联合申请开发之工业区，公共设施用地之面积应占工业区全区面积 30% 以上，其中绿地不得少于全区面积 10%。兴办工业人开发为自用之工业区，依工厂需求，划设环保设施或必要设施用地。

（三）第三种：绿地绿地包括防风林、绿带、隔离带及广场，绿地内可供作无固定休闲设施之用外，不得移作其他使用。但其面积不包括建筑基地内绿化面积及滞洪池面积。兴办工业人应配合设置不得少于编定土地总面积 80% 之绿地。保育区经区域计划委员会审议具有防风林、绿带、及隔离带等功能，其面积得并入绿地面积计算。

（四）第四种：管理及商业服务用地工业区开发，得划定指定区域作为服务及管理中心用地，其设置面积以不超过总面积之 5% 为原则。

（五）第五种：住宅小区用地工业区得设置住宅小区，设置规模应依居住人口计算。但面积不得超过工业区内扣除公共设施后总面积之 1/10。住宅小区规划原则及其公共设施（含土地）维护管理，应依本规范规定办理。

（六）第六种：国土保安用地基地内不可开发区及保育区等土地，应划设为国土保安用地。除必要之生态体系保护设施、水源保护及水土保持设施、公用事业设施（限点状或线状使用）外，不得开发整地或建筑使用，并应采取适当保护措施。

（七）第七种：其他经主管机关核准之用地。前项工业区使用地之划定项目，依促进产业升级条例规定办理者，从其规定。

十八、厂房用地得作为下列各种使用：

（一）厂房或作业场所厂房或作业场所得配合工厂制程、生产需求，附设下列必须之附属设施作该工厂使用为限。

1. 附属办公室。

2. 附属仓库。

3. 附属生产实验或训练房舍。

4. 附属露天设施或堆置场所。

5. 附属停车场。

6. 防治公害设备。

7. 兼营工厂登记产品有关展示及买卖业务。

8. 高压气体制造设备及其他附属设备。

9. 单身员工宿舍。

（二）标准厂房工业区除供制造业设厂外，得按开发工业区之计划目的及性质，集中规划部分土地作为标准厂房。

（三）专业办公大楼工业区依实际需要，得于厂房用地内指定区域，规划与该工业区性质相关之专业办公大楼，限作工业性质办公大楼使用。

（四）试验研究设施工业区依实际需要，得设试验研究设施，作为与工业区计划目的及性质有关之试验研究设施使用。

（五）运输仓储设施工业区依实际需要，得划定工业区内一定区域作运输仓储设施使用。前项第三款至第五款之面积合计不得超过厂房用地面积25%。

十九、工业区住宅小区用地，建蔽率不得超过50%，容积率不得超过200%；其在山坡地范围，建蔽率不得超过40%，容积率不得超过120%。

第十编 休闲农场

一、本专编所称之休闲农场，系指依据休闲农业辅导管理办法经农业主管机关辅导设置经营休闲农业之场地。

二、休闲农场应在确保农业生产环境之原则下，依据农场周边交通条件及农场休闲资源之承载量,订定合理的使用容量,并据以设置休闲农业设施。

三、休闲农场各分区之土地使用规定如下:

(一)游客休憩分区应依总编第十六点规定留设不可开发区,免留设保育区。其土地使用计划除本专编另有规定外,适用总编条文之规定;并应依据审查结果编定为适当之用地。

(二)农业经营体验分区内之土地,得依休闲农业辅导管理办法第十七条第三项规定之项目,办理非都市土地容许使用。其开发计划书图格式另定之。

四、游客休憩分区内之休闲农业设施与休闲农场范围外紧邻土地使用性质不兼容者,应设置适当之隔离绿带或隔离设施。

五、基地内必要性服务设施之提供应能满足一般尖峰日休闲人次需求,并依下列规定:

(一)休闲农场应设置足够之联络道路,其路宽不得小于6m。但经农业主管机关依法列入项目辅导之已开发休闲农场申请案,有具体交通改善计划,且经区域计划委员会同意者,不在此限。

(二)休闲农场内应设置停车场,其停车位数计算标准如下:

1. 大客车停车位数:依实际需求推估。
2. 小客车停车位数:不得低于每日单程小客车旅次之1/2。
3. 机车停车位数:不得低于每日单程机车旅次之1/2。但经核准设置区外停车场者,不在此限。

(三)游客休憩分区内除建筑物、道路、广场、及公共设施外,宜多留设开放式公园、绿地,其景观设计并应充分融合当地自然风貌及农业生产环境。

第十一编 海埔地开发

一、申请开发海埔地应一并检附开发计划及造地施工计划两部分书图文件,但为便于申请人作业需要,得先拟具开发计划送审,并于区域计划委员会指定期限内检具造地施工计划申请许可。其书图制作格式如附件四。开发案之中央目的事业主管机关已有规定造地施工之书图文件者，免制作附件四之造地施工计划部分，径由开发案之中央目的事业主管机关依主管法规进行审查。

二、同一区域内如有数件开发案件申请时，应一并审查，并以环境冲击最小，且公益上及经济价值最高者许可之。前项情形无优劣差别者，以沿岸土地所有人之填筑申请，且对其土地利用效益较大者为优先，次以申请书之受理时间在先者许可之。在受理申请机关受理同区域内第一件申请案报送区域计划拟定机关，并经区域计划委员会项目小组初审通过后始受理之申请案，不适用前二项规定。

三、海埔地造地开发工程之规划设计，应调查搜集之基本资料如下：

（一）自然环境数据：气象、海象（波浪、潮汐、潮位、海流漂沙等）、水深与地形、飞沙、地质、土壤、水源（地表水、地下水、伏流水、水库供水情形及各标的计划需水量）、水质、动植物生态等及其他敏感地区。

（二）海岸性质及既有海岸设施现况。

（三）开发区及邻近地区土地使用现况与社经状况。

（四）工程材料来源数据。前项第一款水深与地形图，应为最近2年之实测图。地质钻探应制作钻孔柱状图及地质剖面（屏状）图。钻孔深度，抽沙区内以预计抽沙完成后深度加抽沙厚度，填筑区内以探测至确实具有充分支承力之承载层止为原则。于抽沙区内每25公顷至少应有一钻孔，填筑区内每10公顷至少应有一钻孔。每一开发案，抽沙区至少需有3钻孔，填筑区至少需有五钻孔。钻孔原则应均匀分布于填筑及抽沙区内，且填筑区外围钻孔应位于规划之堤防在线。一百公顷以上之海埔地开发计划，应有累积邻近测站之实测气象、海象资料，并以每季之平均分布数据为准。其观测规定如下：

（一）气象资料主要为雨量与风力，风速站必需设置于海边，不受建筑物与林木遮蔽处，观测作业按中央气象局规定办理，累积数据5年以上。

（二）波浪与潮汐观测与资料统计参照中央气象局观测作业规定办

理，累积数据 5 年以上。

（三）海流观测每季办理一次，每次观测应测得大潮与小潮（约为 15 天）数据，累积数据一年以上。

（四）漂沙及飞沙调查在冬季季节风及夏季台风过后各办理一次，累积数据一年以上。海象观测数据必须能满足水工模型试验及数值仿真计算所需验证数据。利用邻近观测站海象数据推算设计水位者，须符合两地潮汐性质与地理位置相近之条件。

四、海埔地之开发，应优先保育自然资源，保护历史古迹与重要文化资产，维护国防与公共安全及邻近海岸地区之保护。其开发计划并应配合区域计划、都市计划、行水计划、港湾与航运计划，以及其他各目的事业主管机关依法公告之计划。申请开发之海埔地，其地点非经各该目的事业主管机关之同意，不得位于下列地区内：

（一）国家公园区外 5km 之范围。

（二）依法划（指）定公告之保育区、保护区或保留区外 5km 之范围。

（三）台湾沿海地区自然环境保护计划核定公告之自然保护区外 5km 之范围或一般保护区内。

（四）要塞地带区范围及依国家安全法公告之海岸管制区、重要军事设施管制区与依其他法令禁建、限建范围。

（五）依法设立之海水浴场外 3km 之范围。

（六）县（市）级以上风景特定区之范围。

（七）国定古迹及重要考古遗址 3km 之范围。

（八）潟湖或湿地 3km 之范围。

（九）经有关单位划定为地层持续严重下陷地区外 3km 之范围。

（十）海洋放流管 3km 之范围或海底通信缆、海底电力缆、海底输油管、海底隧道及输水管 1km 之范围。

（十一）人工鱼礁区外 3km 之范围。

（十二）中央管及县（市）管河川河口区范围。

（十三）活动断层 500m 之范围。

（十四）已依法令设定之矿区或土石区。

（十五）经划编公告为保安林者。

五、开发海埔地应调查并分析基地及环境之地形与地质，对于海底平均坡度大于10%，土壤曾有液化情形或液化潜能及附近有海岸侵蚀或地层下陷之基地，于潜在灾害影响范围内，不得开发。但经依法登记开业之地质、结构、土木、大地工程、水利工程等相关专业技师签证，得克服潜在灾害，并经主管机关委由专业机构或学术团体审查结果相符者，不在此限。开发区位在低潮线以外海域者，其工程应经前项相关技师之签证，必要时得由主管机关委由专业机构或学术团体代为审查。

六、海埔地开发应以维持原有海岸沙源之平衡与生态系之稳定，并将环境影响减至最小为原则。开发面积以适用为原则，面积在250公顷以上者，应视开发区之土地利用方式及内陆排水需要设置隔离水道，其宽度应依水工模型试验及数值模式推算结果决定。开发基地之形状，以接近方形或半圆形为原则。

七、海埔地之围筑，有关堤防之兴建，应先征得水利主管机关同意，施工前并须向水利主管机关申请核准。其布置应以安全及经济并重，并应依下列原则办理：

（一）临海堤线之走向宜与海底等深线走向尽量一致，以配合当地自然条件，避免过度影响海岸地形。

（二）堤线应力求平直圆顺，不宜曲折布置，以避免波浪集中。

（三）堤址位置应选择海底地形变化小、坡度平坦与滩面稳定处，以确保安全。

（四）堤址位置应选择地质良好之处，情况特殊须于地质不佳处兴筑海堤者，应以挖除或其他方式进行地盘改良。

（五）堤址水深之选择，应能避免盛行风浪在堤址前破碎。

八、堤防堤身须耐浪压、土压、上扬压力及地震等外力作用，为确保安全应进行堤身安定性计算及基础承载力分析。堤防结构形式之选择，应考虑各种结构形式之特性，宜采用缓坡式或消波式海堤，并依下列事项决定之：

（一）当地自然条件：如海岸地形、水深、海滩底质及堤前波浪状况等。

（二）堤线布置。

（三）消波设施。

（四）筑堤目的或重要性。

（五）施工条件。

（六）材料条件。

（七）维护难易。

（八）工期。

（九）工程费。

九、堤防结构设计时，应以第三点规定之实测数据及仿真台风资料为依据，相关暴潮位及波浪之复现周期或回归期至少以50年为标准，或以模拟台风配合各种可能台风路径推算设计波浪。堤防之设计条件依下列各项决定：

（一）波浪：包括季节风浪与台风波浪。

（二）潮位：包括天文潮与暴潮位。

（三）水流：包括流向与流速。

（四）地形：包括海底与海滩地形。

（五）地质：地盘及堤身土壤之土质条件。

（六）地震烈度与系数。

（七）材料。

（八）载重：分自重与外载重。

（九）堤内设施重要性。

（十）工程之环境影响。

十、堤顶高度得由设计潮位加波浪溯升高或容许越波量决定之，并应预留可能之地层下陷高度。堤顶宽度应依波力、材料特性、堤岸构造高度、堤后设施或使用之重要性、堤顶通车要求、地层下陷后之加高方法及施工维护方法等因素考虑。

十一、海埔地开发规模在30公顷以上，或开发区位于侵蚀海岸者，所兴建之堤防应办理水工模型断面试验，并依试验结果，修正堤防断面及堤线。前项水工模型试验至少应包括：安定试验、溯升或越波试验，及堤基冲刷试验。海埔地开发规模在100公顷以上，且开发区为沙质海岸，应办理漂沙水工模型试验或采用数值模式，且经由实测数据校验，以推算开发区及邻近海岸之地形变化。海埔地开发规模在250公顷以上时，水工模型试验及数值模式推算均应办理，以相互验证。

十二、潮口应依地形、地质、风、波浪、潮差等因素，预先规划其位置。潮口长度、封堵方法、预定封堵时间与日期、所需材料及机具数量等，应纳入造地施工计划之申请书图。

十三、于海埔地填筑新生地，应做造地土源分配规划。海埔地开发计划并应配合环境条件及施工时序，采取分期分区方式开发为原则。

十四、借土区应考虑公共安全因素，避免破坏生态系或造成重大环境影响。使用海沙造地，除潮汐滩地应予保留外，以优先使用淤沙区、浚渫港湾、航道或预定水道之土沙为原则，其浚渫深度不得影响堤防安全及边坡稳定，且于下列地区范围内禁止抽取海沙：

（一）平均低潮线及低潮高地之低潮线向海延伸2km或水深15m以内所涵盖之范围。

（二）重要水产生物繁殖区。

（三）第四条之各项资源保护区内。

（四）现有或计划堤线向海延伸1.5km范围内。

十五、借土区内应进行地质调查及海底等深测量，以确定沙层性质、分布、走向、与厚度之变化情形。海沙抽取之质量与地点，应考虑下列因素：

（一）海象条件。

（二）开发用途。

（三）水深与地质调查结果。

（四）填方材料性质与填方数量。

（五）施工期限。

（六）排泥距离与浚挖船作业能力。

（七）堤防安全。

（八）海岸边坡与海底地形稳定。

（九）交通阻塞与海难预防。

（十）生态繁殖及其他环境影响。

十六、抽沙应尽可能维持海岸地形与生态系之稳定，抽沙期间并应持续监测挖泥作业对抽沙区与填筑区之环境影响。土沙采取、输送及填埋施工时，其作业场应采减低污染措施，并符合环境保护主管机关之空气及水质标准。

十七、填海之废弃物，应符合环境保护主管机关之检出及相关规定，以无害且安定性者为原则。废弃物填海工程应有具体处理、管理与填埋完成后再生利用计划，并采取严格排水、阻水与掩埋设施标准。其施工与完工后，必须持续监测环境，该一监测计划应纳入开发申请案财务计划中。

十八、造地高程应依填筑区之潮位与海象情况、堤防构造、区内土地使用、填土层及原地层之沈陷量与区内外排水需要等因素审慎决定。前项高程依潮位计算时，除采机器排水或适当补救措施者外，应在大潮平均高潮位 2m 以上，或依暴潮位酌加余裕高。考虑区内排水因素者，造地高程应为大潮平均高潮位加上最大水头损失。造地完成至建筑使用前再依使用目的及地质条件酌予加高。

十九、堤防应设排水设施。堤后之排水设计应同时考虑堤顶越波量及至少 10 年之区域降雨频率，并取其和为计算依据。设排水抽水站者，其抽水量设计须考虑区内排水水位及潮位高度。

二十、填筑之新生地须有定沙工作或铺设覆盖土，以防止细沙飞扬飘失。前项覆盖土以黏性土，塑性指数 9~20，厚度 15~20cm 为原则。采用化学制剂定沙，其质量须不造成二次公害。

二十一、为降低强风吹袭、减少盐害、遮阻飞沙、稳定水土保持、维护交通安全及美化环境，填筑之新生地除非有其他替代措施，应配合土地使用，设置防风、飞砂防止、潮害防备等保安林及种植定沙植物。前项保安林与定沙植物，应选择数种耐风、耐盐、耐旱、耐温度突变，而易于海滨迅速成长之树种或植物,且以当地原生种植物优先考虑。第一项保安林应配合风向、道路及堤防系统栽植,其最小林带宽度(纵深)在主要受风面,主林带以不小于50m,总宽度以不小于100m为原则,供农、林、渔、牧使用者,宽度得减为1/2。在次要受风面,应视情况需要规划设置防风林。开发之海埔地位于离岛地区者,得视实际情况需要设置防风林,其宽度不受前项限制。

二十二、开发之海埔地,应依区域整体发展观点,区分道路功能,建立区内与区外完整之道路系统。基地应依开发之面积、人口规模、产业密度及出入交通量需求预测,设置足够之联络道路。主要联络道路容量设计,以尖峰时间不低于C级之道路服务水准为考虑,且道路等级不得小于标准双车道公路。开发区应开辟通路,以维护民众之亲水及公共通行权益;并于紧急情况时,供维护国防或公共安全使用。

二十三、开发区内应依使用性质适用本规范其他专编及相关法规规定,划设足敷计划发展所需之公共停车场。

二十四、水源供应应说明消防及各类用水需水量预估、给水方式、路径、加压站、配水池位置与容量、水质处理方式与标准。开发地区不能供应自来水,而须自行设法取用地面或地下水源时,须依水利法、饮用水管理条例及相关法令规定向水利及饮用水主管机关申请核准。

二十五、海埔地开发之面积,以适用为原则,不宜扩大需求,开发计划应明确说明其土地需求之计量方式。土地使用目的与造地填筑材料性质亦应并同考虑,以符合承载力要求。开发之海埔地,应依核定之计划目的及区位环境特性,编定适当土地使用分区及使用地。其使用类别与使用强度及结构工程之设计建造,依本法、建筑技术规则、本规范其他专编及其他相关法规之规定。供住宅、工业、商业及游憩使用之海埔地开发区内,绿地总面积不得少于全区面积10%。绿地、公共设施与必要性服务设施合计者,其合计面积不得小于全区面积30%。供农、林、渔、牧者,不在此限。

二十六、开发区内工业区与区内或区外之集合住宅或聚落,应有50m以上宽度之绿带,作为缓冲区。前项缓冲区之宽度,得将道路或隔离水道并入计算。但其中绿带宽度应至少有20m。建筑线与堤防胸墙外缘线间距离应在50m以上。

二十七、开发区内以重力排水为原则。采离岸式布置之海埔地，其隔离水道规划依下列规定：

（一）不变更陆域现有水系及现有排水功能为原则，且陆域相河川及排水之计划洪峰流量均能纳入隔离水道中宣泄。

（二）开发区内之排水，得视需要纳入隔离水道中排放。

（三）隔离水道内所容纳之实际总排水量，其抬高后之最高位，应在堤顶高度1m以下，且其回水不能影响现有堤防之安全及陆域洪泛排泄。基地尽可能于规划排水时，选择适宜地点设置淡水调节池，以回收利用水资源。有关排水工程之兴建，应先征得水利及下水道主管机关同意；施工前并须依水利法及下水道法向水利及下水道主管机关申请核准。

二十八、开发区内之公园、绿地与其他开放空间，须兼顾环境保护及灾害防止之目的，其规划应力求景观质量之维护，并与相邻基地之景观特色配合，塑造和谐的整体意象。供住宅、商业、工业、文教及游憩使用者，应有造园或绿化计划。公用设备管线应利用绿地或道路埋设，以地下化为原则。

二十九、开发海埔地附近有侵蚀情形或可能侵蚀之区段，开发者应采取海岸防护措施，侵蚀防护计划并应纳入开发申请案财务计划中。前项防护措施，包括兴筑突堤、离岸堤、人工岬头及养滩工程等。侵蚀严重之海岸，宜并用数种工程方法，以提高海岸防护成效。

三十、开发计划对于海岸地区既有设施或有关权利所有人所造成之损害，应分别依法赔偿或兴建替代设施。

三十一、开发申请人之财务计划应包括下列内容：

（一）详列开发计划各项费用金额，各项费用之估算应依开发程直接费用、工程间接费用及财务成本费用情形订定估算标准。

（二）说明开发计划总经费所需之资金筹措方式并予必要之析。

（三）检具土地分区图并编制土地处分计划书，计划书内应说明或记载土地分区编号、面积单位、处分方式（让售或租赁）、处分之预定对象、处分之预定时日以及处分之预定等价金额，处分计划中若无特定之预定对象，则须记载候选对象之资格条件。

（四）就开发计划之施工时序及土地处分计划，编制现金流量分析表，并说明开发各期及分区之资金来源及资金运用估算方式。

（五）就整体财务计划之损益平衡性给予必要之分析。

三十二、开发申请人之财务计划书其编制应注意或记载下列各事项：

（一）开发工程直接费用应按各项硬件建设工程之施工成本估列，间接费用除须包括因硬件建设产生之各项间接费用外，亦须包括废弃物填海工程在施工期间及完工后之监测设施费用，以及整个开发计划期间之物价上涨因素。

（二）财务成本费用应依开发计划之资金筹措方式所载融资条件分列其利息费用。

（三）土地处分计划书所载之土地分区编号应与所检具之土地分区图编号相符，所列处分之特定预定对象，应记载其姓名或名称、住址及其被选定之理由。

（四）土地处分之预定等价金额应以单位面积估算之，并应附有估算方式或推算基础之数据。

第十二编　工商综合区

一、本规范所称工商综合区，系指中心都市近郊交通便利之非都市土地，依其区位及当地发展需要，以平面或立体方式规划设置综合工业、仓储物流、工商服务及展览、修理服务、批发量贩或购物中心等一种或数种使用。

二、（删除）。

三、工商综合区依其使用用途划分为一种或数种使用：

（一）综合工业：指提供试验研究、公害轻微之零件组合装配与商业、服务业关联性较高之轻工业使用者。

（二）仓储物流：指提供从事商品之研发、仓储、理货、包装配送等使用者。

（三）工商服务及展览：指提供设置金融、工商服务、旅馆、会议厅及商品展览场等设施使用者。

（四）修理服务：指提供汽机车修理服务、电器修理服务及中古货品买卖等行为使用者。

（五）批发量贩：指提供以栈板货架方式陈列商品之卖场，并得结合部分小商店之使用者。

（六）购物中心：指提供设置结合购物、休闲、文化、娱乐、饮食、展示、信息等设施之使用者。开发计划应分别明列开发后各使用之各项硬件设施及预定使用事业。其使用事业并需符合前项规定及经济部核定之兴办事业计划。

四、工商综合区如有多类使用内容者，应说明各类使用之兼容性。如同时包含工、商业或其他之使用致互相干扰时，应以独立进出口、专用联络道路、绿带，或其他之规划方式减低其不利影响。

五、基地联络道路，应至少有两条独立通往外接道路。其中一条路宽至少15.5m，另一条可为紧急通路，宽度不得小于7.5m。前项路宽经区域计划委员会认定情况特殊，有具体交通改善计划，且经区域计划委员会同意者，不在此限。

六、基地供购物中心、工商服务及展览或批发量贩使用者，其进出口之一之半径500m内，如设有大众捷运系统或铁路之客运车站时，则区域计划委员会得视情况折减其联络道路之宽度限制。

七、基地附近区域若有大众捷运系统、铁路系统或其他交通建设计划能配合基地开发时程及需求者，应征得该交通建设计划主管机关之同意证明文件。

八、应依开发后衍生之交通需求（含交通量及停车需求等）进行交通影响评估。其实际交通量及停车量之计算依其土地使用之不同应予以加总计算。

九、基地内应依事业计划之性质设置足够之私设停车空间或公共停车场，使开发后各型车辆停车位之需求供给比低于一。其停车位之设置量,不得低于本专编之规定。

十、各使用应依计划推估下列停车位之留设量:

(一)大客车停车位数:依实际之需求量留设。但区内如设有大众运输场站设施,其停车位数应加计预估停放之大众运输车辆;设有旅馆者,应按其客房数每满 50 间设置一辆大客车停车位。

(二)小客车停车位数:不得低于预估之营业时段小客车停车数除以营业时段停车位平均转换频次之商,并受以下之限制:

(1)供综合工业使用者,不得低于每满 $100m^2$ 楼地板面积计算一辆停车位之结果。

(2)供工商服务及展览、修理服务使用者,不得低于每满 $75m^2$ 楼地板面积计算一辆停车位之结果,且不得低于 300 辆。

(3)供批发量贩、购物中心使用者,不得低于每满 $45m^2$ 楼地板面积计算一辆停车位之结果,且不得低于 500 辆。前 3 目所规定应留设之最低停车位数,如有下列情形得酌减或按比例计算之:

(1)离岛地区单独规范可酌减之。

(2)申请人如提出具体评估数据并经区域计划委员会讨论同意者,得酌减之。

(3)得配合申请案件之开发期程需求,按各期比例计算之。但各期合计留设停车位总数仍应符合最低停车位数之规定。

(4)申请案件如有数种使用,可按各种使用比例计算之。

(三)机车停车位数:不得低于预估之营业时段机车停车数除以营业时段停车位平均转换频次之商。

(四)货车、平板车、货柜车:依实际需求量留设之。但供仓储物流使用者应依平日尖峰作业时之最适需求留设之。

十一、生态绿地及供区域性使用之公共设施应提供公众共享,不得以配置与其他方式降低其可及性及公共利益。

十二、基地内可建筑基地面积(指申请开发之土地总面积扣除生态绿地及相关必要性服务设施后之面积)之总建筑物容积,应依附表五规定办理。前项可建筑基地,得以总建筑物容积率作为计算各宗建筑基地容积率之依据，并应依核定之计划管制之。

十三、基地应依下列原则配合环境特性划设必要之生态绿地，以维持自然景观、净化空气、涵养水源、及保护生态，得免依总编留设不可开发区及保育区：

（一）生态绿地土地形状应完整，其最小宽度不得低于20m，且总面积占申请开发土地总面积之比例应按有关规定办理，除天然植被良好或有其他保持原有生态环境及地貌之需要者外，绿地皆应植树成林。其面积每单位平方公尺应至少植乔木一株，其单位应以所选择乔木种类之成树树冠直径平方为计算标准。

（二）基地应配合自然地形、地貌及不稳定地区，设置连贯并尽量集中之生态绿地，以求在功能上及视觉上均能发挥最大之保育效果。除必要之道路、公共设施、公用设备等用地无法避免之状况外，生态绿地之完整性与连贯性不得为其他道路、公共设施、公用设备用地切割或阻绝。

（三）生态绿地应完全维持生态保护功能，除可供作无固定休闲设施用途外，不得移作他用。

（四）不具生态保育功能之道路植栽、休憩景观植栽及人工地盘植栽等或面积畸零狭小不能形成绿荫之绿地或景点，不得当作生态绿地。

（五）列为生态绿地者，应编定为国土保安用地，嗣后不得再申请开发，亦不得列为其他开发申请案件之开发基地。

十四、基地内之原始地形在坵块图之平均坡度超过30%以上之地区，其面积之80%以上土地应维持原始地形地貌，不可开发并作为生态绿地，其余部分得就整体规划需要开发建筑。平均坡度超过15%以上之地区，以作生态绿地使用为原则。

十五、下列地区优先划设为生态绿地：

（一）主要野生动物栖息地。

（二）林相良好之主要林带。

（三）经济部认定之重要矿区且地下有多条旧坑道通过之地区。

（四）特殊地质地形资源：岩石、特殊之林木、特殊山头、主要棱线、溪流湖泊湿地、潮间带等区址内自然地标及明显而特殊之地形地貌。基地内被划定为海岸（域）管制区、山地管制区、重要军事设施管制区或要塞堡垒地带之土地，得列入生态绿地计算，并应依相关法规管制。

十六、生态绿地面积之计算，不包括道路（维护步道除外）、公共设施、公用设备，且不得于内划设建筑用地。

十七、基地应依事业需求及环境特性，设置足供区内因开发衍生行为所需之必要性服务设施，其面积占申请开发土地总面积之比例应按有关规定办理。其用地并应于分割后依其使用性质变更编定为适当用地。前项必要性服务设施，须与区外附近之公共设施相配合。属通过性之道路者，应捐赠并分割移转登记为该管地方政府所有。

十八、必要性服务设施用地得作为下列各种使用：

（一）道路。

（二）停车场：限作供公众使用之停车场。

（三）污水处理排放、废弃物处理及其他必要之环保设施。

（四）雨水处理排放设施。

（五）水电供给及其他必要之公用事业设施。

（六）景观维护设施。

（七）服务及管理中心。

（八）休憩公园、广场。

（九）海堤、护岸及其相关水岸设施：限滨海及临河川之基地。

（十）其他必要之服务设施。前项服务设施由开发者或管理委员会负责经营管理。

十九、基地内得划定一处指定之区域设置服务及管理中心（以下简称本中心），其功能以服务区内员工为原则，并得作为下列使用：

（一）公用事业设施。

（二）公用事业营业处所及办事处。

（三）安全设施。

（四）行政机构。

（五）日用品零售及日常服务业；其总楼地板面积不得大于1000m²。

（六）餐饮业。

（七）金融、保险分支机构。

（八）卫生及福利设施。

（九）集会堂及会议设施。

（十）相关职业训练教育设施。

（十一）转运设施。

（十二）加油站及汽车加气站。

（十三）招待所。

（十四）其他经计划核准之使用。因本中心之设置所衍生之停车需求，应以设置停车之方式容纳之。

二十、基地内得依兴办事业实际需求设置单身员工宿舍小区一处，并应悉以员工自住为原则。其用地面积最大不得超过申请开发土地总面积之3%；其楼地板总面积最大不得超过依每位计划住宿员工30m²标准之合计。前项员工宿舍小区之用地范围应完整、连接，以利整体规划使用，并配置必要之公共设施。

二十一、开发后基地内之透水面积不得小于扣除生态绿地面积后剩余基地面积的30%。但经区域计划委员会认定无影响安全之虞者，不在此限。

二十二、申请开发案件应依附件五「工商综合区都市设计管制计划制作要点」之规定，制作都市设计管制计划，经核定后作为该区开发建筑之管制依据。

二十三、各种使用之可建筑用地面积之建蔽率不得超过下列规定：

（一）综合工业使用：60%。

（二）仓储物流使用：80%。

（三）工商服务及展览使用：60%。

（四）修理服务业使用：70%。

（五）批发量贩使用：80%。

（六）购物中心使用：60%。前项各款使用以垂直混合使用规划者，其建蔽率以较低者为限。

二十四、供仓储物流使用者应提出其物流处理方式，包括服务半径、作业模式、预估进出货量、运输能量、运输车辆之型式及排程、装卸货平均作业时间、每日每季尖峰作业之需求、进出货口与仓储等空间之规划及最适停车台形式之选择。

二十五、仓储物流使用之基地紧临联络道路者，其靠基地物流专业使用之侧应设置转弯车道，长度不得小于60m。

二十六、仓储物流使用之基地内如设有货柜集散站者，其货柜车辆出入口若临接公共道路，则出入口大门应以多车道方式规划并留设暂停空间，并于基地设置加减速转弯车道，以确保公共交通之顺畅。

二十七、工商服务及展览使用之商业空间，其任一贩卖展场面积不得小于300m²。但会议厅、旅馆、国际观光旅馆、文康中心内附设之商店及商场，不在此限。

二十八、购物中心及批发量贩供百货商场使用、量贩商场、便利商店、超级市场等大型贩卖性质之空间，其楼层之使用配置宜以不超过7楼为原则。

二十九、供购物中心使用者应对人车集结之现象妥为处理，并应规划人车分道系统，行人专用步道除服务性质之车辆外，禁止一切机动车辆进入。但行车道路一侧设置有宽2m以上之人行道，且经区域计划委员会认定无影响人车安全之虞，得视为兼具人行功能者，不在此限。

第二十章 印度乡村建设管理法规收集

（摘译）

一、印度宪法第73修正案

第四部分 第40条：组织村自治机构。国家应该采取步骤组织建立农村自治机构，并赋予其应有的权力和职权，使其能够成为一种自治机构。

第九部分 第243款 定义：

"区（district）"是指邦内的一个区或县；"村民大会（Gram Sabha）"是指在村一级自治机构（Panchayat）行政区划范围内有选举权的人员组成的一个团体。"中层（intermediate level）"指的是由邦政府公告专门界定的介于村级和区（县）级之间的一级行政区划。"潘查雅特（Panchayat）"是指根据宪法第243B条款建立的农村地区一种自治机构。"村（village）"是指由地方长官通过公告专为此部分划定的一个村庄或一组村落。……

243A. 村民大会：一个村民大会可以运用邦立法机构规定的在村一级拥有的权力和履行规定的功能。

243B. 建立潘查亚特：（1）依据本部分的规定，在每一个邦中，在村级、中间级和区（县）级建立潘查亚特；……

……

243 G 自治机构的权力和职责：

（1）准备经济发展和社会公正的计划；

（2）完成委托给自治机构执行的经济发展和社会公正项目，包括委托其执行的第十一个五年计划相关项目工程，及列入附录第11条中的相关事务。

243H. 潘查亚特征税和使用资金的权力：

依据法律，邦立法机构：

(1) 批准自治机构依据程序和限度征收适当的税费；

(2) 规定邦统一基金给予自治机构补助金。

243I. 建立资金委员会以便检查资金状况：

(1) 邦行政长官将（任命）成立一个财政委员会，以检查自治机构的财政状况。财政委员会在其5年的任期中，将向行政长官提出：

1) 原则性建议：

A. 包括邦征收的各种税费收益在邦和自治机构间的分配比例以及自治机构各层次间的分配份额；

B. 自治机构可以征收的各种税费；

C. 自治机构可以从邦统一基金获得的补助金。

2) 改进自治机构财政状况的手段或方法。

3) 有利于自治机构获得充足资金的其他事项。

243J. 潘查亚特账目的审计：

243K. 潘查亚特的选举：

……

附件11 （243G. 自治机构的权力和职责）：

1. 农业，包括农业相关领域；2. 土地改良，执行土地改革，土地合并巩固和土壤保持；3. 小型灌溉，水源管理和流域开发；4. 畜牧，家禽和乳品；5. 渔业；6. 林业（social forestry and farm forestry）；7. 小型林业产品；8. 小型企业，包括食品加工企业；9. 土布、村庄或农舍企业；10. 农村住房；11. 饮用水；12. 燃料和饲料；13. 道路、涵洞、桥梁、渡口、排水沟和其他交通手段；14. 农村电气化，包括配电；15. 非常规能源资源；16. 减贫工程；17. 教育，包括初级和中级教育；18. 技术培训和职业教育；19. 成人和非正规教育；20. 图书馆；21. 文化活动；22. 市场和集市；23. 健康与卫生，包括医院、初级卫生中心和诊所；24. 家庭福利，即计划生育；25. 妇女和儿童发展；26. 社会福利，包括肢体残障人和智力障碍者的福利；27. 弱势群体的福利，尤其是表列种姓和表列部族；28. 公共分配系统；29. 社区资产的维护。

二、根据宪法修正案制定的邦自治机构法

《哈里亚纳邦自治机构法》（Haryana Panchayati Raj Act，1994）。

目录：

第一部分　前言

第二部分　村民大会、村潘查亚特

　　第三章　建立村潘查亚特地区的确立和村委员会和村潘查亚特的设立

　　第四章　村潘查亚特的职责和权力

　　第五章　资金和税收

　　第六章　Central

第三部分　潘查亚特委员会（Panchayat Samiti）

　　第七章　潘查亚特委员会

　　第八章　潘查亚特委员会的事务（conduct of business）

　　第九章　潘查亚特的执行机构和人员

　　第十章　潘查亚特委员会的职责

　　第十一章　资金和税收

　　第十二章　监督和管理

第四部分　区（县）委员会

　　第十三章　区委员会的建立

　　第十六章　区委员会的职责

　　第十七章　资产，资金和税收

　　第十八章　区委员会的监督管理

第五部分　有关选举的规定

　　第二十一章　其他

　　第二十二章　农村发展（根据2007年哈里亚纳邦法案11嵌入）

　　　部分A

　　　部分C　土地的清理和重新利用

　　　部分F　发展规划的准备和土地的开发

　　　……

涉及乡村规划管理的内容主要为第二部分、第三部分、第二十二章，节译如下：

第二部分
第四章
21. 村潘查亚特的职责
依据条例，村潘查亚特的职责是在其可支配的资金范围内，安排完成村民大会确定的工作，包括所有补助金工程和与之相关联的建设。
（1）一般性功能
村潘查亚特应适时地研究村民大会做出的每一项决定，并形成下一年度报告；

准备年度发展报告；

准备年度预算并提交村民大会讨论；

在自然灾害时调动救济的权力；

消除对公共场所的侵蚀；

为社区事务组织志愿劳动和募捐；

维持村庄的基本统计数据。

（2）农业包括农业延展领域

促进和发展农耕业和园艺；

荒地开发；

开发和维护牧地并防止其被非法转让和使用。

（3）畜禽业和奶业

（4）渔业——在村庄发展渔业

（5）社会和农场林业、小型林产品和薪柴

1) 种植和维护道路旁的树木和由其管辖的其他公共土地上的树木；

2) 薪柴林种植和饲草开发；

3) 推广农场式林业。

4) 发展社会造林。

（6）土布、农村和家庭手工业

1) 推广农村和家庭手工业；
2) 组织各种形式的宣传活动和培训项目，举办农业和手工业展览。
(7) 农村住房
1) 在其辖区内分配宅基地；
2) 维持有关房屋、房基地和其他私有和公共财产的纪录。
(8) 饮用水
1) 建造、修理和维护饮用水井、水塘和水池；
2) 防控水污染；
3) 农村供水系统的维持。
(9) 建筑务、水道
1) 对其所属建筑物或政府和其他公共机构移交的建筑物进行维护；
2) 对船只、渡口和水道进行维护。
(10) 农村电气化包括路灯和其他公共场所照明及输电线的维护
(11) 非常规能源
1) 推广和发展非常规能源项目；
2) 维护社区的非常规能源设施，包括生物气设施和风车；
3) 推广改进炉灶和其他有效设施。
(12) 减贫工程
(13) 教育包括初级和中级教育
(14) 成人和非正规教育
(15) 图书室—村图书室和阅读室
(16) 文化活动
(17) 市场和集市：对市场进行管理，但不包括牲畜集市
(18) 农村环境卫生
1) 维持总体环境卫生；
2) 保持街道、排水沟、池塘、水井和其他公共场所的清洁；
3) 维持和管理火葬场和墓地；
4) 建造和维护公共厕所；
5) 处理无名尸体和动物尸体；

6）管理洗衣和沐浴河口。

（19）公共卫生医疗和家庭生育计划

1）执行家庭福利工程；

2）对流行传染病进行预防和采取补救措施；

3）对如肉类、鱼类和其他易腐食物进行管理；

4）参与人类和畜类的疫苗接种；

5）……

6）处理流浪狗；

7）对兽皮的加工、鞣制和染色进行管理；

8）对违法和危险的交易进行管理。

（20）妇女和儿童发展

（21）社会福利包括残障人福利

（22）弱势群体的福利，尤其是表列种姓的福利

……

（24）维护社区资产。建造和维护宗教福舍和类似慈善机构。

……

（26）维护公共园地和运动场所

……

（29）管理公共场所的粪坑

……

26. 准备村落居住区图（map of abadi deh）

（1）村潘查亚特应该促成村落居住区图的制备，显示村庄范围内各建筑物、街道和其他公共场所的边界；

（2）地图准备好后，村潘查亚特应该以规定的方式发布一个通告，其内容包括：

1）村庄居住区图已经制备完成；

2）公众可以察看地图的地点；

3）在通告公布之日 30 天内任何人如对地图持有异议可以提交其反对理由。

（3）此期限后，村潘查亚特将认真考虑其所收到的异议或投诉，并在给予投诉人争辩机会之后，在其认为需要修改并修改之后最后完成地图；

（4）村图制备完成后，应经过村潘查亚特的证实并将复制的村图在村潘查亚特、社区（block）发展和潘查亚特官员和首席执行官等处备案，以便公众察看。同时发布公告告知公众地图已完成。

（5）任何人如申请查看村图，可以在收费5卢比后查看。

……

27．处罚

……

28．上诉

……

33．村潘查亚特管理集市和市场的权力

34．对水道等的权力

村潘查亚特可以管理、维护位于其辖区范围内的所有公共街道、水道，但需遵循"哈里亚纳邦管道和排水法，1974年"和其他有关法律的规定。可以：

（1）建造新的桥、涵洞；

（2）改变、中断和关闭街道、涵洞和桥梁；

（3）在尽量减少对周边场所危害的情形下可以加宽、开放或升级街道、涵洞和桥梁；

（4）加深或改善水道；

（5）经过有关机构的批准可以承担小型灌溉项目；

（6）修剪树篱或伸出到街道上的树枝；

（7）公告隔离出的用作公共饮用水的水源，禁止洗澡、洗衣和洗牲畜或其他可能污染水源的行为。

35．对街道和建筑物的命名权

36．接管对社会机构等的管理

37．促进改善学校和医院、诊所

（1）村潘查亚特应该帮助其所辖区域内的教育机构、医院和诊所进行日常维持、改善或有效运行；

（2）村潘查亚特可以捐献资金给：

1）由邦政府负责或批准的、为了改善农村地区民众状况和消除痛苦的任何慈善或社会事业或任何工程或计划；

2）村潘查亚特认为的任何可能有益于村居民的其他计划。

38．建立初级教育机构、医院或诊所

当相邻的几个村潘查亚特辖区范围内没有任何小学校、医院或印医诊所时，这些村潘查亚特应该联合起来帮助建立起这类机构设施。

第五章 资金与税收

39．村基金

40．村基金来源

41．征收税费的权力

42．豁免征税和坏账的注销

43．账户审计、预算审查

44．村潘查亚特的开支

45．特别税和社区服务

在事先经过负责人的批准后，村潘查亚特可以向村中的成年男性征收特别税用于建造村民使用的任何公共工程，但如果一个人以义务劳动或请别人代劳的方式参与公共工程的建造则可以免除其特别税。

在紧急情况下，任何人如果……没有正当理由拒绝承担义务的体力劳动，则村潘查亚特需对其进行惩罚，罚金最高为 50 卢比。

第六章 控制

46．村潘查亚特记录文件的可查阅

47．暂停村潘查亚特行为的权力

……

50．接收土地的管理权。

（1）…，如果政府认为有必要接管由村潘查亚特管理或其持有的土地，则政府可通过政府公报的形式，接管村潘查亚特管理的土地，但期限不得超过该届村潘查亚特任期期限。如果土地已经被出租,则在租借期满前不得收回。

(2) ……

………

第三部分

第七章 潘查亚特委员会

55. 街区的建立

(1) 邦政府可以通过公告将一个区(县)划分为若干街区(blocks)

……

56. 潘查亚特委员会的建立

邦政府可在一个区里建立一个潘查亚特委员会……

57. 潘查亚特委员会的构成

……

第十章 潘查亚特委员会的职权

……

76. 社区发展工程

(1) 潘查亚特委员会在其管辖区域内是由政府财政资助的社区发展工程的代理机构,负责规划和执行社区发展工程;

(2) ……

77. 潘查亚特委员会和村潘查亚特的关系

(1) 潘查亚特委员会应以规定的方式行使其对村潘查亚特行为和行政职能的监督管理职能,并向村潘查亚特提供必要的技术和资金援助;

(2) 潘查亚特委员会可以委托村潘查亚特以下职责:

……

第二十二章 农村发展

部分 A

219. 定义:(a)便利设施包括道路、供水、路灯、排水系统、污物处理系统、公园、学校、游乐场所、医院、社区中心和其他社区建筑、园林、风景等其他公共设施。

　　部分 B　哈里亚纳邦农村开发局

　　220. 农村开发局的建立和构成

　　230. 农村开发局的职责

　　部分 C　土地的清理和重新利用

　　部分 F　开发规划的准备和土地的开发

　　249. 开发规划

　　(1) 为管理其开发区域，区规划委员会在经与开发局协商后应该为一些村庄准备发展规划；

　　(2) 一个规划可以：

　　1) 包含预留的土地，为住宅、商业、工业、空地、路网和其他辅助用途；

　　2) 包含与这一区划或其规划中任何区域的适当开发有关的必要内容一些规定。

　　(3) 地区规划委员会应该公布这一规划，以便获得公众的意见和建议；

　　(4) 地区规划委员会在认真考虑了这些异议、意见、表示和建议后，应修改计划并提交给开发局以便获得政府的批准。

　　250. 开发区的土地开发

　　……

三、全国农村就业保障法

　　第一章　前言

　　……

　　2. 定义：

　　……

　　(O) 农村地区是指一个邦内的不受任何城市地方机构管辖的任何地区；

　　(P) "计划"是指由邦政府根据第4款第 (1) 条公告的计划。

第二章 农村地区就业保障

……

3. 为农户的农村就业保障：…邦政府向每一个家庭每一财政年度提供不少于100天的计划内工作，如果这个家庭中的成员自愿从事非技术性体力劳动；

……

第三章 就业保障计划和失业补助

……

第四章 执行和监督机构

……

10. 中央就业保障委员会

11. 中央委员会的职责

12. 邦就业保障委员会

13. 计划的规划和执行主要机构

（1）根据本法制定的计划的主要规划和执行机构是区（县）、次区和村级的潘查亚特；

（2）区（县）级潘查亚特的职责：

（3）次区级潘查亚特的职责：1）批准社区级规划并向上提交给区（县）潘查亚特以便获得最后核准；2）指导和监督在村潘查亚特和社区级执行的项目；3）承担邦委员会分配的其他类似职责。

（4）区工程协调官将帮助区潘查亚特履行其职责。

14. 区工程协调官

15. 工程官员

16. 村潘查亚特的职责

（1）村潘查亚特有责任确认村民大会所建议的在本村范围内要进行的工作计划，并执行和监管这些计划；

（2）在经过工程官员批准了的一个计划内，村潘查亚特可以在其地域范围内进行任何项目；

（3）每一个村潘查亚特，在对村民大会的建议进行了认真考虑后，要准备一份发展规划并在（批准了的）计划下，准备一份有可能要进行的工程清单以备工作需求增加；

（4）村潘查亚特应该在年初向工程官员提交其发展项目申请书以便审查和批准，申请书要包括不同工作的优先顺序；

（5）工程官员⋯

（6）工程官员⋯

（7）村潘查亚特要将就业机会分配给申请者并要求他们去工作；

（8）村潘查亚特在一个计划内所进行的工作必须达到技术标准和量度。

17. 村民大会对工作的社会审计：

（1）村民大会应该对村潘查亚特管辖范围内所进行的施工进行监督；

（2）村民大会应该对村潘查亚特管辖范围内所进行的计划内的所有项目进行常年社会审计；

（3）村潘查亚特应该准备所有相关文件以便村民大会进行社会审计，包括花名册、账单、收据、量度书、批准文件复印件和其他有关账簿和文件；

18. 邦政府在计划实施中的职责

⋯⋯

19. 申诉调解机制

第五章 国家和邦就业保障基金的建立与审计

20. 国家就业保障基金

21. 邦就业保障基金

22. 基金使用方式（Funding pattern）

23. 透明性和义务

24. 账目的审计

25. 不服从的处罚

⋯⋯

附件1 农村就业保障计划的必要特征

1. 计划的重点项目优先顺序：(1) 水源保护和水的收集；(2) 防旱（包括植树造林和绿化种植园）；(3) 灌溉管网渠道包括小型和细小灌溉水渠；(4) 为表列种姓和表列部族有地农户提供灌溉设施，包括土改受益农户和政府农村住房计划受益户；(5) 整修传统贮水池包括清淤；(6) 开发土地；(7) 防洪工程包括积水区的排水；(8) 全天候农村联通道路；(9) 中央政府经与邦政府协商后公布的其他任何工程。

2. 创造耐用资产并增强农村贫困人口可利用的就业资源是本计划的重要目标。

3. 在本计划下进行的工程必须位于农村地区。

4. 邦就业保障委员会应根据不同地区创造耐用资产的能力准备一份首选工程清单。

5. 本计划可以适当地安排用于由本计划产生的公共资产的维护。

6. 无论任何情况，支付给劳动者的报酬不得低于工资率。

7. 当工资直接与工作质量挂钩时，工资将依据邦政府每年根据工作类型而制定的工资率表支付。

8. 非技术性劳工工资的确定应该等于通常一个劳工一天工作 7 小时所获得报酬的工资率。

9. 项目所需原材料成本包括技术和非技术劳工的工资不应超过项目总成本的 40%。

10. 任何申请就业人的名字必须向项目官员和村潘查亚特公开。

11. 本计划不许可任何承包商承包工程项目。

12. 只要可行，本计划下的工作应该使用人力而非机械。

13. 每一项具体计划应该包含足够的条款以便保证每一层面在执行上的透明和可说明性。

14. 制定具体的定期监督和管理的条款，以保证工程的质量……

15. 地区项目协调官、项目官员和村潘查亚特应该就各自所执行的计划情况准备一个年度报告，报告内容应该包括与项目执行有关的真实状况、数字和成果，并准备一份副本以便在公众要求时使用。

16. 有关项目的所有账目和记录应该可以被公众监视⋯

17. 在村潘查亚特和项目官员的办公室中，每一计划或工程项目的花名册的副本都应该可以被任何人检查，当其支付了本计划可能制定的费用之后。

附件2　参与农村就业保障计划的条件和劳工最低资格

1. 一个家庭中的成年成员：（1）住在农村；（2）愿意从事非技术性的体力劳动，可以向其所属村委会提交其姓名、年龄和住址，以便登记并核发工作卡；

2. 村委会应负责登记这些农户，并经过确认后发放附有家庭成员信息和照片的工作卡；

3. 登记的有效期限依据项目的设置，但在任何情形下不得少于5年，并可以进行更新；

4. 凡经过登记并在工作卡上显现出其姓名的农户家庭成员都将有资格获得就业保障计划所属的非技术性体力工作；

5. ⋯⋯一个农户中的所有登记申请者都有资格请求最多100天的工作，在规定的财政年度内；

6. 项目官员将确保每一个劳工在提出申请的15天内获得工作，妇女将获得优先权，至少1/3受益者应该是妇女；

7. 提出的工作申请必须是至少连续14天的工作；

8. 只要在一个家庭所应获得的总就业天数内，则不对一个人所申请的或实际分配给他的就业天数加以限定；

9. 工作申请可以以书面形式提交给村潘查亚特或项目官员；

10. 村潘查亚特或项目官员必须接受合法的申请并给付签署了日期的回执；

11. 应以书面形式通知并按照地址送到获得工作的申请人手中，并在区（县）、次区（县）和村级潘查亚特办公室公告；

12. 尽可能地，提供的就业场所应该在申请人所居住的村庄的5km半径内；

13. 具备下列条件，纳入本计划的新的工程才可以开始：（1）最少

50名劳工；（2）这些劳工不在其他正在进行的工程中；

14. 如果提供的工作地点超出5公里居住半径，应提供劳工额外10%的报酬以作为交通和居住费用；

15. 工作期限通常至少应该为连续的14天，一周工作时间不得多于6天；

16. 无论任何情形，如果已经支付了或应该支付失业金，项目官员应该以书面形式通知区项目协调官，并说明无法提供工作的原因；

17. 区项目协调官应该在提交给邦就业保障委员会的其年度报告中，解释导致失业金发放的因素；

……

20. 村潘查亚特应该准备和保持或督促有关人员准备和保持所需各种文件包括登记表、凭据等其他文件，尤其是发放的工作卡和存折、户主的姓名、年龄、地址和成年人人数；

21. 村潘查亚特应该向有关项目官员报送登记在册的互助的姓名和地址以及其家庭成年人人数；

22. 获得工作的人员名单应该在村潘查亚特和项目官员办公室的公告版上公示…

23. 如果村潘查亚特确信某人登记的信息为虚假信息，应告知项目官员其姓名并将其姓名从登记册中删除……

24. 如果在就业过程中发生伤害，在就业保障计划所能承担的范围内劳工应获得免费医疗；

25. 当受伤劳工需要住院治疗时，邦政府将安排其住院治疗，包括住宿、治疗、药费并支付至少一半工资率的报酬；

26. 如果劳工死亡或永久残障，将由执行机构给付25000卢比的特惠金……

27. 在劳动场所，应该提供一系列的便利条件，包括安全饮用水、儿童和（妇女）经期休息的遮棚、轻微外伤和其他健康伤害的急救箱……

28. 在任何一个工作地点，如果工作的妇女携带的六岁以下儿童达

639

到或超过 5 名，则应该指派一名妇女劳工负责照看这些儿童；

29. 根据第 28 条被指派照看儿童的人应该支付报酬；
30. ………

四、阿萨姆邦城镇和乡村规划法

（The Assam Town and Country Planning Act，1959 年和 1969 年修订）

适用于阿萨姆邦城镇和乡村的开发

目录：

第一章　序言

第二章　咨询委员会的设立

第二章－A　开发管理局的设立

第三章　总体规划

 9. 总体规划的制备

 10. 总体规划的公布

 11. 总体规划和区划条例的内容（Zoning Regulations）

 12. 规划的执行

 13. 规划公布后土地和建筑物的限制使用

 14. 邦政府修改规划和区划条例的权力

第四章　开发计划

 15. 开发计划的制备

 16. 开发计划的公布

 17. 开发计划的实施

 18. 开发项目的地域

 19. 开发项目的修改和替换

 20. 撤销开发项目的权力

 21. 管理局采取限制（措施）的权力

第五章　街道和土地（subdivisions）有关部分

 22. 公共道路的宽度

 23. 规划道路线的权力

24. 建筑物后移至规划线
25. 道路线内土地的征用
26. 规划道路区域内已征收建设物和土地之其余部分的征收
27. 私有土地有关部分
28. 规划通告
29. 批准、修改或拒绝

……

第六章　土地的征用
第七章　补偿与改善（compensation and betterment）
第八章　上诉和受理机构
第九章　资金
第十章　法律程序
第十一章　其他规定

五、本地治里中央直辖区城镇和乡村规划法

该法适用于本地治里中央直辖区农村和城镇土地的规划开发与使用

第一章　序
第二章　本地治里城镇和乡村规划委员会
第三章　规划区域、资深城镇规划师和规划机构
第四章　土地使用图的制备和登记（Preparation of Land Use and Register）
第五章　开发规划
第六章　详细的开发规划
第七章　批准程序和开发规划的制备
第八章　土地开发和使用的控制
第九章　土地的获得和处理
第十章　征税、税额评定和开发费用的回收
第十一章　资金、账户和审计
第十二章　补充和其他规定

内容：

第三章　规划区域、资深城镇规划师和规划机构

8. 规划区的宣布、规划区域的合并、细分和包含在规划区域内的任何区域

9. 规划区撤销的权力

10. 资深城镇规划师

11. 规划机构

（1）在宣布了一个规划区域后，政府经与委员会协商，应通过布告，建立一个被称之为规划局的机构以便执行赋予它的职责。

（2）每一个规划局将有下列成员组成：1）由政府任命的主席；2）由政府任命的城镇规划官，他应该是规划局的秘书成员；3）地方机构的代表……

12. 规划局的职责和权力

……

第四章　土地使用图的制备和登记

17. 在用土地和建筑图的制备和登记

18. 公告地图的制备和登记

……

第五章　开发规划

21. 过渡期间的开发规划

（1）在宣布了一个规划区后，规划局应该在1年内准备并向规划委员会和政府提交一份过渡期间开发规划，这份过渡期间开发规划应该：

1）简要说明规划局提出的这一地域土地的大致利用方式。

2）土地利用的分区或分配：A. 用于住宅、商业、工业和农业目的；B. 用于公共或半公共的空地、公园或游乐场所；C. 用于规划局认为合理的类似的其他目的。

3）显示、界定和规定：A. 现有的和提出的国道主路、环路和主要街道；B. 现有的和提出的其他交通线包括铁路、水道和航空港。

……

22. 综合开发规划

（1）在宣布了一个规划区后，规划局应该准备一个综合开发规划并提交委员会和政府。

（2）综合开发规划应该

1）……

2）显示、界定和规定（划定）：A. 用于农业、公共和半公共区域、空地、公园、游乐场所、花园和其他休闲用地、绿化带和自然保护区的预留区域；B. 用于住宅、商业、工业、农业和其他目的的综合土地的分配和区划；C. 完整的道路和街道图和目前和未来需求的交通流量图；D. 主要道路和街道的改进；E. 用于公共建筑和机构以及新的民用开发的预留区域；F. 用于将来开发和扩展的区域和新竹找的区域；G. 便利设施；H. 其他…

3）包括分区划分规则以便规范每一区域中建筑物的坐落、高度、层数和规模以及其他建造物，院子、园子和其他空间的规模，建筑物、建造物和土地的使用；

4）简要说明规划提出的进展阶段。

（3）综合开发规划应该

1）标识、界定和规定：A. 规划局认为所有适宜标识、界定和规定的事项；B. 住宅、商业中心、工业区域和市中心、教育和文化机构的特定区域的具体开发和建筑特征、建筑物的外观的控制。

2）标明要征用的用于公共用途的土地。

……

23. 规划局开发规划准备违规的情形下政府的权力

第六章 详细的开发规划

24. 声明打算制作或接受一个详细开发规划。规划局可以决定：（1）准备一个被称作详细开发规划的开发规划；（2）接受一个由合作社或任何类似土地所有人提出的详细开发计划。

25. 通知制作或接受详细开发计划的决定，……

26. 准备和提交详细开发计划…给委员会和政府

28. 详细开发计划的内容。

（1）详细开发规划的形式可以是土地开发规划、再开发规划、改善规划或延期规划或多个计划的一个组合，可以简要说明、定义和规定所有综合开发规划或过度开发规划中要说明、定义和规定的事项。

（2）不管综合开发规划或过度开发规划是否已经准备，一个详细的开发规划都可以说明、定义和规定所有或任何下列事项：1）土地的设计或重新设计，不管是否空地或已有建筑；2）小路、街道、公路和其他交通设施的建造、扩展、改进或关闭；3）房屋、桥梁和其他建筑无的建造、改动和拆除；4）征购；5）再分区；6）土地的支配权；7）交通运输设施；8）供水；9）照明；10）排水系统；11）为街道、公路、广场、房屋、宗教和慈善机构建筑、空地、公园、娱乐场所、学校、集市店铺、工厂、医院、诊所、政府和市政建筑以及所有公共和半公共目的用途而分配和预留的土地；12）建筑物和房屋的建造；13）场所或物体或考古建筑或历史遗迹或自然风景的保存和保护；14）强制条件和对建筑物的特性、密度、建筑特征和高度的限制，道路、铁路线、电力供应线的控制线……15）给土地或建筑物所有者的预付款的条件……16）其他事项。

（3）依据本法制定的用于规范详细开发规划形式和内容的条例，任何这类规划应该包括地图和说明性内容，用以解释和说明开发规划的目标。

（4）在不违背本规定的情形下，每一详细开发规划应该包含下列细目：1）显示现有和计划中的街道线；2）所有土地和建筑物的业主身份；3）所有这些土地的区域，不分共有或私有；4）该规划的所有详细资料；5）所有土地的详情，不分已征或将要征得的土地；6）由规划局提供的房屋的数量和性质的细目，要征用的土地的近似值，要征用土地的细目以及所有有关住房或提供住房的补充、说明；7）分区规章。

29. 规划局编制详细开发规划违规时政府的权力

第七章 开发规划的编制和批准程序

30. 政府对发布有关开发规划公告的准许

31. 公告（将要进行）开发规划的编制

（1）当开发规划局收到政府的准许后，应该以官方公告的方式和地方新闻媒体上发布公告，以便获得任何人对于开发规划的异议。此期限自公告发布之日起不得少于两个月。

（2）超过上述期限，规划局将任命一个包括高级城镇规划师和不超过两人的其他成员组成的委员会对产生的异议进行评议。

（3）该委员会有权力指派其他人。

（4）该委员会将给予适当的机会听取任何人的意见，包括政府机构、地方自治机构。

32. 政府的批准

33. 开发规划的生效

（1）开发规划一旦经过政府的核准，立即生效。开发局应该发布公告。

（2）从公告发布时起，开发规划生效。

（3）开发规划生效后，任何权利受到侵害者在30日内可以向法院提出申请，质疑规划或任何条款中的合法性，以下列理由之：1）不在本法律授权范围内；2）开发规划的制定未满足本法律的某一条件……

……

34. 开发规划的修改

35. 政府在非常时期暂停规划

第八章 控制土地的开发和使用

36. 土地的使用和开发与开发规划必须一致

37. 禁止未支付开发费用和未获允许的开发

……

43. 对非法开发和与开发规划不一致的使用的处罚

44. 要求拆除非法开发的权力

45. 停止非法开发的权力

47. 制定建筑细则和分区规则（Zoning Regulations）的权力

第九章 土地的获得和处理

48. 获得土地用于开发规划的目的应被认为是用于公共用途……用于公共用途的概念应依据"土地征用法 1894 年"。

49. 开发规划的土地的征用：开发局可以在任何时候，在经过政府的批准后征用用于开发规划的任何土地。

50. 政府征用被包括在开发规划区域内的土地的权力。

51. 为（土地）征用用途修改"土地征用法 1894 年"。

52. 土地的处置。

……

第十二章 补充和其他规定

61. 进入权力：

（1）高级城镇规划师或任何经过委员会或规划局许可的人可以进入任何土地或建筑中，为下述目的：1）进行询问、检查、测量或…2）设置边界和工程设计线；3）……

六、《流域开发计划普通指导方针，2008 年》

在计划委员会的协调下，政府出台了"流域开发计划普通指导方针"，以协调各部门之间的流域开发项目。

1. 新的指导方针的主要点

各邦政府是实施流域治理工程的主要责任机构，负责各项工程的批准和监督实施；由专门机构在国家、邦和地区层面上实施流域治理工程的管理；将向这些专门机构提供额外的财政补助以保证其对治理计划的管理。该计划分三期，准备期、实施期和巩固期，共约需时 4~7 年。开发计划以促进生产力和改善生计为优先原则，同时注重采用环保手段。资源的开发和利用要以促进农业和相关产业包括养殖业为宗旨。

具体实施办法：平均以 1000~5000 公顷面积为一个小型流域单位，在山区等环境较差的地区可适当缩小其计划面积。

科学规划：使用信息技术和遥感终端进行工程规划，并监督和评估工程。

多层途径（Multi tier Approach）：1）上游或森林地区，需要环境和森林部的支持，森林部门需管理各种建筑物如水坝、等高堤坊，以阻止森林的被侵蚀和退化，使其有利于下游地带；2）中间地带或山坡地带；3）平原和平坦地区为第三层，这类地区是典型的种植区，属劳动力密集地区。流域开发步骤要和促进就业的工程紧密协调，如全国农村就业保障计划（NREGS）、落后地区补助基金（Backward Regions Grant Fund）等。

新的流域治理计划于2008年4月1日起开始实施。已批准和正在实施中的工程按照原有的指导方针执行。

2. 指导原则

1）公正和性别敏感。2）地方分权。项目的管理应实施地方分权、授权和专业化（professionalism）。在自治组织框架内建立适当的制度性机构。3）……

3. 科技投入

工程管理和协调、项目规划、行动计划的制定、资金的批准和发放、建立有效的数据库、项目影响的评估、区分优先项目等方面都依赖于科学技术的使用。因此新的流域工程需要有利的科技投入。在国家和邦层面上，建立地理信息中心，依据卫星影像数据提供空间和非空间数据。规划地方项目时将可以有限地访问这类数据。一旦有了这样的一个数据库，在确定每一个流域项目时就可以有唯一的边界识别数据。使用遥感数据将有助于……科技将有助于对某一地区所实施的各种工程进行有效的评估。……每一个地区和邦信息中心将配置有信息技术和领土专业人员（domain professionals）。将创建一个国家级入口以便提供全国范围内的流域项目相关数据，将录入来自所有相关部门的信息，包括农村开发部、环境和森林部以及农业部。

4. 国家、邦和地区层次的制度安排

1）国家雨水灌溉地区管理局的责任……

2）部级的制度安排；

3）国家级数据中心；

4）邦级中心行政机构，将由邦政府组建一个专门的邦级中心行政机构（部门、办公室、协会或权力机构）并有相应的独立银行账户。……邦级中心行政机构和邦级数据小组所需资金支持主要来自农村发展部土地资源局的预算，也可接收来自国内和国际其他机构有关流域治理工程上的资助。……

5）地区流域开发小组（District Watershed Development Unit）：在地区一级，应建立专门的地区流域开发小组并有相应的独立的账户。该小组负责该地区的流域开发项目的实施。……该小组应配备有全职的计划经理人，以及 3~4 个农业、水务、社会动员、管理和会计专业人员。……

6）地区和次区级自治机构的职责（Panchayati Raj Institutions at district and intermediate levels）：地区流域开发小组对全区的流域开发工程承担全部责任，该小组应和地区计划委员会（District Planning Committee）通力合作。地区自治机构/地区委员会（District Panchayat/Zilla Parishad）在流域开发项目中，在协调各个分工程、检查工程进度和调解纷争方面应扮演重要的管理角色。同样，次区自治机构也有着重要的角色。

5. ……

3）流域开发小组：流域开发小组是项目执行机构的重要组成部分，由其负责组建。每一支小组由至少四名成员组成，包括农业、土壤、水管理、社会动员和制度建设等方面。至少应有一名成员为女性。

4）流域开发小组的职责：该开发小组将指导流域委员会（Watershed Committee）制定流域开发行动计划。具体职责还包括：协助村自治机构/村委会建立流域委员会并使其发挥功能；组织和帮助"使用者小组"和"自我救助小组"；动员妇女行动起来使其观点和利益放映在流域开发行动计划中。准备详细的资源开发计划，包括水土保持，以促进农户生计的可持续性；公共资产的管理和公平分享；准备详细的项目报告提交村委会；进行工程调查，准备工程图并作出将预算。

……

6. 村级的制度准备和民众的参与

1）自我救助小组：流域委员会将在该区域内的贫困农户、小农户、边界农户、无地农户、农业劳工、妇女、放羊户和表列种姓等群体中建立自我救助小组。这些小组应该有着共同的身份（identity）和利益，他们的生计都依赖于这片流域土地。每一小组都将获得行政主管部门规定的一定额度的资金。

2）用户组：流域委员会开应该在流域开发小组的协助下在该流域建立用户组。用户组成员也应由具有同一性的人组成，他们是受到工程影响最明显的人，包括在流域开发地区有土地的农户。用户组应该由那些从某一项目中直接获得利益的人。流域委员会应该同用户组签订资源使用协议。这些协定必须在相关工程实施前签订。用户组有责任与村自治机构和村民大会一起对流域开发项目产生的所有资产进行维护和运营。

3）流域委员会：村民大会将任命一个流域委员会，在村流域开发小组的技术支持下实施流域项目。该委员会必须依法登记。村民大会可以从村民中选举或任命一个合适人选担任流域委员会主席。流域委员会的秘书将是流域委员会的带薪职员……

七、农村住房计划指导方针

受益家庭得到建房补助款后，需自行参与建房全过程。受益家庭在建房时对房屋的样式有完全自由的决定权。而区县委员会可以帮助建房者以受控价格获得原材料。一些官方或非官方研究机构或非政府组织可以向建房者在房屋设计上提供技术帮助。

此外，也有一些建成房屋分配给受益家庭。

英迪拉住房计划规定了最高受助金额以及建造房屋时必备的设施。必备设施重要标准是建造户厕和无烟灶。建造新房受助金额上限：平原地区25000卢比，山区等地27500卢比。旧房改造上限统一为12500卢比。如果由于某种原因未建造户厕，则将从受益款中扣除600卢比。如未建造无烟灶则扣除100卢比。

除补助款外，在英迪拉住房计划下，受益家庭还可以从银行等金融机构获得最高 5 万卢比的贷款。邦政府和区县农村开发事务部负有协调责任。

建房地点：通常应建在村子中的主体部分的个人土地上，以便于基础设施如道路、上下水设施的建设。还要注意避开易发生灾害的地区，如洪水。

英迪拉住房计划总资金的 5% 被留作为应急用途，如在自然灾害和其他紧急事件如暴乱、火灾等发生时。

计划指导原则强调，任何承包商不得参与英迪拉住房计划的房屋建造。同时，任何政府部门也不得参与房屋建造。但政府机构可以给予技术支持或协调原材料的供应，如水泥、钢材或砖块。

计划强调，应该尽可能地使用地方原材料，同时最大可能地使用各类机构开发的性价比高、抗灾性能好和环保型材料。区县委员会应负责联系各类机构，寻求此类专业信息以帮助建房者。农村住房建筑中心（见农村建筑中心指导方针）也应提供这类帮助。

在房屋设计方面，指导原则没有做任何规定，只是提出面积原则，房基（plinth area of the houses）不应该小于 $20m^2$。指导方针提出，房屋设计方面，除了受益家庭的愿望之外，还应该兼顾社区面貌和文化内涵。

指导方针提出，在整个栖息地村庄或房屋周围应该同时进行绿化。绿化还可以解决受益家庭的薪柴、饲料和部分木材需求。绿化可以在社会林地管理工程项目下进行。

有良好记录的非政府组织可以参与监督和指导房屋的建造，尤其是在建造厕所和无烟灶等方面给以技术等支持。

八、"印度建设"工程

"印度建设"工程是印度中央政府制定的农村基础设施建设阶段性工程（2005～2009 年）。该工程主要内容包括：灌溉、道路、农村住宅、饮用水、电力和电讯连通等六大领域。这六大领域中的每一领域都制定有行动方案、具体的标准和责任目标，由中央政府各有关部门与邦政府和地方自治机构共同完成。

"印度建设"工程的具体目标：（印度全国约有60万座村庄）

1. 电力建设

实现每一座村庄都有电力供应。到2009年底，使没有电的12.5万个村子的约2300万户家庭获得电力供应。由电力部通过"拉吉夫·甘地农村电气化计划"负责实施。

2. 道路

农村道路的定义　联结村庄与主要道路或集镇中心的道路，属交通流量较低的道路，交通工具包括牛车、自行车和摩托车等机动车。村庄的定义是指普通的居民点即自然村，而非税收村或行政村。

全国农村道路开发厅（National Rural Road Development Agency）具体负责这一计划的实施。

农村发展部出台了"区（县）农村道路规划筹备指南"（Manual for Preparation of District Rural Roads Plan）和"核心路网筹备说明"（Manual for Preparation of Core Network），并指出这两个指南也应被视为是指导方针的一部分。指南规定了规划程序步骤和不同的组织机构的职责，这些机构包括次区（县）自治机构、地区（县）自治机构和邦常设委员会等。区（县）农村道路规划中应包括区（县）境内的现有道路网络以及需要修建的道路。囊括在这一计划中的包括乡村道路、县境内主要道路、邦境内道路和国道。重点在于联结那些没有乡村道路的自然村。在制定区（县）农村道路规划时，区（县）自治机构是法定的权威机构，可选择适合该区（县）的经济、社会基础设施权数，并在制定规划前需要与相关组织机构沟通。此工程的实施在一个各级代表磋商的框架中进行，这个磋商框架中包括各级自治机构和议会。此外中央政府还为此工程出版了工程规格说明书和标准数据，并要求各邦政府使用标准投标书。工程所需资金100%中央政府负责。

3. 饮用水

解决饮用水的方法主要有三种：一是打井并安装手压泵；二是建造小型水塔，安装管道实现管道供水，即自来水；三是修建集雨池等集雨设施，为缺水地区解决饮用水问题。政府制定的工程标准为：每人每日可获得安全饮用水达到40升；每250人拥有一个手压泵井或水站；在平原地区水源应在居住地1.6km之内，在山区，水源应不超过居住地海拔正负100m。

印度中央政府的农村发展部制定有"农村饮水计划执行指导方针"（Guidelines for implementation of Rural Water Supply Program）。指导方针指出，要改变过去的认为水资源是免费的日用品的观点，树立水资源是一种经济资源的观点，确保在制定各种计划时充分考虑水资源的开发利用和规划。水资源的开发利用要在可持续的原则下进行。以地下水位水源的供水工程必须强制有地下水回灌，在可能的情况下，回灌和提取量应该等量。在供水工程中应该在自然资源审计序列中加入水资源的审计。逐渐取消对工业、灌溉和农业部门的用水补助。每两年一次地对地下水水位进行监测。通过社区、NGOs、民间社团、自治机构等复兴雨水收集的传统。

4. 电话通讯

实现每一村庄都连通村公用电话。这一目标是到2007年11月使6.6万余村子连通电话，偏远地区通过通信卫星和村子里的地面终端实现电话（Village Public Telephones）连通。政府还承诺采取多种措施扩大农村信息接入，包括光缆网络、无线技术等手段。

5. 灌溉

到2009年新增可灌溉耕地1000万公顷。中央政府水资源部与各邦政府共同负责这一计划的实施。通过修建大中小各种类型的灌溉工程实现2009年新增1000万公顷耕地可灌溉的目标。

6. 贫困家庭住房

政策规定，建造的住房要同时有户厕和无烟灶。

九、国家开发、转移和复原政策草案 2006 年

（一）目的

这项政策的目的是通过促进非迁移或最少迁移等可选择的方式来减

少因开发造成的人员的转移。

（二）指导原则

迁移不应该是被强迫的。应该保证他们的法定权利，使他们在这一过程中能够获得改善。只有在"极端"的案例中，才能够允许强迫迁移发生。但这只有在经过独立和可信赖的评估并确认迁移项目无可争议地有益于社会，尽管要付出社会代价也是值得的。

（三）安置工作（package 办法）

……除了根据"土地获得法（修正案）"和以前的指导方针给以赔偿之外，还要遵循下列主要安置原则：

1. 所有受影响的种植业农户获得耕地的优先权（包括自耕农、耕地承租人、半承租人和农业雇工）……

2. 非灌溉项目上的强制就业。对于非灌溉项目，迁移者的新安置地必须临近工厂或新的市镇以便其获得新增加的经济机会。项目负责机构负担对迁移者履行培训职责。

3. 特殊就业保证工程：在新的地点安置迁移者之后，政府必须负责特别就业保证工程最少为其 5 年。

4. 特殊自治机构地位：至少在安置后的 5 年内，授予安置地特殊自治机构地位。

5. 宅基地和住房：所有的被安置家庭都应该获得宅基地，但在城市地区，其面积应该在 50~150 m^2 在农村地区应该在 100~250 m^2。提供给安置人员的建成房屋标准不应该低于"英迪拉住房计划"标准。如需增加面积的家庭在支付全额费用后可额外获得最多两间屋子。商户和手工匠人可额外获得建成的店铺。

6. 迁移运输费用由项目方承担。

7. 略。

8. 培训和其他支持服务。

9. 丧失收入的赔偿安置津贴：没有提供耕地或在项目中得到正规工作机会的所有家庭，将得到相等于 750 天农业劳工最低工资安置津贴（农村人员）或非熟练工人最低工资安置津贴（城镇人员）。

10. 对表列部族民的特殊规定。

11. 安置地社区基础设施：包括26项基本服务基础设施，如道路、安全饮用水、居住区绿化、教育设施、社区会馆等。

……

15. 不适用人员。

（四）土地获得法的变革

（五）机构结构

附件1　安置内容　基础服务设施

土地征用机构应该为被安置人员提供下列基本基础服务便利条件以确保被安置人员在新村或移居地能够享有合理的标准社区生活，以尽可能地较少移居带来的伤害。新居住地在各个方面都必须得到很好的规划，作为最低标准，一个可居住的规划好的居住地应该具备下列基础便利设施和资源：

1）道路；2）在建造地面建筑物之前完成排水和卫生设施规划；3）每25户家庭确保拥有一处以上可靠的安全饮用水资源，保证每人每天至少6升饮用水和40升其他用途用水；4）家畜饮用水，池塘、管井以及饮水槽；5）放牧草地；6）为地方自治机构委员会所有的公地；7）居住地的绿化；8）合理数量的平价商店；9）自治机构的房屋；10）建立一个初级农业合作信贷协会（Primary Agricultural Co-operative Credit Society），以便销售基本消费品；11）村级邮政所；12）适当的种子及化肥贮藏库；13）为搬迁家庭分配的耕地提供基本灌溉条件，如果没有灌溉工程，可开发合作或利用一些政府工程或特殊资助；14）培训；15）自治机构要立即开始工作，以便对学校、营养卫生中心和社区中心等进行管理；16）所有移居后的贫困线下家庭获得的耕地土地，第一年里可以免费获得种子，并可以从任何公共水源免费取水进行耕地的灌溉，在接下来的2年里可以以贷款的方式进行灌溉；17）为所有新建村提供交通便利设施，包括公共交通；18）提供墓地和火葬场所，根据种姓社群和习俗；19）提供卫生设施，包括单独使用的厕所；20）为每一户家庭和公共照明设立单独的电连接（包括非常规能源如太阳能的连接）；21）提供儿童和母亲营养支持服务；22）建立学前教育和初级教育机构；23）每2km建立一个健康中心；24）每2万人口建立一个初级医疗中心（相当于中国的卫生站）；25）设立儿童游戏场所；26）每500个家庭设立一个社区中心；27）每50个家庭设立一个社区集会地点；28）为依赖传统生存方式的群体保留牧场和薪柴林地；29）无论种姓、信仰、宗教和经济状况，必须允许迁移居民建造他们自己特有的社区生活基本设施，并且能够从政府计划工程中获得财政支持。此外，鼓励移居家庭的成员开展适合的自我就业计划并从政府或任何的银行项目中获得资助。

农耕地分配

就业机会

1）每一个受项目影响的家庭至少有一个人应该得到由提供的就业；2）所有的非技术和半技术的项目中的直接就业强制性地首先提供给受项目影响者；3）整个工程必须事先考虑到对受影响群体的培训问题；使他们能够平稳地过渡到新的就业；并不单指提供工作岗位，就业培训也指自我就业能力的培训；4）有关（采矿业）股份分配的问题，应根据Bhuria委员会报告的建议，采矿业或其他工业的50%的股份应该分配给社区，10%给直接受到项目影响的群体，10%给工人；5）一次性津贴 给予因项目而失去生计的家庭中的每一个成年人一次性安置津贴，相当于非熟练工人750天最低工资总额，津贴以家庭中的男女户主双方姓名存在银行账户中；本金只可用于购买生产资料或用于同类目的；6）宅地……

第二十一章 巴西乡村建设管理法规收集

《巴西联邦共和国城市法》

(2001年7月10日，第10257号法律)

本法系实施《巴西联邦共和国宪法》第182条、第183条的具体法律，旨在建立城市政策和其他措施。

巴西联邦总统：我宣布国民议会法令和我核准公布以下法律：

第一章 总 则

第1条 本法的规定将适用于执行联邦宪法第182条、第183条所确立的城市政策。

唯一项，为此，本法定名为《城市法》。为了公共利益、安全、公民的福利和环境平衡，本法通过制定旨在维护城市秩序和社会利益的法律规范，对城市财产权的使用加以规制。

第2条 城市政策的基本目标是通过下列各项原则来规范城市社会功能和城市财产权的全面发展：

第一款 保障可持续发展城市的权利，应当将这种权利理解成城市土地、住房、环境卫生、城市基础设施、交通和公共服务，以及为了当代和后代工作和休闲的权利。

第二款 通过公众参与和社区各种形式的代表协会，在形成、执行和监督城市发展规划、计划和项目方面实行民主管理。

第三款 在城市化的进程中，在政府之间、私人业主之间以及其他社会成员之间实行合作，服务于社会公共利益。

第四款 对城市的发展、人口的分布和城市及其影响区域的经济活动实行计划，避免和纠正城市的畸形发展和对环境造成的负面影响。

第五款 提供城市和社区的设备、交通和公共服务，使之适应公众的利益和需要以及地方特色的要求。

第六款　规范和控制土地的使用，以免：

（1）对城市房地产的不恰当的使用；

（2）接近于不相称和不便利的使用；

（3）与城市基础设施建设相关的土地、建筑划分过细或者是超规模或不恰当地使用；

（4）因为没有事先的预见而导致交通堵塞的城市中心区的发展和活动；

（5）对城市房地产过于主观式的保留，试图加以利用或不予利用；

（6）城市化地区的生态退化；

（7）污染和环境恶化。

第七款　基于城市及其影响区域的社会经济发展的考虑，在城市与乡村之间实行融合和互补。

第八款　在与城市及其影响区域环境、社会和经济可持续发展相适应的限度内，确立城市扩张所导致的商品和服务的生产和消费的标准。

第九款　公平地分配因为城市化进程所带来的利益和负担。

第十款　不断调整实现城市发展所要求的经济、税收、财政政策和公共开支的手段，优先关注由不同社会群体所投资的一般公共福利和商品服务项目。

第十一款　恢复那些可以有利于城市房地产发展的政府投资项目。

第十二款　保护、维护和恢复自然和人为的环境，以及具有文化、历史、艺术、风景和考古价值的遗产。

第十三款　在对自然或人工环境或者是对居民的舒适和安全会产生消极影响的发展或活动开发过程中，举行城市政府和利害关系群体参加的听证会。

第十四款　为合理地利用、占有和建设土地，考虑到人口的经济社会情况和环境规范，通过制定特别的城市法规，对土地所有权者和城市低收入者居住的地区加以规制。

第十五款　精简区划、土地使用、占有和建设方面的立法，旨在减少住宅群方面的支出和增长。

第十六款　给从事旨在促进与服务于社会利益的城市化过程相关的发展和活动的公共的私人机构以平等的机会。

第3条　除了采取其他方面的城市政策之外，联邦政府有义务：

第一款　确立城市法立法方面的一般原则。

第二款　考虑到国家层面发展和福利的平衡，制定关于联邦、州、联邦区以及与城市政策相关的市之间合作的立法规则。

第三款　通过自我创新以及与州、联邦区和市相互联系，促进住房建设项目以及改善住房条件和环境卫生。

第四款　为城市发展提供指导原则，包括住房、环境卫生和城市交通。

第五款　准备和执行规划国土和经济与社会发展的国家和地区计划。

第二章　实施城市政策的手段

第一节　一般规则

第4条　为实施本法起见，应当采取下列或其他手段：

第一款　为组织国土和社会与经济发展的国家、地区和州计划。

第二款　大都市圈、城市和局部地区的计划。

第三款　市政计划，尤其是：

（1）总体规划；

（2）分区、土地利用和占有的规则；

（3）环保区域；

（4）多年度计划；

（5）预算规划和年度预算；

（6）参与预算管理；

（7）区域计划、项目和规划；

（8）经济和社会发展计划；

第四款　财政和税收规定：

（1）建筑财产和城市土地税；

（2）改进费；

（3）财政激励和利益。

第五款　法律和政治规定：

（1）征收；

（2）行政收益；

（3）行政限制；

（4）建筑和城市房地产的地标；

（5）建立保护区域；

（6）建立特殊社会利益区域；

（7）房地产转让权；

（8）为住房目的特殊使用权的转让；

（9）强制性分区、建筑或利用；

（10）城市财产的特殊利用；

（11）地役权；

（12）先买权；

（13）补偿建设或改变用途的花费；

（14）建设权的转让；

（15）通过合伙方式进行城市开发；

（16）对很少得到优惠的社区和社会团体的自由式的技术和法律援助；

（17）大众的公决和投票。

第六款　关于环境影响的预先规划的声明和相邻关系影响的声明。

第1项　本条所提到的文件应当由依据本法所制定的特别立法加以规定。

第2项　如果是由政府部门在该地区开发的社会公益住房项目和规划，那么，转让使用公共房地产的权利应当采取集体合同的方式。

第3项　采取本条所要求的措施需要城市政府基金开销的，应当作为社会监督的对象，以保证社区、市民社会运动和实体的参与。

第二节　分区、建设与强制性使用

第5条　包括在总体规划中的特别市政法可以决定强制性分区、建设或者是强制使用非建、在建或未建的城市土地，应当确立履行相关职责的条件和期限。

第一款　房地产视为被利用中，如果：

(1) 以低于总体规划或相关立法中所规定的最低限加以使用的；

(2)（被否决）

第二款　市政管理者根据需要应当通知所有权人，通知其应当在地方房地产行为办公室登记。

第三款　通知应当按照下列方式进行：

(1) 由负有责任的城市政府机构的雇员送交房地产所有权人，如果所有权人是一个公司，应当送给在公司中承担一般行政管理职责的人。

(2) 根据第 (1) 项，如果三次通知所有权人未成功，应当公示。

第四款　实施本条相关的计划的最后期限不得少于：

(1) 为在有关的政府机构进行登记的规划起见，自收到通知后一年；

(2) 从规划得到批准到着手开发工作两年。

第五款　在大规模的开发事业中，除了例外情形，与实施本法所规定的计划应当作出分段性的总结，以保证被批准的计划包括了所有的规划。

第6条　财产的移转，不论是因法定事由还是死亡导致的，在收到通知之日起，为分区、建设或者是为实施第5条规定所要求的土地使用应当在不中断期限的前提下移转责任。

第三节　与时增长的财产税

第7条　如果不符合本法第5条所规定的条件和期限，或者如果本法第5条第5款所规定步骤没有得到遵守，城市政府应当对建筑财产和城市土地，以每隔五年增加税率的方式，征收税收。

第二十一章　巴西乡村建设管理法规收集

第一款　每年适用的税率应当根据基于第5条所确立的计划所要求的特别立法的规定来确定，不得超过上一年度的两倍，并且不得超过作为15%的最高税率。

第二款　如果在五年内分区、建筑或土地使用方面的责任没有发生，城市政府应当维持最高的税率，直到发生相关的责任以保证第8条所规定的特权条款的实现。

第三款　依据本条所决定的不断增长税率优惠的转让是禁止的。

第四节　征收补偿

第8条　如果在不断增长的税率的五年中，所有权人没有能够履行分区、建设或土地利用方面的责任，那么，城市政府可以公共债券支付的方式对财产进行征收。

第一款　公共债券应当事先经联邦参议院批准并且应当在10年内予以偿付。以等额、连续的增长方式，保证每年有6%的法定利息和保证金。

第二款　保证金的实际价值：

（1）在扣除本法第5条第2款所规定的通知发放地政府活动的支出后，要符合建筑财产和城市土地的基础价值。

（2）预期的收入、中止收益及补偿收益不得记入在内。

第三款　债券不得用来支付税款。

第四款　城市政府在五年的最大期限内应当适当使用那些被正式确定为公共遗产后的财产。

第五款　财产应当在政府的直接指导下有效地使用或者是在转让给第三方的时候，遵守公开的招标程序。

第六款　根据第5款取得房地产的当事人应当承担本法第5条所规定的分区、建设或土地使用方面的相同责任。

第五节　城市财产权的特殊使用

第9条　在五年内不受打扰和不受争议地拥有城市内的某块土地或

者是 250 m² 的建筑物作为其或其家属住宅的人，只要他们不是城市其他任何土地的所有权人，可以确认他们的权属称号。

第一款 权属称号可以转让给男人或妇女，不论他们是已婚还是单身。

第二款 本条所赋予的权利不能授予享有者两次。

第三款 为实施本条起见，法定继承人可以承受被继承人的权利，只要继承人在继承程序公开时居住在继承财产上。

第 10 条 超过 250 m² 的一块城市土地，在五年内不受打扰和不受争议地被低收入的人作为住房用地而使用，当不可能界定占有土地的人谁拥有土地，只要他们在城市中其他地方不拥有土地，可以允许他们对占有的土地享有共同所有权。

第一款 所有权者为了计算本条所规定的期限，只要双方合同是持续的，可以将原权利人的期限计入现权利人的期限中。

第二款 城市土地的集体共有应当由法官通过一份判决来宣告，并且要在城市房地产行为机构作为房地产登记的文件。

第三款 在判决中，法官应当给予每个独立的土地占用者以共同所有的土地上平等的占有份额，除非在共同所有权人之间有关不同占有份额的书面协议。

第四款 特别的共同所有权人的协议应当是可见的，在共同所有权人协议签署后，在进行城市化的过程中，非经全体共同所有权人三分之二成员的决定不得予以终止。

第五款 与特殊的共同所有权人协议相关的决定必须由出席会议的共同所有权人的绝大多数同意，其他成员不论是同意或者是缺席，也需要他们对决定表示意见。

第 11 条 当城市特殊开发项目正在进行的过程中，对处于开发中的房地产产生的任何其他的活动、请愿或提出所有权主张等应当中止。

第 12 条 有权提出城市开发的合法的当事人包括：

（1）以单个的、群体式的或共管的方式存在的所有权人。

（2）处于共同占有状况中的所有权人。

(3) 作为一种替代程序，适当成立的社区居民协会，只要依法获得所代表的居民的授权。

第一款 特殊的城市开发活动，必须有检察长的介入。

第二款 当事人在法院的权益要获得全面保护，在城市房地产行为机构中也应当得到法律援助。

第13条 城市房地产开发在判决中可以作抗辩的事由，在城市房地产行为机构中的有效称号在判决中可予以承认。

第14条 城市房地产开发的法律活动，简要的程序规则应当遵守。

第六节 与为住房转让目的而特殊使用相关的事项

第15条 被否决。

第16条 被否决。

第17条 被否决。

第18条 被否决。

第19条 被否决。

第20条 被否决。

第七节 地役权

第21条 城市财产所有权人，通过城市房地产行为机构的房地产登记程序，可以同意另一方当事人享有在指定或非指定的期限内使用他们土地地表的权利。

第一款 地役权包括根据城市立法由单个合同加以确认的方式利用土地、地下土以及与土地相关的空间的权利。

第二款 地役权可以自由或收费享有。

第三款 获取地役权的人，除了在单个的合同中有相反的规定，应当全部负担所享有的财产权利所产生的税费，承担与他们有效占有部分相关的责任，以及在权利转让过程中所形成的税费。

第四款 地役权可以根据单个合同转让给第三方。

第五款 享有地役权人死亡的，其权利可以转让给他们的继承人。

第 22 条　出让土地权以及地役权时，在同等条件下，相对于第三方来说，获得地役权的人和财产所有权人各自享有优先权。

第 23 条　地役权被终止：

（1）期限届满。

（2）享有地役权的人没有履行合同责任。

第 24 条　地役权终止时，如果当事人没有在单个的合同中另外特别加以规定，财产所有权人将全面恢复对土地以及房地产的孳息和增值、独立的赔偿金的控制权利。

第一款　在合同终止之前，获得地役权的人如果没有按照合同规定使用权利的，地役权终止。

第二款　地役权的废止应当在城市房地产行为机构登记。

第八节　先 买 权

第 25 条　在私人之间的城市土地有偿转让项目中，城市政府应当享有先买权。

第一款　与总体规划为基础的市政法应当划定先买权的适用区域，应当确立不超过五年的实施期限，并且在最初的实施期限届满后每一年予以更新。

第二款　先买权在依据第一款所确立的实施期限内予以保障，有疑义的房地产另当别论。

第 26 条　当政府需要土地时，先买权应当如下实施：

（1）对土地所有权关系作出规制。

（2）实施具有社会利益的住房项目和规划。

（3）建立土地保留制度。

（4）对城市的扩张加以限制和引导。

（5）配备城市和社区设施。

（6）建立城市休闲和绿地。

（7）建立保护区域或保护具有环境利益的其他区域。

（8）保护历史、文化和风景名胜。

(9)（被否决）

唯一项，实施本法第 25 条第 1 款所要求的市政法应当包括本条所规定的先买权的一种或更多情形的地区。

第 27 条 所有权人应当告知他出让财产的意愿，以便政府在 30 天的最大期限内能够表达它购买意向以及书面说明其利益所在。

第一款 上述告知应当与由对购买房地产感兴趣的第三方签字的购买意向书合并在一起，该意向书应指明支付期限和有效期。

第二款 城市政府应当以官方公报和在至少一个地方或地区报纸上公告一份官方告知声明，说明公告期限以及该建议所规定条件下获取房地产的意愿。

第三款 一旦公告期限届满，没有任何相关利益人的声明，财产所有权人有权按照意向书所规定的条件将财产转让给第三方。

第四款 一旦将财产卖给第三方，所有权人应当在 30 天的时间内，将公共房地产交易行为的复印件呈送市政府相关部门。

第五款 出让财产不同于购买意向书的地方是转让了所有的权利。

第六款 如果第五款所规定的假设情形发生的话，城市政府将基于建筑财产和城市土地的评估价值或者是如果价格太低的话，按照意向书中所规定的价格取得房地产。

第九节 建设权成本的补偿

第 28 条 总体规划中可以建立一个区域，通过受益人提供的补偿，建设权应当在一定比例的容积率基础之上得到实现。

第一款 为实施本法起见，容积率应当是建筑物与周边地块的关系。

第二款 总体规划应当为整个城区或是在城区内一块特别的区域设定一个单一的容积率。

第三款 总体规划应当定义容积率能够达到的最大限度，要考虑现有的基础设施和未来在某一地区可能增长的建筑物密度。

第 29 条 总体规划还应当确定一块区域，通过受益人使用相似的地块，允许进行置换。

第 30 条　特别的市政法应当确定建设权成本的补偿以及土地置换的条件。

（1）计算负担的规则。

（2）补偿支付的豁免条件。

（3）受益人提供的相似之地块。

第 31 条　采取建设权成本的补偿以及土地置换措施的资源应当按照本法第 26 条第 1 节到第 9 节所规定的目的来加以使用。

第十节　城市共同开发活动

第 32 条　基于总体规划产生的特别的市政法应当限制共同开发的区域。

第一款　城市共同开发应当由城市政府在一个指定区域内为城市功能的转换、社会进步和环境利益目的，在所有权人、居民、永久使用者和私人投资者之间加以调停和协作。

第二款　城市共同开发包括：

（1）考虑到来自开发对环境所造成的影响，修改容积率和土地分区、使用和占有的特征，以及修改建筑规范。

（2）对违法所从事的建设、改革或扩张进行规制。

第 33 条　批准城市共同开发的特别法应当包括城市共同开发计划，至少要包含：

（1）对受影响的区域加以定义。

（2）占有地块的基本项目。

（3）为直接受到开发项目影响的人口提供经济和社会服务的项目。

（4）开发的终结。

（5）在建设之前对邻里关系影响的研究。

（6）因为本法第 32 条第二款第 1 项和第 2 项所确定的利益，对所有权人、永久居民和私人投资者进行补偿。

（7）必须由市民社会的代表来参与的对开发加以监督的形式。

第一款 以本条第6项规定城市政府所获得的资源只应当投入到城市共同开发项目中。

第二款 基于特别法的许可，城市政府违反城市共同开发项目所颁发的许可证和授权无效。

第34条 规定城市共同开发项目的特别法，可以要求城市政府就潜在的额外建设颁发一定数量的执照，这些建设项目将被出让拍卖或者是直接为支付城市共同开发项目工作的费用而使用。

第一款 潜在的额外建设项目的执照可以自由转让，但在城市共同开发项目上的建设权应是单一的。

第二款 一旦需要建设执照，潜在的额外建设项目的执照可以在依据土地使用和占有立法的规定已经超标的区域的支付项目上使用，直到许可城市共同开发项目的特别法作出特别的限制。

第十一节 建设权的移转

第35条 基于总体规划而制定的市政法，可以授权城市房地产的所有权人，不论他是公家的，还是私人的，当房地产被认为是下列各项目所必需时，通过城市公共房地产行为机构的登记程序，在另一个地方行使总体规划或相关城市立法所规定的建设权或者是出让建设权。

（1）配备城市和社区设施。

（2）保护具有历史、环境、风景、社会和文化价值的房地产。

（3）为土地所有权规制、由低收入人群占据的正在城市化的区域和社会福利房服务的项目。

第一款 同样的可能性也应当给予为实施本条第1项至第3项目的向政府捐赠其房地产或房地产的一部分的所有权人。

第二款 与本条有关的市政法应当为建设权的移转设定条件。

第十二节 对相邻关系影响的研究

第36条 市政法对需要从城市政府获得建设、扩建或开发许可或授权的事先应当对相邻关系影响进行评估的区域的公私性质开发和活动项目进行定义。

第37条 对相邻关系影响的研究应当包括对居住在这一区域和附近的居民的生活质量相关的发展和活动项目的积极和消极的影响，包括分析，至少包含下列问题：

（1）人口密度。

（2）城市和社区设施。

（3）土地利用和占有。

（4）房地产评估。

（5）交通设施的升代以及对公共运输的需求。

（6）通风和照明。

（7）城市风景、自然和文化遗产。

唯一项，包含了对相邻关系影响的研究的文件应当公开并由行使有关职能的政府机构与任何利害关系人进行磋商。

第38条 对相邻关系影响的研究的事先准备不应该替代依据环境法事先所准备和审议的对环境影响的评估。

第三章 总体规划

第39条 城市中的（各类）财产权应当履行其社会功能，保障居民的基本生活秩序，提高生活质量，维护社会正义和促进经济的发展，同时还需要尊重本法第2条所规定的各项权利。

第40条 总体规划由市镇法律通过，作为城市发展和扩展政策的基本法律依据。

总体规划是市镇规划、多年计划和预算规划的重要组成部分，年度预算应当与本规划中所确立的权利和财产权相一致。

总体规划应当将市镇的地域作为一个有机的整体。

规定总体规划的法律应当10年修改一次。

在准备总体规划和监督规划执行的过程中，市镇立法机关和执行机关应当保证：

应当促进公众听证，听取公众以及反映社区各个群体的协会的意见。

应当公开所有的文件和信息。

应当保证公众有权利来查阅这些文件和信息。

第41条　总体规划强制性要求一个建制"市镇"必须满足以下条件：

超过2万居民；

要有大城市设立的联合企业集团；

要有特殊的旅游产业；

要对地区和国家的环境发展产生重要影响；

在人口超过5万人的前提下必须要有完善的城市交通系统等。

第42条　总体规划至少要包括：

要在市镇进行分区以便满足市镇基础设施建设的需要；

要有本法所规定的市镇功能处理系统；

要有瞭望和控制系统等。

第四章　城市的民主管理

第43条　为了保障城市的民主管理，下列或其他的机制应当加以利用：

（1）国家、州和市政层面的城市政策顾问。

（2）辩论、听证会以及公共咨询。

（3）国家、州和市政层面的以城市利益为主题的会议。

（4）法律、计划、项目和城市发展规划的公众创意。

（5）（被否决）

第44条　在城市管辖范围内，根据本法第4条第3款所要求的参与性预算管理应当包含就多年度计划、预算指导法律和年度预算，以及市政委员会所认可的强制性条件的建议举行的辩论、听证会和公共咨询。

第45条　大都市圈和城市群的管理实体必须包括公众和代表了不同社区利益的协会的有意义的参与，以便保证对他们活动的直接控制和完全地行使公民权。

第五章 一般措施

第46条 城市政府可以扩展受本法第5条所规定的责任影响的所有权人的范围，创设一个房地产财团来保证房地产的生存能力。

第一款 房地产财团应当被视为保证城市基础设施或是建设计划得以落实的途径。通过所有权人将其房地产移转给城市政府，在所有权人完成此项工作后，可以获得与城市基础设施和实际建设项目相适应的房地产单位来作为补偿费用。

第二款 授予所有权人的房地产单位的价值，应当与遵照本法第8条第2款的决定在向城市政府移转房地产时的价值相称。

第47条 城市房地产税以及与城市公共服务相关的费应当区分它们的社会功能。

第48条 在由某一区域从事特殊活动的公共组织或机构所推动和发展社会公益住房项目和规划的情形下，使用公共房地产权利的转让合同：

（1）为法律的目的，应当视为公共登记，民法第134条第2款规定的要求不予适用。

（2）将构成住房财政合同保障的强制性接受的部分。

第49条 州和市在本法生效后90天内，规定颁发城市发展指南、核准分区和建设规划、检查和建筑确认和结论的作出的最后期限。

唯一项，如果本条规定没有得到遵守，那么，可以再给60天的时间来完成上述活动中的直到州和市用另外的形式制定法律加以规定之前仍然有效的任何工作。

第50条 市政机构适应本法第41条第1款和第2款的要求，在本法生效时仍然没有总体规划的，应当在五年时间内批准总体规划。

第51条 为实施本法起见，与市政府和市长有关的处理事项，同样也分别适用于联邦区和首脑。

第52条 为避免与其他公共机构适用其他可适用的惩罚措施相冲

突，根据1992年6月2日第8429号法律的规定，市长对行政不当行为应当承担责任，当：

（1）（被否决）

（2）根据本法第8条第4款的规定，在五年期限内还不能对与公共遗产所涉及的房地产进行适当使用的。

（3）通过先买权方式获取的地块的使用违反了本法第26条规定的。

（4）以违反本法第31条规定的方式花费建设权或改变用途权利成本补偿费所积累的资金的。

（5）以违反本法第33条第1款的方式花费城市共同开发项目所获取的资金的。

（6）市长阻碍或者没有能够保障本法第40条第4款第1项至第4项要求实现的。

（7）没有采取有效措施来保障第50条和第40条第3款所规定的事项实现的。

（8）根据本法第25条至第27条，基于先买权而取得的财产，当下成交的价格，如果证明高于市场价格的。

第53条　1985年7月4日第7347号法律第3条在增加新的第3款之后继续生效，重新编排的款项是：第1条（3）城市秩序。

第54条　1985年7月4日第7347号法律第4条将在附上下列表述后继续生效：

第4条　为实施本法起见发布预先警告，以便避免环境伤害，或对消费者、城市秩序、或是财产权和艺术、美学、历史、旅游和风景价值的权利造成损害。（被否决）

第55条　被1975年6月第6216号法律修改过的1973年12月31日第6015号法律第167条第1款第28项采用下列表述继续生效：

第167条第一款

第28项　凭时效取得财产权的宣告性判决不受土地分区和建筑规范的约束。

第56条　1973年第6015号法律第167条第1款在增加下列第37

项、第 38 项和第 39 项后继续生效：

第 167 条第一款

（37）为住房目的转让特殊使用权的行政决定或宣告性判决不受土地分区和建筑规范的约束。

第 57 条　1973 年第 6015 号法律第 167 条第 2 款在增加下列第 18 项、第 19 项和第 20 项内容后继续有效。

第 167 条第二款

（18）告知城市房地产的分区、建设和强制性使用。

（19）为住房之目的终结特别使用权的转让。

（20）终止城市房地产的地役权。

第 58 条　本法自公布 90 天之后生效。